Felix Küsell

Praxishandbuch Unternehmensgründung

Felix Küsell

Praxishandbuch Unternehmensgründung

Unternehmen erfolgreich gründen und managen

Bibliografische Information Der Deutschen Bibliothek
Die Deutsche Bibliothek verzeichnet diese Publikation in der Deutschen Nationalbibliografie;
detaillierte bibliografische Daten sind im Internet über <http://dnb.ddb.de> abrufbar.

1. Auflage Mai 2006

Alle Rechte vorbehalten
© Betriebswirtschaftlicher Verlag Dr. Th. Gabler | GWV Fachverlage GmbH, Wiesbaden 2006

Lektorat: Ulrike M. Vetter

Der Gabler Verlag ist ein Unternehmen von Springer Science+Business Media.
www.gabler.de

Das Werk einschließlich aller seiner Teile ist urheberrechtlich geschützt. Jede Verwertung außerhalb der engen Grenzen des Urheberrechtsgesetzes ist ohne Zustimmung des Verlags unzulässig und strafbar. Das gilt insbesondere für Vervielfältigungen, Übersetzungen, Mikroverfilmungen und die Einspeicherung und Verarbeitung in elektronischen Systemen.

Die Wiedergabe von Gebrauchsnamen, Handelsnamen, Warenbezeichnungen usw. in diesem Werk berechtigt auch ohne besondere Kennzeichnung nicht zu der Annahme, dass solche Namen im Sinne der Warenzeichen- und Markenschutz-Gesetzgebung als frei zu betrachten wären und daher von jedermann benutzt werden dürften.

Umschlaggestaltung: Nina Faber de.sign, Wiesbaden
Druck und buchbinderische Verarbeitung: Wilhelm & Adam, Heusenstamm
Gedruckt auf säurefreiem und chlorfrei gebleichtem Papier
Printed in Germany

ISBN-10 3-8349-0165-2
ISBN-13 978-3-8349-0165-1

Vorwort

Die Zahl der Existenz- und Unternehmensgründungen ist in den letzten Jahren stetig gewachsen. Neben vielen Menschen, die einfach aus Mangel an Alternativen den Weg zum eigenverantwortlichen Wirtschaften genommen haben, gibt es eine zunehmende Zahl von Menschen, die diesen Schritt aus innerster Überzeugung heraus wählen. Beiden Gruppen fehlen jedoch oftmals das Know-how und die Erfahrung, sodass Fehler eher die Regel als die Ausnahme sind. Fragt man langjährige Unternehmer nach dem Start in die Selbständigkeit, hat fast jeder an der einen oder anderen Stelle Lehrgeld zahlen müssen.

Das Ziel dieses Buchs ist es, Einzelkämpfern oder Unternehmensgründern möglichst viel Wissen und viele Erfahrungen zum Start an die Hand zu geben. So können eigene Fehler vermieden oder in ihren Auswirkung reduziert werden. Denjenigen, die ihre Erfahrungen gerne selbst sammeln, soll dieses Buch zumindest zum kritischen Nachdenken über die eigenen Aktivitäten dienen.

Viele der heute auf dem Markt vorhandenen Bücher orientieren sich nicht an den wirklich bestehenden Problemen. Symptomatisch sind Bücher mit umfangreichen Checklisten, die bei der praktischen Anwendung den Nutzern eher zusätzliche Probleme bereiten, als ihnen zu helfen. Besonders nutzbringend sind Beispiele, die in diesem Buch umfangreich gegeben werden. Auch beschränkt sich das vorliegende Buch nicht nur auf Teilausschnitte der Gründung, sondern stellt den Gründungsprozess und die ersten Schritte möglichst detailliert dar. Die Ideenentwicklung, umfangreiche Planungen, die das Geschäftsmodell und dessen Vermarktung betreffen, die Finanzierung, die denkbaren Rechtsformen (inkl. der gegenwärtig aktuellen englischen Limited), die Zusammenfassung dieser Elemente im Businessplan, Personalplanung, Liquiditätsplanung und Controlling sind bei einer Gründung wichtige Elemente. Vom Gründungsprozess nicht zu trennen sind zahlreiche rechtliche Aspekte, die für Gründer von großer Bedeutung sind. Viele dieser Themen sind von der Rechtsprechung noch nicht abschließend geklärt, wie z. B. die Kapitalerhaltungsregeln und die Regeln zum Eigenkapitalersatz, oder erweisen sich in der praktischen Anwendung als äußerst unklar, wie z. B. der Insolvenzgrund der drohenden Zahlungsunfähigkeit. Gerade bei Gründungen, die von Natur aus einen eher turbulenten Geschäftsverlauf haben, ist die Kenntnis dieser Aspekte sehr wichtig.

Insgesamt kann der Leser von den umfangreichen Erfahrungen des Autors bei Unternehmensgründungen sowie in der Unternehmensberatung profitieren. Alle im Buch angesprochenen Themen haben sich als relevant für Unternehmensgründungen herausgestellt. Der Erwerb dieses Wissens ist ein langwieriger Prozess. Gerade dann, wenn man sich auf das

Kerngeschäft konzentrieren will, stören die im Rahmen von Gründungen (aber auch später) immer wieder auftauchenden Randprobleme, deren Lösung leicht mehrere Arbeitstage beanspruchen kann. Das vorliegende Buch wird hoffentlich dazu beitragen, sowohl das Kerngeschäft wie auch die Randprobleme schneller und besser bewältigen zu können. Kein Leser wird im Rahmen seiner Geschäftsidee direkt alle angesprochenen Aspekte im Detail wissen müssen. Dieses Handbuch kann daher gut als Nachschlagewerk dienen. Kapitel, die zunächst nicht relevant erscheinen, sollten jedoch zumindest überflogen werden. Denn es gibt viele Aspekte im Rahmen einer Gründung, von deren Existenz man erst später – und dann regelmäßig mit schmerzlichen Folgen – erfährt.

Berlin, im März 2006 Felix Küsell

Inhaltsverzeichnis

Vorwort 5

Teil I
Gründer betreten Neuland 15

    Was erwartet Sie als Gründer? 19
        1. Mehr Selbstbestimmung 19
        2. Größere Chancen 20
        3. Mehr Risiko 21
        4. Neue öffentliche Meinung 23

    Prüfen Sie sich und Ihr Umfeld 24
        1. Ihre Persönlichkeitsstruktur 24
        2. Ihr persönliches Umfeld 27

    Ihre Selbstdefinition – die schwierige deutsche Sprache 28

Teil II
Die Geschäftsidee für Ihr Unternehmen 31

    Optionen zur Ideenfindung 35
        1. Eigene Entwicklung 35
            1.1 Einen bekannten Bereich wählen 37
            1.2 Den Status quo analysieren 38
            1.3 Trends beobachten 39
        2. Kopieren fremder Ideen 41
            2.1 Quellen für Ihre Suche 43
            2.2 Nicht gedankenlos kopieren 43
            2.3 Grenzen des Kopierens 44
        3. Nutzung standardisierter Ideen 46
            3.1 Franchising 46
            3.2 Vorgefertigte Geschäftsideen 54

    Muss die Geschäftsidee innovativ sein? 55

    Müssen Sie „First Mover" sein? 57

Teil III
Die Vorprüfung für Ihre Geschäftsidee 59

Kernelemente der Geschäftsidee festhalten 65

Angebotsspektrum genauer verstehen 69

Wettbewerb eingehend analysieren 71
    1. Identifizierung relevanter Lösungsanbieter 73
    2. Direkte und indirekte Wettbewerber 73
    3. Differenzierung vom Wettbewerb 78
    4. Benchmarking des Wettbewerbs 81

Struktur der Branche verstehen 83
    1. Strukturen im Einkauf 85
    2. Strukturen in Produktion und Leistungserbringung 87
    3. Strukturen in Vertrieb und Marketing 89
    4. Sonstige Strukturen 93

Kritische Kennzahlen des Geschäfts verstehen 94
    1. „Markt" – ein schillernder Begriff 96
    2. Marktvolumen und Umsatz 98
        2.1 Top-down 98
        2.2 Bottom-up 100
        2.3 Wettbewerbsvergleich 102
    3. Kostenstruktur 104
    4. Gewinn und Gewinnschwelle 107

Verstehen Sie Ihre Kunden 108

Teil IV
Die Geschäftsplanung 119

Marketing & Vertrieb 124
    1. Produktdefinition 125
        1.1 Festlegung des Sortiments 126
        1.2 Produktumfang 128
        1.3 Qualität 131
        1.4 Design 132
        1.5 Branding 134
        1.6 Verpackung & Beschriftung 137
        1.7 Service 140
    2. Preissetzung 143
        2.1 Unternehmensexterne Parameter 147
        2.2 Unternehmensinterne Parameter 152
        2.3 Taktische Optionen der Preissetzung 154

3.	Vertriebskanäle		157
	3.1	Eigener Standort	160
	3.2	Absatzmittler	166
	3.3	Außendienst	173
	3.4	Internet	183
	3.5	Call-Center	192
4.	Werbung		196
	4.1	Briefwerbung	202
	4.2	Wurfsendungen	207
	4.3	Verkehrsmittelwerbung	208
	4.4	Anzeigen in Branchenbüchern	210
	4.5	Radiowerbung	212
	4.6	Messen	214
	4.7	Sponsoring	216
	4.8	E-Mail-Werbung	218
	4.9	Bannerwerbung	220
	4.10	Suchmaschinenmarketing	223

Organisation & Ressourcen 225
   1.   Aufbauorganisation 226
   2.   Ablauforganisation 231
   3.   Ressourcen 234
       3.1   Personal 237
       3.2   Grund & Boden 237
       3.3   Maschinen & Anlagen 238
       3.4   Waren & Material 238

Ableitung der Finanzplanung 241
   1.   Einnahmenplanung 242
   2.   Personalplanung 244
   3.   Investitionsplanung & Abschreibungen 246
   4.   Planung der laufenden Kosten 248
   5.   Cash-flow-Planung 251
   6.   GuV-Planung 254
   7.   Bilanzplanung 256

Teil V
Die Finanzierungsstruktur 259

Fremdfinanzierung 265
   1.   Das Geschäft von Banken 265
   2.   Basel II als Berechnungsmethode für die Finanzierungskosten 267
   3.   Optimierung der Zinszahlungen 270
   4.   Sicherheiten 272
       4.1   Eigenmittel als Grundlage 273

	4.2	Formen der Kreditbesicherung	273
	4.3	Besicherungsquoten	276
5.		Sicherstellung der Finanzierung	277
6.		Vertragsgestaltungen	280

Eigenkapital ... 283
1. Typische Eigenkapitalgeber ... 284
   1.1 Business Angels ... 284
   1.2 Venture-Capital-Gesellschaften ... 287
   1.3 Sonstige Eigenkapitalgeber ... 290
2. Beteiligungsmechanik ... 291
3. Vertragsgestaltungen ... 294
   3.1 Rechte und Pflichten bezüglich Anteilsverkäufen ... 295
   3.2 Sonstige wichtige Klauseln ... 296

Mezzanine Finanzierungen ... 298
1. Einschätzung für den Gründer ... 300
2. Instrumente der mezzaninen Finanzierung ... 302
   2.1 Nachrangdarlehen ... 302
   2.2 Partiarische Darlehen ... 302
   2.3 Stille Gesellschaft ... 303
   2.4 Wandelschuldverschreibungen ... 304
   2.5 Genussrechte ... 304

Förderungen ... 305
1. Darlehen und Bürgschaften ... 305
2. Zuschüsse der Bundesagentur für Arbeit ... 309
   2.1 Überbrückungsgeld ... 310
   2.2 Existenzgründungszuschuss („Ich-AG") ... 311
   2.3 Einstiegsgeld ... 312
3. Sonstige Zuschüsse ... 312
   3.1 Investitionszulage ... 313
   3.2 Gemeinschaftsaufgabe ... 313
   3.3 Wettbewerbe ... 314
4. Beteiligungskapital ... 314
5. Sicherung von Förderungen ... 317

Leasing, Miete und Ratenkauf ... 321
1. Leasingtypen ... 321
   1.1 Operating-Leasing ... 321
   1.2 Finanzierungs-Leasing ... 322
   1.3 Sale-and-lease-back ... 323
2. Sicherstellung des Leasing-Vertrages ... 324

Teil VI
Die Auswahl der Rechtsform **325**

Wichtige Kriterien der Rechtsformwahl 330
   1. Rechtsfähigkeit 330
   2. Haftung 331
   3. Kapitalbeschaffung 332
   4. Formalitäten 334
   5. Steuern und Sozialversicherungen 336
      5.1 Steuern 336
      5.2 Sozialversicherung 338

Überblick über Rechtsformen 341
   1. Einzelunternehmen 341
   2. Gesellschaft bürgerlichen Rechts (GbR) 342
   3. Offene Handelsgesellschaft (oHG) 343
   4. Kommanditgesellschaft (KG) 344
   5. GmbH & Co. KG 345
   6. Gesellschaft mit beschränkter Haftung (GmbH) 346
   7. Aktiengesellschaft (AG) 348
   8. Private Limited Company (Limited) 348

Gründungs- und Kaufprozess 353
   1. Gründung 353
   2. Mantelkauf 355

Teil VII
Der Businessplan **357**

Geschäftsidee 363

Markt, Kunden, Wettbewerb 367

Angebotsspektrum & Produktgestaltung 369

Vermarktung 371

Management, Organisation & Ressourcen 373
   1. Management-Team 373
   2. Organisation 374
      2.1 Aufbauorganisation 374
      2.2 Ablauforganisation 374
   3. Ressourcen 375
      3.1 Personal 375
      3.2 Investitionen 375
      3.3 Waren- und Materialeinsatz 377

Status quo & Implementierung 378

Finanzplanung, Kapitalbedarf, Finanzierung & Sicherheiten 379

Exitstrategie 381

Chancen und Risiken 385

Teil VIII
Erste operative Schritte **387**

Wichtige Formalitäten 390
   1. Erlaubnispflichtige Gewerbe 390
   2. Gewerbeanmeldung 391
   3. Arbeitsamt 392
   4. Sozialversicherung 393
   5. Berufsgenossenschaft 394
   6. Finanzamt 394
   7. Umsatzsteuervoranmeldungen 396
   8. Industrie- und Handelskammer/Handwerkskammer 396
   9. Handelsregister 396
   10. Firmennamen 397
   11. Angaben auf Geschäftsbriefen 398

Schutzrechte 399
   1. Urheberrecht 399
   2. Patentrecht 402
   3. Gebrauchsmusterrecht 404
   4. Geschmacksmusterrecht 405
   5. Markenrecht 407
   6. Wettbewerbswidriger Nachbau 409
   7. Folgen von Schutzrechtsverletzungen 411

Versicherungen 413
   1. Sozialversicherungen 413
      1.1 Krankenversicherung 414
      1.2 Pflegeversicherung 415
      1.3 Rentenversicherung 416
      1.4 Arbeitslosenversicherung 417
      1.5 Unfallversicherung 417
      1.6 Speziell: Geschäftsführer und Vorstände 418
   2. Altersvorsorge 420
      2.1 Betriebliche Altersvorsorge 421
      2.2 Rürup-Rente 425
      2.3 Riester-Rente 426
   3. Unternehmensversicherungen 427
      3.1 Betriebliche Haftpflichtversicherung 429
      3.2 Betriebsunterbrechungsversicherung 430

3.3	Betriebliche Sachversicherungen		430
3.4	Betriebliche Rechtsschutzversicherung		431
3.5	Kreditversicherungen		432

Personal 433
    1. Kandidatensuche 434
    2. Kandidatenauswahl und Einstellung 435
    3. Festlegung von Löhnen und Gehältern 439
    4. Typische Regelungen im Arbeitsvertrag 441
    5. Betriebsrat 445
    6. Sonderformen & Förderungen 448
        6.1 Praktikanten 448
        6.2 Mini-Jobs und Midi-Jobs 449
        6.3 Befristete Verträge 450
        6.4 Förderungen und Zuschüsse 451
    7. Entlassungen 452

Controlling inklusive Liquiditätsplanung 457
    1. Liquiditätsplanung und -management 457
        1.1 Zahlungsformen 458
        1.2 Forderungsmanagement 465
        1.3 Factoring 473
        1.4 Kontokorrentkredit 474
    2. Erfolgsrelevante Steuerung 474

Teil IX
Wichtige rechtliche Aspekte **489**

Geschäftsführerhaftung, Vorstandshaftung 493

Sicherung von Vermögen und Haftungsmasse 496
    1. Regelungen im Überblick 499
    2. Kapitalerhaltungsregeln 501
    3. Eigenkapitalersatzregeln 502
        3.1 Voraussetzungen für die Eigenkapitalersatzregeln 503
        3.2 Ausnahmen von den Eigenkapitalregeln 504
    4. Zusammenspiel Kapitalerhaltung und Eigenkapitalersatz 504

Insolvenz: Prüfung der Insolvenzgründe 506
    1. Die Insolvenzgründe im Überblick 508
        1.1 Zahlungsunfähigkeit 508
        1.2 Drohende Zahlungsunfähigkeit 510
        1.3 Überschuldung 510
    2. Tipps zur Vorgehensweise 515

Teil X
Wichtige wirtschaftliche Kenntnisse **519**

Betriebswirtschaftliche Methoden 522
    1.   ABC-Analyse 523
    2.   Abschreibungen 525
    3.   Kosten und Erlöse in der Entscheidungsfindung 526
        3.1   Vergangene Kosten: Sunk Costs 527
        3.2   Fixe und variable Kosten 528
    4.   Deckungsbeiträge 531
    5.   Kapitalwerte 533

Steuerrecht 539
    1.   Einkommensbesteuerung 540
        1.1   Einkommensteuer 540
        1.2   Körperschaftsteuer 552
        1.3   Gewerbesteuer 554

Umsatzsteuer 556

Wichtige Adressen 558
    1.   Banken 558
    2.   Förderbanken 558
    3.   Bürgschaftsbanken 559
    4.   Beteiligungsgeber 559
    5.   Leasing/Factoring 560
    6.   Wirtschaftsverbände/Informationsbeschaffung 560
    7.   Franchising 562
    8.   Wirtschaftsauskünfte 563
    9.   Schutzrechte 563

Tabellenverzeichnis 565

Abbildungsverzeichnis 567

Literatur- und Rechtsprechungsverzeichnis 569

Abkürzungsverzeichnis 570

Verzeichnis der Gesetze 572

Der Autor 573

Stichwortverzeichnis 574

Teil I

Gründer betreten Neuland

Ein wichtiger Meilenstein zum Erfolg ist die gedankliche Auseinandersetzung mit dem Umfeld eines Unternehmers.

> **Wichtige Regeln**
>
> - Starten Sie nicht mit zu hohen Erwartungen.
> - Seien Sie sich des gestiegenen Risikos bewusst.
> - Werden Sie nur Unternehmer, wenn Sie sich mit der Geschäftsidee identifizieren können.
> - Lernen Sie Ihre persönlichen Stärken und Schwächen kennen und holen Sie sich Unterstützung zur Ausmerzung Ihrer Schwächen.
> - Klären Sie unbedingt, ob Ihr soziales Umfeld die Gründung unterstützt.

Die Gründung einer eigenen wirtschaftlichen Existenz, eines eigenen Unternehmens, ist für viele Menschen der ideale Weg, persönliche Ziele wie Unabhängigkeit, die Verwirklichung einer eigenen Idee, Reichtum usw. zu erreichen. Jährlich gibt es in Deutschland ca. 40.000 Existenz- und Unternehmensgründungen.

Die meisten Gründer betreten Neuland und sind daher einem besonderen Risiko ausgesetzt. Sie gründen zum ersten Mal ein eigenes Unternehmen. Sie sind zum ersten Mal darauf angewiesen, dass ihre Kosten korrekt kalkuliert sind und dass ihre Produkte und Dienstleistungen vom Markt akzeptiert werden. Und sie müssen untrennbar mit den Konsequenzen leben, wenn sie Fehler gemacht haben.

Jeder Gründer stellt sich daher am Anfang folgende Fragen: Was kann ich tun, um erfolgreich zu sein? Was kann ich tun, um mein Risiko zu reduzieren, ohne meine Chancen zu gefährden? Für diese Fragen gibt es keine allgemein gültigen, immer richtigen Antworten. Aber es gibt einen strukturierten Prozess, der als Leitfaden dienen kann. So kann der Gründer sicher sein, die wichtigsten Fragen geklärt zu haben, und erspart sich in vielen Fällen die spätere Einsicht: „Hätte ich das gewusst, hätte ich es ganz anders gemacht." Und es gibt die vielfältige Erfahrung anderer Gründer. Diese haben bereits viele Fehler gemacht, die Sie nicht mehr machen brauchen. Zudem können Sie von den Erfolgsstrategien anderer Gründer lernen.

Das vorliegende Buch beleuchtet den Prozess der Gründung, angereichert um vielfältige Erfahrungen von Unternehmensgründungen. Einen Überblick gibt Abbildung 1. Besonderes Augenmerk wird dabei der Produktentwicklung und der Absatzseite Ihres Geschäfts gewidmet. Denn Sie können Ihr Unternehmen perfekt auf dem Papier geplant haben – wenn Sie mit keinem potenziellen Kunden gesprochen haben, werden Sie vermutlich eine böse Überraschung erleben. Sie können Ihre Produktion perfekt im Griff haben – wenn Sie Ihre Kunden nicht erreichen können, haben Sie ein Problem. Umgekehrt gilt aber: Wenn Sie die Wünsche

Ihrer Kunden erfüllen, aber sich ansonsten etwas verplant haben, lässt sich dies vielfach korrigieren. Kostensenkung und die Sicherung weiterer Finanzierungen sind viel leichter, vorausgesetzt Sie haben zahlende Kunden.

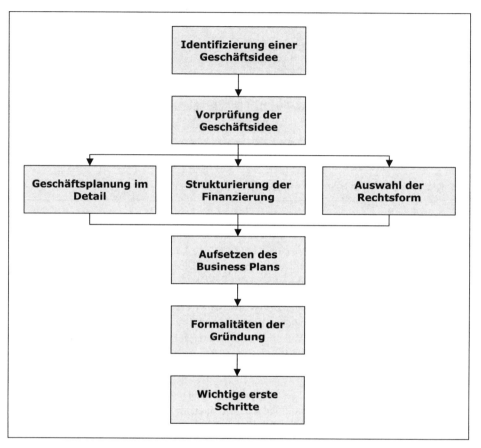

Abbildung 1:   *Der Gründungsprozess im Überblick*

Gründer haben verschiedene Motive für den Weg in die Selbständigkeit, z. B. die Verwirklichung einer Vision, mehr Unabhängigkeit im Arbeitsleben, Reichtum oder Macht, der Ausweg aus der Arbeitslosigkeit oder die einfache Konsequenz einer Umstrukturierung, bei der Mitarbeiter „outgesourct" und damit gezwungenermaßen selbständig werden. Mit den Motiven unterscheiden sich die Größenordnung des angestrebten Unternehmens und das mit der Gründung verbundene Risiko. Der Gründungsprozess bleibt jedoch gleich, unabhängig von den genannten Unterschieden. Die folgenden Ausführungen gelten daher für alle Formen der Unternehmensgründung gleichermaßen. Lediglich einzelne Teilbereiche sind nicht für jeden Gründer interessant und können entsprechend übersprungen werden.

Was erwartet Sie als Gründer?

Gründer haben eine Vorgeschichte. Sie waren Angestellter, Arbeiter oder Beamter, arbeitslos oder kommen direkt aus der Lehre oder von der Universität. Was auch immer Sie vorher gemacht haben, der folgende Abschnitt Ihres Lebens wird anders. Es ist auf jeden Fall hilfreich zu wissen, was sich verändern wird. So können Sie Überraschungen vermeiden und sich selbst vorab prüfen.

1. Mehr Selbstbestimmung

Als Gründer bzw. Unternehmer können Sie tun und lassen, was Sie wollen – solange Sie sich im Rahmen des Gesetzes bewegen. Für viele Gründer ist es besonders erstrebenswert, eigene Ideen zu verwirklichen, den Tagesablauf nach eigenem Geschmack zu gestalten usw. Und für viele Gründer ist dies, neben der soliden finanziellen Absicherung des Lebensunterhalts, das wichtigste Ziel.

Als Gründer müssen Sie aber auch etwas tun, um erfolgreich zu sein. Die Freiheit, selbstbestimmt zu handeln, geht einher mit der Pflicht, aktiv und eigenverantwortlich zu handeln. Wenn Sie die Entscheidungen nicht treffen, trifft Sie niemand. Kein Vorgesetzter gibt Ihnen Anweisungen, die Sie als Angestellter vielleicht vielfach für unsinnig gehalten haben. Sie können und müssen selbst entscheiden, was zu tun ist und wie es zu tun ist. Das wiederum bedeutet, dass Sie viel mehr entscheiden müssen, als Sie bisher gewohnt waren. Und vielfach haben Sie dazu viel weniger Zeit, als Ihnen lieb wäre. Eine gewisse Entscheidungsfreude ist also notwendig, um die Selbstbestimmung genießen zu können. Dazu kommt eine gehörige Portion Eigenmotivation. Niemand außer Ihnen selbst veranlasst Sie, morgens aufzustehen, Kundenakquise zu machen, Aufgaben zu verteilen, sich mit problematischen Mitarbeitern zu beschäftigen usw.

Zusätzlich werden Sie feststellen, dass die gewonnene „Freiheit" durch Ihre Kunden eingeschränkt wird: durch die Kunden, die Sie noch nicht haben, aber bekommen müssen, um erfolgreich zu sein, und durch die Kunden, die Sie bereits haben, die Ihnen aber Konditionen diktieren, die Sie einschränken (denn der Kunde ist König). Von diesen Zwängen kann man sich häufig erst dann freimachen, wenn man eine gute Organisation und ein eingespieltes

Team hat, die Ihr Unternehmen auch ohne Sie eine zeitlang in Schwung halten. Dies ist jedoch nicht so einfach.

Selbstbestimmung bedeutet auch, dass Ihnen kein Vorgesetzter Tipps gibt. Sie können nicht mehr von weitergegebenen Erfahrungen lernen. Und Sie können nicht mehr – auf bequeme Art und Weise – von Erfolgen und Fehlern Ihrer Vorgesetzten lernen. Das Sammeln von Erfahrungen wird zum Teil ersetzt durch den Kontakt zu anderen Unternehmern, aber vielfach wird Ihre Methode, Erfahrungen zu sammeln, das reale Experiment sein. Ob Ihre Ansichten und die entsprechenden Entscheidungen richtig oder falsch waren, können Sie häufig erst später an der Wirkung auf Ihren eigenen Geldbeutel ablesen.

2. Größere Chancen

Eine eigene Existenz, ein eigenes Unternehmen zu gründen, bedeutet natürlich große, bisher unerreichbare Chancen. Neben der persönlichen Freiheit gibt es dem Gründer die Möglichkeit, die eigene Vision zu erfüllen. Dies können wirklich große, zum Teil revolutionäre Ziele sein: Paul Allen, der Mitbegründer von Microsoft, beteiligte sich an Scaled Composites. Das Unternehmen will mittels der SpaceShipOne-Technologie private Weltraumflüge anbieten. Jeff Bezos, Gründer von Amazon.com, wollte den Buchhandel revolutionieren und war damit erfolgreich. Uwe Kamps wollte die größte Bäckereikette Deutschlands schaffen. Aber auch kleinere Visionen, z. B. das Angebot von preisgünstigen, qualitativ hochwertigen Handwerksdienstleistungen, können zutiefst befriedigend sein.

Darüber hinaus eröffnen sich, oft automatisch, weitaus bodenständigere und ebenso legitime Ziele wie Reichtum, gesellschaftliche Anerkennung und Macht. Wenn Sie das Risiko einer Unternehmensgründung eingehen, Ihre bisherige Sicherheit einer festen Arbeitsstelle oder eines „sicheren" Arbeitslosengeldes aufgeben, eigenes Geld investieren oder sich verschulden und damit Ihre zukünftige Existenz aufs Spiel setzen, kann Ihnen diese Ziele (und ihre Erreichung) niemand ernsthaft absprechen. Sie müssen dennoch gefasst sein, dass genau das der Fall sein kann.

Sie müssen jedoch an einer Stelle aufpassen: Es ist äußerst hilfreich, wenn Sie sich mit Ihrer Idee, also dem Inhalt Ihres Unternehmens, zutiefst identifizieren können. Idealerweise ist genau diese Idee Ihre Vision, Ihr Lebenstraum. Auf jeden Fall sollte es aber eine Idee sein, mit der Sie eine längere Zeit leben können. Dies hat einen praktischen Hintergrund, der manchmal auch als „Deferred Life Plan" bezeichnet wird: Wenn Sie mit Ihrer Gründung nicht den wirtschaftlichen Erfolg erreichen, den Sie angestrebt haben, bleibt Ihnen noch immer die persönliche Befriedigung, die es Ihnen erlaubt, Durststrecken zu überwinden und dennoch zufrieden mit Ihrer Arbeit zu sein. Können Sie dies nicht, haben Sie weder wirtschaftlichen Erfolg noch eine persönliche Zufriedenheit. Sie können dann erst anfangen zu leben, wenn

Sie etwas anderes machen. Daher stammt die Bezeichnung „Deferred Life Plan": Erst wenn ich erfolgreich bin, mache ich das, was mir wirklich Spaß macht, und genieße mein Leben.

3. Mehr Risiko

Unter Risiko soll hier das Gegenteil von Chance verstanden werden, also das negative Ergebnis einer Situation. Risiko kennen Sie sicher schon aus Ihrem vorherigen Arbeitsleben. Das Risiko etwa, einen Fehler zu machen und vom Chef entsprechend ermahnt zu werden. Jetzt werden Sie sich aber mit Risiko in einer anderen Dimension auseinander setzen müssen: Einige Entscheidungen können, wenn Sie sich im Nachhinein als falsch erweisen, Ihre wirtschaftliche Existenz (die oft einher geht mit Ihrer sozialen Existenz, also der Stellung in der Gesellschaft) angreifen. Wenn Ihr Plan nicht aufgeht und Sie keine Ressourcen wie Zeit oder Geld zum Handeln mehr haben, müssen Sie eventuell Insolvenz anmelden. Neben diesen drastischen, weitreichenden Entscheidungen müssen Sie viele andere Entscheidungen treffen, die ernste, wenn auch nicht substanzielle Fehlschläge zur Folge haben können. Gleiches gilt für äußere Umstände, die sich auf Ihr Geschäft auswirken. Zu nennen sind hier z. B. Gesetzesänderungen, konjunkturelle Schwankungen oder Aktionen von Wettbewerbern, wie die zwei folgenden Beispiele zeigen.

Beispiel

Das geänderte Steuerrecht. Gäbe es beispielsweise in Zukunft ein deutlich vereinfachtes Steuerrecht geben, müssten viele Steuerberater ihre Praxen schließen. Einfach eine neue Arbeit als Arbeitnehmer zu finden, wäre mit dem Spezialwissen eines Steuerberaters nicht so einfach. Eine Garantie gegen solche weitreichenden Gesetzesänderungen besitzt kein Steuerberater.

Beispiel

Die übermächtige Konkurrenz. GO war eine Unternehmensgründung Anfang der 90er Jahre in den USA. Private Investoren finanzierten die Gesellschaft mit ca. 75 Mio. US-Dollar. Die Idee war, die Computerindustrie einfacher zugänglich zu machen. Kernidee war der Ersatz der Computertastatur durch einen elektronischen Stift, mit dem der Nutzer normal schreiben konnte. Zeitgleich – ob per Zufall oder nicht – arbeitete auch Microsoft an diesem Projekt. GO wusste dies nicht. Beide Produkte kamen fast zeitgleich auf den Markt. Da Microsoft schon eine dominante Marktstellung hatte, war niemand so recht am Produkt von GO interessiert. GO stellte schnell den Geschäftsbetrieb wieder ein – eine umfangreiche Fehlinvestition, die man nur schwerlich hätte vermeiden können (Edstrom/Eller, 1998, S. 133 ff.).

Darüber hinaus setzen Sie sich dem Risiko einer sozialen Unterversicherung aus, die Sie oftmals nur zum Teil ausgleichen können. Als Arbeitnehmer bekommen Sie z. B. eine Lohnfortzahlung im Krankheitsfall, Insolvenzgeld, wenn Ihr Arbeitgeber Insolvenz anmelden muss, und Arbeitslosengeld, wenn Sie eine Zeit lang arbeitslos sind. Sie sind also gut versorgt. Als Gründer können Sie sich gegen diese Fälle nur sehr schwer wirtschaftlich sinnvoll versichern.

Untrennbar mit Risiko verbunden ist auch Glück. Da die Zukunft unsicher ist, haben richtige Entscheidungen immer auch mit Glück zu tun. Glück kann durch gute Planung, Offenheit für neue Fakten und die entsprechende Flexibilität, darauf zu reagieren, in seiner Bedeutung reduziert werden. Ganz ausschalten kann man es nie, und ohne Glück ist noch kein Unternehmen wirklich groß geworden.

Beispiel

Per Zufall zum Marktführer? Entsprechend den Berichten eines Insiders, hat Microsoft maßgeblich durch Glück seine heutige, dominante Position erreicht. Das Kernprodukt Microsoft Windows war lange Zeit nicht im strategischen Fokus der Geschäftsführung. Nur eine Handvoll Programmierer arbeiteten an der kundenfreundlichen Weiterentwicklung dieses Systems. Dies geschah fast mehr aus Eigeninitiative, während die Mehrheit der Programmierer sich auf andere, teilweise konkurrierende Produkte konzentrierte. Ohne diese Handvoll selbstmotivierter Programmierer wäre der große Durchbruch von Microsoft zum Weltkonzern mit einer dominierenden Stellung vielleicht nicht gelungen. Neben der Tatsache, dass Microsoft eine offene Unternehmenskultur hat, die Einzelgänge ermöglicht, und der Strategie, verschiedene Produktentwicklungen zeitgleich anzugehen, war hier sicher eine gehörige Portion Glück im Spiel (Edstrom/Eller, 1998, S. 87 ff.).

Es sei an dieser Stelle bereits erwähnt: Risiko lässt sich zu einem gewissen Grad reduzieren. Und gerade als Gründer sollten Sie von den entsprechenden Mechanismen Gebrauch machen. Folgende Möglichkeiten können das Risiko einer Gründung reduzieren:

- Als Teilzeitgründung starten
- Frühzeitigen Kundenkontakt suchen
- Möglichst geringe Fixkosten aufbauen
- Möglichst detailliert planen
- Richtig versichern

> **Beispiel**
>
> **Aus der Teilzeitgründung zum Big Player.** Lenscare (lenscare.de) ist einer der größten deutschen Versandhändler für Kontaktlinsen. Angefangen hat alles als Teilzeitgründung neben dem regulären Job. Als das Unternehmen ausreichend in Schwung kam, gab der Gründer seinen Job auf und kümmerte sich ganz um das Unternehmen.

Ich werde auf diese Mechanismen zu späteren Zeitpunkten zurückkommen. Sie als Gründer sollten sich gerade in der Anfangsphase immer wieder fragen: Wie kann ich das Risiko reduzieren, ohne mir meine Chancen zu verbauen?

4. Neue öffentliche Meinung

Sie haben sich bisher zu einem großen Teil über Ihre bisherige Tätigkeit definiert. Als Arbeitnehmer von Siemens beispielsweise haben Sie einen guten Ruf, denn Siemens ist eine große Firma mit einem guten Ruf. „Siemens" strahlt auf Sie ab. Als Mitarbeiter im gehobenen Management eines größeren Unternehmens haben Sie vielleicht auch einen hohen sozialen Status, der Sie im Gesellschaftsleben definiert.

In den USA steigen Sie, wenn Sie ein Unternehmen gründen, eine Stufe hinauf. Unternehmensgründer, Business Men, sind geachtet. Es entspricht der amerikanischen Mentalität, sein Schicksal selbst in die Hand zu nehmen und den American Dream zu leben. In Deutschland muss Ihnen dies nicht unbedingt so ergehen. „Geschäfte machen" und „Unternehmer sein" sind nicht unbedingt positiv behaftete Begriffe. Gründer werden nicht selten belächelt. Da Ihre Firma nicht bekannt ist, sind auch Sie nicht bekannt und man denkt zunächst negativ an Geschäftemacherei. Wenn Sie erfolgreich sind, gibt es viele Neider, die Sie als rücksichtslosen Geschäftemacher bezeichnen. Wenn Sie scheitern, kommt es nicht selten vor, dass man Sie für unfähig hält. Obwohl diese Einstellung grundfalsch ist, ist sie dennoch in vielen Menschen in Deutschland verhaftet und Sie werden früher oder später darauf treffen. Man darf sich dadurch nicht aus der Ruhe bringen lassen. Sie als Gründer haben Ziele, unter Umständen Lebensziele, die andere Menschen in anderen Situation vielfach gar nicht verstehen.

Prüfen Sie sich und Ihr Umfeld

Als selbständig tätiger Unternehmen sind Sie neuen Anforderungen ausgesetzt, die bisher in dieser Form noch nicht an Sie herangetragen wurden. Die Detaillierung der neuen Welt, die Sie erwartet, hat dies bereits deutlich gemacht. Es ist daher sehr wichtig, sich selbst ehrlich auf die Anforderungen des Unternehmertums hin zu prüfen. Nicht wenige Gründer sind überrascht über die Anforderungen. Manche scheitern daran. Darüber hinaus trägt das Umfeld oftmals entscheidend zum Gelingen des Vorhabens bei. Auch dies sollten Sie ehrlich und möglichst objektiv prüfen.

Im Folgenden werden wesentliche Anforderungen an Sie als Unternehmer sowie Ihr Umfeld aufgezeigt. Bei der Eigenprüfung ist unbedingt zu beachten: Niemand kann alles sehr gut. Sie haben notgedrungen Schwächen an der einen oder anderen Stelle. Sehen Sie also eine Eigenschaft, in der Sie nicht so gut sind, bedeutet das keineswegs einen echten Hinderungsgrund. Manche Defizite können Sie einfach erlernen. Ins „kalte Wasser" springen hilft dabei. Manche Eigenschaften können Sie auch durch Mitarbeiter oder Dienstleister ausfüllen lassen. Mögliche Probleme im Umfeld, wie ein Lebenspartner mit wenig Verständnis für Ihre Prioritäten, können Sie vorab klären. Je mehr Lücken Sie jedoch haben, umso kritischer sollten Sie Ihr Projekt hinterfragen.

1. Ihre Persönlichkeitsstruktur

Unternehmertum erfordert zahlreiche Fähigkeiten, die jedoch nicht alle in gleich hohem Maße erfüllt werden müssen. Überlegen Sie bei jedem der folgenden Punkte selbst, wie Sie sich einschätzen würden. Nachfolgend können Sie zur Probe den kleinen Test in Tabelle 1 machen.

- **Eigenmotivation:** Sie müssen sich immer wieder selbst motivieren können. Dies fällt gerade in schlechten Zeiten nicht immer leicht. Motivator kann z. B. die Aufgabe oder die Vision sein. Diese Eigenschaft kann Ihnen niemand ersetzen. Unternehmertum ohne Eigenmotivation ist undenkbar. Es fällt leichter, wenn Sie nette Angestellte haben und das Umfeld stimmt. Ganz besonders fällt hierbei auch der Gegenstand Ihres Unternehmens ins Gewicht. Sie sollten inhaltlich Spaß haben an dem, was Sie tun. Das erleichtert ungemein.

Sie sollten also keinesfalls dem weiter oben beschriebenen „Deferred Life Plan" folgen und Ihr Leben erst nach dem erfolgreichen Unternehmertum leben wollen.

- **Enthusiasmus:** Als Unternehmer müssen Sie ständig verkaufen: gegenüber Kunden, Finanziers, Geschäftspartnern und Mitarbeitern. Eigenmotivation, Optimismus und kommunikative Fähigkeiten sind die Voraussetzung dafür. Eine gute Portion Enthusiasmus macht Ihnen das Geschäftsleben deutlich leichter.

- **Kommunikative Fähigkeiten:** Nur mittels gelungener Kommunikation vermitteln Sie Ihre Ideen, verkaufen Sie Ihre Produkte und begeistern Sie Ihre Mitarbeiter für Aufgaben. Gute Kommunikation erleichtert Ihnen das Geschäftsleben.

- **Verkaufstalent:** Dieses Talent ist besonders wichtig, wenn Sie mittels Direktvertrieb verkaufen. Dann müssen Sie zum potenziellen Kunden und ihn von Ihrem Produkt oder ihrer Dienstleistung überzeugen. Wenn Sie ein Ladengeschäft betreiben, ist dieses Talent weniger wichtig, aber dennoch hilfreich. Fehlendes Verkaufstalent können Sie später durch talentierte Vertriebsmitarbeiter ausgleichen. Es hilft aber, selbst gut verkaufen zu können. Verkaufstalent bedeutet dabei nicht nur die Fähigkeit, gut kommunizieren zu können. Es beinhaltet z. B. auch die Fähigkeit, gut zuhören zu können (nämlich Ihrem Kunden), Verkaufsargumente parat zu haben und an der richtigen Stelle anbringen zu können und selbstsicher auch bei mürrischen Kunden aufzutreten.

- **Entscheidungsfreude/Risikofreude:** Sie werden oft entscheiden müssen – und vielfach unter Unsicherheit. Es ist oftmals nicht sinnvoll, die Unsicherheit maximal reduzieren zu wollen. Denn dies ist unökonomisch und im Geschäftsleben praktisch nicht durchsetzbar. Auch dieses Talent kann Ihnen keiner abnehmen. Wenn kleinere Entscheidungen liegen bleiben, geht das eine ganze Weile lang gut. Bei größeren Entscheidungen kann dies das Überleben des Unternehmens gefährden. Als Voraussetzung brauchen Sie die Grundfähigkeit, wichtige von weniger wichtigen Entscheidungen trennen zu können.

- **Standhaftigkeit/Offenheit:** Als Unternehmer werden Sie permanent herausgefordert: von Kunden, Geschäftspartnern und Mitarbeitern. Hier gilt es, einen nicht immer einfachen Kompromiss zwischen dem Festhalten an der eigenen Meinung und der Offenheit gegenüber anderen Meinungen zu finden. Auch die anderen Meinungen können richtig sein. Ihr Maßstab sollte sein, was am besten für das Unternehmen ist. Dies hört sich deutlich einfacher an, als es ist.

- **Selbstsicherheit:** Selbstsicherheit hat nur indirekt etwas mit Standhaftigkeit zu tun. Selbstsicherheit umfasst auch, die Sichtweise anderer zu hören und eventuell als besser anzuerkennen, ohne dies als Niederlage anzusehen. Auch dies ist nicht immer einfach. Natürlich brauchen Sie als Verkäufer sowie als Führungspersönlichkeit ein gewisses Mindestmaß an Selbstsicherheit.

- **Delegationsfähigkeit:** Als Unternehmer müssen Sie delegieren können. Das betrifft die Nutzung von Dienstleistern sowie der eigenen Mitarbeiter. Versuchen Sie nicht, alles selbst zu machen. Sie als Unternehmer müssen die wichtigsten Dinge erledigen, die anderen den Rest. Auch diese Fähigkeit ist nicht immer ausgeprägt. Wenn Sie Perfektionist sind, sind Sie oftmals der Meinung, dass nur Sie eine bestimmte Aufgabe am besten können. Es ist schwer, davon abzulassen. In vielen Fällen ist es aber dringend geboten, um sich nicht selbst zu überlasten.

- **Längere Arbeitszeiten:** Als Unternehmer müssen Sie längere Arbeitszeiten in Kauf nehmen. Wenn Sie Ihre Freizeit höher bewerten, sollten Sie sich nicht auf dieses Abenteuer einlassen. Denn als Unternehmer können Sie deutlich schlechter planen. Oftmals kommen Sie tagsüber gar nicht zu den Dingen, die Sie machen wollten, und müssen diese später am Tag erledigen. Zudem sind Sie häufig gedanklich mit Ihrem Unternehmen beschäftigt und kommen nur schwer zur Ruhe.

Beispiel

Verkaufstalent mit Konflikten. Sie wollen ein großes Unternehmen überzeugen, Ihre Produkte zu kaufen oder Ihre Dienstleistungen zu nutzen. Dazu müssen Sie selbst eine gewisse Größe und Souveränität ausstrahlen. Denn der Auftraggeber ist als Person in eine Hierarchie in seinem Unternehmen eingebunden und muss seine Lieferantenwahl erklären können. Hat er ein kleines Unternehmen beauftragt und es geht schief, wird man ihm die Schuld geben. Vorwürfe der folgenden Art wären die Folge: „Wie konnten Sie den Auftrag nur an ein so kleines Unternehmen vergeben?" Nun ist Ihr Unternehmen kurz nach der Gründung nur selten wirklich groß. Sie haben dann zwei Möglichkeiten: Sie starten erst einmal mit kleineren Kunden und arbeiten sich langsam hoch. Dies dauert oft lange und manchmal bekommen Sie den Dreh für das notwendige Wachstum so nicht hin. Oder Sie versuchen die Chance bei dem Großunternehmen zu nutzen. Dann müssen Sie notgedrungen, um überhaupt für das Geschäft in Frage zu kommen, selbstsicher auftreten und „etwas dicker auftragen". Die Grenze würde hier vermutlich jeder anders ziehen. Mit den puren Fakten tun Sie sich aber in der Regel keinen Gefallen.

Sie sollten Ihre Fähigkeit in den angesprochenen Punkten ehrlich einstufen. Machen Sie zur Probe Ihrer Fertigkeiten den Test in Tabelle 1 und zählen Sie anschließend Ihre Punkte zusammen. Sie sollten im Test in Summe mindestens 27 Punkte erreichen. Bei den Fähigkeiten Eigenmotivation und längere Arbeitszeiten sollten Sie sich selbst mindestens eine 4 gegeben haben. Ansonsten ist es angeraten, sich noch einmal gründlich Gedanken über Ihr Vorhaben zu machen.

Fähigkeit (1 = kaum ausgeprägt, 5 = sehr stark ausgeprägt)	1	2	3	4	5
Eigenmotivation					
Enthusiasmus					
Kommunikative Fähigkeiten					
Verkaufstalent					

Entscheidungsfreude/Risikofreude				
Standhaftigkeit/Offenheit				
Selbstsicherheit				
Delegationsfähigkeit				
Längere Arbeitszeit				

Tabelle 1:   *Test der Persönlichkeitsmerkmale eines Unternehmers*

2. Ihr persönliches Umfeld

Ebenso wichtig wie Ihre persönlichen Fähigkeiten ist das Umfeld, in dem Sie sich befinden. Dies besteht aus sozialen sowie ökonomischen Faktoren. Soziale Faktoren sind Ihre Familie sowie Ihre persönliche Gesundheit. Der wichtigste ökonomische Faktor ist das finanzielle Risiko, das Sie durch Ihr Unternehmertum eingehen.

Gerade im Umfeld Ihrer Familie sollten Sie sehr genau prüfen: Ist Ihr Lebenspartner bereit, sowohl Einbußen hinsichtlich der gemeinsam verbrachten Zeit sowie eventuell finanzieller Art hinzunehmen? Ist seine Unterstützung zu erwarten, wenn es mal nicht so gut läuft? Oder erwartet der Lebenspartner oder andere Familienmitglieder einen Statusgewinn durch Ihre Tätigkeit und reagiert entsprechend zusätzlich belastend, wenn es mal nicht so gut läuft? Sind Sie selbst bereit, weniger Zeit mit Ihren Kindern zu verbringen und sie vielleicht gerade in den frühen Wachstumsphasen weniger zu sehen?

Um unliebsame Überraschungen zu vermeiden, müssen Sie Ihre Finanzen sehr solide geplant haben. Eine finanzielle Schieflage kann Ihr gesamtes Umfeld ins Wanken bringen. Sie müssen daher auf jeden Fall Ihren Eigenbedarf in Ihrem Geschäftsplan mit berücksichtigen und Finanzierungen entsprechend erhöhen. Ein paar persönliche Rücklagen zur Sicherheit tragen zusätzlich zur Beruhigung bei.

Ihre Selbstdefinition – die schwierige deutsche Sprache

Als Gründer sehen Sie sich einem vielleicht unvermuteten Problem gegenüber: In der deutschen Sprache herrscht ein Begriffswirrwarr, der es Ihnen schwierig machen könnte, sich selbst zu benennen.

In der deutschen Sprache gibt es „Selbständige", „Freiberufler", „Gewerbetreibende", „Existenzgründer", „Unternehmer", „Geschäftsleute" usw. All diese Begriffe bezeichnen Menschen, die auf eigenes Risiko ihren Lebensunterhalt bestreiten. Manche Begriffe sind rechtlich, manche sind eher umgangssprachlich geprägt. Im allgemeinen Sprachgebrauch werden sie ohne erkennbare Unterscheidung gleichberechtigt benutzt. Wie Sie sich nennen, bleibt Ihnen überlassen. Ich habe auf die Frage, „was ich mache" oft gesagt: „Ich bin selbständig", oder „Ich leite ein Unternehmen". Sich selbst zu bezeichnen ist gar nicht so einfach, wenn man sein eigenes Unternehmen als Geschäftsführer leitet. Spätestens wenn Sie bei einer Behörde oder einer anderen Organisation (z. B. Ihrer Krankenkasse) gefragt werden, welchen Beruf Sie haben, macht sich eine gewisse Hilflosigkeit breit: „Unternehmer" sei kein Beruf, wurde mir von meiner Krankenkasse mitgeteilt, „Dipl.-Kaufmann" auch nicht, „Geschäftsführer" vielleicht.

Tabelle 2 ordnet im Alltag immer wiederkehrende Begriffe genauer ein. Die umgangssprachliche Bedeutung kennen Sie selbst. Hier soll insbesondere die spezifische Bedeutung angegeben werden.

Begriff	Spezifische Erklärung
Selbständige	„Selbständig" ist ein Begriff des Steuerrechts. Einkünfte aus selbständiger Arbeit sind eine eigene Einkunftsart. Sie ist nahezu deckungsgleich mit dem Begriff „Freiberufler". Nicht-Selbständige sind Angestellte. Diese beziehen Einkünfte aus nichtselbständiger Arbeit. „Selbständig" ist die in der Umgangssprache am häufigsten anzutreffende Bezeichnung für Unternehmer.
Freiberufler	Der Begriff „Freiberufler" erlangt vor allem im Steuerrecht eine Bedeutung. Freiberufler sind, mit wenigen Ausnahmen, im Steuerrecht deckungsgleich mit Selbständigen. Sie haben den Vorteil, dass Sie keine Gewerbesteuer zahlen müssen.

Ihre Selbsdefinition – die schwierige deutsche Sprache

Begriff	Spezifische Erklärung
Gewerbetreibende	Der Begriff an sich kommt selten vor. Eher der Begriff „Gewerbebetrieb". Im Steuerrecht stellen „Einkünfte aus Gewerbebetrieb" einen gewissen Gegenpol zu „Einkünften aus selbständiger Arbeit" dar. Nur Erstere müssen Gewerbesteuer zahlen.
Geschäftsführender Gesellschafter / Managing Director	Dieser Begriff deckt eine Lücke in der Begriffswelt ab. Ein geschäftsführender Gesellschafter ist an einer Kapitalgesellschaft beteiligt und leitet sie. Ohne diesen Begriff könnte er sich „Geschäftsführer" oder „Eigentümer" nennen. Beide Begriffe greifen aber zu kurz. Im Arbeitsrecht/Sozialrecht ist der Begriff insofern relevant, als dort festgelegt wird, wann es sich bei einem geschäftsführenden Gesellschafter um einen Angestellten und wann um einen Selbständigen/Gewerbetreibenden handelt. „Managing Director" ist die englische Version des Begriffs.
Geschäftsführer / Vorstand	Der Begriff „Geschäftsführer" bezeichnet den Leiter eines Unternehmens. Er muss kein Unternehmer sein. Er kann auch (und ist es oft) leitender Angestellter eines Unternehmens sein. Der Begriff „Geschäftsführer" wird im Rahmen von Personengesellschaften und der GmbH angewendet. In der AG heißt er „Vorstand".
Kaufleute	„Kaufmann" ist ein wesentlicher Begriff des HGB. Kaufleute sind bestimmte Gewerbetreibende. Wer sich als Kaufmann qualifiziert, unterliegt den zum Teil strengen Regelungen des HGB.
Existenzgründer	Der Begriff „Existenzgründer" hat vor allem in der Politik und zum Teil in Förderregelungen eine Bedeutung. Dem Begriffsinhalt entsprechend werden damit Unternehmer bezeichnet, die ihr Unternehmen gerade starten. In der Umgangssprache verbindet man mit dem Begriff eher kleinere Unternehmensgründungen („Kleingründungen").
Unternehmer	„Unternehmer" ist wohl der am weitesten verbreitete umgangssprachliche Begriff. Leider hat er in Deutschland oft auch einen negativen Beigeschmack.

Tabelle 2:   Bezeichnungen für Unternehmer

Die verwirrende Begriffsvielfalt liegt nicht nur bezüglich der Person des Unternehmers vor. Auch für das Unternehmen an sich gibt es eine Vielzahl von Begriffen, die in Tabelle 3 aufgezeigt werden.

Begriff	Spezifische Erklärung
Gewerbe/ Gewerbebetrieb	„Gewerbebetrieb" kann als „rechtliche Mutter" vieler anderer Unternehmensbegriffe gesehen werden. Ein „Gewerbebetrieb" ist gewerblich tätig – im Gegensatz zu freiberuflicher Tätigkeit oder einer land- und forstwirtschaftlichen Betätigung. Im Steuerrecht erlangt der Begriff große Bedeutung, denn „Einkünfte aus Gewerbebetrieb" sind eine eigene Einkunftsart. Gewerbebetriebe müssen zudem Gewerbesteuer zahlen. Freiberufler müssen dies gegenwärtig (noch) nicht.
Firma	„Firma" ist ein Begriff insbesondere des HGB. Unter „Firma" wird die Bezeichnung eines Handelsgewerbes / Unternehmens verstanden, also der Unternehmensname. Ist das Unternehmen nicht im Handelsregister eingetragen, spricht man von Geschäftsbezeichnung, einem Begriff der GewO.
Handelsgewerbe	„Handelsgewerbe" ist ein Begriff insbesondere des HGB und engt den Begriff Gewerbebetrieb weiter ein. Wer ein Handelsgewerbe betreibt, ist ein Kaufmann.
Gesellschaft	„Gesellschaft" ist ein Begriff des Gesellschaftsrechts. Gesellschaft bezeichnet normalerweise die Zusammenarbeit mindestens zweier Partner mit einem gemeinsamen Ziel und entsprechend bestimmter Regeln. Eine Ausnahme stellt die GmbH dar, die nur einen Gesellschafter hat (die so genannte „Ein-Mann-GmbH").
Unternehmen	„Unternehmen" ist wohl der am weitesten verbreitete umgangssprachliche Begriff.

Tabelle 3: *Bezeichnungen für Unternehmen*

Teil II

Die Geschäftsidee für Ihr Unternehmen

Eine gute Geschäftsidee basiert auf einem unerfüllten Bedarf einer hinreichend großen Anzahl potenzieller Kunden.

> **Wichtige Regeln**
>
> - Ihr Angebot muss Probleme des Kunden lösen.
> - Suchen Sie nicht nach Produkten, die jedem gefallen; kein Unternehmen hat 100 % Marktanteil.
> - Kopieren ist nicht die Ausnahme, sondern eher der Standard in der Wirtschaft; nutzen Sie diese Methode.
> - Franchising ist gut für Unternehmer, die ihr Risiko reduzieren wollen.
> - Auch wenig innovative Geschäftsideen können sehr erfolgreich werden.
> - Man muss nicht immer der Erste im Markt sein.
> - Es ist mit einer Idee nicht getan; Sie werden permanent neue Ideen finden und umsetzen müssen.

Viele Gründer haben bereits eine klare Idee, was der Gegenstand ihres Unternehmens sein soll. Vielfach basiert die Idee auf vergangener Erfahrung im Arbeitsleben oder der Ausbildung. Ein Auszubildender in einem Handwerksberuf wird vermutlich eine Idee im Bereich des von ihm gelernten Handwerks entwickeln. Ein Angestellter im Marketing eines größeren Unternehmens wird eher eine Idee im Bereich Marketing-Agentur oder Marktforschung entwickeln. Denjenigen Gründern, die noch keine klare Idee haben, sollen im Folgenden Hilfestellungen gegeben werden. Allerdings sollten auch die Gründer, die sich bereits auf eine Idee festgelegt haben, die folgenden Ausführungen nicht vernachlässigen: Als Gründer mit einem eigenen Unternehmen werden Sie permanent auf der Suche nach neuen Ideen sein, um sich und Ihr Unternehmen weiter zu entwickeln.

Gute Ideen, gute Geschäftsmöglichkeiten entstehen selten per Zufall. Gute Ideen sind vielfach das Ergebnis eines längeren Entdeckungs- oder Entwicklungsprozesses (bei dem der Zufall wiederum eine nicht zu vernachlässigende Komponente ist). Großunternehmen beschäftigen z. B. umfangreiche Abteilungen (Forschung & Entwicklung, Marketing, Produktentwicklung), die für die Generierung und den Test neuer Ideen zuständig sind. Natürlich können Sie sich einen entsprechenden Aufwand gar nicht leisten. Etablierte Unternehmen investieren auf jeden Fall mehr Zeit in Forschung und Entwicklung, als Sie das können. Das heißt aber keinesfalls, dass alle guten Ideen bereits gedacht und vergeben sind. Ganz im Gegenteil. Sie haben nämlich einen entscheidenden Vorteil gegenüber den etablierten Unternehmen: Ihre Motivation ist ungleich höher. Sie suchen eine Idee für sich selbst, eine Idee, mit der Sie sich identifizieren können und wollen. Erfahrungsgemäß bedeutet dies, dass Sie offener für Ihre Umgebung und die sich ergebenden Chancen sind. Sie sind quasi permanent im Einsatz. Etablierte Unternehmen verpassen große Chancen reihenweise, weil sie und ihre Mitarbeiter bereits erfolgreich, d. h. „satt" sind, und weil sie sich in einem Netzwerk von internen und externen Beziehungen befinden, das sie nicht so einfach lösen können und daher unflexibler sind.

Beispiel

Der verpasste Markttrend. IBM dominierte Anfang der 80er Jahre den Markt für Computer. Die Dominanz war so groß, dass man sich für unschlagbar hielt und die Konkurrenz belächelte. Forschung und Entwicklung konzentrierten sich auf Großrechner. Man verpasste, trotz umfangreicher Signale aus dem Markt, den Trend zu kleineren Rechnern und die aufstrebende Dominanz der Software. Es fehlten die Motivation, sich dem neuen Markt anzunehmen, und die Flexibilität, dies zustande zu bringen.

Beispiel

Die fehlende Flexibilität von Großunternehmen. Michael Dell startete die Firma Dell in seiner Studentenbude. Compaq, Hewlett-Packard, IBM usw. existierten bereits alle. Wer den Markt für PC-Hardware kennt, weiß, wie sehr dieser umkämpft ist. Die Idee von Dell war, Computer direkt, also via Katalog direkt an die Kunden zu verkaufen und erst nach Bestellung zusammenzubauen. Die etablierten Wettbewerber vertreiben ihre Ware über ein breites Netzwerk an Händlern und haben keinen direkten Kundenkontakt. Auch als klar wurde, dass Dell mit seiner Strategie äußerst erfolgreich werden würde, haben die etablierten Wettbewerber wenig reagiert. Denn zum einen hätten sie eine umfangreiche Endkundenlogistik aufbauen müssen, um den Kunden direkt beliefern zu können (inkl. Rechnungswesen, Inkasso, Retouren usw.). Zum anderen, und noch viel schwieriger: Sie hätten ihr etabliertes Netzwerk an Händlern durch den Direktverkauf gefährdet. Denn die Händler hätten sofort gewusst, dass sie Geschäft verlieren werden, und hätten dem abtrünnigen Hersteller ihren eigenen Vertriebsweg sofort verbaut und ihn aus dem Programm genommen. Die entsprechende Umsatzeinbuße, gepaart mit dem Risiko, das vorherige Umsatzniveau nicht schnell genug durch den Direktverkauf wieder einholen zu können, wollte sich keiner leisten. Die etablierten Wettbewerber waren deutlich weniger flexibel.

Es gibt dutzende Abhandlungen über das Phänomen, warum etablierte, größere Unternehmen vergleichsweise wenig innovativ sind. Eine Lösungsmöglichkeit wird interessanterweise darin gesehen, wieder kleiner zu werden. Dazu werden Unternehmensteile ausgegliedert, Hierarchien entsorgt, leistungsgerechte Bezahlung eingeführt – alles mit dem Ziel, die Mitarbeiter zu Gründern zu machen. Sie sehen also: Ihre Ausgangsposition, gute Ideen zu entwickeln, ist gut. Wenn sich erste Erfolge einstellen, müssen Sie nur aufpassen, dass Sie selbst nicht zu schnell etabliert und satt werden.

Optionen zur Ideenfindung

Grundsätzlich gibt es drei mögliche Vorgehensweisen zur Generierung Ihrer bevorzugten Geschäftsidee:

1. Sie können die Idee selbst entwickeln.
2. Sie können fremde Ideen kopieren.
3. Sie können Vorschläge Dritter übernehmen.

Vielfach sind es Kombinationen aus allen drei Optionen, die zu Ihrer bevorzugten Idee führen. Bevor diese Optionen näher beleuchtet werden, sollten Sie folgenden Hinweis beachten, der sich auf der Stufe der Ideenfindung als nützlich erwiesen hat: Sie werden Ihre Ideen sicher mit Ihrem Umfeld besprechen. Und Sie werden mit Sicherheit auch kritische Stimmen über Ihre Ideen hören – und dies vermutlich eher, als Sie Zustimmung erhalten werden. Lassen Sie sich nicht einfach durch die Aussage einzelner Personen von einer einmal gefundenen Idee abbringen, wenn Sie davon überzeugt sind. Es gibt kein Produkt und keine Dienstleistung, die jedem gefällt. Viele Produkte sind auf klar definierte Teilmärkte, d. h. eine bestimmte Gruppe von Kunden, zugeschnitten und sollen gar nicht für jedermann tauglich sein. Dies wird offensichtlich durch die Tatsache, dass nur die wenigsten Produkte und Dienstleistungen einen Marktanteil von über 50 % haben. Dies gilt auch, wenn sich die Betrachtung nur auf die kleineren Zielmärkte eines Unternehmens beschränkt. Statistisch gesehen muss daher mindestens jeder Zweite Kritik an Ihrer Idee ausüben. Wenn Sie daher Kritik hören, sollten Sie versuchen, den Einwand zu konkretisieren (z. B. durch Nachfragen). Handelt es sich bei dem Einwand wirklich um ein wichtiges Element, welches Sie selbst in Ihrer Bewertung vergessen haben, müssen Sie Ihre eigene Idee kritisch überdenken.

1. Eigene Entwicklung

Die Eigenentwicklung einer geeigneten Idee erfolgt am besten im Rahmen eines kreativen Prozesses. Leider führt ein kreativer Prozess nicht unweigerlich zu einer neuen und Erfolg versprechenden Idee. Es sind unter Umständen viele Schleifen, viele Wiederholungen notwendig. Die Entwicklung einer Erfolg versprechenden Idee kann mühsam sein und erfordert Ausdauer und Zielstrebigkeit. Wenn Sie wenig Zeit haben oder sich selbst als nicht sehr kreativ einschätzen, sollten Sie sich besser den anderen Optionen zuwenden. Vielleicht ist bei dem umfangreichen Angebot von Franchise-Systemen ein für Sie überzeugendes Angebot dabei. Dies gilt natürlich auch für Gründer, die nach einer eingehenden kreativen Phase keine überzeugende Idee finden konnten.

Eine gute Geschäftsidee basiert auf einem unerfüllten Bedarf einer hinreichend großen Anzahl potenzieller Kunden. Oft ist der Bedarf, wenn auch nicht einfach, so aber direkt erkennbar. Der Bedarf kann dann drei verschiedene Ursachen haben:

- Regionale Unterversorgung in einem Segment, z. B. bei Eisdielen, Bäckereien, Apotheken, Ärzten usw.

- Fehlendes Angebot eines ganzen Produktsegments, z. B. private Weltraumflüge

- Nicht-optimale Form der heutigen Angebotsstruktur oder Leistungserbringung, z. B. schwer bedienbare und uneffektive Reinigungsgeräte

Beispiel

Regionale Unterversorgung als Geschäftstreiber. In vielen größeren Tageszeitungen finden Sie seit Jahren Anzeigen der Art: „Suche Standorte mit ca. 200 qm mit Einzugsbereich von ca. 3.000 Haushalten. Biete langfristige Mietverträge. Provision für Vermittlung." Hier versuchen Ketten – ein prominentes Beispiel ist die Drogeriekette Schlecker – Lücken in der Bedarfsdeckung zu finden und zu schließen. Sie bitten dabei sogar die Bevölkerung um Mithilfe.

Beispiel

Produktinnovation als Geschäftstreiber. Herr Dyson, ein Engländer, ärgerte sich über die Umständlichkeit, Staubsaugerbeutel in den Staubsauger einlegen zu müssen, sowie über den schnellen Saugkraftverlust des Staubsaugers, wenn der Beutel auch nur leicht gefüllt war. Fortan verbrachte er ca. 10 Jahre mit der Entwicklung eines Staubsaugers, der ohne Staubsaugerbeutel, auf Zentrifugalkraft basierend, auskam und effektiver arbeitete als andere Staubsauger. Diesem neuen Gerät gab er zudem noch ein exklusives Design. Heute hat Herr Dysons Firma ca. 2.000 Mitarbeiter und verkauft 12 Mio. Staubsauger pro Jahr. Der von ihm entwickelte Staubsaugertyp wird vermutlich den Standard für die Zukunft aller Staubsauger setzen.

Manchmal ist der Bedarf aber nicht direkt erkennbar. Das Angebot schafft den Bedarf erst. Auch in professionellen Kundenumfragen hätte man keinen großen Bedarf an einem zu testenden, fiktiven Angebot erkannt. Erst die reale Existenz des Angebots hat, unter Umständen über einen längeren Zeitraum, den Bedarf entstehen lassen.

Beispiel

Life-Style-Kaffee als unerkannter Bedarf. In Deutschland konnte man Kaffee jahrelang nur „in einfachen Versionen" bei Tchibo, Eduscho und in zahlreichen Cafés und Restaurants bestellen. Tchibo und Eduscho bauten ihr Geschäft nicht auf Basis von Kaffee weiter aus, sondern fingen an, preiswerte, qualitativ günstige Produkte aus allen möglichen Bereichen anzubieten. Keiner konnte sich so recht vorstellen, dass es einen Bedarf für ein Life-Style-Konzept auf Basis zahlreicher Sorten und Zubereitungsarten von Kaffee geben könnte. Nur langsam entwickelten sich in den Großstädten Kaffeehäuser nach amerikanischem Vorbild (dem Vorbild von Starbucks). Heute findet man in Großstädten an jeder Ecke ein modernes Lifestyle-Kaffeehaus. Der Bedarf wurde durch das Angebot geweckt.

Abbildung 2 zeigt den Prozess zur Findung einer geeigneten Geschäftsidee. Die einzelnen Schritte werden nachfolgend detaillierter beschrieben.

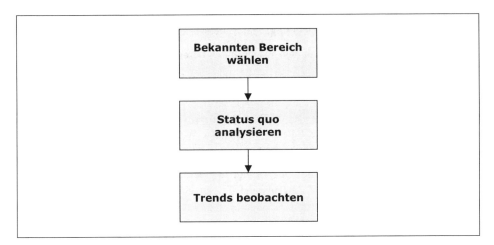

Abbildung 2: Kreativer Prozess zur Ideenfindung

1.1 Einen bekannten Bereich wählen

Idealerweise wählen Sie sich einen Bereich als Spielwiese, in dem Sie sich gut auskennen – durch Ihr Berufsleben, durch privates Interesse oder durch Einflüsse aus dem Kreise von Verwandten und Freunden. Alternativ können Sie sich auch einen neuen Bereich auswählen, wenn Sie glauben, diesen schnell überblicken zu können, und Sie ein entsprechendes Interesse mitbringen. Sie werden beispielsweise, trotz der Überzeugung, dass der Markt in Zukunft sicher wachsen wird, nur in seltenen Fällen in den Bereich Medizintechnik einsteigen, wenn Sie von diesem Bereich bisher keine Ahnung haben.

Die Vorteile dieser Fokussierung liegen auf der Hand. Dort wo Sie sich auskennen, können Sie schlummernde Bedürfnisse am schnellsten aufdecken. Und Sie können diese Bedürfnisse besser verstehen und besser abschätzen, ob es wirklich einen Markt dafür gibt. Denn Sie selbst sind Ihre schnellste Testperson.

1.2 Den Status quo analysieren

Wenn Sie sich auf einen Bereich festgelegt haben, sollten Sie in einem weiteren Schritt den Status quo prüfen. Sie sollten herausfinden, wo Menschen oder Firmen – potenzielle Kunden also – Kompromisse eingehen müssen. Es geht also um die Frage, wo Menschen eine Aufgabe zwar gerne schneller und besser erledigen würden, es aber keine entsprechende Lösung auf dem Markt gibt. Sie können dabei folgenden Unterschritten folgen:

- Listen Sie Tätigkeiten auf, die in dem ausgewählten Bereich anfallen.
- Listen Sie Angebote (Produkte und Dienstleistungen) auf, die für die Unterstützung dieser Tätigkeiten angeboten werden.
- Identifizieren Sie nach Einsatz des Angebotsspektrums verbleibende Tätigkeiten, die zeitaufwendig, mühsam, fehlerträchtig oder auf sonstige Weise uneffizient oder unangenehm sind. Hier erkennen Sie die ersten Kompromisse.
- Identifizieren Sie Gründe für die fehlende Nutzung bestehender Angebote wie Preis, Verfügbarkeit, Bekanntheitsgrad, Zusatzaufwand zur Nutzung usw. Hier entdecken Sie weitere Kompromisse.

Sie müssen dies nicht alles im Selbststudium machen und sollten es auch nicht. Soweit es möglich ist, sollten Sie den Alltag in dem von Ihnen gewählten Bereich beobachten. Zusätzlich sollten Sie Freunde, Bekannte und Verwandte einbeziehen, die sicher ihre eigenen Ärgernisse in dem untersuchten Bereich äußern werden. Entsprechendes gilt natürlich auch für Geschäftspartner, wenn Sie sich auf einen Bereich fokussieren, der keinen Endkundenkontakt hat. An dieser Stelle müssen Sie sich noch keine Sorgen um den „Diebstahl" einer möglichen Idee machen. Noch haben Sie nichts konkret ausformuliert.

Die gefundenen Kompromisse dienen als Grundlage für die erste Entwicklung einer Idee. Denn die Kompromisse weisen auf einen unerfüllten Bedarf hin. Ob Ihre Idee wirklich markttauglich ist, kann an dieser Stelle noch nicht gesagt werden. Sie müssen dazu weitere Prüfungen vornehmen. Sie können aber schon einmal Ihren Schnelltester – nämlich sich selbst – fragen. Würden Sie selbst Interesse an Ihrer Idee haben und prinzipiell bereit sein, Geld dafür auszugeben, wenn diese von jemand anderem angeboten würde?

Nachfolgend sollen ein paar typische, allgemeingültige Kompromisse aufgezählt werden. Darüber hinaus gibt es jedoch eine Vielzahl spezifischer Kompromisse:

- Zu lange Wege, um ein Angebot wahrzunehmen
- Zu lange Wartezeiten
- Zu geringe oder auch zu große Auswahl
- Fehlender Service
- Zu umständliche Anwendung
- Keine Flexibilität bei den Zahlungsbedingungen, z. B. keine Ratenzahlung

Beispiel

Der Medienbruch als Kompromiss. Der Beginn des Computerzeitalters war durch zahlreiche Einzelanwendungen geprägt. Es gab für viele Unternehmensbereiche Softwarelösungen, die aber nicht miteinander arbeiteten. Die bestehenden Medienbrüche verursachten einen erheblichen Aufwand und reduzierten den Nutzen der Einzelanwendungen in hohem Maße. Die Beseitigung dieser Medienbrüche war das Ziel von SAP. SAP ist es zuerst gelungen, eine einheitliche Softwarelösung für viele Unternehmensbereiche zu schaffen. Die Daten fließen frei zwischen den einzelnen Teilanwendungen. Das händische Umformatieren der Daten zum Transfer zwischen den Anwendungen wurde erheblich reduziert. Die Einheitlichkeit der Lösung war der Kernkompromiss, den SAP löste. Die Belohnung ist die Marktführerschaft bei Unternehmenssoftware.

1.3 Trends beobachten

Mit einer Betrachtung des Status quo allein decken Sie noch nicht alle Optionen für eine potenzielle Geschäftsidee auf. Viele Bereiche werden sich in Zukunft verändern. Treiber für diese Veränderung sind Trends, die sich auf den gewählten Bereich auswirken. Durch diese Trends werden zukünftig neue Kompromisse und damit zukünftig ungedeckter Bedarf entstehen. Bei der Analyse der Wirkung der Trends und der Auffindung möglicher Geschäftsideen können Sie ähnlich vorgehen, wie im vorstehenden Kapitel beschrieben. Der Einstieg gestaltet sich natürlich schwieriger, denn Sie betrachten nun einen Zustand in der Zukunft.

Es gibt zahlreiche Trends bzw. Klassifizierungen von Trends, die Sie als Startpunkt für Ihre Analysen nehmen können. Diese Trends werden oft von so genannten Zukunftsforschern oder Trendscouts aufgestellt. Ob diese Trends wirklich relevant für die Zukunft sind, können Sie selbst am besten abschätzen, wenn Sie sich in einem Ihnen bekannten Bereich bewegen.

Folgende Klassifizierung von Trends können Sie als Startpunkt für Ihre Prognose der Zukunft wählen:

- Demografische Trends – Überalterung der Bevölkerung, geburtenschwache Jahrgänge, mehr Singlehaushalte
- Ökonomische, soziale, kulturelle Trends
- Umweltbezogene Trends
- Technologische Trends – Kommunikationsmöglichkeit überall und zu jeder Zeit, unbegrenzte Bandbreiten zur Datenübertragung, Miniaturisierung von Maschinen (Nanotechnik)
- Politische, rechtliche Trends

Für ökonomische Trends eignet sich die in Tabelle 4 aufgezeigte Klassifizierung (Kotler 2003, S. 160). Da diese jedoch aus dem nordamerikanischen Wirtschaftsraum stammt, sollte sie nicht vorbehaltlos übernommen werden.

Trend	Beschreibung
Verankerung	Rückbesinnung auf alte Werte und Lebensarten, z. B. Yoga
Leben genießen	Wunsch, ein längeres und vergnüglicheres Leben zu führen, z. B. durch bewusste Ernährung
Einfaches Leben	Wunsch, ein weniger hektisches Leben zu führen
Gruppenanschluss	Wunsch, sich einer Gruppe anzuschließen, um Sicherheit zu erfahren
Abkühlen	Sich der Hektik des Alltags entziehen durch Rückzug in die eigenen vier Wände
Jünger fühlen	Ältere Menschen fühlen und verhalten sich zunehmend wie junge Menschen
Ökonomische Realisierung	Selbsterfüllung durch Besitz und Erfahrung
Abwechselung vom Alltag	Temporärer Ausbruch aus dem Alltag, z. B. durch Teilnahme an einer Safari
Multi-Tasking	Bewältigung mehrerer Aufgaben auf einmal, um das Leben voll auszuschöpfen
Soziale Verantwortung	Verwendung sozialer Werte, nachhaltiger Entwicklung als aktiver Lebensleitlinie
Differenz der Geschlechter	Erkenntnis der Unterschiedlichkeit der Geschlechter beeinflusst das Verhalten

Trend	Beschreibung
Hausmänner	Männer nehmen öfter die Rollen ein, die früher von den Frauen ausgefüllt worden
Kleine Vergnügen	Man gönnt sich aktiv kleinere Vergnügen, wie z. B. eine Wellness-Behandlung
Offenes Vergnügen	Vergnügen am Leben und Erfolg wird offener zur Schau getragen; es wird weniger Zurückhaltung geübt
„Kleine" Marken	Rückkehr zu kleineren Marken und lokalen Organisationen als Abkehr vom Massenmarkt
Kompromisslosigkeit	Schlechte Leistungen werden nicht mehr akzeptiert

Tabelle 4:   Ökonomische Trends für Konsumenten

Überlegen Sie sich, was in Zukunft innerhalb dieser Klassen passieren wird, und spielen Sie in Ihrem Kopf die Wirkung dieser Trends auf den von Ihnen ausgewählten Bereich durch. Neben einer reinen Gedankenübung ist es natürlich zusätzlich hilfreich, einfach mit offenen Augen durch die Welt zu gehen. Im Fernsehen, in Zeitungen und Zeitschriften, im täglichen Leben sieht man alle Arten von Trends. Natürlich müssen Sie im Rahmen dieser Vorgehensweise mit einer gewissen Unsicherheit leben. Sie können bei vielen Trends nicht sagen, ob diese nachhaltig sein werden (also gar keine Trends sind). Konzentrieren Sie sich daher besser auf deutlich erkennbare Trends, die sich über einen Zeitraum von mehreren Jahren auswirken. Dazu kommt die Unsicherheit, ob die von Ihnen geschätzte Wirkung eines Trends auch in der entsprechenden Weise auftritt. Aber gerade eine noch von keinem Konkurrenten bearbeitete, zukünftige Situation bietet immense Chancen.

Die Analyse von Trends sollten Sie auch dann durchführen, wenn Sie bereits bei der Analyse des Status quo eine gute Geschäftsidee ausfindig machen konnten. Denn in Zukunft könnte sich die von Ihnen gewählte Betätigung verändern und Ihrer gewählten Geschäftsidee die Grundlage entziehen. Dies ist aber keineswegs die einzige Prüfung, der Sie Ihre Idee unterziehen sollten. Ich gehe darauf in Teil III genauer ein.

2. Kopieren fremder Ideen

In dem Wort „kopieren" schwingt eine etwas negative Bedeutung mit – auch wenn hier mit „kopieren" nicht nur das detailgetreue Abkupfern, sondern auch die Übernahme einer ähnlichen Idee verstanden werden soll. Sie übernehmen eine Idee, die jemand anderes vor Ihnen hatte, ohne dessen Zustimmung. Wenn Sie es mit Zustimmung und Unterstützung des Erfinders machen, sind Sie dem „Franchising" relativ nahe, welches später behandelt wird. Im

Englischen wird diese Vorgehensweise übrigens mit „me too" bezeichnet, also „ich auch" – auch dort mit einer eher negativen Betonung.

Das Kopieren einer Idee ist aber keinesfalls etwas Negatives. Im Gegenteil, es gibt kaum eine andere Methodik im Rahmen der Produktentwicklung, die mehr angewendet wird. Gute Ideen werden permanent kopiert, weil es das eigene Überleben im Markt sichert. Die Konkurrenz bzw. das Vorbild (z. B. aus dem Ausland) hat sich bereits detaillierte Gedanken zum Geschäftskonzept gemacht, erste Fehler wurden bereits entdeckt und korrigiert und der Erfolg ist eventuell absehbar. Eine gute Idee nicht zu übernehmen, wäre geradezu fahrlässig, so lange man sich im rechtlichen Rahmen bewegt. Etablierte Unternehmen versuchen permanent, Ideen des Wettbewerbs zu kopieren. In der Regel wird dies nur gemacht, wenn die Idee der Konkurrenz sich als erfolgreich erwiesen hat. Wenn man es sich aber leisten kann, wird bereits kopiert, wenn man den Erfolg der neuen Idee nicht kennt. Dann verfolgt man das Ziel, dabei zu sein, keine Chancen zu verpassen oder die Konkurrenz im Keim zu ersticken. Die Kopierfreudigkeit der Wirtschaft können Sie sehr gut in der Pharmaindustrie erkennen.

Beispiel

Kassenschlager in der Pharmabranche. Seit einigen Jahren ist Viagra, ein Medikament des amerikanischen Pharmakonzerns Pfizer, auf dem Markt. Es hilft Männern mit Erektionsstörungen. Das Produkt ist ein großer Erfolg und erschließt einen sehr großen Markt. Viagra trägt maßgeblich zu Pfizers finanziellem Erfolg bei. Andere Pharmaunternehmen wären nicht gerade geschäftstüchtig, würden sie nicht auch versuchen, an diesem Markt zu partizipieren. Viagra ist patentrechtlich geschützt. Daher versuchte die Konkurrenz, sicher auch mit der Kenntnis der Wirkungsweise von Viagra, ähnliche Medikamente herzustellen. Heute gibt es entsprechende Mittel auch von anderen Pharmaunternehmen, die es diesen ermöglichen, in diesem Markt mitzuspielen.

Auch in anderen Branchen finden Sie zahlreiche Beispiele. Sony brachte den Walkman auf den Markt, Monate später boten alle großen Elektronikkonzerne ähnliche Geräte an. Microsoft treibt die Entwicklung bei den Betriebssystemen und Büroanwendungen für Ihren PC. Open Office, ein Open-Source-Produkt, bietet viele ähnliche Ideen bis hin zur Menüführung an und setzt bei manchen noch etwas drauf. Kopieren ist der Normalfall, nicht die Ausnahme. Das Kopieren sorgt dafür, dass Produkte und Dienstleistungen im Laufe der Zeit preiswerter angeboten werden und sich in der Qualität verbessern. Oftmals hört man sogar, dass die Kopie besser ist als das Original.

Das Kopieren eigener Ideen durch die Konkurrenz sorgt dafür, dass sich Unternehmen im Wettbewerb beständig weiterentwickeln müssen. Umgekehrt bewirkt das Versäumnis oder die Unfähigkeit, sich durch Kopieren nicht mindestens auf eine Stufe mit dem Wettbewerb zu stellen, oftmals gravierende wirtschaftliche Nachteile. Man muss also auch kopieren, da es kaum gelingt, immer derjenige mit der besten Idee zu sein. In vielen Bereichen geht es gar nicht ohne Kopieren. Wenn Sie überlegen, sich mit einer Eisdiele, einer Bäckerei oder einer Apotheke selbständig zu machen, kopieren Sie zwangsläufig.

Es macht also Sinn, auf das Kopieren als Suchstrategie für Ihr zukünftiges Unternehmen zu setzen. Zugleich wird Folgendes deutlich: Wenn Sie eine gute Idee haben, wird es viele bestehende und zukünftige Wettbewerber verleiten, Ihre Idee zu kopieren. Ihre Geschäftsidee muss also beständig ausgeweitet und ergänzt werden.

2.1 Quellen für Ihre Suche

Es gibt zahlreiche Möglichkeiten, nach geeigneten Vorbildern von Geschäftsideen zu suchen:

- Suche in anderen Regionen Deutschlands
- Suche in anderen Ländern, z. B. den USA, aus denen viele Neuigkeiten inkl. neuer Geschäftskonzepte stammen
- Übertragung der Kenntnisse aus anderen Branchen – z. B. könnte man die Billig-Strategie der neuen Fluglinien auf Hotels übertragen

Als Ausgangspunkt für Ihre Suche können Sie die üblichen Methoden wählen:

- Bereisen anderer Regionen
- Erfahrungen von Freunden, Bekannten und Geschäftspartnern nutzen
- Recherchen im Internet
- Recherchen in Zeitungen und Zeitschriften, die gerne über neue Trends und Ideen aus dem Ausland berichten
- Generell mit offenen Augen durch die Welt gehen

2.2 Nicht gedankenlos kopieren

Wenn Sie nun eine scheinbar gute Idee gefunden haben, dürfen Sie sich nicht sofort an die Implementierung machen. Prüfen Sie die zu kopierende Geschäftsidee genau, auch wenn sie scheinbar gut dokumentiert ist. Einige Geschäftsideen werden beispielsweise in Zeitschriften scheinbar detailliert dokumentiert. Der Wert einer fremden Dokumenten ist insbesondere, dass Sie an einigen Stellen nicht mehr so aktiv recherchieren müssen, um Zusammenhänge oder wichtige Informationen zu verstehen. Hinterfragen Sie aber vor allem wichtige Geschäftszahlen, die Sie über eine Ihnen geeignet erscheinende Geschäftsidee hören oder lesen.

Sie müssen davon ausgehen, dass die Betreiber des Geschäfts grundsätzlich kein Interesse daran haben, eigene Geschäftszahlen öffentlich korrekt wiederzugeben. Wenn es gut läuft, wird man, um Wettbewerb zu vermeiden, schlechtere Zahlen kommunizieren und die Schwierigkeiten des Geschäfts herausstellen. Wenn es schlecht läuft, wird man bessere Zahlen kommunizieren, um dennoch einen Erfolg zu kommunizieren. Zudem haben aber auch Journalisten kein Interesse, sich absolut an die Wahrheit zu halten. Journalisten brauchen eine „Story", und Stories sind nur attraktiv, wenn sie extrem sind – positiv oder negativ.

2.3 Grenzen des Kopierens

Das Kopieren hat allerdings auch rechtlich definierte Grenzen, denn Produktentwicklung ist eine zeitraubende, kostenintensive Leistung. Der Anreiz, schöpferisch tätig zu werden, wäre in vielen Fällen erheblich reduziert, wenn jeder das Ergebnis frei für sich verwerten könnte. Die rechtlichen Regelungen sind allerdings alles andere als genau. Es müssen Grenzen für alle möglichen Bereiche des Lebens allgemeingültig definiert werden. Eine abschließende Aufzählung aller Sachverhalte ist nicht möglich. Daher sollten Sie auf jeden Fall Rechtsbeistand suchen, wenn Sie Fragen und Probleme in diesem Umfeld haben. Natürlich gilt dies nicht nur für den Fall, dass Sie fremde Ideen übernehmen wollen, sondern auch zum Schutz Ihrer eigenen Ideen. Manche IHKs bieten erste kostenlose Beratungsstunden mit Patentanwälten an. Dies ist ein guter Einstieg. Die entscheidenden Fragen wird man dort allerdings nicht klären können. Dazu sind regelmäßig spätere, kostenpflichtige Termine erforderlich.

In Deutschland ist es in der Regel so, dass Geschäftsideen an sich nicht geschützt werden können. Ein komplett neuer Service ist damit kaum zu schützen. Anders verhält es sich beispielsweise in den USA, was man im Zuge des Internetzeitalters gut verfolgen konnte. So erhob Priceline.com Anspruch auf Schutz seines gesamten Geschäftsmodells, bei dem Nutzer angeben, wie viel sie höchstens für einen Flug zahlen wollen und die Fluggesellschaften darum bieten. Aber auch in Deutschland muss man aufpassen: Geschäftsideen können natürlich wieder aus Teilelementen bestehen, die geschützt sind.

An dieser Stelle ist eine Übersicht über mögliche Schutzrechte sinnvoll. So können Sie die Quellen von Schutzrechten besser identifizieren und besser abschätzen, ob das zu kopierende Produkt oder die Dienstleistung geschützt sein könnte. Tabelle 5 gibt einen Überblick über relevante gewerbliche Schutzrechte in Deutschland. Genauere Informationen werden in Teil VIII im Kapitel „Schutzrechte" gegeben.

Schutzrecht	Kurzbeschreibung
Urheberschaft	Schützt geistige und ästhetische Werke
Patent	Schützt technische Erfindungen
Gebrauchsmuster	Schützt technische Erfindungen, die Anforderungen zur Anerkennung als Gebrauchsmuster sind aber geringer als beim Patent
Geschmacksmuster	Schützt Muster
Marke	Schützt eingetragene oder im Verkehr entstandene Unternehmenskennzeichen
Wettbewerbswidriger Nachbau	Schützt vor Nachbau, wenn keine anderen Schutzrechte bestehen; der Nachbau muss aber in besonderer Weise den Wettbewerb verzerren

Tabelle 5: *Übersicht Schutzrechte*

Für die meisten dieser Schutzrechte, mit Ausnahme der Urheberschaft und des wettbewerbswidrigen Nachbaus, gibt es Register, die vom Deutschen Marken- und Patentamt geführt werden. Ein Eintrag in diesen Registern bedeutet jedoch nicht zwangsläufig, dass das Schutzrecht unanfechtbar besteht. So werden Gebrauchsmuster und Geschmacksmuster anlässlich der Eintragung gar nicht auf die inhaltliche Korrektheit der Eintragung geprüft. Dies würde erst in einem Prozess geprüft. Um Ihre Chancen abschätzen zu können und keine Fehler zu machen, ist die Hinzuziehung eines Patentanwalts unerlässlich.

Wenn Sie im Rahmen Ihrer eigenen Recherchen auf eine Geschäftsidee gestoßen sind, deren Basis geschützte Produkte oder Dienstleistungen bilden, muss dies nicht das Ende bedeuten. Sie können natürlich auch Lizenzen des Erfinders erwerben und so dessen Rechte respektieren, aber dennoch an seiner Idee partizipieren. Nicht alle Erfinder haben offizielle Lizenzprogramme für ihre Produkte. Unter Umständen müssen diese dann komplett neu aufgelegt werden. Verhandeln, wie immer, lohnt aber in jedem Fall.

Vielen Gründern erscheinen die Regelungen zum wettbewerbswidrigen Nachbau besonders störend zu sein. Hierzu muss allerdings nochmals auf die Bemerkungen eingangs dieses Kapitels eingegangen werden. Nachbauen ist eine normale Gegebenheit in der Wirtschaft. Der Gesetzgeber fördert sogar den Nachbau, weil der Nachbau den Wettbewerb fördert und vor allem über sinkende Preise dem Konsumenten zugute kommt. Sonst gäbe es ein explizites weiteres Schutzrecht, welches den Nachbau verhindert. Die expliziten Schutzrechte reichen aber nach Meinung des Gesetzgebers aus. Es bedarf also besonderer Umstände, die einen Nachbau, da wettbewerbwidrig, verbieten. Um möglichst wenig Reibungspunkte mit bestehenden Produkten zu haben, sollten Sie nicht exakt kopieren. Dies ist oft auch gar nicht notwendig. Es bestehen zahlreiche Optionen, Produkte anders zu gestalten. Dort, wo diese Optionen aufgrund der technischen Eigenart nicht bestehen, wird dies von der Rechtsprechung anerkannt. Wenn ein Produkt nur auf eine Art gebaut werden kann, muss man es zwangsläufig kopieren. Bei Messern z. B. hat man keine große Wahl, bei Ersatzteilen von Autos noch weniger. Im letzteren Fall hat sich daher auch der Grundsatz der Nachbaufreiheit durchgesetzt. Wettbewerbswidrig kann ein Nachbau insbesondere dann werden, wenn Sie einen Käufer über die wirkliche Herkunft des Produkts täuschen.

3. Nutzung standardisierter Ideen

Wenn Sie mit den Methoden der Eigenentwicklung sowie des Kopierens keine ansprechende Geschäftsidee finden konnten, bleibt Ihnen noch der Rückgriff auf standardisierte Ideen. Dabei gibt es zwei Arten:

- Geschäftsideen, die im so genannten Franchising-Verfahren angeboten werden
- Geschäftsideen, die von Dritten entwickelt und ausgearbeitet wurden

3.1 Franchising

Franchising ist eine Idee aus den USA, die sich von dort aus aber auf der ganzen Welt verbreitet hat. Im Rahmen des Franchising gibt es zwei Akteure: den Franchisegeber und den Franchisenehmer. Der „Franchisegeber" hat eine Geschäftsidee entwickelt und ausprobiert. Er stellt diese Geschäftsidee samt operativer Unterstützung „Franchisenehmern" zur Verfügung, die dafür in der Regel eine einmalige, fixe Gebühr (oft „Eintrittsgebühr" genannt) und laufende, vom Umsatz abhängige Gebühren zahlen. Beide Parteien gehen dabei ein Vertragsverhältnis miteinander ein, welches auf einige Jahre begrenzt ist. Dennoch bleibt der Franchisenehmer grundsätzlich ein auf eigenes Risiko und eigene Rechnung arbeitender Unternehmer. Es handelt sich also nicht um ein besonderes Arbeitnehmer-Verhältnis. Dennoch könnte aufgrund bestimmter vertraglicher Gestaltung ein Vertragshändlersystem angenommen werden. Dieses ist wiederum sehr eng mit dem Handelsvertreterrecht verbunden. Von daher schwebt über einem Franchisesystem ein möglicher Ausgleichsanspruch nach § 89b HGB, den ein Franchisenehmer in bestimmten Fällen des Austritts aus dem Franchisesystem haben könnte.

Franchising findet man vor allem bei Geschäftsideen, die sich grundsätzlich an eine regionale Kundschaft wenden und deren regionale Einheiten verhältnismäßig klein sind. Dies wird klarer, wenn man sich die Überlegungen eines Franchisegebers vor Augen führt. Um Franchising genauer zu verstehen, macht es Sinn, sich Vor- und Nachteile für die jeweiligen Parteien anzusehen.

Beispiel

Fast-Food im Franchisesystem. Subway ist ein führendes Franchise-System im Fast-Food-Bereich. Der Fokus liegt auf Sandwichs. Das Angebot ist standardisiert, mit einer zentralen Produktentwicklung. Die Läden wenden sich an eine lokale Kundschaft, Werbung wird überregional gemacht. Franchisenehmer zahlen eine Eintrittsgebühr und laufende, umsatzabhängige Gebühren. Im Gegensatz zu anderen Fast-Food-Systemen betreibt Subway relativ wenige Läden selbst. Manche andere Fast-Food-Systeme betreiben die besten Lagen selbst und vergeben nur weniger gute Standorte.

3.1.1 Der Franchisegeber

Die typische Ausgangssituation eines Franchisegebers ist Folgende: Ein Unternehmer entwickelt eine Geschäftsidee, die er erfolgreich im Markt testet. Das Geschäft läuft gut und er stellt sich irgendwann die Frage, ob er das Geschäft ausbauen soll. In manchen Fällen kann er dies durch eine Ausweitung seiner Vertriebsaktivitäten und durch Aufstockung seines Personals am Standort erreichen. Dies wäre zum Beispiel der Weg in der Software-Industrie. In manchen Fällen muss er aber die für die Geschäftsidee notwendige Infrastruktur in anderen Regionen vor Ort beim Kunden duplizieren. Dies ist z. B. bei Restaurants der Fall. Es bedeutet vor allem ein gestiegenes Risiko, mit dem er eventuell sogar sein bisher erfolgreiches Geschäft und seine Existenz gefährdet:

- Neue, unter Umständen erhebliche Investitionen

- Neues Personalrisiko, denn es muss ein Filialleiter eingestellt werden, der teuer ist und eventuell aufgrund mangelnder Motivation oder fehlender Kenntnisse nicht erfolgreich wirtschaften wird

- Neues Geschäftsrisiko, denn es ist unklar, ob der Markt vor Ort dem Ursprungsmarkt entspricht

Der Unternehmer kann dieses Risiko eingehen oder aber sich für ein Franchisekonzept entscheiden und damit sein eigenes Risiko reduzieren. Er gibt dafür alle wesentlichen Inhalte seiner Geschäftsidee an einen anderen Unternehmer, den Franchisenehmer, weiter. Es ist dieser Unternehmer, der nun das gesamte – allerdings reduzierte – Risiko der Geschäftsausweitung trägt und einen Großteil der Vorteile genießen kann. Der Unternehmer ist ein hochmotivierter Filialleiter. Obendrein lässt sich der Franchisegeber seine Mühen und sein Risiko mit der Entwicklung und Realisierung der Geschäftsidee in einer einmaligen Tranche bezahlen und erhält zudem einen Teil des Umsatzes als Gebühr für die dauerhafte Nutzung seines Know-hows und eventuell bereitgestellter Zusatzdienste.

3.1.2 Der Franchisenehmer

Der Franchisenehmer könnte jemand sein, der kein zu großes Risiko auf sich nehmen möchte, keine eigene Geschäftsidee hat oder dem einfach die Geschäftsidee des Franchisegebers gefällt. Auf jeden Fall hat die Teilnahme an einem Franchisesystem umfangreiche Vorteile. Dies sind z. B.:

- Übernahme eines erfolgreichen Geschäftsmodells senkt das eigene Geschäftsrisiko
- Netzwerk mit anderen Franchisenehmern erweitert Erfahrungen
- Synergien in Vermarktung und Einkauf reduzieren die Kosten
- Einige Zusatzdienste werden vom Franchisegeber übernommen und entlasten den Franchisenehmer
- Verkürzung der Aufbauphase durch bereitgestelltes Know-how

Wenn das Geschäftsmodell des Franchisegebers schon positiv erprobt ist, reduziert dies naturgemäß das Risiko einer Neugründung in einer anderen Region. Die Geschäftszahlen des Franchisegebers sollten den Erfolg des Geschäftsmodells bestätigen. Seine Übertragung in andere Regionen ist aber keinesfalls risikolos. Dies gilt insbesondere für die vorbehaltslose Übertragung von ausländischen Franchisesystemen nach Deutschland. Aber auch in nationalen Teilmärkten kann es erhebliche Unterschiede geben. An einer sorgfältigen Prüfung der Idee kommen Sie nicht vorbei. Selbst wenn der Markt das Geschäftsmodell ähnlich offen aufnehmen würde, müssen Sie noch die operative Seite des Geschäfts bewältigen. Franchisenehmer bleiben weiterhin Unternehmer und tragen Risiko.

Als Franchisenehmer befinden Sie sich in einem Netzwerk, wenn Sie nicht gerade der erste Franchisenehmer des Systems sind. Wenn das Netzwerk gut funktioniert, können Sie Ihren Erfahrungsschatz schnell und kostengünstig ausweiten. Sie können von den Erfahrungen der anderen Franchisenehmer profitieren und müssen nicht alles selbst herausfinden. Das betrifft wirkungsvolle Vertriebsaktivitäten und Marketing-Kampagnen, sinnvolle Software, wichtige Details von Personalentscheidungen usw. Das Netzwerk funktioniert aber nur, wenn es gepflegt wird und sich die Franchisenehmer nicht gegenseitig als Wettbewerb sehen. Nicht zu vergessen ist hierbei auch die Funktion des Franchisegebers, der als eine Art Coach für die Franchisenehmer fungieren kann.

Je mehr Franchisenehmer ein Franchisesystem hat, umso besser können Synergien genutzt werden. Dies betrifft sowohl die Vermarktung wie auch den Einkauf. Werbung wirkt bekanntlich umso besser, je höher die Kontaktfrequenz ist, d. h. je öfter potenzielle Kunden die Werbung sehen. Je mehr Franchisenehmer werben, umso höher wird die Kontaktfrequenz – insbesondere wenn viele Franchisenehmer in einer Region ansässig sind. Zudem kann man bekanntermaßen preiswerter einkaufen, wenn das Einkaufsvolumen steigt. Je mehr Franchisenehmer einkaufen, umso bessere Preise können erzielt werden. Natürlich muss auch die Realisierung von Synergien gesteuert werden. Dies ist normalerweise eine Aufgabe des Franchisegebers.

Wenn viele Franchisenehmer gleiche Geschäftsprozesse haben, gibt es eine Reihe von Möglichkeiten, Teile davon zentral abzuwickeln und damit kostengünstiger bereitzustellen. Das betrifft beispielsweise den bereits angesprochenen Prozess des Einkaufs, also die Suche nach und die Verhandlung mit Lieferanten oder rechtliche Regelungen wie die Erstellung von Personalverträgen, AGBs und auch Teile des Personalmanagements.

Da die wesentlichen Schritte zum Aufbau des Geschäfts bekannt sind, können Sie als Franchisenehmer viel schneller am Markt sein, als wenn Sie alles selbst entwickeln müssten. Dies ist natürlich bequemer als der Weg allein. Zudem verkürzt es aber die kritische Phase, in der Sie ohne Einnahmen überleben müssen. Je schneller Sie Ihr Angebot am Markt haben, umso weniger Erspartes brauchen Sie anzugreifen.

Den Vorteilen gegenüber stehen naturgemäß auch einige Nachteile, wie z. B.:

- Einschränkung Ihrer unternehmerischen Handlungsfreiheit
- Lange vertragliche Vereinbarungen
- Pflicht zur Entrichtung von Gebühren, unabhängig vom wirtschaftlichen Erfolg

Als Franchisenehmer schränken Sie Ihre unternehmerische Handlungsfreiheit ein. In welchen Bereichen und wie stark diese Einschränkung wirkt, hängt von der konkreten Franchisevereinbarung ab. Damit Synergien im Netzwerk der Franchisenehmer aber wirklich realisiert werden können, sind bestimmte verbindliche Festlegungen beispielsweise des Angebotsspektrums, der Lieferantenwahl, der Preisfestsetzung und des Außenauftritts erforderlich. Weitreichende Abweichungen sind dann nicht möglich, und Sie können sich schnell eine Abmahnung Ihres Franchisegebers einhandeln, wenn Sie nicht entsprechend handeln.

In einem Zug mit der Einschränkung der unternehmerischen Handlungsfreiheit ist auch die Länge der Franchisevereinbarung zu sehen. Sie verschreiben einen großen Teil Ihres Berufslebens, in der Regel 10 Jahre, einer Geschäftsidee. Vielfach gibt es keine Ausstiegsklauseln, so dass als Ausstieg nur eine Insolvenz in Frage kommt, was natürlich die Einschränkung der unternehmerischen Handlungsfreiheit verstärkt.

Darüber hinaus sind Sie verpflichtet, Gebühren an den Franchisegeber zu entrichten. Insbesondere laufende Gebühren, die als Prozentsatz Ihrer Einnahmen berechnet werden, können belastend sein. Denn die Pflicht zur Entrichtung ist unabhängig von Ihrem wirtschaftlichen Erfolg, also Ihrem Gewinn. Auch wenn Sie Verlust machen, sind die Gebühren fällig.

3.1.3 Typische Inhalte einer Franchisevereinbarung

Grundsätzlich können über Franchisevereinbarungen echte Win-Win-Situationen geschaffen werden: Der Franchisegeber erreicht die profitable Expansion seiner Geschäftsidee mit geringerem Risiko und ist dafür bereit, einen Teil des wirtschaftlich möglichen Erfolgs abzugeben. Der Franchisenehmer investiert in eine relativ sichere Idee, ein gutes Netzwerk und damit eine sichere Zukunft und ist dafür bereit, einen Teil seines Umsatzes als Gebühr zu zahlen. Nur unter diesen Voraussetzungen können Franchisesysteme langfristig überleben. Je länger also ein Franchisesystem mit einer größeren Anzahl von Franchisenehmern besteht, umso sicherer können Sie sein, dass die Franchisevereinbarungen eine Win-Win-Situation schaffen. Auch in diesem Fall, noch mehr aber im Falle jüngerer Franchisesysteme, sind die Kenntnis und das Verständnis einiger typischer Elemente solcher Vereinbarungen wichtig.

Der zentrale Teil einer Franchisevereinbarung ist der Geschäftsgegenstand. Es wird detailliert spezifiziert, was der Franchisenehmer als Geschäft betreiben darf und muss. Der Geschäftsgegenstand darf durch den Franchisenehmer in der Regel nicht verändert werden.

Darüber hinaus werden im Rahmen der Franchisevereinbarung auch die Konditionen festgeschrieben. Es gibt hierbei normalerweise folgende Regelungen, die aber je nach Franchisesystem abweichen können:

- **Eintrittsgebühr.** Die Eintrittsgebühr ist eine Einmalzahlung für den Eintritt in das Franchisesystem. In seltenen Fällen ist der Eintritt kostenlos. Die Gebühren liegen normalerweise im unteren fünfstelligen Bereich. Je größer und Erfolg versprechender das Geschäft allerdings ist, umso höher wird auch die Eintrittsgebühr sein und kann leicht über eine Mio. Euro betragen.

- **Laufende Franchisegebühr.** Die laufende Franchisegebühr wird in der Regel als Prozentsatz vom Umsatz des Franchisenehmers berechnet. Sie können hier mit 2 bis 5 % rechnen. Der Definition von Umsatz kommt manchmal eine besondere Bedeutung zu: Achten Sie als Franchisenehmer darauf, dass es sich um „vereinnahmten Umsatz" handelt, insbesondere dann, wenn das Geschäft Umsatzsprünge macht. Denn Umsatz entsteht, wenn Sie Ihre Rechnung stellen. Die Rechnung kann aber erst Monate später beglichen werden. Im schlimmsten Fall zahlt Ihr Schuldner gar nicht. Der vereinnahmte Umsatz zählt erst dann, wenn er bei Ihnen auf dem Konto ist.

- **Laufende Marketinggebühr.** Die laufende Marketinggebühr wird als Prozentsatz vom Umsatz des Franchisenehmers berechnet. Diese Gebühr wird vor allem für Werbung auf nationaler Ebene erhoben und soll helfen, Synergien im Bereich der Vermarktung zu realisieren: Einzelne Franchisenehmer könnten sich effektive nationale Werbung wie Fernsehwerbung oder Anzeigenkampagnen nicht leisten, für die Gemeinschaft der Franchisenehmer ist dies aber möglich. So können Sie im Rahmen Ihres Netzwerks eine nationale Marke etablieren und auf die effizientesten Werbemedien zurückgreifen – ein großer Vorteil für das Netzwerk an Franchisenehmern. Achten Sie aber im Falle der Marketinggebühr darauf, dass diese exklusiv für den festgelegten Zweck bereitgehalten wird und nicht später aus dann anfallenden Einnahmen des Franchisegebers bestritten wird. Denn diese Mittel könnten später knapp werden. Sie hätten dann quasi eine höhere Franchisegebühr gezahlt.

- **Sonstige Gebühren.** Manchmal werden weitere Gebühren, die in der Regel ebenfalls als Prozentsatz vom Umsatz des Franchisenehmers berechnet werden, erhoben. Weitere Gebühren sind aber nicht weit verbreitet.

Egal wie sehr der Franchisegeber sein Geschäft anpreist, eine Erfolgsgarantie wird er nicht geben. Das kann er auch nicht, denn er weiß ja nicht, wie motiviert und wie geschickt Sie als Franchisenehmer sind. Vielmehr wird im Rahmen solcher Verträge eine Haftung des Franchisegebers für das Scheitern des Franchisenehmers ausgeschlossen. Das muss keineswegs heißen, dass die Geschäftsidee schlecht ist. Es handelt sich nur um eine Vorsichtsmaßnahme. Zugleich macht es Ihnen als Franchisenehmer aber überaus klar: Sie sind selbständiger Unternehmer, kein angestellter Filialleiter.

Wichtig für Sie als Franchisenehmer sind auch die Regelungen bezüglich Laufzeit, Vertragsverlängerung und Kündigungsrecht. Natürlich müssen Sie das Recht haben, das Geschäft auch nach Ende der ersten Laufzeit weiterführen zu können, wenn Sie dies wünschen. Dies sollte explizit festgeschrieben sein. Zusätzlich sollten Sie das Recht haben, auch während der Laufzeit des Vertrags Ihr Geschäft an einen Käufer veräußern zu können, der dann in Ihre Rechte und Pflichten als Franchisenehmer eintritt. Für viele Franchisenehmer ist dies eine überaus wichtige Klausel, denn Sie wollen den Wert des durch Sie geschaffenen Unternehmens z. B. zum Zeitpunkt des Eintritts ins Rentenalter realisieren und rechnen fest mit Erlösen aus diesem Verkauf. Der Franchisegeber wird verlangen, dass der Franchisenehmer bestimmte Voraussetzungen mitbringt, zumindest, wenn Sie während der Vertragslaufzeit verkaufen. Die Voraussetzungen dürfen jedoch nicht überzogen sein und sollten klar spezifiziert werden. Keinesfalls dürfen grundlose Ablehnungen durch den Franchisegeber möglich sein.

Eine Franchisevereinbarung sollte spezifizieren, welche Leistungen der Franchisegeber erbringt. Das ist wichtig zur Realisierung der weiter oben angesprochenen Synergien im Netzwerk der Franchisenehmer. Wenn Franchisegeber also diese Vorteile Ihres Franchisesystems aufzählen, sollten sie auch vertraglich festgehalten werden.

Umgekehrt muss man bei der Festschreibung einer zentralen Leistungserbringung besonders aufpassen, denn Sie können die Qualität der Leistungserbringung nur schwer fixieren, weil es selten allgemein gültige Maßstäbe gibt. Wenn Ihnen die Franchisevereinbarung beispielsweise Lieferanten für den Einkauf bestimmter Produkte und Dienstleistungen vorschreibt, müssen Sie darauf vertrauen, dass die Preise und die Qualität mindestens marktgerecht sind und dass entsprechende Preisnachlässe aufgrund des höheren Einkaufvolumens tatsächlich herausgehandelt werden. Manche Franchisegeber generieren einen Teil ihrer Einnahmen durch Preisaufschläge auf zentral eingekaufte Waren und Dienstleistungen gegenüber den Franchisenehmern. Oder der Franchisegeber oder ihm verbundene Firmen oder Personen bekommen Provisionen für die Generierung des Geschäfts, was für die Franchisenehmer selten transparent ist. Begründet wird dies mit der Tatsache, dass ja auch die zentrale Abwicklung des Einkaufs Geld kostet. Ihr Gegenargument als Franchisenehmer könnte sein, dass Sie bereits laufende Franchisegebühren zahlen. Hier müssen Sie als Franchisenehmer aufpassen, dass die Synergien durch den zentralen Einkauf nicht direkt wieder verloren gehen. Wenn Sie als Franchisenehmer keinen Einfluss auf die Lieferanten für bestimmte Produkte oder Dienstleistungen haben, können Sie als wirksamstes Mittel darauf drängen, dass die Produkte und Dienstleistungen zu marktüblichen Konditionen (Preis, Qualität, Gewährleistung) beschafft werden. Im Falle größeren Misstrauens können Sie vom Franchisegeber auch eine Bestätigung verlangen, wonach dieser an den entsprechenden Einkäufen nichts verdient. Ob Sie diese Forderungen durchsetzen können und eventuell Missbräuche überhaupt aufdecken können, ist allerdings nicht garantiert. Gespräche mit bestehenden Franchisenehmern können Ihnen hierbei helfen.

Beispiel

> **Vertrieb im Weinhandel.** Manche Franchisesysteme werden auch mit dem Ziel aufgesetzt, Produkten des Franchisegebers oder eines mit dem Franchisegeber verbundenen Unternehmens Vertriebskanäle zu schaffen. Nehmen Sie an, Sie hätten einen Großhandel für italienische Weine. Sie suchen dringend nach Absatzkanälen für Ihre Weine, d. h. nach Weinhändlern, die bei Ihnen bestellen. Ein Weg kann sein, ein Franchisesystem für Weineinzelhändler, d. h. Weingeschäfte aufzubauen und die Franchisenehmer zu verpflichten, die Weine von Ihnen einzukaufen. Diese Vorgehensweise ist keineswegs problematisch. Die Franchisenehmer können trotz der beschränkten Auswahl im Einkauf äußerst erfolgreich sein, wenn die Einkaufspreise für den Wein marktüblich und entsprechend der Qualität des Weins sind. Kritisch wird es dann, wenn die Konditionen nicht marktüblich sind und der Franchisenehmer nur als Abnehmer der Waren herangezüchtet werden soll.

Darüber hinaus wird es zahlreiche Regelungen geben, die Sie als Franchisenehmer in Ihrer Gestaltungsfreiheit einengen, zum Beispiel bei der Gestaltung Ihres Außenauftritts. Diese Regelungen sollten Sie vor dem Hintergrund der Synergien im Netzwerk der Franchisenehmer beurteilen. Wenn Sie sinnvoll sind, bedeuten Sie einen direkten Vorteil für Sie als Franchisenehmer. Wenn Sie nicht sinnvoll erscheinen, fragen Sie sich, ob der Franchisegeber hier eventuell einen Vorteil für sich realisieren möchte. Entsprechend müssen Sie die Verhandlungen führen.

Weiterhin sollten Sie darauf drängen, dass in der Franchisevereinbarung dem Franchisegeber eine Pflicht zur Belebung des Netzwerks der Franchisenehmer untereinander auferlegt wird. Wie diese Pflicht aussehen sollte, hängt vom Einzelfall ab. Im einfachsten Fall handelt es sich um die Veröffentlichung der Kontaktdaten aller anderen Franchisenehmer, kann sich aber bis zur Austragung regelmäßiger Treffen ausdehnen. Das Netzwerk der Franchisenehmer ist ein wichtiger Bestandteil des Franchisesystems. So können Sie sicherstellen, dass Sie hier die beste Lösung für sich rausholen. Der Franchisegeber sollte allerdings ebenfalls ein großes Interesse an der Belebung des Netzwerkes haben. Denn wenn das Netzwerk erfolgreich ist, ist auch der Franchisegeber erfolgreich.

3.1.4 Was Sie bei der Auswahl beachten sollten

Der Franchisegeber gibt Ihnen keine Garantien für den Erfolg des Geschäftsmodells. Sie wollen aber sicherstellen, dass der Vorteil der Übernahme der Geschäftsidee des Franchisegebers wirklich ein Vorteil ist. Dazu haben Sie mehrere Möglichkeiten:

Nutzung standardisierter Ideen

- Sie müssen den Erfolg des Franchisegebers überprüfen. Er wird in der Regel sein Geschäftsmodell selbst betreiben. Dies ist jedoch nicht garantiert: Es gibt viele Fälle von Franchisegebern, die sich eine nationale Lizenz eines großen Franchisesystems gekauft haben. Sie suchen dann zwar Franchisenehmer, müssen aber nicht zwangsläufig das Geschäft selbst betreiben. Der Franchisegeber wird Ihnen dann die Erfolge des Geschäftsmodells im Ausland präsentieren. Faktisch heißt dies, dass Ihr Verhandlungspartner (der Franchisegeber) Ihnen ein Geschäft verkaufen möchte, das er selbst nicht genau kennt und das in Ihrer Region oder Ihrem Land bisher noch nicht ausprobiert wurde. In diesem Fall müssen Sie die Idee besonders sorgfältig prüfen. Wenn der Franchisegeber das Geschäftsmodell selbst betreibt, stellen die Geschäftszahlen (und der Zeitrahmen, in dem sie erreicht wurden) einen guten Maßstab dar. Aber auch hier müssen Sie Vorsicht walten lassen: Der Franchisegeber betreibt in jedem Fall zwei Geschäfte: sas eigentliche Geschäftsmodell und das Geschäft des Franchisegebers. Beide Geschäfte benötigen Ressourcen und haben Einnahmen. Verschiebungen zwischen den beiden Geschäften werden Sie nur schwer erkennen können. Geprüfte Abschlüsse (durch Steuerberater, Bilanzprüfer oder Wirtschaftsprüfer) geben hier zusätzliche Sicherheit, können aber nur die richtige Zuordnung von Finanzströmen sicherstellen. Zeitweilig verschobene Ressourcen können Prüfungen kaum feststellen. Darüber hinaus müssen Sie auch die genauen Umstände des vom Franchisegeber betriebenen Geschäfts untersuchen, wie z. B. das regionale Preisniveau und die jeweilige Lage des Geschäfts, falls relevant.

- Sie können andere Franchisenehmer nach ihrem bisherigen Erfolg befragen. Ob Sie hier eine ehrliche oder überhaupt eine Antwort bekommen, ist unklar.

- Sie können sich an objektiven Indizien orientieren. Relevante Indizien können die Zahl der bisherigen Franchisenehmer und die Dauer ihrer Teilnahme sein. Je mehr und je länger Franchisenehmer existieren, umso sicherer können Sie bezüglich des Erfolgs der Geschäftsidee sein. Fragen Sie den Franchisegeber auch nach Ausfällen (gescheiterten Franchisenehmern) und den Gründen dafür. Beachten Sie im Falle der Indizien aber: Sie können daraus keine eindeutigen Schlüsse ziehen. Negative Indizien sind keine K.O.-Kriterien.

- Sie können die Geschäftsidee selbst prüfen, anhand der in diesem Buch für Ihre eigene Idee beschriebenen Vorgehensweise. Dies ist ohnehin zu empfehlen, da es das Verständnis Ihres zukünftigen Geschäfts fördert. Zudem ist zu beachten, dass jeder Gründer „Erfolg" anders definiert. Für die Prüfung, ob die Idee Ihrem Maßstab von Erfolg überhaupt entspricht, müssen Sie sich die Idee auf jeden Fall genauer ansehen. Wenn das Franchisesystem jung ist, müssen Sie mangels guter Indizien auf jeden Fall auf die Prüfung zurückgreifen.

- Darüber hinaus müssen Sie, wie bereits beschrieben, natürlich den Vertrag sorgsam prüfen und gegebenenfalls nachverhandeln. Im Falle der Vereinbarung von Leistungen, die der Franchisegeber zu erbringen hat, sollten Sie die entsprechenden Ressourcen des Franchisegebers prüfen. Es ist festzustellen, ob der Franchisegeber überhaupt einen zentralen Einkauf, zentrales Marketing und die Organisation des Austauschs im Netzwerk der Franchisegeber in ausreichendem Maße leisten kann. Zentral dafür ist der Personalbestand des Franchisegebers. Beachten Sie aber auch hier: Der Franchisegeber wächst in der Regel mit dem System und wird die notwendigen Ressourcen erst im Laufe der Zeit aufbauen. Ein Blick auf die Personalplanung des Franchisegebers kann aber nicht schaden.

Sollten Sie sich für die Teilnahme an einem Franchisesystem interessieren, beachten Sie folgenden Tipp: Viele Gründer sind frustriert aufgrund der restriktiven Haltung vieler Franchisegeber, was ihre Geschäftsidee betrifft. Franchisegeber befinden sich in einem ständigen Zwiespalt zwischen der Geheimhaltung der Details ihrer Geschäftsidee (denn diese sind sein Kapital) und der Gewinnung neuer Franchisenehmer. In der Regel bekommen Sie als potenzieller Franchisenehmer erst Informationen, wenn Sie Ihrerseits erste kleinere Investitionen erbracht haben, wie zum Beispiel die Teilnahme an einer Informationsveranstaltung. So verständlich die restriktive Politik der Franchisegeber ist, Sie müssen irgendwann, bevor Sie eine umfangreiche Verpflichtung eingehen, alle Informationen erhalten. Denn der entscheidende Vorteil ist, dass Sie sich in eine bestehende Geschäftsidee einkaufen. Wenn Sie diese vorab nicht beurteilen können, können Sie keine gute Entscheidung treffen. Machen Sie das dem Franchisegeber klar, wenn dieser sich mit seinen Informationen sehr restriktiv verhält.

3.2 Vorgefertigte Geschäftsideen

Bei der Suche nach einer geeigneten Geschäftsidee können Sie sich auch an „recherchierten" Ideen orientieren. Einerseits gibt es Verlage, die sich auf die Publikation von Geschäftsmodellen und entsprechende Details konzentrieren. Andererseits beleuchten auch Fachzeitschriften vielfach interessante Geschäftsmodelle. Im letzten Fall handelt es sich vielfach um eher oberflächliche Abhandlungen, die als Impulsgeber dienen können und vielleicht auch die eine oder andere Insiderinformation enthalten, die für eine eigene Planung hilfreich sein könnte. Abhandlungen von spezialisierten Verlagen können äußerst detailliert sein. Dennoch rate ich auf jeden Fall zu einer eigenen Prüfung der Geschäftsidee, wie in diesem Buch beschrieben. Da Sie sich mit der Auswahl Ihrer Geschäftsidee für einen beachtlichen Teil Ihrer beruflichen Laufbahn festlegen, sollten Sie sich nicht ausschließlich auf fremde Informationen verlassen.

Muss die Geschäftsidee innovativ sein?

Wenn man sich mit Geschäftsideen beschäftigt, bespricht man diese häufig mit Freunden, Verwandten und manchmal mit Geschäftspartnern. Oft hört man dabei Reaktionen der Art „das gibt es doch schon" oder „das ist ja nichts Neues". Es stellt sich daher die Frage, wie innovativ eine Geschäftsidee sein muss.

Vorab: Eine Geschäftsidee muss nicht unbedingt innovativ sein. Als Gründer und Unternehmer suchen Sie Chancen im Markt. Es ist egal, ob die Idee innovativ ist, so lange sie nur eine ausreichend große Chance auf einen wirtschaftlichen Erfolg bietet. Dies muss Ihr Maßstab zur Beurteilung einer Geschäftsidee sein. Was Sie als Gründer unter „Erfolg" verstehen, bleibt Ihnen überlassen, sei es die Absicherung Ihres wirtschaftlichen Überlebens, großer Reichtum oder auch nur persönliche Befriedigung. Im Geschäftsalltag werden Ideen, die es schon irgendwo gegeben hat, etwas abfällig auch als „Me too" („Ich auch") bezeichnet. Lassen Sie sich davon nicht irritieren.

Vom Grundsatz her gilt aber: Innovative Geschäftsideen richten sich eher an eine Kundengruppe, die bisher noch keine Möglichkeiten hatte, ihren Bedarf zu befriedigen. Der Markt einer innovativen Idee ist somit tendenziell größer als der Markt einer nicht-innovativen Idee. Wenn Sie also ein wirklich großes Geschäft im Sinn haben, sollte Ihre Idee besser auch innovativ sein. Ansonsten ist Innovation nicht so wichtig. Zwei Beispiele sollen dies verdeutlichen.

Beispiel

Überleben mit einer Standardidee. Der Mitarbeiter einer Kurklinik wohnt in einem bekannten Kurort mit 15.000 Einwohnern. Daneben befinden sich zu jedem Zeitpunkt 500 Kurgäste im Ort, die 2 Wochen bleiben. Neben den Kurkliniken gibt es im Ort sonst kaum gesundheitsorientierte Angebote, wohl aber viele Restaurants und Cafés. Der Mitarbeiter will sein Berufsleben selbständiger gestalten und möchte ein Unternehmen gründen. Neben der Selbständigkeit ist es sein Ziel, wirtschaftlich abgesichert zu sein und im Laufe der Zeit auch etwas Geld zur Seite legen zu können oder sich ein Haus zu bauen. Er entschließt sich, einen Teeladen zu eröffnen. Die einzige innovative Komponente der Idee ist eine Spezialisierung auf Gesundheitstees, die allerdings – in beschränkter Auswahl – auch von den örtlichen Apotheken angeboten werden. Nach 12 Monaten erreicht der Gründer die Gewinnschwelle; das Unternehmen trägt sich. Als „innovativ" kann die Idee aber nicht bezeichnet werden.

Beispiel

Neue große Märkte durch Innovation. Der Wettlauf um das kommerzielle Angebot privater Weltraumflüge ist in vollem Gange. Weltweit gibt es zahlreiche Menschen, die für einen Flug in den Weltraum – auch wenn er nur sehr kurz ist – zur Zahlung sechsstelliger Eurobeträge bereit wären. Der erste Privatmann, der in einem staatlich finanzierten russischen Raumschiff mitflog, zahlte beispielsweise 20 Mio. US$ für den mehrtägigen Weltraumaufenthalt. Ohne das Marktpotential genau beziffern zu können: Es ist vermutlich sehr groß. Gründer, die sich in diesen Markt wagen, sind einerseits sicherlich technik- und weltraumbesessen, träumen andererseits aber von mehr als dem wirtschaftlichen Überleben. Hier geht es um die Erschließung eines bisher nicht existenten Marktes zahlungswilliger und zahlungsfähiger Kunden, deren Bedarf bisher nicht gedeckt werden konnte.

Es kann also festgehalten werden, dass eine Idee nicht notwendigerweise innovativ, aber chancenreich sein sollte. Damit ist es nicht mehr wichtig, genau zu definieren, was eine „innovative" Geschäftsidee ist. Für die Zwecke der chancenreichen Unternehmensgründung wird daher eine Geschäftsidee als innovativ angesehen, wenn Elemente der Idee in einer neuen Art und Weise realisiert werden. Es muss also nicht zwangsläufig das Endprodukt neu sein, sondern auch eingesetzte Verfahren und Prozesse können neuartig sein. In Einzelfällen wird allerdings das Vorliegen einer innovativen Geschäftsidee gefordert. Was dann unter „innovativ" verstanden wird, kann von obiger Definition abweichen:

- Viele Förderprogramme des Bundes und der Länder richten sich nur an Gründer und Unternehmer, die „innovative" Geschäftsideen verfolgen. Damit sollen Standorte gesichert und zu weiterem Wachstum verholfen werden. Es herrscht also auch hier die Sichtweise vor, dass „innovative" Geschäfte größeres Wachstumspotential haben als andere Geschäfte.

- Auch Risikokapitalgesellschaften, die Gründungen finanzieren, beteiligen sich vorrangig an „innovativen" Unternehmen. Wenn Ihre Geschäftsidee im Aufbau einer Bäckerei oder einer Eisdiele besteht, brauchen Sie sich normalerweise nicht bei diesen Gesellschaften zu bewerben. Aber in diesem Umfeld gilt: Eine „normale" Idee wird finanziert, wenn die Idee auf einen großen Markt abzielt und hohe Einnahmen verspricht. Es kommt also eher auf das Potential der Idee an, als auf den Innovationsgrad.

Müssen Sie „First Mover" sein?

In der Vergangenheit wurde, gerade im Zuge der New Economy, die Bedeutung des First Mover stark betont. Als First Mover wird jemand bezeichnet, der eine Geschäftsidee als Erster an den Markt bringt. Risikokapitalgeber wollten immer den First Mover unter den Gründern finanzieren, da man annahm, dass dieser der Erfolgreichste im Markt sein wird.

Hinter der Strategie des First Mover stecken eine Reihe von für jeden Gründer wichtigen wirtschaftlichen Konzepten. Folgende Ausgangssituation nimmt man dabei an: Man geht von einem fest definierten, abgegrenzten Markt aus. Dieser Aspekt ist äußerst wichtig. Da der Markt abgegrenzt ist, z. B. durch Staatsgrenzen mit unterschiedlicher Sprache, unterschiedlichen Gesetzen und unterschiedlichen Kundenpräferenzen gegenüber anderen Staaten, interessiert nicht, was außerhalb dieses Marktes geschieht. Man geht weiter davon aus, dass dieser abgegrenzte Markt nicht groß genug für zwei wirklich erfolgreiche Wettbewerber ist. Das ist in der Regel dann der Fall, wenn für das Geschäftsmodell sehr hohe Anfangsausgaben (Investitionen, Marketingausgaben) notwendig sind und die im Markt durchsetzbaren Preise für den Endkunden gering sind. Dann braucht ein einzelner Wettbewerber sehr viele Kunden, um Geld zu verdienen. Der Markt in seiner heutigen Form (der in Zukunft noch wachsen kann), enthält aber nicht ausreichend Kunden, damit zwei Wettbewerber die kritische Zahl an Kunden erlangen können. In dieser Situation erscheint es am erfolgreichsten, der Erste zu sein, der den Markt bearbeitet. Der entstehende Zeitvorsprung lässt den First Mover die kritische Zahl von Kunden zuerst erreichen, die Konkurrenz hat keine Chance mehr auf ein profitables Geschäft. Dazu kommt in manchen Geschäftsfeldern, wie z. B. dem Internet, ein sehr günstiger Faktor: Das Geschäft kann konkurrenzlos den gesamten Markt abdecken, wächst weiter mit einem sich ausweitenden Markt und braucht nur noch geringe Zusatzausgaben zur Bedienung der neuen Kunden. Man sagt dann, das Geschäft „skaliert". Folgendes Beispiel verdeutlicht dies:

Beispiel

Kampf der Internet-Auktionshäuser. Anfänglich gab es in Deutschland einige Auktionsplattformen im Internet, z. B. ricardo.de, versteigern.de, andsold.de, atrada.de und alando.de. Alando.de wurde später von eBay gekauft und entsprechend umbenannt. Mit einer klaren Konzentration auf Auktionen und massiven Marketingausgaben wuchs eBay in Deutschland am schnellsten und wurde profitabel. Von den anderen Auktionshäuser existiert nur noch atrada.de, mit einem geringen Bekanntheitsgrad. eBay dominiert den Markt,

> der sich ständig weiter ausdehnt (durch die steigende Zahl der Internetnutzer und durch den weiterhin hohen Marketingaufwand von eBay). Wenn ein neuer Nutzer zu eBay kommt, entstehen eBay fast keine direkten Kosten, denn die Infrastruktur steht. Wenn die Zahl der neuen Nutzer (oder die Nutzungsintensität der bestehenden Nutzer) stark steigt, muss eBay natürlich weiter investieren, aber die Kosten liegen dann immer unter den Zusatzeinnahmen. Aber eBay war nicht der First Mover in Deutschland.

Betrachtet man die Realität, so zeigt sich, dass der First Mover nicht notwendigerweise der Erfolgreichste sein wird. Es reicht, früh genug dabei zu sein. Um bei unserem Beispiel zu bleiben: Auch eBay war in Deutschland nicht der „First Mover". Ricardo beispielsweise wurde eher gegründet und war früher am Markt. eBay trat aber früh genug in den Markt ein, als die Marktanteile noch nicht aufgeteilt und zementiert waren. Es wurde erfolgreich durch eine Konzentration auf Auktionen (Ricardo dagegen fing an, Handel auf eigene Rechnung zu betreiben) und durch Zugang zu nahezu unbegrenzten finanziellen Ressourcen der Muttergesellschaft in den USA. Diese Ressourcen ermöglichen es, groß angelegte Marketingkampagnen zu fahren, ohne sich zu viele Gedanken machen zu müssen, wann genau sich das Geschäft rechnet. Denn man wusste aus den US-Erfahrungen: Das Geschäft kann extrem groß werden und wird früher oder später für die Kampagnen zahlen. Die Konkurrenz dagegen arbeitete mit engeren Budgets und einem gehörigen Zeitdruck im Nacken. Als sie intensiv in Marketing hätten investieren müssen, haben sie Kosten reduziert und waren raus aus dem Markt.

Man muss zudem sicher sein, dass man nach Ausmerzen der gröbsten Fehler der Geschäftsidee noch ausreichend Kapital hat, um den Markt erfolgreich zu bearbeiten. Wenn es um einen First Mover geht, bedeutet dies automatisch, dass es um einen neuen Markt geht. Ohne Erfahrung Dritter ist die Gefahr, Fehler zu machen, sehr groß. Viele Internet-Unternehmen, die Anfang des Jahrtausends gegründet wurden, sind ein gutes Beispiel dafür. Der Markt war so neu, dass man nicht einmal genau wusste, wie man Geld in diesem Markt verdienen konnte. Um erfolgreich zu sein, müssen Sie die Fehler Ihrer Geschäftsidee erkennen, ausmerzen und die verbesserte Geschäftsidee etablieren können. Wenn Sie, an das Konzept des First Movers glaubend, aber schon umfangreich in die Vermarktung Ihrer Idee investiert haben, bleiben Ihnen vielleicht keine Mittel mehr, um entdeckte Fehler ausmerzen. Sie müssen dann Ihre Kosten reduzieren, verlieren Marktanteile, und der Wettbewerb zieht an Ihnen vorbei.

Sie erkennen also: Man muss nicht unbedingt der Erste mit der Idee im Markt sein. Aber man muss früh dabei sein und seine Mittel sorgsam verwalten. Dies gilt nicht nur für Internet-Unternehmen, obwohl sie die klassischen Beispiele sind, sondern für alle Neugründungen, auch für Bäckereien, Handwerksbetriebe usw. Denn: Die Strategie des First Mover ist streng genommen ein relatives Konzept. Es kommt immer auf den *Markt* an, den man betrachtet. Handelt es sich um den Markt einer Kleinstadt, werden Sie als dritte Bäckerei deutlich schlechtere Karten haben.

Teil III

Die Vorprüfung für Ihre Geschäftsidee

Prüfen Sie Ihre Geschäftsidee in den wesentlichen Punkten, bevor Sie in die Detailplanung gehen.

Wichtige Regeln

- Verstehen Sie Ihr Angebot als Problemlösung, um einen breiteren Blick auf Ihr Geschäft zu bekommen.
- Finden und analysieren Sie Ihre engsten Wettbewerber, aber definieren Sie sich den Wettbewerb nicht weg.
- Trauen Sie nicht den Marktzahlen Dritter, wenn Sie diese nicht überprüfen können; achten Sie auf die den Zahlen zugrunde liegende Marktdefinition.
- Schätzen Sie Umsatz, Gewinn und Gewinnschwelle auch in Kundenzahlen ab; so gewinnen Sie einen besseren Eindruck der Machbarkeit.
- Prüfen Sie, welche Kostenstruktur Ihr Geschäft hat; je mehr Fixkosten Sie haben, desto riskanter ist das Geschäft.
- Besprechen Sie Ihre Idee mit mindestens zehn potenziellen Kunden, bevor Sie sich auf diese Idee versteifen; je mehr Informationen Sie von potenziellen Kunden haben, umso besser.
- Versichern Sie sich, dass es Wege zur Erreichung Ihrer Zielkunden gibt.

Sie haben nun eine Geschäftsidee gefunden, die Ihnen persönlich interessant und chancenreich erscheint. Das ist ein großer Schritt, und die Erfahrung zeigt, dass man bereits nach diesem Schritt äußerst euphorisch werden kann. Man malt sich im Kopf die Geschäftsidee aus und sieht sein eigenes Ladengeschäft oder sein mit Mitarbeitern gefülltes Büro schon vor seinem inneren Auge. Sie wollen sofort anfangen, nachdem Sie lange auf der Suche nach etwas Passendem gewesen sind. Diese Euphorie kann sehr motivierend sein und ist äußerst nützlich.

Nun kommt aber noch einiges an Arbeit auf Sie zu, bevor Sie wirklich durchstarten können. Denn die Idee sollte eingehend geprüft werden, bevor Sie sich darauf einlassen. Wenn die Prüfung zu Ihrer Zufriedenheit verläuft, sind noch viele Details festzulegen, die den Erfolg maßgeblich mitbestimmen. Diese Arbeiten bestehen aus weiterem Konzeptionieren, Recherchieren und ersten Kontakten mit Geschäftspartnern. Hier entscheidet sich zum ersten Mal, wie ernst Sie es wirklich mit der eigenen Gründung meinen. Denn die Arbeit tritt in eine andere Phase ein. Sie werden in Ihrer Arbeit eine Stufe detaillierter. Die Arbeit wird daher kleinteiliger und mühsamer.

Auf jeden Fall ist zu empfehlen, die gewählte Idee nicht sofort in eine detaillierte Planung zu überführen. Denn bisher haben Sie lediglich eine Geschäftsidee. Vielfach fehlt an dieser Stelle noch eine professionelle und selbstkritische Vorprüfung dieser Idee. Die Vorprüfung sollte darüber entscheiden, ob Sie die Idee wirklich weiterverfolgen wollen. Wenn Sie jetzt schon zu sehr ins Detail gehen, verlieren Sie den Blick für die großen und wesentlichen Zusammenhänge. Eine fehlende Vorprüfung kann gravierende Folgen haben: Sie könnten sich auf eine Idee festlegen, deren Erfolgschancen erkennbar gering sind. Und Sie könnten Chancen, die sich durch eine leichte Abänderung Ihrer Idee ergeben, verpassen. Mit anderen Worten: Durch die Vorprüfung reduzieren Sie das Risiko Ihres Vorhabens und erhöhen Ihre Chancen. Als Vollzeitgründer verschreiben Sie einen wesentlichen Teil Ihres Lebens Ihrer Idee. Sie haben in der Regel nur einen Versuch. Sie wollen demnach möglichst sicher sein, dass Sie Ihre Möglichkeiten optimal ausnutzen. Wichtig ist auch festzuhalten: Die Erkenntnisse der Vorprüfung werden Sie später brauchen, sowohl im Rahmen der detaillierten Geschäftsplanung wie auch im laufenden Geschäft. Tabelle 6 (Quelle: IAB 2001) gibt einen Überblick über die Gründe für das Scheitern von Unternehmensgründungen, die Sie zum Teil durch eine sorgfältige Vorprüfung und anschließende detailliertere Planung vermeiden können.

Grund für Scheitern	Nennungen
Auftragsmangel	42,8 %
Finanzierungsengpässe	31,4 %
Unternehmenskonzept	13,7 %
Persönliche Gründe	11,0 %
Familiäre Gründe	10,4 %
Sonstige wirtschaftliche Gründe	22,3 %
Sonstige Gründe	17,6 %

Tabelle 6:   *Gründe für das Scheitern von Unternehmensgründungen*

Im Rahmen der Vorprüfung sollen nicht alle Elemente Ihrer Geschäftsidee überprüft werden. Es handelt sich um eine Prüfung der zentralen Elemente. Dabei wird Ihrem zukünftigen Absatzmarkt die größte Aufmerksamkeit geschenkt. Denn: Ihre Kunden sind der wichtigste Faktor Ihres Geschäfts und der Faktor, der am unsichersten ist. Sie können die Organisation Ihres Unternehmens perfekt im Griff haben, Sie können ein qualitativ hochwertiges Produkt extrem kostengünstig herstellen: Wenn Ihre Kunden nicht kaufen (oder nicht schnell genug kaufen), haben Sie ein substanzielles Problem und werden nicht erfolgreich sein. Weitere Finanzmittel bekommen Sie nicht, denn Sie haben den größten Unsicherheitsfaktor Ihres Geschäfts nicht im Griff. Umgekehrt gilt aber: Wenn Ihre Kunden Ihre Produkte kaufen, Sie aber zu teuer produzieren, können Sie vielleicht Ihre Kosten senken, Ihre Preise erhöhen oder weitere Produkte zusätzlich verkaufen. Sie haben dann immer noch zahlreiche Handlungsmöglichkeiten. Auch Ihre Kapitalgeber sind eher gewillt, Ihnen weiteres Geld im Rahmen eines guten Sanierungsplans zu geben. Denn Ihr Produkt wird vom Markt angenommen.

Teil III – Die Vorprüfung für Ihre Geschäftsidee

Beispiel

> **Ein gutes Produkt garantiert keinen Erfolg.** Apple Computers brauchte Mitte der 90er Jahre einen Mini-Computer an den Markt, den Newton. Der Newton war im Wesentlichen das, was heute durch den Palm-Pilot repräsentiert wird. Der Markt trägt den bezeichnenden Namen „Handheld-Computing". Apple brachte ein technisch einwandfreies Produkt an den Markt und setzte seine ganze Expertise in der Vermarktung neuer technischer Geräte ein. Dennoch wurde der Newton ein Flop und wurde kurze Zeit später vom Markt genommen. Die Nachfrage bestand noch nicht. Erst ein paar Jahre später entstand ein riesiger neuer Markt, der dann allerdings von anderen Unternehmen kontrolliert wurde. Alles Sparen hätte Apple an dieser Stelle nicht geholfen.

Trotz der starken Betonung auf Kunden gilt natürlich trotzdem, dass Sie auch die anderen Elemente Ihrer Geschäftsidee kritisch hinterfragen müssen. In manchen Fällen sind unter diesen Elementen auch Bedingungen, die erfüllt sein müssen, um die Geschäftsidee überhaupt erst zu ermöglichen. Hierbei kann es sich beispielsweise um rechtliche und technische Bedingungen oder Interessenkonflikte mit Lieferanten handeln. Werden solche Bedingungen vermutet, sind sie dementsprechend zuerst zu prüfen.

Beispiel

> **Der Einkauf als Engpass.** Sie planen einen Discounter für bekannte Parfüms, d. h. ein Einzelhandelsgeschäft und später eine Kette, in der Sie Parfüm substanziell preiswerter anbieten wollen als die anderen Fachhändler. Sie wissen, dass die gängigen Verkaufspreise der Hersteller genug Spielraum für diese Preissenkung lassen und Sie dennoch eine gute Marge beim Verkauf an die Endkunden realisieren können. Sie wissen aber auch, dass die Hersteller auf ihr teuer aufgebautes Luxusimage bedacht sind und einem Discounter für Parfüm sicher nicht mit offenen Armen empfangen werden und vielleicht gar nicht beliefern wollen. Eine Prüfung, ob es zahlenmäßig attraktive Kundengruppen für Ihr Konzept gibt und wo diese zu finden sind, macht an dieser Stelle wenig Sinn. Der Engpass für Ihre Geschäftsidee sind in diesem Fall die Lieferanten. Sie müssen vorrangig prüfen, ob und wer Ihnen die Produkte verkauft: Hersteller, Zwischenhändler in Deutschland, Zwischenhändler im Ausland usw. Wenn Sie im Ausland kaufen müssen, sollten Sie relevante Zollbestimmungen kennen und prüfen, ob Ihnen nach der Einfuhr noch ausreichend Marge bleibt. Wenn Sie eine gute Lösung für den Bezug der Produkte finden, müssen Sie sicher sein, dass die Lösung von Dauer ist.

Sollte Ihnen keine solche Voraussetzung für die Geschäftsidee bekannt sein, empfehle ich die in Abbildung 3 aufgezeigte Vorgehensweise für die Prüfung.

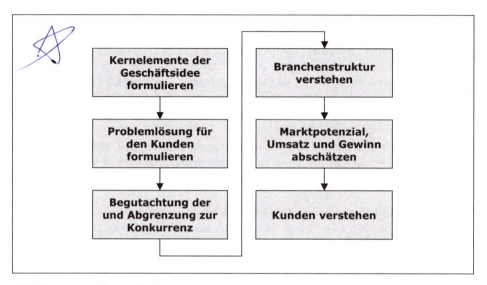

Abbildung 3: Schritte der Vorprüfung einer Geschäftsidee

Sie können die Vorprüfung ab dem Schritt zur Beurteilung der Konkurrenz in nahezu beliebiger Reihenfolge durchlaufen. Erfahrungsgemäß hat die dargestellte Reihenfolge aber folgenden Vorteil: Das Verständnis des Kunden, also das wichtigste Element der Vorprüfung, ist das aufwendigste Element. Um den Aufwand zu optimieren, sollten Sie vorab die Branche und die Wettbewerber gut verstehen. So können Sie Ihre Untersuchungen zielgerichteter gestalten und sind für diese wichtige Vorprüfung optimal vorbereitet. Die Prüfung des Wettbewerbs, der als dritter Schritt angesehen werden kann, trägt erfahrungsgemäß am stärksten zum Verständnis der Branche bei und wird deshalb vor die anderen Prüfungselemente gestellt. In jedem Schritt können Sie neue Erkenntnisse über Ihre Geschäftsidee gewinnen. Wenn die Erkenntnisse grundlegend sind, müssen Sie eventuell einzelne Schritte wiederholen, da sich die zugrunde liegende Geschäftsidee zu stark von Ihrer ursprünglichen Idee entfernt haben kann.

Kernelemente der Geschäftsidee festhalten

Als Ausgangspunkt der Vorprüfung sollten Sie die Kernelemente Ihrer Geschäftsidee in strukturierter Form festhalten. Anhand der Struktur können Sie erkennen, wo Ihre Idee noch Lücken hat. Zudem stellen Sie damit Hypothesen, d. h. Annahmen, für die optimale Ausgestaltung Ihrer Geschäftsidee auf. Diese können sich durch die Vorprüfung als richtig oder falsch erweisen und tragen entsprechend zum besseren Verständnis Ihres neuen geschäftlichen Umfelds bei. Natürlich hilft Ihnen die Struktur auch bei der Vorprüfung: Sie können auf diese Weise sicher sein, die wichtigsten Elemente Ihrer Geschäftsidee überprüft zu haben.

Die strukturierte Fixierung Ihrer Idee hat noch einen weiteren Vorteil. Sie dient als Vorstufe der Kurzzusammenfassung Ihrer Geschäftsidee. Sie werden als Gründer permanent gefragt, was genau Sie machen bzw. planen: Während Ihrer Recherchen im Rahmen der Vorprüfung und Planung, bei der Suche nach Finanzierung, beim Aufbau von Beziehungen zu Lieferanten, beim Einstellen von Personal. Die Erfahrung zeigt, dass eine kurze, prägnante Beschreibung Ihres Geschäfts bzw. Ihrer Geschäftsidee, die Sie verinnerlicht haben, sehr hilfreich ist und Ihrem Auftreten Professionalität verleiht. Gegenüber den genannten Geschäftspartnern wirken Sie dann wie jemand, der genau weiß, was er will. Dagegen wirkt es seltsam, wenn Gründer bei der Beschreibung ihres Geschäfts lange erklären müssen oder gar mit den Worten „Also, das ist gar nicht so einfach ..." anfangen. Wie wollen Sie sonst Kunden von Ihrem Angebot überzeugen?

Besondere Brisanz bekommen Kurzzusammenfassungen, wenn Sie Risikokapital suchen. Dann geht es meist um neue Geschäftsideen oder Produkte, die erklärungsbedürftiger sind. Dennoch ist es wichtig, die Kernelemente kurz und verständlich zusammenzufassen. Denn oftmals gibt man Ihnen nur sehr wenig Zeit, Ihre Idee zu präsentieren. Im englischen Sprachraum wird diese Kurzzusammenfassung auch „Elevator Pitch" genannt, was übersetzt in etwa „Verkaufsgespräch im Fahrstuhl" heißt. Der Name ist hier Programm: Gehen Sie davon aus, dass Ihnen potenzielle Geldgeber – oder auch sonstige, wichtige potenzielle Geschäftspartner – nie viel Zeit schenken. Denn diese Leute stehen immer „unter Strom". Sie finden häufig nur zwischen „Tür und Angel" Gehör oder eben für die Dauer einer Fahrt im Fahrstuhl. Die dauert vielleicht eine Minute. Nur so viel Zeit haben Sie, Ihre Geschäftsidee prägnant und überzeugend darzustellen. Darüber hinaus wird man als Gründer in der Risikokapital-Szene häufig zu Massenveranstaltungen eingeladen, bei denen man innerhalb von wenigen Minuten (in der Regel zwischen 5 und 20 Minuten) seine Idee den anwesenden Kapitalgebern vorstellen muss. Nach Ablauf dieser Zeit wird Ihnen einfach das Mikrofon abgedreht – um die Gründer zu stoppen, die ihre Idee nicht auf den Punkt bringen können. Aber auch außerhalb der Welt des Risikokapitals sollten Sie Ihren Elevator Pitch kennen. Denn als Unternehmer sind Sie häufig in der Rolle des Verkäufers. Oft sind es die unerwarteten Momente, die Ihnen besondere Schwierigkeiten bereiten, also die Momente, wenn Sie unvorbereitet sind, sich aber plötzlich die Chance für Ihr Unternehmen auftut. Und diese Momente sind, da es sich nicht um die Atmosphäre eines typischen Verkaufsgesprächs handelt, oftmals die erfolgversprechenderen Gespräche.

Beispiel

> **Das unerwartete Verkaufsgespräch.** Sie haben gerade einen Büroservice neu gegründet. Sie spezialisieren sich auf Finanzbuchhaltung, Lohnbuchhaltung und sonstige Schreibarbeiten. Da Sie alleine arbeiten, sind Sie preiswert und flexibel. Sie wollen nun neue Kunden gewinnen und machen Briefwerbung und Telefonakquise. Auf die Telefondialoge und eventuell anstehende Verkaufsgespräche bereiten Sie sich durch einen Gesprächsleitfaden gut vor. Am Wochenende sitzen Sie erschöpft im Zug, um Verwandte zu besuchen. Sie gehen in die Cafeteria des Zuges und bestellen sich einen Kaffee. Ihnen gegenüber steht eine Frau, mit der Sie ins Gespräch kommen. Wie sich herausstellt, betreibt die Frau als geschäftsführende Gesellschafterin zwei Ladengeschäfte in Ihrer Region. Nur aus Höflichkeit fragt die Geschäftsführerin Sie nach Ihrer Tätigkeit. Diesmal sind Sie unvorbereitet und mit den Gedanken vielleicht ganz woanders. Wenn Sie jetzt Ihren Elevator Pitch verinnerlicht haben, werden Sie auch hier Ihre Erfolgschancen maximieren. Vielleicht haben Sie jetzt eine neue Kundin. Vielleicht werden Sie auch weiter empfohlen und können weitere erfolgversprechende Verkaufsgespräche führen.

Die in Tabelle 7 aufgezeigte Struktur können Sie nutzen, um Ihre Geschäftsidee festzuhalten. Sollten Sie, z. B. für die Finanzierung durch eine Bank oder die Suche nach einem Risikokapitalgeber, einen Geschäftsplan (vielfach „Businessplan" genannt) benötigen, so legen Sie mit dieser Struktur den ersten Grundstein. Wie Sie merken werden, fehlen für die allgemeine Planung wichtige Bestandteile, wie z. B. das Geschäftsmodell, der Kapitalbedarf und die Finanzierungsstruktur, die Marketing- und Vertriebsstruktur sowie das Gründerteam. Vergessen Sie aber nicht: Es geht hier um die Vorplanung zur Prüfung Ihrer Geschäftsidee, nicht um die detaillierte Planung. Nicht alle Elemente einer Geschäftsplanung sind bereits an dieser Stelle von Bedeutung.

Kernelemente der Geschäftsidee festhalten

Kernelement	Kurzbeschreibung
Angebotsspektrum und Zielgruppe	■ Was bieten Sie an? ■ Wer sollen Ihre Kunden sein?
Problemlösung	■ Welches Problem Ihrer potenziellen Kunden löst Ihr Angebot? ■ Ist das Problem dringend?
Wettbewerbssituation	■ Wie ist die Wettbewerbslage, wer sind die wesentlichen Wettbewerber? ■ Was sind ihre Stärken und Schwächen? ■ Wie differenzieren Sie sich?
Branchenstruktur	■ Wie funktioniert die Branche? ■ Welche formellen und informellen Beziehungen und Strukturen sind zu beachten? ■ Können Ihnen dadurch Probleme entstehen?
Markt, Umsatz- und Gewinnschätzung	■ Wie groß ist der Markt, wie wird er sich entwickeln? ■ Bietet der Markt Platz für Ihr neues Angebot? ■ Mit welchem Umsatz und welchen Gewinnen können Sie rechnen?
Kunden	■ Was sind die Kaufkriterien der Kunden? ■ Wie werden Kaufentscheidungen getroffen?

Tabelle 7:   Strukturelemente einer Geschäftsidee

Halten Sie zunächst Ihre eigenen Angaben kurz, aber präzise. Bei fehlenden Informationen tragen Sie zunächst Hypothesen ein, die Sie später prüfen können. Die Beschäftigung mit allen wichtigen Elementen Ihrer Geschäftsidee ist bereits an dieser Stelle äußerst sinnvoll, denn sie schärft Ihren Blick für fehlende Informationen.

Beispiel

Ausgangshypothesen zur Vorprüfung eines Wellness-Salons. Ein Gründer hat die Geschäftsidee, einen Wellness-Salon zu gründen. Er will prüfen, ob sich die Verfolgung dieser Idee lohnt. Bevor er mit der Vorprüfung startet, stellt er einige Ausgangshypothesen auf, die er im Rahmen der Vorprüfung verfeinern will: Sein geplantes Angebotsspektrum umfasst das Angebot einer Sauna sowie verschiedener Wellness-Massagen, wie z. B. Ayurveda. Zielkunden sind Geschäftsleute. Er will das Problem lösen, dass viele Menschen keine Entspannung mehr finden und ihnen aufgrund der Arbeitsbelastung auch nur wenig Zeit zur Entspannung bleibt. Der Salon muss daher zentral gelegen sein, Kunden schnell bedienen und Behandlungen auch beim Kunden vor Ort anbieten. Die Wettbewerbssituation hängt von der Lage ab. Hauptkonkurrenten sind Sonnenstudios, die sich jedoch an eine andere Klientel wenden. Eine Differenzierung soll über das Ambiente, den Preis und den Service erreicht werden. Bezüglich der Branche gibt es vermutlich keine Besonderheiten. Eventuell sind Vorschriften bezüglich Gesundheit bzw. Hygiene zu beachten. Potenziell wäre jeder Dritte aus der Zielgruppe ein Kunde. Der Markt erscheint also recht groß. Vorrangig werden sich Frauen für das Angebot interessieren. Der Umsatz könnte bei ca. 1.000 € am Tag liegen, also ca. 250.000 € im Jahr. Der Gewinn kann noch nicht abgeschätzt werden. Kunden sind vermutlich, trotz der gehobeneren Klientel, auf hohem Niveau preissensitiv. Ansonsten erscheinen keine Besonderheiten in Bezug auf die Kunden.

Wenn Sie obige Fragen beantwortet haben, können Sie bereits einen ersten Elevator Pitch zusammenstellen. Es fehlen Ihnen zwar noch ein paar unter Umständen wichtige Informationen, z. B. der Kapitalbedarf, aber Sie brauchen eventuell bereits in dieser Phase Ihrer Unternehmung eine schlagkräftige Unternehmensbeschreibung. Dass Ihnen Imformationen noch fehlen, lässt sich dann einfach nicht vermeiden.

Beispiel

Elevator Pitch im Frühstadium. Ein Gründer hat die Geschäftsidee, einen Wellness-Salon zu gründen. Er nimmt vorsorglich an einigen Informationsveranstaltungen über Gründungskapital teil. Um auf Kontakte mit potenziellen Kapitalgebern vorbereitet zu sein, stellt er einen Elevator Pitch zusammen. Er prägt sich folgende Formulierungen ein: „Ich plane einen Wellness-Salon für Geschäftsleute. Der Markt ist bisher vollkommen unerschlossen. Ein zentraler Standort und ein umfassender Service sichern den Erfolg. In der Ausbreitung des Konzepts deutschlandweit, als eigene Filialen oder als Franchise-System, steckt enormes Potenzial. Ein gutes Beispiel sind die Sonnenstudio-Ketten."

Angebotsspektrum genauer verstehen

Als zweiten Schritt der Vorprüfung ist es sinnvoll, das Angebot Ihrer Geschäftsidee (also das, was Sie Ihren Kunden anbieten wollen) genauer zu verstehen. Viele Gründer meinen bereits, Ihr Angebotsspektrum zu kennen. Dennoch ist dieser Schritt wichtig, da oft festgestellt wird, dass viele Gründer ihr eigenes Angebot zu eng sehen und sich damit wichtiger Erkenntnisse und Chancen berauben.

Jedes Angebot ist die Lösung für ein Problem eines Kunden. Wenn dies nicht so ist, hat Ihr Angebot keine Existenzberechtigung, denn es wird nicht gebraucht. Formulieren Sie dieses Problem möglichst detailliert aus Ihrer Sicht. Die Formulierung ist ein wichtiger Baustein zur Bearbeitung der nächsten Prüfungsschritte. Tabelle 8 zeigt ein paar kurze Beispielfälle.

Geschäftsidee/ Angebotsspektrum	Problem des Kunden, das gelöst werden soll
Wellness-Salon	Kunde fühlt sich körperlich, seelisch nicht wohl, nicht entspannt
Bäckerei	Kunde hat Hunger oder Appetit nach wohlschmeckenden und wohlriechenden Nahrungsmitteln
Buchhaltungsservice	Kunde muss Vorgaben im Bereich Buchhaltung erfüllen, hat aber keine entsprechenden Kenntnisse
Kanuverleih	Kunde sucht Freizeitbeschäftigung mit körperlicher Betätigung und Nähe zur Natur
Medizintechnik-Großhandel	Sowohl auf Herstellerseite wie auch auf Einkäuferseite ist der Markt sehr zergliedert. Eine Zusammenfassungs- und Logistikfunktion durch einen Großhandel vereinfachen das Geschäft für beide Seiten

Tabelle 8: *Beispiele von Problemlösungen des Angebots*

Mittels der Formulierung des Problems Ihres Kunden, das Sie lösen wollen, haben Sie bereits einen großen Schritt getan:

- Sie haben grundsätzlich beantwortet, dass Ihre Idee eine Daseinsberechtigung hat.

- Sie haben den Markt abgegrenzt: Dieser umfasst nämlich alle Lösungen und Teillösungen, die das Problem des Kunden – aus Sicht des Kunden – lösen und die entsprechenden Kunden.

- Sie haben den Grundstein für eine umfassendere Konkurrenzanalyse gelegt: Jeder, der eine Lösung für das Problem des Kunden anbietet, ist zunächst einmal Ihr Konkurrent. Im Falle der Bäckerei ist auch der Lebensmittel-Discounter um die Ecke ein Konkurrent, denn der bietet ebenfalls Nahrungsmittel an. Im Falle des Kanuverleihs ist auch der Fahrradverleih nebenan Konkurrent, denn er bietet ebenfalls eine naturverbundene, körperlich anstrengende Freizeitbeschäftigung.

- Sie wissen, worauf Sie sich bei der Implementierung Ihrer Idee besonders konzentrieren müssen.

Die Formulierung der Problemlösung ermöglicht zudem einen umfassenderen Blick auf ein mögliches Angebotsspektrum. Insbesondere sinnvolle Zusatzdienstleistungen fallen so leicht ins Auge.

Beispiel

Angebotserweiterung durch Problemformulierung. Ein Unternehmer plant die Gründung eines Verlags mit dem Fokus Ratgeber für die Freizeit. Er will Themen wie Fahrradpflege, Wandern, Gartenarbeit und Kochen abdecken. Bei der Vorprüfung der Idee formuliert er das zu lösende Kundenproblem wie folgt: „Die aktive Gestaltung der Freizeit fällt den meisten Menschen schwer. So wissen sie nicht, was sie mit ihrer Freizeit anfangen sollen. Darüber hinaus fehlt viel Basiswissen, um die Freizeit-Tätigkeiten oder Hobbys zielgerichtet und mit viel Freude auszuüben. Durch die Ratgeber sollen die Menschen Anregungen erhalten und fehlendes Wissen vermittelt bekommen." Im Rahmen der Formulierung des Problems entdeckt der Gründer, dass eine Erweiterung seines Produktsspektrums um Ratgeber-Videos einigen Kunden vielleicht noch weiter entgegen kommt, weil sie keine rechte Lust zum Lesen haben. Auch wird ihm die Bedeutung der Aktualität bewusst: Kunden haben das von ihm angesprochene Problem oft „spontan", z. B. nach der Arbeit. Sie können seine Bücher aber nicht sofort kaufen und geliefert bekommen. Er plant also eine Erweiterung um E-Book-Versionen, die sofort im Internet käuflich sind, und die Einrichtung einer Internet-Community, auf der sich Nutzer austauschen bzw. sofortige Anregungen bekommen können. Mit beiden Zusatzangeboten erweitert er seinen potenziellen Kundenkreis erheblich.

Wettbewerb eingehend analysieren

Die Analyse des Wettbewerbs ist zugleich hilfreich und notwendig: Hilfreich, denn Sie können vom Wettbewerb viel lernen; notwendig, denn Sie müssen sich vom Wettbewerb unterscheiden und so dem Kunden einen Grund geben, Sie statt dem Wettbewerber zu wählen. Ein guter Wettbewerber kann Sie in große Bedrängnis bringen, wenn er Ihnen Kunden wegnimmt. Wenn Wettbewerber Wege finden, die die Probleme der Kunden auf neue und deutlich bessere Art lösen, können ganze Branchen gefährdet werden. Das Gleiche gilt, wenn sich Trends wandeln und die Kunden ihr begrenztes Budget (ihr Einkommen) für andersartige Produkte und Dienstleistungen verwenden. Die Auswahl der zu beobachtenden Wettbewerber ist daher besonders wichtig, aber auch besonders schwierig.

Obwohl die Analyse des Wettbewerbs zum Zeitpunkt einer Unternehmensgründung besonders wichtig ist, dürfen Sie Ihre Wettbewerber auch später nicht aus den Augen verlieren. Wenn ein Wettbewerber eine Änderung in seinem Geschäftsmodell vornimmt, zwingt Sie das unter Umständen auch zum Handeln. Denn Sie wollen auf keinen Fall, dass Ihr Wettbewerber Ihnen den Rang abläuft. Wenn Sie selbst keine innovativen Ideen haben, müssen Sie die bereits vorgestellte Strategie des Kopierens verfolgen. Idealerweise können Sie aber noch eine Idee mehr haben oder eine Abwandlung der Idee des Wettbewerbers wählen, um sich vom Wettbewerb zu unterscheiden. Großunternehmen haben eigene Abteilungen, die sich mit Wettbewerbsbeobachtung beschäftigen. Die Beobachtungen werden beständig nach einem festgelegten Schema ausgewertet. Die gewonnen Erkenntnisse werden bei den strategischen, taktischen und operativen Entscheidungen beachtet bzw. führen häufig erst zu solchen Entscheidungen. Für Sie als Gründer ist eine so gründliche Beobachtung des Wettbewerbs natürlich nicht möglich. Aber Sie sollten, neben der anfänglichen Analyse dessen, eine eigene Routine in der dauerhaften Beobachtung Ihrer Wettbewerber entwickeln.

Beispiel

Wettbewerbsbeobachtung bei Lebensmittel-Discountern. Im Lebensmitteleinzelhandel, insbesondere im Bereich der Discounter, sind Wettbewerbsbeobachtungen an der Tagesordnung. Dies ist in der Regel die Aufgabe des Filialleiters oder von Gebietsverantwortlichen, die mehrere Filialen überwachen. Da bei den Discountern der Preis ein wesentliches Kriterium ist, handelt es sich meist um Preisvergleiche. In zeitlich festgelegten Abständen werden die Preise des Wettbewerbs vor allem bei Grundnahrungsmitteln wie Milch, Brot, Butter, Käse geprüft. Dazu werden regelmäßig die Filialen der Wettbewerber

> im Einzugsbereich der eigenen Filialen besucht. Darüber hinaus können sonstige Neuerungen, z. B. beim Warenangebot, der Warenplatzierung und im Kassenbereich, festgestellt werden. Die Ergebnisse fließen in die eigenen Entscheidungsrunden ein. Senkt der Wettbewerb die Preise, ziehen die anderen Discounter meist nach.

Die Untersuchung des Wettbewerbs kann Ihnen zudem zahlreiche weitere Untersuchungen im Rahmen der Gründung vereinfachen, denn Sie erkennen und verstehen wichtige Elemente des Geschäfts: Mittels der Angebotsstruktur von Wettbewerbern können Sie auf die Bedürfnisse und Verhaltensweisen der Kunden schließen, mittels der Einkaufsstrategie auf die Lieferanten und mittels der Leistungserbringung auf die Organisation der Produktion.

Für die Untersuchung des Wettbewerbs hat sich das in Abbildung 4 aufgezeigte Schema bewährt. Die einzelnen Schritte werden im Anschluss detailliert erläutert:

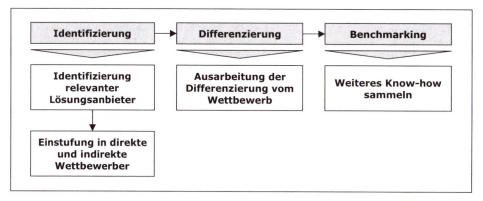

Abbildung 4: *Schritte der Wettbewerbsuntersuchung*

Die Unterscheidung wichtiger von unwichtigen Wettbewerbern ist schwierig. Sie können die Wichtigkeit eines Wettbewerbers erst konkret in der Zukunft beurteilen. Auch viele Großunternehmen scheitern, wenn es darum geht, den wichtigsten Wettbewerber zu identifizieren. Denn Großunternehmen werden selten ernsthaft durch die bekannte und etablierte Konkurrenz gefährdet. Dazu sind sie zu lange im Geschäft. Sie sind gefährdet, wenn sich das Geschäft verändert. Veränderungen werden von jungen Unternehmen herbeigeführt. Denn diese können in der Regel aus Kostengründen nicht direkt mit etablierten Großunternehmen konkurrieren. Sie entwickeln andere Lösungen für das Problem, die scheinbar nur Randgruppen bedienen. Bei echten Vorteilen für die Kunden können Sie sich aber schnell zum Standard entwickeln und große Unternehmen ernsthaft in Gefahr bringen. Dies gilt aber auch im kleineren Maßstab für Ihr eigenes Unternehmen: Beobachten Sie besonders diejenigen Konkurrenten, die innovative Lösungen anbieten.

1. Identifizierung relevanter Lösungsanbieter

Als Ausgangspunkt nehmen Sie die Formulierung des Problems, das Ihr Angebot beim Kunden lösen soll. Alle Unternehmen, die ebenfalls Lösungen für dieses Problem anbieten, sind Ihre Wettbewerber. Der Kunde hat die Wahl zwischen den Lösungen und entscheidet sich in der Regel nur für eine Lösung.

An dieser Stelle können Sie aber bereits die geografische Komponente beachten. Wenn Ihr Geschäft einen begrenzten Einzugsbereich hat, macht es wenig Sinn, Wettbewerber außerhalb dieses Einzugsbereichs in Ihre Liste aufzunehmen. Eine Ausnahme bilden Best-Practice-Wettbewerber, von deren Analyse Sie sich Erkenntnisse für Ihr Geschäft erhoffen. Von diesen Wettbewerbern brauchen Sie sich momentan zwar nicht zu unterscheiden, aber vielleicht können Sie dennoch von ihnen lernen.

Um die Wettbewerber zu identifizieren, stehen Ihnen vielfältige Methoden zur Verfügung:

- Eigene Erfahrung
- Umfangreiche Recherchen, z. B. mittels Internet
- Befragung von Freunden und Bekannten oder dritten Personen
- Simulation: Versetzen Sie sich in einen Kunden und versuchen Sie, das Problem zu lösen.

Die Liste wird im Laufe der Zeit sicher länger werden, auch wenn Sie glauben, diesen Schritt bereits abgeschlossen zu haben. Sie erhalten möglicherweise eine sehr lange Liste, insbesondere, wenn Ihre Problemformulierung sehr weit ist. Natürlich können Sie als Gründer nicht alle diese Wettbewerber im Detail untersuchen. Vielmehr sind die Wettbewerber einzuteilen und die wichtigsten herauszufiltern.

2. Direkte und indirekte Wettbewerber

Was Ihre wichtigsten Wettbewerber sind, können Sie nur von Ihren Kunden lernen. Der Kunde wird dasjenige Angebot wählen, das sein Problem am besten löst. Der Kunde geht dabei gedanklich in zwei Stufen vor: Zuerst entscheidet er sich für den für ihn idealen Typ der Leistungserbringung, danach entscheidet er sich für ein Angebot, welches diesem Typ entspricht und sein Problem am besten löst. So gibt es für die Freizeitgestaltung eines Menschen zahlreiche Möglichkeiten: lesen, Fahrrad fahren, Kanu fahren, Freunde treffen, dösen usw. Für das Problem „Wie genau gestalte ich meine Freizeit" gibt es also zahlreiche Lösungstypen. Entscheidet man sich für den Typ „Lesen", stellt sich die Frage, was genau man lesen will: einen Krimi, einen Roman, ein Sachbuch, ein Comic usw.

Sie können unmöglich alle Typen der Leistungserbringung und die entsprechenden Wettbewerber, die diese anbieten, genau untersuchen. Sie müssen sich auf Ihren Typ der Leistungserbringung konzentrieren. Im Falle des Beispiels oben sind dies Verlage, nicht aber Fahrradhersteller, Fahrradverleihe usw. Dennoch müssen Sie die Trends in der Freizeitgestaltung beobachten. Wenn der Trend weg vom Lesen hin zu aktiveren Gestaltungsformen (heute gemeinhin als „Outdoor" bezeichnet) geht, ist das eine deutliche Warnung für Ihr Geschäft. Trends prüfen Sie jedoch nicht so sehr anhand einzelner Wettbewerber, sondern anhand von Marktbewegungen.

Sie müssen sich im Rahmen der Wettbewerbsanalyse also auf die Wettbewerber konzentrieren, die vom Typ her die gleiche Lösung anbieten. Um den Typ abzugrenzen, müssen Sie sich vor allem auf Ihren Sachverstand verlassen. Im Beispiel oben ist klar, dass man Fahrräder verleihen und Bücher verlegen nicht als gleichen Typ der Leistungserbringung sehen kann. Im Falle einer Bäckerei aber könnte es schwieriger sein: Ist ein modernes Kaffeehaus wie Starbucks (die auch Gebäck verkaufen) oder eine Filiale von Dunkin' Donuts um die Ecke der gleiche Typ von Leistungserbringung? Aufgrund des sehr begrenzten Backwaren-Angebots dieser Wettbewerber könnten Sie diese vernachlässigen, aber diese Wettbewerber nehmen Ihnen auf jeden Fall Kunden ab und sind beständig bemüht, ihr Angebotsspektrum zu erweitern. Man sollte Sie also besser nicht aus den Augen lassen. Oftmals kommt es vor, dass man mit der Erweiterung der Markt- und Kundenkenntnis den Typ der Leistungserbringung später anders definieren würde und die Wettbewerbsbeobachtung entsprechend anpassen muss.

Auch mit dieser Einschränkung auf den gleichen Typ von Leistungserbringung kann es noch zahlreiche Wettbewerber geben, die in wichtige und unwichtige zu unterscheiden sind. Ausgangspunkt hierfür bildet das Urteil des Kunden, der das beste Angebot innerhalb eines Typs der Leistungserbringung aussucht. Was „am besten" ist, unterscheidet sich aber von Kunde zu Kunde. Obwohl die Kunden alle Individuen mit eigenen Vorstellungen sind, lassen sie sich aber vielfach in Gruppen behandeln. Manchen Kunden ist der niedrige Preis besonders wichtig, manchen der gute Service, manchen das gute Aussehen, manchen die Qualität usw. Vielfach ist es eine bestimmte Kombination aus diesen so genannten „Kaufkriterien", die eine Gruppe von Kunden auszeichnet. Professionelle Wettbewerber konzentrieren sich auf eine solche Kundengruppe und versuchen, die Anforderungen dieser Gruppe besonders gut zu erfüllen. Wenn Sie die wichtigsten Entscheidungskriterien der Kunden kennen, können Sie die Wettbewerber entsprechend einordnen. Durch die Einordnung Ihrer eigenen Geschäftsidee erkennen Sie auch sofort Ihre direkten Wettbewerber. Das sind diejenigen, die versuchen, die gleiche Kundengruppe zu bedienen bzw. die ihre Geschäftsidee auf die Erfüllung der gleichen „Kaufkriterien" der Kunden ausrichten. Die anderen Wettbewerber sind entsprechend nur indirekte Wettbewerber. Sie bieten zwar Lösungen für das gleiche Problem an, sprechen damit aber nicht die von Ihnen erwählten Kundenkreise an.

Die Feststellung der Kaufkriterien und die darauf basierende Einteilung der Kunden in möglichst trennscharfe Kundengruppen ist eine Aufgabe, mit der sich Marketingabteilungen von Großunternehmen sowie professionelle Marketingberatungen beschäftigen. Die genaue Kenntnis der Kriterien stellt zudem vielfach einen Wettbewerbsvorteil dar, denn je genauer

Sie die Kunden kennen, umso genauer können Sie auf seine Wünsche eingehen. Dennoch sollten auch Sie den Versuch unternehmen, Kaufkriterien Ihrer Kunden besser kennen zu lernen. Sie können dabei von sich selbst ausgehen oder Freunde und Bekannte befragen. Besser noch sprechen Sie aber mit möglichst vielen potenziellen Kunden. Dazu können Kundenumfragen hilfreich sein. In Tabelle 9 sind oftmals zutreffende Kaufkriterien aufgezeigt. Je spezieller das von Ihnen geplante Angebot aber ist, desto mehr Kaufkriterien werden sich finden lassen.

Kaufkriterium	Mögliche Ausprägungen
Preis	Hoch, mittel, niedrig
Qualität	Hoch, mittel, gering
Service	Umfassend, mittel, gering, kein Service
Emotionale Effekte	Marke, Design

Tabelle 9: *Wichtige allgemeine Kaufkriterien*

Um also Ihre Wettbewerber in direkte und indirekte Wettbewerber einzuteilen, können Sie folgendermaßen vorgehen: Ausgehend von der Liste relevanter Lösungsanbieter filtern Sie jeden einzelnen dieser Anbieter anhand der oben genannten Filterkriterien. Diese sind zu ergänzen um räumliche Aspekte und eventuell Unterschiede in der Konzentration auf generelle Zielgruppen wie Konsumenten, Unternehmen oder Behörden. Auf jeder Stufe werden es somit weniger Anbieter. Diejenigen, die am Ende auf der Liste stehen, sind Ihre direkten und wichtigsten Wettbewerber. Diejenigen, die Sie weggestrichen haben, sind indirekter Wettbewerb. Abbildung 5 verdeutlicht die Vorgehensweise.

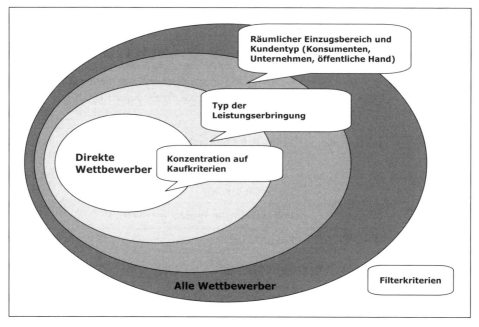

Abbildung 5: *Identifizierung der direkten Wettbewerber*

Beispiel

Identifizierung von direkten Wettbewerbern im Verlagswesen. Ein Unternehmer plant die Gründung eines Verlags speziell für preiswerte gesundheitsbezogene Ratgeber. Das zu lösende Problem seines Angebots definiert er wie folgt: „Medizinische Betreuung wird immer teurer, das Vertrauen in Ärzte sinkt. Zudem setzt sich die Erkenntnis durch, dass vorbeugen besser als heilen ist. Kunden haben aber nicht das erforderliche Wissen, um ihre Gesundheit selbst in die Hand zu nehmen. Sie suchen daher einen einfachen Zugang zu wirkungsvollem Wissen zur Verbesserung ihrer Gesundheit. Um einen möglichst breiten Zugang zu den Kunden zu bekommen, sollte das Angebot möglichst preiswert sein." Auf dieser Basis können alle Verlage mit medizinischen Büchern, Gesundheitszeitschriften und allgemeine Zeitungen sowie zum Teil Fernsehsender als Wettbewerb im weitesten Sinne betrachtet werden. Räumliche Eingrenzungen des Wettbewerbs gibt es in geringem Ausmaß bei Zeitungen und Fernsehsendern, aber dieses Kriterium ist kein wirksamer Filter. Die Zielkundschaft der Verlage schließt eine größere Zahl von Verlagen aus, die sich an Fachleute, d. h. Ärzte, wenden und einen eher akademischen Charakter haben. Nach dem Typ der Leistungserbringung fallen alle Anbieter weg, die keine Bücher herausrausgeben. Denn nur Bücher bieten umfassende Informationen zu einem Thema, gehen in die Tiefe und können leicht aufbewahrt, gesammelt oder weitergegeben werden. Als Kaufkriterien spielen vermutlich der Preis, die Aufmachung (z. B. „gehoben" mit farbigen Abbildungen,

> Hardcover, gutes Papier) und Inhalt sowie Umfang eine Rolle. Eventuell ist auch die Ausgabe im Rahmen einer Reihe oder die Bekanntheit des Autors als Kaufkriterium interessant. Der Gründer will sich auf preiswerte, in einfacher Ausstattung (einfarbig, Taschenbuch, dünnes Papier) gehaltene, umfassende, aber nicht zu lange Ratgeber fokussieren und diese im Rahmen einer Reihe herausgeben. Nach den Recherchen des Gründers gibt es kaum Wettbewerber mit dieser Positionierung im Netz der Kaufkriterien. Wirkliche direkte Wettbewerber findet er so gut wie keine. Dennoch nimmt er sich vor, auch die Ratgeberverlage, die sich anders positionieren, im Auge zu behalten.

Sie müssen bei dieser Übung jedoch unbedingt aufpassen. Man kann sich Wettbewerber auch wegdefinieren. Gerade im anfänglichen Enthusiasmus Ihrer Gründung kann dies leicht passieren, da Sie Ihre Idee unter allen Umständen für einmalig halten. Wenn Sie nur ein einziges Kaufkriteriun, das Sie besser erfüllen wollen als Ihre Wettbewerber, als wirklich relevant für Ihre Kunden einstufen, haben Sie theoretisch keinen Wettbewerb mehr! Alle anderen Wettbewerber bedienen dann andere Kunden. Sie haben sich zum Marktführer gemacht (ohne allerdings zu wissen, wie groß der Markt ist). Diese Vorgehensweise kann den Blick auf den Wettbewerb zu stark eintrüben und unter Umständen zu einem bösen Erwachen führen: Wenn für Ihre Kunden dieses Kaufkriterium nicht so entscheidend ist, haben Sie keinerlei Differenzierung vom Wettbewerb. Die Kunden sehen dann keinen großen Unterschied mehr zwischen Ihnen und der von Ihnen als „indirekt" definierten Konkurrenz. Werden Sie also skeptisch, wenn Sie nach der oben beschriebenen Vorgehensweise keinen direkten Wettbewerber gefunden haben.

Beispiel

> **Der verlorene Wettbewerb.** Die Wettbewerbsanalyse entspricht derjenigen im vorangegangenen Beispiel. Der Gründer stellt am Ende fest, dass es kaum direkte Wettbewerber gibt. Auf dieser Grundlage hält er seine Geschäftsidee für sehr sicher und sieht ein großes Marktpotential. Sein Plan geht aber nur auf, wenn es viele Kunden gibt, für die wirklich die Kaufkriterien niedriger Preis, preiswerte Aufmachung, mittlerer Umfang für Gesundheitsratgeber zählen. Wenn den Kunden z. B. der Preis nicht so wichtig ist und sie für wenig mehr Geld einen besser aufgemachten Ratgeber bekommen, kann die ganze Geschäftsidee zum Desaster werden. Zwar gibt es dann noch immer keinen direkten Wettbewerber, dafür aber auch nur einen sehr kleinen Markt. Der „benachbarte" Markt gehobener Gesundheitsratgeber ist dagegen der Markt mit den größeren Chancen.

Obwohl die direkten Wettbewerber nun diejenigen Unternehmen sind, auf die Sie im Rahmen der Gründung besonders achten sollten, sollten Sie auch die Wettbewerber, die sich aufgrund der Erfüllung unterschiedlicher Kaufkriterien von Ihnen absetzen, weiter im Auge behalten. Hier kann es schnell zu einem Wechsel der Strategie des Wettbewerbers oder der Kaufkriterien der Kunden kommen. Aus einem indirekten wird dann schnell ein direkter Wettbewerber.

3. Differenzierung vom Wettbewerb

Sie kennen nun Ihre direkten und Ihre indirekten Wettbewerber. Dies macht es Ihnen möglich, Ihre eigene geplante Position genauer zu untersuchen. Ihr Ziel ist es, sich so unterscheidbar wie möglich vom Wettbewerb zu machen, dabei aber die Probleme und Wünsche der Kunden möglichst gut zu erfüllen.

Direkte Wettbewerber wurden so definiert, dass diese sich bei ihrer Leistungserbringung auf ähnliche Kaufkriterien konzentrieren, wie Sie dies bei Ihrem Geschäft planen. Indirekte Wettbewerber unterscheiden sich dagegen in ihrer Konzentration auf Kaufkriterien. Wenn sich die Kunden – und damit die Wettbewerber – anhand zweier unabhängiger Kaufkriterien einordnen lassen, kann man die Position der einzelnen Wettbewerber sehr gut grafisch darstellen. Man nennt eine solche Einordnung nach den Kaufkriterien der Kunden auch „Positionierung". Die sich ergebenden Kombinationen der Ausprägung der Kaufkriterien nennt man auch „Segmente". Im Beispiel der Abbildung 6 gibt es vier Segmente. Je stärker die Kaufkriterien voneinander abhängen (und es gibt selten zwei völlig unabhängige Kaufkriterien), desto stärkere Ballungen gibt es bei der Einordnung von Wettbewerbern. Im Falle der Abbildung 6 erwartet man Ballungen bei hoher Qualität und hohem Preis sowie geringer Qualität und geringem Preis.

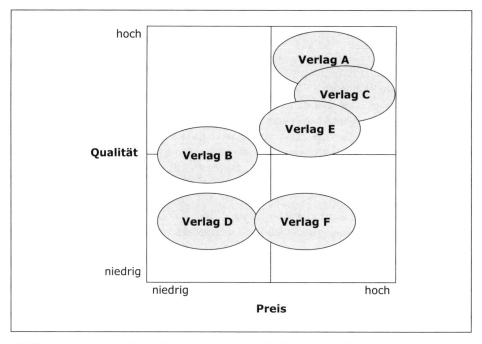

Abbildung 6: Beispielhafte Segmentierung nach Kaufkriterien im Verlagswesen

Wenn Sie das einzige Unternehmen in Ihrem Segment sind, bereitet Ihnen der Wettbewerb gegenwärtig nicht viele Sorgen. Sie müssen jetzt noch feststellen, ob Ihr Segment auch groß genug für Ihre Pläne ist. Dies müssen Sie aus der Marktbeobachtung und der Untersuchung der Kunden ableiten. So ist Verlag F in Abbildung 6 zwar das einzige Unternehmen. Der Markt sollte aber nicht so viel Potential bieten, denn der Verlag verkauft über Preis (geringe Qualität, aber hoher Preis). Später müssen Sie natürlich Ihren Wettbewerb weiter beobachten. Wenn Sie sich erfolgreich in einem Segment positionieren, könnte es schnell Wettbewerber geben, die Ihre Idee kopieren wollen. Sind Sie nicht das einzige Unternehmen in Ihrem Segment, gibt es entsprechend direkten Wettbewerb. Wenn Sie davon ausgehen, dass der Markt in Ihrem Segment groß genug für Sie und Ihre Wettbewerber ist, stellt der Wettbewerb für Ihre Idee zunächst keine große Gefahr dar. Die Marktbeobachtung und die Untersuchung der Kunden geben hierüber Aufschluss. Dennoch kann es nicht schaden, sein Geschäft weiter zu differenzieren. Wenn Sie dagegen davon ausgehen, dass der Markt in Ihrem Segment nicht groß genug ist für Sie und Ihre direkten Wettbewerber, müssen Sie sich weiter differenzieren. Ansonsten müssen Sie Ihre Geschäftsidee grundlegend verändern.

Ausgangspunkt einer weiteren Differenzierung sind wiederum die Kaufkriterien. Keine Rolle spielen Interna des Wettbewerbers, so lange diese nicht dem Kunden transparent sind und ihn in seiner Kaufentscheidung beeinflussen. So ist der schlechte Ruf eines Unternehmens als Arbeitgeber unwichtig, wenn er die Kunden in ihrer Kaufentscheidung nicht berührt. Lediglich die Kaufkriterien der Kunden ermöglichen eine sinnvolle Differenzierung. Entweder es gibt noch weitere Kaufkriterien der Kunden, anhand derer sich die Kunden eindeutig weiter unterteilen lassen. Wenn Sie Ihre Geschäftsidee um eine spezielle Art der Erfüllung dieses Kaufkriteriums erweitern, können Sie faktisch aus einem direkten Wettbewerber einen echten indirekten Wettbewerber machen. Oder aber weitere Kaufkriterien und ihre Wirkung auf Kunden sind weniger eindeutig. Weder Ihr Sachverstand, noch die Marktbeobachtung, noch die Untersuchung Ihrer Kunden zeigen klar auf, dass diese Kaufkriterien die Kunden wirklich eindeutig in Gruppen unterteilen. Dennoch kann es sein, dass einzelne Kunden diese weiteren Kaufkriterien für so wichtig halten, dass sie diese in der Gesamtheit des Angebots als entscheidend definieren. Den besten Startpunkt zur Suche nach solchen Kriterien bieten die direkten Wettbewerber selbst. Untersuchen Sie genau, was man, im Vergleich zum direkten Wettbewerb, verbessern kann. Wenn Sie einige Möglichkeiten finden, ist die Chance groß, dass Sie sich weiter differenzieren können. Natürlich sollten Sie zusätzlich auch Ihre eigene Kreativität und eine Kundenbefragung zur Suche nutzen. Sie müssen aber nicht nur nach Ansätzen zur positiven Differenzierung suchen. Wenn Sie Elemente des Geschäfts finden, die Ihr Wettbewerb besser macht, sollten Sie diese möglichst auch in Ihr Geschäft einplanen. Denn sonst kann es passieren, dass Ihr Wettbewerb trotz Ihrer Anstrengungen die bessere Positionierung behält.

Beispiel

Differenzierung im Eisgeschäft. Sie planen, in einer Einkaufspassage eine Eisdiele zu eröffnen. Ihre Wettbewerbsbeobachtung hat ergeben, dass in der gleichen Passage, aber am anderen Ende, eine weitere Eisdiele liegt. Zusätzlich verkauft eine Bäckerei in der Passage zwei Sorten Softeis (Vanille und Schokolade). Beide Wettbewerber lösen das Problem des Kunden – Appetit auf etwas Kaltes und Wohlschmeckendes – auf eine ähnliche Art. Aus Erfahrung und aus Gesprächen mit Freunden wissen Sie: Softeis unterscheidet sich aufgrund der Konsistenz, der Sortenauswahl usw. stark von Kugeleis. Die Bäckerei sehen Sie daher als indirekten Wettbewerber, wollen diese aber auch in Zukunft weiter beobachten. Sie konzentrieren sich gegenwärtig in Ihrer Untersuchung auf die andere Eisdiele. Deren Qualität erscheint gut, die Portionen und die Auswahl sind groß und die Preise erscheinen nicht zu hoch. Genauso, wie Sie es auch planen. Eine Untersuchung der Kundenzahlen der anderen Eisdiele und des Kundenverkehrs in der Einkaufspassage ergibt zwar positive Tendenzen, aber kein eindeutiges Bild: Ob der Markt für beide reicht, ist nicht klar. Zudem wissen Sie nicht, wie Ihr Wettbewerber reagiert, wenn Sie als Konkurrent auftauchen. Sie wollen daher unbedingt weitere Möglichkeiten zur Differenzierung finden. Im Rahmen der bekannten Kaufkriterien (Qualität, Menge, Auswahl, Preis) ergeben sich diese Möglichkeiten nicht. Weitere, allein nicht signifikante Kriterien sind gefragt. Als kreative Vorgehensweise setzen Sie sich mit Freunden in die Eisdiele der Konkurrenz und suchen nach Möglichkeiten zur Differenzierung. Eine Fülle von Ansatzpunkten wird entdeckt: Die Inneneinrichtung der Eisdiele wirkt alt. Die Bedienung ist zwar freundlich, aber wenig peppig und ihre Kleidung wirkt ein wenig „hausbacken". Kleinkinder scheinen eher als Störfaktor empfunden zu werden. Kinderwagen stehen in den Fluren und versperren den Weg. Vor den Toiletten bilden sich zeitweilig längere Schlangen. Die Inhaltsstoffe der Eiscreme und die Wirkungen auf die Gesundheit werden nicht angegeben. Die Auswahl an sonstigen Bestellmöglichkeiten ist begrenzt – wer kein Eis will, kann noch Kuchen essen – aber es gibt nur süße Sachen. Als Ergebnis halten Sie fest: Sie wollen den Kunden ein „Wohlfühlerlebnis", bestehend aus guter Flächenplanung, ansprechender Einrichtung und peppiger Bedienung bieten. Für gesundheitsbewusste Menschen wollen Sie ein paar spezielle Eissorten anbieten. Für Menschen, die in einer Gruppe von Freunden kommen, aber gar nichts Süßes wollen, bieten Sie die Option auf belegte Brötchen oder Naturjoghurt an. Insgesamt planen Sie die Beratung durch einen Innenarchitekten und einen Ernährungsberater ein, um die Unterscheidung auch wirklich professionell umsetzen zu können.

Die weitergehende Differenzierung bis zu dem Punkt, an dem Sie sich ausreichend von Ihren Wettbewerbern unterscheiden, ist die hohe Kunst strategischer Unternehmensführung. Alle Unternehmen suchen nach diesem Punkt, denn er gibt Ihnen zumindest kurzzeitig Ruhe vor dem Wettbewerbsdruck – bis sie kopiert werden und wieder aktiv werden müssen. Kurzfristig kann sich ein solches Unternehmen sogar wie ein Monopolist verhalten. Im obigen Beispiel der Eisdiele könnten Sie wahrscheinlich sogar höhere Preise durchsetzen als Ihr Wettbewerber, denn der kann nicht so viel bieten wie Sie selbst. Der Punkt der ausreichenden Differenzierung bzw. das dann gefundene Segment im Rahmen der Positionierung wird manchmal auch „Segment-of-One" genannt. Dieses Segment kann für Ihr Geschäft eine Goldader sein.

Zu beachten ist, dass es hier nicht primär um Stärken und Schwächen Ihrer Wettbewerber geht. Im Rahmen der Differenzierung geht es nur darum, andere Kaufkriterien zu bedienen bzw. Kaufkriterien anders zu erfüllen. Oftmals gibt es kein besser oder schlechter. Die Marktbedienung ist nur anders. So ist ein niedriger Preis an sich nicht gut und ein hoher Preis an sich nicht schlecht, es sei denn, die Kunden kaufen nur nach dem (niedrigsten) Preis. Manchmal

Beispiel

Kaufkriterien im Verlagswesen. Im Verlagswesen können folgende wesentliche Kaufkriterien angegeben werden: Umfang und Dichte angebotener Produkte, Preisgestaltung, Produktaufmachung, Qualität, Bekanntheit der Autoren, Kundenservice, Marke.

Bisher wurde immer von Endkunden als Kunden ausgegangen. Dies ist auch im vorangegangenen Verlagsbeispiel der Fall, denn Verlage produzieren ihre Produkte vor allem für den Konsumenten. Aber Verlage müssen auch Absatzmittler (Händler) als Kunden bedienen, die wiederum ganz anderen „Kaufkriterien" genügen. Im Falle der Verlage ist es insbesondere der Rabatt, der dem Buchhandel gewährt wird. Je höher dieser ist, umso leichter wird man im Sortiment des Handels geführt. Sie müssen bei Ihrer Analyse also immer beachten, was Ihre Kunden sind. Das folgende Kapitel kann bei dieser Einschätzung unterstützen, denn Sie können eventuell auch die sonstigen Charakteristika des Wettbewerbs außerhalb der Positionierung gegenüber dem Endkunden erkennen. Bei besonders hervortretenden Charakteristika sollten Sie untersuchen, ob diese sich nicht doch auf die Marktstellung auswirken.

4. Benchmarking des Wettbewerbs

Nachdem Sie sich die Wettbewerber unter dem Gesichtspunkt der Differenzierung nach Kaufkriterien angesehen haben, sind weitergehende Wettbewerbsuntersuchungen sinnvoll. Neben der Erfüllung von Kaufkriterien, welche sich nach außen hin im Marktauftritt zeigen, sind auch die Interna des Wettbewerbs interessant. Diese fördern ein besseres Verständnis des Marktes und der Branche und können Sie auf mögliche Probleme, aber auch Chancen hinweisen. „Benchmarking" steht dabei für die Suche nach optimalen Lösungen für Ihr Unternehmen, welche durch den Vergleich mit Wettbewerbern identifiziert werden. Der beste Wettbewerber in einem Bereich markiert das Machbare und wird als Ziel für Ihr Unternehmen angesehen. Abbildung 7 zeigt mögliche Elemente des Geschäfts der Wettbewerber, die beim Benchmarking untersucht werden können.

Marketing & Vertrieb	**Produktion & Einkauf**
• Vertriebsstruktur • Größe des Vertriebs • Marketingbudget • Geografische Abdeckung • Distributionswege • Positionierung entlang der Kaufkriterien • Kennzahlen für Effizienz (Kundenzufriedenheit, -bindung, Vertriebseffizienz usw.)	• Produktionsstätten – Größe und Anzahl • Fertigungsart • Lagerhaltungspolitik • Liefertreue • Lieferanten & Preise • Kennzahlen für Effizienz der Prozesse
Finanzen	**Organisation**
• Finanzierungsstruktur • Umsatzentwicklung in den einzelnen Bereichen • Gewinn- & Cash-Flow-Situation • Kosten insgesamt und in den einzelnen Bereichen • Weitere, spezifische Kennzahlen	• Organisationsstruktur • Flexibilität der Organisation • Führungsstil • Mitarbeiter insgesamt und in den einzelnen Bereichen • Innovationskraft- und prozess

Abbildung 7: Elemente des Benchmarking im Überblick

Sie werden sicher nicht alle Informationen über Ihren Wettbewerber bekommen, die Sie gerne hätten. Dennoch lassen sich erfahrungsgemäß mehr Informationen sammeln, als man glaubt. Folgende Methoden können Sie dabei einsetzen:

- Recherche im Internet oder aus Zeitungen
- Besichtigungen vor Ort
- Lose Gespräche mit Angestellten des Wettbewerbers
- Testkäufe oder Testeinholung von Angeboten
- Befragung von Kunden des Wettbewerbs

Sie sollten für diesen Schritt aber nicht zu viel Zeit einplanen, denn Sie befinden sich noch in der Phase der Vorprüfung Ihrer Geschäftsidee. Bei späteren Analysen, vor allem im laufenden Geschäftsbetrieb, ist das Benchmarking aber eine sinnvolle Vorgehensweise, um sich selbst zu verbessern.

Struktur der Branche verstehen

Jede Branche hat einen eigenen Aufbau, eigene Regeln und eigene Trends. Diese Faktoren sollen hier zusammenfassend als „Struktur" bezeichnet werden. Einen festen Begriff dafür gibt es jedoch nicht. Die Struktur unterscheidet sich häufig von Land zu Land, durchaus aber auch von Region zu Region. Die historische Entwicklung spielt hierbei eine wichtige Rolle. Bestehende Strukturen sind aber kein Garant für eine entsprechende Stabilität in der Zukunft. Branchen verändern sich im Laufe der Zeit. Dies gilt nicht nur für neuartige Branchen wie die Informationstechnologie, sondern auch für scheinbar konservative Branchen wie den Baustoffhandel.

Um in Ihrer Branche erfolgreich zu sein, sollten Sie mit der Struktur Ihrer Branche vertraut und auch zu späteren Zeitpunkten möglichst auf dem aktuellen Stand sein. Dies bedeutet keinesfalls, das Bestehende kompromisslos zu akzeptieren. Sie können sich auch bewusst dagegen entscheiden und so einen Wettbewerbsvorteil erzielen. Die erfolgreichsten Geschäftsmodelle sind so entstanden. Denken Sie dabei an Dell, die mit dem Direktversand von Computern neue, in der Branche unübliche Wege gingen. Heute dominiert Dell viele nationale Märkte. Aber um zu entscheiden, wie Sie im Rahmen Ihres Geschäftsmodells vorgehen wollen, sollten Sie Risiko und Chance gegeneinander abwägen können. Ein Beispiel soll die Wichtigkeit der Strukturkenntnis verdeutlichen.

Beispiel

Branchenstruktur verhindert Geschäftsidee. Ein ehemaliger Unternehmensberater auf der Suche nach einer guten Geschäftsidee stößt auf eine Internetplattform für den Handel von Papier. Der Betreiber der Plattform ist in den USA ansässig. Papierhersteller aller Größe können dort ihre Ware anbieten. Käufer von Papier – Druckereien, Verlage usw. – können direkt über die Internetplattform bestellen. Die Plattform ermöglicht viele Geschäftsarten wie Auktionen, Ausschreibungen und Direktbestellungen. Geld wird verdient durch Gebühren für den Zugang zur Plattform und Gebühren pro Transaktion, abhängig von der Geschäftsart. Die Überlegung des Unternehmensberaters ist, dieses Geschäftsmodell auf Deutschland zu übertragen. Zu diesem Zeitpunkt gibt es in Deutschland und in Europa keinen solchen Internetdienst. Um die Industrie besser zu verstehen, prüft er die Wertschöpfung in der Papierindustrie – von den Rohstoffen bis zur Auslieferung der Ware. Ihm fällt dabei eine Besonderheit auf: In Deutschland, anders als in fast allen nationalen Papiermärkten, gibt es sehr große Großhändler. Diese erfüllen zum Teil eine wichtige Funktion in der Logistik (sie lagern, kommissionieren und verteilen die Ware) und im Vertrieb. Die Internetplattform zielt aber genau darauf ab, das Geschäft zwischen Papierhersteller und Papiereinkäufer effizienter und preiswerter zu machen. Sie würde die Geschäftsposition der Papiergroßhändler angreifen. Die entscheidende Frage ist nun: Ist die Marktmacht der Papiergroßhändler in Deutschland so drückend, dass sie sich gegen eine solche Plattform wehren können und würden? Fünf Telefonate mit Papierherstellern klären die Situation: Die Hersteller könnten zwar zum Teil die vom Großhandel geleisteten Aufgaben (Logistik, Vermarktung, Kundenbetreuung) erbringen. Das Risiko, den Großhandel bei einigen Geschäften zu umgehen, wird aber sehr hoch eingeschätzt. Denn wird ein Hersteller aus dem Sortiment eines Großhändlers genommen, bedeutet das aufgrund der Marktmacht der Großhändler direkt empfindliche Umsatzeinbußen für den Hersteller. Dies kann sich in einem ohnehin sehr umkämpften Markt niemand erlauben. Es wird also schnell klar: Man wird kaum einen Hersteller finden, der seine Produkte auf dieser Plattform anbieten wird. Das Geschäft, das in den USA funktioniert, funktioniert in Deutschland aufgrund der Marktmacht des Großhandels nicht. Der Berater lässt die Idee fallen, obwohl er sicher schon 14 Tage Arbeit investiert hat.

Einen guten Einblick in die Struktur einer Branche gewährleistet das Zusammenspiel der Unternehmen dieser Branche. Branchen bestehen in der Regel aus mehreren Unternehmen, die verschiedene Aufgaben wahrnehmen. Die Zuordnung der Aufgaben schwankt von Branche zu Branche, ist aber auch innerhalb der Branchen nicht gleich verteilt. Dabei ist zu beachten, dass der Aufbau für produktlastige Branchen deutlich tiefer ist als der für Dienstleistungsbranchen. Denn die Produktionstiefe ist geringer und die Logistik entfällt, da es sich nicht um physische Produkte handelt. Abbildung 8 gibt einen schematischen Überblick über die Struktur einer typischen Branche.

Über das Verständnis des Aufbaus können ganz klassische Elemente Ihres Geschäftsmodells abgeleitet werden. Darüber hinaus erkennen Sie aber auch die „Brennpunke" Ihrer Branche: Der Aufbau Ihrer Branche gibt Ihnen Aufschluss über die Marktmacht der einzelnen Mitspieler. Marktmacht entsteht entweder durch Dominanz einiger, weniger Unternehmen oder durch einen Überschuss der Nachfrage über das Angebot. Wenn einzelne Unternehmen Marktmacht besitzen, werden sie versuchen, ihre Position zu ihrem Vorteil auszunutzen. Dies kann sich in relativ hohen Preisen, begrenzten Mengen oder gar selektivem Zugang zum Angebot dieser Unternehmen ausdrücken. Ein genaueres Verständnis erlangt man durch die Betrachtung der klassischen Prozesse eines Unternehmens: Einkauf, Produktion und Vertrieb.

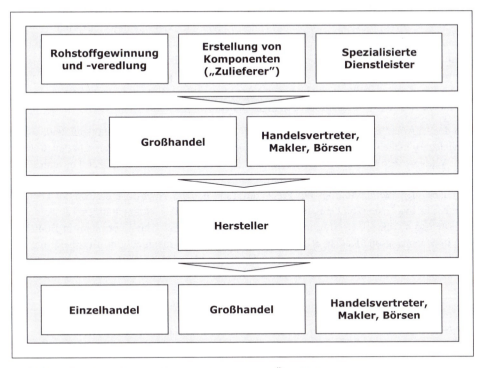

Abbildung 8: Branchenstruktur im schematischen Überblick

1. Strukturen im Einkauf

Im Rahmen der Planung Ihres Einkaufs können Sie anhand des Aufbaus Ihrer Branche die Komplexität besser einschätzen. Wenn es Großhändler gibt, können Sie große Teile Ihres Bedarfs von einer oder einigen wenigen Quellen beziehen. Der Aufwand ist entsprechend geringer, denn Sie verhandeln nur mit wenigen Geschäftspartnern, vereinfachen die Logistik, die Wareneingangsprüfung, Buchhaltung und das Bezahlwesen. Der Großhändler wird die Waren aber natürlich mit Aufschlag weiterverkaufen. Ihr geringerer Aufwand bedeutet damit auch höhere Kosten. Gibt es keine Großhändler, müssen Sie direkt an die Hersteller oder deren Vertreter herantreten und müssen entsprechend viele Geschäftskontakte unterhalten. Der Aufwand steigt damit erheblich, Ihre Einkaufspreise sinken aber relativ. An dieser Stelle setzen auch erste strategische Überlegungen an: Um preiswerter einzukaufen, können Sie versuchen, Großhändler zu umgehen und direkt vom Hersteller einzukaufen. Die Hersteller müssen dann aber auf Kunden wie Ihr Unternehmen eingestellt sein. Manche Hersteller können nur sehr große Volumina wirtschaftlich bedienen und besitzen nicht die Fähigkeit für kleinteilige Logistik und die entsprechende Administration. Wenn die Hersteller doch diese Fähigkeit besitzen, müssen Sie in Ihrem Unternehmen mit einem höheren Aufwand rechnen. Gerade für Unternehmensgründungen gilt hier: Einfacher ist zunächst besser. Reiben Sie sich nicht an Dingen auf, die Sie später noch angehen können. Sie sollten sich zuerst darauf konzentrieren, ausreichend Kunden zu bekommen. Wenn dies gelingt, können Sie später noch immer Ihre Kosten senken und Gewinn machen. Sie sind zu diesem Zeitpunkt auch attraktiver für die Hersteller, da Sie größere Mengen abnehmen.

Um den Aufwand zu reduzieren, aber dennoch Einkaufspreise senken zu können, haben sich in vielen Branchen Einkaufsgemeinschaften herausgebildet. Diese Gemeinschaften werden von Wettbewerbern getragen, die sich aber in der Regel auf andere Regionen konzentrieren. Der Zweck dieser Einkaufsgemeinschaften ist die Bündelung von Masse im Einkauf, um gegenüber den Lieferanten bessere Preise aufgrund höherer Nachfrage erzielen zu können. Darüber hinaus leisten die Gemeinschaften auch einen Teil der administrativen Tätigkeit und entlasten so die einzelnen Mitglieder. Einkaufsgemeinschaften treten vor allem in Branchen auf, in denen es große Ketten, aber auch viele kleinere Unternehmen gibt. Beispiele sind die Optiker-Branche, die Elektronik-Branche oder der Handwerksbereich. Einkaufsgemeinschaften werden vielfach von Branchenverbänden getragen. Sie sollten als Gründer auf jeden Fall prüfen, ob es entsprechende Einkaufsgemeinschaften gibt, welche Zugangsvoraussetzungen diese haben und ob eine Mitgliedschaft möglich ist und sich lohnt.

Im Bereich des Einkaufs ist Marktmacht ein wichtiges Thema. Mögliche Lieferanten können Marktmacht aus den verschiedensten Gründen heraus besitzen. Sie können exklusiven Zugang zu wichtigen Ressourcen haben, überlegene Produktionsverfahren benutzen, entscheidende Patente besitzen, die sich historisch als dominanter Lieferant innerhalb einer Branche entwickelt haben oder besonders staatlich gefördert worden sind. Solche Unternehmen werden als „Monopolist" bezeichnet. Die Überlegungen gelten ähnlich, wenn eine begrenzte Anzahl von Unternehmen die obigen Kriterien erfüllt und gemeinsam eine entsprechende Macht ausübt. Es handelt sich dann um ein so genanntes „Oligopol". Im Rahmen der Untersuchung Ihrer Geschäftsidee bedeutet eine solche Situation im Bereich des Einkaufs im einfachsten Fall hohe Einkaufspreise und manchmal begrenzt verfügbare Mengen. Hohe Einkaufspreise können Sie vielleicht an Ihre Kunden über höhere Verkaufspreise weitergeben, denn auch Ihre Wettbewerber müssen zu diesen Bedingungen einkaufen. In manchen Fällen kommt es aber auch zu einer Weigerung des Lieferanten, Sie überhaupt zu beliefern. Dies könnte der Fall sein, wenn Sie die Produkte des Lieferanten besonders preiswert verkaufen wollen. Dann müssten Ihre Wettbewerber, die auch die Produkte des Lieferanten verkaufen, nachziehen, und die gesamte Branche wird, um weiterhin profitabel zu bleiben, vom Lieferanten Preisnachlässe fordern. Letztendlich wäre die Marge des Lieferanten gefährdet, weshalb er Sie vermutlich nicht beliefern würde. Weiter oben wurde die Marktmacht der Hersteller von Parfum beschrieben. Ein Discounter für Parfum wird also kaum vom Hersteller direkt beliefert werden, denn dieser will das allgemeine Preisniveau und letztendlich seine eigene Marge halten. Die Lösung kann hier nur der Kauf im billigeren Ausland sein oder bei deutschen Großhändlern, die Parfum im Ausland kaufen. Eine solche Geschäftsidee ist jedoch immer gefährdet, denn wenn die Quellen aus irgendeinem Grunde versiegen, bedeutet das

Ende des Geschäfts. Dies kann für die Beurteilung Ihrer Geschäftsidee entscheidend sein. Ein weiteres Beispiel ist die Automobilindustrie.

Beispiel

Mehrmarkenhändler im Automobilhandel. Sie planen einen Automobilhandel mit Neuwagen mehrerer Marken. Die Idee kommt Ihnen mit Blick auf AutoTeileUnger (ATU), der Serviceleistungen für alle Automobilmarken anbietet. Alle von Ihnen befragten potenziellen Kunden äußern sich positiv, denn sie erhoffen sich eine höhere Transparenz beim Autokauf durch unabhängigere Beratung. Bei der Untersuchung der Branche stellen Sie jedoch fest: Die Autohersteller beliefern nicht jeden Händler mit Neuwagen. Die Hersteller machen vielmehr einen Autohändler in einer Region zum Monopolisten im Vertrieb. So wird die Konkurrenz unter den Händlern einer Marke reduziert und die Preise bleiben hoch. Der Hersteller erlegt dem Händler zudem weitere Verhaltensmaßregeln auf: Neben z. B. einem bestimmten Außenauftritt und einem bestimmten Qualitätsmaßstab darf der Händler nur Neuwagen des Herstellers verkaufen. Die geplante Geschäftsidee droht also an Lieferproblemen zu scheitern.

Darüber hinaus gibt es vielfach Standards, die sich in einzelnen Branchen herausgebildet haben. Diese können sich in rechtlichen Regelungen wie Allgemeinen Geschäftsbedingungen (AGB), Zahlungsgepflogenheiten usw. widerspiegeln. Es ist hilfreich, diese zu kennen. Sie können Ihre geplante Geschäftsidee aber nicht bis ins Detail prüfen. Es bietet sich daher an, mit Branchenexperten z. B. in Verbänden zu sprechen und gezielt nach diesen Standards zu fragen.

2. Strukturen in Produktion und Leistungserbringung

Die Produktion schließt sich an den Einkauf an. Die Anmerkungen gelten entsprechend auch für Dienstleistungsunternehmen, die zwar nichts produzieren, aber dennoch eine Leistung erbringen. Wenn Sie einen Handel planen, gibt es bei Ihnen zwar keine Produktion; dennoch sind auch die folgenden Ausführungen interessant, da sie zum Teil anwendbar sind.

Eine wichtige Voraussetzung bei Geschäftsideen auf der Basis komplexer Produktionsprozesse ist die genaue Kenntnis der Produktionsprozesse. Ansonsten kann eine solche Geschäftsidee nur durch die Ausgliederung der Produktionsprozesse erfolgreich implementiert werden. Versuchen Sie also nicht, komplexe, bisher nicht von Ihnen beherrschte Produktionsprozesse selbst zu implementieren. Dies macht nur dann Sinn, wenn im Produktionsprozess ein solcher Wettbewerbsvorteil liegt, dass Sie anschließend einen Markt dominieren können.

Die Ausgliederung von Produktionsprozessen („Outsourcing") ist eines der wichtigsten Themen, die Sie der Branchenbeobachtung entnehmen können. Dieses Thema ist eng verbunden mit der Prüfung des Einkaufs. Denn was Sie nicht selbst produzieren, müssen Sie einkaufen. Vielfach haben sich in Branchen Standards herausgebildet, die festlegen, auf welcher Unternehmensstufe welche Leistungen erbracht werden. Die Zulieferer haben ein festes Leistungsspektrum, welches sich auf die Stufen der Wertschöpfung in der Branche verteilt. Wenn Sie von diesem Leistungsspektrum abweichen, weil Sie im Rahmen Ihrer Geschäftsidee mehr selbst machen wollen als üblich, können Sie Probleme haben, die entsprechenden Lieferanten zu finden oder müssen relativ hohe Preise zahlen. Andererseits können Sie auch entdecken, dass Sie weniger selber machen müssen als angenommen.

Beispiel

Outsourcing im Bereich Backwaren. Sie sind ein gesundheitsbewusster Mensch und wollen vom größer werdenden Markt „Gesundheit" profitieren. Nach der Untersuchung und Verwerfung zahlreicher anderer Ideen prüfen Sie die Idee einer Bäckerei, deren Backwaren qualitativ hochwertig und gesundheitsorientiert sind. Sie haben bereits einen hervorragenden Standort gefunden, von dem aus Sie Ihre Zielkunden – gut situierte, junge Singles und Familien – sehr gut erreichen könnten. Damit die Produkte auch Ihren hohen Qualitätsstandards entsprechen, planen Sie eine eigene Herstellung, für die Sie die Anstellung eines Bäckermeisters vorsehen. Nach Ihrer ersten Schätzung verursacht das recht hohe Kosten (Personal und Investitionen). Sie sind sich nicht sicher, ob Sie die hohen Kosten an die Kunden weitergeben können. Direkte Wettbewerber als Vorbild gibt es kaum. Bei der Untersuchung der Bäckerei-Branche wird schnell klar, dass kaum noch eine Bäckerei ihre Backwaren selbst herstellt. Diese werden vielmehr tiefgefroren angeliefert und dann aufgetaut. Damit werden die Kosten erheblich reduziert. Diese Backwaren decken aber nur das normale Angebot ab, von dem Sie sich gerade absetzen wollen. Sie begeben sich daher auf die Suche nach Nischenanbietern, die Sie beliefern könnten. Darüber hinaus sprechen Sie mit den normalen Lieferanten, ob die Ausweitung ihrer Produktpalette möglich wäre, um auch Sie zu beliefern. Tatsächlich finden Sie einen kleineren Hersteller von Backwaren, der in dieser Erweiterung seines Geschäfts große Chancen sieht, sich selbst gegen die anderen Lieferanten abgrenzen zu können und so weitere Kunden zu gewinnen. Gemeinsam könnten Sie passende Backwaren entwickeln. In Ihrer Planung ändern Sie die ursprüngliche Idee der Eigenherstellung und sparen sich damit viel Zeit und Mühe. Sie gehen allerdings auch das Risiko ein, dass andere Bäckerein schnell Teile Ihres eigenen Produktangebots ins Sortiment nehmen.

Bei der Prüfung der Produktion ist es wichtig, Trends zum so genannten „Outsourcing", der Ausgliederung von Produktionsprozessen, herauszufinden. Denn die Branche verspricht sich von der Ausgliederung immer Vorteile, die effektiv zu niedrigeren Produktionskosten führen sollen. Bei der Planung Ihrer Produktion sollten Sie diese Trends beachten, um später nicht zu teuer zu produzieren.

Beispiel

Die virtuelle Gesellschaft. Nike ist bekannt als Hersteller von Sportbekleidung. Nike kann als ein Prototyp einer „virtuellen Gesellschaft" angesehen werden. „Virtuelle Gesellschaften" sind Unternehmen, die die meisten Prozesse ausgegliedert haben, sich nur noch um das Management dieses Netzwerks aus Zulieferern kümmern und nur wenige Prozesse selbst übernehmen. Nike lässt seine eigentlichen Produkte vorwiegend in Asien produzieren und greift dabei vor allem auf externe Zulieferer zurück. Die gesamte Produktion nach den Vorgaben von Nike ist ausgelagert. Nike konzentriert sich vor allem auf Forschung und Produktentwicklung, Design und Marketing – und das Management seiner Zulieferer. Die meisten Sportartikelhersteller gehen in die gleiche Richtung, manche weniger, manche ähnlich radikal.

Darüber hinaus können Sie im Rahmen der Untersuchung der Branche die fortschrittlichsten Produktionsmethoden identifizieren. Gegebenfalls sind Sie im Rahmen der Analyse der Wettbewerber bereits auf neuartige Methoden gestoßen. Gibt es neuartige Produktionsmethoden, die Ihnen effizient erscheinen oder sich bereits als effizient erwiesen haben, sollten Sie Ihre eigene Planung entsprechend anpassen.

3. Strukturen in Vertrieb und Marketing

Vertrieb und Marketing spielen eine entscheidende Rolle bei der Beurteilung, Planung und Implementierung Ihrer Geschäftsidee. Ohne Kunden läuft nichts. Entsprechend ist die Prüfung der Vertriebsmechanismen Ihrer Branche von großer Bedeutung. Das Zusammenspiel von Branchenteilnehmern ist auch hier eine sehr gute Ausgangsbasis. In vielen Branchen bilden sich Standards heraus, wie und zu welchen Konditionen die Branchenteilnehmer miteinander arbeiten. Diese Kenntnis bildet die Grundlage Ihrer Planungen bzw. dient als Überprüfung Ihrer eigenen Überlegungen. Nicht selten ist es sinnvoll – manchmal auch notwendig – über den Standard hinaus kreativ zu sein und sich neue Vertriebsmöglichkeiten zu erschließen.

Grundsätzlich können Sie sich in zwei verschiedenen Positionen befinden: Entweder Sie verkaufen Ihre Produkte und Dienstleistungen direkt an Kunden, via Ladengeschäft, Außendienst, Katalog oder Internet. Oder Sie verkaufen indirekt, via Großhändler, Absatzmittler und dritte Vertriebsorganisationen. Wenn Sie vor allem direkt verkaufen, haben Sie mit der Untersuchung des Einkaufs und der Produktion bereits die wesentlichen Branchenteilnehmer untersucht. Wenn Sie indirekt verkaufen, müssen Sie dagegen die Branchenteilnehmer verstehen, an die Sie verkaufen wollen.

Beispiel

Vertriebsstrukturen im Buchhandel. Ein Kenner auf dem Gebiet der Astrologie plant, einen kleinen Verlag im Bereich Astronomie zu gründen. Er will sein eigenes Buch veröffentlichen und danach weitere themenbezogene Bücher verlegen. Nach einer Wettbewerbsanalyse erscheint ihm noch Potential in diesem Markt. Ihm ist jedoch unklar, wie er seine Bücher den Kunden verkaufen soll. Nach einigen Recherchen versteht er den Markt besser. Seine Optionen sind der indirekte Verkauf über eine Art Großhändler (auch „Grossisten" oder „Barsortimenter" genannt) und über den Buchhandel – z. B. durch einen Vertreter – oder der direkte Verkauf per Internet und der Verkauf per Katalog. Der Großhandel verlangt einen Rabatt von ca. 50 % vom endgültigen Buchpreis, der Buchhandel ca. 30 %. Beim Direktverkauf kann er ohne Rabatte direkt verkaufen. Er sieht im direkten Verkauf kaum Chancen und bevorzugt, der Einfachheit halber, den Verkauf über Grossisten. Er verfeinert daraufhin seine Planung und plant nun mit einem Verkaufspreis pro Buch von 50 % des festgelegten Nettopreises.

Als übergreifender Trend im Vertrieb bildet sich eine zunehmende Marktmacht derjenigen Unternehmen, die den Kunden direkt bedienen, heraus. Denn es gilt: Ohne Kunden läuft nichts. Die Lebensmittelbranche ist ein gutes Beispiel: Dort dominieren nicht die Hersteller von Brot, Margarine usw., sondern die Lebensmitteleinzelhändler. Denn es gibt mehr Produkte unterschiedlicher Anbieter, als ein Einzelhändler managen und seinem Kunden als Auswahl anbieten kann. Daneben gilt, sicher anders als in der Automobilindustrie, dass die Markentreue bei Lebensmitteln nicht sehr ausgeprägt ist. Es ist daher nicht ungewöhnlich, dass sich insbesondere große Ketten im Lebensmitteleinzelhandel Platzierungsprämien für die Aufnahme eines Produkts in ihr Sortiment oder für eine besonders kundenfreundliche Platzierung von den Herstellern verlangen. Jeder Hersteller erkennt sicher die Chance, die eine Aufnahme seiner Produkte bei einer Kette mit mehreren hundert Filialen bedeutet. Für Sie als Gründer hat das gewisse Folgen, wenn Sie in einer Branche tätig werden wollen, wo die Unternehmen mit dem Zugang zum Kunden den Markt dominieren. Wenn Sie sich selbst auf den Zugang zum Kunden konzentrieren, z. B. als Teehändler, Bäckerei, Sportgeschäft, können Sie später, wenn über Ihr Geschäft größere Mengen verkauft werden, doppelt profitieren. Einerseits über Mengenrabatte aufgrund der größeren Einkaufsmenge und zusätzlich durch das Drohpotential, einzelne Lieferanten aus dem Programm zu nehmen. Wenn Sie selbst dagegen zum Teil abhängig von Unternehmen mit Zugang zum Kunden sind, z. B. als Computerhersteller, Versicherungsunternehmen oder Produzent von Medizintechnik, müssen Sie eventuell preiswerter verkaufen, als Ihnen lieb ist und Sie geplant haben. Eventuell kommen fixe Platzierungsprämien dazu.

Nicht selten ist das Ergebnis der Prüfung der Vertriebsstrukturen einer Branche zunächst negativ. Man stellt fest, dass man unter den gegebenen Umständen Schwierigkeiten hat, seine Produkte im Handel zu platzieren. Dies muss nicht zwangsläufig das Ende der Geschäftsidee bedeuten. Es gibt aber auf jeden Fall Anlass, die eigene Verkaufsstrategie zu überdenken und sich mit innovativen Ideen andere Vertriebskanäle zu erschließen. Genau an dieser Stelle tut

Strukturen in Vertrieb und Marketing

sich in einigen Branchen ein weiterer Trend auf: Als Reaktion auf die Dominanz der Unternehmen, die den Kunden direkt bedienen, erschließen sich Hersteller zunehmend alternative Vertriebskanäle, wie z. B. das Internet, gedruckte Kataloge oder fachfremde Einzelhandelsläden. Einerseits bringen weitere Vertriebskanäle mehr Umsatz, andererseits sinkt die Abhängigkeit von den traditionellen Kanälen. Gerade junge Unternehmen setzen häufig auf das Internet bzw. den Versandhandel allgemein, um Kunden zu erreichen.

Beispiel

Neue Vertriebswege für Schokoriegel. Jeder kennt den Schokoriegel „Mars". Als man versuchte, Mars in Deutschland einzuführen, konnte man nicht genug Lebensmitteleinzelhändler überzeugen, um wirklich ausreichend in Deutschland präsent zu sein. Die Strategen suchten daher nach alternativen Vertriebskanälen. Im Ergebnis wurde Mars über Tankstellen vertrieben, die sich offen dafür zeigten und ein zum Kraftstoffverkauf komplementäres Geschäft sahen. Erst später, mit dem Erfolg der Schokoriegel, wurden Sie auch flächendeckend vom Lebensmitteleinzelhandel angeboten.

Über das Zusammenspiel der Branchenteilnehmer hinaus etablieren sich in einer Branche vielfach weitere Standards, die sich auf das Geschäft auswirken und deren Kenntnis daher wichtig ist. Dabei geht es meist um die Themen Preissetzung und Produktdefinition. Mitunter ist es sinnvoll, von diesen Standards abzuweichen, um sich zu differenzieren. Manchmal sind diese Standards aber das Spiegelbild wirtschaftlicher Notwendigkeiten und helfen, das Geschäft besser zu verstehen. Ein wichtiger Standard zum Thema Preissetzung ist in zweigeteilten Branchen zu sehen. Wenn sich an das erste Geschäft zwangsläufig ein Folgegeschäft anschließt, wird das Geld erst über das Folgegeschäft verdient. Im ersten Geschäft tobt dann oftmals ein Preiskrieg und es wird vielfach zu Selbstkosten oder sogar darunter verkauft. Wenn Sie als Gründer diese Mechanismen nicht kennen, sieht es so aus, als würde sich das Geschäft insgesamt nicht lohnen. Sie können dieses Prinzip aber auch für sich nutzen und so kurzfristig einen Wettbewerbsvorteil erlangen.

Beispiel

Wie preiswert sind Drucker? Die Preisentwicklung bei Druckern für den privaten Gebrauch kommt dem Kunden sehr entgegen. Die Geräte werden immer preiswerter bzw. bieten immer mehr für das gleiche Geld. Sicher ist die Produktion im Laufe der Zeit preiswerter geworden, aber es würde zunächst kein Grund bestehen, die geringeren Herstellungskosten an den Verbraucher weiter zu geben. Im Wettbewerb haben sich aber geringere Preise durchgesetzt, weil das Geschäft zweigeteilt ist: Der Drucker ist nur der Einstieg; man muss später aber passende Druckerpatronen kaufen. Das Geld wird dann über die Ersatzpatronen verdient. Folgekosten werden von vielen Kunden nicht als sehr

> wichtiges Kaufkriterium gesehen, wohl aber der Preis des Druckers. Also nutzt man den Preis des Druckers als primäres Wettbewerbsmerkmal und hält die Preise für Patronen hoch. Ein Kunde, der den Drucker einer bestimmten Marke hat, muss auch deren Patronen kaufen und bringt daher Folgegeschäft. So lohnt sich das Geschäft.

Gleiche Prinzipien finden Sie in anderen Branchen: Wenn Sie Ihrer Tochter eine Barbie-Puppe gekauft haben, werden Sie das Prinzip sehr gut kennen. Barbie muss immer mit den Jahreszeiten und der neuesten Mode gehen und ihre Kleidung ist meist teurer als die Kleidung Ihrer Tochter. Vielleicht haben Sie sich auch schon einmal über die hohen Kosten für Ersatzteile in der Automobilindustrie gewundert. Das Geschäft funktioniert nach einem ähnlichen Prinzip. Im Maschinenbau ist es nicht unüblich, die Maschine selbst zu Selbstkosten zu verkaufen und das Geld über die nachfolgenden, langjährigen Serviceverträge zu verdienen. Ein prominentes Beispiel dafür sind Aufzüge.

Ein weiterer Standard beim Thema Preissetzung kann im Angebot von Finanzierungen liegen. Viele Artikel, die ein gewisses Preisniveau überschreiten, können finanziert werden. Für einen Teil der Kunden ist dies ein echtes Kaufkriterium – man muss das Geld nicht sofort haben, kann den Artikel aber sofort nutzen. Die Finanzierung wird dann meist in Zusammenarbeit mit einem dritten Anbieter arrangiert, der sich in diesem Geschäft auskennt. Für Ihre Geschäftsidee kann dies bedeuten, dass Sie weniger verdienen werden. Denn Sie müssen manchmal Zinsen unter Marktniveau anbieten und so effektiv einen Preisnachlass geben. Beispiele hierfür sind hinlänglich bekannt, wie der Elektronik- und der Möbeleinzelhandel.

Bei Standards im Rahmen der Produktdefinition geht es im Wesentlichen um die konkrete Ausgestaltung des Angebots. In vielen Branchen haben sich Standards bezüglich Mengen, Verpackungsgrößen, Verpackungsart, Gewährleistungsregelungen, Serviceangebots usw. herausgebildet. Nicht alle Standards muss man als neuer Mitspieler in der Branche unbedingt einhalten. Abweichungen von der Norm können sogar den entscheidenden Wettbewerbsvorteil bringen. Man muss aber das Risiko einer Abweichung erkennen.

Beispiel

> **Flaschenstandards bei Trinkwasser.** Sie wollen in die Getränkeindustrie und Trinkwasser aus einer nahe gelegenen Quelle abfüllen. Das Wasser soll im gehobenen Segment positioniert werden: Gute Qualität und hohe Preise. Der Trend im Bereich Trinkwasser, der vielleicht sogar schon der neue Standard ist, geht eindeutig zu Plastikflaschen, die leichter und größer sind. Nach Ihren Recherchen gilt dies sowohl für das untere Segment, welches bei den Discountern angeboten wird, wie auch für das gehobene Segment. Der Vorteil für den Nutzer ist offensichtlich. Wenn Sie jetzt noch in Glasflaschen abfüllen, werden Sie es im Massemarkt schwierig haben. Sie können sich aber auch entscheiden, Ihr Wasser weiter in kleineren Glasflaschen – vielleicht mit interessanter Form – wie einen Luxusartikel abzufüllen, um sich so im gehobenen Segment zu differenzieren.

4. Sonstige Strukturen

Darüber hinaus kann eine Branche durch Strukturen charakterisiert sein, die sich nur schwer in obige Aufteilung einordnen lassen. Hierbei handelt es sich oft um gesetzliche Regelungen, wie folgende Beispiele verdeutlichen:

- Der Zugang zu einer Branche kann beschränkt sein bzw. erst nach Genehmigung erlaubt sein. Beispiele hierfür sind Apotheken oder Arztpraxen.
- Die Betätigung in einer Branche erfordert besondere Qualifikationen. Beispiele hierfür sind die Gastronomie, in der ein Gesundheitszeugnis gefordert wird, oder die Handwerksbranche, in der für bestimmte Tätigkeiten ein Meisterbrief vonnöten ist.
- Die Handlungsfreiheit in einer Branche kann beschränkt sein. Ein Beispiel hierfür ist die Verlagsbranche mit der Buchpreisbindung, die Buchverkäufer auf bestimmte Preise fixiert.

Ob derartige Strukturen für Ihre Branche gelten, können Sie am besten über die entsprechenden Verbände erfahren. Vielleicht können Sie auch einen indirekten Wettbewerber, der regional weit entfernt ansässig ist, zu diesem Thema befragen. Vielfach hat man auch schon einmal etwas von den Regelungen gehört, ohne sie genau zu kennen, und kann so genauer recherchieren.

Kritische Kennzahlen des Geschäfts verstehen

Um Ihr Geschäft besser einschätzen zu können, ist es ratsam, bereits vor einer detaillierten Planung die wesentlichen Kennzahlen grob abzuschätzen. Gleichzeitig hilft die Herleitung wichtiger Kennzahlen beim Verständnis der Wirkungszusammenhänge Ihres Vorhabens und schärft so zusätzlich den Blick für kritische Elemente der Geschäftsidee. Natürlich haben Schätzungen und Berechnungen zu diesem Zeitpunkt einen eher groben Charakter. Es geht aber nicht darum, eine spätere, detailliertere Planung zu ersetzen. Vielmehr soll vermieden werden, dass Sie zu viel Arbeit in eine Geschäftsidee investieren, die sich nicht lohnt.

Gründer stellen sich zu diesem frühen Zeitpunkt die Frage, ob sich ihre Geschäftsidee in diesem Markt rechnen kann. Folgende Kennzahlen helfen Ihnen bei der Beurteilung dieser Frage:

- Die Größe des für Sie relevanten Marktes, ausgedrückt in Euro und Kunden
- Ihr potenzieller Umsatz, ausgedrückt in Euro und Kunden
- Ihre Kostenstruktur, ausgedrückt in Euro
- Ihre Gewinnschwelle (Break-Even), ausgedrückt in Umsatz in Euro und Kunden
- Ihr Gewinnpotential

Der Markt zeigt Ihnen das denkbare Potential und bildet für Ihre Idee die Obergrenze. Als Gründer können Sie aber regelmäßig davon ausgehen, dass mittelfristig ein Marktanteil von mehr als 10 % für Sie die Obergrenze bildet. Ihren Umsatz können Sie sowohl Top-down („von oben") über Ihren möglichen Marktanteil wie auch Bottom-up („von unten") über einzelne Kunden berechnen. Sie sollten beides machen, um Ihre eigenen Zahlen abzugleichen. Alternativ können Sie auch den Umsatz von Wettbewerbern schätzen. Die Kostenstruktur schätzen Sie mittels der Ergebnisse Ihrer Branchenrecherche und der Wettbewerbsanalyse ab. Zusätzlich fließt hier eigener Sachverstand ein. Gewinnschwelle und Gewinnpotential sind dann lediglich Ableitungen. Bei der Interpretation der Kennzahlen müssen Sie immer beachten, dass diese von Ihren persönlichen Zielen abhängen: Wollen Sie lediglich ein gutes Auskommen haben, werden Sie andere Maßstäbe ansetzen, als wenn Sie vom Reichtum träumen.

Kritische Kennzahlen des Geschäfts verstehen

Beispiel

Potential für einen Börsengang. Ein ehemaliger Unternehmensberater ist in seinen Recherchen auf zahlreiche Unternehmen in den USA gestoßen, die sich auf Dienstleistungen für Studenten konzentrieren. Er überlegt, ob er diese Idee in Deutschland einführen soll. Die Geschäftsidee funktioniert folgendermaßen: Studenten haben kein eigenes Einkommen und sind zwar nicht sehr finanzkräftig. Dennoch geben auch Sie einiges an Geld aus. Wichtiger aber ist: In Zukunft gehören diese Studenten zu den besser verdienenden Bevölkerungsschichten. Unternehmen sollten also Interesse an dieser Zielgruppe haben und diese möglichst früh an sich binden. Wenn Sie Rabatte speziell für Studenten gewähren, sollte sich also eine Situation ergeben, durch die beide Seiten profitieren: Das Unternehmen gewinnt später zahlungskräftige, hoffentlich treue Kunden. Die Studenten profitieren von den gegenwärtigen Preisnachlässen. Im Rahmen des Geschäftsmodells wird Geld durch so genannte „Transaktionsgebühren", also eine Beteiligung an den Umsätzen der Studenten, verdient. Der Berater stellt sich folgende Kernfrage: Kann dieses Geschäft wirklich groß werden, so dass man damit an die Börse gehen kann? Einige der US-Unternehmen sind dort an der Börse gelistet. Zur Prüfung geht er folgendermaßen vor: In Deutschland gibt es ca. 2 Mio. Studenten. Jedem stehen ca. 700 € pro Monat, also 8.400 € pro Jahr zur Verfügung, die sie ausgeben. Damit geben Studenten ca. 17 Mrd. € pro Jahr aus. Dies ist aber nicht der relevante Markt. Der Berater schätzt, dass Studenten ca. 300 € pro Monat an Miete ausgeben, ca. 100 € für Essen und Trinken in Kneipen und Gaststätten, ca. 100 € für Studiengebühren und Studienmaterial, ca. 100 € für Nahrungsmittel und ca. 100 € für Sonstiges. Nur die letzten beiden Ausgabenblöcke hält der Berater für relevant für seine Geschäftsidee, denn: Nach Ansicht des Beraters lohnen sich vor allem große Unternehmen als Kunden, die überregional agieren, z. B. Kaufhäuser, Discounter usw. Das Geschäft mit kleineren Unternehmen als Kunden, z. B. lokalen Kneipen oder privaten Vermietern vor Ort, lohne sich nicht. Damit schrumpft das Potential auf ca. 4 Mrd. € pro Jahr. Dies ist der relevante Markt. Wenn der Berater mit seinem Geschäft 10 % des Marktes erreicht, beeinflusst seine Idee ca. 400 Mio. €. Er schätzt, dass er höchstens 5 % Transaktionsgebühren verlangen kann. Top-down landet seine Umsatzschätzung damit bei 20 Mio. €. Für einen Börsengang würde das nicht reichen. Der Berater gibt die Idee nach fünf Tagen Recherche auf.

Das Beispiel zeigt bereits einen Ausschnitt der Vorgehensweise, die nachfolgend weiter detailliert werden soll. Bevor ich in die Methodik zur Ermittlung der Kennzahlen einsteigen kann, muss jedoch der zentrale Begriff „Markt" erläutert werden.

1. „Markt" – ein schillernder Begriff

Der Begriff „Markt" bezeichnet klassischerweise einen Ort (real oder virtuell), an dem sich Käufer und Verkäufer treffen und bestimmte Waren austauschen. Vielfach ist mit „Markt" aber auch eine Größenangabe gemeint, also die Marktgröße oder das Marktvolumen. In diesem Zusammenhang wird „Markt" in vielfältigster Weise und oftmals missverständlich genutzt. Nicht selten werden Marktzahlen auch zur bewussten Manipulation genutzt, denn entweder werden diese Daten nicht hinterfragt oder man kann sich über die Korrektheit der Marktdaten sehr gut streiten, so dass eine bewusste Manipulation nicht nachgewiesen werden kann. Um den Begriff „Markt" wirklich sinnvoll zu nutzen, müsste dieser jedes Mal durch eine – unter Umständen äußerst umfangreiche – Erklärung ergänzt werden. Für Sie als Gründer bedeutet dies eine erhöhte Wachsamkeit, wenn Sie diesem Begriff begegnen, auch und insbesondere in Publikationen, Studien und Statistiken. Wenn Sie die Möglichkeiten haben, prüfen Sie die Zahlen lieber selbst.

Märkte werden in der Regel in einer Währungseinheit gemessen, z. B. Euro. Manchmal werden sie auch als Anzahl Kunden gemessen. Darüber hinaus liegen Marktzahlen oftmals unterschiedliche Zeiteinheiten zugrunde. Am häufigsten anzutreffen ist ein Jahr, seltener Totalvolumen, die theoretisch bis unendlich, manchmal nur bis zum Ende der Nutzungsdauer des Produkts laufen. Die Festlegung der Einheiten birgt selten Schwierigkeiten. Auch bei Marktzahlen Dritter sind sie in der Regel deutlich erkennbar. Am häufigsten wird jedoch die Zeiteinheit vergessen. Es heißt dann, „der Markt hat eine Größe von 1,3 Mrd. €". Tageszeitungen machen diesen Fehler sehr häufig. Wenn Sie aufgrund eigener Kompetenz die Zeiteinheit nicht schätzen können, ist die Aussage für Sie wertlos.

Schwieriger abzugrenzen sind zwei andere, den Markt bestimmende Dimensionen: die Abgrenzung des Produkts oder der Dienstleistung und die Involvierung des Menschen bzw. Kunden. Im ersten Fall gibt es keine allgemeingültige Vorgehensweise. Auch die Wissenschaft hat hier noch keinen praktikablen Abgrenzungsmechanismus gefunden. Es kommt auf das Ziel der Marktanalyse an. Sie können sich auf alle Lösungen eines Kundenproblems beziehen oder nur auf spezielle Teillösungen, die auch konkrete Produkte und Dienstleistungen sein können. Man wird nur selten eine wirklich genaue Abgrenzung schaffen können. Selbst wenn die sonstigen Parameter der Marktbetrachtung geklärt sind, besteht vielfach aufgrund dieser Abgrenzung weiterhin eine Unsicherheit. Für die zweite Dimension, die Involvierung der Menschen bzw. Kunden, gibt es standardisierte Abgrenzungen:

- **Marktpotential:** Besteht aus der Menge von Konsumenten, die sich bis zu einem gewissen Grad für ein Angebot interessieren. Der „gewisse Grad" ist nicht bestimmt. In der Praxis wird daher die prinzipielle Möglichkeit, das Produkt sinnvoll nutzen zu können, als Kriterium verwendet. Liegen Daten aus der Marktforschung vor, kann die prinzipielle Möglichkeit mit dem explizit geäußerten Interesse an dem Angebot verfeinert werden.

- **Verfügbarer Markt:** Viele Konsumenten äußern zwar Interesse an einem Produkt, können dieses aber nicht erwerben. Gründe dafür können beispielsweise fehlendes Einkommen, fehlender Zugang zum Vertriebsweg (z. B. ein fehlender Internetanschluss) oder rechtliche Beschränkungen sein. Das Marktpotential, bereinigt um diese Konsumenten, ergibt den verfügbaren Markt.
- **Marktnachfrage:** Besteht aus den Konsumenten, die das Angebot kaufen bzw. gekauft haben. Dies wird manchmal auch als „durchdrungener Markt" bezeichnet. Die Marktdurchdringung ergibt sich damit aus dem Anteil der Marktnachfrage am Marktpotential oder besser am verfügbaren Markt.
- **Zielmarkt:** Zielmarkt bezeichnet den verfügbaren Markt, auf den sich ein Unternehmen konzentriert. Die Konzentration kann regional sein (z. B. ein bestimmtes Bundesland) oder auf ein bestimmtes Segment von Konsumenten.

In den obigen Begriffsbestimmungen können „Konsumenten" sowohl Privatpersonen wie auch Unternehmen sein, je nach betrachtetem Angebot. Der Begriff ist unabhängig davon zu verstehen, ob der Konsument das Angebot wirklich kauft oder nicht.

Gerade bei Neugründungen gibt es einen wichtigen wettbewerblichen Aspekt bei der Marktbetrachtung. Märkte werden oftmals bereits durch Wettbewerber bearbeitet. Sie haben dann zwei Quellen für Kunden: Entweder die Kunden wechseln vom Wettbewerber zu Ihrem Angebot oder Sie überzeugen Kunden, die bisher keines der Angebote wahrnehmen, sprich Neukunden im Markt sind. Ein Markt mag dann zwar sehr groß sein, aber wenn die Kunden nicht wechselwillig sind, nützt Ihnen das nichts. Es kommt also auf die Qualität des Marktvolumens aus Ihrer Sicht an: Gibt es viele wechselwillige Kunden, bzw. wie wahrscheinlich ist der Eintritt von Neukunden im Markt? Aus diesen beiden Faktoren setzt sich der für Sie relevante Markt zusammen. Dieser Markt, obwohl schwer bestimmbar, ist die reale Obergrenze Ihres Wachstums. Diese Tatsache wird so gut wie nie erwähnt. Marktdefinitionen spiegeln daher gerade für Neugründungen oftmals falsche Ziele vor.

Beispiel

> **Riesenmarkt ohne Zugang.** Yellostrom wurde als Anbieter „gelben Stroms" bekannt. Der Strommarkt für Privatkunden hatte eine Marktdurchdringung von fast 100 %: Fast jeder Haushalt in Deutschland hat bereits Stromanschluss. Echte Neukunden entstehen in diesem Markt nur durch Neubauten. Yellostrom erzielte durch sein aggressives Marketing viel Aufmerksamkeit, gewinnt aber nur langsam Kunden. Wie sich herausstellte, sind – trotz oftmals substanziell niedriger Preise – nur sehr wenige Stromkunden wechselwillig, obwohl das Produkt „Strom" der einzelnen Anbieter sonst keine Unterschiede aufweist. Der deutsche Strommarkt hat ein sehr verlockendes Volumen (eine sehr hohe Marktnachfrage), der relevante Markt für Neugründungen wie Yellostrom ist demgegenüber aber sein klein.

2. Marktvolumen und Umsatz

Um Markt und Umsatz zu schätzen, haben Sie mehrere Möglichkeiten: Markt und Umsatz können Sie Top-down oder Bottom-up berechnen. Zusätzlich können Sie Ihren eigenen Umsatz auch über den Umsatz Ihrer Wettbewerber abschätzen. Durch den Vergleich der Ergebnisse kann man die eigenen Annahmen korrigieren und gelangt so zu einem besseren Verständnis des eigenen Geschäfts.

2.1 Top-down

Eine schnelle Einschätzung des Potentials Ihrer Geschäftsidee erhalten Sie durch die Top-down-Betrachtung des Marktes und des Umsatzes. Der Umsatz errechnet sich dabei als Prozentsatz des Marktes.

In Deutschland gibt es zahlreiche Organisationen, die Daten sammeln, auswerten und entsprechende Statistiken und Studien veröffentlichen. Allen voran sind das Statistische Bundesamt und die entsprechenden Länderorganisationen zu nennen, gefolgt von Verbänden, sonstigen öffentlichen Einrichtungen und privaten Anbietern. Für viele Fragestellungen existieren daher bereits brauchbare Daten, die sich mit Zusatzrechnungen direkt in Zahlen für den relevanten Markt umrechnen lassen. Dies sollte der Ausgangspunkt für die Beurteilung der kritischen Kennzahlen Ihres Geschäfts sein. Die Zusatzrechnungen betreffen sehr häufig das Herunterbrechen nationaler Daten auf Regionen oder umfassenderer Daten auf einzelne inhaltliche Teilsegmente wie Produkte. Zusatzrechnungen kommen selten ohne Schätzungen aus.

Beispiel

Top-down-Markt im Lebensmitteleinzelhandel. Der Lebensmitteleinzelhandel in Deutschland hatte im Jahr 2003 ein Gesamtvolumen von ca. 100 Mrd. €. Man kann für die Marktanalyse davon ausgehen, dass es bei großflächiger Betrachtung kaum regionale Unterschiede bezüglich des Budgets der Konsumenten gibt. Um also den Markt für Berlin zu berechnen, kann man die Einwohnerzahl zu Hilfe ziehen. Bei ca. 80 Mio. Einwohner bundesweit und ca. 3 Mio. Berlinern, beträgt der Berliner Markt für den Lebensmitteleinzelhandel 3,75 Mrd. € pro Jahr. Wenn Sie nun einen Standort für Ihren Lebensmitteleinzelhandel im Blick haben und die Einwohnerzahl in Ihrem Gebiet kennen, können Sie diesen Wert weiter herunterbrechen. Dabei ist aber die Struktur des Gebietes anhand des Einkommens zu prüfen. Je nachdem, ob das Einkommen über oder unter dem Durchschnitt liegt, sollten

Sie proportionale Anpassungen nach oben oder unten vornehmen. Hat Ihr Gebiet einen Einzugsbereich von 2.000 Einwohnern mit 5 % unter dem Durchschnitt liegenden Einkommen, berechnet sich der Markt aus 3,75 Mrd. € / 3 Mio. Einwohner * 2.000 Einwohner * 95 % = 2,375 Mio. € pro Jahr. Als kurzer Vergleich kann Ihnen die Berechnung der Ausgaben pro Einwohner dienen, die bei 2,375 Mio. € / 2.000 Einwohner = ca. 1.200 € liegt. Diese Zahl, ca. 100 € pro Monat an Ausgaben für Lebensmittel pro Jahr, erscheint auch gefühlsmäßig plausibel.

Wenn Sie den für Ihre Geschäftsidee relevanten Markt berechnet haben, kann dies als Ausgangsbasis für eine erste Abschätzung Ihres Umsatzes dienen. Zwei Faktoren sind dabei zu beachten: Erstens wird der bereits etablierte Wettbewerb einen Teil des Marktes bedienen, und zweitens gewöhnen sich Kunden nur langsam, aber nach einem gewissen Schema, an neue Produkte. Dieses Schema wird durch den „Produktlebenszyklus" beschrieben, der in Abbildung 9 aufgezeigt wird. Die Art des Verlaufs des Produktlebenszyklus ist für erfolgreiche Produkte statistisch nachgewiesen: Es gibt eine erste langsame Phase der Einführung, gefolgt von einer schnellen Steigerung der Kundenzahlen in einer Wachstumsphase, die irgendwann einen Sättigungsgrad erreicht. Danach folgt, ohne zusätzliche Maßnahmen, unweigerlich ein Abfallen der Kundenzahlen. Nur die Ausprägungen auf den Skalen für Umsatz und Zeit unterscheiden sich je nach Produkt.

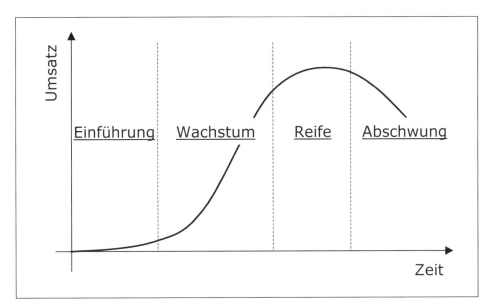

Abbildung 9: Der Produktlebenszyklus

Damit wird klar: Egal wie innovativ und überzeugend Ihre Idee auch im Gegensatz zum Wettbewerb sein mag, Sie können nicht von einer einhundertprozentigen Marktdurchdringung ausgehen. Faustregeln für einen anfänglichen Marktanteil können nicht gegeben werden, denn der Marktanteil hängt von den definitorischen Abgrenzungen, der Art der Geschäftsidee, der bestehenden Wettbewerbssituation und der betrachteten Region ab. Erfahrungsgemäß bewegen sich Marktanteile lange Jahre im einstelligen Prozentbereich, vielfach startend im Promillebereich. Wenn Sie schnell zweistellige Marktanteile (> 10 %) prognostizieren, sollten Sie dafür gute Gründe haben. Sie müssen dann Ihre Kunden bei für Sie guter Wettbewerbslage sehr gut erreichen können. Dies geht umso besser, je kleiner Sie Ihren Einzugsbereich definieren.

Leider sind aber in der Mehrzahl der Fälle umfassende Daten nicht verfügbar. In diesem Fall müssen Sie auf eine Bottom-up-Berechnung zurückgreifen. Ich empfehle dies in jedem Fall, um die Ergebnisse der Top-down-Methode zu überprüfen. Denn fremden Marktdaten sollte man niemals ohne eigene Überprüfung trauen.

2.2 Bottom-up

Bei der Bottom-up-Schätzung des Marktes für Ihre Geschäftsidee und Ihres möglichen Umsatzes sind in der Regel die Kunden der Treiber der Berechnung. Erfahrungsgemäß verbessert sich auch sofort das Gefühl für Ihr Geschäft. Denn die Anzahl Kunden ist ein einprägsamerer Maßstab als Währungseinheiten.

Ausgangspunkt ist also ein potenzieller Kunde, sei es eine Privatpersonen oder ein Unternehmen. Wenn Anlass zur Annahme besteht, dass sich verschiedene Kunden unterschiedlich verhalten werden, müssen eventuell mehrere Typen von Kunden, z. B. kleine, mittlere und große Unternehmen separat betrachtet und später addiert werden. Je nachdem, welchen Markt man bestimmen will, sind nun verschiedene Situationen des Kunden zu recherchieren bzw. abzuschätzen. Im Anschluss ist die für die Marktuntersuchung relevante Anzahl Kunden abzuschätzen. Durch Multiplikation ergibt sich dann eine Schätzung für die Marktgröße. Erfahrungsgemäß sind zwei Situationen typisch:

- Man kann recherchieren, wie viel einzelne Kunden im Durchschnitt für ein bestimmtes Produkt ausgeben. Über die Multiplikation mit der Anzahl der Kunden, die man erreichen kann, ergibt sich eine Schätzung für den Markt. Man kann diese Berechnung noch weiter verfeinern, z. B. über den Abgleich mit Kaufkraftindizes, wenn man Kunden in einer bestimmten Region betrachtet. Der so berechnete Markt entspricht der Marktnachfrage, also was die Kunden in Ihrem Einzugsbereich heute ausgeben.

- Oftmals sind Daten über das Ausgabeverhalten einzelner Kunden nicht vorhanden. Das gilt insbesondere bei innovativen Geschäftsideen, denn mit diesen will man einen neuen Markt bedienen. In diesem Fall kann man versuchen, bestehende Daten als Vergleichsbasis heranzuziehen oder man muss, auf der Basis des eigenen Sachverstands, den Bedarf der Kunden der Sache und des Umfangs nach schätzen. Dann wird wie im ersten Fall verfahren. Man erhält jedoch keine Schätzung für die Marktnachfrage, sondern für das Marktpotenzial. Dieses Ergebnis kann man durch zusätzliche, logische Annahmen weiter verfeinern, um näher an eine Schätzung des zukünftigen aktuellen Marktes zu kommen.

Beispiel

> **Bottom-up-Markt im Lebensmitteleinzelhandel.** Sie planen, einen Lebensmitteleinzelhandel mit größerer Auswahl, gehobener Qualität und mittleren Preisen (also kein Discounter) zu eröffnen. Um den Markt und Ihre Kunden besser einschätzen zu können, prüfen Sie über einen Zeitraum von wenigen Monaten Ihr eigenes Ausgabeverhalten und bitten zudem zwei Freunde, dasselbe zu tun. Es sollen alle Rechnungen für Lebensmittel gesammelt werden. Diese Sammlung wird korrigiert um den Bedarf, der spontan, z. B. im Zug oder an einer Tankstelle unterwegs, befriedigt wurde. Aus den Rechnungen ergibt sich im Mittel ein monatliches Ausgabevolumen von 110 € pro Person. Allerdings gibt der Kurzüberblick Grund zur Annahme, dass sich das Ausgabevolumen je nach Geschäftstyp unterscheidet. Bei den Discountern scheint es 20 % unter dem Ausgabevolumen anderer Geschäftstypen zu liegen. Wenn das geplante Geschäft kein Discounter ist, schätzen Sie aus den vorliegenden Daten ein monatliches Ausgabevolumen von 120 € pro Person. Im für Sie relevanten Einzugsbereich einer Siedlung wohnen ca. 5.000 Einwohner. Sie schätzen, dass 50 % bei Discountern einzukaufen. Die anderen 50 % ziehen es dagegen in Erwägung, bei einem von Ihnen geplanten Geschäftskonzept einzukaufen. Ihr Marktpotential beträgt 5.000 Einwohner * 50 % Akzeptanz des Konzepts * 120 € Ausgabevolumen pro Person * 12 Monate = 3 Mio. € pro Jahr. Die Werte sind allerdings nur als Richtwerte zu nehmen, denn die Datenbasis ist äußerst gering. Sie reicht allerdings zur ersten Abschätzung.

Um jetzt auf einen möglichen Umsatz Ihrer Geschäftsidee schließen zu können, gehen Sie zunächst wie bei der Top-down-Methode vor, prüfen das Ergebnis dann aber sofort Bottom-up. Sie schätzen, welchen Marktanteil Sie erlangen können. Dieser Marktanteil entspricht Ihrem Umsatz. Mittels Division Ihres Umsatzes durch den Bedarf oder die Durchschnittsausgaben potenzieller Kunden erkennen Sie nun sofort, wie viele Kunden hinter Ihrem Umsatz stehen. Nun können Sie Szenarios jeweils mit der Variable „Kunden" oder „Marktanteil" durchspielen. Wenn Ihre Schätzung des Marktanteils „gefühlsmäßig" zu schnell zu viele Kunden ergibt, sollten Sie diesen nach unten korrigieren. Wenn Sie den Markt Top-down berechnen konnten, können Sie nun auch Ihre Schätzungen des Marktes vergleichen – in Euro oder in Kundenzahlen.

2.3 Wettbewerbsvergleich

Eine sehr gute Schätzung für Ihren eigenen Umsatz ist der Umsatz von vergleichbaren Wettbewerbern. Je ähnlicher dessen Geschäft ist, umso besser kann es als Maßstab für Ihren Umsatz dienen. Marktgrößen dagegen lassen sich über diesen Weg nur selten abschätzen. Umsatzzahlen von Ihren Wettbewerbern, wie alle anderen Zahlen auch, werden Sie nicht so einfach bekommen. Wenn Sie keine besondere Quelle von Informationen haben, gibt es nur zwei Wege: Entweder der Wettbewerber ist zur Veröffentlichung seiner Daten verpflichtet oder Sie müssen schätzen.

Vergleichbare Wettbewerber für Sie als Gründer sind in der Regel kleinere Unternehmen. Während sehr große Unternehmen, insbesondere börsennotierte Gesellschaften, umfangreiche Publizitätspflichten haben, gilt dies für kleinere Unternehmen nur eingeschränkt. Theoretisch muss jede GmbH mindestens ihre Bilanz und den Anhang beim Handelsregister einreichen (§ 326 HGB). Zur Abgabe der Gewinn- und Verlustrechnung besteht oftmals keine Verpflichtung. Je nach Aufstellung der Bilanz lässt sich daraus der Jahresüberschuss ablesen, also Umsatz nach Kosten. Die Bilanz zeigt auch eine Größenordnung der Investitionen und die Art und Höhe der Finanzierung. Beachten Sie aber, dass Ihr Wettbewerber vielleicht noch andere Geschäfte betreibt, die Ihnen nicht bekannt sind. Die Bilanz lässt dies nicht erkennen. In dem Falle kann es leicht zu Fehlinterpretationen der vorliegenden Zahlen kommen. Viele GmbHs kommen aber auch der einfachen Pflicht zur Offenlegung nicht nach, und die Handelsregistergerichte fordern Bilanzen selten an. Dies ist eine der großen Grauzonen des deutschen Wirtschaftsrechts. Sie können also Pech haben und es liegen keine Zahlen vor. Wenn Sie den Jahresabschluss vom Handelsregister anfordern, müssen Sie in der Regel Gründe dafür angeben. Als Grund kommt die Prüfung eines potenziellen Geschäftspartners auf jeden Fall in Frage. Sie können von einer längeren Wartezeit ausgehen, bis Sie die Daten erhalten. Wenn Sie börsennotierte Wettbewerber haben, können Sie sich durch deren Geschäftsbericht einen Einblick in das Geschäft erhoffen. In der Regel können Sie sich den aktuellen Geschäftsbericht von der Homepage des Unternehmens herunterladen. Erwarten Sie sich aber nicht zu viel: Börsennotierte Unternehmen haben vielfach mehrere Geschäftsfelder, die nicht alle separat ausgewiesen werden. Sie wissen also nicht immer genau, was hinter den Zahlen steckt. Sie erfahren aber eventuell kritische Kennzahlen, wie den Umsatz pro Kunde, oder aktuelle Trends aus der Branche.

Eine Schätzung des Umsatzes eines Wettbewerbers gelingt nur dann sinnvoll, wenn Sie den Geschäftsbetrieb einigermaßen einsehen können. Am einfachsten geht dies bei Unternehmen im Einzelhandel oder der Gastronomie, funktioniert aber manchmal auch in anderen Branchen. Sie müssen herausfinden, wie viele Kunden der Wettbewerber in einer festen Zeitspanne hat. Zudem müssen Sie herausfinden, wie viel ein Kunde im Durchschnitt ausgibt. Um die Kundenzahl festzustellen, platzieren Sie sich einfach vor dem Geschäft des Wettbewerbers mit Blick auf die Kasse und zählen, wie viele Kunden dort in einer gegebenen Zeit abkassiert werden. Stellen Sie sich dann in den Laden in die Nähe der Kasse und schreiben mit, wie hoch die jeweiligen Bons sind. Mit dem Durchschnitt erhalten Sie den Umsatz pro Kunde. Mit der Hochrechnung des Zeitintervalls erhalten Sie die Anzahl der Kunden und so final den Umsatz. Beachten Sie aber unbedingt: Geschäfte haben Schwankungen innerhalb des Tages und je nach Saison. Gerade im Einzelhandel ist es nicht unüblich, dass der Jahresgewinn erst zu Weihnachten erwirtschaftet wird. Eine weitere Möglichkeit zur Schätzung ist die Schätzung über die Kosten. Zählen Sie dazu die Angestellten des Wettbewerbers, schätzen Sie die Miete in der entsprechenden Lage und weitere größere Ausgangspositionen ab. Addieren Sie dazu Kosten für „Sonstiges", je komplexer das Geschäft ist, umso mehr. Diese Kosten muss Ihr Wettbewerber erwirtschaften. Wenn es ein Handelsunternehmen ist, muss die Handelsspanne zur Deckung der Kosten ausreichen. Über einen Dreisatz erhalten Sie dann den ungefähren Umsatz.

Beispiel

Umsatz eines Friseurgeschäfts. Ein Gründer plant die Eröffnung eines Friseurgeschäfts. Zwar hat er eine Ausbildung zum Friseur gemacht, hat jedoch keinerlei Vorstellungen über den Umsatz. Seine Erfahrungen bezüglich der Kundenzahlen und Ausgaben pro Kunde aus seiner Aubildungszeit prüft er nochmals durch Beobachtung eines nahe gelegenen Friseurgeschäfts, dessen Einzugsbereich er als zu seinem geplanten Geschäft passend einstuft. Er weiß, dass die Auftragsbücher normalerweise durchgängig – mit einigen Ausnahmen – recht gut belegt sind, sei es durch Vorausbuchungen oder durch Laufkundschaft. 70 % der Kunden sind Frauen, 30 % Männer, da Frauen öfter zum Friseur gehen. Frauen geben im Schnitt 30 € pro Besuch aus, Männer im Schnitt 15 €. Allerdings dauert die Betreuung einer Frau auch ungefähr doppelt so lange: bei Frauen effektive Betreuungszeit ca. 40 Minuten, bei Männern ca. 20 Minuten. Pro Minute Betreuungszeit ergibt dies Einnahmen von 0,75 Cent. Bei einem Geschäft mit Öffnungszeiten von werktags 8 bis 18 Uhr (samstags nur die halbe Zeit) können also pro Mitarbeiter Einnahmen von 10 Stunden * 60 Minuten * 75 Cent = 450 € erzielt werden. Bei einer Belegung von im Schnitt 60 % ergibt sich ein tägliches Einkommen von 270 € pro Mitarbeiter. Der Gründer kann also mit einem monatlichen Einkommen von 20 Werktagen * 270 € + 4 Samstage * 270 € / 2 = 5.940 € rechnen. Dazu muss das Geschäft allerdings gut eingeführt sein und zusätzlich beständig beworben werden. Die Zahlen entsprechen als Kundenzahlen entweder 9 Frauen oder 18 Männern pro Mitarbeiter pro Werktag, erscheinen somit nicht übertrieben. Im berechneten Umsatz ist aber die Mehrwertsteuer von 16 % enthalten, da von Endkundenpreisen ausgegangen wurde.

3. Kostenstruktur

Wenn Sie einen Überblick über den Markt und Ihr Umsatzpotential erhalten haben, sollten Sie sich eine grobe Vorstellung über Ihre Kosten verschaffen. Auch hier geht es noch nicht um eine detaillierte Planung. Es geht um ein genaueres Verständnis der mit Ihrer Geschäftsidee verbundenen Kosten und damit auch des Risikos Ihrer Idee. Zugleich ergeben Umsatz und Kosten ein Verständnis über das Erfolgspotential Ihrer Idee. Für ein besseres Verständnis der Zusammenhänge ist es zunächst notwendig, die Wirkungsweise von Kosten generell zu verstehen.

Bei den Kosten sind grundsätzlich so genannte „Fixkosten" und „variable Kosten" zu unterscheiden. Fixkosten bestehen über einen längeren Zeitraum und sind innerhalb dieses Zeitraums nicht veränderbar. Die Miete von Gewerberäumen zählt in der Regel zu den Fixkosten, denn gewerbliche Mietverträge laufen über einen Zeitraum von mehreren Jahren, in dem Sie beidseitig nicht kündbar sind. Egal wie gut oder schlecht Ihr Geschäft läuft, Sie müssen Miete zahlen. Variable Kosten dagegen sind kurzfristig beeinflussbar. Sie fallen in der Regel auch abhängig von der Geschäftstätigkeit an. Ein Beispiel sind Werbekosten, z. B. für den Druck von Flyern. Die Abgrenzung zwischen beiden Kostenarten ist fließend, denn es kommt auf den Betrachtungszeitraum (irgendwann ist alles beeinflussbar), die „Härte" des beeinflussenden Ereignisses (wenn man die Geschäftstätigkeit einstellt oder einstellen muss, sind viele Kosten beeinflussbar) oder auf rechtliche Parameter an. So kann Personal in kleineren Firmen ohne Kündigungsschutz als variabel, in größeren Firmen mit Kündigungsschutz als fix angesehen werden.

Man kann dieses Verständnis der Kosten noch weiter verfeinern, was an dieser Stelle aber zu weit führen würde (siehe dazu Teil X, Kosten und Erlöse in der Entscheidungsfindung). Die für Sie wichtigsten Aussagen lassen sich aber bereits jetzt ableiten: Eine Geschäftsidee, die einen hohen Anteil Fixkosten verursacht, ist eine riskantere Geschäftsidee. Denn wenn sich der Umsatz nicht erwartungsgemäß einstellt, d. h. zu langsam wächst oder zu früh nicht mehr zu steigern ist, können Sie die Fixkosten nicht abbauen und geraten schnell in Gefahr, in die Insolvenz zu rutschen. Zudem brauchen Sie zur Finanzierung der Fixkosten häufig mehr Kapital, was die Kosten weiter erhöht. Besteht Ihr Geschäft überwiegend aus variablen Kosten, können Sie diese im Ernstfall schnell abbauen und so viele Probleme umschiffen. Dabei ist es besser, wenn es sich um direkte Kosten handelt, da dann ein möglichst direkter Zusammenhang zum Umsatz besteht. Zugleich gilt aber auch: Wenn ein Geschäft, das sehr gut läuft, überwiegend gleichbleibende Fixkosten verursacht, kann es besonders profitabel sein. Denn die Kosten steigen mit gestiegenem Geschäftsvolumen nicht mehr sehr stark an. Der Gewinn ist dann entsprechend hoch. Man sagt dann, das Geschäft „skaliert".

In seltenen Fällen kennen Sie die Kostenstruktur Ihrer Wettbewerber, z. B. wenn Sie als Angestellter eines Unternehmens planen, sich auf genau dem gleichen Gebiet zu betätigen. Dann werden Sie die Kostenstruktur eines Wettbewerbers als Vergleichsmaßstab zugrunde legen können. Normalerweise werden Sie aber auf Basis Ihrer Kenntnisse eine Schätzung Ihrer Kosten durchführen müssen. Sie können dazu das in Tabelle 10 enthaltene Schema zur groben Einschätzung Ihrer Kostenstruktur nutzen. Selbstverständlich sind weitere Blöcke hinzuzufügen, falls Ihre Geschäftsidee diese enthalten sollte. Entsprechend ist auch von den Vorschlägen zur Schätzung abzuweichen. Gehen Sie davon aus, dass Ihr Geschäft normal läuft. Denn es geht ja nicht darum, eine spätere detaillierte Planung zu ersetzen, sondern die Wirkung und die Verhältnisse der Kosten besser zu verstehen und die Erfolgschancen besser beurteilen zu können.

Wenn Sie die Kosten Ihrer Geschäftsidee mit Hilfe Ihrer bisherigen Informationen abgeschätzt haben, können Sie schnell die Hauptkostenblöcke identifizieren und der Wichtigkeit nach abstufen. Für die weitere Planung wissen Sie so, worauf Sie sich besonders konzentrieren müssen. Denn Sie wollen Wege finden, die größten Kostenblöcke zu reduzieren bzw. genauer abzuschätzen. Wenn zudem fixe Kosten die Struktur dominieren, gehen Sie ein vergleichsweise großes Risiko ein. Suchen Sie dann im Zuge Ihrer weiteren Planungen nach Möglichkeiten, die fixen Kosten in variable Kosten zu transformieren. Dies können Sie z. B. über kluge Vertragsgestaltungen oder die Nutzung externer Dienstleister erreichen. Manchmal werden Sie kurzfristig vielleicht mehr bezahlen müssen, um fixe Kosten variabel zu machen. Wenn es Ihr Risiko reduziert, sollten Sie sich dies aber überlegen.

Beispiel

> **Kostenschätzung eines Friseurgeschäfts.** Anknüpfend an die oben dargestellte Umsatzschätzung versucht der Gründer, die Kostenstruktur des Friseurgeschäfts abzuschätzen. Anhand des obigen Schemas ergeben sich folgende Einschätzungen: Einen Wareneinsatz gibt es nur in sehr geringem Maße (z. B. Haarwaschmittel und Gel). Dieser kann vernachlässigt werden. Personal und Miete erscheinen als die größten Kostenblöcke. Er geht von zwei Vollzeitkräften und einer Teilzeitkraft (halbtags) aus, wobei seine eigene Arbeitskraft enthalten ist. Das Geschäft braucht daher eine Größe von ca. 70 qm. Da die Lage gut sein muss, rechnet er mit 30 € / qm als Warmmiete, also 2.100 € pro Monat. Eine Vollzeitkraft bekommt ein Gehalt von ca. 1.600 € arbeitnehmer-brutto. Inklusive der Nebenkosten rechnet er mit 2.000 € Ausgaben pro Vollzeitkraft, also 3.000 € für eine Vollzeit- und eine Teilzeitkraft. Als Investition fällt vor allem die Geschäftsausstattung an. Da das Geschäft ansprechend aussehen soll, rechnet er mit 50.000 € für Geräte, Einrichtung, Ladenbau und Außenwerbung, d. h. ca. 5.000 € Finanzierungskosten pro Jahr, ca. 400 € pro Monat. Für die Werbung plant er anfänglich monatlich ca. 800 € ein, z. B. für einen hervorgehobenen Eintrag in den Gelben Seiten und die Verteilung von Flyern. In Summe ergeben sich folgende Kosten: Miete 2.100 € + Arbeitnehmer 3.000 € + Finanzierung 400 € + Werbung 800 € + Sonstiges 500 € = 6.800 € pro Monat. Die Kosten enthalten bisher nicht den Unternehmerlohn. Der Gründer rechnet hier mit 3.000 €. Die Gesamtkosten betragen damit 9.800 € pro Monat.

Kostenblock	Vorschläge zur Schätzung
Wareneinsatz/Rohstoffe und Komponenten	■ *Geschäftidee Handel*: Berechnet aus Umsatz * (100 % - durchschnittlicher Handelsspanne in %). Die durchschnittliche Handelsspanne ergibt sich aus der Recherche der Branche; 30 % bis 70 % sind im üblichen Rahmen. ■ *Geschäftsidee verarbeitendes Gewerbe*: Den Materialeinsatz müssen Sie aufgrund Ihrer Fachkenntnis schätzen; das Personal für die Herstellung sollte im Kostenblock „Personal" enthalten sein.
Personal	Grundlage ist Ihre Schätzung des Personalbedarfs und des Lohn- und Gehaltsniveaus. Beachten Sie die vom Arbeitgeber zu tragenden Anteile an den Sozialversicherungen in Höhe von 20 % bis 25 % des Bruttolohns des Arbeitgebers.
Kapitalkosten für Investitionen	Die Investitionen schätzen Sie nach Ihrem Grundverständnis der Branche. Die Kapitalkosten ergeben sich aus Investitionen * (Zinssatz + Tilgungssatz); für Zinsen und Tilgung gemeinsam sind 10 % ein guter Maßstab. Beachten Sie: Die Abschreibungen der Investitionen sind nicht „geldwirksam". Für die Kostenschätzung sind Sie daher an dieser Stelle nicht interessant. Zins und Tilgung reichen dafür aus.
Miete und Mietnebenkosten	Entsprechend dem Mietvertrag und eigenen Schätzungen für weitere Nebenkosten.
Werbung	Die Kosten für Werbung hängen stark von Ihrer Geschäftsidee ab. 5 % bis 10 % des Umsatzes sind für „normale Geschäftsideen" ein guter Maßstab.
Sonstiges	Es gibt zahlreiche kleinere Kostenblöcke wie z. B. Kosten für Büromaterial, Buchhaltung usw., die pauschal geschätzt werden sollten. 5 % des Umsatzes sind ein guter Maßstab.
Unternehmerlohn	Den Unternehmerlohn legen Sie aufgrund Ihrer persönlichen Bedürfnisse fest. Mit diesem Lohn nach Steuern müssen Sie Ihre gesamten privaten Ausgaben inkl. der Versicherungen bestreiten.

Tabelle 10: Kostenschätzung im Rahmen der Vorprüfung

4. Gewinn und Gewinnschwelle

Als direkte Folgerung der Abschätzung von Umsatz und Kosten erhalten Sie einen Eindruck über einen möglichen Gewinn. Da Sie mit Schätzungen arbeiten, ist die Schwankungsbreite des Gewinns als Endergebnis vieler Schätzungen groß. Aufgrund des erlangten Verständnisses können Sie aber Szenarien berechnen, wie sich die Kosten bei einem bestimmten Umsatz bzw. bei einer bestimmten Kundenzahl verhalten. Die Unterteilung der Kosten in direkte und indirekte sowie fixe und variable Kosten hilft Ihnen hierbei.

Wichtig für die Vorprüfung Ihrer Idee ist die Gewinnschwelle. Ab welchem Umsatz bzw. welcher Kundenzahl bzw. welchem Marktanteil decken Sie Ihre Kosten? Die Anzahl Kunden ist erfahrungsgemäß ein Maß, welches sich auch in einem eher frühen Stadium der Planungen gut beurteilen lässt. Die Kernfrage ist: Trauen Sie sich zu, die zum Erreichen der Gewinnschwelle notwendige Anzahl Kunden bzw. den notwendigen Marktanteil zu erreichen? Wenn nicht, müssen Sie Ihre Geschäftsidee überprüfen und eventuell verwerfen.

Beispiel

Gewinn im Friseurgeschäft. Anknüpfend an die vorangegangenen Umsatz- und Kostenschätzungen des Friseurgeschäfts ergeben sich folgende Gewinnschätzungen: Der monatliche Umsatz pro Mitarbeiter beträgt ca. 5.900 € brutto, d. h. 5.000 € netto. Bei 2,5 Mitarbeitern ergibt sich ein monatlicher Umsatz von 12.500 €. Dem stehen Kosten von 9.800 € gegenüber, inklusive eines Unternehmerlohns von 3.000 €. Wenn das Geschäft gut läuft, erscheint ein monatlicher Gewinn vor Unternehmerlohn und Steuern von 2.700 € möglich. Dafür bedarf es jedoch einer langfristigen Einführungsphase. Unbeachtet blieb auch die Wettbewerbssituation, die die Umsatzzahlen eventuell deutlich reduzieren könnte. Den Umsatzzahlen liegen Kundenzahlen von 9 Frauen oder 18 Männern (oder gemischt) pro Vollzeitmitarbeiter pro Werktag zugrunde, also ca. 22 Frauen oder 45 Männer (oder gemischt) in Summe. Bei ca. 75 % dieser Zahlen liegt die Gewinnschwelle, also 16 Frauen oder 33 Männer (oder gemischt) pro Werktag. Um diese Zahlen zu prüfen, beobachtet der Gründer zwei Friseurgeschäfte zu verschiedenen Tageszeiten und rechnet deren Kundenzahlen als Vergleichsbasis hoch.

Verstehen Sie Ihre Kunden

Sie haben nun einen guten Überblick über den Wettbewerb bekommen, verstehen die Struktur Ihrer Branche und haben erste Schätzungen für das Potential Ihrer Idee vorgenommen. Wenn Sie nach diesen Erkenntnissen Ihre Geschäftsidee weiterhin verfolgen wollen, sollten Sie die letzte Vorprüfung angehen: Verstehen Sie, wie die Kunden über Ihr geplantes Angebot denken? Im Rahmen der Planung von Geschäftsideen wird dieser Schritt häufig vergessen: Manchmal geschieht dies bewusst, denn man ist überzeugt, bereits ausreichende Informationen zu besitzen. Manche schrecken vor dem Aufwand zurück. Nicht selten wird dieser Schritt der Vorprüfung aber schlicht vergessen.

Die Untersuchung bestehender oder zukünftiger Kunden wird als „Marktforschung" bezeichnet. Um Ihre Geschäftsidee zu prüfen, müssen Sie den Kunden im Hinblick auf sein Verhalten gegenüber einem zukünftigen Angebot untersuchen. Bestehen größere Ressourcen, können Sie den Kunden einer realen Situation aussetzen, im Rahmen eines Experiments, einer Pilotstudie oder durch Präsentation eines Prototyps. Sie können der Beobachtung des Kunden in der realen Situation eine Befragung anschließen. Oftmals kann das Ergebnis jedoch direkt aus dem Verhalten des Kunden, z. B. Kauf oder Nichtkauf, abgelesen werden. Da Sie als Gründer kaum Ressourcen zu größeren Tests haben werden, kommt für Sie oftmals nur die Befragung von Kunden bezüglich des zukünftigen Angebots in Frage. Sie sind damit auf die Fantasie des Kunden angewiesen. Im Folgenden soll eine Konzentration auf Befragungen stattfinden.

Obwohl die Marktforschung zum besseren Verständnis der Kundenwünsche weit verbreitet ist, gibt es insbesondere bei der Anwendung der Marktforschung zur Entwicklung komplett neuer Angebote viele Kritikpunkte. Der wichtigste Kritikpunkt betrifft die Fantasie des Kunden: Wenn Sie Kunden nach Einstellungen zu Produkten und Dienstleistungen befragen, die es noch nicht gibt, braucht der befragte potenzielle Kunde eine ausreichendes Maß an Fantasie. Da viele Kunden diese Fantasie nicht besitzen würden, sei der Wert von Befragungen gering. Können Sie dem Kunden also keinen Prototypen zeigen oder an einem Pilotprojekt oder einem Experiment teilnehmen lassen, sind die Ergebnisse einer Befragung mit Vorsicht zu genießen. Diese Kritik ist ernst zu nehmen. Es gibt Fälle, bei denen sehr viele Kunden dem neuen Angebot gegenüber negativ eingestellt waren, das Angebot aber ein großer Erfolg wurde. Entsprechendes gilt auch umgekehrt, und dies ist ein größeres Problem: Es gibt wenige Menschen, die geplante Angebote direkt ablehnen. Denn wenn das Angebot realisiert wird, könnte man es ja wirklich gebrauchen. Zudem haben die Kunden viel weniger Zeit als Sie, sich in die Thematik hineinzudenken. Daher wird oft die Erfahrung gemacht, dass die befragten Kunden eher zu positiv reagieren. Man kann das Gegenteil (zu negative Einstellung) aber nicht ausschließen. Als Fazit können und müssen Sie für sich mitnehmen: Glauben Sie den Ergebnissen von Befragungen niemals blind! Dies gilt umso mehr, je mehr Fantasie vom Kunden bei der Beantwortung der Befragung verlangt wird. Manchmal wird aufgrund dieser Problematik gefordert, sich selbst und seine Überzeugungen als Maßstab für die Kunden zu nehmen und keine weiteren Kunden zu befragen. Dies ist genauso gefährlich. Der Sinn von Marktforschung ist die Erlangung eines tieferen Verständnisses Ihrer Kunden und der begleitenden Umstände. Marktforschung dient dazu, neue Impulse zu erhalten. Entsprechend kann Marktforschung das Risiko reduzieren. Umfassende Sicherheit gewinnen Sie aber durch Marktforschung nicht. Trotz möglicher Kritik bleibt unsere Warnung bestehen: Setzen Sie Ihre Geschäftsidee erst dann um, wenn Sie vorab mit ein paar potenziellen Kunden gesprochen haben!

Die Fragen, die Sie an potenzielle Kunden haben, sind vielfältig, z. B.:

- Gibt es seitens der Kunden Bedarf an Ihrem Angebot?
- Welche Aspekte des Angebots werden als besonders wichtig angesehen, bzw. was sind die Kaufkriterien?
- Gibt es Kundengruppen, die sich anhand der Kaufkriterien unterscheiden lassen (siehe obige Ausführungen zum Wettbewerb)?
- Über welche Vertriebskanäle würden die Kunden das Angebot kaufen?
- Wer ist am Kaufprozess beteiligt und wer entscheidet über den Kauf?
- Wer wird als Wettbewerber gesehen?
- Welche Stärken und Schwächen hat der Wettbewerb und wie kann man sich differenzieren?
- Wie ist die Wechselbereitschaft, wenn man bereits das Angebot des Wettbewerbs wahrnimmt? Was fördert die Wechselbereitschaft?

Viele Fragen lassen sich erst konkret ausgestalten, wenn Sie die anderen Aspekte der Vorprüfung abgearbeitet haben. Beispielsweise ist es für Sie äußerst hilfreich, Ihren Wettbewerb gut zu kennen. Nur so schaffen Sie eine solide Grundlage, im Rahmen einer Befragung oder Diskussion mit einem potenziellen Kunden Ansätze zur Differenzierung zum Wettbewerb zu erkennen bzw. bestätigt zu bekommen. Vielfach haben Sie auch nur eine einzige Chance zum Gespräch mit dem potenziellen Kunden und können Fragen später nicht nachreichen.

Es gibt mehrere Optionen für Gründer, eine Kundenbefragung durchzuführen:

- Unstrukturierte Umfrage; wenige Befragte
- Strukturierte Umfrage; wenige Befragte
- Strukturierte Umfrage; viele Befragte

Die optimalsten Ergebnisse kann man durch eine strukturierte Umfrage mit möglichst vielen Befragten erlangen. Im Rahmen der Marktforschung größerer Unternehmen ist dies Standard.

Sie als Gründer haben aber Zeit- und Kostenrestriktionen und müssen sich daher oftmals mit den ersten beiden Vorgehensweisen begnügen. Unstrukturierte Umfragen werden am besten mündlich im direkten Gespräch oder am Telefon durchgeführt. Die Umfragen sollten, trotz der Bezeichnung, nicht völlig unstrukturiert ablaufen. Sie müssen natürlich Ihre Ziele im Hinterkopf haben und das Gespräch entsprechend leiten. Wenn der Befragte zu weit vom Thema abkommt, müssen Sie einschreiten und ihn wieder fokussieren. Die Befragung sollte nicht zu lange dauern. Die Ergebnisse sind aufgrund der losen Struktur oftmals nicht standardisiert auszuwerten. Dennoch sollten Sie einen guten Eindruck von den Antworten auf die wesentlichen Kernfragen haben. Die Vorbereitung einer unstrukturierten Umfrage ist recht einfach. Wenn Sie die wichtigen Fragen im Kopf haben, können Sie auch Personen aus Ihrem persönlichen Umfeld oder Geschäftspartner bei einem anderen Anlass befragen. Sie sollten sich dann allerdings die Antworten merken können. Denn eine unstrukturierte Umfrage muss dennoch ausgewertet werden. Grundlage dafür ist die Sammlung der wesentlichen Antworten zu den jeweiligen Fragen.

Beispiel

> **Unstrukturierte Kundenbefragung für Internet-Papierhandel.** Ein Gründer plant den Aufbau einer Internetplattform für den Papierhandel. Die Plattform soll zwei Arten von Kunden bedienen: Verkäufer von Papier, vor allem Papierhersteller und Einkäufer von Papier, vor allem Druckereien. Von den Verkäufern will er Folgendes wissen: Würden diese die Plattform nutzen? Welche Funktionen müsste die Plattform bieten? Werden bereits ähnliche Angebote genutzt? Welche Abteilung wäre zuständig für die Entscheidung, die Plattform zu nutzen? Lediglich mit dieser Frageliste ruft er am ersten Tag bei fünf Papierherstellern an und führt zwei Gespräche. Bei diesen Gesprächen kommt heraus, dass die Hersteller der Nutzung der Plattform skeptisch gegenüberstehen, denn sie würden damit den Großhandel umgehen. Die Beziehungen zum Großhandel sind aber recht eng, und fast das ganze Geschäft läuft über den Großhandel. Dieser soll also nicht verärgert werden. Für Restbestände wäre die Nutzung aber vorstellbar. Diese Einstellung wird am folgenden Tag bestätigt. Die kurzen Telefonate waren ausreichend, um die ganze Geschäftsidee in Frage zu stellen.

Strukturierte Umfragen werden meist auf Basis eines Fragebogens durchgeführt. Der Fragebogen kann dann in Ihrem Beisein ausgefüllt werden. Vielfach wird er jedoch von der befragten Person allein ausgefüllt. Gerade größere Umfragen werden sonst schnell unwirtschaftlich. Da Befragte häufig keine Gelegenheit für Rückfragen haben, werden an den Fragebogen hohe Ansprüche gestellt. Dabei geht es um die Art und Präzision der Fragestellungen sowie die Antwortvorgaben. Es gibt umfangreiche Abhandlungen, wie man einen Fragebogen aufsetzen kann und sollte. Für Sie als Gründer ist die Kenntnis dieser Details bei der Fragebogenerstellung nicht entscheidend. Es ist klar, dass Fragen möglichst eindeutig gestellt werden sollten, damit die Befragten diese nicht anders interpretieren und so inhaltlich verschiedene Antworten auf die gleiche Fragen geben. So leicht sich dies sagt, so schwierig ist es allerdings auch. Die für Sie an dieser Stelle wichtigste Entscheidung bei der Gestaltung der Fragen besteht in der Vorgabe der Antwortmöglichkeiten: Wenn Sie die Antworten offen lassen (so genannte „offene Fragen"), kann der Befragte antworten, was er will. Ein Vergleich der Antworten wird, wie bei der unstrukturierten Umfrage, erschwert. Offene Fragen werden daher häufig dann gestellt, wenn man sich zusätzliche Anregungen erhofft. Eine solche Frage könnte lauten: „Was würden Sie an unserem geplanten Angebot ändern wollen?" Hier will man die Fantasie des Befragten nicht einengen. Wenn Sie Antwortvorgaben geben (so genannte „geschlossene Fragen"), engen Sie die Antwort des Befragten ein. Allerdings werden die Antworten damit besser vergleichbar. Zudem können auch Rangfolgen ermittelt werden, wenn der Befragte etwas anhand einer Skala einstufen soll. Um die Qualität von Fragebögen zu testen, werden häufig so genannte „Pretests" durchgeführt. Der Fragebogen wird vor seinem eigentlichen Einsatz einigen Testpersonen vorgelegt, die diesen ausfüllen sollen. Danach geht man mit den Testpersonen die Antworten durch. Häufig äußert die Testperson dann ihre Schwierigkeiten mit der Interpretation einzelner Fragen oder Antworten. Manchmal erkennt man aber auch am Antwortverhalten, dass die Frage falsch interpretiert wurde. Im Anschluss wird der Fragenbogen dann auf der Basis der gewonnenen Erkenntnisse umgearbeitet und erst danach wirklich eingesetzt. Die Fragebogentechnik ist am besten anhand eines Beispiels zu verstehen.

Beispiel

Strukturierte Kundenbefragung zur Prüfung eines Wellness-salons. Im Zuge des allgemeinen Wellness-Trends überlegt sich eine Arbeitssuchende die Gründung eines Wellness-Salons. Ihr Angebot richtet sich an Kunden, die sich körperlich und seelisch nicht wohl fühlen, die nicht entspannt sind. Im Rahmen der Wettbewerbsanalyse stößt sie auf einen Fitnessclub mit angeschlossener Sauna. Der restliche Wettbewerb befindet sich außerhalb ihres geplanten Einzugsbereichs. Bei der Untersuchung der Branche entdeckt sie, dass es kaum qualifiziertes Personal gibt, spürt aber entsprechende, seriöse Bildungseinrichtungen auf. Das Erfolgspotential (Markt, Umsatz, Gewinn) ist nach einer ersten Einschätzung ausreichend. Die Personalkosten stellen einen großen Kostenblock und damit Risikofaktor dar. Sie geht zunächst von einem zusätzlichen Vollzeitangestellten aus, will aber unbedingt prüfen, zu welcher Tageszeit mit den meisten Kunden zu rechnen ist. Wenn Stoßzeiten zu erwarten sind, könnten die Personalkosten gesenkt werden. Zusätzlich ist sie unsicher, wie gut sich die Kunden mit den neuartigen Begriffen der Wellnessbranche auskennen und wie groß die Zahlungsbereitschaft der Kunden ist. Aus den Recherchen kennt sie hohe Preise von 80 € pro Stunde Behandlung. Um ihre Kunden besser zu verstehen, beschließt sie die Durchführung einer Befragung mit Hilfe eines Fragebogens. Als Hauptnutzer vermutet sie Menschen mit einem überdurchschnittlichen Einkommen im Haushalt, besonders Frauen. Sie hat keine Vorstellung, welche sonstigen Merkmale wie Alter oder Beruf auf ihre zukünftigen Hauptnutzer zutreffen könnten. Den Fragebogen will sie daher an den Teil ihrer umfangreichen Bekanntschaft versenden, der ihr zahlungskräftig erscheint. Zusätzlich will sie, um auch neutrale Ergebnisse zu erhalten, ein paar Fremde befragen. Dazu postiert sie sich an einem Arbeitstag zur Mittagszeit in der Nähe ihres bevorzugten Standorts und spricht Passanten an. Der Fragebogen ist gemäß Tabelle 11 aufgebaut. Die Spalte „Bemerkung" des Fragebogens nutzt die Gründerin nur für interne Zwecke und löscht Sie später bei der Durchführung der Befragung:

„Wir planen die Einführung einer neuen Dienstleistung und würden gerne Ihre Meinung dazu erfahren. Unsere Dienstleistung zielt auf Personen ab, die körperliche und seelische Entspannung schätzen und etwas für ihre Gesundheit und ihr Wohlbefinden tun wollen.

Bitte kreuzen Sie zutreffende Antworten an! Vielen Dank für Ihre Unterstützung!"

Frage	Antwort	ja/1	2	3	4	Bemerkung
Ihr Alter?	Unter 20 Jahre					*Wichtig zur Identifizierung relevanter Kunden*
	21-30 Jahre					
	31-40 Jahre					
	41-50 Jahre					
	51-60 Jahre					
	über 60 Jahre					
Ihr Geschlecht?	Weiblich					*Wichtig zur Identifizierung relevanter Kunden*
	Männlich					
Sind Sie berufstätig?	Ja					*Wichtig zur Identifizierung relevanter Kunden*
	Nein					
Ihr Familienstand?	Ledig/geschieden					*Wichtig zur Identifizierung relevanter Kunden*
	Verheiratet					
Wie würden Sie Ihr Haushaltseinkommen beschreiben?	Unter Durchschnitt					*Wichtig zur Identifizierung relevanter Kunden*
	Durchschnitt					
	Über Durchschnitt					
Betreiben Sie bewusst körperliche und seelische Entspannung?	Ja					*Abschätzung der prinzipiellen Offenheit für den Service*
	Nein					
	Nur körperliche					
	Nur seelische					

Frage	Antwort	ja/1	2	3	4	Bemerkung
Würden Sie sich für eine Dienstleistung interessieren, die gezielt auf körperliche und seelische Entspannung ausgerichtet ist?	Ja					*Ableitung und Verifizierung des Potenzials*
	Nein					
	Eventuell					
Welche Angebote würden Ihnen im Rahmen dieser Dienstleistung als sinnvoll erscheinen? 1 = sehr sinnvoll 2 = sinnvoll 3 = weniger sinnvoll 4 = nicht nötig	Massagen					*Zusammenstellung des Leistungsspektrums*
	Schlammpackungen					
	Wärmebehandlungen					
	Ruheräume					
	Gesunde, wohltuende, aufbauende Getränke und Nahrungsmittel					
	Fußpflege					
	Nagelpflege					
	Hautpflege					
	Haarpflege					
	Sonstige					
Welche Merkmale sind Ihnen im Rahmen der Dienstleistung besonders wichtig? 1 = sehr wichtig 2 = wichtig 3 = weniger wichtig 4 = nicht wichtig	Zentraler Standort des Geschäfts					*Identifizierung und Verifizierung der Kaufkriterien; hilfreich zur späteren Entwicklung der konkreten Produkte*
	Möglichkeit für Nutzung ohne Reservierung (Walk-In)					
	Angebot von Außer-Haus-Service					
	Niedriger Preis der Behandlung					
	Lange Dauer der Behandlung					
	Behandlung durch Frau					

Frage	Antwort	ja/1	2	3	4	Bemerkung
	Behandlung durch Mann					
	Großzügigkeit und Ausstattung in den Behandlungsräumen					
	Sauberkeit der Räume					
	Marke					
	Sonstige					
An welchen Wochentagen würden Sie den Service am liebsten nutzen?	Werktags					*Wichtig zur Abschätzung und Planung der benötigten Ressourcen (vor allem Mitarbeiter)*
	Am Wochenende					
Zu welcher Tageszeit würden Sie die Leistung am liebsten in Anspruch nehmen?	Früh					*Wichtig zur Abschätzung und Planung der benötigten Ressourcen (vor allem Mitarbeiter)*
	Vormittags					
	Mittags					
	Nachmittags					
	Abends					
Wie oft würden Sie eine solche Dienstleistung nutzen?	Alle paar Tage					*Erleichtert Potential- und Ressourcenabschätzung*
	Einmal pro Woche					
	Einmal pro Monat					
	Seltener					
Wie viel wären Sie bereit, für eine Stunde Behandlung zu zahlen?	Bis 25 €					*Wichtig zur Potentialabschätzung und Preisgestaltung*
	Bis 50 €					
	Bis 75 €					
	Bis 100 €					
	Über 100 €					
	Kein Interesse					

Frage	Antwort	ja/1	2	3	4	Bemerkung
Welche Dienstleistungen nehmen Sie bisher in Anspruch und bei wem?	Fitnessstudio					Wichtig zur Identifizierung der Konkurrenz
	Schwimmbad					
	Sauna					
	Massagen					
	Sonstige					
Haben Sie sonstige Anmerkungen oder Tipps für den geplanten Service?						Sammlung allgemeiner Anregungen

Tabelle 11:   Beispiel: Kundenfragebogen für einen Wellness-Salon

Mittels Fragebögen können Sie viele Aspekte Ihrer Geschäftsidee abfragen. Bei der Gestaltung von Fragebögen sollte man aber darauf achten, dass diese nicht zu lang werden. Die Befragten verlieren sonst schnell die Lust oder die Konzentration lässt merklich nach. Daher ist das Erstellen eines Fragebogens ein ständiger Kompromiss zwischen Ihrem Informationshunger und der Schmerzgrenze Ihrer Befragten.

Die Auswertung von Fragebögen ist, ebenso wie ihre Erstellung, ein komplexes Thema. Die Analyse wird unterteilt in univariate und multivariate Analysen. Bei den „univariaten Analysen" geht es im wesentlichen um das Zählen und Vergleichen einzelner Antworten, z. B. wie viele Befragte haben bei einer bestimmten Frage eine bestimmte Antwort gegeben. Mit diesen Auswertungen werden bereits wertvolle Entscheidungshilfen gewonnen. Bei den „multivariaten Analysen" wird versucht, Zusammenhänge nachzuweisen oder zu finden, z. B. ob Befragte mit einem bestimmten Antwortverhalten bei einer Frage ein gemeinsames Antwortverhalten bei einer anderen Frage ausweisen. Diese Auswertungen sind komplexer, in Einzelfällen aber von Neulingen auch nutzbar. An dieser Stelle sollen zwei sehr häufig verwendete Auswertungen vorgestellt werden, die bereits beim Design des Fragebogens zu beachten sind.

Umfragen von Gründern dienen häufig dazu, das Angebotsspektrum genauer zu bestimmen. Grundsätzlich sind univariate Analysen für die Auswertung ausreichend. Dazu sollten Sie den Befragten ein möglichst breites Spektrum an Auswahlmöglichkeiten präsentieren. Wenn die Befragten nur die Auswahl zwischen „wichtig" und „unwichtig" haben, können Sie innerhalb der wichtigen Elemente Ihres Angebotsspektrums nicht weiter differenzieren. Daher ist es manchmal besser, die Elemente mit einer Wichtigkeitsskala (z. B. von 1 = „sehr wichtig" bis 4 = „nicht wichtig") zu versehen und die Befragten die Wichtigkeit einstufen zu lassen. Der Mittelwert aller Antworten gibt dann eine genauere Aussage der Wichtigkeit jedes einzelnen Elements. Die Elemente mit dem besten Mittelwert werden dann mit höchster Priorität verwirklicht. Wenn Sie die Vermutung haben, dass Ihre Zielkunden bestimmte Merkmale aufweisen (z. B. ein bestimmtes Alter oder eine bestimmte Finanzkraft), müssen Sie die Antworten natürlich vorab filtern. Sie dürfen nur die Antworten Ihrer Zielkunden zählen und nur aus diesen die entsprechende Rangfolge bilden.

Beispiel

> **Angebotsstrukturierung/Produktdefinition für einen Wellness-Salon.** Auf Basis des oben vorgestellten Fragebogens haben Sie im Laufe der Zeit Antworten von 50 Befragten gesammelt. Sie betrachten sich die Teilantworten zur Frage, welches Angebot sich die Kunden wünschen würden (dies soll hier nur exemplarisch nachvollzogen werden). Gemessen über alle Befragten ergeben sich folgende Mittelwerte: Massagen (2,0), Schlammpackungen (2,3), Wärmebehandlungen (2,4), Ruheräume (2,9). Da geringere Werte als besser definiert wurden, müssten Sie vor allem Massagen anbieten, Ruheräume wären am wenigsten nachgefragt. Die Mittelwerte über alle Befragten sind aber nicht sehr aussagekräftig. Sie wollen Ihre Zielgruppe herausfiltern. Dies können Sie anhand der Antwort „kein Interesse" bei der Frage nach der Zahlungsbereitschaft machen. Sinnvollerweise sollten Sie die sehr preissensitiven Kunden ebenfalls rausfiltern. Wenn Sie die gleichen Mittelwerte nun nochmals für nur diejenigen Befragten bestimmen, die nicht „kein Interesse" oder „bis 25 €" angekreuzt haben, ergibt sich folgendes Bild: Massagen (2,1), Schlammpackungen (2,7), Wärmebehandlungen (2,0), Ruheräume (1,8). Die für Sie interessanten Kunden wollen auch passive Behandlungen wie Ruheräume und Wärmebehandlungen haben. Sie wollen scheinbar längere Zeit bleiben und sich länger erholen. Ohne diesen Filter hätten Sie bei der Auswahl der Servicekomponenten einen Fehler gemacht.

Häufig wird auch versucht, aus den Antworten die Zielgruppe anhand sozio-ökonomischer Merkmale exakt zu bestimmen. Dazu müssen im Fragebogen entsprechende Fragen nach Alter, Geschlecht, Einkommen usw. vorhanden sein. Im obigen Beispielfragebogen erfüllen die ersten Fragen diesen Zweck. An dieser Stelle passieren viele Fehler, denn man ist vor allem auf die inhaltlichen Fragen zur Geschäftsidee fixiert und vergisst, Fragen zur Person des Befragten zu stellen. Bei der Bestimmung der Zielgruppe handelt es sich um eine multivariate Analyse. Aus den Antworten auf bestimmende Fragen (z. B. „Hätten Sie Interesse an unserer Dienstleistung?") muss dann auf die Merkmale der Befragten geschlossen werden, die diese Frage bejaht haben. Für diese Bestimmungen kommen verschiedene multivariate Analysen in Betracht, wie z. B. die Diskriminanzanalyse (Bestimmung von Unterschieden von Kundengruppen), die Faktorenanalyse (Bestimmung der entscheidensten Eigenschaften der interessierten Kunden) oder die Clusteranalyse (Bestimmung von Kundengruppen, denen eine bestimmte Einstellung zugeordnet werden kann). Die detaillierte Behandlung dieser Analysen würde hier jedoch den Rahmen sprengen. Mit einfachen Behelfsmitteln kommen Sie jedoch, bei überschaubaren Datensätzen, auch zum Ziel. Das folgende Beispiel soll dies verdeutlichen.

Beispiel

Identifizierung interessierter Kunden für einen Wellness-Salon. Anknüpfend an die vorangegangenen Beispiele stellt sich der Gründerin die Frage, wie denn ein typischer Kunde für Ihren Service aussieht. Ihre bisherige Annahme ist, dass die Kunden eher weiblich, mit überdurchschnittlichem Haushaltseinkommen und im mittleren Alter sind. Sie sucht sich die Fragebögen heraus, bei denen folgende Antworten zutreffen: Die Frage „Würden Sie sich für eine Dienstleistung interessieren, die gezielt auf körperliche und seelische Entspannung ausgerichtet ist?" wurde mit „Ja" beantwortet. Bei der Frage „Wie viel wären Sie bereit, für eine Stunde Behandlung zu zahlen?" wurde nicht „kein Interesse" geantwortet. Bei der Frage „Wie oft würden Sie eine solche Dienstleistung nutzen?" wurde nicht „seltener" geantwortet. Es bleiben von ursprünglich 50 Fragebögen 30 übrig. Für jede der fünf ersten Fragen stellt Sie die sich aus den verbleibenden Fragebögen ergebende Verteilung auf. Es ergibt sich ein Ergebnis entsprechend Tabelle 12.

Frage	Ausprägung	Anzahl Nennungen
Ihr Alter?	Unter 20 Jahre	1
	21–30 Jahre	3
	31–40 Jahre	5
	41–50 Jahre	12
	51–60 Jahre	7
	über 60 Jahre	2
Ihr Geschlecht?	Weiblich	22
	Männlich	8
Sind Sie berufstätig?	Ja	16
	Nein	14
Ihr Familienstand?	Ledig/geschieden	10
	Verheiratet	20
Wie würden Sie Ihr Haushaltseinkommen beschreiben?	Unterdurchschnittlich	19
	Durchschnitt	7
	Gehoben	4

Tabelle 12:   Beispiel: Auswertung Kundenfragebogen

Die ursprüngliche Annahme bestätigt sich. Die interessierte Kundschaft ist mittleren Alters (vorrangig zwischen 40 und 50 Jahren), eher weiblich, verheiratet und mit eher gehobenem Haushaltseinkommen. Nur bezüglich der Berufstätigkeit ergibt sich kein eindeutiges Merkmal. Eine noch genauere Prüfung zeigt hier, dass die Interessierten nicht Berufstätigen zu 90 % verheiratet und weiblich sind. Damit lässt sich die Zielkundschaft genauer bestimmen. Spätere Werbemaßnahmen sollten vor allem dort durchgeführt werden, wo diese Zielgruppe anzutreffen ist.

Die Bestimmung der Zielgruppe ist auf keinen Fall reiner Selbstzweck. Sie sollten sich auf jeden Fall fragen, ob es Wege zur Erreichung der identifizierten Zielgruppe gibt. Je allgemeiner die Zielgruppe ist, umso einfacher (nicht aber effizienter) ist die Erreichung der Zielgruppe. Ist die Zielgruppe exotischer, wird die Frage zur Erreichung der Zielgruppe aber überlebenswichtig und ist auf jeden Fall auch zu prüfen. So könnte es im obigen Beispiel sein, dass vor allem junge, unverheiratete, berufstätige Männer den Service für attraktiv halten. Da Männer weniger lesen (auch Zeitungen und Zeitschriften), muss die Suche nach Vertriebskanälen intensiviert werden. Im genannten Beispiel ist das Problem lösbar, bei noch spezifischeren Zielgruppen aber eventuell nicht mehr so einfach.

Mittels der Befragung zukünftiger Kunden können Sie zahlreiche relevante Informationen sammeln, die Sie zur Einschätzung Ihrer Idee benötigen. Daneben können Sie bereits tiefergehende Fragen, z. B. nach dem Angebotsspektrum und der Preisgestaltung, stellen, die Ihnen bei der späteren Detailplanung ungemein helfen. Insgesamt kann man erst mit der besseren Kenntnis seiner Kunden die Vorprüfung der Geschäftsidee wirklich abschließen. Jetzt liegen alle Teile des Geschäftspuzzles vor und Sie müssen diese nur noch zusammensetzen. Am Ende steht dann die Entscheidung, mit der Detailplanung zu starten (eventuell unter leichter Veränderung der Ausgangsannahmen) oder die Idee zu verwerfen. Starten Sie mit der Detailplanung, ist es hilfreich, die gewonnenen Kenntnisse in Ihre Kurzbeschreibung einfließen zu lassen. Sie haben dann bereits wesentliche Teile des späteren Businessplans abgedeckt.

Teil IV

Die Geschäftsplanung

Gute Planung steigert die Erfolgschancen und minimiert das Risiko.

Wichtige Regeln

- Prüfen Sie die Optionen zur Produktgestaltung sorgfältig, um alle Chancen auszunutzen.
- Nutzen Sie die Optionen zur Preissetzung, um Ihre Preisrealisierung auszuschöpfen.
- Planen Sie Ihre Vertriebskanäle sorgfältig, denn diese Entscheidung ist nur äußerst mühsam revidierbar.
- Erwarten Sie keine Wunder von jedweder Werbeaktion; Konvertierungsraten über 1 % sind gut.
- Planen Sie Ihre Organisation explizit und halten Sie die Planung schriftlich fest, denn so verringert sich Ihre Abhängigkeit von einzelnen Mitarbeitern und erhöht sich Ihre Flexibilität.
- Grundsatz für die Ressourcenplanung: Weniger ist mehr.
- Finanzplanung: Planen Sie Ihren Lebensunterhalt mit ein, entweder als Gehalt bei einer GmbH oder AG oder ansonsten als (zwangsläufige) Gewinnausschüttung.
- Finanzplanung: Der entscheidende Plan ist der aggregierte Cash-flow-Plan; die GuV ist weniger aussagekräftig.

Um mit Ihrer Geschäftsidee wirklich loslegen zu können, bedarf es einer guten Planung. Je nach Umfang Ihrer geplanten geschäftlichen Tätigkeit ist der Planungsprozess kürzer oder länger bzw. grober oder detaillierter. Ganz ohne Planung sollten Sie keinesfalls beginnen.

Vorab sind jedoch zwei Missverständnisse im Zusammenhang mit der Geschäftsplanung zu klären. Erstens: Die Geschäftsplanung ist mehr als nur der oft zitierte Businessplan. Zweitens: Der Zweck der Geschäftsplanung und insbesondere des Businessplans wird oft auf die Transparenz für dritte Interessenten, z. B. Banken oder Risikokapitalgeber, reduziert. Die Planung und auch der formalisierte Plan dienen aber vorrangig der Eigenkontrolle.

Die Geschäftsplanung geht inhaltlich über den Businessplan hinaus. Der Businessplan ist lediglich die (schriftliche) Dokumentation relevanter Aspekte der Geschäftsidee. Im Finanzplan, der ein unverzichtbarer Bestandteil des Businessplans ist, werden die finanziellen Konsequenzen der Planung dargestellt. Herzstück des Finanzplans ist der Cash-flow-Plan, oft begleitet von Bilanz- und GuV-Planung. Die Geschäftsplanung umfasst über Businessplan und Finanzplan hinaus auch die Vorprüfung der Geschäftsidee. Zudem werden viele Planungsaspekte gar nicht im Businessplan festgehalten, da sie zu detailliert sind. Dies gilt

z. B. auch für den Implementierungs- bzw. Arbeitsplan, in dem die Arbeitsschritte zur Umsetzung der Geschäftsidee und ihre zeitliche Reihenfolge festgehalten werden. Die Zusammenhänge sind in Abbildung 10 dargestellt.

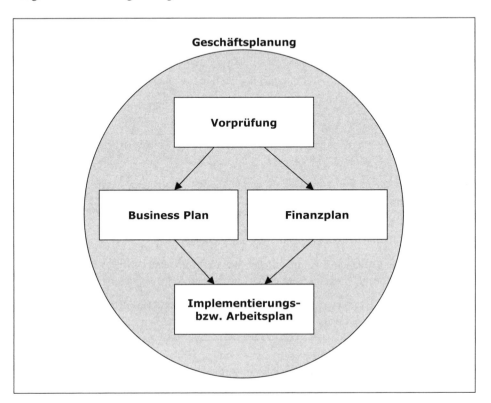

Abbildung 10: *Bestandteile der Geschäftsplanung*

Die Planung Ihrer Geschäftsidee soll primär sicherstellen, dass Sie selbst alle wesentlichen Fragen Ihrer Geschäftsidee überdacht und sinnvolle Antworten darauf gefunden haben. Erst dann sollten Sie sich an die Aufgabe machen, Dritte von Ihrem Vorhaben zu überzeugen. Ein Planungsfehler ist der ungünstige – da vielfach vermeidbare – Grund für das Scheitern einer Gründung. Erst an zweiter Stelle soll der Businessplan – als formalisierte Zusammenfassung Ihrer Geschäftsplanung – die Geschäftsidee transparent für dritte Interessenten machen. Hierbei handelt es sich meist um Kapitalgeber wie Banken oder Risikokapitalgeber. Diese müssen entscheiden, ob sie die Geschäftsidee für durchdacht und chancenreich halten und dem Gründer oder der Gesellschaft ein Darlehen oder eine Kapitaleinlage geben wollen. Auch für die Ich-AGs hat die Bundesagentur für Arbeit die Formalisierung der Planung zur Voraussetzung der Bewilligung gemacht: Die Gründer waren oftmals nicht ausreichend vorbereitet – sei es das geplante Geschäft oder die eigenen Erwartungshaltung an den finanziellen Erfolg betreffend. Trotz der Bedeutung der Finanzierungsrunde für Ihr Geschäft dürfen Sie nicht vergessen: Der wichtigste Aspekte einer guten Geschäftsplanung ist Ihre eigene Sicherheit bezüglich der Erfolgschancen Ihrer Idee und der Vermeidung von Planungsfehlern.

Im Folgenden werden wesentliche Blöcke der Geschäftsplanung – Marketing und Vertrieb, Organisation und Ressourcen, Finanzplanung – näher betrachtet. Weniger entscheidende Elemente der Geschäftsplanung werden später im Rahmen der Vorstellung des Businessplans erörtert.

Marketing & Vertrieb

Der Begriff „Marketing" ist ebenso wie der Begriff „Markt" ein schillernder Begriff. Man findet zahlreiche komplexe Definition, die manchmal nahezu alle Tätigkeiten des gesamten Unternehmens einschließen. Eine einfache Definition ist die Folgende: Marketing umfasst die zum Verkauf der Produkte oder Dienstleistungen des Unternehmens notwendigen Tätigkeiten, ohne allerdings den Vertrieb zu beinhalten. Unter „Vertrieb" wird der eigentliche Prozess des Verkaufens, d. h. der Kundenkontakt und das Verkaufsgespräch, verstanden. Beide Aspekte werden nachfolgend gemeinsam beleuchtet.

Zunächst ist auf einer übergreifenden Ebene festzulegen, welche Kunden mit welchem prinzipiellen Angebot bedient werden sollen. Dieser Entwicklungsprozess wurde im Rahmen der Vorprüfung angesprochen. Man bezeichnet ihn oft als „strategisches Marketing" als Teil der allgemeinen Strategieentwicklung. Während Großunternehmen eigene Abteilungen nur für das strategische Marketing haben, ist es bei Gründungen oft die Aufgabe des Gründers bzw. Geschäftsführers. Sie wird – rein aus praktischen Gründen – nebenbei erledigt, da selten ausreichend Zeit vorhanden ist, diesen Prozess detailliert abzuarbeiten.

Ich gehe im Folgenden davon aus, dass das prinzipielle Angebot (die Lösung, die Sie anbieten) und der zu bedienende Kundenkreis festgelegt sind. Das „operative Marketing" ist dann für die Umsetzung zuständig. Die notwendigen Festlegungen werden am besten anhand der „4 Ps" untergliedert: Product, Price, Place, Promotion. Es geht also um Produktdefinition, Preisfestsetzung, Vertriebskanäle und Werbung. Manchmal wird noch ein fünftes P hinzugefügt, welches gerade in jüngster Zeit immer mehr an Bedeutung gewinnt: Packaging (Verpackung). Den 4 Ps, die aus Unternehmenssicht gelten, stehen die „4 Cs", die aus Kundensicht gelten, gegenüber: Customers' Wants & Needs, Cost, Convenience, Communication. Für die Kunden geht es also um Kundenwünsche, Kosten, Bequemlichkeit und Kommunikation. Der Kunde bewertet die Entscheidungen des Unternehmens (entlang der 4 Ps) entlang der 4 Cs. Nur wenn Ihre Ausgestaltung den Anforderungen der Kunden entspricht, werden Sie Erfolg haben. Die 4 Cs können Ihnen also als guter Selbsttest dienen. Abbildung 11 fast die Elemente taktischer Marketingentscheidungen zusammen.

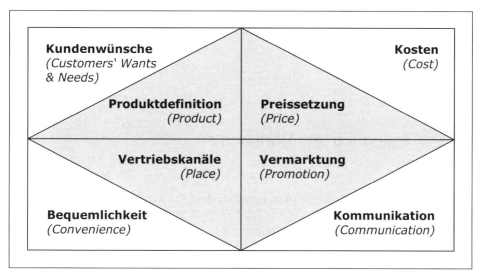

Abbildung 11: Taktische Marketingentscheidungen (4 Ps / 4Cs)

Die 4 Ps stellen keine streng nacheinander abzuarbeitenden Schritte dar. Vielmehr beeinflussen Sie sich gegenseitig. Überlegungen zum Preis und zur Produktdefinition bedingen sich gegenseitig, die Wahl der Vertriebskanäle kann vom Produkt und Preis abhängen, genauso wie sich bei neu bietenden Vertriebskanälen Produkt und Preis bedingen können. Die Marktkommunikation geht in der Regel aus den anderen Ps hervor. Aber auch hier kann es eine Rückkoppelung geben. Wenn sich bei der Formulierung der Kommunikation herausstellt, dass es dem Angebot an echtem Mehrwert mangelt oder das Produkt zu kompliziert ist, um einfach erklärt zu werden, kann dies zu einer Änderung von Produkt und Preis, eventuell auch des Vertriebskanals führen.

1. Produktdefinition

Die Definition der Produkte bzw. der Dienstleistungen bildet oft die Grundlage für die operativen Entscheidungsfindungen im Marketing. Grundlagen der Definition müssen der angestrebte Zielmarkt und die angestrebte Problemlösung sein. Folgende Faktoren sind festzulegen:

- Sortiment
- Produktumfang
- Qualität

- Design
- Branding
- Verpackung
- Service

1.1 Festlegung des Sortiments

„Sortiment" bezeichnet die Breite der angebotenen Produkte und Dienstleistungen. Die Entscheidung zur Gestaltung des Sortiments wird von der Definition des Produktumfangs (je geringer der Umfang, umso mehr Produkte werden vermutlich benötigt und umgekehrt) beeinflusst, geht aber weit darüber hinaus. Die Festlegung des Sortiments hat für nahezu jedes Unternehmen eine große Bedeutung. Nur reine Ein-Produktunternehmen brauchen sich nicht mit dieser Frage zu beschäftigen. In der Gastronomie geht es um die Auswahl der angebotenen Speisen und Getränke, im Einzelhandel um das Gesamtangebot von Produkten, in Produktionsbetrieben um die Bandbreite der hergestellten Produkte, im Dienstleistungsbereich um die abgedeckten Dienstleistungen. In Lohnfertigungsunternehmen spiegelt sich das Sortiment in der Kompetenz der Mitarbeiter und der Verfügbarkeit bestimmter Maschinen wider.

Die Festlegung des Sortiments wird oftmals durch die Unternehmensstrategie bedingt. Im Mittelpunkt steht das Kundenproblem, für das Ihr Unternehmen eine Lösung anbieten möchte. Das Kundenproblem lässt sich selten nur durch ein einheitliches Produkt lösen. Verschiedene Kunden benötigen in manchen Fällen verschiedene Lösungen für das gleiche Problem. Oft ist die Lösung praktisch nicht durch ein einzelnes Produkt zu lösen. Ein gutes Beispiel ist der Lebensmitteleinzelhandel: Niemand kann sich dauerhaft nur von einem Produkt ernähren.

Beispiel

Einfaches Sortiment bei Aldi. Aldi hat eine spezielle Sortimentsstrategie, die durch Einfachheit gekennzeichnet ist. Das Sortiment umfasst ca. 1.500 Produkte. Werden neue Produkte ins Sortiment genommen, müssen alte Produkte zwangsläufig weichen. Die Produktvielfalt wird statisch begrenzt. Damit gewährleistet Aldi ein breites Sortiment, sorgt aber auch dafür, dass die angebotenen Waren die volle Konzentration der Mitarbeiter genießen. Diese wirkt sich in einem guten Preis und guter Qualität aus. Eine größere Vielfalt der Produkte würde diese Gleichung ins Wanken bringen.

Die grundlegende Entscheidung bei der Gestaltung des Sortiments ist die Wahl zwischen einem breiten Sortiment und einem engen Sortiment. Ein breites Sortiment deckt viele Bereiche ab, geht aber nicht so sehr in die Tiefe. Ein klassisches Beispiel ist ein Kaufhaus. Ein enges Sortiment deckt nur einen bestimmten Bereich ab, diesen aber sehr detailliert. Im Einzelhandel spricht man von Fachgeschäften. Mit einem breiten Sortiment deckt man viele Kunden ab, mit einem engen Sortiment dagegen spezielle Kunden mit besonderen Wünschen. Beide Gestaltungsvarianten haben ihre Berechtigung. In nahezu allen Branchen findet man Unternehmen des einen oder anderen Typs. Wie man sich entscheidet, hängt insbesondere von der Konkurrenzsituation und den persönlichen Neigungen und Kenntnissen ab. Gibt es bereits zahlreiche breit aufgestellte Unternehmen im Markt, konzentriert man sich besser auf ein enges Sortiment und befriedigt damit die Kunden, deren Bedürfnis in der Tiefe noch nicht abgedeckt ist. Umgekehrt kann die Schaffung eines umfassenden Angebots in bisher stark zergliederten Märkten sinnvoll sein.

Beispiel

Der Marktforschungsspezialist. Die Berliner Firma Globis GmbH betreibt einen Online-Shop für Marktforschung – Researchminer.de. Verkauft werden ausschließlich Marktinformationen in Form von Marktstudien und Datenblättern. Diese Fokussierung des Sortiments ist sehr eng, soll sich aber vor allem an Informationssuchende aus den Marketingabteilungen größerer Unternehmen richten.

Zu beachten ist, dass mittlere Positionierungen – wie so oft im Geschäftsleben – gefährlich sind. Wenn Sie sich nicht zwischen Breite und Enge entscheiden können, laufen Sie Gefahr, für nur wenige Kunden wirklich attraktiv zu sein. Dennoch gibt es Geschäftszweige, in denen gerade diese Sortimentsstrategie erfolgreich ist. Im Einzelhandel sind dies Geschäfte, die sich auf Innovationen oder Sonderangebote konzentrieren.

Beispiel

Mittlere Sortimentstiefe auf Basis von Innovation. Das Unternehmen Strauss Innovation betreibt Kaufhäuser in mehreren deutschen Großstädten. Die Kaufhäuser sind deutlich kleiner als andere bekannte Kaufhäuser. In den Abteilungen gibt es eine entsprechend kleine Auswahl. Die angebotenen Produkte sind jedoch von der Funktion, dem Design, dem Branding oder der Verpackung her einzigartig und werden oft nur von Strauss Innovation angeboten. Das Angebot richtet sich an Kunden, die besondere Produkte sowie eine besondere Einkaufsatmosphäre suchen. Mit einem Standardsortiment würde das Unternehmenskonzept nicht aufgehen. Die großen Kaufhäuser oder Spezialgeschäfte wären attraktiver.

Für das produzierende Gewerbe oder den Dienstleistungssektor bedeutet ein breites Sortiment nicht unbedingt, dass die Produkte oder Dienstleistungen selbst produziert oder angeboten werden müssen. Man kann das Angebot auch durch Zukauf oder Kooperationen erweitern. Dies ermöglicht eine bessere Positionierung gegenüber potenziellen Kunden, ohne die interne Organisation zu überlasten oder ein größeres finanzielles Risiko einzugehen.

1.2 Produktumfang

Das Produkt bzw. die Dienstleistung soll die Lösung auf das von Ihnen formulierte Problem potenzieller Kunden liefern. Damit ist das Produkt aber noch nicht vollständig abgegrenzt. Denn das Problem kann aus verschiedenen Teilproblemen bestehen oder die Lösung kann stufenweise erfolgen. Gegenpole bei der Wahl des Produktumfangs sind einerseits das Produkt, das alle Probleme auf einmal löst, anderseits eine Vielzahl von eventuell kombinierbaren Produkten, die jeweils ein Teilproblem lösen. Die Festlegung des Produktumfangs oder des Umfangs einer Dienstleistung ist eine Aufgabe des Marketing. Sie muss vom Kunden ausgehen. Keinesfalls sollte man sich hier nur auf eine technische Sichtweise verlassen. Vor allem deutschen Unternehmen wird nachgesagt, dass sie dies oft nicht beachten und technikverliebt sind.

Beispiel

Umfassende Produkte allein sind nicht immer ideal. Im Markt für kleinere Büros werden seit einigen Jahren All-in-one-Geräte angeboten. Früher konnte man sich Drucker, Scanner, Kopierer und Fax-Geräte nur einzeln kaufen. Heute bekommt man alle vier Anwendungen in einem Gerät zu einem günstigen Preis. Treiber der Entwicklung ist vor allem die gemeinsame bzw. ähnliche technische Grundlage aller vier Anwendungen. Damit kostet es ungleich weniger, aus einem Drucker auch einen Kopierer zu machen, als nur einen Kopierer herzustellen. Dennoch gibt es auch heute die Anwendungen noch einzeln zu kaufen, und fast alle Hersteller bieten sowohl All-in-one-Geräte wie auch die Einzelanwendungen an. Hintergrund dieser Überlegung ist der Kunde: All-in-one-Geräte sind einerseits teurer als Einzelanwendungen, andererseits erreichen sie nicht die Qualität qualitativ hochwertiger, fokussierter Anwendungen. Kleinere Büros, die aufgrund ihres Geschäftsfeldes nicht so sehr auf die Qualität achten müssen, kaufen sich ein All-in-one-Gerät und ansonsten preiswerte Drucker als Einzelanwendungen. In Summe sparen sie auf diese Weise Geld. Auch wo Qualität zählt, wird das All-in-one-Gerät für büro-interne Arbeiten genutzt, eventuell ergänzt durch preiswerte Einzelanwendungen. Die qualitativ hochwertige Arbeit wird durch teurere Einzelanwendungen abgedeckt. Obwohl das All-in-one-Gerät zunächst die perfekte Lösung für jedwedes Problem des Kunden zu sein scheint, wäre es fatal, sich als Hersteller nur auf dieses Produkt zu konzentrieren.

Bei der Festlegung des Produktumfangs können folgende Entscheidungskriterien als Grundlage dienen. Sie treffen allerdings im Einzelfall, bei besonderen Märkten oder aber besonderen Geschäftsideen, nicht zu:

- Abdeckung möglichst vieler Kundenbedürfnisse
- Sicherstellung von Upgrade-Möglichkeiten

An den Entscheidungskriterien erkennt man den Zusammenhang zwischen der Entscheidung über den Umfang des Produktes und der Entscheidung zur Preissetzung, aber auch zur Festlegung des Produktsortiments.

Abdeckung möglichst vieler Kundenbedürfnisse: Die Produkte oder Dienstleistungen sollten so gestaltet werden, dass Sie für jedes Bedürfnis eines potenziellen Kunden ein Produkt als ideale Lösung anbieten. Bedürfnis und Preisbewusstsein sind dabei eng verbunden. Im obigen Beispiel löst das All-in-one-Gerät zwar das Problem eines Kunden, der nur einen einfachen Drucker sucht. Aber die Lösung ist zu teuer. Er wandert zu einem Anbieter ab, der einen einfachen Drucker für weniger Geld anbietet. Das gleiche Prinzip gilt für Dienstleistungen. Zu viel ist nicht immer optimal. Eine gute Herangehensweise ist die Definition eines Basisprodukts, zu dem man sich – je nach Bedürfnis – Zusatzoptionen zukaufen kann. In Märkten mit starkem Wettbewerb gibt es die Tendenz, das Basisprodukt im Laufe der Zeit mit immer mehr Funktionalität aufzuladen (Upgrade). Was heute ein Basisprodukt ist, kann früher durchaus eine vollumfängliche Variante des Produkts gewesen sein. Diesem Trend können Sie sich in wettbewerbsintensiven Märkten nicht widersetzen.

Beispiel

Produktdefinitionen in der Automobilindustrie. Jeder kennt die Produktdefinitionen von Autoherstellern. Autos haben bestimmte Kerneigenschaften, die sich im Laufe der Zeit erweitern. Derartige Kerneigenschaften sind im Basismodell enthalten. Manche Kunden sind mit dem Basismodell zufrieden. Viele Kunden wollen jedoch mehr bzw. werden allein durch das Angebot dazu verleitet. Sie bestellen ein für Sie passende Kombination aus den angebotenen Zusatzoptionen. Der Preis des Basismodells wird dabei oft deutlich übertroffen. Ein All-inclusive-Auto wäre in vielen Fällen zu teuer. Der Hersteller würde Kunden an die Konkurrenz verlieren. Sind All-inclusive-Autos trotz ihres Umfangs preiswert, findet sich aber dennoch eine größere Käufergruppe. Dies erklärt den Erfolg der japanischen Autobauer, deren Basismodell sehr viele Zusatzoptionen bereits beinhaltet. Andere Automobilbauer sind dadurch gezwungen, ihre Basisvarianten immer mehr aufzuladen. Fahrer und Beifahrer-Airbag sind ein gutes Beispiel dafür. Während sie früher teure Zusatzoption waren, sind sie heute Bestandteil des Basismodells.

Kundenbedürfnisse dürfen nicht mit Kundensegmenten verwechselt werden, obwohl es einen Zusammenhang gibt. Andere Segmente erfordern oft gänzlich andere Produkte. Dies ist selten eine Frage des Produktumfangs. In obigem Beispiel der Automobilbranche werden Kundensegmente durch verschiedene Modellreihen wie Kleinwagen, Mittelklasse, Oberklasse, Sportwagen, Trucks usw. abgedeckt. Dies ist eine Frage des Produktsortiments. Eine Modellreihe besteht dann aus einem oder mehreren Basismodellen (Limousine, Kombi, Coupe) und verschiedenen Zusatzoptionen.

Sicherstellung von Upgrade-Möglichkeiten: Produkte folgen normalerweise dem klassischen Verlauf des Produktlebenszyklus. Dieser besteht aus den vier Phasen Einführung, Wachstum, Reife, Abschwung (siehe dazu Abbildung 9). Viele Produkte verlieren im Laufe der Zeit – insbesondere im Vergleich mit neuen Produkten – unweigerlich an Attraktivität. Eine Vielzahl von Kunden kauft nach einiger Zeit die neuen Produkte, die eine bessere Lösung für das Kundenproblem aufzeigen, und entsorgt das alte Produkt. Manche Kunden wollen aber kein neues Produkt, weil das alte Produkt an sich gut ist bzw. kein liquider Markt für Gebrauchtwaren existiert. Dies gilt gerade für sehr hochwertige Produkte, z. B. im Bereich der Medizintechnik. Fertighäuser fallen ebenfalls in diese Kategorie. Es ist dann sinnvoll, das Produkt bereits bei der Entwicklung so zu gestalten, dass dem Kunden nachträglich Upgrade-Möglichkeiten angeboten werden können. Auch wenn der Kunde das Basismodell kauft, wird ihm so die Möglichkeit gegeben, später nachzurüsten. Denn die Bedürfnisse vieler Kunden entwickeln sich oftmals erst nach dem Kauf, wachsen mit dem Geldbeutel des Kunden oder entstehen durch ein allgemein gestiegenes Anspruchsniveau.

Die Sicherstellung von Upgrade-Möglichkeiten gelingt nicht immer. Denn oftmals sind die Produkte zu komplex, um spätere Upgrades kostengünstig durchzuführen. Das Nachrüsten eines Autos z. B. ist oft zu teuer, als das es sich lohnt. Insbesondere bei software-getriebenen Produktklassen hat sich daher im Kaufe der Zeit ein Trend entwickelt, der den umgekehrten Weg geht: Das Produkt wird technisch als Vollversion hergestellt, über die Software werden aber bestimmte Funktionen ausgeschaltet und später als Zusatzoption verkauft. Wird ein Upgrade gekauft, schaltet der Hersteller die Funktion einfach frei. Diese Vorgehensweise senkt sowohl Herstellungs- wie auch spätere Upgradekosten und eröffnet zudem eine zusätzliche Einnahmequelle über die Zusatzoptionen.

Beispiel

Vollversion mit abgeschalteten Funktionen. Kopiergeräte sind ein technisch hochkomplexes Produkt. Alle wesentlichen Funktionen sind Software-gesteuert. Insbesondere wenn Sie eine höherwertige Produktreihe kaufen, erwerben Sie in der Regel eine Vollversion, bei der verschiedene Funktionen abgeschaltet sind. Dies können z. B. Verkleinerungs- oder Vergrößerungsoptionen oder bestimmte Designfunktionen sein. Kaufen Sie das Upgrade, muss der Servicetechniker nur noch das blockierte Softwaremodul freischalten.

Diese Option des künstlichen Downgrading funktioniert vor allem bei Software-getriebenen Produkten. Denn eine einmal fertig gestellte Software ist für den Hersteller zu minimalen Kosten beliebig reproduzierbar. Es kostet ihn also nichts, die Software auf alle Produkte aufzuspielen. Um aber dennoch einen Gegenwert dafür zu bekommen, werden künstliche

Zusatzoptionen herausgetrennt und gesondert angeboten. Diese Vorgehensweise wird umso weniger attraktiv, je mehr der Einbau der Zusatzfunktion wirklich zusätzliche Kosten verursacht. So könnte eine Autofirma zwar überall Seitenairbags einbauen, diese aber für diejenigen Kunden elektronisch sperren, die diese Zusatzoption nicht gekauft haben. In Summe müssten die durch den standardmäßigen Einbau reduzierten Kosten des Seitenairbags für alle Seitenairbags geringer ausfallen als die Kosten für die individuellen Einbauten nach Bestellung des Kunden, damit sich die Vorgehensweise lohnt.

1.3 Qualität

Das Ausmaß an Qualität ist oft eine bewusste Marketing-Entscheidung. Nahezu jeder Hersteller hat die Wahl zwischen verschiedenen Qualitätsstandards. Die Entscheidung für einen Qualitätsstandard ist oftmals eine strategische Frage. Sie hängt eng zusammen mit dem Beschaffungs- und Produktionsprozess und wirkt sich direkt auf den Zielmarkt aus. Ausschlaggebend für die Entscheidung ist der Zielmarkt. Sie können die Qualität nutzen, um sich vom Wettbewerb zu differenzieren. Eine klassische Strategie ist die Qualitätsführerschaft. Man versucht sich im Markt den Ruf der besten Qualität zu erarbeiten. Der Gegenpol ist die Preisführerschaft, bei der man am preiswertesten anbietet. Preisführerschaft muss nicht, wird aber häufig mit geringerer Qualität einhergehen. Dazwischen gibt es Grade mittlerer Qualität. Unternehmen, die starke Marken haben, setzen oft auf mittlere Qualität. Dies folgt meist praktischen Aspekten: Entweder ist die Markenbildung so teuer, dass man sich nicht auch noch Spitzenqualität leisten kann, oder die Kompetenzen liegen weniger in der Produktion, sondern eher in der Markenführung. Natürlich gibt es aber auch starke Marken, die zugleich Qualitätsführerschaft anstreben.

Qualität und Preis hängen eng zusammen. Es ist im Markt anerkannt, dass gute Qualität mehr kostet. Oftmals wird im Umkehrschluss ein hoher Preis auch mit guter Qualität gleichgesetzt. Der Preis wird aber von vielen anderen Faktoren beeinflusst. Insbesondere die Markenbildung hat einen großen Einfluss auf den Preis.

Bei der Wahl des eigenen Qualitätsstandards ist zu beachten, dass Qualität nur eines von vielen Kaufkriterien der Kunden ist. Man muss nicht notwendigerweise immer die beste Qualität liefern. Gerade technikgetriebene Gründer sollte dies beachten. Es gilt nur die Regel, dass sich niemand dauerhaft schlechte Qualität leisten kann.

Beispiel

Qualität ist nur eines von vielen Kaufkriterien. Die Automobile von Toyota tauchen seit Jahren auf den besten Plätzen der Pannenstatistiken auf. Oft sind sie die Autos, die in ihrer

Klasse am seltensten in die Werkstatt mussten. Toyota hat sich die Qualitätsführerschaft auf die eigene Fahne geschrieben. Obwohl die Statistiken eindeutig sind und zwischenzeitlich Kritik an der Qualität der deutschen Automobilhersteller zu hören war, dominiert Toyota den deutschen Markt nicht. Dies gilt trotz einer Preispolitik, die man vermutlich im Mittelfeld einstufen würde. Selbst objektiv nachprüfbare Qualität ist also nur einer von vielen Kauf-Aspekten.

Qualität findet eine Formalisierung in Form der Gewährleistung. Der Verkäufer gewährleistet, dass die Leistung oder das Produkt zum Zeitpunkt der Lieferung bzw. des Verkaufs frei von Sach- und Rechtsmängeln ist. Die Gewährleistung gilt für zwei Jahre (Kaufvertrag: § 438 Abs. 1 Nr. 3 BGB; Werkvertrag: § 634a Abs. 1 Nr. 1 BGB). Sie ist von ehemals sechs Monaten im Zuge der Harmonisierung innerhalb der EU verlängert worden. Speziell bei Bauwerken gilt die Gewährleistung für fünf Jahre (§ 634a Abs. 1 Nr. 2 BGB). Dieser Gewährleistung können Sie sich nicht entziehen. Bei gebrauchten Sachen kann die Gewährleistungsfrist des gewerblichen Verkäufers auf ein Jahr verkürzt werden. Bei privaten Verkäufern gibt es keine entsprechende Gewährleistung. Insgesamt gelten jedoch für den Käufer ungünstige Beweislasten: Stellen sich innerhalb von sechs Monaten nach Kauf oder Leistung Mängel ein, trägt der Verkäufer die Beweislast. Ansonsten muss der Käufer beweisen, dass der Mangel schon zum Zeitpunkt des Kaufs vorlag.

Die gesetzliche Gewährleistung wird im allgemeinen Sprachgebrauch oft als Garantie bezeichnet. Dies ist nicht korrekt. Die Garantie ist eine vertragliche Vereinbarung, die über die gesetzlichen Gewährleistungsansprüche hinausgeht, um überhaupt Sinn zu machen. Oftmals ist die Garantie auf Teile des Produkts innerhalb eines gewissen Zeitraums beschränkt. Wenn ein Hersteller eine Garantie gibt, muss der Händler diese Garantie nicht unbedingt an den Kunden weitergeben.

Hersteller müssen für ihre Produkte auch über die Gewährleistung bzw. Garantie hinaus haften. So regelt das Produkthaftungsgesetz (ProdHaftG) die Schadensersatzpflicht bei Personen- und Sachschäden durch Produktfehler. Im Rahmen des ProdHaftG trägt aber im Normalfall der Geschädigte die Beweislast (§ 1 Abs. 4 ProdHaftG).

1.4 Design

Das Design von Produkten gewinnt zunehmend an Bedeutung. Unter Design ist die Form sowie sonstige sensorische Gestaltung (sehen, hören, fühlen, riechen, schmecken) zu verstehen. Da sich Produkte immer weniger auf der Ebene der Funktion (d. h. der Eignung zur Lösung eines bestimmten Kundenproblems) unterscheiden, kommt dem Design eine große Bedeutung zur Unterscheidung vom Wettbewerb zu. Das Design hat einen funktionellen sowie einen emotionalen Aspekt. Beide sollten getrennt betrachtet werden.

Beim funktionalen Aspekt geht es um die Handhabung des Produktes. Eine gute Handhabung ist für den Kunden wichtig. Ein Handy mit zu kleinen Tasten sowie einer unübersichtlichen Menüführung ist nicht gut zu bedienen. Darüber hinaus erlangt die Handhabung aber auch Bedeutung für den Produktionsprozess oder spätere Wartungsarbeiten. Wenn man erst die gesamte Autolampe aus dem Auto ausbauen muss, um die Glühbirne zu wechseln, wird die Wartung kompliziert und kostspielig. Dies mag die Kunden zwar verärgern, aber wenn bekannt ist, dass die Kunden sich beim Autokauf nicht um die Folgekosten kümmern, kann die komplizierte Handhabung bei der Wartung auch Methode des Herstellers sein. So wird das eigene Händlernetzwerk über die Erzwingung eines teuren Service indirekt subventioniert.

Der funktionale Aspekt liegt auch dem Design-to-cost („DTC") zugrunde. Beim DTC rechnet man vom geplanten Verkaufspreis minus Mehrwertsteuer, direkte Verkaufskosten und Marge zurück auf die maximalen Kosten für das Produkt. Es ist dann Aufgabe der Entwicklungsabteilung gemeinsam mit dem Marketing, mit den zur Verfügung stehenden Kosten ein geeignetes Produkt zu erstellen. Dem produktionsfreundlichen Design einzelner Komponenten kommt dann große Bedeutung zu.

Beim emotionalen Aspekt des Designs geht es um die Vermittlung bestimmter Gefühle durch das Produkt. Welche Gefühle gewünscht sind, hängt von der Zielgruppe für das Produkt sowie von dem Produkt selbst ab. Es ist nicht einfach, das richtige emotionale Design zu finden. Oft werden Muster angefertigt, die dann an Testpersonen geprüft werden. Manchmal werden Tester aufgefordert, Vergleichsprodukte oder Personen zu nennen. Wenn Tester den Schauspieler John Wayne mit einem Produkt assoziieren, weiß der Hersteller, dass sein Design nicht „zu weich" sein sollte.

Beispiel

Zielgruppengerechtes emotionales Design. Master Lock, ein amerikanischer Hersteller von Vorhängeschlössern, sah sein Geschäft durch das Auslaufen seiner Patente bedroht. Das Unternehmen untersuchte daraufhin seine Bestands- und Zielkunden neu und teilte diese in bestimmte Profile ein (Autofahrer, Naturburschen usw.). Zu jedem dieser Profile wurde auf Basis von Testmustern, Assoziationen und anderen Methoden der Marktforschung ein eigener Designansatz entwickelt. Die Schlösser für jede Zielgruppe unterschieden sich auf emotionaler Ebene (Form, Farbe, Material). Die Emotionen wurden in einer zielgruppengenauen Vermarktungskampagne aufgegriffen und verstärkt.

Design ist für alle Kundensegmente wichtig, auch im Geschäftskundenbereich. Es ist zu einem handfesten Kaufkriterium geworden. In Produktsegmenten, die durch Spontankäufe dominiert werden, ist das Design oft ausschlaggebend für die Aufmerksamkeit des Kunden.

1.5 Branding

Für das Branding hat sich im Deutschen noch kein wirklich passender Begriff herausgebildet. Manchmal wird von „Markierung" gesprochen. Im Rahmen des Branding wird die Entscheidung getroffen, dem Produkt oder einer Produktfamilie eine Marke zu geben. Dabei handelt es sich nicht nur um eine reine Namensgebung, die über eine Beschreibung der Funktion des Produkts hinausgeht. Auch der Schutz des Namens, so wichtig er ist, ist nicht der Kern, sondern die Voraussetzung des Branding.

Der Sinn des Branding ist vielmehr Folgender: Die Marke soll so aufgebaut werden, dass Kunden nur anhand der Marke Ihre Produkte oder Dienstleistungen wiedererkennen, einschätzen und unterscheiden können. Die Marke ist damit Produktkurzbeschreibung, Qualitätssignal und Wettbewerbsvorteil zugleich. In vielen Fällen löst sie sich vom Produkt und fängt an, ein Eigenleben als Qualitätssignal und Wettbewerbsvorteil zu führen. Solche Marken gewinnen dann einen eigenständigen Wert. Die Marke „Coca-Cola" soll die wertvollste Marke der Welt sein. Ihr Wert wird auf über 40 Mrd. US$ geschätzt.

Beispiel

Die Marke als Produktkurzbeschreibung. In einer diffusen Übernahmeschlacht in Konkurrenz mit VW kaufte BMW 1998 die Marke Rolls-Royce – alleine und ohne Produktionsstätten oder bestehende Modellreihen (VW kaufte Bentley, aber inklusive der Infrastruktur). Aufgrund unterlassener Markenpflege hatte die Marke Rolls-Royce zum Übernahmezeitpunkt zwar nicht mehr den Status der Vergangenheit, aber die Marke stand und steht weiter für Luxus und Qualität. BMW hat die Marke heute wiederbelebt. Was auch immer die technische Grundlage bzw. die Produktionsart des Rolls-Royce heute ist, der Markt sieht Rolls-Royce als Luxusauto der obersten Kategorie.

Der wirtschaftliche Sinn des Branding besteht aber nicht primär im Schaffen eines Markenwertes an sich. Der Kern des Branding besteht darin, treue Kunden zu gewinnen, die aufgrund ihres Vertrauens in die Marke immer wieder das gleiche Produkt kaufen. Darüber hinaus sollen, wenn die Marke einmal geschaffen ist, die sonstigen Werbekosten pro Neukunde reduziert werden. Die Marke soll neuen Kunden Zweifel hinsichtlich der Produktqualität nehmen und eine deutliche Unterscheidung zur Konkurrenz gewährleisten. Im Idealfall soll dies auch für neu unter der Marke eingeführte Produkte gelten. Den beiden Vorteilen (langfristig treue Kunden und reduzierte Werbekosten pro Neukunde) stehen zum Teil massive, permanent anfallende Kosten zur Schaffung der Marke gegenüber. Die Entscheidung, ernsthaftes Branding zu betreiben, ist also mehr eine wirtschaftliche als eine emotionale Entscheidung. Man schätzt heute, dass eine Marke mit hohem Bekanntheitsgrad in allen Teilen der Bevölkerung eines finanziellen Mindesteinsatzes von 20 Mio. € bedarf, zzgl. weiterer Kosten, um die Bekanntheit dauerhaft zu erhalten.

Die Entscheidung für oder gegen Branding wird zunehmend von der Entscheidung über Vertriebskanäle beeinflusst. Insgesamt ist in der Wirtschaft eine Entkoppelung zwischen Produktion und Vertrieb festzustellen. Handelsketten werden zunehmend stärker, dritte Vertriebsorganisationen gewinnen in bestimmten Segmenten (z. B. im Finanzwesen) an Bedeutung. Auch Online setzen sich eher Angebote von Mittlern gegen rein produzentengetriebene Angebote durch. Zudem sind Produzenten immer weniger in der Lage, dem Kunden ein umfassendes Produkt- und Leistungsspektrum zur Verfügung zu stellen und schon daher auf entsprechende Aggregatoren in Form des Groß- und Einzelhandels angewiesen. Dies alles bedeutet, dass Produzenten weniger direkten Zugang zum Kunden haben. Sie konkurrieren vielmehr mit anderen Produzenten zunächst um den Zugang zum Groß- oder Einzelhandel. In der Praxis sind oftmals Gebühren zu entrichten, um überhaupt im Sortiment des Handels aufgenommen zu werden. Entsprechendes gilt für eine hervorgehobene Platzierung in den Regalen. Insgesamt können Eintrittsgeld, Einführungsrabatt, Listungsgebühr, Regalmiete, Werbekostenzuschuss, Treueprämie auf Sie zukommen. Die ersten drei Posten zahlen Sie unter Umständen nur, um dabei zu sein, die letzten, um dabei zu bleiben. Alternativ oder zusätzlich kann Regalpflege dazukommen. Dann übernimmt Ihr Außendienst das Aussortieren alter Ware und bringt Ordnung ins Regal. Darüber hinaus führen Händler zunehmend preiswerte eigene Handelsmarken ein. Deren Marge für den Händler ist – trotz geringerem Preis – hoch, denn Händler nutzen oft ungenutzte und damit preiswerte Kapazitäten der Produzenten, um die Produkte herzustellen. Damit Sie als Produzent dennoch Ihre Produkte verkaufen können, müssen Sie Preise senken und die Handelsspanne für den Händler erhöhen. Somit steigen Ihre Kosten immer weiter. Für Produzenten ergeben sich zwei Handlungsoptionen, um auf diese Lage zu reagieren. Erstens: Sie bauen eine Marke auf, die auch der Handel nicht ignorieren kann. Dann fragen viele Kunden Ihr Produkt nach. Ein Händler, der Ihr Produkt nicht im Sortiment hat, läuft Gefahr, Kunden bzw. Umsatz zu verlieren. Denn die Kunden wechseln das Produkt nicht. Der Händler muss also Ihr Produkt im Sortiment haben. Ein derart konsequentes Branding ist sehr teuer. Firmen wie der Sportschuhhersteller Nike konzentrieren sich daher ausschließlich auf das Branding und haben neben der Produktentwicklung alle anderen Tätigkeiten ausgegliedert. Zweitens: Sie betreiben kein Branding. Dann sparen Sie Kosten und versuchen, sich trotz der an den Handel zu entrichtenden Gebühren über einen günstigen Preis zu positionieren. Wenn möglich, kooperieren Sie mit den Händlern und produzieren die Produkte für die Handelsmarken der Händler. Die dritte Option ist äußerst gefährlich: Eine Marke, die sich nicht ausreichend durchsetzt, wird nur selten erfolgreich werden.

Die aufgezeigte Tendenz der Trennung von Produktion und Vertrieb gilt nicht für alle Branchen. So wird ein Maschinenbauer seine Produkte hauptsächlich im Direktvertrieb verkaufen. Er dominiert damit weiterhin seinen eigenen Vertriebskanal. Dienstleistungsunternehmen können nicht über den Handel und nur schlecht über andere Mittler verkaufen. Auch sie dominieren ihren Vertrieb selbst. In diesen Fällen gibt es keine Konkurrenz zu Handelsmarken und keine zusätzlichen Gebühren. Das Branding muss damit weniger durchdringend sein. Halbherziges Branding ist aber auch in diesen Fällen nicht angezeigt.

Beim Branding sind mehrere Varianten zu unterscheiden. Tabelle 13 gibt einen entsprechenden Überblick.

Option	Beschreibung	Beurteilung
Kein Branding	■ Sie betreiben wenig Aufwand, um eine Marke zu entwickeln. ■ Dennoch sollten Sie Ihr Produkt benennen und den Namen schützen lassen.	Eignet sich besonders, wenn Sie sich als besonders kostengünstig positionieren wollen.
Eigene Marke	■ Sie betreiben einen hohen, langfristigen Aufwand zum Aufbau Ihrer Marke. ■ Voraussetzung ist, dass die Marke rechtlich geschützt ist.	Es fallen hohe Kosten zur Bekanntmachung der Marke an. Kurzfristige Gewinne durch Branding sind nicht zu erwarten. Gelingt der Markenaufbau, sichert er langfristig ist Gewinne ab. Er schützt vor der Konkurrenz sowie der Macht des Handels.
Nutzung Fremdmarke	Sie kaufen die Lizenz zur Nutzung einer bereits eingeführten Marke und nutzen diese für Ihr Produkt.	Die Nutzung einer Fremdmarke reduziert die Kosten des Branding auf die Lizenzgebühren für die Nutzung der Fremdmarke. Gewinne sind schneller möglich, das Risiko ist begrenzter. Langfristig begibt man sich aber in Abhängigkeit zum Lizenzgeber. Insgesamt muss die Fremdmarke gut positioniert sein und sich auch auf Ihr Produkt anwenden lassen.
Handelsmarke	■ Die Marke wird vom Händler aufgebaut, der die Produkte von dritten Produzenten einkauft. ■ Die Händler betreiben Branding nur über die Werbung auf der Verpackung, also sehr limitiert.	Wenn Sie kein Händler sind, können Sie diese Option in jedem Fall indirekt nutzen, indem Sie zusätzlich zu Ihren eigenen Produkten auch noch für die Handelsmarke produzieren.

Tabelle 13: Optionen beim Branding

Beispiel

> **Branding gegen Vertriebsmacht.** Amazon betreibt mit amazon.de den größten deutschen Buchhändler. Amazon nutzt diese Marktdominanz, um von den Verlagen höhere Verkaufsrabatte zu fordern. Verkaufsrabatte werden vom Listenpreis des Buches abgezogen und stellen die Handelsspanne des Buchhändlers dar. Diese liegt oft bei 50 % oder höher. Die Rabatte werden in regelmäßigen Abständen neu verhandelt. Der Züricher Diogenes Verlag, ein sehr erfolgreicher Verlag, wollte die von Amazon erzielte Marktmacht nicht mehr hinnehmen. Die Partner konnten sich nicht einigen. Gegen Ende Mai 2004 nahm Amazon alle Bücher von Diogenes aus dem Sortiment. Dies bedeutete für Diogenes Umsatzverluste. Aber auch Amazon verlor Umsatz, denn anders als im Lebensmitteleinzelhandel gibt es für viele Bücher oft keinen direkten Ersatz. Gegen Ende November 2004 einigten sich die Partner und beendeten so das gegenseitig nachteilige Geschäft. Die Konditionen sind nicht bekannt. Klar ist aber: Die Stärke der Marke Diogenes und seiner Autoren wie z. B. Donna Leon hat Diogenes diesen Schritt überhaupt erst ermöglicht. Nur deshalb sind beide Parteien wieder am Verhandlungstisch gelandet. Ein No-Name-Verlag hätte den Kampf von vorneherein verloren.

Praktisch wird Branding über Werbung (mit der Marke im Vordergrund), Promotion (wie Sponsoring, Point-of-Sale-Aktivitäten) und eine passende Verpackung erreicht. Zum Branding gehören permanente Messungen, welche Attribute mit der Marke verbunden werden. Diese Attribute müssen nicht direkt mit dem Produkt zusammenhängen: Während „Qualität" sicher eine produkt-bezogene Eigenschaft ist, bezeichnet „Wärme" unter Umständen eine positive Emotion oder Einstellung zum Produkt, kann aber keinesfalls als produkt-bezogene Eigenschaft gedeutet werden. Gerade diese weicheren Attribute sagen sehr viel über die Marke und ihre Nutzbarkeit für andere Produkte aus. Wenn befragte Personen der Marke nicht die gewünschten Attribute zusprechen, kann eine Änderung der Kommunikationsstrategie notwendig sein.

1.6 Verpackung & Beschriftung

Die Verpackung wird manchmal auch als das fünfte „P" angesehen. Sie gewinnt insbesondere im Bereich der Konsumgüter zunehmend an Bedeutung. Ähnlich wie man den Wert einer Werbung zumindest zu einem großen Teil anhand der Kontaktraten mit den Zielkunden misst, generiert die Verpackung einen Werbewert: Kunden gehen am Produkt vorbei und nehmen dieses kurz wahr. Das im Regal stehende Produkt ist also zugleich Werbefläche. Man kann Kontaktraten berechnen und der Werbung durch die Verpackung des Produkts anhand der Kosten sonstiger Kontaktraten einen festen Wert zuweisen. Der Wert steigt durch die statistisch gewonnene Erkenntnis, dass viele, oft die Mehrzahl der Käufe, Spontankäufe sind. Die Kaufentscheidung wird also sehr häufig vor allem durch die Verpackung getroffen.

Die Verpackung kann dabei wie ein kurzer Werbefilm gesehen werden: Sie soll Aufmerksamkeit erregen, über das Produkt informieren, die Qualität vermitteln, damit Vertrauen schaffen und letztendlich dem Käufer einen Grund geben, sofort zu kaufen. Innovative Verpackungen sind wie gute Werbefilme. Auf der praktischen Ebene sind folgende Entscheidungen zu treffen:

- **Anzahl der Verpackungen:** Standardmäßig unterscheidet man bis zu drei Verpackungen:
  - Grundverpackung (z. B. eine Flasche oder Dose) inkl. innen liegender Materialien (z. B. Trennfolien zwischen Käsescheiben)
  - Umhüllungen, die die Grundverpackung schützen, besser nutzbar machen oder dem Produkt sein Ambiente verleihen
  - Transportverpackungen, die den Transport des Produktes erleichtern sollen.

- **Größe der Verpackung/Packgröße:** Die Entscheidung zur Packgröße wird durch eine Vielzahl von Faktoren beeinflusst. Da es nicht immer eine eindeutige Entscheidungslage gibt, werden Produkte oft in verschiedenen Größen angeboten. Die Packgröße hat oft direkten Einfluss auf die Zielkunden und ist daher eine strategische Variable. Entscheidungskriterien können sein:
  - Portionierung: Manche Produkte sind einfach in Portionen zu unterteilen und sollten in der entsprechenden Größe angeboten werden
  - Haltbarkeit der Produkte: Je kürzer, desto kleiner die Packgröße
  - Nutzung der Produkte: Bei einer Nutzung für unterwegs sollte die Packgröße kleiner sein
  - Konkurrenzprodukte: Von der Konkurrenz abweichende Verpackungsgrößen erschweren die Vergleichbarkeit der Preise. Gleiche Größen erleichtern dies. Hier kommt es auf Ihre Kostensituation sowie Ihre Preisstrategie an.

- **Form:** Die Form ist sowohl eine Design- als auch eine Nutzungsfrage. Weltbekannt ist die Coca-Cola-Flasche, die durch die Wölbung und die Rillen zugleich den Griff betont. Innovation im Bereich der Verpackung drückt sich oftmals durch eine besondere Form aus.

- **Material:** Das Material der Verpackungen gewinnt zunehmend an Bedeutung. Dies gilt sowohl vor dem Hintergrund immer umweltbewussterer Konsumenten wie auch gesetzlicher Regelungen. Abhängig vom Material sind Vorschriften zur Entsorgung zu beachten, die erhebliche Anforderungen an Administration und Logistik stellen können. Die Wahl des Materials ist daher von besonderer Bedeutung.

- **Farbe:** Die Farbwahl wird stark durch das Corporate Design beeinflusst, kann aber auch zur Generierung von Aufmerksamkeit genutzt werden. Zudem werden bestimmte Farben mit bestimmten Eigenschaften assoziiert. Produkt und Farbe müssen insofern zusammenpassen. Die Farbe ist auch für ästhetische Aspekte von Belang. So sollten Verpackungen für Produkte, die erfahrungsgemäß länger lagern, nicht schwarz sein. Sonst wird Staub zu schnell sichtbar.

- **Begleitender Text/Layout:** Der Text informiert über das Produkt und stellt dessen Vorteil dar. Wenige Konsumenten kaufen ein neues Produkt, ohne sich den begleitenden Text durchzulesen. Jeder sieht beim Einkaufen das Bild eines Einkäufers, wie er vor einem Regel stehend in den Verpackungstext eines Produkts vertieft ist. Oft sind bestimmte Angaben gesetzlich vorgeschrieben. Die Verpackung muss entsprechenden Platz dafür bieten und dennoch ausreichend Fläche für Werbung bereithalten.

- **Markierung (Anbringung der Marke):** Die Platzierung der Marke ist besonders wichtig, wenn Sie Branding betreiben. Dann sagt die Marke mehr als der Begleittext und sollte im Vordergrund stehen. Umgekehrt kann die günstige Anbringung der Marke auf der Verpackung zum Branding beitragen. Lässt die Verpackung oder das Produkt nicht genug Platz für die Platzierung der Marke, kann man dies über Anhängsel erreichen.

Im Zuge der Bemühungen sowohl Deutschlands als auch der Europäischen Union insgesamt, die wirtschaftliche Entwicklung durch Nachhaltigkeit zu prägen, ist der Bereich der Verpackungen und damit zusammenhängender Konsequenzen stark rechtlich geprägt. Mit dem Kreislaufwirtschafts- und Abfallgesetz („KrW-/AbfG"), welches 1996 in Kraft trat, wurde der Grundstein für umweltschutzbedingte Bestimmungen auch für Verpackungen gelegt. Diese wurden in der Verpackungsverordnung von 1998 („VerpackV") detailliert.

Die VerpackV unterscheidet, entsprechend der hier getroffenen Dreiteilung von Verpackungen, zwischen

- Verkaufsverpackungen, die eine Verkaufseinheit bzw. Portion definieren
- Umverpackungen, die eher vermarktungstechnischen Wert haben
- Transportverpackungen, die lediglich für den Transport bestimmt sind

Alle drei Verpackungstypen sind vom Hersteller bzw. Vertreiber unentgeltlich zurückzunehmen. Insbesondere der Vertrieb muss dafür entsprechende Möglichkeiten vorhalten und Kennzeichnungspflichten beachten. Transportverpackungen sind entlang der gesamten Wertschöpfungskette vom Endverbraucher zurück zum Hersteller zurückzugeben. Verpackungen von Einweggetränken sind mit einem Pfand von mindestens 25 Cent zu belegen. Der Pfand ist entlang der gesamten Wertschöpfungskette zu erheben und bei Rückgabe wieder zu erstatten (§ 8 VerpackV). Gleiches gilt grundsätzlich für Wasch- und Reinigungsmittel sowie bestimmte Farben. § 13 VerpackV schreibt darüber hinaus maximale Anteile von Schwermetallen in Verpackungen vor.

Die Regelung für die Verpackung von Einweggetränken wurde zunächst durch gesetzliche Ausnahmen stark ausgehöhlt. Da sich in der Folgezeit die Regelung als nicht vorteilhaft erwies, wurde Anfang 2003 der so genannte Dosenpfand eingeführt, der bestimmte Einwegverpackungen (insbesondere Dosen) nun eindeutig unter die Pfandregelung fallen ließ. Getränkekartons, die gegenwärtig noch als ökologisch vorteilhaft eingestuft werden, unterliegen aber weiterhin keinem Pfandsystem. Für sie steht nur das Duale System zur Verfügung. Dies gilt auch für PE-Schlauchbeutel, die in jüngster Zeit vereinzelt wieder für Milch verwendet werden. Es kann in Zukunft jedoch sein, dass auch diese Ausnahmen gekippt werden.

In enger Verbindung zur Verpackung steht die Kennzeichnung der Produkte („Labeling"). Zu bestimmten Produkten sind Pflichtangaben direkt auf der Grundverpackung zu machen. Die Pflichten sind je nach Produkt unterschiedlich. Generell ist der Hersteller bzw. der Ort der Herstellung anzugeben. Im Bereich Lebensmittel sind beispielsweise Inhaltsstoffe anzugeben. Seit April 2004 besteht zudem eine Kennzeichnungspflicht für alle Produkte, die gentechnisch veränderte Organismen („GVO") enthalten. Dies gilt auch dann, wenn die GVO durch die Verarbeitung nicht mehr nachweisbar sind. Dies wird im Rahmen eines Rückverfolgbarkeitssystems überwacht: Lieferanten müssen ihren Abnehmern Auskünfte über GVO in ihren Lieferungen geben. Es besteht keine Kennzeichnungspflicht, wenn ein Produkt eine nichtvermeidbare Verunreinigung von max. 0,9 % enthält.

Fehlerhafte Kennzeichnungspflichten können sowohl zu Bußgeldern wie auch wettbewerbsrechtlichen Abmahnungen führen. Im Schadensfall muss bei fehlender Kennzeichnung des ursächlichen Schadstoffes mit erheblichem Schadensersatz gerechnet werden.

Beispiel

Verpackungen als Werbemaßnahme. Coca-Cola nutzte die Etiketten ihrer Flaschen, um dort Kurzwahlnummern für SMS sowie Codierungen aufdrucken zu lassen. Wer den Code via SMS an die entsprechende Codierung sandte, konnte sich aus einer Vielzahl von Präsenten eines auswählen. Die Präsente wurden auch virtuell geliefert, wie z. B. Klingeltöne für das Handy. Die Aktion diente als Promotion zur Kundenbindung, aber auch zum Branding. Zudem wurde eine SMS-Datenbasis für spätere Aktionen geschaffen. Der Erfolg wurde in der Werbebranche legendär. Bedruckt wurden 160 Mio. Flaschen. Innerhalb kurzer Zeit wurden ca. 6 Mio. SMS an die angegebenen Nummern gesendet. Fazit: Etiketten und Verpackungen werden wahrgenommen.

1.7 Service

Ist das Produkt oder die Dienstleistung verkauft, bricht damit der Kundenkontakt nur in seltenen Fällen vollständig ab. Im Laufe der Nutzung des Angebots ergeben sich kundenseitig vielfältige Gründe, den Hersteller bzw. Dienstleister zu kontaktieren. Dabei kann es sich z. B. um allgemeinen Informationsbedarf, Fragen zur Nutzung oder um Probleme handeln. Dieser Prozessschritt (oft ein eigener Unternehmensbereich) wird häufig After-Sales genannt. Nicht selten wird dies seitens der Hersteller bzw. Dienstleister als lästig empfunden. Kunden sind mit ihrem Informationsbedarf oder ihren Problemen oft allein gelassen. In manchen Fällen hilft auch eine vorhandene Serviceabteilung des Herstellers bzw. Dienstleisters nicht weiter, da diese nicht richtig trainiert wurde.

Gerade im Servicebereich wird jedoch der Grundstein für den zukünftigen Erfolg gelegt, denn:

- **Kundenbindung:** Kunden von heute sind tendenziell Kunden von morgen. Ein guter Service bindet Kunden an Ihr Unternehmen. Auch wenn der Kontakt zunächst eine Beschwerde war; eine gute Problemlösung durch Ihren Service führt oft zu mehr Kundenbindung als die Auslieferung eines Produktes, mit welchem der Kunde vollkommen zufrieden ist.

- **Umsatzsteigerung:** Ein Kunde, der Ihr Unternehmen direkt kontaktiert, ist an Ihrem Unternehmen und Ihren Produkten interessiert. Oftmals können Sie einem solchen Kunden zusätzliche Produkte viel leichter verkaufen, als dies bei einem Neukunden der Fall wäre. Die Fachbegriffe sind „Cross-Selling" für das Verkaufen zusätzlicher, andersartiger Produkte, und „Up-Selling", für das Verkaufen von Produkterweiterungen.

- **Marktforschung:** Mit jedem Kundenkontakt haben Sie Gelegenheit, Kundenmeinungen zu Ihrem aktuellen Angebot einzuholen. Zudem bekommen Sie Anregungen über unerfüllte Erwartungen und Wünsche Ihrer Zielkundschaft. Abseits Ihres Service kostet Sie die Beschaffung dieser Informationen viel Zeit und Geld.

Die Art und Weise, Service für Ihre Kunden anzubieten, unterscheidet sich zwangsläufig je nach Geschäftstyp. So wird in einem Einzelhandelsunternehmen das Verkaufspersonal zugleich Servicepersonal sein und auch Kunden bedienen, die schon bei Ihnen gekauft haben. Wenn Sie Maschinen herstellen, können Sie Service über Ihren Außendienst oder über eine Telefonhotline anbieten. Vertreiben Sie über ein Netzwerk von Händlern, müssen Sie eventuell die Händler für Verkauf und Service schulen und können nebenher noch eine direkte Telefon- oder Internethotline anbieten. Im Allgemeinen sind folgende Entscheidungen zu treffen:

- **Generelles Angebot von After-Sales-Service:** Es gibt kaum eine Branche, wo After-Sales-Service nicht sinnvoll ist. Da Service aber Geld kostet, wird dieser gerade von preisgetriebenen Anbietern oft bewusst nicht oder gegen hohe Gebühren angeboten. Service kann aber auch ein wesentliches Element der Unternehmensstrategie sein. Viele Firmen schreiben sich z. B. „World-Class-Service" auf ihre Fahne. Gemeint ist, dass sie sich durch einen herausragenden Service von Wettbewerbern unterscheiden wollen. Insbesondere wenn sich die angebotenen Leistungen stark ähneln, bleibt oft nur der Differenzierungshebel Service übrig.

- **Kostenpflicht des Service:** Im klassischen Fall hängt es von der Art des Service ab, ob dieser kostenfrei oder kostenpflichtig angeboten wird. So sind Reparaturen außerhalb der Garantie in der Regel kostenpflichtig. Informationsweitergabe, Problemlösungen oder Beratungen sind dagegen oftmals kostenfrei. Es sind aber auch andere Möglichkeiten vorstellbar. Im Endeffekt müssen die Kosten des Service durch die Einnahmen aus dem Verkauf des Produktes oder der Dienstleistung gedeckt werden. Ist das Angebot sehr preiswert, bleibt oft kein Raum für kostenlosen Service. Ist das Angebot sehr teuer (z. B im Luxusbereich), wird dagegen umfassender After-Sales-Service erwartet und geliefert.

Beispiel

Kundendifferenzierung beim Service. In der Branche der Internet-Provider (diese bieten Domainnamen, Webspace, Internet-Zugangsprodukte usw. an) waren die Preise einem drastischen Verfall ausgesetzt. In vielen Fällen lohnt sich ein kostenloser Kundendienst kaum, denn bei z. B. 12 € Jahreseinnahmen pro Kunde ist der gesamte Deckungsbeitrag des Kunden nach einem viertelstündigen Gespräch aufgebraucht. Mit vielen Kunden würden zumindest kurzfristig negative Deckungsbeiträge erwirtschaftet. Daher werden oft kostenpflichtige 0190-Nummern als Servicenummern geschaltet. So decken die Anbieter zumindest ihre Kosten für den Service. Kunden, die teurere Produkte kaufen, bekommen oft eine separate kostenfreie Nummer. Die Berechtigung zur Nutzung der Nummer wird am Anfang des Gesprächs geprüft. Auf diese Weise wird der Service streng ertragsorientiert eingesetzt. Für bessere Kunden schafft der Service direkt einen Mehrwert.

- **Servicekanäle:** Service kann über verschiedene Kanäle angeboten werden. Diese entsprechen oft den Vertriebskanälen, müssen dies aber nicht. Wenn Sie per Internet verkaufen, bietet sich telefonischer bzw. Online-Kundenservice an. Wenn Sie über Händler vertreiben, sollten die Händler den Service erbringen können. Dies erfordert entsprechendes Training sowie die Koordination des Händlernetzwerks, um auch den Rückfluss wichtiger Kundeninformationen zu gewährleisten. Immer wichtiger wird der telefonische Kundenservice; auf dem Vormarsch ist zudem auch der Online-Kundenservice. Beide erfordern einen hohen Organisationsaufwand in Form der Personalauswahl, der Ausarbeitung des zentralen Trainingsprogramms, des Trainings, der kontinuierlichen Überwachung und der dauerhaften Bereitstellung der technischen Infrastruktur. In beiden Fällen empfiehlt sich die Angabe einer zentralen Kontaktmöglichkeit (Telefonnummer oder E-Mail-Adresse), die sich auch nach einem Umzug des Unternehmens nicht ändert. Bei den Telefonnummern sind dies 0180-, 0800- und 0190-Nummern. Die Nummern können bei verschiedenen Anbietern zu unterschiedlichen Konditionen beantragt werden. Ein Preisvergleich lohnt sich.

Beispiel

Zentrale Unternehmenshotline. Der Stromanbieter Yellostrom GmbH setzt sehr stark auf die Kommunikation der zentralen Telefonnummer 0800-19 000 19. Diese gilt für den Vertrieb genauso wie für den After-Sales-Bereich, in dem vielfältige Fragen vom einfachen Informationsbedarf bis zur Erklärung der Höhe der Stromrechnung anfallen. Der Anruf wird dann, nachdem er eingegangen ist, auf die verschiedenen Bereiche verteilt. Dieser Nachteil wiegt jedoch weniger als der Kommunikationsvorteil.

- **Organisation:** Die Bereitstellung eines guten Service belastet die Organisation Ihres Unternehmens. Guter Service verursacht Aufwand. Um diesen Aufwand zu reduzieren, werden verstärkt folgende drei Hebel eingesetzt:

  - Outsourcing: Viele Anbieter übergeben den Service komplett an externe Anbieter. Damit schaffen sie kostenseitig eine feste Kalkulationsgrundlage und entledigen sich wesentlicher organisatorischer Aufgaben. Um einen effektiven Kundenservice anzubieten, muss jedoch der Outsourcing-Dienstleister intern gut geführt und extern durch den Auftraggeber kontrolliert und gesteuert werden. Informationen müssen vom Auftraggeber zum Dienstleister fließen (z. B. aktuelle Produktinformationen, Frequently Asked Questions (FAQ), zu erhebende Marktforschungsinformationen, usw.) und zurück (Auswertungen, Marktforschungsinformationen, usw.). Trotz des Outsourcing verbleibt damit ein umfangreicher Steuerungsaufwand im Unternehmen.

  - Einführung von Service-Levels: In den meisten Fällen haben sich mehrere Servicelevels etabliert. Hintergrund der Servicelevels ist die Erkenntnis, dass die meisten Kundenwünsche einfach zu erfüllen sind. Es bedarf dafür keines Experten. Auf dieser „First Level Support" genannten Stufe werden breit geschulte Mitarbeiter eingesetzt, die viele einfache Fragen beantworten bzw. einfache Probleme lösen können. Die Mehrheit des Service wird auf dieser Stufe erbracht. Wird der Informationswunsch oder das Problem des Kunden spezieller, leitet der First Level Support an den „Second Level Support" weiter. Dieser besteht oft aus speziell trainierten Mitarbeitern, z. B. Technikern, die den qualifizierteren Kundenanforderungen entsprechen können. Es kann beliebig viele weitere Levels geben. Praktisch gibt es selten mehr als drei Levels. Servicelevels reduzieren die Kosten, denn Sie müssen nicht jeden Arbeitsplatz im Servicebereich mit umfassend qualifizierten und damit teuren Arbeitskräften besetzen. Dieses Grundprinzip gilt auch für kleinere Firmen. Der Second Level ist dann oft der Chef selbst.

  - Automation: In jüngster Zeit werden verstärkt Automaten eingesetzt, um Anrufe innerhalb der Organisation richtig weiterzuleiten. Erst dann kann der Anrufer mit einem Mitarbeiter direkt sprechen. Dies entlastet die interne Organisation zum Nachteil des Kunden. Kunden lehnen diese Automaten mehrheitlich ab. Die Entscheidung für oder gegen solche Automaten ist unter Berücksichtigung der Rahmenbedingungen zu treffen.

2. Preissetzung

Der Festlegung der Preise von Produkten und Dienstleistungen wird in vielen Unternehmen wenig Aufmerksamkeit gewidmet. Einmal festgelegte Preise werden nur äußerst selten – meist aus Notsituationen heraus – verändert. Die Sorge vor der Kundenreaktion dominiert und unterdrückt eine Auseinandersetzung mit dem Thema Preissetzung in der Entstehung.

Dabei sind Preise die wirkungsvollste Stellschraube für den Unternehmenserfolg. Eine Erhöhung der Preise erhöht sofort den Umsatz. Ein höherer Umsatz bei gleichbleibenden Kosten erhöht sofort den Gewinn und die Rentabilität.

Beispiel

Effizienzhebel eines Verlags. Ein Verlag arbeitet mit einer Umsatzrendite vor Steuern von 2 %. Der Umsatz beträgt 5 Mio. €. Um den Umsatz zu generieren, beschäftigt der Verlag 20 Mitarbeiter Vollzeit. Der geschäftsführende Gesellschafter überlegt, wie er den Erfolg seines Verlags verbessern kann. Nach Bewertung aller Möglichkeiten sieht er drei Optionen: (1) Durch das Auslagern der Druckarbeiten nach Osteuropa könnte er 15 % Druckkosten sparen. Bei Druckkosten von 1 Mio. € im Jahr würde dies die Rendite um drei Prozentpunkte steigern. Durch die Auslagerung riskiert er aber eineschlechtere Qualität und hat einen erhöhten Steuerungsaufwand. Aufgrund weniger strikter Vorschriften in Osteuropa würde auch die Umweltverschmutzung steigen. (2) Er könnte einen Mitarbeiter entlassen. Bei Kosten seitens des Arbeitgebers von ca. 40.000 € pro Jahr würde dies die Rendite um etwas weniger als einen Prozentpunkt steigern. Demgegenüber stehen einmalige Abfindungskosten. Vor allem aber würde durch die Entlassung unnötig Unruhe entstehen. Die ansonsten gute Motivation der Mitarbeiter würde sicher beeinflusst werden. Zudem besteht keine wirkliche Notlage im Unternehmen. (3) Über die durchschnittliche Anhebung der Endverkaufspreise um 5 % würde die Rendite um ca. zwei Prozentpunkte steigen. Denn im Buchhandel gilt die Buchpreisbindung: Der Verlag legt den Preis fest, zu dem die Händler verkaufen. Davon bekommt der Handel aber ca. 50 %. Die Erhöhung kommt daher zur Hälfte dem Handel zu. Dem gegenüber steht ein möglicher Kundenverlust aufgrund höherer Preise. Da der Verlag vorwiegend Romane zu Preisen von unter 10 € verlegt, bedeuten 5 % Preiserhöhung effektiv weniger als 50 Cent pro Buch. Zudem sind die Romane preislich nicht direkt vergleichbar. Kein anderer Verlag verlegt dieselben Autoren. Ein möglicher Kundenverlust sollte daher äußerst begrenzt sein.

Viele Unternehmen sehen sich in einer Opferrolle, in die sie der Markt bzw. die billiger produzierende Konkurrenz drängt. In globalen Märkten ist dies kaum von der Hand zu weisen. Deutschland ist im internationalen Vergleich kein Land, in dem es sich preiswert produzieren lässt. Dies trifft aber insbesondere arbeitsintensive Branchen, die wenig Know-how erfordern. So lange Sie sich von diesen Branchen fern halten, besteht aber über die klassischen Methoden der Preisdifferenzierung ausreichend unternehmerischer Handlungsspielraum, um mit dem preiswerten Wettbewerber konkurrieren zu können. Zudem darf nicht vergessen werden, dass preiswerte Produktionsmöglichkeiten im Ausland grundsätzlich auch jedem Gründer zur Verfügung stehen.

Die Preissetzung hat unternehmensexterne und -interne Parameter. Diese Parameter bilden die Grundlage für taktische Preissetzungen. Bei der Preissetzung sind alle diese Parameter zu

Preissetzung

berücksichtigen. Nur die gemeinsame Berücksichtigung sichert den Erfolg. Abbildung 12 verdeutlicht die Zusammenhänge.

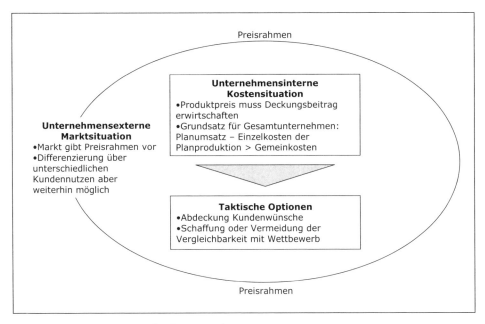

Abbildung 12: *Parameter der Preisgestaltung*

Bevor die Parameter einzeln vorgestellt werden, müssen zwei Grundsätze der Preisgestaltung Beachtung finden. Diese hören sich zunächst banal an. Je komplexer Ihr Geschäft ist, umso leichter geraten sie jedoch in Vergessenheit:

Einfache Preisgestaltung: Die Gestaltung Ihrer Preise sollte einfach sein – aber auch nicht zu einfach. Im einfachsten Fall haben Sie einen einfachen Preis pro Produkt und keine sonstigen Optionen wie Rabatte. Dies kann zu einfach sein, wenn Ihre Kunden verschieden große Volumina einkaufen. Z. B. ist es im Bürofachhandel Praxis, Mengenrabatte einzuräumen. Bei komplexeren Geschäftskonzepten droht die Preisgestaltung undurchsichtig zu werden. Die Telekommunikationsbranche war lange Zeit ein gutes Beispiel dafür. Verschiedene Preiskomponenten machten es dem Kunden faktisch unmöglich, die entstehenden Kosten vorab einigermaßen genau abzuschätzen. Viele Kunden empfanden bereits die Beschäftigung mit dem Thema als qualvoll.

Beispiel

Zu komplexes Preissystem. Die Deutsche Bahn führte Ende 2002 ein neues Preissystem ein. Grundlage des neuen Preissystems war vermutlich eine Analyse von unterschiedlichen Nutzer- bzw. Kundengruppen. Für diese Kundengruppen wurden Angebote maßgeschneidert. Der Kunde sollte sich selbst einstufen und den für ihn optimalen Tarif aus Einmalzahlungen, Dauerrabatten, Individualpreisen und sonstigen Komponenten wie Mitfahrerrabatten auswählen. Zudem sollte Planungssicherheit durch einen Zwang zur Frühbuchung geschaffen werden. Das neue Preissystem schien selbst Bahnmitarbeitern Verständnisschwierigkeiten zu bereiten. Die Bahn musste schließlich die Einführung des neuen Preissystems wieder rückgängig machen. Es war zwar aus Unternehmenssicht sinnvoll und gerecht, für die Kunden aber zu kompliziert.

Eine Preisgestaltung muss für die Kunden verständlich bleiben. Kunden beschäftigen sich dabei viel weniger mit dem Angebot als das anbietende Unternehmen. Was unternehmensseitig als sinnvoll und verständlich angesehen wird, muss dies nicht aus Kundensicht sein. Marktforschung kann hierbei hilfreich sein. Die Komplexität des eigenen Preissystems kann aber auch in Selbsttests gut eingeschätzt werden.

Stimmige Preisgestaltung: Im Preissystem darf es keine Unstimmigkeiten geben. Dies bedeutet vor allem: „Mehr" muss teurer sein und „mehr" muss relativ billiger werden oder gleich teuer bleiben. Immer wieder entdeckt mal Mengenrabatte, bei denen die mittlere Bestellgröße bessere Stückpreise hat als größere Bestellgrößen oder bei denen eine vergleichbare höherwertige Modellreihe preiswerter ist als eine geringwertigere Modellreihe. Unstimmige Preisgestaltung verunsichert die Kunden bzw. kann zu Umsatz und Renditeverlusten führen.

Beispiel

Das verwirrende Angebot. Ein Umzugsunternehmen wirbt durch die Verteilung von Flyern. Ein wichtiges Argument des Unternehmens ist der niedrige und einfach zu kalkulierende Preis. Die Flyer sind einfarbig gestaltet und auf einfachem Papier gedruckt und unterstützen daher den preiswerten Charakter des Angebots. Zwei Mann und Lkw kosten drei Stunden 155 €, fünf Stunden 275 € und ein Tag zu acht Stunden 455 €. Berechnet pro Stunde ist das Angebot mit drei Stunden das preiswerteste: Eine Stunde kostet ca. 52 €. Das Angebot mit acht Stunden ist das teuerste: Eine Stunde kostet ca. 57 €. Das Angebot verwirrt Kunden, die nachrechnen, und lässt den Anbieter zwielichtig oder unprofessionell erscheinen. Normalerweise würde man eine Preissenkung pro Stunde erwarten, je mehr Stunden man bucht. So hat ein Kunde den Anreiz, mehr Einheiten vom kleineren Paket, z. B. zweimal drei Stunden, zu buchen.

2.1 Unternehmensexterne Parameter

Der wichtigste externe Parameter ist das Vorhandensein eines Marktpreises für ein Produkt und eine Dienstleistung. Existiert ein effektiver Marktpreis, kann kein Unternehmen einen höheren Preis verlangen. Bei niedrigeren Preisen zieht der Wettbewerb schnell nach. Effektiv ist ein Marktpreis aber nur dann, wenn die Produkte und Dienstleistungen vollkommen vergleichbar sind und auch ansonsten bei der Informationsbeschaffung keine Hindernisse bestehen. Dies ist aber nur in den seltensten Fällen gegeben. Strom ist zum Beispiel ein Produkt, bei dem grundsätzlich eine vollkommene Vergleichbarkeit gegeben ist. Die Kunden im Markt verhalten sich jedoch ganz anders. Sie sind im Wesentlichen ihrem bisherigen Anbieter treu und wechseln trotz deutlicher Preisunterschiede kaum. Als Gründe werden genannt: hoher Wechselaufwand, unsichere Lieferung durch preiswertere Anbieter, zu geringe Ersparnis durch den Wechsel. Diese Argumente verdeutlichen, dass es den effektiven Marktpreis – bis auf an den Fall der Börsen – nicht gibt: Es gibt kaum ein Produkt, bei denen der Markt die Preissetzung exakt vorgibt und den Unternehmen die Möglichkeit zur eigenständigen Preissetzung nimmt. Der Markt setzt höchstens einen Preisrahmen. Dies gilt umso mehr, je weniger die Produkte oder Dienstleistungen im Markt vergleichbar sind.

Der Markt setzt also höchstens einen Preisrahmen. Die teilweise erheblichen Preisschwankungen im Markt für Produkte der gleichen Gattung sind aber allgemein bekannt. Der Preisrahmen gilt also nicht für eine Produktgattung, sondern vielmehr für ein Bündel von Eigenschaften, die das Produkt hat. So sind die Turnschuhe einer Top-Marke mit guter Verarbeitung teurer als No-Name-Turnschuhe mit mäßiger Verarbeitung. Schon allein den richtigen Bezugsrahmen für die Preisgestaltung zu finden, ist also keineswegs einfach. Darüber hinaus entscheidet allein der Kunde, welches der angemessene Preisrahmen ist. Daher stammt auch der Begriff „Nutzwert-Pricing". Vergleichbare Produkten, denen der Kunde den gleichen Nutzwert zumisst, sollten gleich oder ähnlich teuer sein. Ist der Nutzwert geringer als bei einem Bezugsprodukt, muss auch der Preis geringer sein.

Man kann versuchen, die Nutzwerte der eigenen Produkte und möglicher Vergleichsprodukte aus dem Bauch heraus zu schätzen und kann so einen Preisrahmen erhalten. Dies wird die Vorgehensweise für viele Gründer sein, wenn sie in etablierten Märkten agieren wollen. Je weniger innovativ die Branche zudem ist, desto einfacher ist die Vergleichbarkeit der Produkte. Der Gründer einer Bäckerei mit einem Standard-Sortiment wird seinen Preisrahmen sehr leicht über Vergleiche mit anderen Bäckereien in der Gegend finden. Der Gründer einer Ökobäckerei wird es hier schon deutlich schwieriger haben. Ihm stehen aber die normalen Bäckereien als Vergleichsmaßstab zur Verfügung. Geht er davon aus, dass die Kunden sein Angebot höher schätzen als das einer Standard-Bäckerei, kann er seine Preise höher ansetzen. Um wie viel höher er sie ansetzen kann, bleibt aber ohne weitere formalisierte Vorgehensweise im Dunkeln und der Gründer bleibt auf sein Bauchgefühl angewiesen.

Neben einer Vorgehensweise aus dem Bauch heraus gibt es umfangreiche genauere Möglichkeiten, den Preisrahmen festzulegen. Im einfachsten Fall bittet man einfach potenzielle Kunden, das eigene Produkt mit dem Konkurrenzprodukt zu vergleichen. Idealerweise ist das eigene Produkt bereits vorhanden und existiert nicht nur auf dem Papier.

Beispiel

Der einfache Nutzwertpreis. Ein Gründer plant den Aufbau einer Ökobäckerei. Um seine Preise festzulegen, befragt er potenzielle Kunden, wie hoch sie den Nutzen (im Rahmen der Nahrungsaufnahme) eines Brötchens, gebacken mit normalem Mehl, und eines Ökobrötchens mit besonders gesunden Zutaten einschätzen. Der Nutzen soll auf einer Skala von 0 bis 10 gemessen werden (0 = kein Nutzen, 10 = höchster Nutzen). Im Durchschnitt geben die Kunden dem normalen Brötchen eine 2,0, dem Ökobrötchen eine 3,2. Der Gründer folgert daraus, dass seine Ökobrötchen 60 % teurer wie Standardbrötchen sein können. Diese Folgerung trifft er unter der Annahme, dass die Befragten die Abstände zwischen den einzelnen Nutzwerten als intuitiv gleich einschätzen. Er erweitert seine Fragen um weitere Teile des Sortiments und errechnet so einen durchschnittlichen Nutzenvorteil der Kunden. Diesen Vorteil wendet er auf das restliche Sortiment an, ausgehend vom Preisrahmen für das Sortiment einer Standard-Bäckerei.

Diese Vorgehensweise funktioniert im Falle von geeigneten Vergleichsprodukten recht gut. Man kann den Nutzen aber auch noch weiter aufbrechen und so zu einzelnen Produkteigenschaften und ihren Bedeutungen gelangen. Dies hilft einerseits für die Preissetzung, wird aber häufig im Zuge der Neudefinition von Produkten gemacht, die ebenfalls die Preisgestaltung einschließt. Dazu bedient man sich der so genannten „Conjoint-Analyse", einem statistischen Verfahren. Einzelnen Ausprägungen eines Produktes kann dann ein Nutzwert und schließlich eine Rangfolge innerhalb der Ausprägungen zugewiesen werden. So weiß man genau, welche Eigenschaft eines Produkts die Kunden besonders hoch einschätzen und welcher kein Wert beigemessen wird. Auf dieser Basis kann man sein Produktdesign ändern, einem einzelnen Produkt schließlich einen Preis entsprechend seinem Gesamtnutzen zuweisen und innerhalb der Produktpalette die Preise entsprechend dem Nutzwert setzen bzw. differenzieren.

Beispiel

Nutzwert von Produkteigenschaften. Der Gründer der Ökobäckerei kennt war den groben Preisrahmen für seine Produkte, er will aber ebenfalls messen, wie sich einzelne Produkteigenschaft auf den Nutzwert und damit auf seine Preismöglichkeiten auswirken. Dazu gibt er seinen Testkunden vier Optionen: ein Ökobrötchen mit und ohne Körner und jeweils mit und ohne umfangreicher Produktbeschreibung auf dem Verkaufsschild (Inhaltsstoffe und deren positive Eigenschaften). Die Kunden sollen erneut den Nutzwert dieser einzelnen Optionen auf der Skala von 0 bis 10 angeben. Für jede der Optionen ergibt sich ein Mittelwert. Durch Bildung der Mittelwerte der Eigenschaften und ihren Abstand zum Gesamtmittelwert ergibt sich der Teilnutzen der jeweiligen Ausprägung, z. B. 0,35 für das Brötchen mit Körnern. Der Nutzwert jeder Option ergibt sich nun durch Addition der Teilnutzenwerte und des Gesamtmittelwerts. Im Falle der Option Körnerbrötchen mit Infoschild ergibt sich 3,95 = 3,15 + 0,35 + 0,45. Die Zusammenhänge sind in Abbildung 13 dargestellt.

		Preisschild			
		voller Infos	keine Infos	Mittelwert der Eigenschaft	Teilnutzen der Eigenschaft
Körner	ja	4,00	3,00	3,50	0,35
	nein	3,20	2,40	2,80	-0,35
	Mittelwert der Eigenschaft	3,60	2,70	3,15 (Gesamtmittelwert)	
	Teilnutzen der Eigenschaft	0,45	-0,45		
Nutzwert	Körner + Infoschild	3,95			
	Körner ohne Infoschild	3,05			
	Keine Körner + Infoschild	3,25			
	Keine Körner ohne Infoschild	2,35			

Abbildung 13: Nutzwertermittlung von Produkteigenschaften von Ökobrötchen

Damit erhält der Gründer umfangreiche statistische Informationen. Er kann die Produktkombinationen der Wertigkeit nach ordnen und eventuell seine Produktpalette ausbauen. So kann er, wenn dies nicht bereits geschehen ist, durch das Hinzufügen eines Infoschilds den Nutzen um durchschnittlich 0,45 Skalenwerte erhöhen. Verglichen mit Produkten ohne Infoschild kann er so seine Preise um mehr als 10 % erhöhen. Ähnliches gilt für die Hinzufügung von Körnern zu seinen Brötchen, deren Effekt mit 0,35 Skalenwerte jedoch geringer ausfällt. Grundsätzlich spricht nichts dagegen, die gleiche Vorgehensweise auch auf alle anderen Produkte anzuwenden, wenn man davon ausgeht, dass diese einen dem Nutzen eines Brötchens ähnlichen Nutzwert haben. Er hat als Preissteigerungshebel vor allem das Infoschild identifiziert.

Neben der Nutzung eines Preisrahmens auf Basis des Kundennutzens zur Bestimmung der eigenen Preise kann man natürlich auch versuchen, die Produkte künstlich unvergleichbar zu machen. Dies erfolgt ausschließlich zu dem Zweck, höhere Preise als dem Kundennutzen entsprechend durchzusetzen. Vor allem Unternehmen mit einer mittleren Positionierung (die kein Branding machen, aber auch nicht Preisführer sein wollen) versuchen daher beständig, die Vergleichbarkeit mit dem Wettbewerb zu vermeiden. Aber auch andere Unternehmen, die unsicher bezüglich des Kundennutzens ihrer Produkte sind (dies ist die Mehrzahl), nutzen diese Möglichkeit intuitiv. Um dem Kunden die Vergleichbarkeit zu erschweren, können alle Optionen der bereits vorgestellten Produktdefinitionen genutzt werden:

- Unterschiedliche Mengen und Funktionen
- Unterschiedliche Qualität

- Unterschiedliches Design
- Branding
- Unterschiedlicher Service
- Unterschiedliche Zahlungsweisen

Beispiel

Vergleichbarkeit der Preise. Die Strombranche ist sich trotz bestehender Wechselträgheit ihrer Kunden bewusst, dass die Vergleichbarkeit des Produkts Strom zu massiven Kundenverschiebungen führen kann. Obwohl das Produkt sehr gut vergleichbar ist, versuchen die Erzeuger, es emotional und zum Teil auch faktisch aufzuladen. So soll eine Differenzierung zum Strom des Wettbewerbs erreicht werden. Im Laufe der Zeit nutzten bzw. nutzen die Erzeuger folgende Assoziationen: Yellostrom – gelber Strom, RWE – blauer Strom, Eon – gemischter Strom aus umweltfreundlichen Quellen nach Kundenwunsch.

Unternehmen dagegen, die die Preisführerschaft anstreben, versuchen das Angebot möglichst vergleichbar zu machen. Nur so können sie ihren Anspruch untermauern, wirklich der preiswerteste Anbieter zu sein.

Es ist jedoch nicht so, dass Kunden immer sofort auf Preisunterschiede reagieren, auch wenn sie vermuten, dass ein Preis nicht dem Nutzen eines Produkts entspricht. Kunden wollen zwar den größtmöglichen Nutzen für ihr Geld erzielen, versuchen aber auch, ihren Aufwand zu minimieren. Dies gilt im faktischen wie auch emotionalen Sinn. Faktisch wollen sie keine Last z. B. mit einem Anbieterwechsel haben. Der Wechsel des Stromlieferanten, der Bank, der Versicherung ist mit echtem Aufwand verbunden. Auch der Kauf eines neuen Produkts ist mit Aufwand verbunden. Man muss sich mindestens die Produktbeschreibung und die Garantiebedingungen ansehen und später das neue Produkt bedienen lernen. Emotional bedeutet die Nutzung eines neuen Angebots das Verlassen des Vertrauten. Der Kunde ist tendenziell ein „Gewohnheitstier". Neue Dinge sind mit Unsicherheit verbunden. Diese Unflexibilität gegenüber Preisdifferenzen und Preisänderungen wird auch „Elastizität" genannt. Als Kennzahl setzt die Elastizität eine Änderung der Verkaufsmenge bzw. des Umsatzes in Bezug zur Änderung des Preises. Größere Unternehmen leisten sich Markttests, um die Elastizität von Preis-Mengen-Änderungen ihrer Produkte zu bestimmen. Eine Preiserhöhung lohnt sich so lange, wie die anteilige Preiserhöhung einen geringeren anteiligen Deckungsbeitragsabfall zur Folge hat. Faktisch ist der Umsatz eines Produkts in einer kleinen Schwankungsbreite um den aktuellen Preis herum unelastisch. Preisveränderungen (Senkungen oder Erhöhungen) wirken sich nicht auf die Nachfrage bzw. den Umsatz aus. Produkte, die eine gewisse Abhängigkeit des Kunden verursachen – z. B. Zigaretten, Alkohol, Drogen, Medikamente, Benzin – sind oft über eine größere Schwankungsbreite der Preise unelastisch.

Preissetzung

Beispiel

> **Preiselastizität bei Tabakwaren.** Die Tabaksteuer hatte ursprünglich nicht den vorrangigen Zweck, Einnahmen zu generieren. Vielmehr sollten die Menschen durch die hohen Steuern und damit hohen Kosten weniger rauchen. Vielfältige Erhöhungen in der Vergangenheit führten jedoch in Summe zu höheren Steuereinnahmen. Nachfragerückgänge glichen die gestiegenen Steuern nicht aus. Manchmal gab es keine Nachfragerückgänge. Jede Erhöhung führte zu Steuer-Mehreinnahmen, da die Nachfrage nach Tabak wenig preis-elastisch ist. Damit erhielt die Tabaksteuer eine stärkere fiskalische Komponente. Wenn mehr Steuereinnahmen benötigt wurden, erschien die Tabaksteuer als sicherer Hebel. Im Zuge der Tabaksteuererhöhungen konnten auch die Hersteller Preiserhöhungen besser durchsetzen. Auch sie profitierten von der Kenntnis der geringen Elastizität. Erstmalig mit den Erhöhungen zum 01.01.2004 deutet sich eine Kehrtwende an: Nach einem Bericht der ARD war der Umsatz in den ersten Monaten nach Einführung der Steuererhöhung um bis zu 20 % rückläufig. Die Tabaksteuer hat vermutlich ihren Scheitelpunkt erreicht. Die Nachfrage geht stärker zurück, als die Steuer erhöht wird. Der einnahmenseitige Aspekt der Tabaksteuer scheint damit ausgereizt.

Im Bewusstsein der meisten Unternehmer ist vor allem der Wunsch nach Preiserhöhung verankert. Denn diese würde, vorausgesetzt die Absatzmenge bliebe konstant, sofort zu zusätzlichem Gewinn führen. Tatsächlich kann das Festhalten an hohen Preisen aber den Unternehmenserfolg stark negativ beeinflussen. Denn natürlich wirkt eine vorhandene hohe Preis-Elastizität auch bei Preissenkungen. Es kann also in manchen Fällen vorteilhaft sein, seine Preise radikal zu senken.

Beispiel

> **Preissenkung besser als Preiserhöhung.** Ein Händler medizinischer Ausrüstung untersucht seine Firma nach Möglichkeiten zur Steigerung der Rendite. Die Preisgestaltung wird als möglicher Hebel zur Renditesteigerung erkannt. Der Geschäftsführer fordert von seinem Vertriebsleiter detaillierte Einschätzungen betreffend die wichtigsten Produkte sowohl über den Effekt einer Preiserhöhung von 5 % wie auch einer Preissenkung von 5 %. Der Vertriebsleiter schätzt die Effekte zunächst selbst ein, gleicht diese Einschätzungen aber später mit seinem Team ab. Bei den Ersatzröhren für Röntgengeräte wurden in den vergangenen Jahren im Durchschnitt zwei Stück zum einem Preis von 15.000 € verkauft. Das Verkaufsteam schätzt die Nachfrage in einer Schwankungsbreite von 10 % als unelastisch ein. In der anschließenden Auswertung stimmen Vertriebsleiter und Geschäftsführer zunächst überein, dass ein Preiserhöhung sinnvoll wäre und zu einem Zusatzgewinn von 2 * 1.500 € = 3.000 € führen würde. Es ist nicht zu erwarten, dass die Kunden wegbrechen. Der zusätzliche Gewinn ist allerdings bescheiden. Beim Abgleich mit den Einkaufskosten wird festgestellt, dass die Ersatzröhren eine Handelsspanne von 200 % haben, also Ein-

kaufskosten von 5.000 €. Der Geschäftsführer bittet den Vertriebsleiter, seine Einschätzung bei einer Handelsspanne von 100 %, also einem Verkaufspreis von 10.000 € zu geben. Nach Rücksprache mit seinem Vertriebsteam wird der Absatz auf 10 Ersatzröhren geschätzt. Die anstehende Entscheidung ist einfach: Eine Preissenkung von 15.000 € auf 10.000 € erhöht die Gesamtmarge um 10 * 10.000 * 50 % (neue Gesamtmarge nach Preissenkung) - 2 * 15.000 * 66 % (alte Gesamtmarge) = 30.000 €. Die Preissenkung ist also deutlich besser als eine Preiserhöhung.

Für den Gründer ergibt sich folgende Schlussfolgerung aus den Ausführungen:

- Wenn Sie nicht Preisführer sein wollen, sollten Sie Ihr Angebot möglichst wenig vergleichbar machen. So gewinnen Sie Preisspielräume nach oben. Preise annähernd vergleichbarer Produkte (vergleichbar entlang der Optionen der Produktdefinition) geben dabei lediglich den Rahmen vor.
- Scheuen Sie auch später nicht vor moderaten Preiserhöhungen zurück. Wenn möglich, sollten Sie diese vorab in abgegrenzten Märkten testen.

2.2 Unternehmensinterne Parameter

Aus interner Sicht sind die Preise für Produkte und Dienstleistungen so zu setzen, dass die Kosten gedeckt sind und ein Gewinn erzielt werden kann. Dies erscheint einleuchtend, ist aber praktisch nicht einfach umzusetzen. Mögliche Beschränkungen bei der Preisgestaltung seitens des Marktes wurden bereits angesprochen. Schwierig ist aber die Zurechnung von Kosten zu einem Produkt. Die unternehmensinterne Kosten- und Leistungsrechnung gibt hier die grundsätzlichen Antworten. Während bestimmte Kosten klar einem Produkt zugeordnet werden können, ist dies bei anderen schwieriger. Dieser Aspekt wird in dem Begriffspaar „Einzelkosten" und „Gemeinkosten" verdeutlicht (siehe dazu auch Teil X, „Kosten und Erlöse in der Entscheidungsfindung"). Einzelkosten sind direkt einem Produkt (oder einer so genannten „Kostenstelle" zurechenbar). Gemeinkosten können nicht direkt zugerechnet werden. Gängige Beispiele für Gemeinkosten sind Ausgaben für das Management, die Administration, die Büromiete, Strom-, Wasser-, Heizungs- und Telefonkosten. Die klassische Kosten- und Leistungsrechnung sucht daher nach Verrechnungssätzen, wie diese Gemeinkosten auf die einzelnen Produkte zu verteilen sind. Damit können Einzel- und anteilige Gemeinkosten einem Produkt zugerechnet werden. Gesamtkosten zzgl. erwarteter Marge in Bezug zur Herstellungsmenge ergibt den Preis für das Produkt. Dieser oft praktizierte Vorgang der Aufschlüsselung von Gemeinkosten und deren Zurechnung zu einzelnen Produkten ist bestenfalls gefährlich, im schlechtesten Fall unternehmensgefährdend.

Beispiel

Unternehmensgefährdung durch interne Preissetzung. Ein Elektrotechnikunternehmen produziert Elektroleitungen für Kabelsätze. Das Unternehmen hat zwei Geschäftsbereiche: „Automobil" für die Automobilindustrie und „Energie" für Infrastrukturausrüster im Energiesektor. Das Controlling führt die Kosten- und Leistungsrechnung durch und legt die Preise fest. Dabei findet auch eine Rücksprache mit dem Vertrieb statt. Die Preise werden grundsätzlich nach den intern anfallenden Kosten zzgl. der Standardmarge von 35 % festgelegt. Gemeinkosten werden nach produzierten Kabelmetern auf die einzelnen Produkte aufgeteilt. Der Vertrieb ist der Meinung, dass die Kabel für den Geschäftsbereich Energie durch das Controlling zu hoch bepreist wurden. Nach einer hitzigen Debatte zwischen Vertrieb und Controlling einigt man sich auf eine Zwischenlösung. Der Verrechnungssatz der Gemeinkosten wird zur Entlastung des Geschäftsbereichs Energie reduziert, allerdings dem Geschäftsbereich Automobil zugeschlagen. Im folgenden Geschäftsjahr leidet der Absatz im Geschäftsbereich Energie an den noch immer recht hohen Preisen. Im zweiten Jahr wiederholt sich die Situation. Die Geschäftsführung beschließt daraufhin, den ohnehin nur kleinen Geschäftsbereich Energie zu beenden und sich auf das Geschäft mit der Automobilindustrie zu konzentrieren. Alle Gemeinkosten bleiben erhalten. Im nächsten Geschäftsjahr rechnet das Controlling nun die vollen Gemeinkosten dem Geschäftsbereich Automobil zu. Die interne Preiskalkulation ergibt nun auch für den Geschäftsbereich Automobil zu hohe Preise, als dass sie sich am Markt durchsetzen ließen. Wiederum ergibt sich ein Streit zwischen Vertrieb und Controlling. Das Controlling wirft dem Vertrieb vor, zu schlecht zu verkaufen. Der Vertrieb wirft dem Controlling vor, durch starre und wirklichkeitsfremde Zurechnung der Gemeinkosten das Unternehmen in den Ruin zu treiben. Schließlich greift die Geschäftsführung ein. Sie erkennt – zu spät – dass die Preiskalkulation der vergangenen Jahre fahrlässig und die Entscheidung zur Schließung des Geschäftsbereichs Energie falsch war. Da sie diesen Geschäftsbereich kurzfristig nicht wieder aufleben lassen kann, werden in einem Kraftakt die Gemeinkosten, insbesondere durch Personalentlassungen, stark reduziert. Anschließend decken die Marktpreise wieder alle Kosten. Die Krise wurde gemeistert.

Die im vorstehenden Beispiel enthaltene Logik kann auch greifen, wenn die durch Aufteilung der Gemeinkosten auf die Produkte gewonnenen Preise der Produkte mit den vorhandenen Marktpreisen verglichen werden. Bereits der bloße Vergleich auf dem Papier kann Unternehmen davon abhalten, ein Produkt zu produzieren, wenn die unternehmensintern errechneten Preise deutlich über dem Marktpreis liegen.

Die Problematik bei der starren Einbeziehung der Gemeinkosten in die Berechnung der Preise liegt in der Gefahr, durch ein preislich zu hoch kalkuliertes Produkt Umsatz zu verlieren. Der Umsatzverlust führt mit dem die Einzelkosten übersteigenden Teil zu einem Verlust am Beitrag zur Deckung der Gemeinkosten. Der Beitrag zur Deckung der Gemeinkosten wird normalerweise einfach als „Deckungsbeitrag" bezeichnet. Dieser Verlust an Deckungsbeitrag lässt bei gleichbleibenden Gemeinkosten die Anforderungen an andere Produkte steigen.

Wird daraufhin ein weiteres Produkt preislich zu hoch kalkuliert, wiederholt und verstärkt sich der Effekt. Es kommt zu einer Kettenreaktion, die im schlimmsten Fall in der Insolvenz endet.

Für die Festlegung der Preise aus unternehmensinterner Sicht bedeutet diese Erkenntnis Folgendes: Preise müssen zunächst die Einzelkosten decken. Preise unterhalb der Einzelkosten sind verboten. Preise, die über den Einzelkosten liegen, generieren einen Deckungsbeitrag. Der Deckungsbeitrag aller Produkte muss die gesamten Gemeinkosten zzgl. einer Marge decken. Um dies zu testen, sollten die Preise im durch den Markt vorgegebenen Preisrahmen (oder abweichend hiervon, wenn dies begründbar ist) festgelegt und mit entsprechenden Planabsatzmengen zum Umsatz hochgerechnet werden. Die Preissetzung ist unternehmensintern sinnvoll, wenn gilt:

Bedingung einer sinnvollen Preissetzung

Planumsatz − Einzelkosten der Planproduktion > Gemeinkosten

Wird diese Gleichung nicht erfüllt, müssen Sie im Planungsprozess die Planpreise (wenn dies begründet ist) oder die Planabsatzmengen (wenn diese zu steigern sind) erhöhen.

Im Normalfall haben Sie mit dem durch den Markt vorgegebenen Preisrahmen einen guten Maßstab für Ihre Preise. Geht es aber um die Bepreisung neuer Produkte, haben Sie diese Richtlinie nicht. Dann gelten die vorstehenden Ausführungen umso mehr. Gerade für Gründer dieser Sachverhalt und das Verständnis der dahinter stehenden Logik von großer Bedeutung. Natürlich kann auch der beste Planungsprozess das Risiko der Planung nicht ausschließen. Sowohl Preise wie auch Absatzmengen können erheblich von Ihren Planungen abweichen. Je älter Ihr Unternehmen wird, umso sicherer werden die Schätzungen.

2.3 Taktische Optionen der Preissetzung

Die ersten Schritte zur Preissetzung liegen in der Bewertung des durch den Markt vorgegebenen Preisrahmens sowie der Kostensituation des Unternehmens. Bei der endgültigen Preissetzung gibt es eine Reihe taktischer Optionen, die jedoch ohne die ersten Bewertungsschritte nutzlos sind.

Mit den taktischen Optionen lassen sich mehrere Ziele verfolgen:

- Preisgestaltung der Art, dass die theoretische Möglichkeit für alle Kunden Ihrer Zielgruppe besteht, Ihr Angebot wahrzunehmen. Die Hauptoption sind Finanzierungskonstruktionen.

- Preisgestaltung zur Verstärkung der Kaufanregung, z. B. durch gebündelte Angebote oder sonstige Preisnachlässe.
- Preisgestaltung zur Verringerung der Vergleichbarkeit mit preiswerteren Wettbewerbern, durch nahezu alle Optionen.
- Preisgestaltung entsprechend dem Kostenanfall festlegen, z. B. durch Aufsplittung des Preises in eine fixe und eine variable Komponente.

Welche Option für Sie in Frage kommt, hängt vom Geschäftszweck und den Rahmenumständen Ihres Unternehmens ab. Taktische Preissetzungen können im Laufe der Zeit variieren. Sie legen sich also nicht für alle Zeit fest. Die nachfolgende Liste sollte daher zur Anregung während der Gründung, aber auch darüber hinaus verstanden werden.

Produktdefinitionen: Die Optionen zur Produktdefinition wurden bereits umfangreich besprochen. Dennoch ist es wichtig, sie hier nochmals zu erwähnen, denn sie werden oft vergessen. Streng genommen handelt es sich nicht um Preisgestaltung. Produktdefinitionen können aber mit dem expliziten Ziel einer bestimmten Preisgestaltung vorgenommen werden. Sie stellen einen überaus wichtigen Hebel dar. Eine bestimmte Ausgestaltung von Qualität, Garantien, Design, Service und Branding verringert die Vergleichbarkeit von Produkten und kann einen höheren Preis rechtfertigen. Die Zerlegung eines Produkts in ein Basismodell mit verschiedenen Zusatzoptionen oder späteren Upgrade-Möglichkeiten ermöglicht eine bessere Preisrealisierung für alle Komponenten zusammen.

Bundeling: Bundeling bezeichnet die Kombination mindestens zweier Produkte oder Dienstleistungen. Diese Kombination wird mit einem preislichen Vorteil gegenüber einem Einzelkauf des Angebots versehen.

Dem Kunden wird bei Bundels suggeriert, dass er beim Kauf des Bundels spart. Dies kann auch tatsächlich eintreffen, wenn er sowieso beide Produkte kaufen wollte. Aus Unternehmenssicht geht es um Verkaufsförderung: Das Unternehmen will den Kunden zu einem Kauf verleiten, den er sonst nicht oder erst später gemacht hätte. Zudem werden damit die Kosten der Kundenakquise anteilig gesenkt. Nicht selten werden gut laufende mit schlecht laufenden Produkten („Ladenhütern") gebündelt. Das schlecht laufende Produkt muss im schlechtesten Fall vollständig abgeschrieben werden, da es nicht mehr verkäuflich ist. Jeder Preisbeitrag, den das Produkt erbringt, ist aus dieser Sicht Gewinn. Ein Kunde, der das gut laufende Produkt kaufen möchte, nimmt vielleicht das überaus attraktiv erscheinende Bundel zu einem geringen Aufpreis.

Eine besondere Form des Bundeling ist die Verbindung eines kostenpflichtigen mit einem kostenlosen Produkt. So werden in der Telekommunikationsbranche oftmals zu einem normalen Angebot Freigespräche in einem bestimmten Umfang angeboten. Manchmal sieht man Bundeling der Form „Zahl ein (Produkt), bekomme zwei (Produkte)". Auch hier geht es um Umsatzsteigerung, aber in Form der Gewinnung von Neukunden.

Finanzierungen und Mietgestaltungen: Viele Kunden können oder wollen den Preis für ein Produkt oder eine Dienstleistung nicht sofort bezahlen. Gerade größere Summen stellen ein besonderes Kaufhindernis dar. Heutzutage kann sich kaum noch jemand vorstellen, ein Auto in einem einzigen Betrag zu bezahlen. Finanzierungen und Mietgestaltungen sind aus dem Konsumentenbereich sowie aus dem gewerblichen Bereich nicht mehr wegzudenken. Folgende Optionen stehen zur Verfügung:

- Finanzkauf: Beim Finanzkauf wird der Kaufpreis über mehrere Raten abgezahlt. Manchmal beginnen die Ratenzahlungen erst lange nach dem Kauf. In die Raten werden normalerweise die Finanzierungskosten in Form von Zinsen und Abwicklungsgebühren eingerechnet.

- Leasing: Beim Leasing wird der Kunde gegen Zahlung einer Leasingrate zeitweiliger Nutzer des Produkts. Die Ausgestaltungen sind vielfach. Stellschrauben sind einmalige Anzahlungen, Höhe und Laufzeit der Leasingsraten, Schlusszahlungen, Verteilung der Pflichten während der Nutzungsdauer usw. Leasing kann dabei dem Finanzkauf ähneln oder einer einfachen Miete sehr nahe kommen.

- Nutzungsgebühr: Während Finanzkauf und Leasing unabhängig von der tatsächlichen Nutzung des erworbenen Produktes sind, ist bei der Nutzungsgebühr die Nutzung der alleinige Zahlungsgrund. Der Hersteller übernimmt damit effektiv einen Teil des Geschäftsrisikos des Kunden. Unternehmensseitig sind diese Gebühren nur schwer zu kalkulieren. Sie machen nur dort Sinn, wo auch der Kunde ein Interesse an der Nutzung hat, z. B. weil er damit Geld verdient. So könnte man die Röhre einer Röntgenanlage eines Arztes auch gegen Nutzung bepreisen – denn auch der Arzt verdient Geld mit der Nutzung der Röhre. Nutzungsgebühren bieten sich, unter der genannten Voraussetzung gleichgerichteter Interessen zwischen Hersteller und Kunde, vor allem in wettbewerbsintensiven Märkten an.

Finanzierungen oder Mietgestaltungen müssen nicht von Ihnen selbst angeboten werden. Es gibt hier eine Reihe von Unternehmen, die sich auf dieses Geschäft spezialisiert haben. Sie sollten aber, wenn diese Option für Ihr Unternehmen interessant sein könnte, für eine reibungslose Abwicklung sorgen, um die Nutzung der Finanzierung durch Ihre Kunden möglichst einfach zu halten.

Preissplitting: Preise können in verschiedenartige Komponenten unterteilt werden. Denkbar sind einmalige Preise, laufende fixe Gebühren und laufende variable Gebühren. Diese können mit anderen Produkten gebündelt werden. Preissplittungen können aus der unternehmensinternen Sicht eines bestimmten Kostenanfalls entstehen. Eine einmalige Gebühr wird für die Einrichtung erhoben, eine fixe laufende Gebühr für die Bereitstellung der Infrastruktur und eine variable laufende Gebühr für die tatsächliche Nutzung. Preissplittungen haben aber auch den zumindest kurzfristigen Vorteil für das anbietende Unternehmen, dass die Preise kaum noch vergleichbar sind. Um derart strukturierte Preise vergleichen zu können, muss der Kunde ein festes Nutzungsverhalten in der Zukunft annehmen. Nur so kann er den besten Preis auswählen. Weicht sein Nutzungsverhalten aber von seiner Projektion ab, ist der ursprünglich beste Preis schnell nur noch mittelmäßig. Das Risiko wird hier vom Unternehmen auf den Kunden verlagert.

Auch hier ist die Telekommunikationsbranche das ideale Beispiel. Exzessive Preissplittung war dort zumindest in der Vergangenheit der Standard. Mit zunehmender Konkurrenz setzen sich aber wieder einfachere Modelle durch. Die alten Tarife sind für Kunden einfach zu wenig transparent und daher zu riskant. Einfache Tarife, selbst wenn sie im Nachhinein nicht günstiger sind als ein komplizierter Tarif, werden aufgrund der höheren Transparenz und Kostensicherheit bevorzugt.

Preisnachlässe: Die typischen Preisnachlässe dürfen bei einer Auflistung der Optionen nicht fehlen. Sonderangebote sind dabei nur ein Teil der Preisnachlässe. Preisnachlässe können gezielt eingesetzt werden, um bestimmte Kundengruppen zu bevorzugen oder ein bestimmtes Kundenverhalten zu sichern. Es gibt folgende Möglichkeiten:

- Mengenrabatte: Kunden wird ab einer bestimmten Einkaufsmenge ein Rabatt eingeräumt. Oft gibt es mehrere Rabattstufen.

- Skonto: Bei fristgerechter Zahlung der Rechnungen können Kunden einen Preisabschlag einkalkulieren. Der Abschlag liegt im unteren Prozentbereich.

- Rahmenverträge: Aufgrund individuell verhandelter Rahmenverträge legen Sie die Preise für einen Kunden für einen fixen Zeitraum, meist ein Jahr, fest. Im Endeffekt geht es um einen individuellen Mengenrabatt.

- Sonderangebote: Für bestimmte Produkte werden Preisnachlässe gegeben, um den Verkauf anzukurbeln.

3. Vertriebskanäle

Auswahl, Aufbau und Pflege der Vertriebskanäle sind zentrale unternehmerische Aufgaben. Die Unternehmensleitung betrachtet die Vertriebskanäle als hochsensibel und versucht, diese möglichst störungsfrei zu führen. Wird im Unternehmen umstrukturiert, werden oft die Vertriebskanäle und die dafür zuständigen Mitarbeiter von der Umstrukturierung ausgenommen. Die Umstrukturierung der Vertriebskanäle wird sehr häufig als letzte Option zur Steigerung der Produktivität gesehen. Der Grund ist einleuchtend: Wenn die Vertriebskanäle nicht mehr reibungslos funktionieren, sinkt der Umsatz. Jede Krise verstärkt sich damit sofort. Viele, die Vertriebskanäle betreffende Entscheidungen sind nur schwer umkehrbar. Denn der Aufbau von Vertriebskanälen braucht sehr viel Zeit. Zudem schließen sich bestimmte Vertriebskanäle untereinander aus, so dass „sanfte" Übergänge von einem Vertriebskanal zu einem anderen nicht möglich sind.

Beispiel

Die schwierige Änderung von Vertriebskanälen. Die großen Unternehmen der PC-Hardwarebranche wie HP und IBM verkaufen ihre Produkte über Händler, also den stationären Vertrieb. Die Händlernetze wurden in jahrelanger Arbeit mühevoll aufgebaut. Dell setzte dagegen auf den Direktvertrieb über verschiedene Vertriebskanäle wie Internet oder Kataloge und Fernsehen in Verbindung mit Call-Centern. Der Direktvertrieb hat sich als sehr gute, vielleicht sogar die bessere Alternative erwiesen. Auf jeden Fall wird dadurch die dem Handel zukommende Marge eingespart und das Geschäft profitabler gestaltet. Ein sanfter Wechsel von HP und IBM hin zum Direktvertrieb würde den gegenwärtigen Vertriebskanal in Form des Händlernetzwerks massiv gefährden. Viele Händler würden die Produkte von HP und IBM auslisten, d. h. nicht mehr führen. Dies hat mehrere Gründe: Ein Wechsel des Vertriebskanals würde das Geschäft derjenigen Händler gefährden, die von diesen Produkten ihren Umsatz bestritten haben. Die Händler könnten durch das Auslisten ihre Macht demonstrieren und den Hersteller so zu einem Umdenken zwingen. Zudem müssten sie sich mittelfristig ohnehin auf neue Produkte umstellen. Schließlich würde ihnen auch die Preiskompetenz genommen. Durch den direkten Vertriebskanal würden die Konditionen zumindest nach oben hin fixiert werden.

Erfolgreiche Vertriebskanäle sind einer der größten unternehmerischen Werte, die Sie als Gründer schaffen. Sie garantieren zu einem größeren Ausmaß die Planbarkeit des Umsatzes und zudem eine leichtere Markteinführung neuer Produkte. Vertriebskanäle stehen in engem Zusammenhang mit anderen „Kanälen". Abbildung 14 gibt einen Überblick. Über die Kommunikationskanäle wird das Produkt beworben bzw. erfährt der Kunde, wo er das Produkt kaufen kann. Der Vertriebskanal gibt den physischen oder virtuellen Ort bzw. die Methode an, wo und wie das Produkt gekauft werden kann. Über die Lieferkanäle wird das Produkt an den Kunden geliefert. Über die Servicekanäle wird der für das Produkt notwendige Service, z. B. Finanzierungen, Installationen, Reparaturen, geleistet. Im Fall von Dell sind Internet und Call-Center die Vertriebskanäle, Expresslieferdienste der Lieferkanal und Vertragshändler vor Ort bzw. Rücksendungen per Expresslieferdienst der Servicekanal. Die Kanäle sind nicht immer trennscharf zu unterscheiden bzw. sind identisch. Der Elektronikfachhandel ist Vertriebs-, Liefer- und Servicekanal zugleich. Ein Call-Center kann Kommunikations- und Vertriebskanal zugleich sein. Die Unterscheidung gibt jedoch eine gute Übersicht über die zu planenden unternehmerischen Entscheidungen.

Im Folgenden findet eine Konzentration auf die Vertriebskanäle mit einzelnen Referenzen zu Liefer- und Servicekanälen statt. Kommunikationskanäle werden später im Rahmen der Vermarktung behandelt.

Unternehmen nutzen im Regelfall mehr als einen Vertriebskanal, denn einzelne Kundengruppen bevorzugen unterschiedliche Vertriebskanäle. Durch die verschiedenen Vertriebskanäle kann die Zielgruppe möglichst umfangreich erreicht werden. Mehrere Vertriebskanäle erfordern wiederum eine erhöhte Aufmerksamkeit in der Steuerung. Vermarktungsmaßnahmen, Preissetzungen und Serviceleistungen müssen prinzipiell einheitlich über alle Vertriebskanäle hinweg gesetzt werden. Ausnahmen sind nur zugelassen, wenn man die Kunden zur Nutzung eines bestimmten – in der Regel preiswerteren – Kanals bewegen möchte. Man findet dies heute noch oft bei der Einführung von Online-Kanälen. Bei deren Nutzung gibt es manchmal noch Rabatte, Gutscheine oder Geschenke, die es bei der Nutzung anderer Vertriebskanäle nicht gibt.

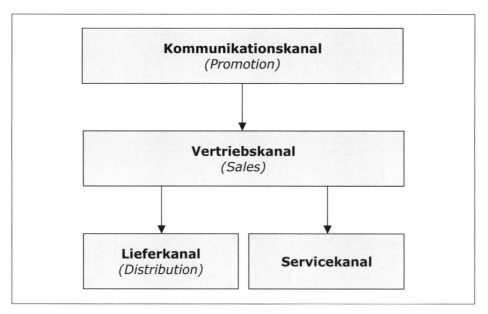

Abbildung 14: *Kundeninteraktionspunkte*

Beispiel

Einführung eines Servicekanals. Lufthansa führte gegen Ende des letzten Jahrhunderts elektronische Tickets ein. Wenn man kein Gepäck hat, war das Einchecken an einem Schalter nicht mehr erforderlich. Aus der Macht der Gewohnheit sowie aus Respekt vor den Touch-Screen-Automaten nutzten viele Kunden dennoch den Schalter weiter. Dies wiederum führte zu einem höheren Personalaufwand an den Schaltern. In einer Übergangsphase wurden daher Bedienstete der Lufthansa neben den Touch-Screen-Automaten postiert. Diese überzeugten unentschlossene Kunden, die Automaten zu nutzen, und halfen den Kunden zugleich bei der Bedienung. Die Einführung diesen neuen Servicekanals war zwar kurzfristig aufgrund eines größeren Personaleinsatzes teurer, mit der Etablierung des Servicekanals wurden auf Dauer jedoch Kosten eingespart.

Abbildung 15 gibt einen Überblick über denkbare Vertriebskanäle. Davon sollen nur die Wichtigsten genauer vorgestellt und später überblicksartig bewertet werden. Streng genommen ist der Vertriebskanal „Papier" eher dem Bereich Kommunikation als den Vertriebskanälen zuzuordnen. Denn die Bestellung wird so gut wie nie durch das Papier ausgelöst, sondern in der Folge über das Internet, ein Call-Center, ein Fax oder einen Brief. Dennoch ist er der Übersicht halber an dieser Stelle bereits aufgeführt, wird aber im Rahmen der Vermarktung genauer behandelt.

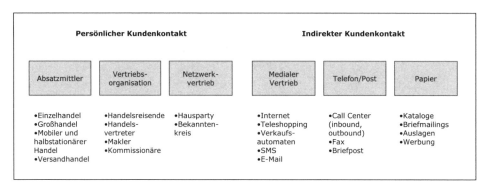

Abbildung 15: *Überblick Vertriebskanäle*

Die grundsätzliche Auswahl des Vertriebskanals ist nur ein Teil der notwendigen Entscheidungen. Von erheblicher Bedeutung ist auch die Frage, ob der Vertriebskanal selbst aufgebaut werden soll oder ob Strukturen Dritter genutzt werden sollen. Einige Vertriebskanäle tragen die Lösung dieser Frage bereits im Begriff. So wird z. B. als „Absatzmittler" eine fremde Organisation, als „Außendienst" die unternehmenseigene Vertriebsmannschaft bezeichnet. Es handelt sich dabei aber nur um Definitionen. Die eigentliche Entscheidung ist eine der folgenreichsten unternehmerischen Entscheidungen.

3.1 Eigener Standort

Für viele Gründer stellt sich die Frage nach dem eigenen Standort. Die Wahl des eigenen Standorts stellt oftmals die Weichen in Richtung Erfolg oder Misserfolg. Die Auswahl muss daher sorgfältig getroffen werden. Eine schnelle Änderung des Standorts ist meit nicht möglich (z. B. aufgrund einer festen Mietdauer), und die mit einem Standortwechsel verbundenen Kosten sind enorm. Gerade Gründer mit begrenztem Budget haben hierbei normalerweise nur einen Versuch.

Vorab ist zu erwähnen, dass nicht jede Standortwahl wirklich erfolgskritisch ist. Oftmals wird nicht zwischen Arten von Standorten unterschieden, was leicht zu Verwirrung führen kann. Ein Standort ist vor allem dann besonders erfolgskritisch, wenn er zugleich der wesentliche Vertriebskanal ist. Dies gilt z. B. für fast alle Arten des Einzelhandels. Je mehr andere Vertriebskanäle es gibt, desto weniger kritisch ist die Wahl des Standorts. Man kann daher am besten zwischen kundenrelevanten Standorten und abwicklungsrelevanten Standorten unterscheiden. Das klassische Beispiel eines kundenrelevanten Standorts ist das Ladengeschäft. Abwicklungsrelevante Standorte sind z. B. Produktionsstätten, Logistikzentren, Warenlager und klassische Büros. Die Auswahlkriterien dieser Standorte unterscheiden sich stark: Bei kundenrelevanten Standorten kommt es darauf an, möglichst viele kaufkräftige Kunden anzulocken. Bei abwicklungsrelevanten Standorten kommt es vor allem auf die vorhandene Infrastruktur, das Lohnniveau und die Qualität des vorhandenen Personals an.

Ein erster wichtiger Schritt zur Auswahl Ihres Standorts ist die Erkenntnis, ob für Ihr Geschäft der Standort ein wichtiges Thema zur Kundengewinnung ist. Wenn Sie auf Laufkundschaft angewiesen sind, ist dies eindeutig der Fall. Je weniger Sie auf Laufkundschaft angewiesen sind, desto weniger Gewicht kommt der Wahl eines kundenrelevanten Standorts zu. So sind Restaurants normalerweise auf Laufkundschaft angewiesen. Die Lage ist im Normalfall entscheidend. Wenn Sie aber ein ganz besonderes Restaurant betreiben, zu dem die Leute unbedingt kommen wollen, ist Ihr Standort (nicht aber der Aufbau Ihrer Geschäftsräume) nahezu egal. Copy-Shops suchen die Nähe zu Büros und Lehreinrichtungen, um Laufkundschaft zu generieren. Für ein Copy-Shop-Konzept, welches eher auf Outsourcing-Dienstleistungen setzt und direkt bei Firmen größere Aufträge akquiriert, ist der Standort weniger entscheidend. Gerne nimmt man Laufkundschaft mit, ist aber nicht darauf angewiesen.

Beispiel

> **Nicht immer ist die Lage entscheidend.** Der Drei-Sterne-Koch Heinz Winkler betreibt in Aschau im Chiemgau ein Hotel-Restaurant. Der Ort Aschau allein, mehr als eine Autostunde südlich von München, würde zu wenig Potential für das Restaurant bieten. Der Standort musste aber nicht nach dem Kriterium der Laufkundschaft oder auch nur der guten Erreichbarkeit gewählt werden. Die Bekanntheit von Heinz Winkler als Koch, der auch das Bundesverdienstkreuz erhalten hat, sichert die wirtschaftliche Existenz des Hotel-Restaurants ab. Die Kunden kommen aus ganz Deutschland und teilweise aus dem Ausland. Der Standort musste vor allem dem Image der Unternehmung und dem Betrieb eines Hotel-Restaurants gerecht werden.

Vereinfachend sollten Sie bei der Entscheidungsfindung zur Relevanz des Standorts folgende Annahme treffen: Wenn Sie keine anderen Vertriebs- oder Kommunikationskanäle kennen, auf deren Basis Sie die Mehrzahl Ihrer Kunden gewinnen können, sollten Sie zur Sicherheit davon ausgehen, dass Sie auf Laufkundschaft angewiesen sind. Der Standort ist damit entscheidend für das Gelingen Ihrer Geschäftsidee.

Man findet häufig einfache Checklisten, bei denen nicht nach Arten von Standorten unterschieden wird. Auch öffentliche Stellen geben im Rahmen ihrer Gründerberatung häufig derartige Checklisten heraus. Die Art des Standorts wird bei diesen Checklisten nur indirekt durch Gewichtung einzelner Faktoren berücksichtigt. Sie sind daher mit Vorsicht zu genießen, insbesondere, wenn versucht wird, rechnerisch über gewichtete Faktoren den besten Standort zu ermitteln. Bei kundenrelevanten Standorten ist der Faktor Kundenpotential ein Filter, kein hoch gewichtetes Kriterium neben andere Kriterien. Nur ein Standort, der ausreichend Kunden verspricht, darf in die Wahl einbezogen werden, egal wie gut er alle anderen Kriterien erfüllt. So können Ihre Geschäftsräume sehr gut für Ihre Art von Geschäft geeignet sein, wenn Sie aber nicht ausreichend Kunden anziehen, kann dieser Umstand die fehlenden Kunden nicht kompensieren. Der Vorteil der Checklisten liegt vor allem in der Erkennung von Faktoren, die generell in die Entscheidung einfließen sollten.

An dieser Stelle sollen vor allem kundenrelevante Standorte behandelt werden, denn nur diese haben eine vertriebliche Bedeutung. Obwohl viele abwicklungsrelevante Aspekte auch für kundenrelevante Standorte gelten, sollen diese hier nicht eingehend dargestellt werden. Der Prozess zur Standortsuche ist zweigeteilt: Auswahl eines Standorts und Auswahl der Geschäftsräume am Standort.

3.1.1 Auswahl eines Standorts

Unter Standort werden umgangssprachlich oft konkrete Geschäftsräume verstanden. Ein Standort kann jedoch auch ein Gebiet bezeichnen, z. B. ein Land, eine Stadt, einen Bezirk, die Nachbarschaft, einen Straßenzug usw. Ihr Ziel muss es sein, die Eignung eines Standorts möglichst auf Ebene konkreter Geschäftsräume zu prüfen. Dieser Prozess ist mehrstufig, mit den in Abbildung 16 aufgezeigten Komponenten.

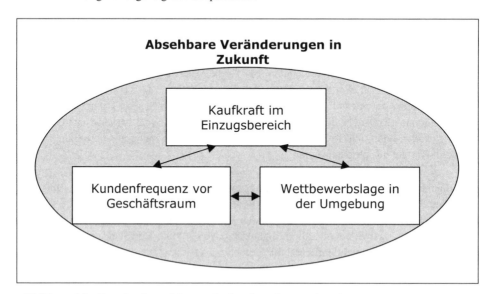

Abbildung 16: Entscheidungsfaktoren für kundenrelevante Standorte

Das wesentliche Kriterium für die Auswahl eines Gebietes ist die Kaufkraft. Die Kaufkraft hängt insbesondere vom Einkommen der Bevölkerung in der betrachteten Region ab. Oft wird die Kaufkraft nicht absolut, sondern relativ zum Bundesdurchschnitt gemessen. Die Einheit ist also Prozent. Werte über 100 % sind möglich und deuten ein besonders einkommensstarkes Gebiet an. Kaufkraftkennziffern gibt es in Einzelfällen bis hinunter auf Straßenzüge, jedoch nicht für alle Straßen. Standardmäßig sind Kaufkraftkennziffern für Städte oder Stadtteile größerer Städte verfügbar. Tendenziell sollte man sich, wenn man wirklich die Wahl zwischen Städten oder Stadtteilen hat, diejenigen mit der höchsten Kaufkraft heraussuchen.

Die Kaufkraft als generelle Maßzahl spiegelt jedoch nur einen Teil der relevanten Verhältnisse vor Ort wider. Branchenspezifische Kaufkraftniveaus wären aussagekräftiger. In diesen spiegelt sich das Ausgabeverhalten bezüglich einer Branche in der Region wider. Dieses Ausgabeverhalten unterscheidet sich regional beträchtlich. Derartige Kennzahlen sind allerdings nur für eine begrenzte Zahl von Branchen und regelmäßig nur auf Städteebene verfügbar. Für Kaufkraftdaten gibt es verschiedene Anbieter. Als wichtigste Anbieter sind das Statistische Bundesamt, die Gesellschaft für Konsumgüterforschung (GfK) und die Nielsen-Marktforschung zu nennen.

Auf Städteebene trifft man häufig noch auf die Bezeichnung Einzelhandelszentralität. Mit dieser Kennzahl wird versucht, die Einflüsse des Umlands auf ein bestimmtes Gebiet zu erfassen. Eine von weiten ländlichen Flächen umgebene Stadt zieht regelmäßig mehr Kaufkraft an, als anhand der Bewohner der Stadt vermutet werden könnte. Die Einzelhandelszentralität ist definiert durch das Verhältnis des im Gebiet getätigten Einzelhandelsumsatzes zu der im Gebiet vorhandenen Nachfrage. Je größer diese Kennzahl ist, umso höher ist die tatsächliche Kaufkraft im Gebiet.

Kaufkraftniveaus und verwandte Kennzahlen bilden einen guten ersten Anhaltspunkt für die Wahl eines Erfolg versprechenden Gebiets. Sie können damit abschätzen, ob in Ihrem Gebiet kaufkräftige und -freudige Leute ansässig sind oder nicht. Wichtig ist nun die Festlegung auf einen kleineren Bereich und dort die konkrete Wahl der Geschäftsräume innerhalb des Gebiets. Es muss sichergestellt sein, dass Sie auch tatsächlich vom vorhandenen Kaufkraftpotential profitieren, d. h. dass die Konsumenten den Weg zu Ihnen auch finden.

Laufkundschaft finden Sie vor allem in bekannten Einkaufsgegenden, die die Menschen zum Einkaufen aufsuchen (dies gilt auch für die Gastronomie, wobei hier zusätzlich die Ausgehviertel eine große Rolle spielen). Dies sind vor allem Geschäftsstraßen bzw. Fußgängerzonen, Shopping-Center und bestimmte Gewerbegebiete. Der Trend einer Ballung von Einzelhandelsgeschäften wird sich auch in Zukunft ungemindert fortsetzen. Umso mehr Vorsicht müssen Sie walten lassen, wenn Sie sich außerhalb dieser Ballungszentren niederlassen wollen. Die Attraktivität von Einkaufsgegenden hängt vom bestehenden Angebot ab. Dabei kommt den großen Ketten (Bekleidungs-, Elektronik-, Lebensmittelgeschäfte) eine besondere Rolle zu, denn diese locken durch Werbung oder einfach durch ihre Existenz zahlreiche Kunden an (für Kunden attraktive Anbieter werden in Shopping-Centern auch als „Magnetmieter" bezeichnet). Für viele Gründer, deren Geschäft Laufkundschaft benötigt, ist ein Standort zumindest in der Nähe einer solchen Einkaufsgegend wichtig. Wie bereits angemerkt, gibt es auch innerhalb der Einkaufsgegenden beträchtliche Unterschiede. In einem Shopping-Center sind z. B. die dunkleren und weniger weitläufigen Bereiche weniger stark frequentiert als andere Bereiche. Die Mehrheit der Besucher geht zudem rechtsherum durch ein Shopping-Center. Immobilienmakler nutzen oft die Ausdrücke 1a- oder 1b-Lagen, um die Attraktivität eines Standorts genauer zu kennzeichnen. An dieser Stelle sollte man allerdings keinen offiziellen Angaben trauen. Wenn Sie sich für eine Einkaufsgegend in einem Gebiet mit passender Kaufkraft entschieden haben, müssen Sie selbst tätig werden. Sie müssen prüfen, wie sich unter den aktuellen Umständen die Kundenströme bewegen. Dazu sollten Sie sich zu verschiedenen Geschäftszeiten an verschiedenen Tagen vor verschiedene Geschäftsräume Ihrer Wahl stellen und die vorbeigehenden Kunden zählen. Denn dies ist die Basis für die Laufkundschaft, die Ihnen Ihren Umsatz bringen soll.

Neben einer eigenhändigen Prüfung vor Ort sollten Sie offensichtliche Faktoren für Kundenbewegungen in Ihre Bewertung einfließen lassen, wie z. B.:

- Verkehrsanbindung Ihres Standorts
- Vorhandene Parkflächen in der näheren Umgebung
- Lagepläne der näheren Umgebung, aus denen offensichtliche Kundenströme (z. B. zu Parkplätzen) hervorgehen

Nach dieser Beurteilung der Kundenbewegungen sind weitere kundenrelevante Aspekte zu prüfen:

- Image der Einkaufsgegend: Einkaufsgegenden haben ein Image, welches normalerweise in die drei Kategorien teuer, normal, billig eingestuft werden kann. Ihr Geschäftskonzept sollte in dieses Image hineinpassen. Wo nur hochwertige Geschäfte sind, passt ein Discounter nicht hin und umgekehrt. Mittels Kaufkraftkennziffern erkennt man das Image einer Gegend nur selten eindeutig.

- Wettbewerbslage heute und in Zukunft: Sie sollten natürlich möglichst weit weg von potenziellen Wettbewerbern Ihren Standort haben. An bestimmten Standorten können Sie sich sogar Exklusivität vom Betreiber zusichern lassen.

- Geplante bauliche Maßnahmen im Einzugsgebiet sowie in Ihrer direkten Umgebung: Bauliche Maßnahmen ergeben sich u.a. aus den Bebauungsplänen, die beim zuständigen Bauamt vorliegen. Änderungen können z. B. die Straßenverkehrsführung, die Fußgängerführung sowie den öffentlichen Personennahverkehr betreffen und erheblichen Einfluss auf die Kundenströme haben.

- Zukünftige Entwicklung der Bevölkerung und entsprechend der Kaufkraft.

Schließlich gibt es zahlreiche Vorschriften, die die Wahl eines Standortes einschränken können. Flächennutzungspläne sowie Bebauungspläne sind das Ergebnis dieser Vorschriften, verdeutlichen also die Bebauungsziele des Gesetzgebers und schränken privatwirtschaftliche Aktivitäten ein. Flächennutzungspläne und Bebauungspläne werden dabei in Übereinstimmung mit den Regelungen der Baunutzungsverordnung (BauNVO), speziell §§ 2–11 BauN-

VO, aufgestellt. Danach dürfen sich bestimmte Gewerbe in bestimmten Gebieten gar nicht oder nur nach sehr langwierigen Prüfverfahren niederlassen.

Mittels obiger Prüfungskriterien können Sie die Eignung eines Standorts zur Generierung kaufkräftiger Kunden testen. Ein Standort, der alle Kriterien zu Ihrer Zufriedenheit erfüllt, ist als geeignet zur Generierung der für Ihre Geschäftsidee erforderlichen Kundschaft einzustufen. Als nächster Schritt sind die Geschäftsräume selbst sowie die nähere Umgebung zu prüfen. Nunmehr geht es mehr um abwicklungsrelevante Aspekte.

3.1.2 Wahl der Geschäftsräume

Für die Beurteilung von Geschäftsräumen wichtige Kriterien können am besten stichwortartig aufgezählt werden. Die Wichtigkeit eines jeden Kriteriums hängt von Ihrem Geschäftsvorhaben ab. Allgemeingültige Abstufungen gibt es daher nicht:

- Miethöhe
- Größe und Schnitt der Geschäftsräume sowie Entwicklungspotenzial für spätere Ausdehnung des Geschäfts
- Vorhandene Infrastruktur in Form ausreichender Versorgungsanschlüsse und technischer Ausstattung (EDV-Verkabelung, Aufzüge)
- Zusätzlich erforderliche Investitionskosten für Umbauten
- Äußeres Erscheinungsbild des Gebäudes
- Größe und Lage der Fensterflächen
- Zugangsmöglichkeit zu den Geschäftsräumen
- Möglichkeiten zur Anbringung von Außenwerbung
- Vorhandene Parkmöglichkeiten
- Anlieferungsmöglichkeiten, Lieferantenzugänge

Darüber hinaus muss unbedingt beachtet werden, dass die Nutzung Ihrer Geschäftsräume einer Vielzahl rechtlicher Beschränkungen, die mit dem Standort selbst sowie seiner konkreten betrieblichen Nutzung zusammenhängen, unterliegt. Eine komplette Übersicht aller denkbaren Vorschriften kann an dieser Stelle nicht gegeben werden. Um einen Überblick über die für Sie geltenden Vorschriften zu erhalten, sollten Sie sich an Ihre zuständige Berufsgenossenschaft, das Gewerbeamt sowie das Umweltamt wenden. Im Folgenden wird ein Ausschnitt der zu beachtenden Regelungen sowie erforderlicher Anträge vorgestellt:

- Beantragung zur gewerblichen Nutzung der Räumlichkeiten, wenn nicht vorhanden
- Eventuell Beantragung einer Nutzungsänderungen, wenn sie bestehende Geschäftsräume übernehmen

- Beachtung baurechtlicher Bestimmungen; Bauantrag bei Neubau oder Veränderungen
- Beachtung der Arbeitsstättenverordnung (ArbStättV) und der entsprechenden Richtlinien, die einige Einzelheiten zur Gestaltung und Einrichtung der Arbeitsstätte enthalten
- Beachtung des Arbeitsschutzgesetz (ArbSchG)
- Beachtung verschiedener Umweltschutzbestimmungen

3.2 Absatzmittler

Die Entscheidung für einen eigenen Verkaufsstandort (oder mehrere eigene Verkaufsstandorte) ist vor allem eine Entscheidung für Handels- und Dienstleistungskonzepte. Für das produzierende Gewerbe stellt sich die Frage nach einem Verkaufsstandort nur selten. Das produzierende Gewerbe nutzt, neben dem Außendienst, vor allem Absatzmittler als Vertriebskanäle. Auch Absatzmittler ist kein eindeutig definierter Begriff. Oftmals wird unter Absatzmittler ein rechtlich und wirtschaftlich selbständiges Unternehmen verstanden, das hauptsächlich Vertriebstätigkeiten entfaltet. Damit ist der Begriff sehr allgemein und umfasst auch den Handelsvertreter und ähnliche Formen. Der Begriff soll hier enger als Sammelbegriff für die drei Handelsformen Groß-, Einzel-, Versandhandel sowie spezielle Servicegeschäfte, die als Teil der Dienstleistungserbringung auch Material verkaufen, verwendet werden. Letzteres sind vor allem Handwerksbetriebe.

Absatzmittler können als urtypische Form eines Vertriebskanals gesehen werden. Ihnen kommt damit erhebliche Bedeutung zu. Nach den Stufen der genutzten Absatzmittler unterscheidet man den einstufigen und den mehrstufigen indirekten Vertrieb. Bei der ersten Form wird der Einzelhandel direkt beliefert. Bei der zweiten Form wird zunächst der Großhandel beliefert, der dann den Einzelhandel beliefert. Welcher Weg der bessere ist, kann nicht pauschal geklärt werden. Auch die Wahl der jeweiligen Absatzmittler will gut überlegt sein. Im Endeffekt geht es darum, möglichst viele Kunden der angestrebten Zielgruppe mit den zur Verfügung stehenden Mitteln zu erreichen. Sind z. B. die Logistikkapazitäten begrenzt, sind Großhändler mit entsprechenden Distributionsfähigkeiten der beste Einstieg. Eine direkte Belieferung von Einzelhändlern findet in der Regel nur dann statt, wenn die Einzelhändler über ein vertragliches Vertriebssystem (siehe dazu weiter unten) an den Hersteller gebunden sind. Nur so kann sich der Hersteller sicher sein, mit einer begrenzten Zahl von Absatzmittlern den Markt ausreichend gut abzudecken. Eine Ausnahme von dieser Regel ist die direkte Belieferung großer Einzelhandelsketten, die ohnehin seltener über den Großhandel einkaufen.

Absatzmittler als Vertriebskanäle sind ein äußerst wichtiges Thema. Auf der einen Seite wird die Position einzelner Absatzmittler immer stärker. Die Erkenntnis, dass letztendlich der Absatz der eigenen Produkte und Leistungen die Grundvoraussetzung für den Unternehmenserfolg ist, setzt sich durch. Treiber dieser Entwicklung ist die hohe Zahl von Wettbewerbern, die um die begrenzte Aufmerksamkeit und das begrenzte Budget der Kunden streiten. Diese Situation führt zu großer Marktmacht bestimmter Absatzmittler, z. B. mächtiger Einzelhandelsketten. Die Aufnahme in deren Sortiment sowie die Positionierung müssen teuer erkauft werden. Auf der anderen Seite versuchen die Hersteller, der Machtballung im Handel auszuweichen, indem sie Händler an sich ketten oder eigene Handelsketten aufzubauen. Welcher der zwei dargestellten Wege möglich ist, ist eine Frage von Machtverhältnissen. Ein Hersteller mit einer breiten Produktpalette, die umfassend beworben wird und beim Endkunden bekannt ist, kann Händler an sich binden. Der Händler hat den Vorteil, ein gutes Produkt anbieten und von den Werbemaßnahmen des Herstellers direkt profitieren zu können. Durch die Marktmacht kann der Hersteller vom Händler zahlreiche Zugeständnisse verlangen. Ein wesentlicher Treiber ist das Branding des Herstellers. Hat ein Hersteller keine Marktmacht, da seine Produkte nur wenig bekannt sind, muss er sich mit größeren Anstrengungen und Kosten beim Handel platzieren. Er wird Zugeständnisse machen müssen. Hat ein Händler umgekehrt Marktmacht durch seinen Zugriff auf eine Vielzahl von Kunden oder eine eigene Marke, wird er Herstellern gegenüber kaum Zugeständnisse machen. Vielmehr wird er Listungs- und Platzierungsgebühren verlangen. Hat ein Händler diese Marktmacht nicht, wird er umgekehrt zu Zugeständnissen bereit sein, um gute Produkte anbieten zu können.

Es gibt somit keine standardisierte ideale Nutzung von Absatzmittlern. Die Rahmenbedingungen sind entscheidend und können sich im Zeitablauf stark verändern. Abbildung 17 zeigt entsprechend nur eine Tendenz der Gestaltung der Zusammenarbeit mit Absatzmittlern.

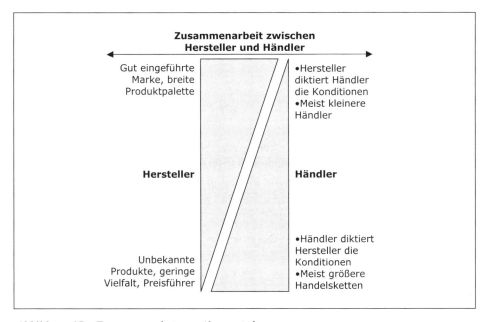

Abbildung 17: Zusammenarbeit mit Absatzmittlern

Da die Zusammenarbeit mit Absatzmittlern nicht standardisiert werden kann, kommt dem Management der Absatzmittler eine äußerst große Bedeutung zu. In größeren Unternehmen ist diese Aufgabe oft der Marketingabteilung angegliedert. Auch in kleineren Unternehmen darf die Wichtigkeit dieser Aufgabe keinesfalls unterschätzt werden.

Die Obergruppen von Absatzmittlern – Einzelhandel, Großhandel und Versandhandel – werden vielfach weiter untergliedert. Diese Untergliederungen haben keine grundsätzliche Relevanz für die Geschäftsplanung und werden auch inhaltlich nicht immer eindeutig verwandt. Dennoch sollte man mit den Begriffen vertraut sein, die in Tabelle 14 und Tabelle 15 detaillierter aufgezeigt werden. Zum Einzelhandel wird regelmäßig auch der Versandhandel gezählt.

Handelstyp	Beschreibung
Warenhaus	■ Einzelhandelsgeschäfte mit einer Verkaufsfläche von über 5.000 qm, i. d. R. mit gemischtem Angebot im Food- und Non-Food-Bereich ■ Wenn vorrangig Selbstbedienung, dann oft als „SB-Warenhäuser" bezeichnet
Kaufhaus	■ Einzelhandelsgeschäfte mit einer Verkaufsfläche von über 1.000 qm, Fokus auf eine Branche ■ Begriffe Kaufhaus und Warenhaus oft gleichbedeutend genutzt ■ Ein Beispiel sind Bekleidungskaufhäuser
Verbrauchermarkt	■ Einzelhandelsgeschäfte mit einer Verkaufsfläche von über 800 qm, i. d. R. mit gemischtem Angebot im Food- und Non-Food-Bereich ■ Manchmal Unterteilung in kleine (800 – 1.500 qm) und große Verbrauchermärkte (1.500 – 5.000 qm)
Supermarkt	■ Einzelhandelsgeschäfte mit einer Verkaufsfläche von 400 – 800 qm ■ i. d. R. mit Schwerpunkt Lebensmittel
Discounter	■ Einzelhandelsgeschäfte, die sich auf preiswerte Produkte konzentrieren ■ i. d. R. mit Schwerpunkt Lebensmittel

Handelstyp	Beschreibung
Fachmarkt	▪ Einzelhandelsgeschäft im Non-Food-Bereich mit Fokus auf eine Branche, großer Verkaufsfläche und Niedrigpreisstrategie ▪ Typisch im Bereich Möbel, Garten, Elektronik, Schuhe, Bekleidung usw.
Fachgeschäft	▪ Einzelhandelsgeschäft im Non-Food-Bereich mit Fokus auf eine Branche, kleinere Verkaufsfläche, umfassende Serviceleistungen, mittleres Preissegment ▪ Typisch im Bereich Bekleidung, Elektronik, Fotografie, Spielwaren usw.
Spezialgeschäft	▪ Einzelhandelsgeschäft im Non-Food-Bereich mit Fokus auf eine Nischenbranche, kleinere Verkaufsfläche, umfassende Serviceleistungen, hochpreisig ▪ Typisch im Bereich Schmuck, Bekleidung, Elektronik, Fotografie, Spielwaren usw.
Halbstationärer oder ambulanter Einzelhandel	▪ Einzelhandelsformen ohne dauerhaft feste Verkaufsräume ▪ Beispiele sind mobile Verkaufsstände, Marktstände, Kaffee-Fahrten

Tabelle 14:   Geschäftstypen im Einzelhandel

Handelstyp	Beschreibung
Zustellgroßhandel	▪ Großhandel, der die Waren dem Käufer zustellt ▪ Der Warenübergang findet beim Abnehmer statt
Streckengroßhandel	▪ Der Großhändler selbst unterhält kein Warenlager ▪ Bei Bestellung wird direkt vom Produzenten an den Abnehmer geliefert
Sortimentsgroßhandel	▪ Großhandel mit breitem und flachem Angebot ▪ Oft branchenübergreifend

Handelstyp	Beschreibung
Spezialgroßhandel	▪ Großhandel mit schmalem und tiefem Angebot ▪ Auf eine Branche begrenzt
Cash-and-carry	▪ Großhändler agiert im Wesentlichen wie ein Einzelhändler, d. h. er betreibt das Geschäft, stellt Sortiment zusammen, bestellt ausreichende Vorräte und verkauft vor Ort ▪ Es gilt das Prinzip der Selbstbedienung
Rack-Jobber-Großhandel	▪ Großhändler, der zudem als Einzelhändler agiert ▪ Der Rack-Jobber kauft Regalfläche im Einzelhandel und verkauft dort direkt an Endkunden (rack = Regal, jobber = Großhändler)

Tabelle 15: *Geschäftstypen im Großhandel*

3.2.1 Marktmacht beim Hersteller

Hersteller versuchen, den Handel zu ihrem Vorteil zu beeinflussen oder zu binden. Je mehr Marktmacht der Hersteller hat, umso stärker wird er versuchen, Einfluss zunehmen. Auf Unternehmensgründungen wird dieser Umstand aber in den Anfangsjahren selten zutreffen. Die typischsten Bindungen sind Folgende:

▪ **Bezugsbindungen:** Der Hersteller legt dem Absatzmittler die Pflicht auf, bestimmte oder alle Waren nur von ihm oder anderen zugelassenen Lieferanten zu beziehen.

▪ **Vertriebsbindungen:** Der Hersteller begrenzt den Kundenkreis des Absatzmittlers durch räumliche Begrenzung des Absatzgebiets (in verschiedenen Ausgestaltungsformen) oder Begrenzung des Angebots auf bestimmte Kundengruppen.

▪ **Serviceleistungen:** Der Hersteller fordert vom Absatzmittler die Erbringung bestimmter Serviceleistungen für seine Produkte, wie z. B. Kundenservice, Kundenschulungen, Beschwerdehandling und Abwicklung der Gewährleistung und Garantie.

Die vertragliche Vorgabe von Preisen (so genannte Preisbindung der zweiten Hand) ist dagegen nicht mehr erlaubt. Mit der Buchpreisbindung besteht hier allerdings noch eine Ausnahme.

Die Einflussnahme von Herstellern auf Absatzmittler wird normalerweise vertraglich abgesichert. Man unterscheidet dabei regelmäßig vier vertragliche Vertriebssysteme, die in Tabelle 16 dargestellt werden.

Vertriebssystem	Beschreibung
Vertriebsbindungssysteme (Selektivvertrieb)	■ Nur ausgewählte Absatzmittler sollen in das Vertriebssystem aufgenommen werden; deren Vertriebsrecht ist jedoch oftmals eingeschränkt (regional, kundenspezifisch) ■ Der Absatzmittler verpflichtet sich im Gegenzug zu bestimmten Absatzfördermaßnahmen und weiterem Service
Alleinvertriebssysteme (Exklusivvertrieb)	■ Einzelnen Absatzmittlern werden Exklusivrechte für den Vertrieb eingeräumt (regional, kundenspezifisch) ■ Im Gegenzug verpflichtet sich der Absatzmittler zur umfangreichen Sortimentslistung des Herstellers, zu bestimmten Absatzfördermaßnahmen und weiterem Service ■ Oft werden Konkurrenzprodukte des Herstellers vom Sortiment des Absatzmittlers ausgeschlossen
Vertragshändlersysteme	■ Baut i. d. R. auf einem Alleinvertriebssystem auf ■ Absatzmittler wird langfristig gebunden, handelt aber auf eigenen Namen und eigene Rechnung ■ Konkurrenzprodukte des Herstellers werden vom Sortiment des Absatzmittlers ausgeschlossen
Franchisesysteme	■ Ein Franchisegeber stellt einem Franchisenehmer ein umfassendes Geschäftsmodell zur Verfügung ■ Häufig ist dies mit einem weiteren Vertriebsbindungssystem gekoppelt

Tabelle 16: Vertragliche Vertriebsbindungssysteme

Vertriebsbindungssysteme verursachen einerseits eine Abhängigkeit des Absatzmittlers vom Hersteller, andererseits können sie den Weg für den Vertrieb von Konkurrenzprodukten verstellen. Beide Effekte können erhebliche rechtliche Konsequenzen haben. Die Abhängigkeit des Absatzmittlers wird umso größer, je näher sich der Vertragstyp an ein Vertragshändlersystem annähert. Die Rechtsprechung hat hierfür detaillierte Kriterien entwickelt. Ein Vertragshändlerrecht gibt es nicht explizit, jedoch werden in Teilen die Regelungen für Handelsvertreter angewendet (obwohl Vertragshändler im Gegensatz zu Handelsvertretern selbst Verträge mit dem Kunden schließen). Insbesondere können vertragliche Vertriebssysteme damit einen Ausgleichsanspruch nach § 89b HGB folgen, den die meisten Hersteller aufgrund möglicher hoher Kosten gerne vermeiden wollen. Die Geltung eines Ausgleichsanspruchs erfordert für einen Handelsvertretervertrag typische Regelungen im Vertrag mit dem Vertragshändler. Beispiele dafür sind die Zuweisung eines Vertriebsgebiets, die Einbindung in die Vertriebsplanung des Herstellers, Vorschriften zur Lagerhaltung, Werbung, Kundenbetreuung und Schulung sowie Berichtspflichten. Enthält der Vertrag auch eine Pflicht zur Überlassung des Kundenstamms, ist dies ein besonders starkes Indiz für die Geltung von § 89b HGB.

Der mit einem vertraglichen Vertriebssystem oft einhergehende Ausschluss von Konkurrenten ist wettbewerbsrechtlich bedeutsam. Es kann unter Umständen wettbewerbsrechtlich verboten sein, wenn ein Wettbewerber seine Marktmacht derart ausnutzt, dass er andere Wettbewerber ihrer Chancen von vorneherein beraubt.

3.2.2 Marktmacht beim Händler

Händler mit Marktmacht können sich die von ihnen vertriebenen Produkte sehr sorgfältig aussuchen. Oftmals sind die gebotenen Konditionen von Herstellern, die die Qualitätsführerschaft anstreben und eine starke Marke haben, für den Handel nicht rentabel. Zudem müssen diese Hersteller auch auf die passenden Rahmenbedingungen für den Vertrieb ihrer Produkte achten, wie z. B. ausreichenden Kundenservice, das Angebot zusätzlicher Serviceleistungen und die Gesamtausrichtung des Händlers. Diese Rahmenumstände erfüllen viele Händler nicht und fallen daher ohnehin als Absatzmittler aus.

Nur Unternehmen, die bereit sind, die vom Händler diktierten Konditionen zu akzeptieren, erhalten Zugang zu dessen Kundenpotential. Neben der Handelsspanne für den Händler, die die grundlegende Einnahmequelle darstellt, werden vom Hersteller zunehmend weitere Gebühren oder Leistungen verlangt. Viele Hersteller müssen diese Konditionen akzeptieren, um ihre Vertriebskanäle nicht zu gefährden, z. B. überhaupt eine ausreichende Größenklasse zu erreichen. Tabelle 17 gibt einen Überblick über übliche Zusatzgebühren und -Leistungen, die von Händlern mit Marktmacht eingefordert werden. Es haben sich in diesem Bereich aber keine Standards entwickelt. Nicht alle Komponenten werden wirklich verlangt bzw. wie angegeben ausgestaltet.

Komponente	Beschreibung (Standards existieren nicht)
Eintrittsgeld	Einmalzahlung, um überhaupt in das Sortiment aufgenommen zu werden
Einführungsrabatt	Zusatzrabatt neben der Preissetzung auf Basis der normalen Handelsspanne, auf einen bestimmten Zeitraum begrenzt
Listungsgebühr	Entgelt, um im allgemeinen Sortiment des Händlers gelistet und gepflegt zu werden. Die Gebühr wird oft als laufende Aufwandsentschädigung für die Verwaltung des Sortiments gesehen
Regalmiete	Miete für den „Stellplatz" zur Platzierung des Produkts, die nach belegtem Platz und Zeiteinheiten abgerechnet wird
Werbekostenzuschuss	Zuschuss zu den allgemeinen Werbekosten des Händlers, z. B. dem Druck und der Verteilung von Prospekten; insbesondere, wenn Produkte des Herstellers beworben werden
Treueprämie	Regelmäßige Zahlungen nach längeren Zeiträumen (z. B. Jahreszahlungen) als fixe Zusatzprovision. Oft nicht vom verkauften Volumen abhängig
Regalpflege	Der Außendienst oder die Lieferanten des Herstellers übernehmen das Aussortieren alter Ware und halten Ordnung im Regal

Tabelle 17: *Mögliche Gebühren im Einzelhandel*

3.3 Außendienst

Ein weiterer wichtiger Vertriebskanal ist der Außendienst. Grundmerkmal des Außendiensts ist das fehlende stationäre Vertriebssystem. Der Vertrieb in Form eines Vertriebsbeauftragten kommt vielmehr zum Kunden. Die für den Vertriebsbeauftragten notwendige Bezahlung macht schnell deutlich, dass sich dieser Vertriebskanal nicht für alle Produkte eignet. So würde ein Lebensmitteldiscounter keine eigenen Vertriebsbeauftragten bezahlen können, um Kunden zu besuchen. Die erzielten Deckungsbeiträge wären zu klein, um den Vertriebsbeauftragten zu bezahlen und die restlichen Kosten zu decken. Es wäre allerdings vorstellbar, dass diese Vertriebsform eines Tages bei hochpreisigen Lebensmitteln getestet wird.

Sie können sich die finanziellen Folgen eines Außendienstes recht schnell vor Augen führen. Ein Vertriebsbeauftragter braucht langfristig ein normales Gehalt zum Leben. Wenn er ausschließlich Ihre Produkte oder Dienstleistungen vertreibt, kommen monatlich die Kosten in Höhe eines Gehalts auf Sie zu. So bedeuten 5.000 € Kosten im Monat 250 € pro Arbeitstag. Erst nach Deckung dieser 250 € pro Tag sowie der Deckung sonstiger Vertriebskosten und der direkten Herstellungskosten erzielen Sie einen Deckungsbeitrag. Für niedrigpreisige Produkte (was als „niedrig" gelten kann, hängt hier vom Einzelfall ab) scheidet ein Außendienst daher in der Regel aus; eine Ausnahme bilden Produkte, an denen ständiger Bedarf besteht, der nach dem Initialkauf weitgehend selbständig (ohne starke Involvierung des Außendiensts) befriedigt werden könnte. In diesen Ausnahmefällen generieren Sie in der Anfangszeit des Vertriebsaufbaus zwar keinen Deckungsbeitrag. Zu einem späteren Zeitpunkt wird jedoch durch die Vielzahl der Kunden ein Deckungsbeitrag nach Vertriebskosten erwirtschaftet.

Beispiel

Außendienst mit langsam steigendem Provisionsvolumen. Ein Unternehmen der Verlagsbranche verlegt Branchenbücher und vertreibt Branchenbucheinträge. Die Einträge kosten 250 € pro Jahr. Das Unternehmen stellt regionale Vertriebsbeauftragte an, die Kosten von 250 € pro Arbeitstag verursachen. Im ersten Jahr gelingt es jedem Vertriebsbeauftragten, pro Arbeitstag einen Eintrag erfolgreich zu verkaufen. Der Verlag bleibt also auf den durch die Branchenbücher verursachten Kosten sitzen. Im zweiten Jahr können die Vertriebsbeauftragten lediglich durch telefonische Kontaktaufnahme 70 % der Kunden des ersten Jahres erneut gewinnen. Darüber hinaus verkaufen sie pro Tag rechnerisch 0,8 Einträge an neue Kunden. Insgesamt werden pro Vertriebsbeauftragten somit im zweiten Jahr 1,5 Einträge pro Arbeitstag verkauft. Jeder Vertriebsbeauftragte erwirtschaftet nach Vertriebskosten einen Deckungsbeitrag von 1,5 * 250 € - 250 € = 125 € pro Arbeitstag.

Der Außendienst kann auf vielfältige Arten realisiert werden. Grundsätzlich unterscheidet man die Realisierung mit eigenen Mitarbeitern (oft als „Handelsreisende" oder „Reisende" bezeichnet) sowie die Realisierung mit Handelsvertretern. Manchmal wird der Begriff Außendienst auch nur mit der ersten Form gleichgesetzt. Dies ist bei der Verwendung des Begriffs im Hinterkopf zu behalten. Die beiden Realisierungsformen werden im Folgenden genauer untersucht. Vorab ist es jedoch sinnvoll, einen kurzen größeren Überblick über dem Außendienst verwandte Vertriebsformen zu geben. Dies soll Sie als Gründer dafür sensibilisieren, dass die Realisierung des Vertriebs (insbesondere wenn es sich nicht um festangestellte Mitarbeiter handelt) ein rechtlich äußerst komplexes Thema ist. Tabelle 18 gibt eine Übersicht über die verwandten Vertriebsformen. Es ist unbedingt anzuraten, sich Rat von spezialisierten Rechtsanwälten einzuholen, um später böse Überraschungen zu vermeiden.

Vertriebsart	Kurzbeschreibung	Anwendbare Regelungen
Handelsreisender	■ Nicht-selbständiger Mitarbeiter eines Unternehmens, der für den Vertrieb zuständig ist ■ Über normalen Arbeitsvertrag geregelt	Regelungen für Arbeitsverträge
Handelsvertreter	■ Selbständiger Gewerbetreibender, ständig auf Basis eines Vertrages damit betraut, für einen anderen Unternehmer Geschäfte zu vermitteln oder in dessen Namen abzuschließen ■ Gegenseitige Pflichten wie Bemühungen um Geschäftsabschlüsse durch den Handelsvertreter und Informationspflicht durch den Unternehmer ■ Weitgehende Provisionsansprüche nach Kunde, Art des Geschäfts und Region ■ Zusätzlich Ausgleichsanspruch nach Vertragsbeendigung	§§ 84 ff. HGB
Handelsmakler	■ Vermittler, der Geschäfte vermittelt, ohne von einer Partei ständig damit beauftragt zu werden bzw. eine Partei zu vertreten ■ Die Parteien werden durch so genannte Schlussnoten über das Geschäft informiert und müssen die Annahme des Geschäfts bestätigen, falls keine abweichende Regelung besteht ■ Bekommt eine Vermittlungsprovision (Maklerlohn), ohne abweichende Regelung von beiden Parteien jeweils zur Hälfte	§§ 93 ff. HGB

Vertriebsart	Kurzbeschreibung	Anwendbare Regelungen
Kommissionshändler	■ Selbständiger Gewerbetreibender, der Waren oder Wertpapiere für Rechnung eines anderen Unternehmens in eigenem Namen kauft oder verkauft ■ Tritt nach außen wie ein normaler Händler auf (Außenverhältnis), wird aber im Verhältnis mit dem vertretenen Unternehmen analog einem Handelsvertreter behandelt (Innenverhältnis)	§§ 383 ff. HGB
Vertragshändler (Groß-, Einzelhandel)	■ Hat eventuell Alleinvertretungsbefugnis ■ Handelt auf eigenen Namen und eigene Rechnung, besitzt insbesondere die Ware ■ Eventuell Ausgleichsanspruch nach Vertragsbeendigung	Nicht speziell geregelt
Franchisenehmer	■ Betreibt ein Geschäft auf eigene Rechnung ■ Unterliegt dabei bestimmten Vorgaben des Franchisegebers ■ Kann unter Umständen als eine der oben genannten Formen qualifiziert werden	Nicht speziell geregelt

Tabelle 18: Handelsreisende und Handelsvertreter: ähnliche Vertriebsformen

Die beiden Formen Handelsreisender und Handelsvertreter haben in vielen Aspekten entgegengesetzte Vor- und Nachteile. Oft legen daher die Rahmenbedingungen bereits die optimal zu wählende Methode fest. Die Vor- und Nachteile werden in Tabelle 19 gegenübergestellt.

Tabelle 19 kann verkürzt wie folgt zusammengefasst werden: Einfache Produkte und Leistungen, die sich selten verändern, deren Verkauf nicht besonders überwacht werden muss und deren Erbringung keiner großen Vorbereitungen bedarf, können besser über Handelsvertreter verkauft werden. Versicherungen und Branchenbucheinträge sind ein gutes Beispiel hierfür. Sie sind als Produkte recht leicht zu verstehen (auch wenn man sich mit Versicherungen stärker beschäftigen muss) und ihr Verkauf verursacht nur administrative Vorgänge im Unternehmen, erfordert also keine besondere Abstimmung. Gelten die genannten Kriterien nicht, ist ein angestellter Vertrieb zu bevorzugen.

Kriterium	Angestellter Vertrieb (Handelsreisende)	Handelsvertreter (HV) als Einfirmenvertreter
Kosten im Vergleich zu Erlösen	Höhere Fixkosten, aber geringere Kostensteigerung bei großem Verkaufsvolumen	Geringe Fixkosten, aber proportionale Kostensteigerung bei höherem Verkaufsvolumen
Ausgleichsanspruch nach Vertragsbeendigung	Im Rahmen arbeitsvertraglicher Regelungen	Bis zu einer Jahresprovision
Eignung zur Selbststeuerung durch Anreize	Durch fixen Gehaltsanteil geringer	Durch geringe fixe Einnahmen deutlich höher
Eignung bei schwieriger Leistungszumessung, z. B. umfangreichen Marketingmaßnahmen	Gut, da eine Zuordnung der Leistung durch das fixe Gehalt nicht so wichtig	Weniger gut, da z. B. Zusatzmarketing den Verkaufserfolg des HV steigert, bei gleich hoher Verkaufsprovisionen
Eignung bei komplexen Produkten bzw. Verkaufsprozessen	Gut, da Bindung an das Unternehmen größer und längere Trainingszeiten gerechtfertigt sind	Weniger gut, da Bindung geringer
Flexibilität bei internen Veränderungen	Gut, da Weisungsrecht des Arbeitgebers besteht	Weniger gut, da starres externes Vertragsverhältnis besteht

Tabelle 19: Handelsreisende und Handelsvertreter: Vor- und Nachteile

3.3.1 Strukturierung des Außendiensts

Die Strukturierung des Außendienstes, egal in welcher exakten Durchführungsform, ist für neu gegründete Unternehmen eine echte Herausforderung. Aber auch im späteren Unternehmensalltag stellt sich in regelmäßigen Abständen die Frage, ob die gewählte Struktur zeitgemäß ist. Die zentralen Fragen der Strukturierung sind Folgende:

- Festlegung von Kundensegmenten
- Zuweisung von Außendienstmitarbeitern zu Kundensegmenten
- Festlegung einer Steuerungs- und Überwachungsstruktur.

Bei der Festlegung von Kundensegmenten für die Zwecke der Strukturierung des Außendiensts ist vom Bedarf der Kunden auszugehen. Kann man von einem mehr oder weniger gleichen Kundenbedarf ausgehen, so werden häufig Gebiete als Grundlage der Kundensegmentierung genutzt. Damit lassen sich, bei optimaler Versorgung der Kunden, die Reisekosten und -zeiten des Außendiensts reduzieren. Ist von einem unterschiedlichen Kundenbedarf auszugehen, so können die Treiber dieser Unterschiedlichkeit als Grundlage für die Segmentierung dienen. Typische Treiber sind die Branche und die Unternehmensgröße, aber auch andere Treiber sind denkbar. Eine solche Segmentierung macht aber nur dann Sinn, wenn die Bedürfnisse der Kunden so unterschiedlich sind, dass ein Außendienstmitarbeiter sie allein nicht mehr bedienen kann.

Die Kundensegmentierung bildet die Basis der weiteren Planung. Erfolgt die Segmentierung nach unterschiedlichem Kundenbedarf, ist bei der Zuweisung von Außendienstmitarbeitern deren Qualifikation zu beachten. Bilden z. B. Großkunden ein eigenes Segment (oft als „Key Accounts" bezeichnet), so muss der Außendienstmitarbeiter die speziellen Bedürfnisse dieser großen Kunden kennen und darüber hinaus auf einer Augenhöhe mit den Ansprechpartnern sprechen können. Innerhalb eines Qualifikationsniveaus muss anschließend die Zahl der notwendigen Außendienstmitarbeiter pro Segment festgelegt werden. Bei Neugründungen schätzt man oft das Potential der Segmente ab, rechnet dieses auf die zur Erschließung notwendige Arbeitszeit herunter und gelangt so zu einer Zahl notwendiger Außendienstmitarbeiter (so genanntes „Arbeitslastverfahren"). Gerade bei Neugründungen sollten aber eher weniger Mitarbeiter eingestellt werden; eine Aufstockung zu späterer Zeit ist immer möglich. In diesem Schritt kann es zu Rückkoppelungen mit der Festlegung der Segmente kommen. Gebiete werden eventuell verkleinert oder vergrößert, wenn sich die ursprünglich gewählte Gebietsgröße nicht mit der Zahl von Außendienstmitarbeitern verträgt.

Schließlich sind die Steuerungs- und Überwachungsstrukturen festzulegen. Ein wesentliches Steuerungsinstrument, die Entlohnung, wird anschließend vorgestellt. Die Überwachung wird im Wesentlichen durch die Einführung einer Vertriebsleiterebene und unterstützende Vertriebssoftware gewährleistet. Ein Vertriebsleiter kann – als Faustregel – ca. 10 Außendienstmitarbeiter steuern und überwachen. Oftmals muss daher ein Vertriebsleiter mehrere Segmente betreuen. Bei regionaler Segmentierung ist die Einteilung in Vertriebsleiter Nord und Süd anzutreffen. Betreuer von Key Accounts berichten dagegen im Normalfall aufgrund der Wichtigkeit der Kunden direkt an die Geschäftsführung.

3.3.2 Entlohnung

Die Entlohnung des Außendiensts ist ein überaus wichtiges Thema. Dies hat mehrere Gründe:

- Seitens des Unternehmens ist die Entlohnung einer der wesentlichen Steuerungsfaktoren für den Außendienst.
- Seitens der Außendienstmitarbeiter ist die Entlohnung der entscheidende Motivationsparameter.
- Die Entlohnungen im Außendienst sind relativ transparent.
- Gute Außendienstmitarbeiter werden ständig gesucht und sind nur schwer zu finden.

Bei der Gestaltung des Entlohnungssystems gibt es grundsätzlich zwei Komponenten: fixe und variable Entlohnungsanteile. Handelsvertreter werden normalerweise nur variabel entlohnt. Angestellte Vertriebsmitarbeiter werden über einen Mix aus fixen und variablen Komponenten entlohnt. Es ist offensichtlich, dass der variable Anteil der Entlohnung am besten zur Steuerung des Außendiensts geeignet ist. Für die Strukturierung des variablen Anteils gibt es zahlreiche Optionen, von denen hier einige kurz angesprochen werden sollen. Festzulegen sind folgende Komponenten:

- Bezugsgrößen der Entlohnung
- Zurechenbarkeit der Bezugsgrößen zum Außendienstmitarbeiter
- Anteile der einzelnen Bezugsgrößen am gesamten Entlohnungssystem
- Funktion der variablen Entlohnung in Abhängigkeit zu den Bezugsgrößen

Zunächst ist die Bezugsgröße der variablen Entlohnung festzulegen. Die wichtigsten Varianten sind hierbei der Umsatz und der Deckungsbeitrag, seltener auch der Gewinn. Alle Komponenten sind näher zu definieren, um sie wirklich als Bezugsgrößen nutzen zu können. Der Deckungsbeitrag als Bezugsgröße hat den besonderen Vorteil, den Beitrag eines Verkaufs zum Unternehmenserfolg am besten darzustellen. Der Umsatz kann hierbei zu Fehlsteuerungen führen. Der Gewinn eignet sich regelmäßig nur für übergreifende, vom einzelnen Mitarbeiter nur gering zu beeinflussende variable Entlohnungskomponenten. Ein typisches Beispiel dafür wäre eine generelle Beteiligung am Unternehmensgewinn.

Die Zurechenbarkeit der Bezugsgröße zum Außendienstmitarbeiter ist für die Motivation eine besonders wichtige Komponente. Hier gilt: Je direkter der Mitarbeiter den Erfolg beeinflussen kann, desto motivierender ist das System. Idealerweise sollte daher der Umsatz oder der Deckungsbeitrag der vom Außendienstmitarbeiter selbst verkauften Produkte und Leistungen als eine der Bezugsgrößen gewählt werden. Ist der Verkaufsprozess mehr durch einen Teameinsatz geprägt oder besteht die Gefahr, dass die nur für den einzelnen Mitarbeiter geltenden Bezugsgrößen zu einem schädlichen Konkurrenzkampf zwischen den einzelnen Außendienstmitarbeitern führen können, sollte eine weitere von der Abteilung oder dem Team zu beeinflussende Bezugsgröße eingeführt werden. Dies könnte z. B. der Gesamtumsatz des Teams sein.

Ein Entlohnungssystem kann (und dies ist in der Praxis die Regel) aus mehreren Bezugsgrößen bestehen, etwa können Bezugsgrößen für verschiedene Produkte und Leistungen sowohl auf Ebene des Außendienstmitarbeiters wie auch auf übergreifenden Ebenen (Team, Abteilung, Sparte, Gesamtunternehmen). Diese Bezugsgrößen können die Entlohnung direkt und allein stehend oder im Zusammenspiel beeinflussen.

Schließlich ist der konkrete Zusammenhang zwischen den Bezugsgrößen und der Entlohnung festzulegen. Auf dieser letzten Stufe gibt es umfangreiche Spielvarianten, die hier keinesfalls alle aufgezeigt werden können. Auf grundsätzlicher Ebene kann der Zusammenhang linear (gleichbleibender Anteil mit steigender Bezugsgröße), progressiv (steigender Anteil mit steigender Bezugsgröße), degressiv (sinkender Anteil mit steigender Bezugsgröße) oder aus einem Mix dieser Formen bestehen. In manchen Fällen werden Grenzen eingeführt, deren

Überschreitung zu keiner Zusatzentlohnung mehr führt. Es kann zudem eine maximale variable Vergütung festgesetzt und in prozentuale Blöcke von Bezugsgrößen unterteilt werden.

Da die Entlohnung als wichtiger Motivations- und Steuerungsfaktor im Außendienst dient, ist es unmöglich, eine für alle Unternehmen gleichermaßen geltende Entlohnungsstruktur aufzustellen. Vielmehr sind die spezifischen Rahmenumstände des Unternehmens zu berücksichtigen und das Entlohnungssystem ist entsprechend zu gestalten. Da sich diese Rahmenbedingungen ändern können, ist die Erhaltung einer gewissen Flexibilität bei der Entlohnung des Außendiensts sehr wichtig. Hier schneiden insbesondere auf Handelsvertretern basierende Außendienstorganisationen schlechter ab. Aber auch bei angestellten Außendienstmitarbeitern sind aufgrund arbeitsrechtlicher Vorschriften die Gestaltungsmöglichkeiten nicht unbegrenzt.

Beispiel

Strukturierung der Entlohnung für den Außendienst. Ein Pharmaunternehmen mit dem Schwerpunkt Impfstoffe für die Humanmedizin möchte im deutschen Markt Fuß fassen. Als wesentliche Zielgruppe wurden Kinderärzte festgelegt. Diese sollen durch festangestellte Pharmareferenten (Außendienstmitarbeiter) besucht werden. Die Grundentlohnung beträgt monatlich 3.000 €. Die maximale variable Vergütung soll 100 % des Grundgehalts nicht überschreiten. Der maximale Bonus beträgt also 3.000 €. Die variable Vergütung wird dazu in zwei Blöcke unterteilt, die einerseits den Fleiß, andererseits den Erfolg des Mitarbeiters belohnen sollen. Im ersten Block (für Fleiß), der 30 % des maximalen Bonus beträgt, wird die Erfüllung vorgegebener Besuchszahlen zugrunde gelegt. Der maximale Bonus wird erreicht, wenn im Monatsdurchschnitt pro Arbeitstag vier Besuche bei Kinderärzten stattfinden. Durchschnittlich vier Besuche entsprechen damit 100 % dieser Komponente, drei Besuche 75 % usw. Der zweite Block (für Erfolg), der 70 % des maximalen Bonus ausmacht, ist wiederum unterteilt in zwei Unterblöcke, die allerdings gleich gestaltet sind. Die beiden Unterblöcke entsprechen den beiden Geschäftsbereichen des Pharmaunternehmens. Pro Unterblock wird der Umsatz mit den Produkten des Geschäftsbereichs als Bezugsgröße festgelegt. Bei Erreichung des festgelegten Maximalumsatzes gibt es einen 100 %-Bonusanteil dieses Unterblocks. Ansonsten verhalten sich Umsatz und Bonusanteil linear, jedoch erst ab 30 % des Maximalumsatzes. Unter dieser Grenze gibt es keinen Bonusanteil.

3.3.3 Besonderheiten Handelsvertreter

In Deutschland gibt es ca. 60.000 Handelsvertreter bzw. Handelsmakler. Diese Zahl verdeutlicht die Bedeutung dieses Vertriebskanals. Entsprechend gibt es für Handelsvertreter eigene Gesetzesregelungen (§§ 84 ff. HGB). Diese dienen dem Schutz beider Parteien, dem Unternehmen und dem Vertreter. Während bei angestellten Vertriebsmitarbeitern das Arbeitsrecht mit seinen vielfältigen Regelungen greift und die entsprechenden Verträge durch im Arbeitsrecht versierte Anwälte aufgesetzt bzw. geprüft werden, ist es für den Einsatz von Handelsvertretern dringend zu empfehlen, Spezialisten des Handelsvertreterrechts zu nutzen. Hier soll ein kurzer Einblick in wesentliche Vertragsthemen gegeben werden, gegliedert anhand wichtiger Vertragsregelungen.

Vertragsgegenstand

Der Vertragsgegenstand bildet das Herzstück des Vertrags. Es ist klar zu definieren, welche Funktion der Vertreter hat und um was verkauft werden soll. Wesentliche Regelungen sind z. B.:

- Handelt es sich um einen Einkaufs- oder Verkaufsvertreter?
- Vertritt der Vertreter die Gesellschaft oder vermittelt er nur, so dass der Gesellschaft noch die Möglichkeit zum Widerruf des Geschäfts bleibt?
- Wo kommt der Vertrag zustande (dies kann steuerrechtlich von Bedeutung sein)?
- Um welche Produkte und Dienstleistungen handelt es sich?
- Können die Produkte und Dienstleistungen geändert werden?
- Wie werden Rückgaben, Serviceleistungen, Beschwerden, Gewährleistungs- und Garantiefälle usw. behandelt?

Vertragsumfang

Der Umfang des Vertrages wurde bereits beim Vertragsgegenstand in Form der Produkte und Dienstleistungen angesprochen. Der Umfang muss jedoch weiter konkretisiert werden. Wesentliche Regelungen sind z. B.:

- Zuweisung eines Vertreterbezirks
- Zuweisung einer bestimmten Kundengruppe (z. B. Branche oder Unternehmensgröße)
- Exklusivität des Vertreterbezirks oder der Kundengruppe gegenüber anderen Vertretern und gegenüber dem Unternehmen (Letzteres wird als „Alleinvertretung" bezeichnet) selbst
- Einzel- oder Mehrfirmenvertretung durch den Vertreter. Wird eine Einzelfirmenvertretung vereinbart, obliegt dem Unternehmen ein gewisser Schutz gegenüber dem abhängigen Vertreter. Das Justizministerium kann hier die Unternehmen einseitig zu bestimmten finanziellen Sicherungsmaßnahmen verpflichten (§ 92a HGB).
- Einführung von Leistungskriterien oder Sicherheitsregeln für den Vertreter

Klärung der Leistungspflichten

Im gegenseitigen Interesse sollten die Leistungspflichten beider Vertragspartner geklärt werden. Mindestregelungen sind bereits gesetzlich durch §§ 86, 86a HGB vorgeschrieben. So schreibt § 86a HGB dem vertretenen Unternehmen bestimmte Informationspflichten vor, die für den Vertreter oftmals überhaupt erst die Arbeit ermöglichen.

Provisionsregelungen

Die Berechnung der Provisionen ist ein zentraler Bestandteil der vertraglichen Regelungen. Fehlt sie, gilt ein üblicher Satz als vereinbart (§ 87b HGB). Meist werden mehrere Provisionssätze für verschiedene Vermittlungsarten festgelegt. So wird zwischen Geschäften mit Neukunden und Folgegeschäften unterschieden sowie nach der Mitwirkung des Vertreters bei der Auftragserteilung. Letzteres wird vor allem bei Bezirksvertretungen bedeutsam, denn dem Vertreter stehen dann Provisionen für alle Geschäfte mit Kunden aus seinem Bezirk zu (§ 87 Abs. 2 HGB). Diese Regelung gilt jedoch nicht für Versicherungsvertreter (§ 92 Abs. 3 HGB). Aus Sicht des Unternehmens ist es generell anzuraten, in gewissem Rahmen Änderungsmöglichkeiten bei den Provisionen festzuschreiben. Wollen Sie beispielsweise neue Produkte oder Leistungen einführen und diese mit attraktiveren Provisionen als die der bestehenden Produkte oder Leistungen belegen, schränken absolut starre Regelungen Ihre Handlungsfreiheit ein.

Neben der Festlegung der Provision sind die Zahlungsbedingungen festzulegen, wie z. B. der Zahlungszeitpunkt und die Währung. Die Regelungen zur Fälligkeit der Provision sind in den Grenzen von § 87a HGB zu setzen.

Vertragsbeendigung

Der Vertrag kann befristet oder unbefristet geschlossen werden. § 89 HGB legt die Kündigungsfristen für unbefristete Verträge fest. Diese können einzelvertraglich verlängert werden. Zudem sollten Umstände definiert werden, unter denen eine fristlose Kündigung möglich ist. Per Gesetz kann aus wichtigem Grunde fristlos gekündigt werden (§ 89a HGB).

Dem Vertreter steht nach Beendigung des Vertragsverhältnisses ein Ausgleichsanspruch gemäß § 89b HGB zu, der nicht ausgeschlossen werden kann. Der Ausgleichsanspruch kann bis zu einer Jahresprovision des Vertreters betragen und daher erheblich sein. Der Anspruch ist anhand der Vorteile des Unternehmens durch die durch den Vertreter geworbenen Kunden zu berechnen. Grundlage für die Abschätzung der Vorteile bilden die durch den Vertreter geworbenen Kunden. Deren (Einkaufs-)Verhalten wird für einen Zeitraum von drei bis fünf Jahren prognostiziert, wobei Umsatzrückgänge oder Kundenabgänge – aus der Sicht zum Zeitpunkt des Ausscheidens des Vertreters – zu berücksichtigen sind. Aus der Abzinsung dieser Vorteile ergibt sich der so genannte „Rohausgleich". Wenn dieser höher als eine Jahresprovision ist,

ist er entsprechend zu kürzen. Ansonsten ist der Rohausgleich gleich dem Ausgleichsanspruch. Oftmals führt die Berechnung dieses Ausgleichsanspruchs zu Rechtsstreitigkeiten. Auch eine detaillierte Dokumentation im Vertrag kann davor kaum schützen. Der Ausgleichsanspruch entfällt allerdings, wenn der Vertreter selbst kündigt oder wenn einer Kündigung seitens des Unternehmens ein schuldhaftes Verhalten des Vertreters zugrunde liegt.

Übertragung von Verpflichtungen

Es sollte festgelegt werden, ob die Vertragsparteien ihre Rechte und Pflichten aus diesem Vertrag übertragen können. So könnte der Vertreter weitere Untervertreter einsetzen, was gemäß § 84 Abs. 3 HGB grundsätzlich möglich ist.

Wettbewerbsverbot nach Vertragsbeendigung

Wettbewerbsverbote nach Vertragsbeendigung, insbesondere wenn der Vertreter gekündigt hat, sind dringend anzuraten. Das Wettbewerbsverbot darf dabei nicht über den Vertragsgegenstand hinausgehen. War der Vertrag auf ein Gebiet oder eine Kundengruppe begrenzt, darf das Wettbewerbsverbot nicht darüber hinausgehen. Das Verbot darf längstens zwei Jahre umfassen. Ein Wettbewerbsverbot folgert die Zahlung einer angemessenen Entschädigung des Unternehmens an den Vertreter (§ 90a HGB).

3.4 Internet

Das Internet hat sich, trotz Krise der New Economy, als Vertriebskanal etabliert. Die Online-Umsätze steigen permanent mit zweistelligen Zuwachsraten. Eine Stagnation ist gegenwärtig nicht in Sicht. Wichtig ist es jedoch, aus den Fehlern der New Economy zu lernen. Das Internet ist kein Allheilmittel, welches ungeahnte Umsatzchancen eröffnet. Das Internet ist für viele Branchen lediglich ein weiterer Vertriebskanal, allerdings mit sehr hohen Zuwachsraten. Dieser Vertriebskanal muss, wie jeder andere auch, sorgfältig und über Jahre hinweg entwickelt werden.

Um das Internet als Vertriebskanal zu nutzen, gibt es zwei grundsätzliche Möglichkeiten: Sie können bestehende Plattformen im Internet nutzen oder ein eigenes Angebot schaffen. Plattformen werden oft auch „Portale" oder „Marktplätze" genannt. Man unterscheidet offene und geschlossene Plattformen oder Marktplätze. „Offene Marktplätze" können von jedem Unternehmen, das sich Vorteile von der Nutzung verspricht, genutzt werden. „Geschlossene Marktplätze" können nur von berechtigten Mitgliedern genutzt werden. Der Betreiber bestimmt, welche Nutzer zugelassen sind. Im Regelfall dienen offene Marktplätze primär der

Generierung von Umsatz, d. h. der Gewinnung neuer Kunden. Im Folgenden findet daher eine Konzentration auf offene Marktplätze statt. Geschlossene Marktplätze konzentrieren sich im Regelfall auf die Optimierung der Prozesse. Es werden also vorrangig bestehende Kundenbeziehungen online abgewickelt. Geschlossene Marktplätze bieten daher Schnittstellen zu den gängigen Warenwirtschaftssystemen (auch ERP-Systeme genannt für ERP: Enterprise Resource Planning). Tabelle 20 gibt einen Überblick über die grundlegenden Vor- und Nachteile offener Marktplätze und eigener Internetauftritte.

Kriterium	Offene Marktplätze	Eigener Internetauftritt
Schnelligkeit (time to market)	Sehr schnell	Langsam
Frequenz potenzieller Kunden	Gegeben, hängt aber vom Marktplatzbetreiber ab	Anfänglich keine, später abhängig von eigener Bewerbung
Vergleichbarkeit mit anderen Anbietern	Hoch, oft sogar vom Marktplatzbetreiber unterstützt	Gering, Kunde muss bei anderen Anbietern recherchieren
Abwicklung	Wenig zusätzliche Unterstützung, am häufigsten im Bereich Billing	Eigene Abwicklung
Technische Sicherheit	Im Regelfall sehr hoch	Abhängig von technischer Realisierung
Durchsetzbarkeit entstehender Forderungen	Normal, aber oft durch Billing-Systeme verbessert	Abhängig von technischer Realisierung
Erforderliche technische Kompetenz	Gering	Mittel, abhängig von Eigenleistung
Investitionskosten	Gering	Hoch
Laufende Kosten	Abhängig vom Marktplatz Mix aus Fixkosten und Provision Keine extra Werbekosten	Gewisse Fixkosten Keine Provisionen Werbekosten

Tabelle 20:   Vor- und Nachteile Online-Verkaufsstrategien

3.4.1 Offene Marktplätze

Der wohl bekannteste offene Marktplatz, der für viele Unternehmensgründungen Bedeutung erlangen kann, ist eBay (www.eBay.de). Viele Gründer bauen ihre Unternehmensgründung sogar maßgeblich auf eBay als Vertriebskanal auf. Über eBay werden vor allem Produkte gehandelt. Der verwendete Transaktionsmechanismus ist die normale Form der Auktion: Wer den höchsten Preis bietet, bekommt den Zuschlag. Ab einem bestimmten Nutzerstatus kann auch direkt verkauft werden, ohne dass eine Auktion stattfinden muss. eBay verlangt Einstellgebühren sowie erfolgsabhängige Provisionen. Die Produktdichte sowie die Handelstätigkeit auf eBay.de sind enorm. Allerdings deckt eBay nicht alle Branchen ab. Insbesondere der Dienstleistungsbereich ist aufgrund seiner Struktur nicht durch Auktionen, oft nicht einmal durch Standardpreise abbildbar. Angebote von Handwerkern werden vielmehr individuell gestellt, oft im Anschluss an Besichtigungen vor Ort.

Im Dienstleistungsbereich ist die wohl führende Plattform im deutschsprachigen Raum workXL (www.workXL.de). Bei workXL können sich Dienstleister listen lassen. Neben einem Eintrag in ein Branchenbuch erhalten Dienstleister Angebotsanfragen von potenziellen Kunden und können ihr Angebot in Konkurrenz mit anderen gelisteten Anbietern abgeben. Zusätzlich bekommen gelistete und berechtige Nutzer täglich eine Übersicht über relevante öffentliche Ausschreibungen. Wenn sie an einer Teilnahme interessiert sind, können die detaillierten Ausschreibungsunterlagen von der Vergabestelle angefordert werden. workXL verlangt fixe monatliche Gebühren für die Teilnahme an der Plattform. Bei workXL sind ca. 25.000 Anbieter von Dienstleistungen gelistet.

Im Bereich der so genannten C-Artikel, also nicht-betriebsnotwendiger Artikel mit einem kleineren Volumen, ist die führende deutsche Plattform wohl mercateo (www.mercateo.de). Für Anbieter lohnt sich die Teilnahme bei mercateo nur, wenn ein umfangreiches Produktsortiment besteht. Dies ist bei Händlern oftmals gegeben, bei Herstellern dagegen selten. Anbieter müssen eine geringe Eintrittsgebühr für die technische Einrichtung entrichten. Darüber hinaus fallen Provisionen aus den laufenden Umsätzen an. Der umfassende Produktkatalog von mercateo, übergreifend über mehrere Anbieter, enthält mehr als eine Mio. Artikel. Käufer können lieferantenübergreifend nach dem besten Preis eines Produkts suchen.

Darüber hinaus gibt es zahlreiche weitere offene Marktplätze, die eventuell für Ihr Unternehmen in Frage kommen. Entscheidend bei der Auswahl des Marktplatzes ist vorrangig seine „Reichweite", d. h. wie viele Kunden den Marktplatz bereits nutzen. Dies ist der entscheidende Faktor für die Nutzung eines Marktplatzes.

Offene Marktplätze können grundsätzlich von allen Unternehmen genutzt werden. Es gibt kaum Voraussetzungen für die Teilnahme, aber eine Reihe empfehlenswerter Elemente:

- **Internetzugang und E-Mail:** Wesentliche Grundbedingung ist die Verfügbarkeit eines Internetzugangs (idealerweise ab ISDN aufwärts) und einer E-Mail-Adresse. Ohne diese können Sie nur indirekt an den Marktplätzen teilnehmen. eBay könnten Sie z. B. durch die in wachsender Zahl verfügbaren Agenturen nutzen, die die Abwicklung für Sie übernehmen. Die Abwicklungsgebühren liegen aber nicht selten bei 30 %.

- **Digitalisierung der Geschäftsgrundlage:** In vielen Fällen hat es sich als hilfreich erwiesen, Firmenlogo bzw. Produktbilder in digitaler Form vorliegen zu haben. Zur Nutzung von beispielsweise workXL.de wird eventuell das Firmenlogo benötigt, zur Nutzung von eBay und mercateo können digitale Produktbilder hilfreich sein. Am besten sind Firmenlogo und Produktbilder für das Internet optimiert, d. h. in nicht zu kleiner Auflösung, aber mit geringer Speichergröße. So lassen sich längere Ladezeiten vermeiden und das Arbeiten wird effizienter.

- **Eigener Internetauftritt:** Auch wenn Sie offene Marktplätze nutzen, ist ein eigener Internetauftritt hilfreich. Sie können in allen Angaben auf dem offenen Marktplatz auf Ihre eigenen Webseiten verweisen und gewinnen so unter Umständen direkte Folgegeschäfte unter Umgehung des offenen Marktplatzes. Zudem wirkt Ihr Angebot seriöser, wenn Sie eine eigene professionell gestaltete Webseite vorweisen können. Nicht wenige Kunden schauen sich den Anbieter vor einem Kauf genauer an. Fehlen weitere Informationen oder können diese nicht schnell genug beschafft werden, schrecken viele Kunden vom Kauf zurück.

- **Telefonische Erreichbarkeit:** Obwohl Geschäfte über das Internet ohne weiteren Rückgriff auf die Welt außerhalb des Internets getätigt werden können, bevorzugen viele Kunden weiterhin den direkten Kontakt. Dies ist oftmals zugleich ein Test, ob es den Anbieter wirklich gibt und ob er professionell arbeitet. Ein nicht besetztes Telefon bzw. das dauerhafte Erreichen eines Anrufbeantworters erhöht die Wahrscheinlichkeit, bei Problemen mit dem Produkt alleine da zu stehen. Dies erhöht das Kaufrisiko und lässt viele Kunden vor dem Kauf zurückschrecken.

3.4.2 Eigener Internetauftritt

Neben oder an Stelle der Nutzung von Marktplätzen können Sie Ihren eigenen Internetauftritt etablieren. Die genauen Zahlen schwanken erheblich, aber man kann davon ausgehen, dass zwischen 60 % und 80 % aller Unternehmen in Deutschland einen eigenen Internetauftritt haben. Mit Ihrem eigenen Internetauftritt können Sie unterschiedliche Ziele anstreben. Abbildung 18 gibt einen Überblick.

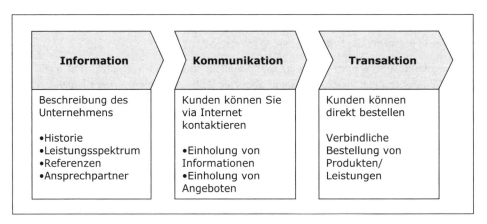

Abbildung 18: Ziele von Internetauftritten

Die einfachste Version sind reine Informationsseiten. Diese ergänzen oder ersetzen die Unternehmensbroschüre oder den Leistungskatalog Ihres Unternehmens. Sie informieren potenzielle oder bestehende Kunden unabhängig von Ort und Zeit über Ihre Leistungen. Zusätzlich sparen Sie Druckkosten, da Sie nicht mehr jedem Kunden eine Unternehmensbroschüre oder einen Katalog zukommen lassen müssen. Bereits auf dieser einfachsten Stufe eines Internetauftritts gibt es bei bestehenden Internetauftritten großen Nachholbedarf. Viele Unternehmen schöpfen die sich durch das Internet bietenden Möglichkeiten nicht aus, indem z. B. wichtige Informationen nicht auf den eigenen Internetseiten angegeben werden. Nicht selten steht eine Politik der Geheimhaltung dahinter; man will der Konkurrenz weder die eigenen Referenzkunden, noch die eigenen Preise nennen. Ob diese Bedenken berechtigt sind, kann nicht pauschal beantwortet werden. Oftmals ist es jedoch so, dass interessierte Konkurrenten diese Informationen ohnehin bekommen, wenn sie es wollen.

Professionell aufgebaute und gefüllte reine Informationsseiten können für Marketing und Vertrieb einen großen Wert schaffen. Bleibt man jedoch dabei stehen, verschenkt man das weitere Potential des Internets. Kunden sind im Zeitalter moderner Medien ungeduldiger geworden. Werden zusätzliche Informationen benötigt, wollen sie diese möglichst schnell bekommen. Internetauftritte können diesen zusätzlichen Informationsbedarf durch eine klare Kontaktstrategie befriedigen. Zusätzliche Informationen können über Formulare bestellt, ungeklärte Fragen können dem Unternehmen über ein entsprechendes Formular gestellt und direkter Informationsbedarf durch die Angabe der Telefonnummer des zuständigen Mitarbeiters abgedeckt werden. Über entsprechende Formulare können darüber hinaus Angebote angefordert werden. Bei größeren Unternehmen findet man zudem oft Online-Expertensysteme, die Nutzern einfachere Fragen zum Internetauftritt wie auch zu den Produkten beantworten. Nicht selten werden dafür so genannte „Avatare" genutzt. Dies sind virtuelle, dreidimensionale Figuren, mit denen man ein Quasi-Gespräch führen kann. Gewährleistet der Internetauftritt eine umfassende Kommunikation mit dem Kunden, nutzt man die Vorteile des Internets weiter aus: Es gehen weniger Kunden verloren, denn diese können fehlende oder weiterführende Informationen direkt anfordern. Angesichts der zunehmenden Schwierigkeit, potenzielle Kunden zu identifizieren und anzusprechen, sind potenzielle Kunden, die sich selbst melden, eine echte Kostenersparnis.

Beispiel

Kommunikation im Internetzeitalter. Die Yellostrom GmbH, Köln, nutzt den Avatar „Eve" auf ihren Internetseiten unter yellostrom.de. Eve erklärt dem Nutzer die Webseite und beantwortet Fragen rund um das Angebot von Yellostrom. Dahinter steht ein Expertensystem, welches Fragen des Nutzers deutet und entsprechende Antworten darauf gibt. Ziel von Eve ist es einerseits, Fragen eines potenziellen Kunden im Sinne einer Kommunikation mit einem Angestellten von Yellostrom zu beantworten. Andererseits wird der Spieltrieb der Nutzer angeregt, und es findet unbewusst eine intensivere Auseinandersetzung mit Yellostrom statt.

Auch mit der Eröffnung umfangreicher Kontaktmöglichkeiten ist das Potential des Internets noch nicht voll ausgeschöpft. Manche Kunden wollen, nachdem sie sich informiert haben, sofort bestellen. Andere wollen außerhalb der Geschäftszeiten bestellen. Wiederum andere bevorzugen einfach die anonymere sowie ruhigere Atmosphäre eines Interneteinkaufs. Um diesen Kunden gerecht zu werden, muss der Internetauftritt um Transaktionsmöglichkeiten erweitert werden. Die klassische Variante ist der Online-Shop: Kunden suchen sich aus einem Online-Katalog die passenden Produkte aus, legen diese in einen Warenkorb und gehen anschließend zur „Kasse". Die „Kasse" besteht in der Angabe der eigenen Daten und der Auswahl der Zahlungsweise. Bestellungen erfolgen rechtsverbindlich. Online-Shops setzen klar abgrenzbare Produkte voraus. Eine ähnliche Methode funktioniert jedoch auch bei konfigurierbaren Produkten. Der Internetshop von Dell ist ein solches Beispiel. Die Produkte werden hier nicht einzeln ausgewählt, sondern Komponente für Komponente zusammengestellt. Nach dem Zufügen jeder Komponente ändert sich der Preis. Anders wäre der Internetshop schlechter handhabbar. Für die meisten Dienstleistungen funktionieren diese beiden Systeme jedoch nicht. Handwerker haben zwar oft feste Stundensätze, müssen aber eine Besichtigung vor Ort voranstellen, um ein rechtsverbindliches Angebot abgeben zu können. Echte Transaktionen sind dann nicht möglich. Man kann sich aber durch geschickt gestaltete Abfragesysteme dem endgültigen Auftrag sehr stark annähern. Die entsprechenden Angebote sind dann nicht verbindlich, sondern als Richtgröße zu verstehen (was den meisten Kunden schon reicht). Dennoch erhält man die Daten und Wünsche des potenziellen Kunden. Damit fällt es später leichter, den Auftrag wirklich zu sichern.

Beispiel

Internetshop mit Bestellung unter Vorbehalt. Die Alles für Ihre Party H&K GmbH, Berlin, verleiht Partyausrüstungen und verkauft vereinzelt Gebrauchtwaren. Unter allesfuerihreparty.de betreibt das Unternehmen ein umfangreiches Internetangebot. Die Preisgestaltung im Verleihgeschäft ist oft komplex. So ist z. B. für das Aufstellen eines Partyzeltes der Untergrund wichtig, denn aus diesem leiten sich die Befestigung sowie die Bodenabdeckung ab. Von der Größe des Zeltes hängt z. B. die Notwendigkeit für Feuerlöscher ab. Kunden sind oft schon aufgrund der geltenden rechtlichen Vorschriften nicht in der Lage, ihre Wünsche korrekt zu formulieren. Dennoch enthält der Internetauftritt des Unternehmens einen umfangreichen Shop. Man kann sich dort die gewünschten Artikel zusammenstellen. Der angegebene Preis wird jedoch vorbehaltlich einer Prüfung durch Alles für Ihre Party genannt. Bestellungen, die automatisch in das interne Warenwirtschaftssystem laufen, gelten unter dem gleichen Vorbehalt. Bestellungen im Shop für Gebrauchtwaren sind dagegen rechtsverbindlich. Alles für Ihre Party nähert sich so den Kunden größtmöglich an und maximiert die Neukundengewinnung über das Internet.

Wenn Sie die Ziele Ihres Internetauftritts festgelegt haben, müssen Sie sich um die Umsetzung kümmern. Auch hierbei gibt es mehrere Möglichkeiten. Die preiswerteste und am schnellsten zu realisierende Variante ist die Nutzung eines vorgefertigten Systems. Dafür gibt eine zahlreiche Anbieter. Unter den Bekanntesten sind puretec.de und schlund.de zu nennen. Hier können Sie gegen einmalige Einrichtungsgebühren und einen festen Monatsbeitrag die meisten Ihrer Ideen schnell und verhältnismäßig kostengünstig umsetzen. Den Vorteilen Einfachheit, Schnelligkeit, geringe Kosten, integriertes Hosting und technische Sicherheit stehen jedoch einige Nachteile gegenüber:

- Sie können Ihr Design nicht frei wählen, sondern müssen aus so genannten „Templates" oder Vorlagen auswählen. Wenn Sie ein striktes Corporate Design haben bzw. einen gewissen Anspruch an das Aussehen Ihrer Seite haben, werden Ihnen diese Templates oft nicht genügen.
- Funktionalitäten sowie Layout der Seiten sind weitgehend festgelegt. Zwar haben Sie auch hier die Wahl zwischen mehreren Möglichkeiten, können sich aber nicht vollkommen frei entfalten.
- Es gibt oftmals eine Reihe von Begrenzungen. Dies kann das Volumen an so genanntem Traffic (d. h. effektiv die Zahl der Besucher bzw. die Kommunikation mit den Besuchern einschränken), die Anzahl möglicher Unterseiten oder die Anzahl von Artikeln im Shop betreffen. Während überschreitendes Trafficvolumen nur zu Nachzahlungen führt, stellen die anderen Begrenzungen wirklich limitierende Faktoren dar.
- Sie sind bei der Gestaltung des Internetauftritts und technischen Fragen wie z. B. der Optimierung von Bildern auf sich allein gestellt. Zwar bieten die meisten Anbieter Hotlines für ihre Kunden an. Diese erbringen entsprechende Beratungsleistungen aber nur in eingeschränktem Umfang.

Je anspruchsvoller Sie selbst bzw. Ihr Unternehmen und je umfangreicher und komplexer Ihr geplanter Internetauftritt ist, desto weniger eignen sich standardisierte Angebote. Sie müssen sich dann einen oder mehrere Dienstleister suchen, die Ihre Pläne umsetzen. Es gibt eine Vielzahl von Unternehmen, die sich auf die Erstellung von Internetauftritten spezialisiert haben. Die Angebotspreise schwanken enorm, von unter 1.000 € bis über 100.000 €. Auch bei identischen Anforderungen sind die Preisschwankungen drastisch. Die Auswahl eines kompetenten Dienstleisters ist daher ein wichtiger Schritt. Neben dem Preis sollten Sie daher auf folgende Kriterien achten:

- Kompetenz

    - Wird überhaupt eine Planungsphase angeboten?
    - Erstellt der Anbieter ein Pflichtenheft?
    - Erstellt der Anbieter auch das Design?
    - Technisches Erfahrungsspektrum des Anbieters?

- Referenzen
- Vorhandene Ressourcen

    - Anzahl Mitarbeiter
    - Möglichkeit, auch beim Anbieter zu hosten

- Angebotsumfang
  - Erstellung eines Pflichtenhefts
  - Anzahl der gelieferten Designentwürfe
  - Anzahl möglicher Korrekturen an den Entwürfen
  - Rechte am Design
  - Möglichkeit und Kosten späterer Korrekturen

Als Grundlage für ein Angebot von Internetagenturen wird oft ein so genanntes „Pflichtenheft" gefordert. Das Pflichtenheft ist eine schriftliche Dokumentation der zu leistenden Arbeiten. Das Pflichtenheft kann bereits für einfache Internetauftritte umfangreich sein. Wenn Sie wenig Hintergrundwissen haben, wird Ihnen die Erstellung eines Pflichtenhefts schwer fallen. Sie brauchen dann einen Anbieter, der Sie dabei unterstützt. Das Pflichtenheft umfasst normalerweise folgende Bestandteile:

- Spezifikation der Rollen: Nutzer des Internetauftritts können verschiedene Rollen einnehmen. So gibt es z. B. normale Besucher, Besucher mit bestimmten Rechten (z. B. wenn sie einen Benutzernamen und ein Passwort haben und zusätzliche Seiten des Internetauftritts einsehen können), Redakteure, die Inhalte des Auftritts verändern dürfen, und Administratoren, die die Grundeinstellungen des Internetauftritts verändern dürfen.

- Spezifikation der Use Cases: Der Internetauftritt ermöglicht Nutzern, neben dem Ansehen einzelner Seiten, bestimmte Aktionen. So können z. B. Kontaktformulare ausgefüllt werden, Newsletter abonniert und Artikel in den Warenkorb gelegt werden. Diese Aktivitäten müssen detailliert beschrieben werden. Dies beinhaltet auch die Angabe der vom Nutzer auszufüllenden Felder von Formularen.

- Datenmodell: Im Datenmodell werden alle notwendigen Daten, die aus der Rollenspezifikation und den Use Cases resultieren, angegeben und in Beziehung gesetzt. Das Datenmodell bildet die Grundlage für die Einrichtung einer eventuell erforderlichen Datenbank.

- Sitemap: In der Sitemap werden die Anzahl und Abfolge der Seiten festgelegt.

- Storyboard: Im Storyboard werden die einzelnen Seiten hinsichtlich Ihres Layouts beschrieben. Wesentliche Fragestellungen sind die Lage und die Tiefe der Navigation und die Lage der Textinhalte. Viele Seiten ähneln einander und werden daher zusammengefasst. Die vom Aufbau her gleichen Seiten können in der Sitemap entsprechend markiert werden.

Bei der Erstellung von Internetauftritten ist zu beachten, dass technische und Elemente des Designs grundsätzlich von inhaltlichen Elementen getrennt behandelt werden. Eine Ausnahme bilden statische Internauftritte. Bei diesen fallen alle Elemente zusammen. Für professionellere Internetauftritte sind dagegen dynamische Systeme zu empfehlen. Die Inhalte werden dann in einer Datenbank abgelegt und sind getrennt vom Rest der Seite zu ändern. Solche Systeme werden als „Content Management Systeme" (CMS) bezeichnet. Die Inhalte können dann von Ihnen selbst, ohne weitere technische Vorkenntnisse, über den Browser verändert werden. Daher interessieren sich Internetagenturen auch nicht für den Inhalt der Seite, sondern für Ihre Wünsche betreffend den allgemeinen Aufbau des Internetauftritts.

Für viele Problemstellungen gibt es bereits fertige Anwendungen, die oft nur angepasst werden müssen. So werden Portale oder Shops nur noch selten wirklich von Grund auf erstellt. Sie sollten darauf achten, ob der Anbieter auf solche Anwendungen zurückgreift. Fertige Anwendungen reduzieren die Notwendigkeit eines Pflichtenhefts und vermindern das Risiko größerer Probleme im Projektablauf.

Neben den funktionalen Anforderungen muss auch das Design des Internetauftritts festgelegt werden. Viele Internetagenturen bieten die gestalterische Umsetzung ebenfalls mit an. Wenn nicht, kann die zusätzliche Suche nach einem Designer erforderlich sein. Im Normalfall macht die Agentur Ihnen mindestens einen kostenpflichtigen Vorschlag, manchmal zusätzlich einen Alternativvorschlag. Dieser darf dann von Ihnen ein- oder zweimal ohne Zusatzkosten verfeinert werden. Es ist aber dennoch sinnvoll, der Agentur anfänglich eine grobe Richtung vorzugeben. So halten sich spätere Überraschungen in Grenzen. Die Designvorschläge erhalten Sie in Form von so genannten „Screenshots". Dies sind Grafiken, die eine Internetseite nachbilden. Screenshots sollten von den wichtigsten, sich unterscheidenden Seiten Ihres Internetauftritts angefertigt werden, z. B. der Startseite, einer Unterseite, einer Seite aus Ihrem Shop mit Artikeln und einer Artikeldetailansicht. Ein Designvorschlag besteht aus mehreren Screenshots. Die Aushandlung der Anzahl der Screenshots pro Designvorschlag ist wichtig. Haben Sie sich für einen Designvorschlag entschieden, wird ein „Styleguide" angefertigt. Dieser gibt konkrete Anweisungen für die Umsetzung des Designs, indem Farben, Abstände, Schriftarten usw. exakt angegeben werden. Anhand des Styleguides sollten andere Programmierer Ihr Design jederzeit nachvollziehen können. Wenn Sie die Aufträge zum Design und dem Rest der Seite getrennt vergeben, ist die Anfertigung eines Styleguides unbedingt erforderlich.

Wird ein CMS zur Erstellung Ihres Internetauftritts genutzt, müssen Sie nach Fertigstellung die Inhalte einpflegen. Hat es die Agentur nicht mit angeboten, sind Sie allein dafür verantwortlich. Dieser Arbeitsschritt wird oft unterschätzt. Es dauert mitunter länger, die Inhalte zu formulieren und einzugeben, als den Internetauftritt technisch zu erstellen. Dabei gehören zu den einzupflegenden Inhalten nicht nur Texte, sondern auch Bilder, die Web-gerecht sein sollten. Die Optimierung der Bilder wird oft ebenfalls von den Internetagenturen mit übernommen, was aber vertraglich vereinbart sein muss.

Ist Ihr Internetauftritt schließlich im Netz erreichbar, müssen Sie für den Kundenzulauf sorgen. Nur im Netz präsent zu sein, nützt wenig. Dies ist der entscheidende Unterschied zu den offenen Marktplätzen. Während diese die Bewerbung für Sie übernehmen, sind Sie betreffend Ihren eigenen Internetauftritt auf sich allein gestellt. Mögliche Hebel für die Vermarktung Ihres Internetauftritts sind:

- Angabe Ihrer Internetadresse auf Ihrem Geschäftspapier, Ihren Unternehmensbroschüren und Visitenkarten

- Suchmaschinenoptimierung Ihres Auftritts und Vorlage bei Suchmaschinen
- Kauf von Platzierungen bei Suchmaschinen
- Austausch von Links mit anderen Webseiten
- Schaltung von Bannerwerbung
- Cross-mediale Werbung: Angabe Ihrer Internetadresse bei allen anderen Werbungen

3.5 Call-Center

Call-Center erfreuen sich als Mittel zur Kundenbetreuung immer größerer Beliebtheit, gewinnen aber auch als echter Vertriebskanal immer mehr an Bedeutung. Grundsätzlich sind zwei Formen von Call-Centern zu unterscheiden: Inbound- und Outbound-Call-Center. Inbound-Call-Center nehmen ankommende Anrufe entgegen, rufen aber in Einzelfällen Anrufer auch zurück. Outbound-Call-Center rufen Kunden oder potenzielle Kunden reaktiv und aktiv an. Reaktiv bezeichnet dabei den Anruf eines Kunden, der z. B. auf einer Antwortkarte um Rückruf gebeten hat. Aktiv bezeichnet den Anruf eines Kunden ohne dessen expliziten Wunsch.

Inbound-Call-Center könnten beispielsweise in Kombination mit Fernseh- oder Zeitschriftenwerbung, Katalogversendungen oder normalen Briefsendungen genutzt werden. Die Kunden werden durch die Werbung auf das Produkt aufmerksam und erhalten zugleich eine Telefonnummer, um das Produkt zu bestellen. Das Inbound-Call-Center klärt Rückfragen und nimmt die Bestellungen entgegen. Outbound-Call-Center können zur so genannten Kaltakquise genutzt werden, bei der den Kunden am Telefon das Produkt verkauft wird. Outbound-Call-Center können auch in Kombination mit Gewinnspielen genutzt werden. Die Kunden erklären sich im Rahmen der Teilnahme am Gewinnspiel bereit, über ein bestimmtes Produkt näher informiert zu werden. Ein Autohaus könnte so durch ein Gewinnspiel Adressen sammeln und diese potenziellen Kunden später telefonisch zu einer Probefahrt einladen.

Beide Arten von Call-Centern weisen erhebliche Unterschiede auf, die im Folgenden dargestellt werden sollen.

Die Persönlichkeit von Mitarbeitern in Outbound-Call-Centern muss die eines Verkäufers sein. Je nach zu verkaufendem Produkt muss auch die Kompetenz hervorragend sein. Primäres Wesensmerkmal ist jedoch die Verkaufskompetenz. Diese schließt einen hohen Grad an Selbstvertrauen sowie eine hohe Frustrationsschwelle ein. Wenn Sie selbst einmal den Telefonvertrieb getestet haben, wissen Sie sofort, was gemeint ist. Dies gilt umso mehr, je aktiver der Telefonvertrieb ist. Ein Mitarbeiter eines Inbound-Call-Centers wird zu 90 % nicht für ein Outbound-Call-Center geeignet sein. Dies gilt gleichermaßen für die Gruppenleiter und Trainer. Zudem wird den Outbound-Call-Center-Mitarbeitern eine größere Belastung abverlangt. Der treibende Faktor sind nicht die anrufenden Kunden, sondern die Schnelligkeit des Wählens der nächsten Telefonnummer. Mit automatischen Wählsystemen ist die Zeitspanne für Pausen sehr kurz. Die grundlegende Messzahl eines Outbound-Call-Centers ist die Anzahl der gewählten Nummern pro Stunde. Als Faustformel sollte diese, inklusive Gesprächen, zwischen 20 und 50 liegen.

Inbound-Call-Center unterliegen keine besonderen rechtlichen Regelungen. Das aktive Anrufen dritter Personen für Werbe- oder Vertriebszwecke ist jedoch strenger geregelt. Grundsätzlich ist zu unterscheiden zwischen Privatpersonen und sonstigen, insbesondere gewerblichen Einrichtungen. Privatpersonen sind prinzipiell geschützt. Unerlaubte Anrufe sind nach § 7 Abs. 2 Nr. 2 UWG verboten. Haben angerufene Privatpersonen dagegen eine Erlaubnis für den Anruf gegeben, darf angerufen werden. Bei der Erlaubnis kann es sich um eine spezielle oder allgemeine Erlaubnis handeln. Die Erlaubnis wird oft mit der Registrierung im Internet oder dem Ausfüllen einer Karte bei Gewinnspielen gegeben. Der Begriff „Permission Marketing" umfasst diesen Bereich der erlaubten Direktmarketingaktionen (Telefon, Fax, E-Mail, SMS, MMS). Mit diesen Adressen hat sich ein reger Handel entwickelt. Die Adressen sind verhältnismäßig teuer, sichern aber ein rechtlich einwandfreies Vorgehen. Es ist allerdings weit verbreitete Praxis, Privatpersonen auch ohne Erlaubnis anzurufen.

Gewerbliche Einrichtungen sind prinzipiell ebenfalls geschützt. Nach § 7 Abs. 2 Nr. 2 UWG sind Anrufe zu Werbezwecken verboten, wenn nicht die „mutmaßliche" Einwilligung des Angerufenen vorliegt. Eine mutmaßliche Einwilligung ist eine erhebliche Einschränkung gegenüber dem einfachen Vorliegen einer Einwilligung. Dem Anrufer wird also ein Interpretationsspielraum eröffnet. Bis dieser durch Gerichtsurteile konkretisiert wird, wird es einige Zeit dauern; das neue UWG gilt erst seit dem 08.07.2004. Eine mutmaßliche Einwilligung könnte – ohne dass hier Rechtssicherheit herrscht – in folgenden Fällen angenommen werden: Wird vorab eine Briefwerbung geschickt, stellt diese eine Geschäftsbeziehung her. Der nachfolgende Anruf fasst nur nach. Bringt Ihre Auseinandersetzung mit dem Unternehmen (z. B. über dessen Webseite) konkrete Ansatzpunkte für einen möglichen Bedarf an Ihren Produkten, wird man auch von einer mutmaßlichen Einwilligung für einen Anruf ausgehen dürfen. Auch die Berufung auf „branchenübliche" Werbeanrufe soll möglich sein. Das Risiko für eine Abmahnung ist hier aber besonders groß. Es ist besser, wenn Sie für den Notfall eine gute Begründung für den Anruf parat haben. In älteren Streitfällen waren sich über Telefonakquise beschwerende Unternehmen auch deshalb nicht erfolgreich, weil sie den Anrufer nicht genau angeben konnten. So können Produkte, z. B. Zeitschriftenabonnements, von mehreren Call-Centern vertrieben werden. Der Produzent macht sich nicht strafbar, wenn er die Akquise-Aktion nicht in Auftrag gegeben hat (LG Essen 2002, AZ. 10 S 303/02).

Call-Center basieren heutzutage auf komplexen technischen Systemen. Grundlage ist oft ein CTI-System (Computer-Telephone-Integration), welches das Ansteuern des Telefons über den Computer und umgekehrt erlaubt. Der Computer kann damit das Telefonieren umfangreich unterstützen. Die technische Ausstattung kann ein Call-Center auf eine der beiden Arten festlegen, denn es werden unterschiedliche Kompetenzen gebraucht, die nicht alle Systeme bieten. Im Falle von Inbound-Call-Centern müssen eingehende Anrufe auf die

Agenten verteilt werden. Zudem werden eingehende Anrufe direkt mit der unternehmenseigenen Datenbank verglichen. Ist die Nummer bekannt, bekommt der Call-Center-Agent, der den Anruf entgegennimmt, sofort alle bekannten Kundendaten auf den Bildschirm und kann den Kunden optimal bedienen. Die Kundendaten stammen im Idealfall aus einem umfangreichen CRM-System, in dem alle Käufe des Kunden und alle bisherigen Kontakte mit dem Kunden (z. B. Werbeflyer, vergangene Reklamationen) hinterlegt sind. Expertensysteme geben den Agenten bei bestimmten Problemen Hilfestellungen. Der Agent kann diese gemeinsam mit dem Kunden durchgehen und braucht entsprechend weniger direkt abrufbare Kompetenz. Im Fall des Outbound-Call-Centers sucht der Computer den nächsten Anrufer eines Agenten aus einer unternehmenseigenen Datenbank heraus und wählt diesen automatisch an. Für jeden Kunden können standardisiert Informationen hinterlegt werden (z. B. ob Interesse vorhanden ist, ob und wann ein Rückruf vereinbart wurde), die später zur Auswertung genutzt werden. Die zentralisierte Datenhaltung gemeinsam mit standardisierten Informationen über bereits erreichte Kunden gewährleistet eine Unabhängigkeit von einzelnen Agenten. Jeder Kontakt kann theoretisch von einem anderen Agenten professionell weitergeführt werden.

Die genannten Unterschiede zwischen beiden Arten von Call-Centern sind bei der Auswahl externer Dienstleister sowie der Einrichtung eines internen Call-Centers von Bedeutung. Nur die wenigsten Dienstleister können beide Arten professionell leisten. Intern sind, sollten beide Arten von Call-Center benötigt werden, diese personell und organisatorisch zu trennen.

Das Outsourcing des Kundendienstes via Telefon sowie des Telefonvertriebs ist gegenwärtig ein deutlich erkennbarer Trend. Es ist jedoch zu beachten, dass man sich dieser wichtigen unternehmerischen Funktionen nicht komplett entledigen und auf eine optimale Ausführung vertrauen kann. Sie allein kennen die besten Argumente für und auch gegen Ihre Produkte. Sie müssen eine bestimmte Kundenkommunikation festlegen und deren Einhaltung sicherstellen. Call-Center müssen daher ständig trainiert und kontrolliert werden. Lässt man Call-Center alleine laufen, schleifen sich schnell Unsauberkeiten ein. Denn in Call-Centern wechseln die Mitarbeiter häufig. Die zuständigen Projektleiter betreuen mitunter mehrere Kunden und haben oft selbst kein Interesse oder wenig Zeit, die Betreuung wirklich zu optimieren. Werden durch das Call-Center falsche Informationen vermittelt, kann dies schnell zu einem handfesten Schaden führen, für den der Dienstleister nicht haftet. Zudem muss permanent ein reger Informationsaustausch stattfinden – nicht nur von Bestelldaten, sondern auch von sonstigen vertriebsrelevanten Informationen.

Grundlage der Qualitätsbestimmung und -sicherung für Telefonagenten ist ein so genannter „Leitfaden". In diesem soll, soweit dies überhaupt möglich ist, das Gespräch vorgezeichnet werden. Formulierungen und Argumente werden zielführend ausgearbeitet. Für jede Reaktion des Kunden wird die optimale Reaktion des Telefonagenten festgelegt. Viele Call-Center behandeln den Leitfaden als ein statistisches Dokument. Die Agenten lesen den Leitfaden ab und das Gespräch verläuft entsprechend holprig. Bei echten Einwänden kommen die Telefonagenten schnell an ihre Grenzen. Dafür werden in der so genannten „Einwandbehandlung" optimale Antworten auf Fragen, Zweifel oder Polemik des Kunden festgelegt und trainiert.

Am Ende muss der Telefonagent (sowohl in- wie auch outbound) das Gespräch komplett frei führen können.

Beispiel

> **Betreuung eines externen Call-Centers.** Ein Verlag hat die Gewinnung kleinerer Neukunden an ein externes Outbound-Call-Center ausgelagert. Das zu vertreibende Produkt sind Einträge in ein spezielles Branchenbuch. Diese Größenklasse wurde bisher vom Außendienst nicht beachtet, denn selbst im Erfolgsfall war der Aufwand im Vergleich zum Ertrag zu hoch. Der Verlag stellt seinen eigenen Außendiensttrainer für einen Tag zum Training des externen Call-Centers ab. Das Training verläuft in guter Atmosphäre. Sowohl der Projektleiter wie auch die Telefonagenten scheinen das Produkt zu verstehen. Das Kernargument – die hohe Anzahl von Nutzern des Branchenbuchs – hat er klar kommuniziert. Nach zwei Wochen bekommt der Vertriebsleiter des Verlags die erste Abrechnung. Der Erfolg war bisher gering, die Kosten relativ hoch. Er schickt seinen Außendiensttrainer erneut zum Call-Center. Der stellt fest, dass 75 % der Telefonagenten ausgewechselt wurden. Die Telefonagenten lesen, mangels Training und Einarbeitungszeit, den Leitfaden vom Papier ab. Der zuständige Projektleiter des Call-Centers hat mittlerweile seine eigene Argumentationskette entworfen, die im Wesentlichen auf dem größeren Umfang der Anzeige im Vergleich zum Wettbewerb beruht. Nach Rücksprache mit dem Vertriebsleiter des Verlags wird der Außendiensttrainer einen Tag pro Woche für das Call-Center abgestellt. Der Vertriebsleiter holt sich zudem die Zusage des Dienstleisters für ein festes Team von Telefonagenten. Nach einiger Zeit steigt die Zahl der gewonnenen Neukunden stetig an.

Folgende Gebühren kommen im Standardfall auf Sie zu:

- Einrichtung der Kampagne (technisch, organisatorisch), einmalig
- Training der Agenten, fix pro Agent
- Laufende Betreuungspauschale, fix pro Monat
- Statistikpauschale für die Lieferung von Auswertungen, fix pro Monat
- Kosten für Adressen sowie Informationsverschickung, meist nach Aufwand
- Telefonkosten, meist nach Aufwand
- Pauschale pro Anruf, seltener Pauschale pro Stunde

Bei den Anrufpauschalen wird oft in Brutto- und Nettokontakte unterschieden. Deren Definition schwankt. Im Regelfall gilt jedoch: „Bruttokontakte" sind angewählte Nummern, egal ob ein Entscheidergespräch geführt wurde oder nicht. „Nettokontakte" sind Entscheidergespräche. In seltenen Fällen lassen sich Outbound-Call-Center auf reine Erfolgshonorare ein. Oft geht dem eine längere Testphase voraus, damit das Call-Center Chance und Risiko besser einschätzen kann.

4. Werbung

Werbung wird oft auch als „Kommunikation" bezeichnet. Ziel der Werbung ist es, das Angebot an Produkten und Dienstleistungen bekannt zu machen und dem Kunden den Weg zum Erwerb des Angebots aufzuzeigen. Ohne Werbung könnten Sie nichts verkaufen. Werbung ist nicht immer vollständig zu trennen von einzelnen Vertriebskanälen. So erfüllt jeder Vertriebskanal auch eine Werbefunktion, indem er die angebotenen Produkte und Dienstleistungen kommuniziert, die dann an Ort und Stelle erworben werden können.

Die Bekanntmachung von Produkten und Dienstleistungen wird immer schwieriger. Die Aufmerksamkeitsquoten sind heutzutage auf ca. ein Sechstel der Quote von vor 40 Jahren gesunken. Die Haupttreiber der Entwicklung sind die zunehmende Anzahl und Intensität der eingesetzten Werbung. Der Konsument kann die Vielzahl der Informationen schlicht nicht mehr verarbeiten. Die logische Folge ist eine Konzentration auf die Art von Werbung, die den Kunden besonders anspricht oder die besonders oft wiederholt wird. Der gesamte Werbeprozess muss daher möglichst optimal gestaltet werden. Je nach Größe der geplanten Kampagne ist die Durchführung von kleineren Testkampagnen sinnvoll. So können die eigenen Annahmen überprüft werden, bevor man mit dem vollen Budget eine uneffektive Kampagne fährt. Abbildung 19 zeigt die wichtigsten Schritte des Werbeprozesses.

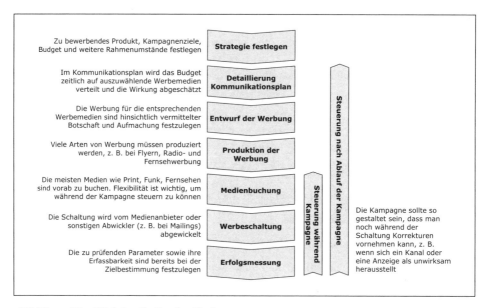

Abbildung 19: *Wichtige Stufen des Werbeprozesses*

Die Messung der Werbewirkung ist ein Schritt, der aufgrund seiner Bedeutung gar nicht oft genug hervorgehoben werden kann. Die Kosten für Werbeproduktion und Werbeschaltungen können bei laufenden Unternehmen schnell Größenordnungen bis zu 20 % des Umsatzes, bei Gründungen oft noch mehr, ausmachen. Ein effektiver Einsatz der Werbung ist daher, neben der offensichtlichen Bedeutung für den Umsatz, auch kostenseitig anzustreben. Die Messung der Werbewirkung ist dabei nicht einfach. Oftmals werden verschiedene Werbeformen parallel geschaltet, Werbung kann zudem zeitverzögert wirken, und neben der Werbung beeinflussen auch die Vertriebskanäle die Kundengewinnung ganz erheblich. Man kann zwar einen Zusammenhang des Umsatzes mit allen Werbe- und Vertriebsaktivitäten vermuten (wobei durch die Zeitverzögerung auch hierbei kein eindeutiger Zusammenhang nachgewiesen werden kann), der Zusammenhang einer einzelnen Werbeform mit dem Umsatz ist aber deutlich schwerer nachweisbar. Das Problem der Messung der Werbewirkung ist aber nicht neu. Daher haben sich Methoden etabliert, mit denen in der Praxis näherungsweise Messungen durchgeführt werden. Für Gründer ist es wesentlich, die Werbung so messbar wie möglich zu gestalten. Die nachfolgend aufgezeigten Methoden ermöglichen eine bessere Einschätzung verschiedener Werbeformen:

- **Direkterhebung bei Kunden:** Wenn die Möglichkeit besteht, sollten Sie Ihre Kunden befragen, wodurch diese auf Ihr Unternehmen oder Ihr Produkt aufmerksam geworden sind. Die Ergebnisse sind abzuspeichern und in regelmäßigen Abständen auszuwerten. Dies geht vor allem bei Direktvertriebsformen, ist aber schwieriger beim Einsatz von Absatzmittlern.

- **Separate Kontaktmedien:** Sie können auf verschiedenen Werbeformen verschiedene Kontaktmedien angeben, z. B. differenzierte Telefonnummern, differenzierte Ansprechpartner oder Filialadressen oder differenzierte Vertriebskanäle wie nur Internet oder nur Call-Center. Praktisch bewährt haben sich vor allem differenzierte Telefonnummern. So können Reaktionen auf Anzeigen in Zeitschriften oder den Gelben Seiten sehr gut gemessen werden.

- **Regionale Differenzierung:** Sie können im Rahmen Ihrer Kampagne regional unterschiedliche Werbeformen einsetzen und so eine Art regionale Alleinstellung einer Werbeform erreichen. Im Vergleich mit den Adressdaten der gewonnenen Kunden kann eine Erfolgsmessung vorgenommen werden.

- **Marktforschung:** Sie können ein Marktforschungsinstitut mit einer entsprechenden Marktstudie beauftragen. Die Studie kann auf verschiedene Arten durchgeführt werden. So können Kunden vor Ort bei Absatzmittlern oder zufällig ausgewählte Testpersonen telefonisch befragt werden. Umfangreiche Studien eignen sich aber nur für großangelegte Kampagnen.

- **Testkampagnen:** Vor der Durchführung der eigentlichen Kampagne können Sie Testkampagnen durchführen, bei denen jeweils eine Werbeform getestet wird. Durch das Fehlen anderer, für die Messung der Werbewirkung störender Effekte, kann die Effektivität der Werbeform besser beurteilt werden. Die Messung im Rahmen der eigentlichen Kampagne kann dann weniger genau ausfallen.

Beispiel

Werbewirkungsmessung im Gesundheitsbereich. Viele Naturheilpraxen schalten lokale bzw. regionale Werbung. Typische Werbeformen sind Anzeigen in Gelben Seiten, Verkehrsmittelwerbung, Plakatwerbung und Flyer. Um die Effektivität der Anzeigen abschätzen zu können, befragt die Arzthelferin am Empfang die Kunden, wie sie auf die Praxis aufmerksam geworden sind. Nach einiger Zeit kristallisieren sich so die wirksamsten Werbeformen heraus. Dies heißt allerdings nicht automatisch, dass weniger effektive Werbeformen nicht mehr eingesetzt werden. Werbeformen werden regelmäßig nur dann ersetzt, wenn sich herausstellt, dass die durch die Werbeform angelockten Kunden in Summe einen negativen Deckungsbeitrag erbringen, die Werbung also relativ zu den gewonnenen Kunden so teuer ist, dass Verlust gemacht wird.

Das Aufsetzen der Werbung erfordert Kreativität, Erfahrung und viel Zeit. Oft werden mehrere Entwürfe zeitgleich erstellt. Wird die Erstellung durch ungeübtes Personal vorgenommen, ist das Ergebnis oft nicht überzeugend. Viele Unternehmer, vor allem Gründer mit weniger Erfahrung, unterschätzen den Anforderungsgrad und den erforderlichen Zeitbedarf. Die nach Fertigstellung der Entwürfe zu treffende Entscheidung aus einer Vielzahl von Entwürfen fällt mitunter schwer. Jeder Entwurf scheint seine Vor- und Nachteile zu haben. Es ist daher in vielen Fällen ratsam, die Dienste einer Werbeagentur zu nutzen, welche normalerweise die notwendige Kreativität und Erfahrung zum Aufsetzen der Werbung mitbringt. In manchen Fällen, wie z. B. bei Radio- und Fernsehwerbung, ist die Nutzung einer Agentur unumgänglich. Werbeagenturen organisieren oftmals auch die Schaltung der Werbung durch Buchung der ausgewählten Werbemedien. Für die Buchung wird die Agentur durch den Betreiber des Werbemediums mit dem so genannten Agenturrabatt (meist in einer Größenordnung von 10 bis 15 %) entlohnt. Sie als Auftraggeber sollten daher für diese Arbeit nichts zahlen. Das eigenständige Buchen der Werbemedien durch das Unternehmen direkt bringt in vielen Fällen auch keine besseren Preise.

Die Dienste von Werbeagenturen können sehr teuer sein, insbesondere wenn Sie größere Agenturen buchen. Diese Ausgaben sind aber nur ein Bruchteil dessen, was Sie für Produktion und Schaltung der Werbung zahlen müssen. Die Effektivität dieser Ausgaben wird direkt durch die Agentur bestimmt. Die Auswahl der Agentur ist daher sorgfältig zu treffen. Zur Auswahl von Agenturen werden oft so genannte „Pitches" oder „Beauty-Contests" durchgeführt. Jede Agentur präsentiert sich und ein Konzept für die geplante Aufgabe. Vorab findet mindestens ein so genanntes Briefing statt. In diesem Briefing, meist in Form eines schriftlichen Dokuments oder als Präsentation vor Ort, vermittelt der Auftraggeber seine Ziele, Wünsche und Vorstellungen sowie zu beachtende Rahmenbedingungen (wie z. B. das Werbebudget). Ohne diese Rahmendaten können die Agenturen kein Konzept präsentieren. Als Auftraggeber sollten Sie beachten, dass die Vorbereitung eines Vorschlags die Agenturen oftmals viel Zeit kostet. Zwar verlangen nur die wenigsten Agenturen dafür Geld, aber eine faire Behandlung. Folgende Entscheidungsparameter sollten Sie bei der Auswahl einer Agentur beachten:

- **Eindruck bei der Präsentation:** Neben dem Gesamteindruck muss das Konzept der Agentur überzeugend sein. Prüfen Sie, ob die einzelnen Komponenten in sich stimmig sind und auf einer umfassenden Strategie beruhen. Vermeiden Sie Stückwerk, auch wenn Ihnen einzelne Ideen als gut erscheinen. Wenn Sie sich unsicher sind, können Sie mit einem kleineren Kreis auch noch eine weitere Präsentationsrunde fahren.
- **Leistungsumfang:** Enthält das Angebot die wichtigen Elemente Kampagnenplanung, Gestaltung der Werbung, Überwachung der Produktion, Schaltung der Werbung.
- **Zuteilung von Mitarbeitern:** Informieren Sie sich, wie die Agentur ihr Personal zu Projekten zuteilt. Sie sollten ein festes Team und einen festen Ansprechpartner zugeteilt bekommen. Der nachfolgend angesprochene notwendige Erfahrungsschatz muss sich vor allem auf das Team beziehen.
- **Erfahrungsschatz** mit ähnlichen Projekten aus ähnlichen Branchen: Wichtig ist zu testen, ob die Agentur Einschätzungen der Wirksamkeit dieser Projekte liefern kann, wie z. B. Konvertierungsraten neu gewonnener Kunden. Kann die Agentur dies nicht liefern, achtet sie nicht auf das für den Auftraggeber wesentliche Element der Werbung, die Gewinnung von Neukunden. Beurteilen Sie auch, wie die Agentur die Werbewirkung der Kampagne messen würde. Auch hierbei können Sie feststellen, ob die Agentur neben der Kreativität auch einen Sinn fürs das Wirtschaftliche mitbringt.
- **Kosten für Werbeschaltungen:** Größere Agenturen können diese Kosten durch besonders günstige Konditionen bei den Werbemedien reduzieren. Die Bereitschaft der Agentur in dieser Hinsicht ist zu prüfen.
- **Kosten der Agentur:** Neben fixen Bestandteilen sollte die Bereitschaft für variable Vergütungsbestandteile abgefragt werden.

Als Auftraggeber einer Werbeagentur müssen Sie diese weiterhin steuern. Durch die Beauftragung haben Sie sich nicht aller Aufgaben entledigt. Schon aus eigenem Interesse sollten Sie regelmäßige Treffen vereinbaren, um den Arbeitsstand der Agentur zu prüfen und die Vorschläge abzunehmen. Neben der Notwendigkeit, den Prozess effektiv voranzubringen, ist dieser beständige Austausch von Informationen insbesondere auch für die Werbeagentur wichtig, die Ihr Geschäft damit näher kennen lernt. Den Startpunkt der Zusammenarbeit bildet immer ein gemeinsames so genanntes Briefing, in dem der Agentur Ihre Ziele, Wünsche und Vorstellungen mitgeteilt werden.

Das Verständnis denkbarer Werbemedien erleichtert die Beurteilung von Werbemaßnahmen ungemein. Von daher sollen die wesentlichen Werbemedien im Folgenden zunächst überblicksartig, später vereinzelt detaillierter vorgestellt werden. Tabelle 21 gibt einen Überblick.

Medium	Wesentliche Erfolgs- und Kostentreiber (neben inhaltlichem Fit)	Kurzbewertung
Briefwerbung	Anzahl Briefe	▪ Für viele Gründungen der Standard ▪ Darf aber in seiner Wirkung nicht überschätzt werden
Wurfsendungen	Anzahl Sendungen	▪ Für viele Gründungen der Standard ▪ Darf aber in seiner Wirkung nicht überschätzt werden
Außenwerbung (Plakate, Poster)	Passantenfrequenz am Standort	▪ Für Gründungen oft zu teuer ▪ Gute regionale Steuerungsmöglichkeit ist vorteilhaft
Verkehrsmittelwerbung	Passantenfrequenz im Verkehrsmittel	▪ Gut für lokale Werbung ▪ Unbedingt Erfolgsmessung durch Kundenbefragung durchführen ▪ Nicht für alle Branchen geeignet
Werbedisplays (Flyer, Business Cards)	Passantenfrequenz am Standort	▪ Gut, wenn geeignete Standorte verfügbar sind ▪ Preiswert, aber Effekte oft moderat
Anzeigen (Branchenbücher)	Verteilte Bücher	▪ Für viele Gründungen der Standard ▪ Oftmals großer Effekt ▪ Unbedingt Preise verhandeln
Anzeigen (Zeitungen, Zeitschriften)	Höhe der Auflage Umfang der Anzeige Platzierung der Anzeige	▪ Kleinanzeigen gut für Gründungen ▪ Größere Anzeigen teuer und für Gründungen weniger geeignet ▪ Gut für Markenaufbau

Medium	Wesentliche Erfolgs- und Kostentreiber (neben inhaltlichem Fit)	Kurzbewertung
Fernsehwerbung	Reichweite der Sendung Länge der Werbung	▪ Für Gründungen oft zu teuer ▪ Gut, um flächendeckend zu agieren ▪ Gut für Markenaufbau
Kinowerbung	Reichweite des Films Länge der Werbung	▪ Für Gründungen eventuell attraktiv ▪ Unbedingt Erfolgsmessung durch Kundenbefragung durchführen ▪ Nicht für alle Branchen geeignet
Radiowerbung	Reichweite der Sendung Länge der Werbung	▪ Für Gründungen eventuell attraktiv ▪ Unbedingt Erfolgsmessung durch Kundenbefragung durchführen ▪ Nicht für alle Branchen geeignet
Messen	Besucherfrequenz auf der Messe Standort des Messestands	▪ Oft notwendig, um in die Branche hineinzuwachsen
Verkaufsveranstaltungen (Promotions)	Besucherfrequenz am Veranstaltungsort Aktivität des Personals	▪ Gut für Verbrauchsprodukte bei Neueinführungen ▪ Teuer im Vergleich zur Anzahl erreichter Kunden
Sponsoring	Besucherfrequenz Größe der Sichtfläche	▪ Oft genutzt, bringt aber selten wirklich Kunden ▪ Gut für Markenaufbau
Außendienst	Anzahl Besuche	▪ Nicht für alle Produkte geeignet ▪ Teuer, kann aber sehr effektiv sein

Medium	Wesentliche Erfolgs- und Kostentreiber (neben inhaltlichem Fit)	Kurzbewertung
Telefonvertrieb	Anzahl Telefonate	▪ Nicht für alle Produkte geeignet ▪ Tests notwendig ▪ Im Privatkundenbereich verboten
Fax-Werbung	Anzahl Faxsendungen	▪ Nur erlaubt, wenn Kunde seine Einwilligung vorab gegeben hat (Permission) ▪ Verliert dadurch einen Teil des Kostenvorteils gegenüber Briefwerbung
E-Mail-Werbung	Anzahl E-Mails	▪ Nur erlaubt, wenn Kunde seine Einwilligung vorab gegeben hat (Permission) ▪ Verliert dadurch einen Teil des Kostenvorteils gegenüber Briefwerbung
Bannerwerbung	Zahl der Schaltungen, in Tausender-Kontakt-Preisen (TKP) oder Klickraten Bannergröße und -art	▪ Immer noch der Standard im Internet ▪ Stark fallende Klickraten verringern Effektivität
Suchmaschinenmarketing	Anzahl eingegebener relevanter Keywords	▪ Effektive Möglichkeit zur Internetwerbung

Tabelle 21: Überblick über verschiedene Werbemedien

4.1 Briefwerbung

Briefwerbung hat fast jeder in seiner Hauspost. Briefwerbung wird oft auch als „Mailing" bezeichnet. Briefwerbung ist die Standardform des Direktmarketing, bei dem man potenzielle

Kunden direkt anspricht. Im Gegensatz zu Telefonmarketing, Fax-Werbung und E-Mail-Werbung ist die Briefwerbung nahezu uneingeschränkt erlaubt. Als eine gewisse Ausnahme hierzu können Werbesendungen an Empfänger gelten, die auf der so genannten „Robinson-Liste" eingetragen sind. Werbetreibende verpflichten sich freiwillig, diesen Adressaten keine Werbung zukommen zu lassen. Der Abgleich mit der Robinson-Liste ist daher vor dem Versenden seiner Werbesendung notwendig. Da dies die meisten Adressverkäufer, von denen man in aller Regel diese Adressen bezieht, bereits machen, führen Überprüfungen vor der Versendung eher selten zu einem positiven Treffer.

Die Grundlage für die Briefwerbung bilden die Adressen der Empfänger. Wenn Sie noch keine Kundendatenbank haben oder auf sonstige Weise Adressen sammeln konnten, müssen Sie die Adressen erwerben. Es gibt zahlreiche Anbieter von Adressen. So genannte „Adressbroker" oder „Listbroker" kaufen Datensätze von anderen Firmen ein – oder erheben im Einzelfall Adressen selbst – kategorisieren diese und vermieten oder verkaufen sie weiter. Die Nutzung von Adressbrokern ist die klassische Art, um Adressen für die Versendung zu erhalten. Daneben gibt es zahlreiche Anbieter von Adressdatenbanken. Diese sind als CD-ROM käuflich. Die „Adressdatenbanken" enthalten umfangreiche Adressen, die nach bestimmten Kriterien sortiert und dann für die Versendung von der CD-ROM exportiert werden können. Beim Erwerb der Adressdatenbanken erwirbt man oft das Recht der unbeschränkten Nutzung der Adresse, nicht aber das Recht, diese weiter zu veräußern. Aufgrund der großen Zahl enthaltener Adressen erscheint der Erwerb von Adressdatenbanken als relativ preisgünstig. Zu beachten ist jedoch, dass die enthaltenen Adressen oftmals recht alt sind. Damit erhöht sich die Zahl der Fehlsendungen, für die Porto und Druckkosten umsonst ausgegeben wurden. Darüber hinaus enthalten Adressdatenbanken oft keine qualifizierenden Merkmale, wie den Ansprechpartner einer Firma, die Telefon- oder Faxnummer. Gerade wenn telefonische Nachfassaktionen geplant sind, ist die Telefonnummer unerlässlich. Im Falle von Briefwerbung an Gewerbetreibende verringert der fehlende Ansprechpartner die Erfolgschance der Briefwerbung erheblich. Insgesamt sollten Sie bei der Auswahl von Adressen Folgendes beachten:

- Aktualität der Adressen
- Qualifizierbarkeit der Adresse nach den gewünschten Kriterien, z. B. einer bestimmten Branche
- Verfügbarkeit relevanter Informationen wie Ansprechpartner, Telefonnummer

Darüber hinaus sind die Rechte an den Adressen wichtig. Adressen können oftmals nur gemietet werden. Dabei unterscheidet man Adressmieten zur Einmal-, Zweimal-, Dreimal- und unbegrenzten Nutzung. Der Adresskauf unterscheidet sich von der unbegrenzten Nutzung durch die Möglichkeit zum Weiterverkauf. Da dieser vielfach nicht erwünscht ist, können Adressen nur selten wirklich gekauft werden. Neben der Zahl der Nutzungen ist auch die Art der Nutzung zu beachten. So dürfen selbst unbegrenzt gemietete Adressen nicht einfach öffentlich, z. B. im Internet, als Datenbank zugänglich gemacht werden. Adressbroker nutzen insbesondere zwei Formen, um die Einhaltung der Vereinbarungen zu prüfen: Oftmals einigt man sich auf eine Lieferung direkt an einen dritten Dienstleister, der die Versendung durchführt. Darüber hinaus enthält fast jede Lieferung Prüfadressen. Der Adressbroker prüft die

Posteingänge bei diesen Adressen und kann so die vertraglichen Abmachungen überprüfen. Nur die Möglichkeit, dass Prüfadressen in der Lieferung vorhanden sind, ist eine wirksame Kontrolle. Folgende Aspekte bestimmen den Preis der Adressen:

- Anzahl und Art der Nutzungen

- Aktualität der Adressen

- Enthaltene Informationen, wobei jede Zusatzinformation extra kostet

- Öffentliche Verfügbarkeit der Adressen; Spezialbranchen oder Top-Entscheider-Adressen sind deutlich teurer

Bei der Versendung sollte man, bei durchschnittlich guten Adressen, von bis zu 20 % unzustellbaren Sendungen ausgehen. Je aktueller die Adressen sind, desto weniger sollte die Fehlerquote betragen. Eine Fehlerquote nahe 0 % ist jedoch kaum erreichbar. Wenn Sie die Fehlerquote prüfen können, sollten Sie mit dem Adressbroker eine Rückerstattungsregelung vereinbaren.

Oft werden die Industrie- und Handelskammern oder Handwerkskammern als geeignete Adresslieferanten genannt. Der praktische Nutzen dieser Adressen ist allerdings eingeschränkt. Die Adressen sind in der Regel veraltet und mit wenig Zusatzinformationen versehen. Die Einteilung erfolgt zudem nach den für die Kammern typischen Brancheneinteilungen, die nicht auf Werbezwecke ausgerichtet sind. Insofern ist genau zu prüfen, ob diese Adressen wirklich den durch Sie verfolgten Zweck erfüllen können.

Der Erfolg von Briefwerbung wird durch verschiedene Faktoren mitbestimmt. Es können an dieser Stelle nicht alle Tipps und Tricks aufgezeigt werden. Daher findet hier eine Beschränkung auf die üblichsten Methoden statt:

- **Personalisierung.** Je persönlicher der Brief gestaltet ist, umso größer ist die zu erwartende Wirkung. Personalisierung bedeutet dabei, dass der Brief an einen Ansprechpartner geht und dieser im Anschreiben auch namentlich genannt wird. Mittels neuerer Drucktechniken wird die Personalisierung auch auf das weitere Werbematerial ausgedehnt. Je umfangreicher personalisiert wird, desto teurer wird aber auch die Produktion. Die Alternative zur Personalisierung ist die Versendung der Werbung an eine Firmenadresse bzw. die allgemeine Anredeklausel „Sehr geehrte Damen und Herren". Letztere sollte unbedingt vermieden werden.

- **S-Kurve.** Als „S-Kurve" bezeichnet man die Art, wie die meisten Empfänger Briefe unbekannter Absender lesen bzw. überfliegen. Nur die wenigsten Empfänger nehmen sich Zeit, eine Werbesendung wirklich zu lesen. Vielmehr werden überblicksartig die wichtigsten Elemente des Briefs überflogen. Anhand der damit erlangten Informationen wird entschieden, ob weitergelesen wird. Die Augen von Werbeempfängern folgen dabei normalerweise einem Verlauf, der als „S" bezeichnet werden kann. Sie fangen rechts oben an, wo meist das Logo der Firma steht. Anschließend wandern die Augen nach links und schauen sich die Adressangaben für den Empfänger an. Es folgt eine intuitive Prüfung, ob die Adresse richtig ist. Danach wandert der Blick auf den „Betreff" des Briefes und gleitet weiter nach unten, nur aufgehalten durch besondere Hervorhebungen, wie z. B. Fett- oder Kursivdruck. Der Blick schließt beim Text, der abseits am weitesten unten steht. Dies ist meist das Postskriptum, also das „P.S.". Folgt man der Logik der S-Kurve, wird klar, auf welche Elemente man bei der Gestaltung des Anschreibens am meisten achten sollte. Firmenlogo, richtiger Adressat, Betreff und Postskriptum sollten vorhanden sein und die wichtigste Werbebotschaft kommunizieren. Erst wenn Ihr Werbebrief diese Prüfungen bestanden hat, fängt der Empfänger an, genauer zu lesen.

- **Responsemöglichkeiten.** Ihr Werbebrief muss eine Antwortmöglichkeit enthalten. Dann weiß der Empfänger genau, was zu tun ist, wenn er an Ihrem Angebot interessiert ist. Fehlt diese Antwortmöglichkeit, droht der Verlust interessierter Kunden. Denn die wenigsten Kunden wollen viel Zeit damit verbringen, einem Angebot hinterherzulaufen. Typisch als Antwortmöglichkeit sind Antwortpostkarten, bei denen idealerweise die Adressangaben schon ausgefüllt sind. Oft noch sinnvoller sind beigelegte Antwortfaxe.

- **Mehrstufige Mailings.** Man geht davon aus, dass viele potenzielle Kunden ein gewisses Aktivitätsniveau erreichen müssen, um auf Mailings zu reagieren. Dieses Niveau kann durch mehrstufige Mailings erreicht werden. Dabei werden Werbebriefe mehrmals an die gleichen Adressaten geschickt, mit Ausnahme derjenigen, die schon bei ersten Mal reagiert haben. Der Inhalt der Briefe wird manchmal leicht verändert. Erkennt ein potenzieller Kunde Ihren Werbebrief wieder, weil er ihn ein zweites oder drittes Mal bekommt, kann ihn Ihre Hartnäckigkeit zur genaueren Beschäftigung mit Ihrer Werbung veranlassen. Damit können Ihre Erfolgschancen deutlich steigen. Mehr als drei Versendungen sind aber nicht üblich.

- **Nachfasstelefonate.** Gerade wenn die angebotenen Produkte und Dienstleistungen komplexer sind, kann ein Nachfassen per Telefon sinnvoll sein. Die Komplexität und die Kosten der Werbeaktionen steigen dann entsprechend. Allerdings erhöht sich auch das Erfolgspotential der Aktion.

Über die Wirkung von Briefwerbung gibt es unterschiedlichste Aussagen. Allein die Tatsache, dass Briefwerbung weiterhin umfangreich betrieben wird, zeigt einen gewissen Grad an Erfolg. Der Erfolg sollte jedoch nicht überschätzt werden. Man rechnet damit, dass zwischen 80 % und 90 % der Empfänger erkennbare Werbebriefe ungeöffnet wegwerfen. Sie haben also nur die Aufmerksamkeit von einem Bruchteil der Empfänger. Diejenigen, die sich den Werbebrief ansehen, lassen sich nicht viel Zeit, um eine Einschätzung für ihr Interesse zu gewinnen. Man rechnet hier zwischen fünf und zehn Sekunden. Diese Zeit reicht keinesfalls, um sich den ganzen Brief durchzulesen. Vielmehr werden vor allem die oben aufzeigten Kernelemente bei der Gestaltung des Werbebriefes beachtet. Auf dieser Basis wird entschieden, sich intensiver mit dem Brief zu beschäftigen oder nicht. Erst dann haben Sie die volle Aufmerksamkeit des Empfängers. Insgesamt sind Responseraten (also die Raten, mit denen irgendeine Reaktion auf den Werbebrief erfolgt) von ca. 1 % ein etwas überdurchschnittlicher Wert. Raten im Promillebereich sind der Standard. Raten über 1 % sind selten. Die an mancher Stelle genannten 5 %-Responserate als Durchschnittswert ist eine Traumquote. Wenn sie überhaupt erreichbar ist, dann durch mehrstufige Mailings. Quoten zwischen 2 % und 3 %

sind als sehr gut anzusehen. Alle genannten Zahlen schwanken mit der Art der Aufmachung der Werbung und der Zielgruppe. Vereinzelt können in diesem Prozess deutlich bessere, manchmal aber auch deutlich schlechtere Werte erzielt werden. Insgesamt ist jedoch vor übertriebenen Erfolgserwartungen zu warnen. Wenn man Kosten von ca. 1 € pro Sendung ansetzt, wird anhand der zu erwartenden Konvertierungsraten schnell deutlich, dass Briefwerbung nicht für alle Produkte geeignet ist.

Zur Erfolgsmessung Ihrer Briefwerbung eignen sich mehrere Methoden. Die Erfolgsmessung ist, wie bei jeder anderen Werbung auch, unbedingt angeraten. Gerade wenn Sie in der Anfangsphase Ihres Unternehmens Erfahrungen mit den für Sie am besten geeigneten Werbemedien sammeln müssen, ist die Erfolgsmessung die Grundvoraussetzung für die spätere Optimierung Ihrer Werbeaktivitäten. Die sinnvollste Methode zur Erfolgsmessung ist der Einsatz von Antwortmedien. Es empfiehlt sich bereits aus weiter oben aufgezeigten Gründen, dem Kunden eine Möglichkeit zur Antwort auf Ihre Briefwerbung zu geben. Dies können Antwortpostkarten, -briefe oder -faxe sein. Über die erfolgten Antworten lässt sich der Erfolg bequem und einfach messen. Darüber hinaus stehen die üblichen Methoden der Anzeige einer bestimmten Telefonnummer oder eines separaten Ansprechpartners zur Verfügung. Kundenbefragungen können auch zur Erfolgsmessung beitragen. Wird die Briefwerbung mit Nachfasstelefonaten kombiniert, kann die Erfolgsmessung durch aktives Nachfragen erfolgen.

Die Durchführung von Briefwerbung ist aufwendig und darf keinesfalls unterschätzt werden. Neben der Festlegung allgemeiner Vorgaben wie Zielkunden und zu bewerbendem Produkt sind folgende Schritte abzuarbeiten: Generierung der Adressen, Aufsetzen des Werbeschreibens, der Antwortmedien und des begleitenden Materials, Gewichts- und Größenoptimierung, Personalisierung der Schreiben, Druck der Briefe, Falzen (Zurechtfalten des Briefs auf die Versandgröße), Kuvertierung (Eintüten), Frankierung (Freimachen), Portooptimierung, Postauflieferung, Bearbeitung von Reaktionen, Erfolgskontrolle. Bei mehrstufigen Mailings oder telefonischen Nachfassaktionen sind diese zusätzlich zu koordinieren. Im Folgenden sollen ein Einblick in die Tätigkeiten und einige hilfreiche Tipps für diese Schritte gegeben werden:

- **Gewichts- und Größenoptimierung.** Die Gewichtsoptimierung ist der erste Schritt der Portooptimierung. Bei Überschreitung bestimmter Grenzwerte erhöht sich das Porto schlagartig. Daher ist zu versuchen, die Inhalte der Sendung so zu gestalten, dass das Gesamtgewicht unter dem angestrebten Grenzwert, z. B. 20 Gramm, bleibt. Zum Gewicht tragen der Inhalt, der Briefumschlag und die Briefmarke bei. Gleiches gilt für die Größe bzw. Dicke der Sendung.

- **Personalisierung.** Die Personalisierung der Anschreiben und der Briefumschläge können Sie noch mit herkömmlichen EDV-Anwendungen leisten. Diese enthalten Funktionen für so genannte „Serienbriefe". Um diese Funktion zu verstehen, ist allerdings viel Zeit erforderlich. Beim Ausdruck ist zu beachten, dass Briefumschläge und Anschreiben in der gleichen Reihenfolge ausgedruckt werden. Sonst erhöht sich der Aufwand der nachfolgenden Konvertierung erheblich. Zudem sollte der Ausdruck nach Postleitzahlgebieten erfolgen, wenn dies zur späteren Portooptimierung notwendig ist.

- **Falzen, Kuvertierung und Frankierung.** Falzen, Kuvertierung und Frankierung sind händische Arbeiten, wenn Sie nicht über entsprechende Maschinen verfügen. Schon bei 1.000 Sendungen braucht man erhebliche Ressourcen dafür. Um den Prozessaufwand gering zu halten, ist es Pflicht, selbstklebende Briefumschläge zu nutzen. Wenn Sie Briefmarken nutzen, dann sollten diese ebenfalls selbstklebend sein. Ansonsten sind Frankierstempel die bessere Wahl.
- **Portooptimierung und Postauflieferung.** Bei größeren Versandmengen fällt die Portooptimierung stark ins Gewicht. Damit können Einsparungen von 20 % oder mehr der Portokosten erreicht werden. Die Post, als i. d. R. einziger in Frage kommender Versender der Briefwerbung, bietet mehrere Optionen zur Versendung von Briefwerbung an. Manche stellen spezielle Forderungen an die Form (bei Postwurfsendungen darf der Umschlag nicht verschlossen sein). Die meisten erfordern eine Vorsortierung nach Postleitzahlgebieten und deren getrennte Anlieferung (die so genannte „Postauflieferung").

Die Darstellung verdeutlicht die Komplexität der Aufgaben. Bei größeren Sendungsmengen ist es daher üblich, professionelle Dienstleister zu nutzen, die nahezu alle der oben genannten Aufgaben für Sie übernehmen. Diese Dienstleister werden oft als „Fulfillment-Dienstleister" bezeichnet, sind aber auch unter den Stichworten „Mailing" und „Briefwerbung" zu finden. Die Fulfillment-Dienstleister erheben eine Gebühr, die über die ansonsten entstandenen Kosten hinausgeht.

Die Gesamtkosten professioneller Briefwerbung erreichen sehr schnell 1 € pro Sendung, oft deutlich mehr. Nur wenn Sie vieles selbst machen, können Sie unter diesen Kosten blieben. Diese Kosten zeigen klar, dass Briefwerbung keine preiswerte Lösung ist. Die Planung von Briefwerbekampagnen muss daher genauso professionell durchgeführt werden wie bei anderen Kampagnen auch.

4.2 Wurfsendungen

Wurfsendungen sind der Briefwerbung sehr ähnlich. Die wesentlichen Unterscheidungsmerkmale bestehen in den Adressaten und der Werbeaufmachung. Die Adressaten werden nach Gebieten festgelegt. Dies kann sinnvoll sein, wenn im jeweiligen Gebiet Ihre Zielkundschaft zu erwarten ist. Jedem Empfänger wird die gleiche Werbung zugestellt. Wurfsendungen sind in der Regel nicht personalisiert. Wurfsendungen bestehen oftmals nur aus Werbematerialien, ohne Anschreiben und Umschlag. Dies hält die Kosten der Sendung gering.

Ein Adresskauf ist bei Wurfsendungen nicht notwendig, da eine Verteilung nach Gebieten erfolgt. Da in geschlossenen Gebieten leichter verteilt werden kann, sind die „Portokosten" deutlich geringer als bei Briefwerbung. Auch dies trägt zu den günstigen Kosten der Sendung bei.

Um die Effektivität von Wurfsendungen zu steigern, sollten Responsemöglichkeiten aufgezeigt werden. Wenn Sie kein Ladengeschäft unterhalten, zu dem die Kunden hinkommen können, wird für die Kunden die Kontaktaufnahme mit Ihnen sonst oft zu umständlich. Nur die wenigsten rufen z. B. eine angegebene Telefonnummer an. Deshalb sollte in die Werbung eine Antwortkarte oder ein -fax integriert sein, z. B. als Beilage.

Wurfsendungen liegen von ihrer Wirksamkeit her deutlich unter der von Briefwerbung. Sie sollten von Größenordnungen im unteren Promillebereich ausgehen. Da die Kosten aber auch deutlich geringer sind, muss dies nicht negativ sein. Wurfsendungen können daher auch deutlich effektiver als Briefwerbung sein.

Für die Verteilung der Wurfsendungen gibt es zahlreiche Dienstleister, die aber vor allem in Ballungsgebieten agieren und nicht immer leicht zu finden sind. Als generelle Alternative gibt es die Deutsche Post mit ihren Postwurfsendungen. Sonstige Dienstleister sind unter dem Stichwort „Prospektverteilung" zu finden. Meist sind diese preiswerter als die Deutsche Post. Beim Dienstleister bucht man Gebiete, in denen die Wurfsendungen zu verteilen sind. Oft kann auch noch der Zeitpunkt der Verteilung festgelegt werden.

Um die korrekte Arbeit der Verteiler zu prüfen, empfiehlt sich die Prüfung von Adressen in diesem Gebiet. So kann man telefonisch nachfragen, ob einzelne Empfänger die Werbung wirklich erhalten haben, wobei Ungenauigkeiten zu berücksichtigen sind, denn die meisten Empfänger schauen sich die Werbung gar nicht an und werfen sie direkt weg. Entsprechend können sie sich auch nicht daran erinnern. Die Erfolgsmessung kann wie bei der Briefwerbung erfolgen.

4.3 Verkehrsmittelwerbung

Verkehrsmittelwerbung ist allgemein bekannt. Die Werbung wird außen und innen in öffentlichen Verkehrsmitteln und Taxis sowie außen auf Lkw angebracht. Das Zielpublikation sind vorrangig mobile Konsumenten. Durch die Wahl der Art des Verkehrsmittels sowie die Route können einzelne Kundensegmente genauer angesteuert werden. So werden Taxis eher von Geschäftsleuten oder einkommensstarken Konsumenten genutzt. Auch im Vergleich der genutzten Routen gibt es deutliche Unterschiede, denn die Routen können oft in Verbindung mit Wohngegenden, welche sich wiederum nach Einkommensstärke unterscheiden, gebracht werden. Die Verkehrsmittelwerbung wird auch als mobile Außenwerbung bezeichnet.

Tabelle 22 gibt einen Überblick über Werbeformen, die als Standards der Verkehrsmittelwerbung betrachtet werden können. Die Formate sollten ebenfalls standardisiert sein. Es ist jedoch notwendig, sich vorab über die angebotenen Formate zu erkundigen, da sich in der Praxis oftmals doch Abweichungen ergeben. Dadurch können insbesondere bei überregionalen Kampagnen die Produktionskosten gesenkt werden, weil die Werbung nicht in zu vielen Ausführungsformen produziert werden muss.

Verkehrsmittel	Werbeform	Beschreibung	Format (ca.)
Bahnen und Busse – außen	Ganzgestaltung	Vollbeklebung eines Verkehrsmittels	Individuell, aber gleich bei gleichen Typen von Verkehrsmitteln
	Teilgestaltung	Oftmals in Form der Rumpfbelegung, d. h. der Belegung nur der unteren Längshälfte eines Verkehrsmittels	Individuell, aber gleich bei gleichen Typen von Verkehrsmitteln
	Trafficboards	Außenplakate am Verkehrsmittel (i. d. R. Bussen)	Trafficboards kommen oft im Format eines Großflächenplakats (260 x 360 cm) oder eines City-Light-Posters (120 x 176 cm) vor
	Trafficbanner	Kleineres Banner außen an Bussen und Bahnen	175 x 50 cm
Bahnen und Busse – innen	Seiten- und Heckscheibenplakate	Anbringung an den Scheiben oder oberhalb der Scheiben	15 x 50 cm
	Bus- und Train-Light-Poster	Hinterleuchtete Poster	Oft wie City-Light-Poster (120 x 176 cm)
Taxi	Seitenwerbung	Beklebung auf den Seiten	160 x 30 cm
	Dachträger	Anbringung auf vorgefertigten Trägern	85 x 35 cm
	Heckträger	Anbringung auf vorgefertigten Trägern	594 x 841 mm
	Kopfstützenwerbung	Überzüge auf den Kopfstützen oder Anbringung von Flyerständern	Individuell, aber gleich bei gleichen Typen von Verkehrsmitteln
Lkw	Ganz oder Teilgestaltung		Individuell, aber gleich bei gleichen Typen von Verkehrsmitteln

Tabelle 22: *Formen der Verkehrsmittelwerbung in der Übersicht*

Die Preise für die Werbung schwanken. Standardpreise gibt es nicht. Die Märkte sind vielmehr regional stark unterschiedlich, auch wenn die Zahl der erreichten Konsumenten oft nicht so stark schwankt. Als mittleren Preisrahmen für die Ganzgestaltung eines Busses müssen Sie von 400 € bis 800 € pro Monat ausgehen, zzgl. der Kosten für Montage und Entfernung. Teilgestaltungen kosten ca. die Hälfte. Die Werbeanbringung an Straßenbahnen ist oft doppelt so teuer. Seitenscheibenplakate kosten im mittleren Preisrahmen zwischen 8 € und 15 € pro Monat. Rabatte nach Menge und Zeit sind üblich und können erheblich sein. Auch bei Verkehrsmittelwerbung sollten Sie immer verhandeln.

Die Wirkung von Verkehrsmittelwerbung kann jeder zu einem Teil selbst beurteilen, denn man wird ständig mit dieser Werbeform konfrontiert. Zudem gibt es zahlreiche Studien, die sich mit der Wirkung von Außenwerbung befasst haben. So wurde im Jahr 1990 in einer Studie des Fachverbands für Außenwerbung e. V. festgestellt, dass 20 % der Befragten schon öfter durch Verkehrsmittel auf Angebote und Geschäfte aufmerksam geworden sind. 12 % der Befragten sind durch Verkehrsmittelwerbung gelegentlich zum Kauf angeregt worden. In der Untersuchung schnitt die Bahnwerbung leicht besser als die Buswerbung und die Ganzgestaltung besser als die Teilgestaltung ab.

Die Produktion, Buchung und sonstige Steuerung von Verkehrsmittelwerbung werden im Normalfall durch Werbeagenturen organisiert. Im Unternehmen steht Ihnen das ausreichende Fachwissen dazu nur selten zur Verfügung.

4.4 Anzeigen in Branchenbüchern

Branchenbücher sind ein bekanntes Werbemedium. Sie sind vergleichbar mit den Online-Suchmaschinen: Die Nutzer suchen nach Anbietern und wählen prominent platzierte Anbieter aus, um sie zu kontaktieren. Anzeigen in Branchenbüchern erwecken daher nicht den bei sonstiger Werbung von den Adressaten als negativ empfundenen Eindruck, dass man etwas verkaufen will. Die Adressaten der Werbung suchen vielmehr etwas und die Anzeigen helfen bei dieser Suche. Anzeigen in Branchenbüchern sind daher in den Gedanken der Nutzer eher positiv besetzt.

Es gibt zahlreiche Branchenbuchverleger. Die bekanntesten sind die regionalen Verlage, die die Gelben Seiten herausgegeben. Daneben gibt es jedoch eine Vielzahl von regionalen und bereichsorientierten Branchenbüchern, wie z. B. „Gewusst wo?" (gewusst-wo.de), eine Konkurrenz zu den Gelben Seiten, sowie „Wer liefert was" (wlw.de), die sich auf die Industrie spezialisiert haben. Nicht alle Branchenbücher werden gedruckt. Viele sind nur noch im Internet oder auf CD-ROM verfügbar, erfüllen aber den gleichen Zweck.

Man muss meist gar nicht lange nach passenden Branchenbüchern für seine Werbung suchen. Der Vertrieb der Branchenbücher ist recht aktiv und kommt normalerweise auf Sie zu. Als Gründer sollten Sie jedoch beachten, dass Sie den Anzeigenschluss für die gedruckte Ausgabe nicht verpassen. Da Branchenbücher oft nur einmal pro Jahr gedruckt werden, könnten Sie ein ganzes Jahr Werbepräsenz verlieren, die gerade am Anfang entscheidend sein kann. Sie können dann nur noch in Online-Ausgaben präsent sein, wo Sie Ihre Anzeige jederzeit schalten können. Obwohl der Trend sicher hin zum Online-Branchenbuch geht, benutzt die Mehrzahl der Menschen noch immer die gedruckte Ausgabe, die einfach schneller zur Hand ist.

Die Preise für Anzeigen schwanken enorm zwischen den Anbietern, verändern sich aber auch im Zeitablauf. Die Anzeigenpreise in Branchenbüchern folgen dem Wirtschaftszyklus: teurer im Aufschwung, preiswerter bei Stagnation oder geringem Wachstum. Die Anzeigen werden oft durch Handelsvertreter verkauft. Diese beziehen ihr Gehalt durch eine Provision vom Anzeigenpreis. Von daher besteht ein großes Interesse der Vertreter, Anzeigen zu verkaufen. Dies eröffnet Ihnen einen größeren Verhandlungsspielraum. Grundsätzlich hängen die Preise von der Größe der Anzeige, der Anzahl der Rubriken, unter denen die Anzeige erscheint, sowie der Popularität der gebuchten Rubriken ab. Die Auflage der gedruckten Branchenbücher oder die Nutzung der Online-Branchenbücher setzt den allgemeinen Preisrahmen: Je größer die Auflage oder die Nutzung ist, umso teurer sind die Anzeigen. Anzeigenpreise fangen bei wenigen hundert Euro an und gehen bis zu fünfstelligen Eurobeträgen. Der preiswerteste Eintrag ist oft ein Fettdruck, der teuerste Eintrag die Buchung einer ganzen Seite.

Die Wirkung von Branchenbucheinträgen hängt insbesondere von der Nutzungsrate des Branchenbuchs und Ihrer Anzeige ab. Nach Erhebungen im Auftrag der Gelbe-Seiten-Verlage sind deren Kunden überwiegend zufrieden. Generell berichten viele Gründer, dass Anzeigen in gut frequentierten Branchenbüchern viele potenzielle Neukunden bringen. Branchenbucheinträge sind daher oftmals die wichtigste lokale bzw. regionale Werbeform und sollten bei der Werbeplanung auf jeden Fall berücksichtigt werden.

Da die Anzeigenpreise recht hoch sein können, sollte eine Erfolgsmessung der Anzeigen durchgeführt werden. Unternehmen, die größere Anzeigen schalten, nutzen oft separate Telefonnummern in den Anzeigen. Damit können die durch die Anzeige generierten Kontakte leicht nachgeprüft werden. Wenn Sie diesen Aufwand nicht treiben wollen bzw. können, sollten Sie die Messung durch Befragung Ihrer Kunden durchführen. Die Ergebnisse der Messung sollten im nächsten Jahr als Argumentation gegenüber dem Branchenbuchvertrieb dienen, wenn sich damit weitere Preissenkungen einfordern lassen.

Die Gestaltung der Anzeige übernimmt oftmals der Verleger mit, falls Bedarf besteht. Sie können dann zwischen einem individuellen Design und einem Standarddesign wählen. Sie können Ihre Anzeige aber auch durch eine Werbeagentur gestalten lassen.

4.5 Radiowerbung

Radiowerbung ist eine recht bekannte Werbeform, die sowohl für regionale wie auch überregionale Werbung genutzt wird. Radiowerbung hat einige Vorteile, die oftmals andere Werbemedium nicht haben:

- Beim Radio gibt es kein Überblättern oder Umschalten. Man schaltet das Radio wegen der Werbung selten aus oder wechselt auf einen anderen Sender. Die Werbeblock wird daher gehört. Allerdings bedeutet dies zugleich, dass die Hörer weniger aktiv involviert sind, sondern Radio mehr nebenbei hören.
- Manche Menschen lernen besser akustisch als visuell. Als Abrundung visueller Kampagnen ist Radiowerbung also gut geeignet.
- Radiowerbung ist, verglichen mir der Anzahl der erreichten potenziellen Kunden, vergleichsweise preiswert. Bezieht man allerdings mögliche Streuverluste aufgrund der breiten Zuhörerschaft mit ein, kann dieses Bild schnell kippen.
- Die Produktionskosten für Radiowerbung sind geringer als beim Fernsehen. Eine einmal produzierte Sendung kann, anders als bei gedruckter Werbung, ohne weitere Produktionskosten immer wieder gesendet werden.
- Manche Studien haben ergeben, dass Radiowerbung besser Emotionen wecken kann als Druckwerbung und zudem die Fantasie mehr anregt als andere Werbemedien. Dies soll einen positiven Effekt auf die Werbewirkung haben. Die Ergebnisse sind jedoch nicht eindeutig.

Radiowerbung hat aber auch gewichtige Nachteile, die hier nicht verschwiegen werden sollen:

- Visuell orientierte Menschen können sich Radiowerbung schlecht merken.
- Radiowerbung kann, anders als Druckwerbung, nicht gespeichert werden. Dies verringert die letztendliche Kundenkonvertierung. Die Kunden vergessen durch die notwendige zeitliche Überbrückung entweder die Werbung selbst komplett oder nur den Namen des Produkts oder den Ort, wo sie dieses erwerben können.
- Radiowerbung hat unter Umständen große Streuverluste, denn nur wenige Radiohörer hören sich aktiv einzelne Sendungen an. Radiohörer hören vielmehr den ganzen Tag lang einen Sender. Zielgruppen korrelieren damit viel mehr mit dem Typ des Senders (Musik, Nachrichten usw.) als mit einzelnen Sendungen innerhalb eines Senders. Die Steuerung von Kampagnen fällt daher deutlich schwerer.
- Die Erfolgsmessung von Radiowerbung ist schwerer zu realisieren als bei vielen anderen Medien.

Radiowerbung eignet sich daher vor allem für die Bewerbung einfacher Produkte bzw. die Bekanntmachung von Firmennamen. Zugleich muss die Zielgruppe breit aufgestellt sein, damit durch die breite Zuhörerschaft nicht zu viele Streuverluste entstehen.

Radiowerbung unterliegt einigen Einschränkungen, sowohl dem Inhalt als auch der Form nach. Viele der inhaltlichen Einschränkungen gelten jedoch auch für andere Werbeformen. So darf Radiowerbung nicht irreführend sein. Darüber hinaus dürfen keine Methoden angewandt werden, die nur im Unterbewusstsein wahrgenommen werden. Der Form nach sind Geräusche zu vermeiden, die als normale Geräusche des Straßenverkehrs wahrgenommen werden (z. B. eine Hupe, quietschende Bremsen) und so den Fahrer ablenken könnten. Zudem gibt es zeitliche Einschränkungen, die vor allem für öffentlich-rechtliche Sender gelten. So sind an Sonn- und Feiertagen nur Sponsoring-Maßnahmen erlaubt, reine Werbung ist verboten. Maximal 20 % der Sendezeit dürfen innerhalb eines Tages oder einer Stunde mit Werbung gefüllt sein. Werktags dürfen im Jahresdurchschnitt nur maximal 90 Minuten Radiowerbung gesendet werden.

Die Zahl der Hörer schwankt innerhalb der Tageszeiten und innerhalb der Wochentage, wobei sich Samstag und Sonntag von den sonstigen Wochentagen unterscheiden. Anders als beim Fernsehen wird die maximale Anzahl der Hörer an Werktagen vormittags zwischen ca. 7 Uhr und ca. 13 Uhr erreicht, wobei die Zeit zwischen 7 Uhr und 9 Uhr oft das Maximum markiert. Die Hörerzahlen sinken am Nachmittag ab. An den Wochenenden verschiebt sich die Periode der maximalen Hörerzahlen um einige Stunden nach hinten. Zusätzlich sinkt auch die Gesamtzahl der Hörer im Vergleich zu den sonstigen Wochentagen, aber meist nicht dramatisch. Eine Ausnahme bildet hierbei die Mittagsruhe am Sonntag.

Bei der Radiowerbung werden verschiedenartige Werbeformen unterschieden:

- **Klassischer Spot:** Der klassische Radiospot hat eine Dauer von 20 bis 30 Sekunden und wird alleinstehend gesendet.
- **Tandem-Spot:** Der Tandem-Spot besteht aus zwei zusammengehörenden, aber getrennt gesendeten Werbespots innerhalb eines Werbeblocks. Meist ist der erste Spot ein längerer Spot, dem ein so genannter Reminder folgt, der deutlich kürzer ist.
- **Kurz-Spot:** Kurz-Spots haben eine Dauer von fünf bis zehn Sekunden.
- **Single-Spot:** Ein Single-Spot wird außerhalb der Werbeblöcke gesendet und genießt damit oft höhere Aufmerksamkeit.
- **Live-Spot:** Beim Live-Spot wird der Werbetext vom Radiosprecher direkt verlesen, oft in der Form eines Single-Spots.

Die Preise für Radiowerbung sind abhängig von der erwarteten Zielhörerschaft und der Reichweite. Bei der Radiowerbung wird nach Tausender-Kontakt-Preisen (TKP) abgerechnet. Die genaue Zahl der Zuhörer wird durch Medienanalysen abgeschätzt und verändert so den Preis. Manche Sender versuchen allerdings, durch Festpreise in gewissem Rahmen die anfallenden Kosten einschätzbarer zu machen. Es ist aber zu beachten, dass historische Angaben eine sehr gute Abschätzung bereits im Vorhinein ermöglichen. Der Rahmen für einen mittleren Tausend-Kontakt-Preis (TKP) in der Zielgruppe zwischen 14 bis 49 Jahren liegt zwischen 2,30 € und 3,00 €. In der Zielgruppe ab 14 Jahren liegt der mittlere Rahmen zwischen 1,45 € und 2,10 €.

4.6 Messen

Messen sind eine bekannte Form der Werbung. Man kann sie sogar als Vertriebskanal bezeichnen, da auf Messen viele Geschäftsabschlüsse getätigt werden. Die „Teilnahme" an Messen geschieht grundsätzlich in zwei Formen:

- **Teilnahme als Aussteller.** Als Aussteller wollen Sie den Besuchern oder anderen Ausstellern Ihr Angebot präsentieren und neue Kunden gewinnen bzw. bestehende Geschäftsbeziehungen pflegen.
- **Teilnahme als Besucher.** Als Besucher müssen Sie nicht zwangsläufig Einkäufer sein. Sie können auch an den einzelnen Ständen um Termine bitte und Ihr Angebot präsentieren. In vielen Fällen sind Messen der ideale Standort, um viele Ihrer Kunden auf einen Schlag ansprechen zu können.

Messen sind normalerweise auf eine Branche fokussiert. Auf den Messen treffen sich meist nur die Spieler dieser Branche, seltener Konsumenten. Die Teilnahme an Messen lohnt sich also oft nur, wenn Ihr Unternehmen auf andere Unternehmen als Kunden fokussiert ist. In jüngster Zeit nehmen aber auch Messen zu, die sich auch oder nur an Konsumenten wenden, z. B. Hochzeitsmessen. Manchmal werden diese auch als „Verkaufsmessen" bezeichnet.

Im Rahmen einer Messe können Sie mehrere Ziele, idealerweise alle gleichzeitig, verfolgen:

- **Kundenkontakte machen.** Hauptziel von Messen ist normalerweise die Erzielung neuer Kundenkontakte durch Besucher, die an ihren Messestand kommen. Ergänzt wird dies durch Kontakte, die Sie aktiv mit anderen Ausstellern geschlossen haben.
- **Geschäfte abschließen.** Oft trifft man sich bei Messen, um konkrete Geschäfte abzuschließen. Dies ist beispielsweise in der Textilbranche üblich, wo Messen genutzt werden, um „Aufträge zu schreiben", also Geschäfte abzuschließen.
- **Bestandskunden pflegen.** Oftmals sind auch viele Ihrer bereits bestehenden Kunden auf der Messe als Aussteller oder Besucher vertreten. Einfache Treffen, ohne die direkte Absicht, ein Geschäft abzuschließen, pflegen die Beziehung zu Ihren Geschäftspartnern. Dies hilft, um Ihr Geschäft langfristig abzusichern.
- **Branchennetzwerk aufbauen.** Bei Messen ist die gesamte Branche vertreten. Obwohl viele Branchenteilnehmer als Konkurrenten anzusehen sind, spricht man dennoch miteinander und tauscht sich über die neuesten Branchenneuigkeiten aus. Konkurrenz führt nicht immer zu einem völligen Informationsstopp. Viele Branchenteilnehmer verfolgen in Teil-

bereichen gleiche Interessen, z. B. im Rahmen von Gesetzgebungen und bei der Einführung von Qualitätsstandards. Der Kontakt mit anderen Branchenteilnehmern bringt regelmäßig neue Einsichten in Ihr eigenes Geschäft. Derartige Beziehungen lassen sich oft im Anschluss an die offizielle Messezeit am besten aufbauen.

- **Konkurrenzrecherche.** Auf manchen Messen werden auch viele Ihrer direkten Konkurrenten anwesend sein. Es ist sinnvoll, sich deren Angebotsspektrum und deren Verkaufsstrategie anzusehen. So ergeben sich Anregungen für das eigene Geschäft. Im Falle neuester Entwicklungen können diese Vor-Ort-Recherchen äußerst wichtig sein.

Auch bei Ihrem Messeauftritt gibt es einige Hebel, um die Wirksamkeit Ihrer Anstrengungen zu verbessern. Allen voran steht der Standort Ihres Messestandes. Je zentraler er an wichtigen Besucherströmen liegt, desto mehr wird Ihr Stand beachtet. Sodann spielt die Standgestaltung eine große Rolle. Je auffallender Ihr Stand ist, umso mehr Besucher ziehen Sie an. Als sehr hilfreich hat es sich auch erwiesen, auf dem Gang vor dem Stand Mitarbeiter zu positionieren, die vorbeilaufende Besucher aktiv ansprechen. Gewinnspiele locken viele Besucher an den Stand und ermöglichen die einfache Sammlung von – oft allerdings nicht sehr qualifizierten – Adressen. Zusätzlich können Events durchgeführt werden, die über einen Lautsprecher angekündigt werden, z. B. zur öffentlichen Präsentation Ihrer Produkte. Präsentationsbildschirme können die Life-Events zu einem gewissen Grad ersetzen. Achten Sie auf jeden Fall bei der Auswahl Ihres Messestandes auf genügend Stromanschlüsse in der Nähe Ihres Standes. Auch eine offizielle oder inoffizielle Standparty nach dem Ende der normalen Besucherzeit erhöht die Wirksamkeit des Auftritts. Zur professionellen Messevorbereitung gehört auch die Verschickung von Einladungen an wichtige Kunden, auch um Termine auf der Messe zu vereinbaren.

Die Teilnahme an Messen ist teuer. Je nach betriebenem Aufwand schwanken diese tatsächlichen erheblich, von eintausend Euro bis in sechsstellige Bereiche. Mehrere Faktoren treiben die Kosten. In der Regel ist der Messebau, also der Stand selbst und sein Auf- und Abbau, der größte Posten. Hier gibt es portable und faltbare Messestände, die die Kosten deutlich reduzieren, mitunter aber auch recht preiswert aussehen. Die Standgebühren, berechnet nach Fläche und Lage der Fläche, sind ebenfalls erheblich. Ebenfalls fallen Personalkosten an, durch eigenes Personal oder durch für die Messe angeheuerte Hostessen, die für die einfache Kundenbetreuung zuständig sind. Die Personalkosten werden durch Überstunden, die Kosten für Unterbringung und für An- und Abreise sowie eine einheitliche Bekleidung des Personals weiter erhöht. Werbematerial wie Give-Aways (z. B. Kugelschreiber, Bonbons) und Gewinnspiele verursachen weitere Kosten.

Da die Kosten erheblich sein können, muss die Teilnahme an Messen sorgfältig überlegt werden. Dabei sollten folgende Kriterien eine Rolle spielen:

- **Erwartete Besuchertypen.** Entscheidend ist, dass Ihre Zielkunden bei dieser Messe erwartet werden. Da man die zukünftige Zusammensetzung der Besucher nur schwer abschätzen kann, ist ein Blick in ältere Ausstellungsverzeichnisse der Messe sinnvoll. Finden sich dort Konkurrenten, die seit Jahren teilnehmen, verstärkt sich Ihre Sicherheit. Wenn für Sie vor allem die Aussteller als potenzielle Kunden interessant sind, ermöglicht das aktuelle Ausstellerverzeichnis eine gute Abschätzung. Dieses ist jedoch immer erst kurz vor Beginn der Messe verfügbar.

- **Erwartete Besucherzahl.** Neben den Besuchertypen ist die Zahl der Besucher äußerst wichtig. Auch hier hilft ein Blick in die Vergangenheit. Die von den Messeveranstaltern genannten Schätzungen für die anstehenden Messen sollten auf jeden Fall durch die Besucherzahlen der Vergangenheit geprüft werden.
- **Verhältnis Preis zu Leistung.** Die Teilnahme an Messen ist kostenpflichtig. Sie müssen daher abwägen, welche Standgröße an welchem Standort bei welchen Besuchertypen und -zahlen sie zu welchem Preis bekommen. Messen schwanken oftmals stark im Preis-Leistungsverhältnis.

Der Werbeerfolg einer Messe ist recht einfach zu messen. Die Zahl der gewonnenen Kundenkontakte und daraus resultierende Aufträge sind einfach nachzuvollziehen. Der allgemeine Werbeerfolg durch die Präsenz auf der Messe ist dagegen schwerer nachzuvollziehen, wird aber oftmals in die Erfolgsmessung auch nicht mit eingerechnet.

Viele Werbeagenturen haben auch die Vorbereitung von Messeauftritten in ihrem Programm. Dazu gehören die Planung und Realisierung des Messestandes, die Produktion weiterer Werbemittel wie Plakate, der Bekleidung des Personals und der Werbematerialien. Werbeagenturen stehen Ihnen auch mit guten Tipps zur Seite. Von daher lohnt sich der Einsatz einer Werbeagentur zumindest bei den ersten Messeauftritten. Wenn Sie danach Ihren Stand immer wieder benutzen, kommen Sie eventuell auch ohne Agentur aus.

4.7 Sponsoring

Beim Sponsoring gibt ein Unternehmen Geld oder Sachwerte, um die Durchführung einer Veranstaltung (oft als „Event" bezeichnet) zu unterstützen oder überhaupt erst zu ermöglichen. Als Gegenleistung wird der Sponsor namentlich im Zusammenhang mit der Veranstaltung schriftlich oder mündlich hervorgehoben. Vielfältige Veranstaltungen werden beim Sponsoring unterstützt. Typische Beispiele sind die Unterstützung von Kunst-, Sport- oder sonstigen gemeinnützigen Veranstaltungen. Im Vordergrund einer Betätigung als Sponsor steht ein positiver Imagetransfer. Als Sponsor hofft man, durch sein gemeinnütziges Engagement positiv aufzufallen und so in den Köpfen der Beteiligten abgespeichert zu werden. Damit wird sofort deutlich: Sponsoring kann nicht als klassische Werbung angesehen werden. Vielmehr handelt es sich um eine Methode zum Markenaufbau. Dennoch soll Sponsoring an dieser Stelle behandelt werden, weil sich erstaunlich viele kleinere Unternehmen als Sponsor betätigen.

Sponsoring wird oft dort genutzt, wo eine Veranstaltung ein klares Zielpublikum hat und viel Publikum zu erwarten ist. Stimmt dieses Zielpublikum mit der eigenen Zielgruppe überein, ist es für den Sponsor attraktiv. Das Sponsoring von Kunstveranstaltungen eignet sich daher vor allem für Unternehmen, die eine höher gebildete, einkommensstärkere Zielgruppe haben. Das Sponsoring von Sportveranstaltungen eignet sich für Unternehmen mit einer sehr breiten Zielgruppe (z. B. Bierproduzenten, Versicherungen). Bei kleineren Veranstaltungen (z. B. lokalen Sportveranstaltungen, Schützenfesten) ist der Sponsor dem Publikum oft bereits bekannt (z. B. als Mitglied des veranstaltenden Vereins) und will vor allem Präsenz zeigen und ein gesundes Unternehmen präsentieren.

Für den Sponsor ist es wichtig, dass sein Unternehmen hervorgehoben dargestellt wird. Da es sich aber nicht um reine Werbung handelt, steht der Sponsor nicht im Vordergrund des Events. Die Nennung erfolgt vielmehr dezent und spricht viel eher das Unterbewusstsein der Beteiligten an. Im Normalfall wird zumindest das Firmenlogo auf den Medien zur Bekanntmachung des Events gedruckt. Am Veranstaltungsort bekommt der Sponsor manchmal eine kleinere Werbefläche zur Verfügung gestellt. In einer mündlichen Ankündigung des Events werden die Sponsoren zudem einmal oder mehrmals aufgeführt, wie z. B.: „Diese Veranstaltung wird unterstützt von ...". Standards gibt es nicht. Das Werbepaket, das ein Sponsor erwirbt, ist von den Rahmenbedingungen abhängig und Verhandlungssache. Von äußerster Wichtigkeit für den Sponsor ist es, neben dem Firmennamen auch sein Geschäftsfeld unmissverständlich kenntlich zu machen. Dies wird vor allem von kleineren Unternehmen häufig vergessen.

Die Wirkung von Sponsoring ist äußerst schwer abzuschätzen und zu messen. Der Sponsor gewinnt nur wenige Kunden direkt durch das Sponsoring. Bei manchen Kunden bleiben der Firmenname und das Geschäftsfeld im Gedächtnis hängen und sie erinnern sich daran, wenn in Zukunft ein Bedarf entsteht. In selteneren Fällen trifft der Bedarf eines Kunden zeitlich direkt mit der Bekanntmachung des Sponsors während des Events zusammen. Dann kann Sponsoring auch direkt zu Kundengewinnen führen. Der Weg, über Sponsoring neue Kunden zu gewinnen, ist im Normalfall ein eher langwieriger. In der Startphase eines Unternehmens ist Sponsoring oft nur dann geeignet, wenn man ein überschüssiges Werbebudget hat. Eine Ausnahme bildet ein recht geschlossener Markt, z. B. in einer Kleinstadt oder einem Dorf, wo man sein neues Unternehmen durch das Sponsoring eines zentralen Events direkt in allen Köpfen platzieren kann. In solchen Fällen kann Sponsoring auch in der Startphase eines Unternehmens geeignet sein. Insgesamt dürfen die Erwartungen, durch Sponsoring schnell neue Kunden zu gewinnen, aber nicht zu hoch angesetzt werden.

Veranstalter kommen oft auf potenzielle Sponsoren zu und fragen nach Unterstützung. In manchen Fällen kann es sinnvoll sein, sich direkt an Veranstalter zu wenden. Dies gilt oft dann, wenn die anstehende Veranstaltung bekannt und eine zentrale Attraktion ist. Dann ist es oft sogar so, dass der Veranstalter mehr Sponsoren hat, als er braucht. Die Umsetzung der Sponsoringmaßnahmen wird in Abstimmung mit dem Veranstalter realisiert. Dennoch ist oftmals die Zusammenarbeit mit einer Werbeagentur zur Produktion der Sponsoringmaterialien notwendig.

4.8 E-Mail-Werbung

E-Mail-Werbung erscheint zunächst als äußerst effizientes Werbemedium. Die Versendung einer E-Mail verursacht vernachlässigbare Kosten. Theoretisch können so tausende von Kunden zu äußerst geringen Kosten angesprochen werden. Aufgrund der aktuellen Rechtslage funktioniert dies jedoch nicht. Kunden sowohl im privaten wie auch gewerblichen Bereich dürfen nur dann per E-Mail-Werbung angesprochen werden, wenn sie dem vorher ausdrücklich zugestimmt oder stillschweigend eingewilligt haben. Für Privatkunden wird dies mit dem Schutz der Persönlichkeitsrechte begründet, bei Gewerbetreibenden mit dem Schutz des „eingerichteten und ausgeübten Gewerbebetriebs". Daher hat sich für diesen Bereich die Bezeichnung „Permission Marketing" durchgesetzt, d. h. Werbung nur mit Erlaubnis des Empfängers. Diese Voraussetzung hebt die Vorteile des E-Mail-Marketing zum Teil auf, denn der Erwerb gewünschter Adressen, deren Inhaber der Werbung zugestimmt haben, ist teuer. Die Adressen sind oft teurer als die für Briefwerbung (bei der diese Einwilligung nicht vorliegen muss). Die Kosten heben häufig auch Anteile der Druck- und Versandkosten auf, die bei Briefwerbung anfallen.

Wenn Sie E-Mail-Werbung durchführen wollen, müssen Sie also beim Adresskauf bzw. der -miete darauf achten, dass diese Adressen so genannte „Permission-Adressen" sind. Wenn Sie nur normale E-Mail-Adressen erwerben, ist der Preis zwar bedeutend niedriger, Sie riskieren aber eine Abmahnung und im Einzelfall auch Schadensersatzklagen. Im Falle der Nutzung eines eigenen Servers riskieren Sie zudem die Sperrung dieses Servers durch die großen Dienstleister. Die massenhafte Nutzung normaler E-Mail-Adressen für Werbezwecke wird „Spam" genannt.

Analog den Ausführungen zur Briefwerbung gelten die gleichen Regelungen bezüglich Adresskauf oder -miete auch für E-Mail-Adressen. Der Kauf von Adressen ist sehr teuer und wird von vielen Anbietern nicht angeboten. Adressmiete ist der Standard, wobei zwischen der Häufigkeit der Miete zu unterscheiden ist. Die Anbieter von Adressen liefern Ihnen die Adressen im Falle der Miete oftmals nicht direkt, sondern nur an einen dritten Dienstleister, der die E-Mail-Versendung durchführt. So wird sichergestellt, dass Sie die Adressen vertragsgemäß nutzen. Liefert der Anbieter an Sie direkt, wird er der Lieferung Testadressen beigeben. Wenn Sie diese Testadressen als Teil der gelieferten Adressen nicht vertragsgemäß nutzen, wird der Anbieter Regressforderungen an Sie stellen.

Zur Durchführung von E-Mail-Werbung gibt es prinzipiell zwei Vorgehensweisen:

- Exklusive E-Mail-Werbung: Sie kaufen oder mieten die Adressen von einem Adressbroker und versenden anschließend eine E-Mail, die nur Ihre Produkte und Dienstleistungen bewirbt. Die exklusive Nutzung der Versendung hält die Kosten hoch, sichert aber die maximale Aufmerksamkeit des Empfängers.
- Teilnutzung: Bei einer Teilnutzung buchen Sie einen Teil eines Textes in einem Newsletter oder einer sonstigen regelmäßig versendeten E-Mail, die an Kunden Ihrer Zielgruppe ver-

sendet wird. In der E-Mail sind andere Informationen enthalten, die eventuell gar keinen Bezug zu Ihrem Thema haben. Die Teilnutzung ist wesentlich preiswerter und eher vergleichbar mit der Schaltung von Bannerwerbung.

Bei der Gestaltung von E-Mail-Werbung sollten Sie einige wichtige Grundsätze beachten:

- **Vorteile darstellen:** Wie bei jeder Werbung sollten die Vorteile des beworbenen Produkts oder der Dienstleistung hervorgehoben werden. Oft wird E-Mail-Werbung auch mit zeitlich begrenzten Sonderangeboten kombiniert.

- **Nicht zu lang:** Obwohl nahezu unbegrenzt Platz vorhanden ist, sollten Sie sich bei der E-Mail-Werbung kurz fassen. Auch bei E-Mail-Werbung nehmen sich die Leser nur ein paar Sekunden Zeit, um ihr Interesse zu evaluieren.

- **Guter Titel:** Bei der E-Mail-Werbung ist der Titel äußerst wichtig. Je nach Einstellung im verwendeten E-Mail-Programm sieht der Empfänger oft nur den Titel und entscheidet anhand des Titels, ob er weiterlesen soll.

- **Handlungsanweisung geben:** In der E-Mail muss der Empfänger erfahren, wie er das beworbene Angebot wahrnehmen kann. Je klarer die Anweisung ist, umso besser. Am besten fügen Sie einen Link in die E-Mail ein, der auf Ihre Internetseiten zu einer Bestellmöglichkeit führt. E-Mail-Werbung sollte immer auch mit einem Online-Vertriebskanal kombiniert sein.

- **Moderne Techniken nicht bedenkenlos anwenden:** Bei der Gestaltung Ihrer E-Mails haben Sie die Wahl zwischen verschiedenen technischen Möglichkeiten. E-Mails können als reine Text-Mail, als HTML-Mail oder als Flash-Mail gestaltet werden. Je technisch aufwendiger die Mail gestaltet wurde, umso höher sind die Anforderungen an den Empfänger. Dieser muss einerseits die notwendigen Programme (z. B. Flash) überhaupt erst installiert haben, um Ihre E-Mail lesen zu können. Andererseits muss er das installierte Programm im Rahmen seiner Sicherheitseinstellungen zur Ausführung zugelassen haben. Zudem dauert das Laden der E-Mail mit zunehmender technischer Komplexität länger. Flash-E-Mails werden daher im Durchschnitt deutlich weniger Empfänger erreichen als reine Text-E-Mails. Flash- oder HTML-E-Mails sind aber anspruchsvoller gestaltet und regen eher zur Aktion an. Welches Format gewählt werden soll, hängt letztlich von der Zielgruppe sowie Ihren technischen Möglichkeiten ab. In manchen Fällen können auch Format-Kombinationen sinnvoll sein.

Die Wirksamkeit von E-Mail-Werbung hängt, wie bei allen Werbeformen, von den Rahmenumständen ab. Auch hier ist vor übertriebenen Vorstellungen zu warnen. Kundenkonvertierungsraten liegen selten über einem Prozent. Oftmals liegen sie im Promillebereich. Achten Sie daher auch bei der E-Mail-Werbung auf die Erfolgsmessung. Gerade bei E-Mail-Werbung kann der Erfolg sehr gut gemessen werden:

- Fehladressen sind leicht erkennbar, da die E-Mails zurückkommen. Bei größeren Versendungen ist allerdings auch diese Prüfung mühsam. Fehladressen sind in jeder Adresslieferung enthalten. Im Durchschnitt geht man von 10 bis 20 % Fehladressen aus. Für Fehladressen kann bei Kauf oder Miete vom Adressbroker Kostenersatz verlangt werden; dies sollte jedoch im Kauf– oder Mietvertrag spezifiziert sein.

- Das Öffnen der E-Mail kann, wenn dabei eine Internetverbindung besteht, geprüft werden. So können in den Newsletter Bilder (auch für den Empfänger nicht sichtbare Bilder) integriert werden, die vom absendenden Server geladen werden. Diese Rückkopplung erlaubt die Erfolgsmessung. Sie können daher erfahren, welcher Anteil der Empfänger die E-Mail wirklich geöffnet und nicht direkt in den Papierkorb verschoben hat.

- In der E-Mail sollte der Empfänger, wie bereits angesprochen, direkt zu einer Handlung gelenkt werden. Diese sollte in jedem Fall in einem Link bestehen, z. B. auf Ihren Internetshop oder eine spezielle Seite Ihres Web-Auftritts, wo Sie weitere Informationen und Bestellmöglichkeiten für das beworbene Produkt hinterlegt haben. Das Klicken auf diesen Link in der E-Mail kann ebenfalls geprüft werden. Sie erfahren damit, wie viele Empfänger sich näher für Ihr Angebot interessiert haben.

- Schließlich können Sie einen E-Mail-Empfänger, der sich auf Ihre Seiten geklickt hat, weiter bis hin zur Bestellung verfolgen. Damit haben Sie die wichtigste Kennzahl zur Beurteilung der Effektivität der E-Mail-Werbung.

Zu beachten ist, dass die Erfolgsmessung von E-Mail-Werbung trotz vielfältiger technischer Möglichkeiten ungenau bleibt. So können Sie nur Käufer identifizieren, die sich in einem Zug von der E-Mail auf Ihre Seite durchklicken und sofort kaufen. Unterbricht der Käufer den Prozess und kommt später direkt auf Ihre Webseite (ohne den E-Mail-Link zu nutzen), können Sie diesen Käufer Ihrer Kampagne nicht mehr automatisch zuordnen. Nur durch Befragung des Kunden z. B. bei der Neuregistrierung können Sie diese Information dann noch erhalten. Die automatisch ablaufenden Erfolgsmessungen sind daher als Mindesterfolgszahlen zu sehen.

Für die Durchführung von E-Mail-Werbekampagnen gibt es spezialisierte Agenturen. Diese haben die zur Versendung und zur Erfolgsmessung notwendigen Fähigkeiten. Von daher ist es hilfreich, eine solche Agentur einzuschalten. Wenn Sie Werbung in einem Newsletter buchen, müssen Sie vom Versender des Newsletter vorab verlangen, dass er Ihnen die nur von ihm erkennbaren Kennzahlen zur Erfolgsmessung liefert.

4.9 Bannerwerbung

Bannerwerbung im Internet ist jedem Internutzer ein Begriff. Banner kommen in verschiedenen Größen und mit unterschiedlichen technischen Realisierungsformen vor. Typische Formen sind in Tabelle 23 dargestellt. Darüber hinaus gibt es eine Vielzahl von weiteren, jedoch nicht so häufig genutzten Formaten. Die Formate werden häufig vom Anbieter der Werbefläche, dem Portalbetreiber, vorgegeben. Dies verdeutlicht die Notwendigkeit, sich vor der eigentlichen Produktion der Bannerwerbung über die unterstützten Formate der Werbepartner zu informieren.

Bannertyp	Größe in Pixeln
Vollbanner	468 * 60
Halbbanner	234 * 60
Drittelbanner	156 * 60
Button	120 * 90 oder 120 * 60
Skyscraper	120 * 600
Pop-Up	250 * 250

Tabelle 23:   Typische Formate von Internetwerbung

Bei den Bannern unterscheidet man zudem statische und dynamische Banner. Erstere verändern sich nicht, Letztere verändern sich. Die Veränderungen können auf verschiedenen Techniken beruhen, die nicht in jedem Fall vom Portalbetreiber unterstützt wird.

Die Portalbetreiber geben das Format, die Platzierung auf der Seite, die verwendbare Technik und die Abrechnungsform vor. Diese Vorgaben sind kaum verhandelbar, da sie zumeist auf technischen Vorgaben beruhen, die nicht einfach veränderbar sind. Als Werbender können Sie sich nur verschiedene Platzierungen (und damit eventuell auch unterschiedliche Formate) auf der Seite und diejenigen Seiten, auf denen Ihre Werbung erscheinen soll, auswählen. Am ehesten verhandelbar – neben den Preisen – sind die unterschiedlichen Abrechnungsformen:

- **Nach Einblendungen:** Die Abrechnung nach Einblendungen ist der Standard. Sie zahlen für die Anzahl der eingeblendeten Banner an der vereinbarten Stelle auf den vereinbarten Seiten. Sie buchen damit quasi ein Kontingent. Die Abrechnungseinheit sind „Tausender-Kontakt-Preise" (TKP). Für einen TKP sind 20 € ein guter Maßstab. Die Schwankungsbreite der Preise ist jedoch enorm.

- **Nach Klicks:** Die Abrechnung nach Klicks der Kunden auf Ihre Werbung wird immer öfter angeboten, ist jedoch noch weit davon entfernt, der Standard zu sein. Bei der Abrechnung nach Klicks geht der Portalbetreiber ein größeres Risiko ein. Für Sie als Werbenden dagegen reduziert sich das Risiko. Der Preis ist entsprechend höher. Standards sind kaum anzugeben. Preise zwischen 10 Cent und 2 € können innerhalb der normalen Praxis gesehen werden, aber auch leicht außerhalb dieses Rahmens liegen.

- **Nach Umsatz:** Die Abrechnung nach Umsatz ist weniger üblich. Das Risiko für den Portalbetreiber ist noch höher, für den Werbenden noch geringer. Die Preise sind entsprechend höher. Diese Abrechnungsform ist bei so genannten „Affiliate-Programmen" üblich, bei denen ein dritter Dienstleister Werbetreibenden insbesondere kleinere Webseiten zur

Platzierung von Werbung erschließt. Die Abrechnung nach Einblendungen oder Klicks wäre bei diesen kleinen Mengen für alle Beteiligten zu mühsam.

Die Eignung von Portalen für Ihre Werbung hängt vor allem davon ab, ob Sie auf diesem Portal Ihre Zielgruppe antreffen. Darüber hinaus ist es sinnvoll, aus Effizienzgründen größere Portale zu wählen. Die Größe eines Portals wird normalerweise in Seitenabrufen pro Monat, so genannten „Page Impressions", gemessen. Diese Kennzahl zählt die angeklickten Seiten des Portals, sagt aber nichts über die Anzahl der Nutzer des Portals aus. Daneben findet man oft die ebenfalls wichtige Kennzahl der Besucher, „Unique Visitors" genannt. Dies ist die Zahl der monatlichen Nutzer, wobei eine Doppelzählung von Nutzern vermieden wird. Es kann jedoch technisch nicht vollkommen sichergestellt werden, dass einzelne Portalnutzer, die das Portal mehrmals im Monat nutzen, nicht doppelt gezählt werden. Insofern sind hohe Besucherzahlen mit Vorsicht zu genießen. Darüber hinaus ist bei der Auswahl der Portale auch die Tiefe des Reportings wichtig. Je genauer das Reporting ist, umso besser können Sie Ihren Erfolg messen und die Kampagne steuern.

Beachten Sie, dass die Preise für Internetwerbung tendenziell sinken. Es gibt ein großes Angebot an verfügbarer Werbefläche, welches zudem jeden Tag größer wird. Zwar nimmt die Nutzung der Online-Werbung langsam zu, zurzeit ist der Preistrend aufgrund des Überangebots aber noch rückläufig.

Folgende Anregungen sollten Sie bei der Gestaltung und Schaltung von Bannerwerbung beachten:

- **Möglichst weit oben links auf der Seite buchen:** Buchen Sie Werbeplätze möglichst weit oben. Denn Internetseiten bauen sich normalerweise von oben nach unten auf. Zudem sind die Browserfenster oftmals zu klein, um die gesamte Seite anzuzeigen. Es wird dann nur der Ausschnitt oben links angezeigt. Werbung an anderer Stelle wird vielfach gar nicht gesehen.

- **Nur relevante Seiten buchen:** Die meisten Portale enthalten Seiten, die für Werbende weniger interessant sind. So ist zum Beispiel die Startseite eines breit angelegten Portals naturgemäß ein unscharfes Werbemedium. Die Startseite wird von allen Nutzern unabhängig von ihren Intentionen genutzt. Sobald die Nutzer eine Ebene tiefer gehen, offenbaren sie vielfach ihre Präferenzen für ein bestimmtes Thema. Versuchen Sie also Ihre Werbung nur dort zu platzieren, wo Sie mit großer Sicherheit Nutzer finden, für die diese interessant sein könnte.

- **Dynamische besser als statische Banner:** Je bewegter ein Banner ist, umso mehr wird es wahrgenommen. Wenn dynamische Banner zugelassen sind, sollten Sie diese wählen. Deren Erstellung kostet zwar mehr, der Erfolg ist in der Regel aber größer.

- **Banner muss neugierig machen:** Banner bieten nur eine sehr begrenzte Fläche, um Ihre Werbebotschaft zu vermitteln. Dynamische Banner sind insofern besser, als dass sie mehr Platz durch verschiedene Einblendungen bieten. Sie müssen Ihre Botschaft daher deutlich auf den Punkt bringen bzw. die Neugier der Nutzer anregen.

- **Banner brauchen ein Online-Ziel:** Diese Feststellung mag zwar logisch erscheinen, sollte hier aber zur Sicherheit dennoch erwähnt werden. Man muss auf das Banner klicken können und zu einer von Ihnen betriebenen Webseite gelangen. Auf dieser Seite sollte Ihr Angebot näher erläutert und die nächsten Handlungsschritte für den Kunden aufgezeigt werden. Die Handlungsanweisungen oder gar die Angabe von Kontaktdaten brauchen nicht im Banner enthalten zu sein. Insofern gibt es einen deutlichen Unterschied zwischen einem Banner und einer gedruckten Anzeige, die nicht interaktiv ist.

Die Wirkung von Bannerwerbung ist relativ einfach zu messen. Zentraler Maßstab ist das Klicken auf das Banner und damit das Aufrufen einer von Ihnen vorgehaltenen Webseite. Der Erfolg wird in Form einer „Click-Through-Rate" (CTR) gemessen, die den Prozentsatz der Klicks auf die Banner relativ zur Einblendung der Banner angibt. Auch an CTR dürfen die Erwartungen nicht zu hoch gestellt werden. CTR größer als ein Prozent sind nicht leicht zu erzielen. Neben dem allgemeinen Erfolgsmaßstab sollte geprüft werden, auf welchen Seiten die besten CTR erzielt werden. Viele Portalbetreiber bieten ein detailliertes Reporting an, wo die CTR auch nach Sektionen der Webseite aufgelistet werden. Meist ergeben sich dabei erhebliche Unterschiede, deren Kenntnis bei einer Fortführung der Werbemaßnahme äußerst nützlich ist.

Werbebanner werden von Internet-Agenturen produziert. Es ist davon abzuraten, die Banner selbst zu gestalten, auch wenn die technischen Möglichkeiten vorhanden sind. Viele Agenturen kennen sich gut mit den gängigen technischen Umgebungen und werbe-technischen Effekten aus. Agenturen sollten jedoch nicht vorbehaltlos ausgesucht werden. Ein weitreichender Erfahrungsschatz ist maßgebend.

4.10 Suchmaschinenmarketing

Das Suchmaschinenmarketing erfreut sich zunehmender Beliebtheit. Wie bei den Werbeformen E-Mail-Werbung und Bannerwerbung macht Suchmaschinenmarketing nur in Verbindung mit einem eigenen, zu bewerbenden Internetauftritt Sinn. Die Platzierung bei den meisten Suchmaschinen ist kostenfrei, was die Attraktivität dieser Werbeform erklärt. Es ist jedoch Folgendes zu beachten: Um eine wirklich gute Platzierung in einer Suchmaschine zu erhalten, ist ein größerer Aufwand zu betreiben. Dieser Aufwand unterscheidet sich zudem von Suchmaschine zu Suchmaschine. Der Aufwand betrifft sowohl die Gestaltung des zu bewerbenden Internetauftritts und möglicher Zusatzwebseiten wie auch die Vorlage bei den Suchmaschinen selbst. Diese Arbeit kann oft nur von kompetenten Internet-Agenturen geleistet werden.

Suchmaschinen arbeiten nach einer internen Logik. Die Betreiber der Suchmaschinen versuchen, diese Logik geheim zu halten. Jedoch ist sie mehr oder weniger allgemein bekannt. Verschiedenen Merkmalen kommen unterschiedliche Bedeutungen zu. Beispiele dafür sind der Inhalt der Metatags, der Inhalt der Seite selbst, die technische Realisierung der Seiten (statisch, dynamisch) und die Anzahl der Verlinkungen auf diese Seite. Bei der Gestaltung der Inhalte ist auf die häufige Platzierung so genannter „Keywords" und verwandter Begriffe zu achten, die Suchmaschinennutzer verwenden könnten, um nach Ihrem Angebot zu suchen. Das Ranking, also die Platzierung des eigenen Links in einer Suchmaschine, ergibt sich aus einer Gewichtung dieser Merkmale. Suchmaschinen müssen, um die Merkmale Ihres Internetauftritts zu prüfen, diesen genauer untersuchen. Das geschieht mit Hilfe so genannter „Robots" oder „Spider". Dabei handelt es sich um Programme, die automatisch durch Ihren Internetauftritt „durchlaufen" und dabei die relevanten Merkmale erheben („indizieren"). In den allerwenigsten Fällen geschieht dies von Hand. Der Robot stößt auf Ihre Internetseiten über einen Link von einer anderen Webseite. Zusätzlich sollten Sie Ihren Internetauftritt bei der Suchmaschine direkt anmelden. Der Robot wird Sie dann automatisch besuchen und führt die Indizierung durch. Die Indizierung wird in regelmäßigen Abständen wiederholt. Von daher herrscht eine größere Dynamik bei Ihrem Suchmaschinenranking.

Standardmäßig fallen bei einer Listung in Suchmaschinen keine Kosten an. Die Beauftragung einer Internet-Agentur, um ihr Ranking zu optimieren und das Suchmaschinenmarketing wirklich effektiv zu machen, kann jedoch recht kostenintensiv sein. Einige Agenturen sind daher dazu übergegangen, sich auf Erfolgsbasis bezahlen zu lassen. Oft wird dabei nach Click-Throughs gezahlt, d. h. nach der Anzahl der Nutzer, die wirklich über eine Listung in einer Suchmaschine auf Ihren Internetauftritt gekommen sind.

Neben der kostenfreien Listung bei Suchmaschinen nehmen kostenpflichtige Programme zu. Deren Gestaltung schwankt jedoch erheblich. Standards haben sich bisher noch keine herausgebildet. In manchen Fällen muss man zahlen, um überhaupt in das Verzeichnis aufgenommen zu werden. In anderen Fällen kann man sich unter die ersten eingeblendeten Ergebnisse einer Suchmaschine einkaufen, wobei die Preise für die Einblendungen schwanken. Eines der bekannteren Programme ist das Programm von Google. Hier können Sie sich keywordgebundene Einblendungen außerhalb der normalen Suchergebnisse ersteigern. Sie bieten dabei für einen Klick auf Ihre Werbung. Je höher Ihr Gebot, desto öfter und weiter oben wird Ihre Werbung eingeblendet. Sie zahlen aber nur, wenn Ihre Werbung auch angeklickt wird. Über das Programm können zu moderaten Preisen Besucher für Ihren Internetauftritt gewonnen werden.

Suchmaschinenmarketing ist eine der effektivsten Online-Werbemöglichkeiten überhaupt. Es sollte daher in einer Online-Werbestrategie keinesfalls fehlen. Wichtige Suchmaschinen sind z. B. google.de, metager.de, yahoo.de, web.de, fireball.de, lycos.de, t-online.de, altavista.de.

Organisation & Ressourcen

Ihr Unternehmen kann nur effizient arbeiten, wenn es nach einer logischen Struktur aufgebaut ist, durch die die notwendigen Ressourcen gering gehalten und die verfügbaren Ressourcen zielgerichtet eingesetzt werden. Diese logische Struktur wird allgemein als „Organisation" bezeichnet.

Grundsätzlich unterscheidet man „Aufbauorganisation" und „Ablauforganisation". Die Aufbauorganisation beschreibt Hierarchie, Verantwortung und Aufgaben der Mitarbeiter. Die Ablauforganisation beschreibt die Prozesse im Unternehmen. Aufbau- und Ablauforganisation legen die erforderlichen Ressourcen noch nicht zwingend fest. Sie setzen nur den Rahmen, der mit Leben in Form von Ressourcen (Menschen, Maschinen, Material) zu füllen ist. Aufbau- und Ablauforganisation sowie Ressourcen sind vielmehr im gemeinsamen Zusammenspiel zu optimieren. Ausgangspunkte für die Planung sind die Unternehmensstrategie sowie die Absatzplanung. Abbildung 20 stellt die Zusammenhänge dar.

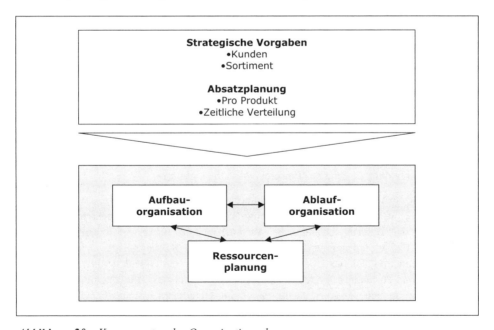

Abbildung 20: Komponenten der Organisationsplanung

Bei Neugründungen ist die Organisation des Geschäfts meist recht einfach, wird aber im Laufe der Zeit zunehmend komplexer. Es ist nicht ungewöhnlich, die Organisation in gewissen Zeitabständen den aktuellen Gegebenheiten – größeres Geschäftsvolumen, kleineres Geschäftsvolumen, neuer Angebots-Mix, neue Wettbewerbslage, neuartige Alternativen für Ressourcen – anzupassen. Die Organisation eines Unternehmens darf daher nicht als statisch angesehen werden und ist selbst bei kleineren Unternehmen regelmäßig zu überprüfen. Dies sollte aber nicht zu der Annahme verleiten, dass Änderungen der Organisation problemlos zu bewältigen sind. Die umfangreichen Diskussionen rund um das Thema Change Management (welches die Änderung der Organisation zum Gegenstand hat) und die zahlreichen Misserfolgsmeldungen in der wirtschaftsorientierten Literatur machen dies eindrucksvoll deutlich.

1. Aufbauorganisation

Die Aufbauorganisation beschreibt Hierarchie, Verantwortung und Aufgaben der Mitarbeiter. Hierarchien können mittels des so genannten „Organigramms" grafisch dargestellt werden. Im Organigramm bekommen einzelne Mitarbeiter und Abteilungen eine Box zugeordnet. Deren Bezeichnung gibt einen Hinweis auf die Aufgabe. In der Box wird zudem angegeben, wie viele Mitarbeiter in der Abteilung geplant sind. Mitarbeiter in weiter oben stehenden Boxen stehen hierarchisch höher. Ganz oben ist demnach der Geschäftsführer angesiedelt.

Verantwortungen werden oft gleichbedeutend mit Hierarchien gesehen, sind dies aber nicht. Verantwortungen können sich aufgliedern in Personalverantwortung, Budgetverantwortung, Ergebnisverantwortung oder Umsatzverantwortung. Die Hierarchie betrifft vor allem die Personalverantwortung. Es macht aber keinen Sinn, dass Mitarbeiter einer unteren Hierarchiestufe mehr Verantwortung haben als ihr Vorgesetzter. Im Rahmen eines Organigramms ist es hilfreich, die Verantwortung einer Position anzugeben. Der Grad der Verantwortung ist zugleich auch ein Maßstab für die erforderliche Qualifikation des Mitarbeiters. So muss ein Mitarbeiter mit Ergebnisverantwortung für einen Teilbereich klare Management-Qualitäten mitbringen. Abbildung 21 zeigt das Beispiel eines Organigramms.

In den vergangenen Jahren hat sich auf der Führungsebene (mindestens) eine Zweiteilung der Verantwortung durchgesetzt. Wenn ein Unternehmen groß genug ist, deckt einer der Geschäftsführer den Bereich „Operationen" ab, auch „CEO" für „Chief Executive Officer" genannt. Der Bereich Operationen wird oft unterschiedlich breit ausgelegt, deckt aber in der Regel die Kernaktivitäten des Geschäfts ab. Daneben steht ein Geschäftsführer, der speziell für die Finanzen zuständig ist, auch „CFO" für „Chief Financial Officer" oder „Kaufmann" genannt. Der Bereich Finanzen deckt dabei die Unternehmensfinanzierung, das Cash-Management und vor allem das Controlling (Kosten- und Leistungsrechnung inkl. der daraus folgenden Implikationen) ab. Diese Zweiteilung trägt der zunehmenden Komplexität geschäftlicher Tätigkeiten Rechnung. Während der CEO primär das Geschäft mit Blick auf den

Markt vorantreiben soll, muss der CFO gewährleisten, dass die finanziellen Ressourcen vorhanden sind und optimal eingesetzt werden. Die Verantwortungsbereiche von CEO und CFO haben sehr viele Berührungspunkte.

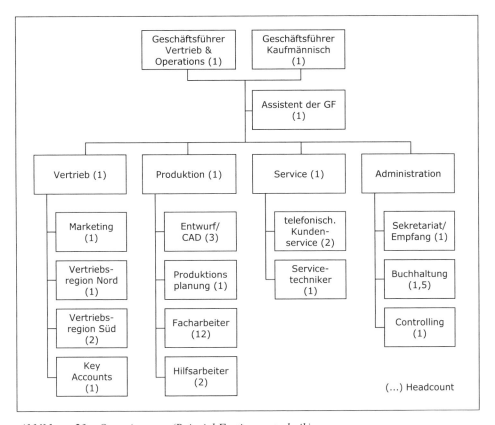

Abbildung 21: Organigramm (Beispiel Fertigungstechnik)

Schließlich sind den einzelnen Mitarbeitern Aufgaben zuzuweisen. Dafür haben sich so genannte „Stellenbeschreibungen" (englisch: job description) als Standard entwickelt. Darin werden die Aufgaben und Verantwortungen, die Ziele, die Einbettung in die Hierarchie und die sonstigen Rahmenbedingungen, unter denen ein Mitarbeiter arbeitet, festgehalten. Interne Stellenbeschreibungen gehen regelmäßig weit über externe Stellenausschreibungen für die Suche nach Personal hinaus. Sie sind viel detaillierter. Tabelle 24 zeigt das Beispiel einer Stellenbeschreibung für einen Key Account Manager. Die Stellenbeschreibung bildet damit die kleinste formelle Einheit der Aufbauorganisation. Wenn sie zum Bestandteil des Arbeitsvertrags wird, bindet sie Arbeitgeber und Arbeitnehmer. Zwar steht dem Arbeitgeber ein so genanntes „Direktions- oder Weisungsrecht" zu, welches es ihm ermöglicht, seinen Arbeitnehmern auch neue Aufgaben zuweisen zu können. Der Arbeitgeber kann dem Mitarbeiter aber nicht einfach eine beliebige neue Aufgabe zuweisen. Diese muss vielmehr dem vereinbarten Berufsbild entsprechen oder nach billigem Ermessen (§ 315 BGB) zumutbar sein. Ansonsten entspricht die Zuweisung neuer Aufgaben einer Kündigung bzw. Teilkündigung und kann vom Arbeitnehmer, wenn dieser die neuen Aufgaben nicht wahrnehmen möchte, angefochten werden. Entsprechend sorgfältig ist bei der vertraglichen Fixierung der Tätigkeit des Arbeitnehmers vorzugehen, insbesondere wenn seine Tätigkeit voraussichtlich sehr vielfältig ist und Aufgaben umfassen könnte, die man normalerweise nicht dem Berufsbild zuordnen würde.

Bezeichnung	Key Account Manager (KAM)
Generelle Beschreibung	■ Betreuung der Großkunden zum Zwecke des Vertriebs und der Kundenbindung ■ Großkunden sind definiert als Kunden mit einem Umsatzpotential von 0,5 Mio. € pro Jahr; die Definition kann im Zeitablauf schwanken
Organisationseinheit	Abteilung Vertrieb – VKM
Vorgesetzte	Vertriebsleiter
Zugeordnete Mitarbeiter	keine
Aufgaben	Beschreibung
Jährliche Vertriebsplanung	Der KAM schätzt die eigenen Umsatzziele in Summe und nach Kunden für die jährliche Budgetierung ab. Dabei stimmt er sich mit dem Vertriebsleiter ab. Wenn erforderlich, liefert der KAM auch innerhalb des Jahres Schätzungen für den zu erwartenden Umsatz.
Regelmäßige Kontaktierung der Bestandskunden	Der KAM kontaktiert die bestehenden Großkunden nach Bedarf, mindestens jedoch einmal monatlich. Ziel des Kontakts ist die Sicherstellung der Kundenzufriedenheit, die Eruierung neuer Umsatzmöglichkeiten und generell die Kundenbindung.
Regelmäßige Vor-Ort-Besuche	Der KAM besucht die Großkunden vor Ort, um sich ein besseres Bild zu machen. Wenn sich kein anderer Anlass ergibt, ist ein Besuch mindestens alle sechs Monate vorzunehmen.
Hauptansprechpartner für Kunden	Der KAM ist der Hauptansprechpartner im Unternehmen für alle Belange des Großkunden. Bei auftretenden Kundenproblemen ist der KAM die Schnittstelle des Kunden in unser Unternehmen. Er nutzt die bestehenden Ressourcen des Unternehmens, bleibt jedoch bis zur Lösung des Problems der Hauptverantwortliche.

Neuakquisition	Der KAM verbringt mindestens 25 % seiner Zeit mit der Neuakquisition von Kunden. Dazu steht ihm ein Budget zu, welches im Rahmen der Jahresplanung abgestimmt wird.
Vertriebstool	Regelmäßige Pflege der vertriebsunterstützenden Software mit aktuellen Daten aus bestehenden und neuen Geschäftsbeziehungen
Weitere Aufgaben	Der Vertriebsleiter kann dem KAM weitere Aufgaben übertragen, soweit sie die bestehenden Aufgaben des KAM nicht beeinträchtigen.
Messgrößen	**Beschreibung**
Zielgrößen der Tätigkeit	▪ Umsatz mit Großkunden in Summe entsprechend Vertriebsplanung ▪ Umsatz pro Großkunde entsprechend Vertriebsplanung ▪ Gewinnung neuer Großkunden ▪ Pflege des Vertriebstools
Entlohnung	▪ Fixes Grundgehalt als Basis ▪ Maximal 100 % des Grundgehalts als Bonus ▪ Der Bonus setzt sich aus vier Komponenten in Bezug zum Grundgehalt zusammen. Die Detailfestlegung erfolgt im Rahmen der jährlichen Vertriebsplanung: – Erste Komponente: Umsatz mit Großkunden in Summe, max. 40 % – Zweite Komponente: Umsatzziele mit einzelnen Großkunden, max. 10 % – Dritte Komponente: Gewinnung neuer Großkunden, max. 40 % – Vierte Komponente: Allgemeine Beurteilung des Vertriebsleiters, Pflege des Vertriebstools, max. 10 %

Tabelle 24: Beispiel einer Stellenbeschreibung

Aus dem Organigramm ist der so genannte „Headcount" abzulesen, d. h. die Zahl Ihrer Mitarbeiter im Gesamtunternehmen und den einzelnen Bereichen. Der Headcount kann allerdings nicht auf Basis der Hierarchien und Verantwortungen festgelegt werden, sondern ergibt sich gemeinsam mit der Festlegung der Ablauforganisation und der Ressourcenplanung. In der Praxis gibt es eine Vielzahl von Unternehmensleitern, die ihren Headcount weder im Kopf haben, noch aus dem Stegreif oder mittels eines fertigen Dokuments parat haben. Dies ist bei größeren Unternehmen verständlich, bei kleineren jedoch wenig nachvollziehbar.

Im Rahmen der Aufbauorganisation lassen sich zwei grundlegende Prinzipien des Organisierens unterscheiden: statische und Flexible Organisation. Welches Prinzip sinnvoll ist, wird durch die Art des Geschäfts begründet. Wird das Geschäft durch Projekte mit variierenden Anforderungen bestimmt, eignet sich eine flexible Organisation am besten. Zu Beginn eines Projekts werden die Verantwortungen auf Aufgaben verteilt und die Ressourcen dem Projekt zugeordnet. Unterschiedliche Projekte werden unterschiedlich organisiert. Diese Art der Organisation nennt man „Projektorganisation". Die große Herausforderung der Projektorganisation ist die Zuteilung der Ressourcen, so dass die einzelnen Projekte professionell abgearbeitet werden können, ohne einander zu behindern oder Projektaufträge vom Kunden aufgrund fehlender Ressourcen nicht durchführen zu können. In diesen Bereich fällt die weit überwiegende Zahl der angebotenen Softwarelösungen zur Planung der Organisation. Es handelt sich fast immer um Projektmanagement-Software. Selten lassen sich damit statische Organisationen planen und abbilden. Rein flexible Organisationen gibt es sehr selten. Es treten eher Mischformen auf, denn viele Unternehmensbereiche (z. B. die Buchhaltung) lassen sich besser statisch organisieren. Bei der statischen Organisation stehen feste Beziehungen und Aufgaben im Vordergrund, die nur selten geändert werden. Im Rahmen der statischen Organisation unterscheidet man folgende grundlegende Organisationsformen, die regelmäßig gemeinsam auftreten:

- **Linienorganisation:** Bei der Linienorganisation hat ein Mitarbeiter genau einen Vorgesetzten. Die Boxen, die den Mitarbeiter und seinen Vorgesetzten verbinden, sind durch nur eine Linie verbunden. Der Vorteil dieser Organisationsform liegt auf der Hand: Es herrscht Klarheit über die Zuständigkeiten.

- **Matrixorganisation:** Bei der Matrixorganisation hat ein Mitarbeiter zwei Vorgesetzte. Seine Box ist also mit zwei Boxen von Vorgesetzten verbunden. Diese Organisationsform kann sinnvoll sein, wenn die Arbeit durch inhaltlich stark unterschiedliche Rahmenbedingungen geprägt ist. So kann ein Mitarbeiter einen Fachvorgesetzten und einen disziplinarischen Vorgesetzten haben. Dies kommt z. B. in Unternehmen mit mehreren Abteilungen vor. Der Abteilungsleiter ist der disziplinarische Vorgesetzte, kann aber den Spezialisten in seiner Abteilung fachlich eventuell nicht führen. Fachlicher Vorgesetzter ist dann ein Experte mit dem notwendigen Fachwissen. Ähnliche Konstellationen tauchen auch bei internationalen Gesellschaften auf: Die Teilunternehmen werden lokal geführt, zugleich aber auch durch die Fachabteilungen der Geschäftsfelder zentral gesteuert. Der große Nachteil dieser Organisationsform sind die sich möglicherweise in ihren Wünschen widersprechenden Vorgesetzten.

- **Stabsstelle:** Eine Stabsorganisation an sich gibt es nicht. Einzelne Stellen können als Stabsstelle ausgelegt sein. Stabsstellen unterstehen direkt anderen wichtigen Funktionen, in der Regel der Geschäftsführung, und sind oftmals zuständig für Sonderaufgaben. Die Abteilung Strategie in größeren Unternehmen ist fast immer eine Stabsstelle, die direkt an

- die Geschäftsführung berichtet, ansonsten aber nicht mit dem Rest der Organisation verankert ist. In kleineren Unternehmen wird dies oft vom Assistenten der Geschäftsführung abgedeckt.

Beispiel

Konzern mit Organisationsproblemen. Asea Brown Boveri (ABB), der schweizerisch-schwedische Energie- und Automatisierungskonzern, geriet – neben anderen Problemen – aufgrund seiner komplexen Organisation in eine bedrohliche Schieflage. Die Matrixorganisation aus Produktgruppen und Bereichsverantwortungen wurde durch die dritte Ebene regionaler Zuständigkeiten vollends unbeherrschbar. So konnten sich beispielsweise Kunden, mit denen ABB in einer Region in Verhandlungen stand, „Konkurrenzangebote" von ABB in anderen Regionen holen, ohne dass es eine zentrale Koordination gab. ABB unterbot sich damit zuweilen selbst. Zudem ging der Vertrieb unterschiedlicher Zuständigkeitsbereiche oft die gleichen Kunden an und trat so aktiv in Konkurrenz zu anderen Abteilungen von ABB. Die Stärkung der Zuständigkeit der Produktgruppen gegenüber den Regionen und die Einführung eines produktgruppen-übergreifenden Vertriebs reduzierten diese Organisationsprobleme schließlich.

Die prinzipielle Gestaltung eines Organigramms bereitet den meisten Gründern wenig Mühe. Oftmals ist diese Aufgabe ohnehin sehr einfach, wenn man allein oder zu zweit anfängt. Die ersten Herausforderungen treten auf, wenn es um die Zahl der benötigten Mitarbeiter in den einzelnen Abteilungen geht. Die Aufbauorganisation bietet nur einen Blick aus der Vogelperspektive auf dieses Problem. In Einzelfällen kann diese Perspektive zur Bestimmung der notwendigen personellen Ressourcen ausreichen. Je komplexer das Geschäft jedoch wird, umso fahrlässiger wird diese Vorgehensweise. Dann wird ein Blick aus der Detailperspektive notwendig, deren Startpunkt die zu bewältigenden Aufgaben sind. Die Ablauforganisation bietet hier den besseren Einblick.

2. Ablauforganisation

Die Aufbauorganisation allein reicht zur effizienten Steuerung der Ressourcen nicht aus. Es wird zwar grob festgelegt, wer welche Aufgaben macht, nicht aber, wie diese erledigt werden sollen und wie die Abstimmung zwischen den einzelnen Verantwortungsbereichen erfolgen soll. Es fehlt die Festlegung der Prozesse. Im Rahmen der Ablauforganisation werden genau diese Prozesse festgelegt. Sie betreffen die Erbringung der Aufgaben sowie die Koordination innerhalb des Unternehmens zwischen den einzelnen Teilbereichen. Die meisten Prozesse sind heutzutage Maschinen- oder der EDV-unterstützt. Die Planung (inkl. der Auswahl) der unterstützenden Automatisierungssysteme ist daher eng mit der Planung der Ablauforganisation verbunden bzw. kann als Teil der Ablauforganisation gesehen werden.

Beispiel

Regelmäßige Abstimmungsmeetings. Im letzten Abschnitt wurde das Organigramm eines Unternehmens der Fertigungstechnik vorgestellt. In diesem Unternehmen wäre eine regelmäßige Abstimmung zwischen den Verantwortungsbereichen unbedingt notwendig. Es wäre sinnvoll, mindestens ein monatliches Treffen (z. B. jeden ersten Montag im Monat) zwischen den leitenden Angestellten und der Geschäftsführung einzuführen. Bei diesem Treffen wird der aktuelle Status besprochen – hinsichtlich Planerfüllung, bereichs-internen und -externen Problemen, Sonderaufgaben – sowie in Einzelfällen strategische Themen erörtert. Teilnehmen sollten die zwei Geschäftsführer und deren Assistent sowie die drei Bereichsleiter. Unter Umständen kann auch ein wöchentliches Treffen erforderlich sein. Ohne diese regelmäßigen Treffen würden die einzelnen Bereiche getrennt voneinander auf unterschiedliche Ziele zuarbeiten, bereichsübergreifende Koordinationsprobleme (z. B. verspricht der Vertrieb mehr, als die Produktion halten kann) blieben ungeklärt und Planabweichungen würden erst am Jahresende deutlich, wenn es für Maßnahmen zur Gegensteuerung schon zu spät ist.

Bei der Festlegung der Prozesse ist es sinnvoll, zwischen Kernprozessen und begleitenden Prozessen zu unterscheiden. Die Kernprozesse beschreiben die wesentlichen Tätigkeiten bei der Erbringung der Leistung des Unternehmens. Bei einer Bäckerei ist ein Kernprozess das Zubereiten oder Aufbacken der Backw

0aren, im produzierenden Gewerbe der jeweilige Prozess zur Erstellung des Produkts, in der Dienstleistungsbranche der Prozess zur Erbringung der Leistung. Der Prozess zum Verkauf der Produkte und Leistungen zählt ebenfalls zu den Kernprozessen. Kernprozesse sind, aufgrund ihrer Bedeutung für das Unternehmen, detailliert zu planen. Begleitende Prozesse sind oft unternehmensübergreifend standardisierbar, wie z. B. die Leistungserbringung in der Buchhaltung, im Personalwesen und in der Administration. Man kann bei der Planung dieser Prozesse auf bestehende Standards zurückgreifen. Vor einer vorbehaltlosen Übernahme ist jedoch zu warnen. Die meisten Prozesse müssen an die speziellen Umstände im Unternehmen angepasst werden.

Die Planung und Realisierung der Prozesse sind komplexe Vorgänge. In der Praxis gelingt es nur selten, die Prozesse auf dem Papier vollkommen durchzuplanen und in genau dieser Form im Alltag einzusetzen. Prozesse müssen vielmehr häufig angepasst werden, da sie durch neue Erkenntnisse oder neue Technik effizienter gestaltet werden können oder es die Geschäftstätigkeit erfordert. Prozesse wachsen mit dem Unternehmen mit. Insofern sind Planungsansätze für Prozesse oftmals evolutionär. Ausgehend von einem einfachen, schnell entworfenen Prozess liefert die praktische Erfahrung weitere Erkenntnisse, die zu einer Anpassung der Prozesse führen, bis sich diese einem stabilen Zustand annähern.

Es ist wichtig anzumerken, dass die Prozesse detailliert dokumentiert werden sollten. Dies erleichtert beispielsweise die Einarbeitung neuer Mitarbeiter, schafft Klarheit über die an Mitarbeiter übertragenen Aufgaben und ermöglicht entsprechende Kontrollen durch den Vorgesetzten. Darüber hinaus macht jede Form von Transparenz das Unternehmen unabhängiger von Einzelpersonen wie Abteilungsleitern. Die Qualitätsmanagement-Norm ISO EN 9001:2000, die die notwendigen Rahmenbedingungen für eine qualitativ hochwertige Leistungserbringung definiert, fordert beispielsweise eine umfassende Dokumentation der Ablauf-, aber auch der Aufbauorganisation.

Für die Darstellung von Prozessen gibt es mehrere Vorgehensweisen und zahlreiche Softwareprodukte, die diese unterstützen. Der Einsatz von Software zur Darstellung von Prozessen ist äußerst sinnvoll, da sich Prozesse bereits in der Planungsphase auf dem Papier häufiger ändern. Die meisten Softwareprodukte sind sehr leicht bedienbar und unterstützen zudem die optische Gestaltung, die gerade bei komplexen Prozessen besonders wichtig ist. Im Alltag werden häufig Flussdiagramm-Darstellungen mit Symbolen aus der DIN 66001 verwendet. Die meisten Softwareprodukte unterstützen diese Norm. Abbildung 22 stellt beispielhaft der Beschwerdemanagementprozess in einer Wohnungsgesellschaft dar. Die unterschiedlichen Symbole repräsentieren unterschiedliche Tätigkeiten, Datenflüsse oder Dokumente.

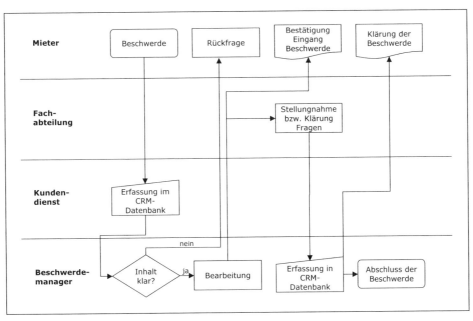

Abbildung 22: Beschwerdemanagement in einer Wohnungsgesellschaft (Beispielprozess)

Anstelle des Begriffs „Prozess" wird oftmals, gerade im Zusammenhang mit der Qualitätsmanagement-Norm ISO EN 9001:2000, von „Verfahrensanweisungen" und „Arbeitsanweisungen" gesprochen. Unter „Verfahrensanweisung" wird die Ablauffolge bzw. Ablauflogik des Prozesses verstanden, unter „Arbeitsanweisung" sind die zur Konkretisierung der Ablauflogik notwendigen Zusatzschritte bzw. -informationen zu verstehen. Im Beispiel der Abbildung 22 aus der Wohnungswirtschaft wird die Ablauflogik samt der involvierten Abteilungen dargestellt. Daraus wird aber beispielsweise nicht klar, welche Daten der Kundendienst genau erheben soll. Hierzu bedarf es einer Arbeitsanweisung, die die abzufragenden Daten vorgibt. Diese wiederum hat Folgen für das CRM-System des Unternehmens, in dem alle kunden-bezogenen Daten abgespeichert werden. Das CRM-System muss die Daten in der benötigten Form abspeichern können. Verfahrensanweisung und Arbeitsanweisung sind nicht immer klar voneinander abgrenzbar. Arbeitsanweisungen können teilweise auch in Verfahrensanweisungen enthalten sein. Je detaillierter die Verfahrensanweisungen sind, desto weniger Arbeitsanweisungen werden benötigt. Maßstab ist hierbei lediglich die Übersichtlichkeit und damit sinnvolle Anwendbarkeit der Prozessdarstellung.

Die praktische Planung der Prozesse geht vom geplanten Produktspektrum bzw. Leistungsangebot aus. Nachdem die Wertschöpfungstiefe festgelegt ist, d. h. entschieden wurde, welche Leistungen unternehmensintern bzw. unternehmensextern erbracht werden sollen, kann die eigentliche Planungsarbeit beginnen. Ausgehend vom Angebotsspektrum werden zunächst die wichtigsten Prozesse zur Herstellung der Angebote aufgenommen. Die ermittelten Prozesse sollten dann in möglichst kleine, eigenständige Teilprozesse untergliedert und auf Ebene der Teilprozesse geplant werden. Jeder Prozess besteht aus manuellen Tätigkeiten bzw. automatisierten Vorgängen, Datenflüssen, Dokumenten und den involvierten Personen bzw. Abteilungen. Eine Simultanoptimierung mit der Ressourcenplanung ist nur selten vermeidbar und vergrößert die Komplexität der Planung erheblich. So hat die Entscheidung zur Anschaffung einer bestimmten Maschine bei der Planung des Produktionsprozesses immer auch einen Einfluss auf den Produktionsprozess selbst. In der Regel hat man immer die Wahl zwischen teureren, den Prozess stärker automatisierenden Maschinen oder relativ preiswerten Maschinen mit einem geringeren Automatisierungsgrad.

3. Ressourcen

Aufbau- und Ablauforganisation setzen den Rahmen für die operative Tätigkeit. Die Planung der Ressourcen ist jedoch eine eng verwandte Planungsaufgabe, die insbesondere Rückkoppelungen mit der Ablauforganisation hat. Ressourcen werden normalerweise in folgende Blöcke unterteilt:

- Personal
- Grund & Boden (Geschäftsausstattung, Miete)
- Maschinen & Anlagen
- Waren & Material

Abbildung 23 verdeutlicht die Parameter, die die Ressourcenplanung beeinflussen.

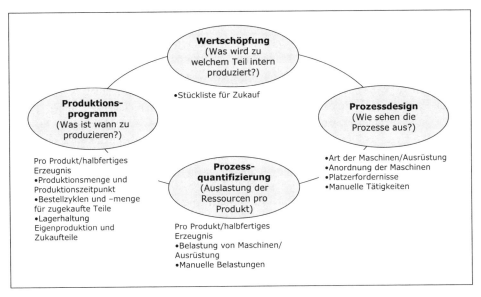

Abbildung 23: Komponenten der Ressourcenplanung

Bei der Ressourcenplanung handelt es sich um ein Optimierungsproblem, welches mit mathematischen Verfahren gelöst werden kann. Die mathematischen Verfahren benötigen aber feste Voraussetzungen (wie z. B. das genaue Eintreffen der Absatzplanung), die in der Realität nur selten zutreffen. Bereits bei leichten Abweichungen der Voraussetzungen kann die gefundene Lösung sehr weit vom Optimum entfernt liegen. Daher wird in der Praxis auf die mathematische Optimierung verzichtet und es haben sich Näherungslösungen etabliert (die allerdings auch mathematisch begründet werden). Diese sollten aber von Zeit zu Zeit auf ihre Gültigkeit überprüft werden.

Den Schlüssel zu diesem Optimierungsproblem bildet die Prozessquantifizierung. Die anderen Komponenten der Ressourcenplanung leuchten schnell ein:

- **Wertschöpfung:** Die Wertschöpfungstiefe legt fest, welche Leistungen intern zu erbringen sind. Handelt es sich um Produkte, kann die dem Produkt zugrunde liegende Stückliste aufgeteilt werden in extern zuzukaufende Komponenten und intern herzustellende Teile. Die Wertschöpfungstiefe hat einen erheblichen Effekt auf die Ressourcenplanung. Die gegenwärtige Outsourcingwelle macht dies deutlich: Die Auslagerung von Aufgaben an externe Unternehmen reduziert die Ressourcen intern. Traditionell sollten die Arbeitsschritte intern erbracht werden, die Ihr Unternehmen am besten leisten kann bzw. die erfolgs- und wettbewerbskritisch sind. Die Tiefe der Wertschöpfung ist zunächst eine strategische Entscheidung, kann in Randbereichen aber auch operativ entschieden werden.

- **Prozessdesign:** Das Prozessdesign wird durch die Ablauforganisation abgedeckt. Hier wird die Rückkoppelung zwischen der Planung der Ablauforganisation und der Ressourcenplanung deutlich.

- **Produktionsprogramm:** Das Produktionsprogramm wird aus der Absatzplanung abgeleitet. Der Unterschied zwischen Absatzplanung und Produktionsprogramm ist die zeitliche Dimension. Das Produktionsprogramm muss nur sicherstellen, dass der sich aus der Absatzplanung ergebende Bedarf rechtzeitig gedeckt wird. Die Lagerhaltung ist hierbei die große Variable. Es ist in diesem Stadium der Planung (zur Unternehmensgründung) grundsätzlich egal, um welchen Fertigungstyp (Massen-, Serien-, Auftragsfertigung) es sich handelt. Die Ressourcen müssen ausreichen, das geplante Produktionsprogramm zu erbringen. Der Fertigungstyp wirkt sich erst später im Rahmen der Fertigungssteuerung deutlich mehr aus. Das Produktionsprogramm, in Form von Art, Menge und Zeit, bestimmt gemeinsam mit der Wertschöpfungstiefe und dem Prozessdesign, welche Ressourcen zu seiner Erbringung erforderlich sind. Der (mathematische) Zusammenhang wird über die Prozessquantifizierung hergestellt.

- **Prozessquantifizierung:** Mittels der Prozessquantifizierung versucht man, Ressourcen auf einzelne Produkte herunterzubrechen, beispielsweise den Zeitbedarf einer manuellen Tätigkeit oder die Zeitauslastung einer Maschine für die Erbringung eines bestimmten Arbeitsschritts zu ermitteln. Das Produktionsprogramm legt dann die notwendigen Ressourcen fest. Dabei ist zu beachten, dass Ressourcen nicht kontinuierlich verbraucht werden können. So kann eine Maschine eine bestimmte Menge von Arbeitsschritten innerhalb der angesetzten Schichten erbringen. Erfordert die Erbringung des Produktionsprogramms aber nur einen Arbeitsschritt mehr, wird eine weitere Maschine gebraucht. Dieses einfache Beispiel macht deutlich, dass man bei der Ressourcenplanung den Menschenverstand nicht ausschalten darf. Man schafft sonst kaum ausgelastete Ressourcen, was selten wirtschaftlich vertretbar ist.

Bei der Planung der Ressourcen ist insgesamt folgender erfahrungsbasierter Grundsatz zu beachten: „Weniger ist oft mehr." Dies hat folgende Gründe:

- Personalressourcen im Überfluss neigen dazu, sich Aufgaben nur um der Aufgabe willen zu beschaffen. Jeder will und braucht eine Existenzberechtigung. Eine Kultur der Bürokratie, die auf der Basis einer feingliedrigen Aufgabenteilung wächst, schleift sich schneller ein, als man es erwartet. Knappere Ressourcen, ein gutes Management vorausgesetzt, neigen zur Konzentration auf die wesentlichen Aufgaben. Sekundäre Aufgaben stehen hinten an. Jeder Mitarbeiter ist wichtig, keiner braucht sich erst wichtig zu machen. Für Bürokratie hat niemand Zeit.

- Ressourcen können besser aufgebaut als abgebaut werden. Dies gilt sowohl für Personal als auch für Maschinen. Ein Aufbau von Ressourcen suggeriert: „Es geht voran. Wir sind erfolgreich". Ein Abbau von Ressourcen funktioniert nur in den seltensten Fällen ohne Komplikationen (z. B. Rechtsstreitigkeiten mit Mitarbeitern) und ist Gift für die Arbeitsmoral.

- Geringere Ressourcen reduzieren anfänglich die Fixkosten. Kurzfristig notwendige Zusatzressourcen müssen zwar teurer eingekauft werden (z. B. Leiharbeiter oder Maschinenkapazitäten) und reduzieren den Deckungsbeitrag. Die Gefahr finanzieller Engpässe sinkt jedoch drastisch.

3.1 Personal

Die Personalplanung ergibt sich aus den zu bewältigen manuellen Aufgaben, als Folgerung des geplanten Produktionsprogramms, aus dem Grad der internen Wertschöpfung und der Effizienz bzw. der Automatisierung der Prozesse. Während die Zahl der produktiven Mitarbeiter direkt aus diesen Faktoren ableitbar ist, sind leitende Mitarbeiter bzw. Mitarbeiter, deren Tätigkeit nicht nach streng mathematischen Verfahren berechnet werden kann, oft vor allem auf Basis von Erfahrungswerten bestimmbar. Wenn diese Erfahrungswerte fehlen, müssen Sie sich mit Schätzungen begnügen.

Die Anzahl von Mitarbeitern, die durch einen Vorgesetzten betreut werden, wird „Leitungsspanne" genannt. Je flacher die Hierarchie ist, um größer ist die Leitungsspanne und umso selbständiger agieren die Mitarbeiter. Eine optimale Leitungsspanne gibt es an sich nicht. Als Faustregel für den produktiven Bereich können Sie eine Größe von zehn bis zwanzig Mitarbeitern nutzen. Sind es mehr, bedarf es eventuell der Vorarbeiter oder ähnlicher Zwischenkonstruktionen einer Leitung auf tieferer Ebene.

Bei einer kleineren Unternehmensgründung können Sie das benötigte Personal oft direkt schätzen, ohne umfangreiches Herunterbrechen der zu bewältigenden Aufgaben. Je größer der Unternehmen jedoch wird, umso sinnvoller ist die genaue Bestimmung des Personalbedarfs.

3.2 Grund & Boden

Die benötigten Flächen ergeben sich ebenfalls aus den zu bewältigenden Aufgaben. Folgende Arten von Flächen kann man grob unterscheiden:

- Produktionsflächen inkl. Pausenräume
- Lagerflächen
- Büroflächen
- Park- und Logistikflächen

Letztere Flächen bezeichnen allgemeine Freiflächen, die für das Parken von Fahrzeugen, das Rangieren oder als Ausdehnungsflächen verwendet werden. Die Anzahl der Arbeitsplätze ist vor allem für die Büroflächen der entscheidende Treiber. Für die Produktionsflächen sind vor allem die verwendeten Maschinen & Anlagen, die Transportwege innerhalb der Halle, die Bedienflächen für die Arbeiter und erforderliche Sicherheitsabstände entscheidend. Die Lagerfläche hängt vom Waren- und Materialeinsatz sowie dem geplanten Umschlag, also der Schnelligkeit seiner Nutzung, ab. Da diese Flächen am schwierigsten zu planen sind, sollten hier ausreichend Puffer vorgesehen werden.

Die Entscheidung für Miete oder Kauf ist vor allem eine finanzielle Entscheidung. Für ein junges Unternehmen wird der Kauf sicher einen zu hohen Risikofaktor darstellen.

3.3 Maschinen & Anlagen

Die erforderlichen Maschinen & Anlagen ergeben sich aus dem Grad der internen Wertschöpfung und dem geplanten Produktionsprogramm. Die Regel sind hier mehrere Planungsrunden, denn der Einsatz unterschiedlicher Maschinen & Anlagen verändert die geplanten Prozesse jedes Mal erheblich. Unterschiedliche Maschinen erfordern unterschiedliche manuelle Prozesse und unterschiedliche ergänzende Maschinen für die Weiterbearbeitung oder Vorbereitung. Die Leistungsfähigkeit, gemessen an der Produktionsmenge pro Zeiteinheit, unterscheidet sich zudem drastisch.

Aufgrund dieser entscheidenden Wirkung der Maschinen & Anlagen auf den Produktionsprozess wird deren Auswahl auch oft als Einstieg in die Produktionsplanung gesehen. Alle anderen Ressourcen und auch die Prozesse werden auf Basis dieser Entscheidung getroffen.

3.4 Waren & Material

Der Waren- und Materialeinsatz ist in zwei Arten zu unterteilen: Ware, die direkt wiederverkauft wird (Handelsware), und Material, welches im Produktionsprozess benötigt wird (Rohstoffe, Halbstoffe, Komponenten). Es ist auf jeden Fall sinnvoll, beide Arten – auch im Rahmen des Businessplans – strikt zu unterscheiden, denn sie stehen für unterschiedliche Geschäftsmodelle. Vielfach tritt auch nur eine Art auf: Ein Bäcker z. B. backt seine Waren entweder selbst oder backt zugelieferte, tiefgefrorene Ware auf. Nur in seltenen Fällen macht er beides. Die wirtschaftlichen Folgen beider Einsatzarten sind allerdings sehr ähnlich und sollen deshalb einheitlich behandelt werden.

Ressourcen

Die Bestimmung des Waren- und Materialeinsatzes muss auf dem geplanten Angebotsspektrum aufsetzen. Bei Handelsware ist dies sehr einfach: Das Angebotsspektrum ist gleich dem Wareneinsatz. Beim Materialeinsatz wird der Zusammenhang zwischen Angebotsspektrum und Material über so genannte „Stücklisten" hergestellt. Eine Stückliste bricht ein Produkt in Einzelteile herunter. Sie ist das „Kochrezept" des Produkts. Oft werden „Baukastenstücklisten" genutzt, d. h., die Stückliste für ein Produkt oder eine Komponente besteht nur aus den direkt einfließenden Komponenten oder Materialien. Deren Zusammensetzung wird wiederum in einer anderen Stückliste beschrieben. Abbildung 24 zeigt ein schematisches Beispiel einer Stückliste.

PC-Professional		Artikelnr.: PC001	
Nr.	Artikelnummer	Bezeichnung	Anzahl
1	PC-Geh-003	Gehäuse	1
2	PC-Main-002	Mainboard	1
3	PC-Pro-007	Prozessor, Pentium III, 500 MHz	1
4	PC-Graf-004	Grafikkarte	1
5	PC-Fest-034	Festplatte, 40 GB	1
6	PC-Ram-015	Arbeitsspeicher, 250 MB	1
7	PC-Cdr-012	CD-ROM-Laufwerk	1
8	PC-Usb-002	USB-Anschluss	2
9	PC-Tast-001	Tastatur	1
10	PC-Maus-001	Maus	1

Abbildung 24: Schematisches Beispiel einer Stückliste

Stücklisten basieren in der Regel auf einem so genannten „Artikelstamm". Das ist eine Masterdatei, in der alle einzelnen Materialien, Komponenten und Produkt angelegt sind. Der Artikelstamm enthält weitere wichtige Details zu den in der Stückliste angegebenen Komponenten oder Materialien, nämlich die Artikelnummer, die Bezeichnung, den Preis und den Lieferanten.

Auf Basis des Produktionsprogramms oder Sortiments können nun mit Hilfe der Stückliste Bestellmenge und -zeitpunkt benötigter Waren oder Materialien bestimmt werden. In der Praxis, gerade bei älteren und kleineren Unternehmen, hat sich vielfach ein – nicht immer optimaler – Erfahrungswert für Zeitpunkt und Volumen von Neubestellungen durchgesetzt. Sie als Gründer sollten sich hierzu allerdings mehr Gedanken machen, insbesondere wenn Ihr Waren- und Materialeinsatz verhältnismäßig viel Kapital bindet.

Ihr Ziel muss es sein, möglichst wenig Kapital für die Bestellung zu benötigen bzw. zu binden. Sie dürfen demnach nur wenig Ware und Material auf Lager haben, das das dafür bezahlte Geld – welches Sie vielleicht zu einem festen Zinssatz finanzieren mussten – bindet. Um wenig Ware auf Lager zu haben, müssen Sie sehr schnell produzieren und verkaufen (man sagt auch: die Ware schnell „drehen") und weniger bestellen. Ist Ihr Bestellvolumen gering, müssen Sie aber öfter bestellen. Bestellungen mit geringem Volumen verursachen aber verhältnismäßig hohe Kosten. Ihr Bestellvolumen sollte daher unter Optimierung beider Ziele festgelegt werden.

Ausgangspunkt der Bestimmung einer effizienten Bestellmenge und eines effizienten Bestellzeitpunkts bildet immer Ihre Absatzplanung für die Produkte in einem festen Zeitraum. Wenn Sie selbst produzieren, ist die Absatzplanung mit der Produktionszeit abzugleichen. Zusätzlich spielen folgende Faktoren bei der Bestimmung einer optimalen Bestellmenge eine Rolle:

- **Prozesskosten der Bestellung (Bestellkosten).** Beispiele für diese Kosten sind der Personalaufwand für die Eingangsprüfung oder die Verbuchung. Die Prozesskosten pro Bestellung sind in der Regel fix bzw. sinken pro Stück mit steigendem Bestellvolumen.

- **Lieferkosten der Bestellung.** Die Lieferkosten pro Stück sinken mit steigendem Bestellvolumen.

- **Kosten von Ware und Material.** Die Stückpreise sinken mit steigendem Bestellvolumen. Allerdings kann der Abschluss von Rahmenvereinbarungen sichere Stückpreise unabhängig vom Bestellzyklus absichern. Dies ist oft sinnvoll.

- **Lagerkosten.** Die Lagerkosten bestehen aus mehreren Faktoren: den Kapitalkosten für die Bindung von Kapital, den Kosten für den Lagerraum und dem Schwund. Je länger die Ware oder das Material auf Lager ist, umso mehr Kapital und auch Raum wird gebunden. Die Kapitalbindung berechnet sich aus dem Zinssatz multipliziert mit dem in Euro gemessenen durchschnittlichen Lagerbestand. Als Raumkosten fällt vor allem die Miete an, aber auch Nebenkosten oder Lagerarbeiter könnten zu berücksichtigen sein.

- **Mögliche Rahmenbedingungen.** In manchen Branchen gibt es klare Regeln, die einzuhalten sind, z. B. feste Produktions- und Lieferzyklen von Lieferanten oder branchenübliche Mindestvolumina, die sich z. B. aufgrund von Verpackungsgrößen ergeben.

Die Optimierung dieses Problems kann beliebig komplex sein. Im klassischen Fall wird die Bestellmenge so berechnet, dass Bestellkosten und Lagerkosten minimiert werden. Es gibt zahlreiche Formeln, die dieses Problem optimieren, aber jede Formel braucht eine spezifische Voraussetzung, wie z. B. den linearen, d. h. gleichmäßigen Abbau des Lagerbestandes durch Abverkauf. Entsprechend sind diese Formeln mit Vorsicht zu genießen, und ihre Voraussetzungen sind detailliert abzuklären, bevor man sie nutzt.

Ableitung der Finanzplanung

Die beiden Planungsbereiche Marketing & Vertrieb sowie Organisation & Ressourcen sind die wesentlichen Planungsbereiche Ihres Unternehmens. In der Regel können Sie daraus nahezu die vollständige Finanzplanung Ihres Unternehmens ableiten. Allerdings wird die Finanzierung dabei noch nicht abgedeckt.

Für die Finanzplanung hat sich eine Untergliederung in die folgenden Teilabschnitte bewährt:

- Einnahmenplanung
- Personalplanung
- Investitionsplanung & Abschreibungen
- Planung der sonstigen laufenden Kosten

Auf der Basis dieser Teilplanungen kann ein Gesamtplan erstellt werden, sowohl auf buchhalterischer Ebene („Gewinn- und Verlustrechnung" oder „GuV") als auch auf Cash-flow-Basis. Der Gesamtplan zeigt den erforderlichen Kapitalbedarf deutlich auf. Die Elemente der Finanzplanung werden im Folgenden einzeln beschrieben. Als zentrales Beispiel soll die Geschäftsidee eines Weiterbildungsinstituts dienen.

Beispiel

Finanzplanung für ein Weiterbildungsinstitut. Ein Gründer plant den Aufbau einer Weiterbildungseinrichtung. Die angebotenen Kurse sollen vor allem wirtschaftliches Wissen, Soft-skills und EDV-Wissen vermitteln. Zielkunden sind Endkunden sowie Unternehmen, die ihre Mitarbeiter schulen lassen wollen. Das geplante Unternehmen soll zwei kleinere Schulungsräume für jeweils zehn Teilnehmer unterhalten. Der Gründer stellt dafür eine Finanzplanung auf.

Bei der Planung können Sie vorgefertigte Software nutzen oder einfach Tabellenkalkulationsprogramme nutzen. Vorgefertigte Software hat den Vorteil, dass bereits an viele Planungselemente gedacht wurde und Sie so weniger vergessen können. Zudem sind die Zusammenhänge der Teilplanungen sowie die Teilplanungen in sich rechnerisch zweifelsfrei korrekt (bei einer Eigenplanung mit einer Tabellenkalkulation treten hier oft Fehler auf). Der Nachteil besteht darin, dass Sie in ein Schema hineingepresst werden. Je weniger Ihre Geschäftsidee dem Standard entspricht, umso weniger werden Sie mit dem Schema anfangen können. Auch werden die Treiber der Teilplanungen selten abgebildet, so dass Sie nur auf einem hohen Aggregationsniveau planen können. Das Planungsbeispiel wurde deshalb auch mit einer handelsüblichen Tabellenkalkulation angefertigt.

Die Finanzplanung sollte in unterschiedlichen Zeiteinheiten erfolgen. Im ersten Planungsjahr sollte immer auf Basis von Monaten geplant werden. Im zweiten und manchmal auch im dritten Jahr empfiehlt sich eine Planung auf Quartalsbasis. Danach sollte auf Jahresbasis geplant werden, mit einem Planungshorizont von fünf Jahren.

1. Einnahmenplanung

Die Einnahmenplanung leitet sich aus den Planungen für Marketing & Vertrieb ab. Die Vertriebskanäle sorgen für den Verkauf, die Werbung für die kaufenden Kunden. Für die Finanzplanung ist vor allem der Preis des Produkts wichtig. Zudem sind nachfolgende Servicegeschäfte in die Einnahmenseite mit einzuplanen. Oftmals ergibt sich die Planung eines Teils der Kosten von Marketing & Vertrieb automatisch: So ist z. B. im Rahmen der Werbeplanung ein Budget festzulegen. Daraus können dann die erreichten Kundenkontakte abgeschätzt werden.

Die ideale Vorgehensweise zur Einnahmenplanung ist die folgende: Aufbauend auf den von Ihnen festgelegten Vertriebskanälen und Werbeformen berechnen Sie für jeden Vertriebskanal bzw. jede Werbeform die erreichten Kundenkontakte. Mittels geschätzten Konvertierungsraten errechnen Sie aus den Kundenkontakten die Anzahl der Kunden, die tatsächlich kaufen. Dies sind die Neukunden. Zudem sollte die Planung ergänzt werden um den Effekt der Kundenbindung. Sie schätzen, wie viele der Neukunden in einem gegebenen Zeitraum, ohne weitere Werbeanstrengungen, wieder kaufen werden. Damit ermitteln Sie die Anzahl der Käufe. Um zu den Einnahmen zu gelangen, müssen Sie noch einen durchschnittlichen Umsatz pro Kunde abschätzen. Diese Schätzung können Sie auf Basis Ihres Angebotsspektrums und Ihrer Preisplanungen durchführen. Die Anzahl der Käufe, bewertet mit dem durchschnittlichen Umsatz, ergibt Ihre Einnahmen.

Achten Sie darauf, dass die Behandlung der Mehrwertsteuer konsistent erfolgt. Entweder rechnen Sie Umsätze und Kosten nur netto, d. h. ohne Mehrwertsteuer, oder beides brutto. Die Mehrwertsteuer hat vor allem einen Effekt auf den Cash-flow. Wird hierbei ein großer Effekt erwartet, sollte die Mehrwertsteuer explizit mit geplant werden. Ansonsten sollte die Nettorechnung bevorzugt werden, denn Sie ist einfacher.

Einnahmenplanung

	Monat												Jahr 1	Jahr 2	Jahr 3
	1	2	3	4	5	6	7	8	9	10	11	12			
Außendienst															
Anzahl Vertriebsmitarbeiter (Vollzeit)	0	0	0,5	0,5	1	1	1,5	1,5	2	2	2	2		3	4,5
Anzahl besuchte Firmenkunden pro Vertriebler	20	20	20	20	20	20	20	20	20	20	20	20		264	264
Anzahl besuchte Firmenkunden (Summe)	0	0	10	10	20	20	30	30	40	40	40	40	280	792	1.188
Anzahl Kurse pro Firmenkunde	8	8	8	8	8	8	8	8	8	8	8	8		9,6	9,6
Konvertierungsrate	15,0%	15,0%	15,0%	15,0%	15,0%	15,0%	15,0%	15,0%	15,0%	15,0%	15,0%	15,0%		17,3%	19,0%
Verkaufte Kurse	0	0	12	12	24	24	36	36	48	48	48	48	336	1312	2164
Zeitungsanzeigen															
Budget (€)	0	0	500	500	500	500	500	500	500	500	500	500	5.000	6.000	6.000
Kosten pro erreichten Kunden	0,2	0,2	0,2	0,2	0,2	0,2	0,2	0,2	0,2	0,2	0,2	0,2		0,2	0,2
Erreichte Kunden	0	0	2.500	2.500	2.500	2.500	2.500	2.500	2.500	2.500	2.500	2.500	25.000	30.000	30.000
Konvertierungsrate	0,25%	0,25%	0,25%	0,25%	0,25%	0,25%	0,25%	0,25%	0,25%	0,25%	0,25%	0,25%		0,29%	0,32%
Direkt verkaufte Kurse	0	0	6	6	6	6	6	6	6	6	6	6	63	86	95
Online-Marketing															
Budget (€)	0	0	300	300	300	300	300	300	300	300	300	300	3.000	4.500	4.500
Kosten pro Click-Through (€)	0,1	0,1	0,1	0,1	0,1	0,1	0,1	0,1	0,1	0,1	0,1	0,1		0,12	0,12
Anzahl Besucher auf Webseite	0	0	3000	3000	3000	3000	3000	3000	3000	3000	3000	3000	30.000	37500	37500
Konvertierungsrate	0,25%	0,25%	0,25%	0,25%	0,25%	0,25%	0,25%	0,25%	0,25%	0,25%	0,25%	0,25%		0,29%	0,32%
Direkt verkaufte Kurse	0	0	8	8	8	8	8	8	8	8	8	8	75	108	119
Verteilung von Katalogen															
Budget (€)	0	0	5.000	0	0	0	0	5.000	0	0	0	0	10.000	10.000	15.000
Kosten pro Sendung (€)	1,25	1,25	1,25	1,25	1,25	1,25	1,25	1,25	1,25	1,25	1,25	1,25		1,25	1,25
Anzahl Sendungen	0	0	4000	0	0	0	0	4000	0	0	0	0	8.000	12.500	18.750
Konvertierungsrate	1,50%	1,50%	1,50%	1,50%	1,50%	1,50%	1,50%	1,50%	1,50%	1,50%	1,50%	1,50%		1,73%	1,90%
Direkt verkaufte Kurse	0	0	60	0	0	0	0	60	0	0	0	0	120	216	356
Summe verkaufter Kurse	0	0	86	26	38	38	50	110	62	62	62	62	594	1.721	2.733
Durchschnittspreis pro Kurs (€)	350	350	350	350	350	350	350	350	350	350	350	350		350	350
Umsatz (€)	0	0	30.013	9.013	13.213	13.213	17.413	38.413	21.613	21.613	21.613	21.613	207.725	602.434	956.659

Tabelle 25:   *Beispiel einer Einnahmenplanung*

Beispiel

Einnahmenplanung eines Weiterbildungsinstituts. Das geplante Weiterbildungsinstitut soll drei Vertriebskanäle nutzen: einen Außendienst, die Webseite und das Telefon. Kunden können also entweder über den Außendienst, die Webseite oder das Telefon Kurse buchen. Die Vertriebskanäle werden wie folgt beworben: Der Außendienst wirbt selbst, indem er aktiv Kunden angeht. Die Webseite wird mittels Online-Marketing beworben. Die telefonische Bestellannahme wird durch Zeitungsanzeigen und die Verteilung von Katalogen beworben. Diese vier Werbeformen werden im Rahmen der Einnahmenplanung explizit geplant. Im Falle des Online-Marketing werden z. B. folgende Annahmen getroffen: Das jährliche Budget beträgt 3.000 €. Dies wird erst ab dem dritten Monat nach Unternehmensgründung gleichmäßig über das Jahr verteilt ausgegeben, denn erst dann ist die Webseite fertig. Pro Besucher der Webseite rechnet der Gründer mit Kosten von 10 Cent. Von diesen Besuchern bucht jedoch nicht jeder einen Kurs. Vielmehr rechnet der Gründer nur mit Buchungen von 0,25 %. Also nur jeder vierhundertste Besucher der Webseite bestellt einen Kurs. Der Kurs kostet durchschnittlich 350 €. Insgesamt errechnen sich 75 Kursbestellungen über den Vertriebskanal Webseite mittels der Werbeform Online-Marketing. Aus allen Vertriebskanälen rechnet der Gründer im ersten Jahr mit ca. 600 verkauften Kursen. Insgesamt ergibt sich eine Einnahmenplanung gemäß Tabelle 25.

2. Personalplanung

Ausgangspunkt der Personalplanung müssen die zu bewältigen Aufgaben sein. Eine Planung nach Abteilungen bzw. gleichartigen Aufgaben hat sich als sinnvoll erwiesen. Zwar kann man bei individueller Planung jeder einzelnen Stelle genauer planen, aber der Planungsaufwand übersteigt schnell eine Schmerzgrenze.

Wenn Sie nach Abteilungen bzw. Aufgaben planen, können Sie Prozentangaben für die Anzahl der Mitarbeiter nutzen. Eine Position wie z. B. der Kundendienst wird mit 150 % besetzt, wenn Sie eine Vollzeitkraft und eine Teilzeitkraft oder drei Teilzeitkräfte einplanen. Jeder dieser Positionen ist ein marktübliches Gehalt zuzuordnen. Dazu sind die vom Arbeitgeber zu tragenden Sozialleistungen zu rechnen. Werden diese Kosten mit den Planzahlen multipliziert, ergeben sich die geplanten Personalkosten.

Sie können Ihren eigenen Lebensunterhalt in Form eines Gehaltes einplanen. Dies ist sinnvoll, wenn es sich um eine GmbH oder AG handelt. Allerdings sollten Sie berücksichtigen, dass je nach Eigentümerstruktur keine Sozialversicherungen anfallen. Ihr Gehalt wäre damit relativ billiger als andere Gehälter. Sie müssen sich dann aber privat versichern. Handelt es sich um eine Personengesellschaft oder ein Einzelunternehmen, können Sie nicht der Angestellte dieses Unternehmens sein, da es im Regelfall keine Trennung zwischen dem Unternehmen und Ihnen selbst als Person gibt. Dann müssen Sie mit Gewinnausschüttungen arbeiten, die die Kosten des Unternehmens aus steuerlicher Sicht nicht reduzieren. Es wäre dann nicht korrekt, einfach eine normale Anstellung ohne Sozialversicherungen anzunehmen, da diese sich steuermindernd auswirkt.

Beispiel

Personalplanung eines Weiterbildungsinstituts. Der Gründer des Weiterbildungsinstituts plant im ersten Jahr die Einstellung von vier weiteren Mitarbeitern. Mit ihm zusammen plant er also mit fünf Mitarbeitern. Diesen Personalstamm will er erst im Zeitablauf innerhalb von neun Monaten aufbauen. Für jede Stelle plant er die Gehälter separat, mit einem Aufschlag von 20 % für die vom Arbeitgeber zu tragenden Anteile an den Sozialversicherungen. Insgesamt ergibt sich eine Personalplanung gemäß Tabelle 26.

	AN-brutto (€)	Monat						Jahr 1	Jahr 2
		1-2	3-4	5	6	7-8	9-12		
Programmgestaltung / Einkauf									
arbeitnehmer-brutto	3.000								
arbeitgeber-brutto	3.600	100%	100%	100%	100%	100%	100%	100%	150%
Kundendienst									
arbeitnehmer-brutto	1.600								
arbeitgeber-brutto	1.920	0%	0%	0%	100%	100%	100%	100%	150%
Vertrieb									
arbeitnehmer-brutto	3.000								
arbeitgeber-brutto	3.600	0%	50%	100%	100%	150%	200%	200%	300%
Management									
arbeitnehmer-brutto	3.000								
arbeitgeber-brutto	3.600	100%	100%	100%	100%	100%	100%	100%	100%
Summe Personal		200%	250%	300%	400%	450%	500%	500%	700%
Gehaltserhöhungen		0%	0%	0%	0%	0%	0%	0%	2%
Summe Kosten (€)		7.200	9.000	10.800	12.720	14.520	16.320	150.240	277.603

Tabelle 26: Beispiel eines Personalplans

3. Investitionsplanung & Abschreibungen

Investitionen sind gesondert zu planen, denn einerseits stellen sie konkrete Unternehmenswerte dar, andererseits werden sie nach den GoB erst über einen Zeitraum von mehreren Jahren zu Aufwand durch Abschreibung.

Als Investitionen kommen vor allem Einbauten und Umbauten auf dem Grund & Boden des Unternehmen sowie Maschinen & Anlagen in Frage. Einbauten und Umbauten müssen bestimmten Kriterien entsprechen, damit sie als Investitionen angesehen werden können. Maschinen & Anlagen müssen vor allem eine Mindestkostenschwelle übersteigen, damit sie als Investitionen angesehen werden können. Ansonsten werden sie als so genannte „geringwertige Wirtschaftsgüter" („GWG") wie normale Ausgaben behandelt. Die Ausgabengrenze liegt gegenwärtig bei 410 €. Oftmals ist fraglich, ob gekaufte Einzelteile eine Einheit bilden (und damit die Grenze überschreiten) oder getrennt behandelt werden müssen. Zur Klärung dieser Fragen sollten Sie sich durch Ihren Buchhalter oder Steuerberater beraten lassen.

Beispiel

Investitionsplanung eines Weiterbildungsinstituts. Der Gründer des Weiterbildungsinstituts plant Investitionen vor allem in die Ausstattung der Schulungsräume sowie in die Arbeitsplätze für sich und seine zunächst vier Mitarbeiter. Darüber hinaus will er die Erstellung einer Webseite beauftragen, um das Internet als Vertriebskanal nutzen zu können. Insgesamt ergibt sich ein Investitionsplan gemäß Tabelle 27.

	Positionen	Kosten / Stück	Monat 1	Monat 2	Monat 3	Monat 4	Jahr 1	Jahr 2
1	**Einrichtung Schulungsräume** (Pos. 2 bis 5)		9.500	9.500			19.000	5.500
2	*20 Einfache EDV-Ausstattung*	*500*	*5.000*	*5.000*				
3	*20 Arbeitsplätze - Möbel*	*200*	*2.000*	*2.000*				
4	*2 Beamer*	*1500*	*1.500*	*1.500*				

Positionen		Kosten / Stück	Monat 1	Monat 2	Monat 3	Monat 4	Jahr 1	Jahr 2
5	Sonstige Präsentationsausstattung		1.000	1.000				
6	**EDV-Infrastruktur** (Pos. 7 bis 10)		7.500	1.000	1.000	1.000	11.500	4.000
7	5 EDV-Arbeitsplätze	1000	2.000	1.000	1.000	1.000		
8	Telefonanlage		2.000					
9	All-in-one-Profigerät	2000	2.000					
10	Server	1500	1.500					
11	**Büroeinrichtung** (Pos. 12 bis 15)		5.750	2.750	2.250	500	11.250	3.000
12	Verkabelung		2.000					
13	Allgemeine Möbel		2.000	1.500	1.000			
14	5 Arbeitsplätze	500	1.000	500	500	500		
15	Ausstattung Pausenraum		750	750	750			
16	**Webauftritt**		2.500				2.500	1.000
Summe Investitionskosten (Pos. 1+6+11+16)			25.250	13.250	3.250	1.500	44.250	13.500

Tabelle 27: Beispiel eines Investitionsplans (in €)

Beispiel

Abschreibungen eines Weiterbildungsinstituts. Auf Basis der Investitionsplanung ergibt sich buchhalterisch wichtiger laufender Aufwand in Form von Abschreibungen. Die vom Gründer geplanten Investitionen sollen über einen Zeitraum von fünf Jahren linear abgeschrieben werden. Im ersten Jahr ergibt sich, bei gleichmäßiger Verteilung auf die einzelnen Monate des Jahres, ein Abschreibungsaufwand gemäß Tabelle 28. Zu beachten ist, dass es sich beim Waren- und Materialeinsatz nicht um Investitionen im Sinne der Buchführung handelt. Ware wird nicht planmäßig über die Zeit abgeschrieben, sondern bleibt so lange in den Büchern stehen, bis sie oder das daraus entstandene Produkt verkauft wird. Wenn das Produkt unverkäuflich ist, wird die Ware einmalig vollständig abgeschrieben. Dennoch kann der Waren- und Materialeinsatz erheblichen Kapitalbedarf erfordern. Man sagt auch, dass der Waren- und Materialeinsatz „Kapital bindet". Von daher ist seine explizite Planung im Rahmen der Geschäftsplanung erforderlich. Allerdings kann dies im Rahmen der Planung der laufenden Kosten geschehen.

Position		Monat 1	Monat 2	Monat 3	Monat 4	Jahr 1	Jahr 2
1	Abschreibungsbasis – Jahr 1 (Durchschnitt)	3.688	3.688	3.688	3.688	44.250	44.250
2	Lineare Abschreibung bei 5 Jahren Laufzeit auf Abschreibungsbasis Jahr 1	738	738	738	738	8.850	8.850
3	Abschreibungsbasis – Jahr 2						13.500
4	Lineare Abschreibung bei 5 Jahren Laufzeit auf Abschreibungsbasis Jahr 2						2.700
5	**Abschreibungen** (im Durchschnitt) (Pos. 2+4)	**738**	**738**	**738**	**738**	**8.850**	**11.550**

Tabelle 28:   *Beispiel der Abschreibungsplanung (in €)*

4. Planung der laufenden Kosten

Final sind noch die laufenden Kosten zu planen. Dann ergibt sich gemeinsam mit der Einnahmenplanung, der Personalplanung, dem Investitionsplan bzw. dem Abschreibungsplan ein Gesamtbild der finanziellen Konsequenzen des geplanten Unternehmens.

Zentrales Planungskriterium bei den sonstigen Kosten ist die Vollständigkeit. Man vergisst sehr leicht anfallende Kosten, was schnell zu Engpässen im laufenden Geschäft führen kann. Grundsätzlich sollte die Planung der laufenden Kosten in zwei Teilbereiche untergliedert werden: die Kosten für Material- oder Wareneinsatz (inkl. der Kosten für Fremdleistungen) und die sonstigen laufenden Kosten. In vielen Fällen, wie auch im hier betrachteten Beispiel des Weiterbildungsinstituts, fallen keine Materialkosten an. Die sonstigen Kosten können am besten über eine Aufzählung transparent gemacht werden. Neben Personal- und Materialkosten sowie Abschreibungen, die bereits gesondert vorgestellt wurden, sind insbesondere folgende Kosten zu beachten:

- Mieten, Pacht, Leasinggebühren
- Nebenkosten: Heizung, Strom, Wasser, Gas
- Werbekosten und Provisionen
- Kommunikationskosten: Telefon, Fax, Internet
- Reisekosten
- Kosten der Rechtsberatung, Gründungskosten
- Beiträge, Versicherungen
- Kfz-Kosten
- Kosten der laufenden Buchführung und des Jahresabschlusses
- Kosten für Rechnungsstellung, Mahnwesen und Inkasso
- Instandhaltung
- Büromaterial
- Geschäftsspezifische Kosten
- Sonstiges

Es ist immer ratsam, einen Posten „Sonstiges" einzuführen und diesem eine größere Summe zuzuweisen, denn viele, vor allem kleinere Kostenblöcke, werden Sie bei der Planung noch gar nicht kennen.

Beispiel

Laufende Kosten eines Weiterbildungsinstituts. Der Gründer des Weiterbildungsinstituts plant die laufenden Kosten in vier größeren Blöcken: Marketing- und Vertriebskosten, Kosten für die Trainer als geschäftsspezifische Kosten, Finanzkosten und sonstige laufende Kosten. Insgesamt ergibt sich eine Planung der laufenden Kosten gemäß Tabelle 29.

		Monat												Jahr 1	Jahr 2
		1	2	3	4	5	6	7	8	9	10	11	12		
Marketing & Vertriebskosten - variabel															
	Kosten für Vertriebsbesuche (a * b)	1.500	0	6.300	1.300	1.800	1.800	2.300	7.300	2.800	2.800	2.800	2.800	33.500	50.200
a	Anzahl Vertriebsbesuche	0	0	500	500	1.000	1.000	1.500	1.500	2.000	2.000	2.000	2.000	14.000	29.700
b	Variable Kosten pro Vertriebsbesuch	0	0	10	10	20	20	30	30	40	40	40	40	280	792
	Zeitungsanzeigen (einmalig & laufend)	50	50	50	50	50	50	50	50	50	50	50	50		
	Online-Marketing (laufend)	500	0	500	500	500	500	500	500	500	500	500	500	5.500	6.000
	Katalogverteilung (einmalig & laufend)	0	0	300	300	300	300	300	300	300	300	300	300	3.000	4.500
		1.000	0	5.000	0	0	0	0	5.000	0	0	0	0	11.000	10.000
Schulungskosten - variabel															
	Einnahmen	0	0	7.503	2.253	3.303	3.303	4.353	9.603	5.403	5.403	5.403	5.403	51.931	112.956
	Pauschale von Einnahmen	0	0	30.013	9.013	13.213	13.213	17.413	38.413	21.613	21.613	21.613	21.613		
		25%	25%	25%	25%	25%	25%	25%	25%	25%	25%	25%	25%		
Finanzkosten - zum Teil variabel															
	Kosten Zahlungsvorgänge (a * b)	200	200	260	218	226	226	235	277	243	243	243	243	2.815	6.605
a	Anzahl Zahlungsvorgänge (entspricht verkauften Kursen)	0	0	60	18	26	26	35	77	43	43	43	43		1.205
		0	0	86	26	38	38	50	110	62	62	62	62	594	1.721
b	Rechnungsstellung (normalerweise gegen Vorkasse) / Bankeinzug in EUR	0,7	0,7	0,7	0,7	0,7	0,7	0,7	0,7	0,7	0,7	0,7	0,7		0,7
	Buchhaltung	200	200	200	200	200	200	200	200	200	200	200	200	2.400	2.400
	Jahresabschluss														3.000
Sonstige laufende Kosten - fixe Kosten		7.600	4.600	4.450	4.450	4.450	4.450	4.450	4.450	4.450	4.450	4.450	4.450	56.700	54.360
	Miete inkl. Nebenkosten	3.000	3.000	3.000	3.000	3.000	3.000	3.000	3.000	3.000	3.000	3.000	3.000	36.000	36.000
	Kommunikation (Tel, Fax, Kopierer, Post)	500	500	500	500	500	500	500	500	500	500	500	500	6.000	6.600
	Versicherungen, Beiträge	150	150	150	150	150	150	150	150	150	150	150	150	1.800	1.800
	KFZ-Kosten	500	500	500	500	500	500	500	500	500	500	500	500	6.000	6.000
	Online-Banking	150	150	0	0	0	0	0	0	0	0	0	0	300	0
	Gründungskosten	3.000	0	0	0	0	0	0	0	0	0	0	0	3.000	0
	Sonstiges	300	300	300	300	300	300	300	300	300	300	300	300	3.600	3.960
Summe Sachkosten (in EUR)		9.300	4.800	18.513	8.221	9.780	9.780	11.338	21.630	12.896	12.896	12.896	12.896	144.947	224.121

Tabelle 29:   *Beispiel zur Planung laufender Kosten*

5. Cash-flow-Planung

Sie haben mit den vorangegangenen Planungselementen die Grundlage für die Zusammenfassung der Finanzplanung zu einem Gesamtbild geschaffen. Die aussagefähigste und relevanteste Zusammenfassung der Finanzplanung ist der Cash-flow-Plan. Der Cash-flow-Plan stellt auf die Finanzmittel ab. Erfasst werden ausschließlich die geldwirksamen Effekte, buchhalterische Effekte werden nicht beachtet. Allerdings müssen Sie beachten, dass ein Cash-flow-Plan ohne die Beachtung der buchhalterischen Effekte nicht vollständig sein kann. Denn die Beachtung der buchhalterischen Effekte ist die Grundlage zur Berechnung des Gewinns, der wiederum die Höhe der Steuern bestimmt. Während der Gewinn eine buchhalterische Größe ist, sind die Steuern geldwirksam und in der Cash-flow-Planung zu berücksichtigen.

Sie sollten die Cash-flow-Planung auch unbedingt vor der GuV-Planung durchführen, denn nur aus der Cash-flow-Planung ergibt sich Ihre Finanzierungslücke und damit Ihr Finanzierungsbedarf. Die GuV-Planung darf nicht als Basis für diese Planung genommen werden. Dies wäre geradezu fahrlässig, denn die GuV-Planung stückelt beispielsweise Ihre Investitionen mittels der Abschreibungen über einen längeren Zeitraum auf. Gerade die Investitionen sind aber oft die Ursache für große Finanzierungslücken. Dieser Effekt wird später, beim Vergleich der Ergebnisse der beiden Planungen, überaus deutlich: Beide Planungen können erheblich voneinander abweichen.

Um die Cash-flow-Planung aus den vorangegangenen Planungselementen abzuleiten, genügt die Zusammenzählung der Effekte der einzelnen Planungen nicht. Vielmehr bedarf es einiger Korrekturen, die in Tabelle 30 zusammengefasst sind.

Nach Zusammenfassung der Einzelplanungen und Durchführung der Korrekturen erhält man den Cash-flow-Plan vor Finanzierung und Steuern. Addiert man jetzt die monatlichen Cash-flows auf, erhält man den kumulierten Cash-flow, dessen Minimum den Mindestfinanzierungsbedarf angibt. Keinesfalls sollte man aber so eng planen, dass man den kumulierten Cash-flow genau auf Null senkt, bevor er ansteigt. Das Risiko eines Liquiditätsengpasses ist zu groß. Sie müssen auf jeden Fall einen Puffer für Planungsfehler einplanen. Darüber hinaus ist auch die Art der Finanzierung von Bedeutung: Wenn Sie eine Fremdfinanzierung planen, müssen Sie dafür Zinsen und Tilgung zahlen, was den Finanzierungsbedarf weiter erhöht. Nur bei Eigenkapital brauchen Sie in den ersten Jahren keine Finanzierungskosten einzuplanen.

Planung	Korrektur zur Ableitung der Cash-flow-Planung
Einnahmenplanung	Die Einnahmenplanung plant die Einnahmen zum Zeitpunkt der Rechnungsstellung. Bis Rechnungen zahlungswirksam werden, vergehen erfahrungsgemäß ein bis drei Monate, die zu korrigieren sind.
Personalplanung	Monatliche Personalkosten werden mit dem Anfall gezahlt. Dies gilt schon aufgrund der Fristen, die die Sozialversicherungen setzen. Daher bedarf es hier keiner Korrektur.
Investitionsplanung und Abschreibungen	In den Cash-flow-Plan dürfen nur die Investitionen direkt einfließen. Die Investitionen werden zeitverzögert bezahlt, oft mit einem Puffer von einem Monat, der im Cash-flow-Plan zu berücksichtigen ist. Die Abschreibungen fließen indirekt ein, indem sie als Teil der GuV die Steuerhöhe bestimmen.
Planung der laufenden Kosten	Die laufenden Kosten werden zum Zeitpunkt des Rechnungseingangs geplant. Normalerweise zahlt man die Rechnungen mit etwas Zeitverzug, ca. einem Monat. Dies kann berücksichtigt werden. Will man aber konservativ planen, korrigiert man nicht.

Tabelle 30: Korrektur der Einzelplanungen für den Cash-flow-Plan

Beispiel

Cash-flow eines Weiterbildungsinstituts. Der Gründer des Weiterbildungsinstituts will nun seine Einzelplanungen zum Cash-flow-Plan verdichten, um das Potential des Unternehmens, aber auch den Finanzierungsbedarf abzuschätzen. Dabei verzögert er die Einnahmen um drei Monate, um einerseits dem späteren Zahlungseingang nach der Rechnungsstellung gerecht zu werden, andererseits um eine Korrektur für die Zeitspanne zwischen Buchung und Durchführung der Kurse mit zu berücksichtigen. Er korrigiert ebenfalls die Planzahlen für Investitionen und laufende Kosten um einen Monat, da er plant, diese Rechnungen erst nach einem Monat zu zahlen bzw. weil er auf eine spätere Rechnungsstellung der Lieferanten hofft. Aus den kumulierten Cash-flows vor Finanzierung und Steuern kann er die Höhe seines Finanzierungsbedarfs abschätzen. Das Minimum liegt bei ca. –260.000 € im dritten Monat des zweiten Jahres. Er plant, bei 25.000 € Eigenkapital, eine Fremdfinanzierung in Höhe von 275.000 € ein, insgesamt also 40.000 € mehr, als seine erste Abschätzung der Finanzierungslücke ergab. Einerseits will er einen Puffer haben, andererseits muss er die Kapitalkosten (Zinsen und Tilgung) der Fremdfinanzierung bezahlen. Nach dieser Finanzierung errechnet er das Minimum des kumulierten Cash-flows weiterhin im dritten Monat des zweiten Jahres, bei ca. 8.000 €. Dies erscheint ihm noch immer recht knapp, aber er will erst Gespräche mit den Banken abwarten, bevor er den Finanzbedarf weiter erhöht. Eventuell können niedrigere Zinsen oder Tilgungsraten als angenommen eingeplant werden. Insgesamt ermittelt er einen Cash-flow-Plan gemäß Tabelle 31.

Cash-flow-Planung

		Monat 1	Monat 2	Monat 3	Monat 4	Jahr 1	Jahr 2
1	**Cash-Einnahmen** (Eingang 3 Monate zeitverzögert)	0	0	0	0	142.888	535.530
	Zum Vergleich: Ertrag	*0*	*0*	*30.013*	*9.013*	*207.725*	*602.434*
2	Personalaufwendungen (direkt cashwirksam)	7.200	7.200	9.000	9.000	150.240	277.603
3	Laufende Kosten korrigiert (1 Monat zeitverzögert)	0	9.300	4.800	18.513	132.050	220.616
4	**Cash-Ausgaben** (Pos. 2+3)	7.200	41.750	27.050	30.763	326.540	511.719
	Zum Vergleich: Laufende Kosten	*9.300*	*4.800*	*18.513*	*8.221*	*144.947*	*224.121*
5	**Investitionen korrigiert** (1 Monat zeitverzögert)	0	25.250	13.250	3.250	44.250	13.500
	Zum Vergleich: Investitionen	*25.250*	*13.250*	*3.250*	*1.500*	*44.250*	*13.500*
6	**Cash-flow vor Finanzierung und Steuern** (Pos. 1–4–5)	-7.200	-41.750	-27.050	-30.763	-183.653	23.811
7	**Kumulierter Cash-flow vor Finanzierung und Steuern**	-7.200	-48.950	-76.000	-106.763	-183.653	-159.842
	Finanzierung						
8	*Eigenkapital*	25.000					

		Monat 1	Monat 2	Monat 3	Monat 4	Jahr 1	Jahr 2
9	Darlehen (8 % Zins, 2 % Tilgung)	275.000	274.542	274.084	273.627	270.000	264.649
10	**Finanzierungskosten** (Pos. 11+12)	2.292	2.288	2.284	2.280	27.249	26.709
12	Davon: Finanzierungskosten – Zinsen (8 %)	1.833	1.830	1.827	1.824	21.799	21.367
12	Davon: Finanzierungskosten – Tilgung (2 %)	458	458	457	456	5.450	5.342
13	**Cash-flow vor Steuern** (Pos. 6–10)	-9.492	-44.038	-29.334	-33.043	-210.902	-2.898
14	**Cash-Bestand vor Steuern** (Pos. 8+9+13)	292.800	248.762	219.428	186.385	91.390	88.491

Tabelle 31: *Beispiel eines Cash-flow-Plans (in €)*

6. GuV-Planung

Nach der Ermittlung des Cash-flow-Plans ist noch die GuV zu planen. Auch aus dieser ergeben sich, indirekt über die Steuerzahlungen, zahlungswirksame Ergebnisse. Ansonsten ist der Nutzen der GuV-Planung als Erfolgsmaßstab beschränkt. Zwar ist die GuV die Grundlage für die Gewinnausschüttungen, aber es müssen zuerst genug Zahlungsmittel vorhanden sein, bevor eine Ausschüttung vorgenommen werden kann. Manchmal wird die GuV als besonders wichtig für die Prüfung einer möglichen Überschuldung des Unternehmens angesehen. Denn die GuV, d. h. die sich ergebenden Verluste, mindern die Haftungsmasse des Unternehmens.

Zwischen Cash-flow-Plan und GuV-Plan gibt es eine Reihe von Abweichungen, z. B.:

- Der GuV-Plan basiert im Wesentlichen auf Rechnungsstellungen, Rechnungseingang und Rechnungsausgang. Die Berücksichtigung des Zahlungseingangs ist nicht relevant.

GuV-Planung

- Investitionen kommen in der GuV nicht vor. Vielmehr sind die Abschreibungen der Investitionen als Aufwand zu berücksichtigen.
- Rückstellungen und Rechnungsabgrenzungsposten kommen nur im Rahmen der GuV vor.
- Darlehenstilgungen beeinflussen die GuV nicht.

Um vom Cash-flow- zum GuV-Plan zu kommen, müssen Sie Korrekturen für Zahlungseingänge rückgängig machen (bzw. verwenden einfach die Einzelpläne), Investitionen dazuzählen (sie sind im Cash-flow-Plan abgezogen worden), Abschreibungen abziehen, Rückstellung und Rechnungsabgrenzungsposten neu hinzufügen und Darlehenstilgungen zuzählen.

Beispiel

GuV eines Weiterbildungsinstituts. Der Gründer des Weiterbildungsinstituts will seine GuV auf Basis der Einzelpläne und des Cash-flow-Plans bestimmen. Dazu führt er die oben beschriebenen Korrekturen durch. Rückstellungen und Rechnungsabgrenzungsposten plant er nicht ein, da ihm dies im Rahmen der ersten Planung als wenig sinnvoll erscheint. Er stellt fest, dass mindestens in den ersten zwei Jahren keine Ertragssteuern (Einkommensteuer, Körperschaftsteuer, Gewerbesteuer) zu zahlen sind, da bis dahin Verluste entstehen bzw. ein Verlustvortrag besteht. Er ermittelt eine GuV gemäß Tabelle 32.

		Monate 1 - 4				Jahr 1	Jahr 2
1	**Ertrag**	0	0	30.013	9.013	207.725	602.434
2	Personalaufwand	7.200	7.200	9.000	9.000	150.240	277.603
3	Laufende Kosten	9.300	4.800	18.513	8.221	144.947	224.121
4	*davon variabel*	*1.500*	*0*	*13.803*	*3.553*	*85.431*	*163.156*
5	*davon fix*	*7.800*	*4.800*	*4.710*	*4.668*	*59.515*	*60.965*
6	Abschreibungen	738	738	738	738	8.850	11.550
7	**Aufwand** (Pos. 2+3+6)	17.238	12.738	28.251	17.959	304.037	472.778
8	GuV vor Finanzierung & Steuern (Pos. 1–7)	-17.238	-12.738	1.762	-8.946	-96.312	129.656
9	Finanzierungskosten	1.833	1.830	1.827	1.824	21.799	21.367
	GuV vor Steuern	-19.071	-14.568	-65	-10.770	-118.111	108.289

Tabelle 32: Beispiel einer GuV-Planung (in €)

Beispiel

Vergleich Guv und Cash-flow. Der Gründer des Weiterbildungsinstituts erkennt zudem, dass sich Cash-flow und GuV erheblich voneinander unterscheiden. Um sich die Effekte zu vergegenwärtigen, stellt er die Ergebnisse beider Planungen gegenüber. Im ersten Jahr ermittelt er einen Unterschied von ca. 100.000 € vor Steuern (ca. 118.000 € Verlust gegenüber 210.000 € negativer Cash-flow) zwischen beiden Rechnungen. Die GuV zeigt also ein deutlich positiveres Bild auf. Er ermittelt eine Zusammenfassung gemäß Tabelle 33.

	Jahr 1		Jahr 2	
	Cash-flow	GuV	Cash-flow	GuV
Ertrag/Cash-In	142.888	207.725	535.530	602.434
Aufwand/Cash-Out	326.540	304.037	511.719	472.778
GuV/Cash-flow vor Finanzierung und Steuern	-183.653	-96.312	23.811	129.656
GuV/Cash-flow vor Steuern	-210.902	-118.111	-2.898	108.289

Tabelle 33: Abweichung zwischen Cash-flow und GuV (Beispiel, in €)

7. Bilanzplanung

Die Planung der Bilanz dient vor allem dem Zweck der Prüfung eines Überschuldungsstatus. Darüber hinaus kann sie für eine finanzierende Bank einen Überblick über die Entwicklung der Vermögenswerte und damit eine bessere Einschätzung der Sicherheiten aus dem Unternehmen heraus ermöglichen. Ansonsten ist die Planung der Bilanz nebensächlich. Aus ihr lässt sich auch nicht der Wert des Unternehmens ableiten.

Erfahrungsgemäß bringt die Planung der Bilanz auch im Rahmen der Prüfung der Überschuldungssituation nur beschränkte Informationen (siehe dazu auch die detaillierten Ausführungen in Teil IX, „Sicherung von Vermögen und Haftungsmasse"):

- Eine Überschuldung ist nur relevant für Kapitalgesellschaften. Für Personengesellschaften gibt es den Insolvenztatbestand der Überschuldung nicht.

- Der Grad der Überschuldung wird nicht anhand der Bilanz gemessen. Eine bilanzielle Überschuldung wird aber regelmäßig als Anstoß für die eigentliche Prüfung einer Überschuldung genommen.

Bilanzplanung

Beispiel

Überschuldung des Weiterbildungsinstituts? Der Gründer des Weiterbildungsinstituts plant die Nutzung einer GmbH als Rechtsform. Er will daher das mögliche Vorliegen einer Überschuldung prüfen und den kritischen Zeitpunkt bestimmen. Dazu plant er eine einfache Bilanz gemäß Tabelle 34, um sich die Effekte zu vergegenwärtigen. Erwartungsgemäß liegt schnell eine bilanzielle Überschuldung vor, denn die Ausstattung mit Eigenkapital im Vergleich zum Fremdkapital (25.000 € im Vergleich zu 275.000 €) ist recht dünn. Bereits im zweiten Monat nach Gründung übersteigen die Ausgaben (ohne Investitionen) das Eigenkapital von 25.000 €. Die Ausgaben schaffen keine bilanziellen Werte, denn sie stellen keine Investitionen dar. Bereits im zweiten Monat würde eine bilanzielle Überschuldung vorliegen. Der Gründer beruhigt sich allerdings, als er sich näher mit der genauen Regelung beschäftigt. Diese ist zwar nicht eindeutig, jedoch wird im Falle eines an sich gesunden Unternehmens eine Fortführungsprüfung auf Basis der Cash-flow-Planung unternommen. Diese hat der Gründer bereits und daraus sind keine Liquiditätsengpässe zu entnehmen. Zur Sicherheit nimmt er sich jedoch vor, bestehende Fördermöglichkeiten genauer zu prüfen. Denn er weiß, dass es eine Vielzahl von Programmen gibt (z. B. von der KfW-Mittelstandsbank), bei denen der Programmbetreiber die Nachrangigkeit des Darlehens sichert. Bei Nachrangigkeit wird das Darlehen wie Eigenkapital eingestuft. Damit stellt sich die Frage nach einer Überschuldung nur noch in Ausnahmefällen.

Wie bereits im Beispiel aufgezeigt wurde, gewinnen viele Förderprogramme vor dem Hintergrund einer drohenden Überschuldung besonderes Gewicht. Denn viele dieser Programme sichern neben günstigen Konditionen auch noch die Nachrangigkeit des vergebenen Darlehens zu. Bei Nachrangigkeit brauchen sich Gründer nur noch sporadisch mit dem Thema Überschuldung auseinander zu setzen. Gerade in der Gründungsphase, in der man ohnehin zahlreiche Aufgaben zu bewältigen hat, ist dies äußerst hilfreich (siehe dazu Teil V, „Darlehen und Bürgschaften").

	Eröffnung	Monat					
		1	2	3	4	5	6
Aktiva							
Geld/Forderungen	300.000	255.958	228.420	225.386	213.397	203.753	192.194
Vermögen		24.513	37.025	39.538	40.300	39.563	38.825
Bilanzsumme	300.000	280.471	265.445	264.923	253.697	243.316	231.019
Passiva							
Grundkapital	25.000	25.000	25.000	25.000	25.000	25.000	25.000
Gewinn-/Verlustvortrag		-19.071	-33.639	-33.704	-44.474	-54.400	-66.243
Monatliche GuV		-19.071	-14.568	-65	-10.770	-9.926	-11.843
Darlehen	275.000	274.542	274.084	273.627	273.171	272.716	272.261
Bilanzsumme	300.000	280.471	265.445	264.923	253.697	243.316	231.019

Tabelle 34:   *Beispiel einer Bilanzplanung (in €)*

Teil V

Die Finanzierungsstruktur

Eine solide Finanzierung ist, neben einer guten Geschäftsplanung, die Grundlage für Ihren Erfolg.

Wichtige Regeln

- Planen Sie viel Zeit für die Finanzierungssuche ein.
- Planen Sie immer einen Puffer in Ihre Finanzierung ein.
- Holen Sie Vergleichsangebote ein, um die Konditionen Ihres Finanziers zu überprüfen.
- Machen Sie sich mit den verschiedenen Typen von Kapital vertraut, und überlegen Sie, ob eine strukturierte Finanzierung (gemischt aus mehreren Typen) für Sie in Frage kommt.
- Bei Kapitalgesellschaften: Bei Nutzung von mezzaninem Kapital sollten Sie sich im Vertrag den Rangrücktritt des Finanziers betreffend Kapital und Zinsen erklären lassen.
- Bei Kapitalgesellschaften: Machen Sie sich vertraut mit den Regeln der Kapitalerhaltung und zum Eigenkapitalersatz.
- Billigen Sie Risikokapitalgebern nur Anteile an Ihrem Unternehmen entsprechend dem eingelegten Eigenkapital zu; mezzanines Kapital wird oft durch hohe Zinsen separat bezahlt.
- Beantragen Sie Investitionszulagen und GA-Mittel als einfachste Fördermöglichkeiten.
- Prüfen Sie die Nutzung von Förderungen vor dem Start, denn viele Förderanträge können nicht später eingereicht werden.
- Prüfen Sie, ob Leasing als einfache Finanzierungsmöglichkeit für Sie in Frage kommt

---

Eine solide Finanzierung ist einer der wesentlichen Erfolgskriterien für Existenz- und Unternehmensgründungen. Unzureichende Finanzierungen sind einer der häufigsten Gründe für das Scheitern von Gründungen. Fehlende Finanzierungen hindern Gründer oftmals an der Möglichkeit, ihre Idee überhaupt zu testen. Im Normalfall wird eine Finanzierung benötigt, um anfängliche Kosten zu decken. Nach einiger Zeit erwirtschaftet der Gründer ausreichend Einnahmen, um seine Ausgaben zu decken, Zinsen und Tilgung bezahlen und seinen Lebensunterhalt finanzieren zu können. Später werden Finanzierungen nur noch zur Glättung von Liquiditätsengpässen oder bei erneuten Investitionen benötigt. Idealerweise reicht die Anfangsfinanzierung genau zur Erreichung dieses Zeitpunktes, an dem die Einnahmen alle Ausgaben übersteigen. Eine zu hohe Finanzierung kostet unnötig Geld (Zinsen), eine zu niedrige Finanzierung bringt Ihr Unternehmen in Schwierigkeiten.

Bei der Abschätzung des Finanzierungsbedarfs gibt es eine Reihe typischer Fehlerquellen, die Sie als Gründer unbedingt beachten müssen:

- Die Finanzierung der Lebenshaltung des Gründers wird nicht beachtet.
- Einige Kosten werden vergessen oder falsch eingeschätzt.
- Die Ausgabenseite ist zu unflexibel oder „pompös" geplant.
- Die zeitliche Entwicklung und Höhe der Einnahmen wurden falsch eingeschätzt.

Während Sie die ersten drei Fehlerquellen durch eine gute und sorgfältige Planung vermeiden können, können Sie Schätzfehler bei der Bestimmung der Einnahmen nicht ausschließen. Die Einnahmenseite ist die große Unbekannte der Planung. Die wichtigste Grundregel für die Ermittlung eines passenden Finanzbedarfs ist also, Planungsfehler auf der Ausgabenseite auszuschließen und die Einnahmen konservativ (also nicht zu optimistisch) einzuschätzen. Zur Bestimmung der Ausgabenseite müssen Sie zunächst alle Treiber für Ihren Finanzierungsbedarf beleuchten. Dies sind:

- Finanzierung der Anfangsinvestitionen
- Finanzierung der laufenden Verluste bis zur nachhaltigen Erreichung der Gewinnschwelle
- Anfängliche Finanzierung der Lebenshaltung des Gründers

Vor allem die Deckung des eigenen Bedarfs, die ja aufgrund des Wegfalls Ihres vorherigen Geldgebers nicht mehr gegeben ist, wird häufig vernachlässigt. Sie sollten also auf jeden Fall ein angemessenes Gehalt für sich selbst in die Planung mit aufnehmen. Um die Kosten vollständig und korrekt zu erfassen, sollten Sie einerseits für größere Ausgabenblöcke Angebote oder Kostenvoranschläge einholen, andererseits nach Aufstellung Ihres Finanzplans dritte Personen um Durchsicht bitten. Daneben sollten die Kosten möglichst flexibel geplant werden. Fixkosten können vielfach variabel gemacht werden. Dies kann zwar zu höheren Kosten führen, reduziert aber Ihr Risiko. Denn im Ernstfall können Sie Ihre Kosten leichter reduzieren. So können Sie langlaufende Mietverträge verkürzen, wenn Sie einen leicht höheren Mietzins anbieten, weniger kritisches Personal zunächst über Zeitarbeiter abdecken und erst später durch feste Angestellte ersetzen, Ihren Lagerbestand gering halten, aber öfter bestellen. Prüfen Sie die größten Kostenblöcke explizit und versuchen Sie diese zu reduzieren und variabel zu machen. Viele Gründer machen den Fehler und richten ihr Büro mit teuren Möbeln ein, leisten sich teure Firmenwagen oder nehmen sehr teure Dienstleister in Anspruch.

Trotz bester Planung werden Sie vielfach dritte Kapitalgeber benötigen. Die Suche nach einem Kapitalgeber bzw. einer Finanzierung wird einen großen Teil der Vorbereitungsphase Ihrer Gründung in Anspruch nehmen. Für Sie als Gründer ist es entscheidend, die wichtigsten Möglichkeiten zur Finanzierung und deren Eigenarten zu kennen. Zentrales Element ist dabei stets eine gute, nachvollziehbare Geschäftsplanung, die durch einen Businessplan präsentiert wird.

Als Einstieg in die Vorstellung der Finanzierungsoptionen ist es sinnvoll, sich die Charakteristika der grundsätzlichen Finanzierungsarten Fremdkapital und Eigenkapital zu vergegenwärtigen. Tabelle 35 zeigt diese Eigenschaften. Das anschließende Beispiel verdeutlicht die Komplexität der Materie.

Kriterium	Fremdkapital	Eigenkapital
Dauerhaftigkeit der Kapitalüberlassung an die Gesellschaft	Begrenzte Überlassung, Rückzahlung i. d. R. als Tilgung über die Zeit	Unbegrenzte Überlassung
Vergütung	Fixe Höhe der Zinsen	Variabel je nach Gewinnausschüttung und Wertsteigerung des Anteils durch stille und offene Reserven der Gesellschaft
Verlustbeteiligung	Nein	Ja, Gewinnausschüttung erst möglich, wenn Verluste getilgt sind
Bedienung im Insolvenzfall	Vorrangig	Nachrangig, also nach Bedienung aller anderen Gläubiger
Absicherung	Ja, durch Sicherheiten, Garantien usw.	Nein
Mitbestimmung bei Unternehmensentscheidungen	Je nach Vertrag bei vereinzelten Entscheidungen	Über Stimmrechte als Gesellschafter oder Aktionäre
Informationsrechte	Kann vertraglich festgelegt werden	Gesetzliche Informationsrechte eines Gesellschafters oder Aktionärs
Steuerliche Behandlung der Zahlungsströme bei der Gesellschaft	Zinsen sind Aufwand, Tilgung nicht	Gewinnausschüttungen sind kein Aufwand

Tabelle 35:   Vergleich Fremd- und Eigenkapital

Beispiel

Finanzierung eines Weiterbildungsinstituts. Ein Gründer plant den Aufbau eines Weiterbildungsinstituts. Er errechnet, mit einem kleinen Puffer, einen Finanzierungsbedarf von 300.000 €, von denen er 25.000 € aufbringen kann. Für das restliche Kapital sucht er Finanzierungspartner. Für Venture-Capital-Gesellschaften ist das geplante Unternehmen zu klein. Er will daher an Banken und Business Angels herantreten sowie alternative Finanzierungsquellen nutzen. Als erste einfache Alternative will er die Investitionen in die EDV über eine Leasinggesellschaft abwickeln. Dadurch deckt er einen Finanzbedarf von ca. 15.000 € ab. Für die verbleibenden 25.000 € Investitionen will er eine Investitionszulage beantragen und so weitere ca. 5.000 € finanzieren. Es verbleibt somit eine Lücke von 245.000 €. Er trägt das Anliegen seiner Hausbank vor. Diese fordert vor allem Sicherheiten, die der Gründer aber nur in sehr geringem Ausmaße (ein Depot im Wert von 20.000 €) liefern kann. Die Hausbank würde sich aber bereiterklären, gemeinsam mit dem Gründer bei der KfW-Mittelstandsbank auf Basis des Programms „Unternehmerkapital: ERP-Kapital für Gründung" eine Refinanzierung zu beantragen, die die Bank von ihrer Haftung freistellt. Gemeinsam mit der direkten Sicherheit des Gründers und dem Eigenanteil des Gründers wäre eine Finanzierung möglich. Der Gründer will sich diese Alternative noch überlegen, da er die Zinsbelastung als durchaus hoch empfindet. Er bewirbt sich bei einem Business-Angel-Club. Sein Konzept übersteht die Vorprüfung, trotz des vergleichsweise geringen Geschäftsvolumens, welches der Gründer anstrebt. Er wird zur Präsentation seiner Idee eingeladen. Einer der Business Angels kommt aus der Weiterbildungsszene und findet Gefallen an dem Konzept. Beide Parteien treten in erste Gespräche ein. Der Business Angel prüft den Businessplan des Gründers und hat hier und dort Anmerkungen. Schließlich bietet er dem Gründer an, 100.000 € Kapital einzuschießen. Dafür will er 20 % an dem Unternehmen haben. Das Kapital will er zu 30.000 € als Eigenkapital, zu 70.000 €, als nachrangigen Genussschein geben. Der Genussschein soll zu 8 % verzinst werden und hat eine Laufzeit von 10 Jahren. Am Ende ist er voll zurückzuzahlen. Der Gründer findet das Angebot des Business Angels teuer, denn im Endeffekt gibt er ihm ein Darlehen über 70.000 € aber nur 30.000 € als wirkliches Eigenkapital. Dafür erscheint ihm ein Anteil von 20 % zu hoch. Zudem ist das refinanzierte und geförderte Darlehen der Hausbank preiswerter als der Genussschein des Business Angels. Der Genussschein ist zwar nachrangig, dies bewertet der Gründer aber nicht so hoch, da er von seiner Idee vollkommen überzeugt ist. Er macht dem Business Angel daher folgenden Vorschlag: 20 % für 60.000 € Eigenkapital und eine vertraglich fixierte, beratende Mitarbeit für das erste Jahr. Damit könnte der Gründer die Darlehensaufnahme und spätere Zinszahlungen bei der Hausbank reduzieren. Hausbank und Business Angel willigen in diese Konstellation ein. Alle Parteien beschließen, vorbehaltlich der Zusage der KfW-Mittelstandsbank zur Refinanzierung des Hausbankdarlehens, zusammenzuarbeiten. Im Endeffekt wird folgende Finanzierung angestrebt: 25.000 € Eigenkapital durch den Gründer, 60.000 € Eigenkapital durch den Business Angel, 15.000 € abgedeckt durch Leasing, 5.000 € durch Investitionszulage, 195.000 € durch ein Darlehen der Hausbank, welches durch die KfW-Mittelstandsbank refinanziert wurde und die Hausbank zu einem großen Teil von der Haftung freistellt.

Fremdfinanzierung

Die Finanzierung von Unternehmensgründungen oder die Finanzierung des Mittelstandes generell ist immer wieder Gegenstand vielfältiger wirtschaftlicher und politischer Diskussionen. Die Politik würde gerne mehr Unternehmensgründungen sehen, denn diese schaffen Arbeitsplätze. Unternehmer klagen über die restriktive Vergabepraxis der Banken sowie zunehmende administrative Pflichten im Rahmen von Kreditvergaben. Banken dagegen müssen bei der Kreditvergabe auf das wirtschaftliche Risiko sowie eine günstige Kosten-/Nutzen-Relation ihrer Tätigkeit achten und beschweren sich zunehmend über die mangelnde Professionalität der Unternehmen und das zunehmende Risiko. Im Ergebnis verfestigt sich der Eindruck, dass die Finanzierung über Banken einen echten Engpass für Unternehmensgründungen und Expansion darstellt. Dies gilt umso mehr, je schlechter die Geschäftslage der jeweiligen Bank oder der Branche insgesamt ist – und deutsche Banken sind im internationalen Vergleich alles andere als sehr profitabel. Für Sie als Gründer ist es daher wichtig, die Institution Bank zunächst besser zu verstehen. Auf dieser Grundlage können Sie sich für die Suche nach einer Finanzierung vorbereiten.

1. Das Geschäft von Banken

Die meisten Banken in Deutschland sind breit aufgestellt und haben mehrere Einnahmequellen. Die wichtigsten sind das Kreditgeschäft, das Provisionsgeschäft und der Eigenhandel, die im Folgenden kurz vorgestellt werden.

Im Rahmen des Kreditgeschäfts vergeben Banken Kredite zu möglichst hohen Konditionen (Zinsen), besorgen sich das dafür notwendige Geld aber zu möglichst geringen Konditionen. Ein typisches Produkt in diesem Geschäft ist der hier interessante Unternehmenskredit, der nachfolgend im Vordergrund stehen soll. Das Geschäft hört sich recht einfach an, ist in der Realität aber komplex:

- Eine Dimension des Geschäfts ist die Fähigkeit des Kreditnehmers, den Kredit samt Zinsen zurückzuzahlen. Diese hängt von internen Faktoren des Kreditnehmers, also des Unternehmens, ab sowie von externen Faktoren, wie z. B. der Marktentwicklung. Für den Ernstfall spielen Sicherheiten eine wesentliche Rolle. Neben der Abschätzung all dieser unsicheren Faktoren (des Eintritts und der Höhe nach) braucht die Bank die Fähigkeit, den

Ernstfall bewältigen zu können, also zum Beispiel Zahlungspläne aufzusetzen und zu verhandeln sowie die Verwertung der Sicherheiten voranzutreiben.

- Die zweite Dimension ist die Refinanzierung der Bank, also die Beschaffung des Kapitals. Dazu gibt es zahlreiche Quellen, angefangen von den Spareinlagen ihrer Kunden bis hin zur Kreditaufnahme bei anderen Banken. Kurzfristig sind die Konditionen für diese Refinanzierung klar. Mittel- und langfristig schwanken die Konditionen zur Refinanzierung jedoch. Eine Bank weiß daher nie genau, zu welchen Konditionen sie sich in der Zukunft refinanzieren kann. Damit entsteht ein Risiko für die Banken, denn die Laufzeit der ausgegebenen Kredite wird niemals exakt durch die Laufzeit der Refinanzierung der Bank gedeckt – wenngleich dies das Ziel der Bank ist, die versucht ihr Risiko zu reduzieren. Ein zu günstiger Zehnjahreskredit kann so zu einem Problem werden, wenn sich die Bank in fünf Jahren nur noch deutlich teurer refinanzieren kann und den Zinsanstieg nicht vorausgesehen hat. Ein zu teurer Zehnjahreskredit wird dagegen gar nicht erst vergeben, wenn die Konkurrenz bessere Konditionen anbietet.

- Eine dritte, begleitende Dimension ist eine gesetzliche Begrenzung der Geschäftstätigkeit einer Bank. Die Bank darf sich nicht unbegrenzt Geld leihen und weiter verleihen. Sie muss, gemessen am ausgeliehenen Kapital, eine bestimmte Quote an Eigenmitteln einhalten – die Eigenkapitalquote. Im Rahmen dieser Begrenzung versucht die Bank naturgemäß, die für sie lukrativsten Geschäfte zu machen.

Entsprechend diesen Dimensionen des Geschäfts betrachten Banken den Zins als Zusammensetzung von drei Komponenten sowie einer vierten Komponente, dem Bearbeitungs- und Betreuungsaufwand, in der Fachsprache „Prozesskosten" genannt. Abbildung 25 zeigt den Zusammenhang auf.

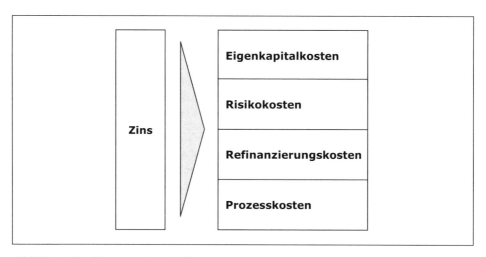

Abbildung 25: Komponenten des Zinses

Zur Beurteilung dieser Komponenten haben sich Standards entwickelt, nach denen eine Bank handelt. Diese sind teilweise gesetzlich vorgeschrieben, teilweise Praxis der einzelnen Banken. Eine der jüngsten Änderungen dieser Standards sind die neuen Baseler Richtlinien, auch „Basel II" genannt.

Neben dem Kreditgeschäft gibt es das Provisionsgeschäft. Dabei lassen sich Banken erbrachte Dienstleistungen bezahlen. Allgemein bekannt sind z. B. die Kontoführungsgebühren, aber auch Kreditbearbeitungsgebühren fallen in diese Kategorie. Darüber hinaus gibt es z. B. noch den Eigenhandel, bei dem Banken auf eigenes Risiko Wertpapiere kaufen und verkaufen.

Banken konzentrieren sich vielfach auf beide Arten von Kunden, Privatkunden und Geschäftskunden. Es gibt aber auch Banken, die sich nur auf eine Kundengruppe spezialisieren. Denn die Geschäfte mit Privat- und Geschäftskunden erfordern unterschiedliche Fähigkeiten. Zusätzlich ist nicht jede Bank für beide Geschäftszweige zugelassen. Als Gründer werden Sie daher bei einer Privatkundenbank schlechte Karten haben. Sparkasse und Volksbank als klassische regionale Banken decken aber beide Kundengruppen ab.

2. Basel II als Berechnungsmethode für die Finanzierungskosten

Eine wichtige Entwicklung im Kreditgeschäft der Banken stellt „Basel II" dar. Hierbei handelt es sich um die Eigenkapitalrichtlinien des Baseler Ausschuss für die Bankenaufsicht. Die Richtlinien dieses Ausschusses sind bindend für die größten Industrienationen der Welt, u.a. auch Deutschland. Aber auch darüber hinaus erlangen die Richtlinien des Ausschusses durch die Übernahme in das jeweilige Recht bindenden Charakter.

Nach den ersten, 1988 veröffentlichten Eigenkapitalrichtlinien („Basel I") müssen Banken aus Sicherheitsgründen vergebene Kredite an Unternehmen mit 8 % Eigenkapital hinterlegen, d. h. Eigenmittel in dieser Höhe vorhalten. Damit wurde einer ungehemmten, riskanten Kreditvergabe ein Riegel vorgeschoben. Obwohl damit das Gesamtvolumen der ausgegebenen Kredite begrenzt wurde, spielte das Risiko der vergebenen Kredite bei dieser „Sicherheitshinterlegung" mit Eigenkapital keine Rolle. Entsprechend gerieten einige Banken in Schwierigkeiten, da das Risiko der vergebenen Kredite zu hoch war. Über Basel II wird nun die notwendige Quote zur Hinterlegung von Eigenkapital dem Risikoniveau der vergebenen Kredite angepasst.

Basel II betrifft zunächst nur eine der vier Komponenten (Eigenkapitalkosten, Risikokosten, Refinanzierungskosten, Prozesskosten), auf deren Grundlage der Zins bestimmt wird, nämlich die Eigenkapitalkosten. Dennoch sind auch alle anderen Kostenpositionen betroffen: Da Banken in Folge von Basel II das Risiko ihrer Kredite genauer einschätzen, werden darüber die Risikokosten betroffen. Die Einschätzung einzelner Kredite in ihrer Gesamtheit verschafft wiederum mehr Transparenz über das Risikoprofil der Bank, welches sich auf die Refinanzierungskosten auswirkt, und die gestiegene Komplexität wirkt sich auf die Prozesskosten aus.

Die grundsätzliche Wirkung von Basel II für Unternehmen als Kreditnehmer ist daher: Je riskanter der Kredit, desto mehr Eigenkapital ist zu hinterlegen und desto teurer wird der Kredit. Umgekehrt gilt aber: Weniger riskante Kredite werden preiswerter. Da viele Unternehmen in Deutschland wenig Eigenkapital aufweisen und als entsprechend riskant eingestuft werden (man geht von einem Rating von B+ im Durchschnitt aus), werden sich die Kredite für viele Unternehmen zunächst verteuern. Langfristig bestehen aber größere Chancen, die Kreditkosten über eine entsprechende Firmenpolitik zu senken. Darüber hinaus bedeutet Basel II einen größeren administrativen Aufwand für die Unternehmen. Denn um das Risiko eines Unternehmenskredits besser einschätzen zu können, müssen die Banken detaillierter als bisher prüfen und überwachen. Entsprechend müssen die Unternehmen deutlich mehr und öfter Informationen liefern als vorher. Für Sie als Gründer und in kurzer Zeit gestandener Unternehmer ist es wichtig, die Treiber, die durch Basel II auf die Eigenkapitalquote und so auf die Höhe des Kreditzinses wirken, zu verstehen. Eine grobe Kenntnis der Regelungen von Basel II ist daher wichtig.

Grundsätzlich geht man von einer Eigenkapitalquote der Bank in Höhe von 8 % der ausgegebenen Kredite aus. Für einzelne Kredite wird die geforderte Quote steigen, wenn sie als besonders riskant eingestuft werden, für andere wird sie fallen, wenn sie als besonders wenig riskant eingestuft werden. Ausgangspunkt dieser Überlegungen ist eine grundsätzliche Einstufung der Bonität (Zahlungsfähigkeit) des Unternehmens, welches den Kredit beantragt, in eine Risikoklasse. Diese Einstufung kann einerseits durch externe Agenturen, so genannte „Ratingagenturen", vorgenommen werden. Aus den Medien bekannt sind die US-amerikanischen Agenturen Moody's und Standard & Poor's. Letztere vergibt Bewertungen von AAA bis BBB- (für eine absteigend gute Bonität; diese Spanne wird auch Investment-Grade genannt) und von BB+ bis C (für eine aufsteigend schlechtere Bonität; diese Spanne wird auch „Non-Investment-Grade" oder „Speculative Grade" genannt). In Deutschland gibt es noch wenige solcher Agenturen, die kaum in der Öffentlichkeit bekannt sind. Die Einstufung kann gemäß Basel II aber auch durch die prüfende Bank selbst vorgenommen werden. Dies stellt auch die für Deutschland gängige Praxis dar. Die Bank muss dabei mindestens sieben Risikoklassen zur Einteilung der Kredite vorsehen.

Beispiel

Ratingverfahren der Sparkassen. Die Sparkassen-Finanzgruppe basiert ihr Ratingverfahren, wie viele andere Banken auch, auf eine qualitative und eine quantitative Analyse. Dabei werden verschiedene Unternehmensbereiche bewertet. Die Ergebnisse der Bewertung werden dann mittels Gewichten zusammengefasst. Am Ende ergibt sich das Rating. Folgende Bereiche und Gewichte werden genutzt:

Qualitative Kriterien		Gewicht
Planung und Steuerung	Informationspolitik	2,2 %
	Qualität der Planung	3,3 %
	Controlling-Systeme	4,5 %
Unternehmensführung	Unternehmensstrategie	10 % in Summe
	Qualität des Management	
	Personal	
Markt und Produkt	Produkt	10 %
	Individuelle Marktstellung	10 %
	Allgemeine Branchenentwicklung	10 %
	Absatzmarkt	10 %
	Abhängigkeit/spezielle Risiken	10 %
Wertschöpfungskette	Organisation	4 %
	Forschung und Entwicklung	7 %
	Einkauf/Lagerhaltung	3 %
	Produktion/Leistungserstellung	3 %
	Marketing/Vertrieb	3 %

Tabelle 36: Ratingverfahren der Sparkassen (qualitative Faktoren)

Quantitative Faktoren		Gewicht
Finanzlage	Cash-flow 1	9 %
	Cash-flow 2	9 %
	Betriebsergebnis	9 %
	Kreditorenlaufzeit in Tagen	6 %
Ertragslage	RoI (Return on Investment)	4 %
	Anteil Zinsaufwand zu Gesamtaufwand	6 %
	Besondere Aufwandsquote	3 %
	Betriebsergebnis Gesamtleistung	2 %

Quantitative Faktoren		Gewicht
Vermögenslage	Rohertrag/Gesamtleistung	2 %
	Eigenkapitalquote	20 %
	Liquiditätskennzahl	2 %
	Kapitalbindung	10 %
	Fremdkapitalstruktur	10 %
	Lagerkennzahl	4 %
	Lagerdauer	4 %

Tabelle 37: Ratingverfahren der Sparkassen (quantitative Faktoren)

Auf Basis des Ratings, also der Einstufung in Risikoklassen, werden nun Zu- oder Abschläge (so genannte „Risikogewichte") auf die Hinterlegung des Eigenkapitals in Höhe von 8 % angerechnet. Die Zuordnung des Unternehmens bzw. der Kreditart zu einer Forderungsklasse bedingt weitere Zu- oder Abschläge. So werden für Kredite an Unternehmen höhere Anforderungen gestellt als für Kredite an Privatpersonen (in der Bankensprache auch „Retail" genannt). Kleine Unternehmen werden den Privatpersonen zugerechnet, wenn sie bei der Bank bis zu einer Mio. Euro Kreditvolumen haben. Die Stellung von Sicherheiten führt zu Abschlägen (denn damit sinkt die Verlustquote der Bank im Ernstfall), wobei für Zwecke der Eigenkapitalhinterlegung nur Sicherheiten angerechnet werden, die leicht verwertbar sind und deren Wert durch Marktpreise abgeschätzt werden. Dies können Immobilien (Gewerbeimmobilien werden nicht immer anerkannt) oder finanzielle Sicherheiten wie Einlagen bei der kreditgebenden Bank oder ein Wertpapierdepot sein. Darüber hinaus können Garantien und Kreditderivate unter bestimmten Umständen zu weiteren Abschlägen führen.

3. Optimierung der Zinszahlungen

Zinsen sind die Vergütung für die Überlassung von Fremdkapital und stellen bei Unternehmensgründungen oft einen beträchtlichen Kostenblock dar. Sie haben zwei Möglichkeiten, die Zinszahlungen an die Bank zu optimieren. Einerseits können Sie versuchen, die von der Bank geforderte Verzinsung zu reduzieren. Gute Konkurrenzangebote, gute und umfangreiche Sicherheiten, die Überzeugungskraft Ihrer Idee sowie Ihr Verhandlungsgeschick können die Treiber dafür sein. Andererseits können Sie die Mechanik des Kapitalmarktes nutzen, was allerdings ein Risiko birgt. Denn Zinsen hängen vom Zeitraum ab, für den das Kapital ver

Optimierung der Zinszahlungen

bindlich ausgeliehen wurde. Dabei sind die Erwartungshaltungen über die allgemeine Zinsentwicklung in diesem Zeitraum entscheidend.

Wie weiter oben beschrieben, ist ein Bestandteil der Kalkulation des Zinses die Refinanzierung. Banken haben zahlreiche Quellen für die Refinanzierung. Es gibt aber eindeutige Marktpreise für die Refinanzierung, deren Kern die Leitzinsen der Zentralbanken, für Deutschland die der Europäischen Zentralbank sind. Die Zentralbanken versorgen die Wirtschaft mit Geld und können damit Einfluss auf den Wirtschaftskreislauf nehmen. Vermeidung von Inflation (höhere Zinsen) und Stimulierung der Wirtschaft (niedrigere Zinsen) sind, verkürzt dargestellt, die grundsätzlichen Steuerungsziele. Der Standardzinssatz zwischen den Banken (FIBOR: Frankfurt Interbank Offered Rate) setzt auf den Leitzinsen auf und folgt diesen zzgl. einem Aufschlag für die anderen Kostenkomponenten des Zinses. Ebenso hängen alle weiteren Zinssätze von den Leitzinsen ab.

Da Kapital langfristig ausgeliehen wird, die Leitzinsen aber immer nur das Bild von heute widerspiegeln, spielen die Erwartungen über die Zukunft der Leitzinsen eine bedeutende Rolle. Denn wenn man Kapital lange ausleiht, besteht die Notwendigkeit für den Kapitalgeber, sich in Zukunft, bei fixen Konditionen für den Kapitalnehmer, zu unsicheren Konditionen am Kapitalmarkt zu refinanzieren. Ein Kapitalgeber kann dieses Risiko nur ausschließen, wenn er sich mit genau der gleichen Laufzeit refinanziert. Banken streben dies zwar an und können ihr Refinanzierungsrisiko reduzieren, aber niemals ausschließen. Oftmals gehen Banken aber bewusst das Risiko unterschiedlicher Laufzeiten zwischen Kapitalvergabe und Refinanzierung ein, um ihre Erträge zu steigern.

In der Regel, aber nicht immer, gilt: Zinsen auf langfristigere Kredite sind höher als die von kurzfristigen Krediten. Der Zusammenhang wird mittels der Zinskurve dargestellt. Abbildung 26 zeigt eine Zinskurve im Normalverlauf, bei der langfristige Zinsen teurer sind als kurzfristige Zinsen, denn die Unsicherheit über die langfristige Entwicklung schlägt sich in höheren Preisen, d. h. Zinsen, nieder. Hier setzen nun die Überlegungen für die Unternehmensfinanzierung an: Wenn die Regel gilt, erscheint es sinnvoller, längerfristige Finanzierungen zu vermeiden und sich kurzfristiger zu finanzieren. Dies ist aber nur die halbe Wahrheit. Denn je kurzfristiger Sie sich finanzieren, umso schneller und umso öfter müssen Sie für eine Anschlussfinanzierung sorgen. Dieser Anschlusszins ist unsicher und hängt von Umständen in der Zukunft ab. Steigt das gesamte Zinsniveau, z. B. weil die Zentralbank die Zinsen schneller angehoben hat als erwartet oder weil Geld im Markt generell knapp ist, wäre eine langfristige Finanzierung besser gewesen. Obwohl sie zum Abschluss der Finanzierung teurer war als eine kurzfristige Finanzierung, wird sie, die Anschlussfinanzierung eingerechnet, plötzlich preiswerter. Sinkt dagegen das gesamte Zinsniveau, wäre die langfristige Finanzierung doppelt teuer gewesen. Zum Ausgangspunkt der Betrachtung war sie teurer als die kurzfristige Finanzierung und noch teurer als die spätere Anschlussfinanzierung.

Für die Unternehmensfinanzierung bedeutet dies: Wenn Sie von einem sinkenden Zinsniveau ausgehen, finanzieren Sie sich eher kurzfristig. Wenn Sie von einem steigenden Zinsniveau ausgehen, finanzieren Sie sich eher langfristig. Dabei muss Ihnen das Risiko bewusst sein, das Sie eingehen. Aber egal welche Laufzeit Sie wählen – Ihre Wahl birgt Risiko. Es gibt keine risikolose Alternative. Bei Unternehmensgründungen ist die Frage nach der Laufzeit aber nicht nur eine Frage nach der Erwartung des allgemeinen Zinsniveaus. Denn die Anschlussfinanzierung ist nur eine der Komponenten, aus der sich der Zins zusammensetzt. Wenn sich Ihre Unternehmenssituation zum Zeitpunkt der Anschlussfinanzierung verbessert, verbessern sich auch Ihre Konditionen – und umgekehrt. Im schlechtesten Fall kann eine zu frühe Anschlussfinanzierung Ihr Unternehmen in ernsthafte Probleme bringen. Schon die fieberhafte Suche nach einer Anschlussfinanzierung kann Sie persönlich so stark einspannen, dass Ihr Geschäft negativ beeinflusst wird. Welcher Weg ideal ist, müssen Sie entscheiden. Die meisten Gründer finanzieren sich eher langfristig, oft mit einer Option zur frühzeitigeren Tilgung. Diese verteuert zwar den Kredit, hilft Ihnen aber, die Unsicherheit zu mindern und sich viele Optionen offen zu halten.

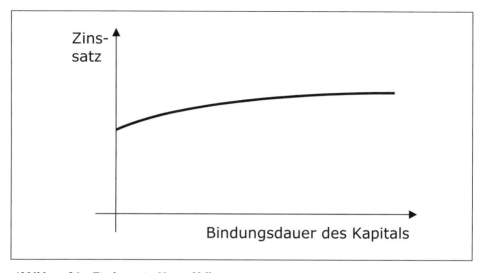

Abbildung 26: Zinskurve im Normalfall

4. Sicherheiten

Die wenigsten Banken finanzieren Unternehmensgründungen, denen jegliche Historie zum Nachweis ihres Erfolgs fehlt, ohne ausreichende Sicherheiten. Wenn Sie als Gründer der Bank keine ausreichenden Sicherheiten bieten können, haben Sie sehr schlechte Karten. Die Diskussion um und die Beschaffung von Sicherheiten für die Bank ist damit ein zentrales Thema im Zuge von Unternehmensgründungen.

4.1 Eigenmittel als Grundlage

Oft besitzen Gründer ein Mindestmaß an Eigenmitteln, welche sie dem zu gründenden Unternehmen bereitstellen könnten. Viele Banken fordern trotz vorhandener sonstiger Sicherheiten auch ein Mindestmaß an sofortiger Eigenbeteiligung, da dies die Motivation eines Gründers normalerweise positiv beeinflusst. Zudem reduzieren Eigenmittel den Finanzbedarf und stehen dem Unternehmen als generelle Haftungsmasse zur Verfügung.

In Personengesellschaften gibt es das Konzept des Eigenkapitals nicht, denn die Personengesellschaft stellt grundsätzlich kein vom Gesellschafter getrenntes Rechtsgebilde dar. Der Gesellschafter haftet direkt mit seinem gesamten Vermögen für die Verbindlichkeiten der Gesellschaft, was Banken positiv beurteilen. Dennoch wird die Bank nicht bereit sein, die Finanzierung voll zu übernehmen. In Kapitalgesellschaften, die von ihren Gesellschaftern juristisch getrennte Personen darstellen, stellt das Eigenkapital die Haftungsmasse des Unternehmens dar. Der jeweilige Jahresabschluss zeigt die aktuelle Höhe dieser Haftungsmasse. Auch für eine Bank stellt somit ein hohes Eigenkapital eine gewisse Sicherheit für die Rückzahlung des Kredites dar. Je höher also bei einer Gründung das Stammkapital einer GmbH gewählt wird (mindestens 25.000 Euro), umso positiver wirkt sich dies auf die Beurteilung der Kreditwürdigkeit durch die Bank aus.

Wenn Sie als Gründer keine ausreichenden Eigenmittel besitzen und Ihnen sonstige Sicherheiten fehlen, ist die Suche nach weiteren Eigenkapitalgebern angezeigt. Geht es um kleine Beträge, können hierfür auch Freunde und Bekannte in Frage kommen. Diese können sich z. B. mit 10.000 Euro an Ihrem Unternehmen beteiligen und erhalten im Austausch einen Anteil an Ihrer Gesellschaft. Kleinere Finanzierungslücken können damit sehr gut geschlossen werden. Wenn dies nicht reicht, müssen Sie prüfen, ob für Ihre Idee auch professionellere Eigenkapitalgeber oder mezzanines Kapital in Frage kommt. In seltenen Fällen besteht auch die Möglichkeit, einzelne Vermögensgegenstände über Leasing zu erwerben und so die Finanzierungslücke zu schließen.

4.2 Formen der Kreditbesicherung

Neben dem als Haftungsmasse zur Verfügung stehenden Eigenkapital sind vielfach weitere Sicherheiten notwendig, um die Bank zur Ausgabe eines Kredits zu bewegen. Dabei kommen grundsätzlich das Vermögen des Gründers, die Haftung dritter Personen und Organisationen sowie durch die Finanzierung erworbene Vermögensgegenstände als Sicherheiten in Frage. Kreditbesicherungen sind ein stark juristisch geprägtes Thema. Dennoch sollten Sie sich mit den wesentlichen Möglichkeiten und Begriffen auskennen.

4.2.1 Pfandrechte

Pfandrechte sind die klassische Form der Besicherung. Wie der Begriff „Pfand" bereits klarstellt, werden Sachen als Gewährleistung für die zeitgemäße Rückzahlung der Verpflichtungen gegenüber der Bank (dem Pfandgläubiger) verpfändet. Die Bank bekommt damit das Recht, die verpfändeten Sachen im Falle des Zahlungsverzugs des Schuldners zu verwerten. Damit die Bank die Verwertung im Falle des Zahlungsverzugs problemlos durchführen kann, müssen entsprechende Voraussetzungen geschaffen werden. Dennoch bleiben die Sachen zunächst im Eigentum des Schuldners, was eine verstärkte Sicherheit für den Schuldner bedeutet.

Weithin bekannt sind die Grundpfandrechte an Immobilien, denn Immobilien haben eine hohe Werthaltigkeit und sind relativ einfach verwertbar. Die Absicherung der Bank erfolgt durch Eintragung des Pfandrechts in das Grundbuch. Bei den Grundpfandrechten unterscheidet man zwischen „Hypothek" und „Grundschuld". Die Hypothek ist direkt mit dem Bestand und der Höhe der besicherten Forderung verbunden („Akzessorität"). Sie sinkt mit dem Absinken der Forderung durch die laufende Tilgung und erlischt, wenn die Forderung beglichen ist. Eine andere als die mit der Hypothek besicherte Forderung kann durch die Hypothek nicht beglichen werden. Wird die Hypothek durch einen Hypothekenbrief beurkundet, fällt die Vollstreckung der Hypothek im Ernstfall deutlich leichter. Man spricht dann auch von einer „Verkehrshypothek". Wird die Hypothek nicht beurkundet, spricht man von einer „Buchhypothek", da sie lediglich im Grundbuch eingetragen ist. Ihre Verwertung ist entsprechend anspruchsvoller, da weitere Nachweise zur Existenz der Forderung zu erbringen sind. Im Gegensatz zur Hypothek ist die Grundschuld nicht direkt mit einer Forderung verbunden. Vielmehr sichert die Grundschuld eine abstrakte Summe Geld. Dies wird relevant, wenn der Gläubiger mehrere Forderungen gegen den Schuldner hat oder wenn die Forderungshöhe ständig schwankt. Die Eintragung einer Grundschuld ist dann effizienter. Die Grundschuld kann zusätzlich durch einen Grundschuldbrief beurkundet werden. Dadurch wird die Grundschuld leichter übertragbar und leichter verwertbar. Der Schuldner hat dann die Möglichkeit, zunächst eine Grundschuld auf sich selbst (so genannte „Eigentümergrundschuld") auszustellen und diese später auf eine Bank zu übertragen. Als Nebeneffekt wird damit aus dem Grundbuch nicht ersichtlich, wer der tatsächliche Gläubiger ist.

Neben Immobilien (unbeweglichen Sachen) können auch bewegliche Sachen verpfändet werden. In der praktischen Anwendung betrifft dies vor allem Sparbücher und Wertpapiere. Die Bank ist oftmals bereits über das Depot des Schuldners im Besitz dieser Sachen, so dass eine eventuelle Verwertung besonders einfach ist. Darüber hinaus kommt noch die Verpfändung von Schmuck, welcher sicher hinterlegt werden kann, in Frage.

4.2.2 Bürgschaften und Garantien

Bürgschaften und Garantien basieren auf dem Grundsatz, dritte Personen oder Organisationen ebenfalls zur Erfüllung der Forderung des Kreditnehmers heranziehen zu können. Wichtig ist dabei natürlich die Kreditwürdigkeit des Bürgen oder Garantiegebers. Wenn auch diesem entsprechende Sicherheiten fehlen, hilft diese Form der Besicherung nicht weiter.

Diese Form der Besicherung tritt häufig auf, wenn das Unternehmen in der Rechtsform der GmbH gegründet werden soll. Die neu gegründete GmbH hat selten ausreichende Vermögensgegenstände als Sicherheiten aufzuweisen. Da die Haftung der GmbH beschränkt ist, kann die Bank nicht automatisch auf die Gesellschafter durchgreifen. Diese Lücke wird über Bürgschaften oder Garantien des Gesellschafters geschlossen. Ansonsten kann auch der Gesellschafter direkt als Schuldner auftreten – mit einer entsprechenden Zweckbindung des Geldes zur Gründung eines neuen Unternehmens.

Bei einer Bürgschaft verpflichtet sich der Bürge, im Notfall eine bestimmte Forderung eines Gläubigers anstelle des Schuldners zu bedienen. Wie im Falle der Hypothek besteht eine Bindung zwischen der Bürgschaft und der konkreten Forderung. Für Unternehmensgründungen kommen oftmals staatliche Institutionen als Bürgen in Frage. So hat jedes Bundesland eine Bürgschaftsbank, die unter bestimmten Voraussetzungen als Bürge zur Absicherung eines Kreditgeschäfts mit einer anderen Bank eintritt.

Bei einer Garantie, ähnlich wie bei einer Grundschuld, verpflichtet sich der Garantiegeber, im Ernstfall Forderungen gegen den Schuldner in einer bestimmten Höhe zu begleichen. Eine Garantie wirkt also für mehrere Forderungen und ist für den Garantiegeber, auch wenn sie der Höhe nach begrenzt ist, riskanter als eine Bürgschaft.

4.2.3 Sicherungsübereignungen

Sicherungsübereignungen betreffen vor allem bewegliche Sachen. Bei der Sicherungsübereignung wird, anders als beim Pfandrecht, das Eigentum übertragen, während die Besitzverhältnisse gleich bleiben. Der Gläubiger, z. B. eine Bank, erhält das Eigentum – oftmals nur das Recht, das Eigentum zu erhalten – zugesprochen, der Schuldner darf aber weiter mit der Sache arbeiten. Die Bank darf die Sache nur verwerten, wenn der Schuldner in Zahlungsverzug gerät.

Die Sicherungsübereignung wird vor allem bei Maschinen und Anlagen sowie Waren angewendet und wird daher als Sicherungsmittel häufig eingesetzt. Maschinen und Anlagen sind betriebsnotwendig und müssen im Unternehmen verbleiben, um den Geschäftsbetrieb nicht zu stören. Ohnehin könnte sie ein Gläubiger kaum als Pfand in Verwahrung nehmen.

4.2.4 Forderungsabtretung

Die Forderungsabtretung, auch „Zession" genannt, ist in der Praxis häufig anzutreffen. Die Mechanik ist leicht verständlich: Der Kreditnehmer (der „Zedent") tritt zur Besicherung des Kredits eine ausstehende Forderung seinerseits an den Kreditgeber (den „Zessionar") ab. Die Forderungsabtretung muss dem Schuldner des Kreditnehmers nicht explizit angezeigt werden. Wenn sie explizit angezeigt wird (man spricht von einer „offenen Zession"), kann der Schuldner des Kreditnehmers auch direkt an den Kreditgeber leisten.

Die Möglichkeit einer Forderungsabtretung hängt natürlich von der Bonität des Schuldners der Forderung ab, ähnlich wie bei Bürgen und Garantiegebern. Beliebt sind daher die Abtretungen von Forderungen aus Lebensversicherungen, aber auch z. B. Forderungen gegen Lieferanten kommen in Frage. Im Falle von Unternehmensgründungen sind Letztere keine Option, können aber später gut zur Überbrückung von Liquiditätsengpässen genutzt werden.

4.3 Besicherungsquoten

Kreditgeber haben das Ziel, 100 % (oder mehr) ihres vergebenen Kredits durch Sicherheiten zu decken. Der Wert der Sicherheit spielt also eine entscheidende Rolle. Der Wert einzelner Sicherheiten ist nirgendwo verbindlich festgeschrieben, sondern Verhandlungssache. Im Laufe der Zeit haben sich Standards bei der Bewertung von Sicherheiten herausgebildet, die den Startpunkt der Verhandlungen bilden. Für Gründer sind diese Quoten bei der Abschätzung ihrer eigenen Sicherheiten bedeutsam. Tabelle 38 gibt einen Überblick über diese Quoten. Wenn die Sicherheit spezielle Besonderheiten aufweist, kann die von der Bank gewählte Quote auch sehr stark von der hier angegebenen Quote abweichen. Bei Bürgen, Garanten oder Forderungsabtretungen bildet die dahinterstehende Person oder Organisation und deren Sicherheiten die Grundlage zur Beurteilung.

Sicherheit	Quote (ca.)
Immobilien	70 % des Verkehrswertes
Bankguthaben	100 %
Bundesanleihen	80 %
Aktien	40 %
Bankbürgschaften	100 %
Maschinen, Anlagen	40 % des Restwertes
Waren	40 %
Lebensversicherungen	100 % des Rückkaufwertes
Lieferantenforderungen	40 %

Tabelle 38: *Besicherungsquoten im Kreditgeschäft*

5. Sicherstellung der Finanzierung

Die Sicherstellung einer Finanzierung ist eines der größten Problemfelder bei Unternehmensgründungen. Dies liegt sowohl an den Banken wie auch den Gründern selbst. Für viele Banken sind insbesondere kleine Finanzierungsvolumen nicht attraktiv. Wenn Sie die in Abbildung 25 dargestellten Komponenten der Kosten eines Kredits betrachten, wird dies schnell deutlich: Der Prüfungsaufwand (also die damit verbundenen Prozesskosten) für einen kleinen Kredit ist proportional höher als der für einen größeren Kredit. Die Finanzierung von Gründungen ist zudem riskanter, da die Bank keine vergangenheitsbezogenen Ergebnisse zur Prüfung Ihrer Annahmen heranziehen kann. Darüber hinaus können neu gegründete Unternehmen keine Sicherheiten bieten und die Gründer selbst verfügen nicht über ausreichend Sicherheiten. Da auch Banken auf ihre Profitabilität achten müssen, vergeben sie kleinere Kredite nur sehr verhalten. Sparkassen und Volksbanken verfolgen aufgrund ihrer Eigentümerstruktur neben der Profitabilität noch eher förderative Ziele und sind daher tendenziell eher bereit, Kleinkredite zu vergeben.

Dieses Problem bei der Finanzierung von Neugründungen ist allgemein bekannt. Immer wieder tauchen daher Forderungen auf, eine so genannte „Kreditfabrik", getragen von einer öffentlichen Institution wie z. B. der KfW Mittelstandsbank (der Zusammenschluss aus KfW und DtA), zu etablieren. Diese würde sich dann auf die Bearbeitung dieser weniger lukrativen, kleineren Kreditvolumen konzentrieren und die Finanzierung idealerweise direkt mit öffentlichen Förderprogrammen kombinieren. Banken könnten diese Kreditfabrik nutzen, um ihre eigenen Kosten und das mit der Finanzierung verbundene Risiko zu senken. Die Hoffnung ist, dass damit die Kreditvergabe der Banken wieder angekurbelt wird.

Für den Gründer bedeutet diese Situation der Banken, Finanzierungsgespräche mit mehreren Banken führen zu müssen. Aus Gründen der Effizienz sollte dies simultan geschehen, denn nicht alle Banken handeln gleich. So gibt es Unterschiede in der Beurteilung des Gründungsvorhabens und der Sicherheiten. Aber auch die interne Situation des Instituts ist entscheidend: Je schlechter z. B. der Abschluss des letzten Jahres war, umso geringer wird die Bereitschaft sein, riskante, wenig margenträchtige Geschäfte zu machen. Daneben gibt es interne Richtlinien, wie groß das Engagement in einer bestimmten Risikoklasse sein darf. Vielleicht haben Sie einfach Pech und kommen mit Ihrem Vorhaben zu einer Zeit, wo diese internen Budgets bereit ausgeschöpft sind. Wichtig ist es daher auch, im Falle einer Ablehnung durch die Bank die Gründe für die Ablehnung zu erfragen.

Für einen Gründer ist es am sinnvollsten, bei seiner eigenen Hausbank mit Gesprächen anzufangen. Unter Hausbank versteht man zumeist die Bank, mit der man die Mehrzahl seiner Geldgeschäfte erledigt, also z. B. sein Gehaltskonto unterhält. Der Vorteil liegt auf der Hand: Die Hausbank kennt Ihren finanziellen Hintergrund am besten. Aus den eigenen Unterlagen ist sie sehr gut informiert über Ihr Einkommen und Ihre Ausgaben. Wenn Sie größere finanzielle Probleme hätten, würde dies Ihre Hausbank i. d. R. wissen – und umgekehrt. Zudem haben Sie vermutlich die wesentlichen finanziellen Sicherheiten wie Konto und Depot bei Ihrer Hausbank, was eine mögliche Besicherung vereinfacht. Simultan sollten Sie das Gespräch mit anderen Banken suchen. Je mehr Anknüpfungspunkte Sie haben (vielleicht haben Sie weitere Konten oder ein Depot bei dieser anderen Bank), umso besser. Andere Banken werden auf jeden Fall fragen, ob Sie auch mit Ihrer Hausbank sprechen und warum diese Ihr Vorhaben nicht finanzieren will. Die Begründungen dafür sind recht einfach: Sie können sagen, dass Ihre Hausbank keine guten Konditionen bietet oder sich bei der Kreditvergabe an Firmen gegenwärtig stark zurückhält. Eine andere Bank hat entsprechend dem geringeren Kenntnisstand einen deutlich höheren Informationsbedarf bezüglich Ihrer persönlichen Verhältnisse als Ihre Hausbank. Darauf müssen Sie vorbereitet sein und sollten diesen Bedarf durch Mitführung der wichtigen Informationen bereits antizipieren. Sollten Sie mit einer anderen als Ihrer Hausbank ins Geschäft kommen, wird diese häufig die Übertragung Ihrer Finanzgeschäfte fordern – einerseits zur Sicherheit und andererseits, um an diesem Geschäft ebenfalls zu partizipieren.

Oftmals lehnen Banken die Finanzierung aus Gründen ab, die der Gründer zu verantworten hat. Es ist daher besonders wichtig, diese Fehlerquelle auszuschalten und gut vorbereitet in die Bankgespräche hineinzugehen. Am Anfang steht die Vereinbarung eines entsprechenden Termins. Dabei sollten Sie darauf achten, dass die richtigen Personen als Gesprächspartner teilnehmen. Es gibt selten die Abteilung „Kreditvergabe". Manchmal heißt die Abteilung „Firmenkundengeschäft", „Existenzgründung" oder „Privatkundengeschäft". Dabei ist die Höhe Ihrer angestrebten Finanzierung entscheidend, so dass Sie diese bei der Terminvereinbarung nennen sollten. Zur Vorbereitung des Termins sollten Sie folgende Grundregeln beachten:

- **Treten Sie selbstbewusst auf.** Sie sind der Kunde (wenn auch aus Sicht einer Bank vielleicht ein kleinerer Kunde) und Sie haben etwas zu vergeben, nämlich Zinszahlungen. Lassen Sie sich also nicht in die Rolle des Bittstellers drängen. Ihre Rolle im Bankgespräch könnte man sonst zu leicht auf Ihr Verhalten als späterer Geschäftsführer übertragen. Dort müssen Sie leiten, repräsentieren, verkaufen. Banken vergeben ihr Geld lieber an selbstbewusste Gründer. Selbstbewusstsein ist auch in Verhandlungen angebracht, wenn die Bank ihre prinzipielle Bereitschaft zur Finanzierung angedeutet hat. Sie müssen die gebotenen Konditionen nicht direkt akzeptieren. Oftmals überwiegt die Sorge, dass die Bank die Finanzierung doch nicht durchführt, und verleitet so zur schnellen Annahme der gebotenen Konditionen. Das weiß die Bank natürlich auch. Überlegen Sie sich aber Folgendes: Ihr Gegenüber, der Mitarbeiter der Bank, hat bereits viel Zeit in Ihr Vorhaben investiert, durch Prüfung Ihres Vorhabens und eventuelle Gespräche mit seinen Kollegen und Vorgesetzten über dieses Thema. So einfach wird er also die Gespräche nicht abbrechen. Auch er steht unter dem Erfolgsdruck, seine Arbeitszeit nicht sinnlos zu vergeuden. Übertreiben Sie Ihr Selbstbewusstsein aber nicht bis hin zur Sturheit. Offenheit für die Argumente und Probleme Ihres Verhandlungspartners hindern Ihr Selbstbewusstsein nicht. In manchen Fällen werden Sie einen Berater mit in das Gespräch mit einer Bank nehmen. Sich beraten zu lassen, ist grundsätzlich nicht problematisch. Der Berater darf aber keinesfalls das Gespräch lenken und Sie als treibende Kraft ersetzen, denn die Bank finanziert Sie, nicht den Berater.

- **Kennen Sie Ihr Geschäft auswendig.** Wenn Sie Ihren Businessplan weitgehend selbst verfasst haben, sollte dies kein Problem sein. Liegt viel Zeit zwischen der Erstellung des Businessplans und dem Bankengespräch, sollten Sie sich vorab unbedingt erneut in den Plan vertiefen. Die wesentlichen Kernelemente Ihres Geschäfts müssen Sie im Kopf haben. Selbst wenn Sie alle wesentlichen Fragen im Businessplan beleuchtet haben, macht es einen schlechten Eindruck, zur Beantwortung von Fragen auf den Plan zu verweisen oder in diesem nachzuschlagen. Inhaltliche Kompetenz ist ein wesentliches Indiz für Ihre Fähigkeit, das Geschäft erfolgreich zu führen und einen Kredit zu bedienen.

- **Achten Sie auf Ihr Äußeres.** Dieser Grundsatz hört sich etwas vermessen an, ist aber wichtig. Banken werden noch immer als Inbegriff der Seriosität gesehen. Mitarbeiter von Banken sehen sich selbst genauso. In den allermeisten Banken herrschen strenge Kleiderordnungen für die Mitarbeiter. Auszubildende werden insbesondere auch auf ihren Außenauftritt hin geschult. Es macht daher Sinn, sich diesen Umständen weitgehend anzupassen und gleichfalls auf ein seriöses Äußeres, welches auf ein seriöses Inneres hindeutet, zu achten. Das Sprichwort „Kleider machen Leute" passt auf diese Situation sehr gut.

Darüber hinaus sollten Sie einige Unterlagen mitführen. Es ist besser, eher mehr Unterlagen als weniger mitzunehmen, denn fehlende Unterlagen bedeuten immer einen Verzug bei der Bearbeitung Ihres Anliegens. Zudem ist es ratsam, der Bank die Unterlagen bereits vor dem Gespräch zu übermitteln. Nur so besteht ausreichend Zeit für die Bank, diese zu prüfen.

- **Unterlagen, die Ihre Vermögenssituation aufzeigen.** Dabei handelt es sich um aktuelle Kontoauszüge, Depotauszüge und eine Übersicht über laufende Einnahmen und bestehende finanzielle Verpflichtungen (z. B. laufende Kredite, Unterhaltungszahlungen, Versicherungen). Wenn Sie Grundeigentum besitzen, sollten Sie entsprechende Unterlagen mitführen.

- **Aktuelle Einkommensteuererklärung.** Die Einkommensteuererklärung wird oft als Nachweis Ihrer Vermögensdarstellung genommen. Zwar ist Ihr Vermögen aus der Steuererklärung nicht erkennbar, aber die relevanten laufenden Einnahmen und Ausgaben spiegeln sich zu einem großen Teil in der Steuererklärung wider.

- **Selbstauskunft der Schufa.** Die Schufa (Schutzgemeinschaft für allgemeine Kreditsicherung) ist ein zentrales Register, in dem Personen mit finanziellen Schwierigkeiten aufgeführt sind. Die finanziellen Schwierigkeiten müssen ein bestimmtes, rechtlich geregeltes Maß erlangt haben, damit ein Eintrag vorgenommen werden kann. Eine negative Selbstauskunft belegt, dass Sie in der Vergangenheit nicht wegen finanzieller Probleme auffällig geworden sind. Die meisten Banken fordern eine solche Auskunft.

- **Lebenslauf und Zeugnisse.** Lebenslauf und Zeugnisse zeigen Ihre Ausbildung sowie Ihre Erfahrungen und Erfolge der Vergangenheit auf. Diese sind natürlich ein gutes Indiz, ob Sie die notwendigen Fähigkeiten zur erfolgreichen Unternehmensgründung mitbringen.

Dies allein wird aber nicht reichen – es kommt zusätzlich wesentlich auf Ihr Auftreten und Ihre Präsentation der Geschäftsidee an.

- **Businessplan mit den entsprechenden Teilplänen.** Die Bank will sich natürlich ein Bild von Ihren Geschäftsideen machen. Die Mitarbeiter der Banken können sich aber unmöglich in allen Branchen auskennen und können gerade bei kleinen Krediten nicht immer einen Experten hinzuziehen. Daher ist die Funktion des Businessplans auch, die Klarheit und die Tiefe Ihrer Planung aufzuzeigen. Neben der klassischen Beurteilung der Marktchancen Ihrer Idee sind für Banken zwei Teilpläne von besonderem Interesse: Bei der Cash-flow-Planung handelt es sich um eine Planung der Geldflüsse im Unternehmen. Die Cash-flow-Planung weicht von der Gewinn- und Verlustrechnung ab, beide sind jedoch recht eng miteinander verwandt. Die Cash-flow-Planung zeigt den Finanzbedarf des Unternehmens klar auf. Dabei sind auch Ihre Lebenshaltungskosten zu berücksichtigen. Der sich aus der Cash-flow-Planung ergebende Finanzbedarf muss mit Ihrem angegebenen Finanzierungsbedarf übereinstimmen. Daneben ist die Investitionsplanung von besonderem Interesse. Hierin zeigen Sie auf, welche Vermögensgegenstände Sie wann anschaffen wollen. Diese Vermögensgegenstände können einerseits als Sicherheit für die Bank dienen, andererseits macht das Kapital für ihre Anschaffung meist den größten Teil des gesamten Kapitalbedarfs aus. Eine Bank kann so sehr schnell erkennen, ob Sie das Kapital vor allem für die Finanzierung des laufenden Geschäfts brauchen oder zur Finanzierung von Investitionen in Vermögenswerte. Letzteres ist tendenziell optimaler, denn das laufende Geschäft sollte sich schnell von alleine tragen. Selbstverständlich sollte der Businessplan gebunden sein, eine Loseblattsammlung ist auf jeden Fall zu vermeiden. Auch hier zählt der äußere Eindruck.

6. Vertragsgestaltungen

Im Vergleich zum Aufwand zur Erlangung einer Kreditfinanzierung ist der resultierende Darlehensvertrag ein einfaches Dokument. In der Regel handelt es sich um einen standardisierten Vordruck, in dem Lückentexte ausgefüllt werden. Viele Bestimmungen sind Standard und gelten für alle Darlehensverträge gleich.

Wesentliche Elemente eines Darlehensvertrages sind:

Darlehenskosten: Die Darlehenskosten setzen sich zusammen aus der Verzinsung, einem Disagio (einem Abzug vom auszuzahlenden Betrag, gedanklich also eine Einmalverzinsung) und sonstigen Kosten der Bereitstellung. Betreffend die Verzinsung werden der Zinssatz und der Zahlungszeitpunkt festgelegt. Banken gehen verstärkt dazu über, den Zinssatz variabel an bestimmte Marktentwicklungen anzupassen. Für Sie als Darlehensnehmer bedeutet das in der Regel zusätzliches Risiko. Die Chance, von sinkenden Zinsen zu profitieren, wird oftmals bereits durch einen Mindestzinssatz eingeschränkt. Disagios werden manchmal als eine Art

Risikoausgleich erhoben. Achten Sie dann auf jeden Fall darauf, dass nicht bereits die Verzinsung dieses Risiko berücksichtigt, sonst zahlen Sie doppelt. Disagios über 3 % sind selten. Generell sollten Sie die Notwendigkeit und Sinnhaftigkeit von Disagios in Frage stellen. Manche Banken erheben auch gern „sonstige" Gebühren, z. B. Bearbeitungsgebühren. Auch hier sollten Sie sich wehren. Bearbeitungsgebühren sind in der Regel bereits in der Zinskalkulation enthalten.

Bereitstellungszinsen: Wenn Sie einen Darlehensvertrag abschließen, erwartet die Bank auch, dass Sie das Geld abrufen. Dafür gibt es eine im Vertrag bestimmte Frist. Gedanklich hält die Bank das Geld über diesen Zeitraum verfügbar. Wenn Sie nach einer bestimmten Zeit nicht abrufen, ist es üblich, so genannte Bereitstellungszinsen zu verlangen. Dies sind also Kosten, die Sie für die Vorhaltung des Darlehens bei der Bank zahlen müssen. Diese Zinsen liegen in der Regel unter 0,5 %.

Rückzahlung: Wichtiger Regelungsbestandteil eines Darlehensvertrags sind die Rückzahlungsmodalitäten. Im Vertrag wird ein fester Zahlungsplan mit entsprechenden Terminen festgelegt. Der Rückzahlungsbeginn wird oftmals einige Jahre in die Zukunft gelegt, damit die finanzierte Investition sich im Cash-flow auswirken kann. Vorzeitige Rückzahlungen sind in der Regel ausgeschlossen, obwohl sie für den Darlehensnehmer vorteilhaft wären. Die Bank will aber länger die vereinbarten Zinsen verdienen. Das Recht der vorzeitigen Ablösung, wenn es die Bank überhaupt gewährt, ist oftmals verbunden mit höheren Zinsen oder einer Art Strafzins, der anlässlich der Rückzahlung zu entrichten ist.

Sicherheiten: Im Darlehensvertrag werden die Sicherheiten detailliert benannt.

Kündigung: Banken behalten sich das Recht vor, den Darlehensvertrag unter bestimmten Umständen kündigen zu können. Insbesondere zählen Versäumnisse der festgelegten Zahlungspläne dazu. Damit können Sie als Unternehmer in erhebliche Schwierigkeiten kommen. Bei einem Liquiditätsengpass kann Ihnen die Bank unter Umständen den gesamten Darlehensvertrag kündigen. Damit wird das Darlehen sofort fällig, was meistens zur direkten Zahlungsunfähigkeit führt. Nehmen Sie daher Zahlungsverzögerungen bei Darlehensverträgen nicht auf die leichte Schulter, sondern besorgen Sie sich schnellstmöglich Überbrückungskredite.

Offenlegungs- und Auskunftspflicht: Banken sichern sich im Rahmen von Darlehensverträgen weitgehende Offenlegungs- und Auskunftspflichten. Sie wollen jederzeit in der Lage sein, die wirtschaftliche Leistungsfähigkeit Ihres Unternehmen prüfen zu können. Dazu sind der Bank, falls gewünscht, alle Bücher offen zu legen. Versäumnisse können zur Kündigung des Vertrags und damit zur sofortigen Fälligkeit des Darlehens führen.

Eigenkapital

Eigenkapital stellt, im Gegensatz zum Fremdkapital, keine Verbindlichkeit für das Unternehmen dar. Jemand der Eigenkapital gibt, wird Gesellschafter. Ihm gehören damit Teile am Unternehmen und er hat in der Regel bestimmte Stimm- und damit Mitspracherechte. Da Eigenkapital keine Verbindlichkeit darstellt, muss es grundsätzlich auch nicht zurückgezahlt werden. Sicherheiten existieren in der Gedankenwelt des Eigenkapitals nicht. Im Insolvenzfalle wird es erst dann befriedigt, wenn die Fremdkapitalgeber ihr Geld zurückbekommen haben – also oft gar nicht.

Vordergründig erscheint daher Eigenkapital aus Sicht eines Gründers als optimale Finanzierung. Aber natürlich haben Personen oder Institutionen, die Eigenkapital geben, bestimmte Erwartungshaltungen, die dem sehr hohen Risiko einer Eigenkapitaleinlage entsprechen. Das am häufigsten anzutreffende Motiv ist ein hoher „RoI". RoI steht für „Return on Investment", also Rendite. Diese Rendite muss substanziell über der Verzinsung von Fremdkapital liegen, denn ein Eigenkapitalgeber geht substanziell mehr Risiko ein als ein Fremdkapitalgeber. Und der Eigenkapitalgeber will, genauso wie der Fremdkapitalgeber, seine Einlage irgendwann auch wieder zurück. Während Sie für Fremdkapital vielleicht 8 % Zinsen pro Jahr zahlen müssen, fordern Eigenkapitalgeber (langfristig gesehen) oft ca. 30 % pro Jahr. Während Zahlungszeitpunkt, Zins- und Tilgungssatz bei Fremdkapital vertraglich fixiert sind, existieren bei Eigenkapital keine derartigen Regelungen. Eigenkapitalgeber bekommen aufgelaufene Zinsen inkl. Tilgung oftmals erst nach Jahren in einer Zahlung zurück, z. B. durch einen Verkauf ihrer Anteile. Entsprechend den hohen Rendite-Erwartungen ist auch der Druck von Eigenkapitalgebern auf die Unternehmen, in die sie investiert haben, groß.

Viel unklarer ist die Frage, wie der Eigenkapitalgeber seine Forderung nach einer hohen Rendite durchsetzen kann. Eigenkapitalgebern steht eine Reihe von Mechanismen zur Verfügung, die mehr oder weniger wirksam sind:

- Der wichtigste „Mechanismus" für den Eigenkapitalgeber ist der Glaube an das zu finanzierende Vorhaben, die Fähigkeiten der dahinter stehenden Personen und deren Ziele. Der Businessplan als Präsentation der Geschäftsplanung des Unternehmens hat für Eigenkapitalgeber eine herausragende Bedeutung. Man kann fast sagen, er ist, zusammen mit den Fähigkeiten der Gründer, der Ersatz für die fehlenden Sicherheiten. Wenn Sie das Unternehmen erfolgreich machen, machen Sie den Eigenkapitalgeber erfolgreich. Mit der Detaillierung einer Exitstrategie für den Eigenkapitalgeber, also Ihrer Planung, wie der Eigenkapitalgeber seine Rendite-Erwartungen durch Ihr Unternehmen erfüllt bekommt, demonstrieren Sie Ihren Willen, den Eigenkapitalgeber erfolgreich zu machen.

Eigenkapital

- Darüber hinaus gehen Eigenkapitalgeber mit Ihnen so genannte „Beteiligungsverträge" ein. Der Vertrag betrifft Sie als Gründer, d. h. als Personen, und den Eigenkapitalgeber. Dies hat einerseits den rechtlichen Grund, dass bestimmte Vereinbarungen nicht mit dem zu gründenden Unternehmen direkt getroffen werden dürfen. Andererseits müssen sachlogisch bestimmte Absprachen mit dem Gesellschafter der Gesellschaft getroffen werden. Mittels dieser Beteiligungsverträge sichern sich die Eigenkapitalgeber bedeutsame Rechte, was das Halten und den Verkauf von Anteilen an der Gesellschaft betrifft. Wichtige Klauseln werden weiter unten vorgestellt.

- Ein ebenfalls wirksames Mittel ist die Erkenntnis vieler Gründer, später weiteres Kapital zu brauchen. Wenn die Unternehmensentwicklung bis zu diesem Zeitpunkt die vom Eigenkapitalgeber erwartete Rendite nicht verspricht, wird er für weitere Finanzierungen nicht zur Verfügung stehen. Auch andere Eigenkapitalgeber werden, mit Blick auf diese Historie, weniger bereit sein, weiteres Kapital in die Gesellschaft zu stecken.

- Darüber hinaus bedienen sich Eigenkapitalgeber oftmals einer gemischten Finanzierung, auch „mezzanine" Finanzierung genannt. Damit wird ein Teil des Kapitals faktisch als Fremdkapital gegeben – mit entsprechenden fixen Zahlungsverpflichtungen. Die Logik aus Sicht des Kapitalgebers ist hierbei einfach: Ein wenig Eigenkapital reicht oftmals aus, sich die Vorteile des Eigenkapitals zu sichern. Damit das Risiko begrenzt wird, gibt man den Rest besser als sichereres Fremdkapital. Faktisch wird es als fremdkapital-ähnliche Finanzierung gegeben. Wirklich reine Eigenkapitaleinlagen durch Finanzinvestoren sind daher in Deutschland eher unüblich.

- Schließlich nutzen viele Eigenkapitalgeber eine Art „Gesetz der großen Zahl". Viele Eigenkapitalgeber finanzieren nicht nur eine Geschäftsidee, sondern mehrere, um auch wirklich einen echten Treffer dabei zu haben. Eine Geschäftsidee, die erfolgreich wird, verschafft dem Eigenkapitalgeber deutlich mehr als die geforderten 30 % Rendite pro Jahr. Diese eine finanzierte Geschäftsidee kompensiert die Verluste oder geringeren Renditen der anderen finanzierten Geschäftsideen, so dass im Mittel die geforderte Rendite erreicht wird.

Rechtlich zwingende Mechanismen haben Eigenkapitalgeber aber nur in bestimmten Situationen oder durch einen Finanzierungs-Mix von Eigen- und Fremdkapital. Ansonsten können sie ein Unternehmen nicht verpflichten, feststehende Zahlungen zu leisten. Wird dies dennoch durch einen Eigenkapitalgeber versucht, wandelt er faktisch Eigen- in Fremdkapital um. In vielen Situationen kann dann die Pflicht zur Zahlung nichtig, d. h. unwirksam, sein. Wenn Sie mit einer solchen Forderung konfrontiert sind, schalten Sie unbedingt einen Rechtsanwalt ein und lassen Sie sich die Lage erklären. Da die Rechtslage hier sehr komplex ist, sollten Sie aber unbedingt einen Spezialisten beauftragen.

1. Typische Eigenkapitalgeber

Es gibt eine Reihe von Personen und Institutionen, die Unternehmen über Eigenkapital oder gemischte Einlagen finanzieren. Banken sind in diesem Geschäft, wenn überhaupt, nur durch Tochtergesellschaften oder über Einlagen in Private Equity Fonds, die von Risikokapitalgebern verwaltet werden, tätig. Banken sind strikten Regeln unterworfen und haben selten das erforderliche Know-how für dieses Geschäft.

Tabelle 39 gibt einen Überblick über die Charakteristika der zwei klassischen Eigenkapitalgeber. Gründer können daran schnell ersehen, welche Form für sie in Frage kommt. Die Charakteristika sind als Faustregeln zu verstehen. Im Einzelfall sind natürlich Abweichungen möglich.

Vergleichskriterium	Business Angel	Venture-Capital-Gesellschaft
Ziele der Investition	Rendite, Mitarbeit, Wissensweitergabe, Hobby	Rendite
Investiertes Geld	Investiert eigenes Geld	Legen Fonds auf mit fremdem Geld, das dann investiert wird
Risiko der Investments	Weniger riskant	Riskanter
Anzahl der Investments	Selten mehr als ein Investment	Möglichst viele, um Chancen auf ein sehr erfolgreiches Investment zu erhöhen
Investitionssumme	< 0,5 Mio. €, oft durch mehrere Angels getragen	> 0,5 Mio. €; oft mehrere Finanzierungsrunden notwendig
Übernommene Anteile in der ersten Finanzierungsrunde	5 %–25 %	20 %–40 %

Tabelle 39: *Risikokapitalgeber im Überblick*

1.1 Business Angels

Business Angels oder kurz „Angels" sind Privatpersonen, die Interesse an einer Beteiligung an Neugründungen oder jungen Unternehmen haben. Angels organisieren sich in Business

Angel Clubs bzw. Vereinen, die einen regionalen Fokus haben. Nur selten gibt es eine Ausrichtung auf Branchen. Das wiederum heißt, dass nicht jeder Angel Interesse an Ihrer Idee hat, denn oftmals fehlen die Branchenkenntnisse. Im Anhang finden sich Adressen der wichtigsten Business Angel Clubs in Deutschland.

Den typischen Business Angel gibt es nicht. Die Szene ist sehr heterogen. Angels sind oder waren häufig Top-Manager, Unternehmer oder leitende Angestellte. Typischerweise haben sie Geld, das sie investieren wollen. Sie verfolgen aber nicht immer bzw. nicht nur das Ziel einer möglichst hohen Rendite. Manche Angels wollen aktiv an der Realisierung der neuen Geschäftsidee mitwirken, suchen also eine lohnenswerte Beschäftigung. Viele Angels wollen vor allem Erfahrungen weitergeben, die sie in ihrem Berufsleben gemacht haben. Dabei handelt es sich oftmals um Rentner, die noch nicht komplett aussteigen wollen. Andere suchen einfach noch eine Betätigung neben ihrem Job.

Da es sich um Privatpersonen handelt, haben nur sehr wenige Angels Geld für mehrere Investitionen. Entsprechend genau und zögerlich ist auch der Investitionsprozess. Oftmals investieren mehrere Angels in eine Idee. Es passiert selten, dass nur ein Angel eine Idee finanziert. Zusätzlich sind die Investitionssummen eines Angels eher klein. Eine Finanzierung durch einen Business Angel eignet sich daher vor allem für Geschäftsideen mit einem kleineren Kapitalbedarf von bis zu 500.000 €. In den USA finanzieren Angels oftmals die ersten Schritte zum Geschäftsaufbau oder der Entwicklung z. B. eines Prototyps. Dadurch wird der Wert des Unternehmens gesteigert, denn statt nur auf dem Papier zu existieren, gibt es das Unternehmen und Teile seiner Produkte schon. Simultan wird nach einem größeren Venture-Capital-Geber gesucht, der dann in das Unternehmen einsteigt – aber zu einer höheren Bewertung. Der Angel sichert sich so, trotz vergleichsweise niedriger Investitionssumme, einen relativ großen Anteil am Unternehmen. Diese Vorgehensweise ist relativ riskant, denn das vom Angel investierte Geld reicht oft nur wenige Monate. Kann innerhalb dieser Zeit keine weitere Finanzierung sichergestellt werden, muss der Angel seine Investition abschreiben. In Deutschland gibt es wenige Angels, die ein solches Risiko eingehen. Dennoch kann die Logik des Arguments gut genutzt werden, um Angels die Investition in die eigene Idee schmackhafter zu machen.

Der Prozess, einen Angel zur Investition zu bewegen, kann sehr langwierig sein. Normalerweise bewirbt man sich bei einem Club darum, seine Idee vorstellen zu dürfen. Dazu muss man die wichtigsten Charakteristika seiner Geschäftsidee kurz zusammenfassen und einschicken. Die Clubs haben oft eine Art Investitionsausschuss, der diese Kurzversion prüft. Wenn die Geschäftsidee als prüfenswert eingestuft wird, werden entweder weitere Unterlagen angefordert oder man wird direkt zum so genannten „Screening" eingeladen. Screenings finden oftmals in einem festgelegten Turnus statt. Zum Screening kommen die dem Club angehörigen Business Angels. Beim Screening wird dem Gründer ca. 20 Minuten Zeit gegeben, um seine Idee und sich selbst vorzustellen und gut zu verkaufen. Anschließend erhalten alle Angels die Kontaktdaten des Gründers und können sich bei Interesse melden. Die Diskussion wird dann mit einzelnen Angels fortgesetzt. Spätestens dann wird ein guter und vollständiger Businessplan verlangt. Wenn der Angel alleine oder mit anderen investieren möchte, werden die Konditionen ausgehandelt und die entsprechenden Verträge festgesetzt. Die Professionalität der Angels schwankt in diesem Punkt, denn sie betreiben diese Tätigkeit zumeist nur nebenher und besitzen daher nur begrenztes Know-how.

Gründer sollten bei der Suche nach Business Angels durchaus wählerisch sein. Wenn Sie nur eine Finanzierung, nicht aber zusätzliches Know-how suchen, sollten Sie sich an Angels halten, die voll in ihrem Hauptberuf eingespannt sind. Das Branchenwissen des Angels ist dann sekundär. Wenn Sie umgekehrt Know-how oder gar Unterstützung benötigen, braucht Ihr Angel Zeit und Branchenkenntnis. Im Laufe der Verhandlungen werden Sie beide Faktoren testen können.

Leider müssen Sie als Gründer auch auf schwarze Schafe achten. Genauso wie „Unternehmensberater" kann sich auch jeder „Business Angel" nennen. Sich „Business Angel" zu nennen bedeutet Prestige. Es ist nett, wenn man als Geldgeber auftreten und anderer Leute Ideen hinterfragen und beurteilen kann. Nicht selten stellt sich aber nach langer Diskussion und vielleicht ersten Ausgaben Ihrerseits heraus, dass der so genannte „Angel" gar kein Geld zum investieren hat. Manche entpuppen sich später als Berater, die Ihr Unternehmen gegen entsprechendes Entgelt begleiten wollen. Seltener passiert es, dass der „Angel" Sie gegen entsprechendes Entgelt weiter vermitteln will. Versuchen Sie daher möglichst früh im Prozess mit einem interessierten Angel festzustellen, welche Intentionen dieser hat. Machen Sie bereits zu Beginn möglicher Gespräche deutlich, wenn Sie keinen Berater, sondern einen Geldgeber suchen. Um derartige Probleme zu vermeiden, haben viele Business Angel Clubs strenge Aufnahmekriterien und manchmal auch einen Ehrenkodex für ihre Mitglieder entwickelt. Diese sind zwar ein gutes Indiz, aber keine Garantie für die Qualität der Business Angel des Clubs.

Durchaus üblich ist es hingegen, dass „Angels" ihr Know-how gegen eine Beteiligung an Ihrem Unternehmen anbieten. Streng genommen handelt es sich hier um einen Berater, keinen Angel. Eine solche Konstellation kann Vorteile für beide Seiten haben. Aber auch hier ist es wichtig, dass beide Seiten vorab ihre Intentionen klar machen. Denn wenn Sie als Gründer Kapital suchen, bringen Ihnen lange Meetings mit obigem Ergebnis nichts. Wenn Sie als Gründer eine solche Konstellation für sinnvoll halten, sollten Sie versuchen, einen Mindestlevel an Aktivität für den Berater festzulegen, z. B. turnusmäßige Treffen oder Telefonate, eine Mindestanzahl sinnvoller Kontakte, die er zu liefern hat usw. Dies sollte auch vertraglich fixiert werden, mit der Konsequenz der Rückübertragung der Beteiligung. Denn manchmal entpuppt sich die Kenntnis des Beraters als äußerst gering. Wirkliche Beraterprofis sollte dies nicht abschrecken. Natürlich sind gerade für diese Konstellation die Vorgespräche ein sehr gutes Indiz für die Fähigkeit des Beraters. Vertröstet Sie ein Berater mit dem Aufzeigen seiner Kenntnisse auf den Zeitpunkt nach einem Vertragsschluss, ist dies ein starkes Indiz für fehlendes Know-how. Denn genauso wie Sie Ihre Geschäftsidee preisgeben, muss der Berater sein Wissen hinreichend belegen.

1.2 Venture-Capital-Gesellschaften

Venture-Capital-Gesellschaften (VC) oder Risikokapitalgesellschaften sind Unternehmen, die sich auf die Vergabe von Eigenkapital spezialisiert haben. Im Gegensatz zu Business Angels, die das Geschäft nebenher oder als Hobby betreiben, sind sie die Profis in diesem Geschäft. Sie vergeben dabei weniger eigenes Kapital, sondern managen so genannte „Fonds" oder „Private Equity Fonds". Fonds stellen eine Art zweckgebundenes Vermögen dar. Die Mittel in den Fonds stammen von dritten Institutionen aus dem In- und Ausland, z. B. Pensionskassen, Banken, Großunternehmen. Einen Überblick über Risikokapitalgesellschaften erhalten Sie vom Bundesverband Deutscher Kapitalbeteiligungsgesellschaften, dessen Adresse im Anhang zu finden ist.

Unabhängige VC verfolgen das Ziel der Renditemaximierung. Geschäftsideen werden also lediglich unter diesem Gesichtspunkt beurteilt. Eine gute Rendite lässt sich vielfach nur dann erzielen, wenn die Geschäftsidee Chancen auf einen Börsengang oder den Aufkauf durch ein größeres Unternehmen hat. Geförderte Geschäftsideen müssen also entsprechend groß sein, was in der Regel auch einen größeren Kapitalbedarf erfordert. VC konzentrieren sich folglich nicht auf kleinere Geschäftsideen oder Investitionen. Des Öfteren wird von einer Millionen Euro aufwärts investiert. VC investieren in mehrere Unternehmen, um die Chancen auf eine sehr erfolgreiche Investition zu erhöhen. Sie nehmen dabei wissend in Kauf, dass sich viele der geförderten Unternehmen nicht entsprechend der Erwartungen entwickeln und sogar Pleite gehen.

VC konzentrieren sich häufig auf eine oder mehrere Branchen, um ihnen vorliegende Geschäftsideen besser beurteilen zu können. Darüber hinaus findet auch eine Konzentration auf bestimmte Reifegrade von Unternehmen statt. Dabei unterscheidet man vor allem Frühphasenfinanzierung („Seed Financing") und Wachstumsfinanzierung. Als „Frühphase" wird dabei die Startphase des Unternehmens bezeichnet. Für Sie als Gründer sind nur VC interessant, die sich in der Frühphasenfinanzierung betätigen, die also Business Pläne bzw. Ideen finanzieren. Frühphasenfinanzierer stellen selten ausreichend Kapital bis zum Erreichen der Gewinnschwelle zur Verfügung. Das bereitgestellte Geld reicht häufig nur für die erste Prüfung der Geschäftsidee aus. Die Bereitstellung einer größeren Investitionssumme macht aus Sicht eines VC keinen Sinn, denn wenn die erste Prüfung nicht erfolgreich bestanden wird, wäre das zusätzlich bereitgestellte Kapital sinnlos. Daher sind nicht selten weitere so genannte „Finanzierungsrunden" erforderlich, um das Unternehmen zur Gewinnschwelle zu führen. Da sich VC auf Phasen konzentrieren, finanziert ein VC nur selten alle erforderlichen Finanzierungsrunden. Vielmehr werden weitere VC hinzugezogen, die sich auf die Finanzierung späterer Phasen konzentrieren.

Die Gewinnung von VC als Investoren für eine Geschäftsidee ist nicht einfach. Die Idee muss sehr großes Potential haben, die Gründer müssen als Manager überzeugen, die Ziele der Gründer müssen mit denen des VC vereinbar sein (Exitstrategie), und die Konditionen (Höhe der Anteile) müssen stimmen. Die Prüfung und Verhandlung dieser Kriterien kann sehr viel

Zeit in Anspruch nehmen. Der Prozess kann sich über viele Monate hinziehen. Darüber hinaus spielt das Marktklima eine wichtige Rolle. Wenn die Börse aufnahmefähig für Neuemissionen erscheint und größere Unternehmen aktiv in der Akquisition kleinerer Unternehmen sind, sind VC eher zu einer Investition bereit. Umgekehrt wird es selbst bei sonst sehr guten Voraussetzungen schwer, Ihre Geschäftsidee zu platzieren.

Es gibt zwei Arten, an VC heranzutreten. Entweder Sie können Ihre Idee im Rahmen einer offiziellen Veranstaltung vor Vertretern von VC präsentieren. Ihnen wird dazu meist nur ein Zeitfenster von wenigen Minuten gegeben, in denen Sie einen überzeugenden „Pitch" (Verkaufspräsentation) machen müssen. Oder, und dies ist der Regelfall, Sie schicken Ihren Businessplan oder eine Kurzform davon an einen VC, der sich mit Ihrer Branche beschäftigt. In diesem Fall ist es üblich, vorab eine Geheimhaltungserklärung (auch „NDA" für Non-Disclosure-Agreement) vom VC einzufordern. Dieser schickt Ihnen dann eine solche Erklärung – nach seiner Vorlage – unterschrieben zurück. Die damit gewonnene Sicherheit trügt aber, denn eine Verletzung des NDA ist kaum nachzuweisen, und konkrete Konsequenzen werden in den NDAs selten genannt. Einen vollkommenen Schutz Ihrer Idee gibt es daher nicht, vielmehr muss man sich anders schützen: Wenn Sie vorab eine Kurzfassung schicken, können Sie die wesentlichen Erfolgsfaktoren darin nur kurz beschreiben und erst in einem Treffen Details herausgeben. Prüfen Sie zudem, ob der VC nicht schon an Unternehmen mit ähnlichen Geschäftsideen beteiligt ist. Denn der VC könnte dann einen Anreiz haben, Ihre Idee in seine bestehende Beteiligung einzubringen anstatt eine neue Beteiligung einzugehen. Ein Blick auf die Webseite genügt hierbei in vielen Fällen.

Die VC prüfen Ihren Businessplan nach dessen Eingang. Sie erhalten dann entweder einen Telefonanruf, bei dem weitere Informationen abgefragt werden, eine Einladung zu einem ersten Gespräch oder eine Absage. Mit einer Einladung haben Sie die erste Stufe genommen. Jetzt geht es dem VC darum, Sie persönlich kennen zu lernen und Ihre Idee weiter zu vertiefen. Für diese Gespräche müssen Sie gut vorbereitet sein. Dies ist der Fall, wenn Sie einen guten und vollständigen Businessplan geschrieben haben. Wenn der VC von Ihnen und Ihrer Idee überzeugt ist, starten die ersten Verhandlungen über Konditionen. Die Kernfrage ist: Wie viel Geld will der VC für wie viele Anteile am Unternehmen geben? Darüber hinaus werden die Art der Kapitalüberlassung (reines Eigenkapital oder ein Finanzierungs-Mix) sowie die weiteren Bedingungen diskutiert. In den folgenden Kapiteln 2, „Beteiligungsmechanik" und 3, „Vertragsgestaltungen" gehe ich genauer auf diese Elemente ein. Wenn Sie mit dem VC eine Einigung über die Konditionen erzielt haben, folgt der letzte Schritt. Vielfach war bis zu diesem Punkt Ihr primärer Ansprechpartner ein Investment-Manager. Nun müssen Sie sich einem Gremium, bestehend aus dem Führungskreis des VC, stellen und sich sowie Ihre Idee nochmals präsentieren und verteidigen. Erst wenn das Gremium überzeugt ist, werden die Verträge unterschrieben und das Kapital freigegeben.

Bei der Suche nach einem VC gibt es ein paar Kriterien, die zu beachten sind. Voraussetzung ist natürlich, dass Sie wirklich eine Wahl zwischen mehreren VC haben. An oberster Stelle steht die finanzielle Solidität des VC. Versprochenes Kapital, welches nicht fließt, nützt Ihnen nichts. Angesichts der Praxis, das Kapital sukzessive nach Bedarf in der Gesellschaft des Gründers oder auch erst nach dem Erreichen bestimmter Erfolgskriterien auszuzahlen, ist dies umso entscheidender. Nichts ist schlimmer als wenn Sie neben Ihrem Kerngeschäft bangen müssen, dass Ihr Kapitalgeber das vereinbarte Geld wirklich auszahlt. Darüber hinaus sind die Kontakte des VC wichtig – nicht so sehr in Ihrer Branche (diese Kontakte werden häufig übertrieben), sondern vielmehr in der Finanzbranche, zu anderen Investoren, Investment Banken oder größeren Konzernen auf der Suche nach Akquisitionsmöglichkeiten. Dies hilft Ihnen später, wenn Sie neues Kapital brauchen oder Ihr Unternehmen veräußern wollen. Am besten kann man diese Kontakte am Verlauf vergangener Investitionen des VC erkennen. Darüber hinaus ist das sonstige Portfolio (die anderen Gesellschaften, in die der VC investiert hat) wichtig. Denkbare Synergien zwischen den Gesellschaften sind gut, überschneidende Geschäftsideen sind schlecht.

In der Verhandlung mit einem VC sind die Karten ungleich verteilt. Die VC sind Profis in ihrem Geschäft. Sie als Gründer kennen sich in der Regel in diesem Bereich nicht aus. Es ist daher sinnvoll und wird von vielen VC auch empfohlen, sich von einem guten Rechtsanwalt in den Verhandlungen begleiten zu lassen. So haben Sie mehr Sicherheit, was die Vermeidung von rechtlichen Fehlern betrifft. Bei der Verhandlung der Konditionen sind Sie aber weiterhin auf sich selbst gestellt. Die wenigsten externen Berater sind hier eine gute Hilfe. Bei der Verhandlung sollten Sie nicht alles hinnehmen, was der VC von Ihnen fordert. Wie weit Ihr Spielraum geht, müssen Sie allerdings selbst einschätzen.

Der erste Vorschlag zu Konditionen und Rahmenbedingungen kommt häufig von Ihrem VC in Form des „Standardvertrags". Denn das Aufsetzen eines solchen Vertrags ist mühsam und muss nicht jedes Mal aufs Neue durchgeführt werden. In solchen Verträgen sind naturgemäß nicht alle Klauseln bindend. Der VC muss erst alle denkbaren Klauseln präsentieren. Denn Wegstreichen ist immer möglich, Hinzufügen aber selten. Genauso sollten Sie das Ihnen präsentierte Vertragswerk auch sehen. Was Sie einmal akzeptiert haben, bleibt in der Regel in der restlichen Verhandlung unantastbar. Sie sollten aber auch vorbereitet sein, wenn der VC Sie auffordert, die Konditionen zu nennen. Dazu müssen Sie eine Vorstellung über den Wert Ihres Unternehmens haben (siehe dazu Teil X, „Kapitalwerte"). Einem Anteil am Unternehmen kann auf diese Weise schnell ein Wert in Euro zugewiesen werden. Hilfreich für die Verhandlung ist es natürlich, wenn Sie mit mehr als einem VC verhandeln. Sie können dann die Konditionen der einzelnen VC im Wechsel optimieren und sich das beste Angebot heraussuchen.

In Deutschland sind reine Eigenkapitalbeteiligungen selten. VC vergeben vielmehr eine Kombination aus Eigenkapital und gemischtem Kapital (siehe dazu das Kapitel „Mezzanine Finanzierungen"). Dies hat zwei Gründe: Einerseits sichern sich VC für einen Teil des Kapitals Rechte wie ein Fremdkapitalgeber (nämlich eine fixe Verzinsung und Tilgung). Andererseits können sich VC für einen Teil ihrer Investitionen bei der KfW-Mittelstandsbank refinanzieren und dabei einen großen Teil des Ausfallrisikos weitergeben. Die Konditionen der KfW an den VC können am besten durch gemischtes Kapital weitergegeben werden. Dieser Finanzierungs-Mix hat konkrete Auswirkungen auf Ihre Konditionen. Für einen Teil – und dies ist meist der größere Teil – des eingelegten Kapitals müssen Sie nun fixe Zinsen zahlen und das Kapital zu einem gegebenen Zeitpunkt zurückzahlen. Für den Teil des Kapitals, der als echtes Eigenkapital gegeben wird, verlangt der VC eine Beteiligung an Ihrem Unternehmen. Vielfach berechnet der VC nun die Höhe der Beteiligung an Ihrem Unternehmen auf Grundlage des gesamten, Ihnen zur Verfügung gestellten Kapitals. Diese Vorgehensweise ist ein Trick und Sie sollten dies in Ihren Verhandlungen auf jeden Fall zur Sprache bringen. Die Höhe der Beteiligung an Ihrem Unternehmen ist ausschließlich abhängig von der Höhe des echten Eigenkapitals. Ob Sie mit diesem Einwand Erfolg haben, hängt von Ihrer Verhandlungsposition ab. Denn diese falsche Vorgehensweise hat sich als Standard eingebürgert.

1.3 Sonstige Eigenkapitalgeber

Neben Business Angels und Venture-Capital-Gesellschaften gibt es weitere Eigenkapitalgeber, die aber nur kurz vorgestellt werden sollen. In der Regel ist deren Bedeutung für Unternehmensgründer gering.

Corporate VC sind Venture-Capital-Gesellschaften, die Teil eines Konzerns sind. Vom Grundsatz her ähneln sie unabhängigen VC, haben aber andere Ziele. Sie investieren vor allem in Unternehmen, die eine Bedeutung für das Kerngeschäft des Konzerns haben. Die wenigsten dieser Corporate VC investieren in der Frühphase, sondern engagieren sich zu einem späteren Zeitpunkt, wenn sich ein gewisser Wert für den Konzern abzeichnet. Insofern sind Corporate VC für Gründer zunächst nicht interessant. Corporate VC sind weniger aggressiv auf Rendite fixiert. Verkäufe der Beteiligung oder Börsengänge sind in der Regel keine angestrebten Ziele. Es stehen eher die Synergien mit dem restlichen Konzern im Vordergrund. Um sich diese Synergien wirklich zu sichern, verlangen sie meist eine Mehrheitsbeteiligung, die aber keine Voraussetzung ist.

Daneben gibt es Gesellschaften, die sich auf die riskanteren Finanzierungen im Mittelstand konzentrieren. Ein feststehender Begriff hat sich für diese Art von Gesellschaften nicht eingebürgert. Finanziert werden nur gestandene Unternehmen. Die Gründe für die benötigte Finanzierung können eine Expansion ins Ausland oder der Verkauf des Unternehmens an das Management (auch „MBO", also „Management-buy-Out" genannt) sein. Wenn Sie als Gründer einen MBO planen, sollten Sie sich an diese Unternehmen wenden. Wenn Sie ein neues Unternehmen gründen, kommen diese Gesellschaften nicht für Sie in Frage.

Oftmals gerät man als Gründer auch an Kapitalvermittler. Dies sind in der Regel einzelne Personen, die über gute Beziehungen zu VC, Corporate VC, Banken und Business Angels verfügen. Sie geben, wie der Name bereits sagt, nicht selbst Kapital. Die Nutzung eines Kapitalvermittlers kann vorteilhaft sein, wenn er wirklich über die behaupteten Kontakte und Erfahrungen verfügt. Der Kapitalvermittler kann beurteilen, ob Ihre Geschäftsidee Chancen hat und Ihr Businessplan die Geschäftsidee ausreichend verdeutlicht. Er kann zudem bei späteren Verhandlungen mit Kapitalgebern unterstützen und kann damit Ihr Informationsdefizit im Rahmen der Verhandlungen ausgleichen. Kapitalvermittler lassen sich normalerweise erfolgsabhängig bezahlen. Sie bekommen im Falle einer erfolgreichen Finanzierung einen

Anteil des Kapitals. Selten sind dies mehr als 3 %. Der Prozentsatz sinkt mit steigender Höhe der Finanzierung. Einige Kapitalvermittler fordern darüber hinaus auch eine fixe Gebühr, unabhängig vom Erfolg. Hier muss sich der Gründer die Erfolgschancen der Beauftragung vor Augen führen: Auch der Kapitalvermittler kennt Ihre Idee. Wenn er an Sie persönlich und Ihre Idee glaubt, sollte eine erfolgsabhängige Bezahlung Ansporn genug sein.

Kapitalvermittler sind die Vorstufe zum transaktionsorientierten Investment Banking. Investment-Banken bieten Unterstützung beim Verkauf oder Teilverkauf Ihres Unternehmens oder bei der Suche nach geeigneten Übernahmekandidaten an. Darüber hinaus begleiten Sie oftmals die Verhandlungen und stellen ihr entsprechendes Know-how zur Verfügung. Während normale Kapitalvermittler für Gründer durchaus interessant sein können, macht der Kontakt zu Investment-Banken keinen Sinn.

2. Beteiligungsmechanik

Um die Folgen einer Eigenkapitalbeteiligung besser beurteilen zu können sowie in Verhandlungen besser gerüstet zu sein, ist es sinnvoll, die Mechanik einer Eigenkapitalbeteiligung zu kennen. In den Verhandlungen zwischen Investoren werden die Höhe der Anteile und die Höhe des einzubringenden Kapitals festgelegt. Dabei werden beide Elemente nicht willkürlich diskutiert und festgelegt, sondern zumindest über eine Hilfsgröße – den Unternehmenswert – bestimmt. Die Bestimmung des Unternehmenswertes wird in Teil X, „Kapitalwerte" näher erläutert. An dieser Stelle ist vor allem die Vorgehensweise zur Bestimmung von Anteilshöhe und Kapitaleinlage wichtig.

Ausgehend vom Unternehmenswert (der von Gründer und Investor naturgemäß anders gesehen wird) bedingen sich Anteilshöhe und Kapitaleinlage gegenseitig. Es gilt:

Einfacher Zusammenhang Kapitaleinlage und Anteilswert

Kapitaleinlage = Anteilshöhe * Unternehmenswert

In der Praxis wird oft eine wichtige Konkretisierung vorgenommen. Es wird argumentiert, dass die Kapitaleinlage den Unternehmenswert erhöht. Denn dem Unternehmen wird, vor der Kapitaleinlage, ein Wert zugewiesen. Wenn nun Kapital eingeschossen wird, muss sich der Wert des Unternehmens um genau diese Kapitaleinlage erhöhen.

Beispiel

Berechnung der Anteilshöhe. In den Verhandlungen einigen sich VC und Gründer auf einen Unternehmenswert von 3 Mio. €. Der VC plant, dem Unternehmen 1 Mio. € Kapital zur Verfügung zu stellen. Die rechnerische Anteilshöhe des VC am Unternehmen entspricht 1 Mio. € / (3 Mio. € + 1 Mio. €) = 25 %.

Der konkretisierte Zusammenhang zwischen Kapitaleinlage, Anteilshöhe und Unternehmenswert lautet daher wie folgt:

Erweiterter Zusammenhang Kapitaleinlage und Anteilswert

Kapitaleinlage = Anteilshöhe * (Unternehmenswert vor Kapitaleinlage + Kapitaleinlage)

Oder

Kapitaleinlage = Anteilshöhe * (Unternehmenswert nach Kapitaleinlage)

Gerade bei Neugründungen, die nur auf dem Papier existieren, ist diese Sichtweise gewagt, denn vielfach entsteht durch die Einlage des Kapitals das Unternehmen überhaupt erst. Das Kapital ist daher oftmals die Grundlage des Unternehmenswertes. Die Praxis ist aber grundsätzlich positiv für die Gründer, denn ein Investor muss so – für den gleichen Anteil – vergleichsweise mehr Kapital einschießen. Da der Unternehmenswert in höchstem Maße diskutiert wird, besteht dieser Vorteil aber oft nur auf dem Papier.

Wenn Anteilshöhe und Höhe der Kapitaleinlage feststehen, ist die Vorgehensweise bei der Einlage des Kapitals festzulegen. Als Voraussetzung für eine Eigenkapitalbeteiligung wird häufig die Rechtsform einer GmbH oder AG gefordert. Damit wird das Unternehmen zu einer eigenständigen Person, einer so genannten „juristischen Person", für die umfangreiche Regeln gelten. Da Eigenkapitalbeteiligungen oft für besonders riskante Geschäfte gesucht werden, existiert das Unternehmen zum Zeitpunkt der Verhandlungen mit dem Investor noch nicht. Es gibt dann zwei grundsätzliche Möglichkeiten, die Eigenkapitalbeteiligung vorzunehmen: im Zuge der Gründung oder nach der Gründung durch eine Kapitalerhöhung. In beiden Fällen muss der gleiche Effekt erreicht werden: Nach der Durchführung der Beteiligung muss der Investor die angestrebten Anteile am Stammkapital (bei der GmbH) oder am Grundkapital (bei der AG) halten. Zugleich muss die Gesellschaft eine Mittelzufuhr in Höhe der vereinbarten Kapitaleinlage erhalten. Da der Anteil am Stammkapital aber rechnerisch für die Kapitaleinlage nicht ausreichend, muss der Rest den so genannten „Rücklagen" zugeführt werden. Die folgenden Formeln stellen diesen Zusammenhang dar.

> **Anteil des Investors**
>
> Anteilshöhe des Investors = gehaltener Anteil am Stammkapital/Stammkapital
>
> **Kapitalzufuhr des Investors**
>
> Höhe der Kapitalzufuhr des Investors = Anteil am Stammkapital + Zuführung zur Kapitalrücklage

Im Falle einer Neugründung der GmbH gemeinsam mit dem Investor zeichnet der Investor einfach die vereinbarten Anteile am Stammkapital und führt das restliche vereinbarte Kapital den Rücklagen zu.

Beispiel

Kapitalzuführung bei Neugründung. Sie haben einen Business Angel gefunden, der bereit ist, 60.000 € in den Aufbau Ihrer Geschäftsidee zu investieren. Er soll dafür einen 10 %-Anteil an Ihrem Unternehmen bekommen. Das Grundkapital Ihrer Gesellschaft soll das Mindestkapital einer AG sein: 50.000 €. Im Zuge der Gründung der AG zeichnet der Angel einen 10 %-Anteil am Grundkapital im Wert von 5.000 €. Der Beteiligungsvertrag sieht zugleich die Pflicht vor, weitere 55.000 Euro (60.000 – 5.000) den Rücklagen der AG zuzuführen.

Im Falle einer bereits bestehenden Gesellschaft kann nicht einfach der Anteil an der GmbH übertragen werden. Denn die Anteile sind im Besitz der Gesellschafter. Eine Übertragung der Anteile berührt damit nur die Ebene der Gesellschafter, nicht der Gesellschaft. Gerade der Gesellschaft soll aber das Kapital zugeführt werden. Bei bestehenden Gesellschaften wird daher das Stammkapital bzw. Grundkapital der Gesellschaft erweitert. Dies erfolgt über eine Kapitalerhöhung. Nach der Kapitalerhöhung muss der Investor nun den angestrebten Anteil am Stammkapital bzw. Grundkapital der Gesellschaft halten.

Beispiel

Kapitalzuführung durch Kapitalerhöhung. Die Ausgangslage entspricht derjenigen des letzten Beispiels. Die AG ist aber durch die Gründer bereits gegründet. Damit der Business Angel einen Anteil von 10 % nach Kapitalerhöhung erhält, muss gelten: 10 % = Kapitalerhöhung / (50.000 + Kapitalerhöhung). Damit beträgt, nach Auflösung der Gleichung, die Kapitalerhöhung = 5.000 / 90 % = 5.555,56 €. Diese ist voll vom Business Angel zu tragen. Zusätzlich muss der Angel 54.444,44 € (60.000 – 5.555,56) den Rücklagen der AG zuführen.

Die Vorgehensweise über die Kapitalerhöhung ist der Standardfall, denn die Teilnahme als Gründungsgesellschafter zieht einige rechtliche Konsequenzen nach sich, die Eigenkapitalgeber oft vermeiden wollen. Rechtlich wird dazu oft in einer Sitzung mit einem Notar zuerst die Gesellschaft durch die Gründer gegründet und eine logische Sekunde später die Kapitalerhöhung durchgeführt. Zu beachten ist, dass die Kapitalerhöhung den Anteil der bestehenden Gesellschafter an der Gesellschaft verringert, wenn diese die Kapitalerhöhung nicht gemäß ihrem bisherigen Anteil an der Gesellschaft mittragen. Man sagt dann auch, dass die Anteile „verwässert" werden. Steigert die Kapitalerhöhung allerdings den Wert des Unternehmens, sinkt der Anteil zwar relativ, wird aber absolut mehr wert.

Die Zuführung des vereinbarten Kapitals in die Rücklage geschieht häufig sukzessive, abhängig vom Bedarf des zu gründenden Unternehmens. So hat der Investor noch eine Zeit lang Zinsgewinne. Dazu entstehen dadurch zusätzliche Risiken für den Gründer. Denn auch Risikokapitalgeber können in finanzielle Engpässe geraten.

3. Vertragsgestaltungen

Im Rahmen der Verhandlungen werden häufig detaillierte Vertragsgestaltungen diskutiert und festgelegt. Sie als Gründer sollten die wichtigsten dieser Verträge kennen, denn deren Ausgestaltung ist deutlich besser verhandelbar als bei Kreditverträgen.

Kern der Verträge ist der Beteiligungsvertrag. Beteiligungsverträge werden zwischen dem Gründer und dem Eigenkapitalgeber direkt geschlossen. Das zu gründende Unternehmen wird hierbei nicht eingebunden. Aus diesen Verträgen resultieren selten Verpflichtungen für das Unternehmen selbst, denn dieses ist ja keine Vertragspartei. Die Gründer unterzeichnen in ihrer Eigenschaft als Privatpersonen bzw. als Gesellschafter, nicht als Geschäftsführer des Unternehmens. Nicht selten werden allerdings auch zusätzliche Vertragswerke aufgesetzt. Wenn auch gemischtes Kapital zugeführt wird, enthalten die zugrunde liegenden Verträge Klauseln, die die Gesellschaft betreffen, denn diese Verträge werden zwischen der Gesellschaft und dem Kapitalgeber abgeschlossen. Zusätzlich können noch zielgerichtete Verträge geschlossen werden, z. B. Beratungsverträge zwischen Gesellschaft und Kapitalgeber.

Den Kern des Beteiligungsvertrags bilden natürlich die Festlegung über die Beteiligungshöhe und die Beteiligungssumme sowie der Plan zur Einzahlung des Kapitals. Darüber hinaus gibt es aber weitere wichtige Vertragsklauseln, die im Folgenden kurz dargestellt werden.

3.1 Rechte und Pflichten bezüglich Anteilsverkäufen

Wie bereits besprochen, fordern Eigenkapitalgeber eine recht hohe Rendite. Einen wesentlichen Mechanismus zur Absicherung dieser Forderung stellen die Beteiligungsverträge dar. Eigenkapitalgeber versuchen daher, die Rechte der Gründer bezüglich einer Anteilsveräußerung zu beschneiden bzw. sich selbst weitergehende Rechte zuzuweisen, als diejenigen, die sie bereits aus ihrer Stellung als Gesellschafter oder Aktionär erhalten. Welche dieser Klauseln Sie als Gründer akzeptieren sollten, hängt von Ihrer Verhandlungsposition ab. Oftmals haben Sie hierbei aber nicht viel Spielraum:

- **Haltepflichten der Gründer:** Gründern soll verboten werden, ihre Anteile innerhalb eines gewissen Zeitraums zu veräußern. Denn der Kapitalgeber hat auch in die Gründer persönlich und ihre Motivation investiert. Wenn Gründer ihre Aneile veräußern, sinkt der Wert des Unternehmens aus Sicht des Kapitalgebers. Zudem wollen Kapitalgeber die Kontrolle haben, wer Gesellschafter im von ihnen geförderten Unternehmen ist.

- **Vorkaufsrechte oder Vorverkaufsrechte:** Kapitalgeber wollen sich häufig das Recht sichern, im Falle einer Veräußerung der Anteile durch die Gründer der bevorzugte Käufer zu sein. Wenn sie also so viel wie ein dritter Interessent bieten, muss der Gründer an den Kapitalgeber verkaufen („Vorkaufsrecht"). Zugleich wollen sie die Möglichkeit haben, ihre Anteile vor denen der Gründer veräußern zu können. Dies ist interessant, wenn entweder der Kapitalgeber einen Kaufinteressent für seine eigenen Anteile hat oder wenn die Gründer einen Kaufinteressenten für ihre Anteile haben. In beiden Fällen darf zuerst der Kapitalgeber verkaufen.

- **Drag-along:** Manchmal reicht der Verkauf der Anteile der Kapitalgeber nicht aus, um einen dritten Kaufinteressenten zu befriedigen. Dies ist der Fall, wenn dieser z. B. die Mehrheit am Unternehmen erwerben will, der Kapitalgeber aber nur 30 % hält. Kapitalgeber wollen daher das Recht haben, die Gründer zum Mitverkauf in einem bestimmten Maße zwingen zu können.

- **Liquidation Preference:** Mit einer Liquidation Preference versuchen die Kapitalgeber, sich größere Anteile an einem Verkaufserlös aus den Anteilen zu sichern, als ihnen normalerweise zusteht. Begründet wird dies häufig mit dem hohen Risiko, das ein Eigenkapitalgeber eingeht. So kann eine solche Klausel vorsehen, dass bei Verkäufen – egal welcher Höhe – alles Geld bis zur Höhe der ursprünglichen Kapitaleinlage des Investors zuerst an den Eigenkapitalgeber fließt. Erst nach Befriedigung dieser Vorabverteilung der Verkaufserlöse wird der übersteigende Erlös gemäß der Anteilsverteilung unter den Gesellschaftern aufgeteilt.

3.2 Sonstige wichtige Klauseln

Auch über die Regelung der Anteilsverkäufe hinaus gibt es wichtige Klauseln, die hier kurz vorgestellt werden:

- **Pflicht zur Mitarbeit:** Gründer werden oft über einen festen Zeitraum zur Mitarbeit in der Gesellschaft verpflichtet. Damit will der Kapitalgeber sicherstellen, dass die Gesellschaft von der Personen geführt oder begleitet wird, die ihn überzeugt hat. Zugleich sind die Gründer, die große Anteile der Gesellschaft halten, deutlich motivierter als dritte Geschäftsführer, die nur ihr Gehalt beziehen. Der Zeitraum beträgt häufig zwei bis drei Jahre.

- **Meilensteine:** Gründern oder dem Unternehmen werden häufig so genannte „Meilensteine" gesetzt. Meilensteine dokumentieren das Erreichen einer bestimmten Stufe in der Unternehmensentwicklung und können vielfältige Formen annehmen. Beispiele für Meilensteine sind: Besetzung wichtiger Positionen im Unternehmen, Eintragung einer Marke oder eines Patents, Fertigstellung eines Produktes, Erreichung einer bestimmten Kundenzahl oder eines Umsatzvolumens, Gewinnung eines speziellen Großkunden oder Partners, Einhaltung bestimmter Ausgabengrenzen. Mittels der Meilensteine wollen Kapitalgeber die Erfüllung der Planung sicherstellen. Um die Wirkung der Meilensteine zu sichern, wird ihre Nichteinhaltung mit Konsequenzen verbunden. Diese können gradueller oder absoluter Natur sein. Typische Konsequenzen sind: Übertragung weiterer Anteile an den Investor bei Verfehlung der Meilensteine (als Ausgleich für einen gesunkenen Unternehmenswert bei Verfehlung der Planung) oder sogar Auflösung der Verpflichtung zur vollen Bedienung der Kapitaleinlage. Letztere Konsequenz kann für die Gründer sehr hart sein. Sie wird nur möglich durch die sukzessive Bereitstellung der Kapitaleinlage durch den Investor, entsprechend dem Finanzbedarf des Unternehmens.

- **Informationspflichten der Gesellschaft:** Kapitalgeber werden durch die Beteiligung an der Gesellschaft Gesellschafter bzw. Aktionäre. In dieser Eigenschaft haben sie einige Informationsrechte, die aber nicht sehr weit gehen. Gerade Risikokapitalgeber wollen aber möglichst detailliert über das Unternehmen Bescheid wissen, in das sie viel Kapital investiert haben. Sie versuchen daher, weitere Informationsrechte zu erhalten. Grundsätzlich dürfen sie in ihren Rechten jedoch nicht besser gestellt werden als andere Gesellschafter. Daher werden die Informationsrechte mit den Verträgen zur Bereitstellung von gemischtem Kapital verbunden. Denn Geber von Fremdkapital, die keine den Gesellschaftern entsprechenden Informationsrechte haben, können die Informationsrechte weitgehend frei festlegen. Die typischen Informationsrechte betreffen wichtige Vorgänge im Unternehmen (z. B. den Abschluss wichtiger Verträge) und die Vorlegung eines monatlichen Abschlusses (auch „BWA" oder „betriebswirtschaftliche Auswertung" genannt).

- **Beratungsmandate:** Manche Eigenkapitalgeber versuchen, einen Teil ihres Kapitals wieder aus der Gesellschaft zu ziehen. Vielfach sollen Gründer daher Beratungsverträge mit dem Eigenkapitalgeber abschließen. Als Begründung werden z. B. die Kontrolle der monatlichen Abschlüsse oder die regelmäßigen Meetings mit dem Kapitalgeber genannt. Als Gründer sollten Sie sich schlicht weigern, Beratungsmandate an Ihren Eigenkapitalgeber zu vergeben. Eine Ausnahme kann nur sein, wenn Sie Beratung ohnehin einplanen und der Kapitalgeber die entsprechenden Fähigkeiten besitzt und einbringt.

Mezzanine Finanzierungen

Mezzanine Finanzierungen sind Kapitalüberlassungen, die Charakteristika sowohl von Fremd- wie auch Eigenkapital aufweisen. „Mezzanine" wurde dabei abgeleitet vom italienischen Begriff für das Zwischengeschoss eines Hauses. Mezzanine Finanzierungen ermöglichen Kombinationen der Vorteile der beiden Finanzierungsarten. Zwar haben sich bei mezzaninen Finanzierungen auch Standardformen herausgebildet, die exakte Wirkung der Finanzierungsform hängt aber sehr stark von der konkreten Vertragsgestaltung ab. Kleinere Unterschiede in der Vertragsgestaltung können die mit der Finanzierung angestrebte Wirkung erheblich verändern. Umgekehrt bedeutet dies, dass die mit mezzaninen Finanzierungen verbundene Wirkung auf konkrete Ansprüche maßgeschneidert werden kann. Für dieses Maßschneidern hat sich der Begriff „Structured Finance" durchgesetzt, der auch die Reinformen Fremd- und Eigenkapital umfasst. Solche maßgeschneiderten Finanzierungen, oft bestehend aus mehreren Finanzierungsarten, werden in Zukunft erheblich an Bedeutung gewinnen. Denn man findet zunehmend weniger Kapitalgeber, die bereit sind, das mit der Finanzierung verbundene Risiko allein zu tragen und sich auf die Vorteile nur einer Finanzierungsform zu begrenzen. Die in Deutschland vorherrschende Ertragsschwäche der Banken, die gestiegenen Anforderungen bei der Risikoeinstufung von Krediten im Rahmen von Basel II und der stetig steigende Kapitalbedarf der Unternehmen sind die Treiber dieser Tendenz.

Mezzanines Kapital wird bei der Unternehmensfinanzierung häufig mit dem Ziel überlassen, die Bonität der Gesellschaft und damit ihre Handlungsfähigkeit zu verbessern (eine Eigenschaft von Eigenkapital) und zugleich das Risiko des Kapitalgebers durch Regelung der Rückzahlung und eine feste Mindestvergütung (eine Eigenschaft von Fremdkapital) zu minimieren. Die Einstufung einer mezzaninen Finanzierung anhand der Variablen zur Einstufung von Kapital zeigt Tabelle 40.

Eine mezzanine Finanzierung wird im Normalfall in der Handels- und Steuerbilanz zwar gesondert, aber als Fremdkapital ausgewiesen. Damit sind die Vergütungen für die Kapitalüberlassung Betriebsaufwand und als Kosten absetzbar. Damit die mezzanine Finanzierung in der Handelsbilanz als Eigenkapital ausgewiesen werden kann, müssen alle folgenden Kriterien erfüllt sein:

- **Nachrangigkeit:** Befriedigung im Insolvenz- oder Liquidationsfall erst nach allen Gläubigern

- **Dauerhaftigkeit:** Die Kapitalüberlassung muss mindestens 5 Jahre unkündbar sein

- **Verlustbeteiligung:** Ein Verlust muss vor Vergütung oder Rückzahlung der Einlage erst wettgemacht worden sein oder die Rückzahlung entsprechend mindern
- **Erfolgsabhängigkeit der Vergütung:** Die Vergütung muss vom Erfolg der Gesellschaft abhängen

Kriterium	Einstufung einer mezzaninen Finanzierung
Dauerhaftigkeit der Kapitalüberlassung an die Gesellschaft	▪ I. d. R. begrenzt (fünf bis zehn Jahre) aber nicht kündbar während der Laufzeit ▪ Manchmal unbegrenzte Laufzeit oder laufend kündbar
Vergütung	▪ Fixe Vergütung ▪ Häufig zzgl. gewinnabhängiger variabler Komponente ▪ Manchmal nur variable Vergütung
Verlustbeteiligung	Abhängig von Vertragsgestaltung
Bedienung im Insolvenz-/Liquidationsfall	Vorrangig vor Eigenkapital, nachrangig nach Fremdkapital
Absicherung	Keine
Mitbestimmung bei Unternehmensentscheidungen	▪ Keine allgemeinen Stimmrechte ▪ Sonstige Mitbestimmung je nach Vertrag
Informationsrechte	Werden vertraglich festgelegt

Tabelle 40: Charakteristika mezzaniner Finanzierung

Für das Rating, z. B. im Rahmen von Basel II, wird mezzanines Kapital aber bereits bei Vorliegen des ersten Kriteriums (Nachrangigkeit) als haftendes Kapital, also dem Eigenkapital ähnlich, eingestuft. Die Nachrangigkeit verbreitert die Haftungsmasse des Unternehmens aus Sicht der Gläubiger und erhöht damit die Bonität des Unternehmens. Man weicht hierbei vom Bilanzrecht ab und ermittelt das so genannte „wirtschaftliche Eigenkapital". Für die typische Ausgestaltung der mezzaninen Finanzierung mit dem Ziel der Verbesserung der Bonität und damit der Handlungsfreiheit des Unternehmens reicht daher bereits das Kriterium Nachrangigkeit.

Die steuerrechtliche weicht von der handelsrechtlichen Behandlung ab. Für die steuerrechtliche Qualifizierung als Eigenkapital reicht das Vorliegen der Kriterien für eine Einstufung als „Mitunternehmer". Ein Mitunternehmer verhält sich vom Grundsatz her wie ein Unterneh mer. (Mit-)Unternehmerinitiative und (Mit-)Unternehmerrisiko zeichnen ihn aus. Da dies in der Praxis nicht einfach zu prüfen ist, wird eine Mitunternehmerschaft des Kapitalgebers dann angenommen, wenn dieser am laufenden Gewinn und Verlust teilnimmt und ihm ein Anteil an den Wertsteigerungen der Gesellschaft (realisiert durch Auflösung oder Verkauf der Gesellschaft) zusteht. Die wesentliche Konsequenz der steuerlichen Behandlung als Eigenkapital ist die Einstufung der Vergütung als Gewinnausschüttung. Diese ist beim Kapitalempfänger nicht steuerlich abziehbar.

1. Einschätzung für den Gründer

Für viele Gründer hat es oberste Priorität, die benötigten Finanzmittel überhaupt sicherzustellen. Häufig wird daher der Frage, in welcher konkreten Form die Kapitalüberlassung geschieht, höchstens sekundär Beachtung geschenkt. Dies gilt gerade im Falle von mezzaninem Kapital, welches in seiner Form nicht genau einzustufen ist. Während im Falle von Fremd- und Eigenkapital aufgrund seiner großen Standardisierung neben der Höhe der Kapitalüberlassung nur wenige Faktoren zu verhandeln sind (beim Fremdkapital ist dies im Wesentlichen der Zins, beim Eigenkapital die Höhe der Anteile), ist dies beim mezzaninen Kapital anders. Natürlich hat sich auch hier eine gewisse Standardisierung entwickelt, aber es gibt mehrere zu verhandelnde Faktoren.

Gerade für Gründungen ist es wichtig, die Finanzierung ökonomisch sinnvoll zu gestalten. Im Falle von mezzaninem Kapital bedeutet dies, der Zwitterstellung des Kapitals gerecht zu werden. Mezzanines Kapital bedeutet für den Kapitalgeber mehr Risiko als Fremdkapital, wenn es nachrangig bedient wird. Die klassische Entlohnung für gesteigertes Risiko ist ein gegenüber dem Zinssatz für Fremdkapital erhöhter Zins. Manche Kapitalgeber nutzen diese Zweideutigkeit des mezzaninen Kapitals aus. Sie überlassen häufig nur einen Teil ihres Kapitals als Eigenkapital, den Rest aber als nachrangiges mezzanines Kapital. Das mezzanine Kapital ist häufig zu einem hohen Satz fix verzinst (zzgl. weiterer variabler Anteile) und rückzahlbar. Obwohl das mezzanine Kapital über die fixe Verzinsung bereits entlohnt wird, wird dieser Teil des Kapitals auch zur Berechnung der Anteile an der Gesellschaft, die der Kapitalgeber für die Überlassung des Eigenkapitals bekommen soll, herangezogen. Das mezzanine Kapital wird damit doppelt entlohnt. Wenn Sie diese Konstellation akzeptieren, haben Sie quasi einen Kredit aufgenommen und diesen zusätzlich mit Anteilen an Ihrem Unternehmen bezahlt. In den Verhandlungen sollten Sie auf diese Problematik achten und die Zinssätze und Anteile für den Kapitalgeber als Vergütungen für zwei getrennte Finanzierungsarten auf ihre Stimmigkeit hin überprüfen. Je nach Ihrer Verhandlungsposition sollten Sie auf eine adäquate Behandlung bestehen. Selbst wenn sich praktisch nur graduelle Erfolge erzielen lassen, können diese langfristig einen großen Vorteil für Sie bedeuten.

Beispiel

Anteilsverhandlungen bei gemischter Finanzierung. Ein Gründer entwickelt einen Software-Prototyp und ein Konzept zur Prüfung der Erfolge verschiedener Werbeformen. Firmen können damit die Wirkung ihrer Werbung z. B. in Zeitschriften effektiver beurteilen. Der Gründer verhandelt mit einem Business Angel über eine Finanzierung. Er will eine GmbH gründen, an der sich der Business Angel mit 200.000 € beteiligen will. Auf der Grundlage eines Unternehmenswertes von 500.000 € einigt man sich auf einen Anteil von 40 % für den Business Angel. Der Business Angel will dem Unternehmen das Kapital durch die Zeichnung von 10.000 € bei der Gründung der GmbH (mit einem Stammkapital von 25.000 €), eine Einstellung in die Kapitalrücklage von 90.000 € und eine nachrangige stille Beteiligung über 100.000 € zur Verfügung stellen. Die stille Beteiligung soll im ersten Jahr zinsfrei und nach dem ersten Jahr fix zu 10 % verzinst werden. Sie ist nach zehn Jahren zurückzuzahlen. Der Gründer weist in den Verhandlungen auf eine doppelte Entlohnung für die stille Beteiligung hin: Die 200.000 € sollten ihm ohne weitere Konditionen wie Verzinsung oder Rückzahlung übertragen werden. Nur für dieses „kostenlose" Kapital wurde der Anteil von 40% vereinbart. Nach Vorstellungen des Business Angels solle er jetzt einerseits die Gabe von 100.000 € hoch verzinsen (durch die nachrangige stille Beteiligung), zugleich aber einen Kapitalanteil für eben diese 100.000 € gewährleisten. Diese Doppelzahlung dürfe nicht sein. Vielmehr darf der Business Angel nur einen Anteil von 20 % an der Firma bekommen, für die 100.000 €, die er „kostenfrei" zur Verfügung stellen will. Der Business Angel argumentiert dagegen, dass das Unternehmen sehr riskant sei und eine adäquate Verzinsung für die stille Beteiligung eher bei 20 bis 25 % liegen müsste. Zudem sei das erste Jahr zinsfrei. Darüber hinaus gäbe es ohnehin wenige Kapitalgeber, die ein solches Risiko überhaupt eingehen würden. Final einigen sich beide auf einen Anteil von 30 % für den Business Angel.

In diesem Zusammenhang gilt es, ein wichtiges rechtliches Thema zu beachten. Befindet sich ein Unternehmen in der „Krise", gelten besondere Regelungen. Im Falle einer GmbH oder AG wird eine Unternehmenskrise oftmals dann gesehen, wenn durch Verluste mehr als 50 % des Eigenkapitals verbraucht worden sind. Obwohl eine Krise nicht den Ernstfall einer Insolvenz bedeutet, werden für diesen Fall bereits erste Vorbereitungen für eine mögliche Insolvenz getroffen. Insbesondere will man die Ausschüttung von Kapital an Eigenkapitalgeber verhindern und verbietet diese. Denn Eigenkapitalgeber würden im Insolvenzfall ihr Geld zuletzt bekommen und hätten aufgrund ihres guten Einblicks in den dramatischen Zustand der Gesellschaft den Anreiz, vor der Insolvenz Geld aus der Gesellschaft zu ziehen und den vorrangig zu bedienenden Gläubigern damit zu entziehen. Dabei werden alle Ausschüttungen an Eigenkapitalgeber, ganz besonders solche für die Überlassung von Kapital, gleichermaßen behandelt. Also fallen auch Zinsen für einen Kredit oder eine mezzanine Finanzierungsform, die durch einen Eigenkapitalgeber überlassen wurden, unter diese Ausschüttungssperre. Geschäftsführer und Vorstände haften für die Einhaltung dieser Vorschriften (siehe dazu Teil IX, „Sicherung von Vermögen und Haftungsmasse"). Dieser Umstand ist gerade für Unternehmensgründungen von großer Bedeutung. Denn in dieser Phase erfüllen Unternehmen fast ausnahmslos den erwähnten Zustand der „Krise". Lassen Sie sich hierzu von einem kompetenten Anwalt beraten.

2. Instrumente der mezzaninen Finanzierung

Wie eingangs erwähnt, ist die mezzanine Finanzierung wenig standardisiert oder explizit geregelt. Lediglich die stille Gesellschaft, auch stille Beteiligung genannt, ist in den §§ 230 ff. HGB detaillierter geregelt. Dennoch haben sich bestimmte Vertragsformen etabliert, deren Kenntnis für den Gründer sinnvoll ist.

2.1 Nachrangdarlehen

Nachrangdarlehen sind normale Darlehen, in denen der Kapitalgeber explizit die nachrangige Befriedigung seiner Forderung nach anderen Gläubigern im Falle einer Insolvenz oder Liquidation festschreibt. Je nach konkreter Ausgestaltung könnte damit die Bonität des Unternehmens erheblich verbessert werden, denn das Nachrangdarlehen würde die Haftungsmasse des Unternehmens erweitern und als Teil des wirtschaftlichen Eigenkapitals angesehen werden.

In manchen Fällen erklären Fremdkapitalgeber im Nachhinein explizit den Nachrang ihrer Forderung, um ein in Schwierigkeiten geratenes Unternehmen zu entlasten. Oftmals geschieht dies im Gegenzug zu einer Beteiligung am Gewinn oder dem Unternehmen an sich. Die Strukturierung ist häufig komplex, da der Fremdkapitalgeber vermeiden will, in Konflikt mit den Auswirkungen der Kapitalerhaltungsvorschriften (siehe dazu Teil IX, „Kapitalerhaltungsregeln") zu kommen.

2.2 Partiarische Darlehen

Partiarische Darlehen bezeichnen Darlehen, die teilweise oder vollständig gewinnabhängig vergütet werden. Häufig bestehen noch weitere Abweichungen vom klassischen Kreditvertrag, die aber von der Definition des partiarischen Darlehens nicht abgedeckt werden.

2.3 Stille Gesellschaft

Die stille Gesellschaft ist als eine der wenigen mezzaninen Finanzierungen in Grundzügen gesetzlich geregelt (§§ 230 ff. HGB). Häufig spricht man auch von einer „stillen Beteiligung". Diese Form der mezzaninen Finanzierung wird sehr häufig verwendet.

Die stille Gesellschaft ist eine so genannte „Innengesellschaft". Das Vermögen dieser Gesellschaft geht in das Vermögen des Kapitalempfängers über und tritt nach außen nicht in Erscheinung. Der Gesellschafter der stillen Gesellschaft wird durch eine dem Risiko angemessene Beteiligung am Gewinn des Kapitalempfängers entlohnt. Normalerweise wird die stille Gesellschaft auch am Verlust beteiligt, was jedoch oft vertraglich ausgeschlossen wird. Per Gesetz stehen dem stillen Gesellschafter Informationsrechte entsprechend einem normalen Gesellschafter zu – insbesondere die Einsicht in den Jahresabschluss der Gesellschaft. Diese Rechte werden regelmäßig erheblich erweitert und manchmal auch durch bestimmte Zustimmungserfordernisse ergänzt. Letztere Regelungen bedingen die Zustimmung des stillen Gesellschafters zu bestimmten unternehmerischen Entscheidungen. Diese Informationsrechte und Zustimmungserfordernisse sind ein bedeutender Grund, warum neben Eigenkapital oft auch eine stille Beteiligung an einer Gesellschaft eingegangen wird. Denn erst der schuldrechtliche Charakter der stillen Beteiligung ermöglicht die Einräumung von Rechten, die weit über diejenigen eines normalen Gesellschafters (der nur Eigenkapital gibt) hinausgehen.

Im Rahmen von Unternehmensgründungen werden stille Beteiligungen häufig (aber nicht immer) mit folgenden Charakteristika eingegangen: Die Vergütung erfolgt durch einen fixen Zinssatz, der dem hohen Risiko der Gründung entspricht. Zusätzlich gibt es eine weitere gewinnabhängige Komponente. Die Verlustbeteiligung wird ausgeschlossen. Die Laufzeit ist begrenzt (fünf bis zehn Jahre) und während der Laufzeit durch den Kapitalgeber nicht kündbar. Informationsrechte und Zustimmungserfordernisse sind umfassend. Letztere gelten insbesondere für bedeutsame Handlungen des Managements (z. B. das Eingehen umfangreicher Verbindlichkeiten oder strategische Unternehmensentscheidungen). Häufig wird direkt ein Rangrücktritt gegenüber den anderen Gläubigern der Gesellschaft vereinbart. Manchmal wird er aber erst später erklärt. So kann der Kapitalgeber im Krisenfall (wenn der Überschuldungsstatus des Unternehmens zu bestimmen ist) zusätzlichen Druck auf das finanzierte Unternehmen ausüben. Achten Sie daher unbedingt auf die direkte Erklärung des Rangrücktritts. Der Rangrücktritt sollte explizit auch Zinsforderungen aus der stillen Beteiligung umfassen, da sich auch durch Zinsen eine Überschuldungsproblematik ergeben kann.

Bei der stillen Beteiligung unterscheidet man die „typische" und die „atypische" stille Beteiligung. Die Unterscheidung betrifft im Wesentlichen die bereits weiter oben vorgestellte steuerliche Behandlung der Beteiligung. Bei einer atypischen stillen Beteiligung wird der Gesellschafter als Mitunternehmer angesehen, der „Mitunternehmerinitiative" und „Mitunternehmerrisiko" zeigt. Beide Kriterien werden vermutet, wenn der stille Gesellschafter neben dem Gewinn auch an den stillen Reserven des finanzierten Unternehmens partizipiert. „Stille Reserven" werden dabei als Synonym für Wertsteigerungen der Gesellschaft verstanden. Grundsätzlich können aber auch andere Vertragsgestaltungen die oben genannten Kriterien „Mitunternehmerinitiative" und „Mitunternehmerrisiko" erfüllen. Wird die Beteiligung als atypisch eingestuft, werden die Ausschüttungen als Gewinnausschüttungen angesehen und sind beim finanzierten Unternehmen nicht mehr als Betriebsausgaben ansetzbar. Die finanziellen Folgen für das finanzierte Unternehmen können erheblich sein.

2.4 Wandelschuldverschreibungen

Eine Wandelschuldverschreibung ist eine Schuldverschreibung (ein Darlehen), die das Recht zur Wandlung des geschuldeten Kapitals in Gesellschaftsanteile enthält. Dabei kommt dem Wandlungsverhältnis besondere Bedeutung zu. Wenn der Wert der erwandelbaren Anteile den Rückzahlungswert (i. d. R. der Nominalwert) der Schuldverschreibung übersteigt, ist es für den Inhaber der Schuldverschreibung attraktiv, zu wandeln und die erworbenen Anteile später zu veräußern. Eine einfache Veräußerung setzt voraus, dass die Anteile an einer Börse gehandelt werden. Für die Durchführung der Wandlung ist eine Kapitalerhöhung erforderlich, denn die Gesellschaft muss dazu neue Anteile ausgeben. Wandelschuldverschreibungen entfalten aufgrund ihrer Komplexität und der notwendigen Rahmenbedingungen ihre Wirkung erst bei größeren Unternehmen und werden daher zur Finanzierung von Gründungen selten genutzt.

2.5 Genussrechte

Bei Genussrechten wird als Vergütung für die Kapitalüberlassung ein Recht am Gewinn oder eine Beteiligung am Vermögen des finanzierten Unternehmens eingeräumt. Die Vergütung kann auch ein fixer Zinssatz sein, der – aufgrund des höheren Risikos gegenüber reinem Fremdkapital, z. B. aufgrund fehlender Besicherungen – über dem Zins für wenig riskantes Fremdkapital liegt. Als Unterschied zum Eigenkapital werden dem Kapitalgeber aber keine Entscheidungsrechte eingeräumt. Eine Einflussnahme auf die Gesellschaft ist daher nicht möglich. Darüber hinaus sind die Kapitalüberlassungen oftmals von begrenzter Dauer und damit zurückzuzahlen.

Häufig werden die Genussrechte in einer Urkunde verbrieft und heißen dann Genussscheine. Damit werden sie leichter übertragbar und sicherer. Zudem können sie so an einem Kapitalmarkt gehandelt werden. Genussscheine werden häufig von Unternehmen herausgegeben, deren Anteile zwar nicht an einem Kapitalmarkt gelistet sind, die aber dennoch Kapital gegen die Einräumung eigenkapitalähnlicher Rechte vom Kapitalmarkt erhalten wollen. Auch die Investitionen von Business Angels werden manchmal über Genussrechte bzw. Genussscheine durchgeführt.

Förderungen

Aus der deutschen Wirtschaft sind Förderungen nicht wegzudenken. Unter Förderung wird eine Hilfe durch den Staat bzw. eine staatlich getragene Institution verstanden. Förderungen sollen ein Marktversagen bei der Finanzierung von Unternehmen ausgleichen und dafür sorgen, dass unter normalen Marktumständen nicht zustande kommende Geschäfte dennoch getätigt werden. Im Bereich der Unternehmensfinanzierung von kleineren und mittleren Unternehmen spielen Förderungen eine wichtige Rolle. Dies gilt über alle Lebensphasen eines Unternehmens hinweg: Gründung, Wachstum, Sicherung und Krise.

Viele Unternehmensgründungen werden heute durch Nachrangdarlehen der staatseigenen KfW Mittelstandsbank oder der Förderbanken der Bundesländer überhaupt erst ermöglicht, weil private Banken das mit der Finanzierung verbundene Risiko alleine nicht tragen würden. Viele deutsche Venture-Capital-Gesellschaften existieren überhaupt nur, weil sie auf die haftungsbefreiten Refinanzierungsoptionen der KfW Mittelstandsbank zurückgreifen können. Generell hat die deutsche Risikokapitalszene durch diese Förderungen überhaupt erst eine gewisse Breitenwirkung erreicht.

Es gibt zahlreiche Institutionen, die Förderungen direkt oder in Zusammenarbeit mit anderen Organisationen vergeben. Eine zentrale Stellung in Deutschland hat die KfW Mittelstandsbank. Zudem hat jedes Bundesland eine eigene Förderbank. Diese sollten die zentralen Anlaufstellen für Sie als Gründer sein. Die meisten Programme werden über diese Banken abgewickelt. Darüber hinaus sind die deutschen Ministerien und staatsnahe Organisation sowie die EU-Kommission weitere Erfolg versprechende Anlaufstellen. Daneben gibt es auch eine Reihe privatwirtschaftlicher Initiativen, getragen von Verbänden oder Unternehmen. Einen Gesamtüberblick über die Förderlandschaft in Deutschland gibt es bislang leider nicht.

1. Darlehen und Bürgschaften

Mit den Förderinstrumenten Darlehen und Bürgschaft soll das Risiko der privatwirtschaftlichen Banken reduziert werden. Vielfach gilt daher auch das so genannte „Hausbank-Prinzip": Sie müssen die Förderung über Ihre Hausbank beantragen, die dann für die Abwicklung zuständig ist. Dieses Verfahren ist nicht unproblematisch: Zwar sinkt das Risiko der Hausbank, jedoch steigt der Bearbeitungsaufwand, und die Refinanzierung über die Förderung drückt die Marge weiter. Manche Hausbanken lehnen daher die Mithilfe ab. Sie müssen sich dann an dritte Institute wenden, die als Hausbank fungieren wollen.

Förderdarlehen erhalten durch folgende Merkmale gegenüber einem normalen Darlehen den Charakter der Förderung: niedrigere Verzinsung, längere tilgungsfreie Zeit, Erfordernis von wenigen oder keinen Sicherheiten, Ausgestaltung als Nachrangdarlehen (und damit Verbreiterung der Haftungsbasis des Unternehmens) ohne entsprechende Vergütung für das höhere Risiko und Haftungsfreistellungen der durchleitenden Hausbank.

Bürgschaften erhalten durch die Vergabe an sich sowie entsprechend günstige Konditionen einen Charakter als Förderung. Derartige Bürgschaften werden von den Bürgschaftsbanken der Bundesländer eingegangen. Übersteigt die Bürgschaft den Wert von 0,75 bis 1 Mio. €, ist die KfW Mittelstandsbank zuständig. Für die Bürgschaften sind eine einmalige Bearbeitungsgebühr (ca. 1,5 % der Kreditsumme) und eine laufende Provision fällig (ca. 1 % der verbürgten Summe). Die Bürgschaft beträgt bis zu 80 % der Kreditsumme, die für die Hausbank eine konkrete Sicherheit darstellt.

Es gibt zahlreiche Förderdarlehen mit jeweils speziellen Voraussetzungen und Konditionen. Die KfW deckt mit ihrem Programm vielfältige Bedürfnisse ab. Wichtige Förderdarlehen der KfW sind in Tabelle 41 dargestellt.

Programm	Was wird gefördert? (Auszug)	Wie wird gefördert? (Auszug)
Mikro Darlehen (KfW)	▪ Kleinstgründungen, auch als Nebenerwerb oder aus der Arbeitslosigkeit heraus ▪ Förderung: Gründung bis zu einer Festigungsphase von bis zu drei Jahre nach Aufnahme der Tätigkeit	▪ Voraussetzung: Hausbank muss finanzieren wollen ▪ Hausbank ist zu 80 % von Haftung für KfW-Kapital freigestellt ▪ Darlehen bis 25.000 € bis zu 100 % der förderfähigen Kosten, abgewickelt über die Hausbank ▪ Reduzierte Sicherheiten durch Haftungsfreistellung der Hausbank durch KfW ▪ Laufzeit 5 Jahre, üblicher Zinssatz

Programm	Was wird gefördert? (Auszug)	Wie wird gefördert? (Auszug)
Startgeld (KfW)	■ Kleinere Gründungen, auch als Nebenerwerb oder aus der Arbeitslosigkeit heraus ■ Förderung: Sachinvestitionen, Warenlager, Betriebsmittel	■ Voraussetzung: Hausbank muss finanzieren wollen ■ Hausbank ist zu 80 % von Haftung für KfW-Kapital freigestellt ■ Darlehen bis 50.000 € bis zu 100 % der förderfähigen Kosten, abgewickelt über die Hausbank ■ Reduzierte Sicherheiten durch Haftungsfreistellung der Hausbank durch KfW ■ Laufzeit 10 Jahre, üblicher Zinssatz
Unternehmerkapital: ERP-Kapital für Gründung (KfW)	■ Natürliche Person, die Vollexistenz anstrebt und qualifiziert ist, sowie Unternehmer bis 2 Jahre nach Aufnahme der Tätigkeit. ■ Förderung: Gewerbliche und freiberufliche Unternehmensgründungen und -übernahmen sowie Investitionen bis 2 Jahre nach Gründung	■ Voraussetzung: Hausbank muss finanzieren wollen und Kapitalnehmer muss 7,5 % (Ost) oder 15 % (West) Eigenmittel einbringen (Eigenleistungen sind anrechenbar) ■ Hausbank ist von Haftung für KfW-Kapital freigestellt ■ Nachrangdarlehen bis 0,5 Mio. € und bis 75 % der förderfähigen Kosten, abgewickelt über die Hausbank ■ Keine Sicherheiten durch Kapitalnehmer, aber Gründer haftet persönlich ■ Laufzeit 15 Jahre, 7 Jahre tilgungsfrei, Zinsen erhöhen sich über die ersten 5 Jahre auf vollen Zinssatz (ca. 6 %)

Programm	Was wird gefördert? (Auszug)	Wie wird gefördert? (Auszug)
Unternehmerkapital: ERP-Kapital für Wachstum (KfW)	■ Unternehmer, Unternehmen und Freiberufler, deren Geschäftsaufnahme zwei bis fünf Jahre zurückliegt ■ Förderung: alle Arten von Investitionen, auch in Warenlager und für Übernahmen	■ Voraussetzung: Hausbank muss mindestens in gleicher Höhe finanzieren wollen ■ Hausbank ist von Haftung für KfW-Kapital freigestellt ■ Nachrangdarlehen bis 0,5 Mio. € und bis 40 % der förderfähigen Kosten, abgewickelt über die Hausbank ■ Keine Sicherheiten durch Kapitalnehmer, aber Unternehmer haftet persönlich ■ Laufzeit 15 Jahre, 7 Jahre tilgungsfrei
Unternehmerkapital: Kapital für Arbeit und Investitionen (KfW)	■ Unternehmer, Unternehmen und Freiberufler, deren Geschäftsaufnahme mehr als fünf Jahre zurück liegt ■ Förderung: alle Arten von Investitionen, die Arbeitsplätze schaffen oder erhalten	■ Voraussetzung: Hausbank muss finanzieren wollen ■ Darlehen bis 2 Mio. € (50 % reines Fremdkapital, 50 % Nachrangdarlehen) bis 100 % der förderfähigen Kosten, abgewickelt über die Hausbank ■ Hausbank ist von Haftung für KfW-Nachrangdarlehen freigestellt ■ Keine Sicherheiten durch Kapitalnehmer für Nachrangdarlehen, normale Sicherheiten für Fremdkapital ■ Laufzeit 10 Jahre, schneller Tilgungsstart für Fremdkapital

Programm	Was wird gefördert? (Auszug)	Wie wird gefördert? (Auszug)
Unternehmerkredit	▪ Unternehmer, Unternehmen und Freiberufler, deren Geschäftsaufnahme mehr als fünf Jahre zurückliegt ▪ Förderung: alle Arten von Investitionen, auch in Warenlager und für Übernahmen	▪ Voraussetzung: Hausbank muss finanzieren wollen ▪ Darlehen bis 5 Mio. € bis zwischen 50 % und 100 % der förderfähigen Kosten, abgewickelt über die Hausbank ▪ Hausbank ist bis zu Kreditsumme von 2 Mio. € von 40 % bis 50 % der Haftung für KfW-Darlehen freigestellt ▪ Normale Sicherheiten gefordert ▪ Laufzeit 10 Jahre, schneller Tilgungsstart für Fremdkapital ▪ Günstige Zinsen

Tabelle 41:   *Förderdarlehen zur Unternehmensfinanzierung*

2. Zuschüsse der Bundesagentur für Arbeit

Es gibt einige Möglichkeiten, eine Selbständigkeit durch Förderungen von der Bundesagentur für Arbeit unterstützt zu bekommen. Die Unterstützungen sind echte Zuschüsse, d. h. nicht rückzahlbar und zudem steuerfrei. Voraussetzung dafür ist jedoch das Vorliegen eines Anspruchs auf Arbeitslosengeld I oder II. Die Möglichkeiten unterscheiden sich stark voneinander und sollen im Folgenden vorgestellt werden. Einen Gesamtüberblick gibt Abbildung 27.

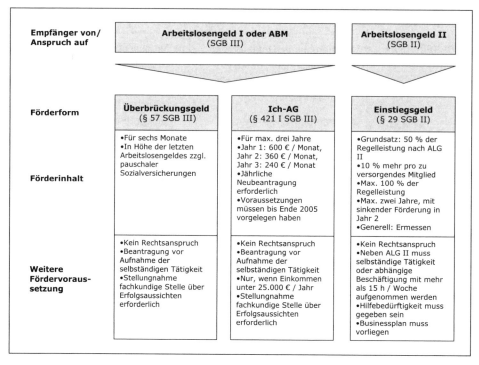

Abbildung 27: *Gründungsförderung der Bundesagentur für Arbeit*

2.1 Überbrückungsgeld

Das Überbrückungsgeld soll Arbeitslose, insbesondere gerade arbeitslos gewordene Menschen schnell in die Selbständigkeit führen. Die Höhe entspricht dem Arbeitslosengeld zzgl. dem Betrag für die Sozialversicherungen, die der Förderempfänger mit Beginn der Selbständigkeit selbst zahlen muss (und der vorher von der Bundesagentur direkt gezahlt wurde). Als Empfänger von Überbrückungsgeld sind Sie normaler Selbständiger und damit im Regelfall nicht pflichtmäßig in der gesetzlichen Rentenversicherung, Kranken- und Pflegeversicherung Mitglied. Im Vergleich zum Existenzgründungszuschuss ist die Förderdauer mit sechs Monaten kurz, dafür aber die Förderhöhe vergleichsweise hoch. Empfänger von Überbrückungsgeld können beliebig viel dazuverdienen, es gibt keine Obergrenzen. Insgesamt muss das Einkommen der Bundesagentur für Arbeit auch nicht mitgeteilt werden. In Summe ist das Überbrückungsgeld für Gründer geeignet, die arbeitslos sind und schnell eine größere, allerdings oft selbstfinanzierte Gründung planen.

Funktioniert die Selbständigkeit nicht, kann man innerhalb von vier Jahren nach Beginn der Arbeitslosigkeit erneut in die Arbeitslosigkeit zurückkehren und einen verbleibenden Restanspruch ausnutzen. Das Überbrückungsgeld mindert den Restanspruch nicht.

Neben der Voraussetzung des Anspruchs auf Arbeitslosengeld I wird Ihre Gründungsidee überprüft. Dazu ist ein Businessplan aufzusetzen, der sowohl Ihre persönliche Befähigung wie auch das Potential und die Validität Ihrer Geschäftsidee aufzeigt. Die entsprechenden Abschnitte über Geschäftsplanung und Businessplan sind also für Empfänger von Überbrückungsgeld relevant. Die Prüfung ist von fachkundigen Stellen durchzuführen. Dies können insbesondere Industrie- und Handelskammern, Handwerkskammern, berufsständische Kammern, Fachverbände und Kreditinstitute sein. Auch Existenzgründerberater werden vereinzelt als Prüfer akzeptiert.

2.2 Existenzgründungszuschuss („Ich-AG")

Mit dem Existenzgründungszuschuss soll der Gründer über eine längere Zeit, bis zu drei Jahre, begleitet werden. Er ist insbesondere auf Gründungen im Dienstleistungsbereich zugeschnitten, deren Einnahmepotential nicht sehr groß ist. Von daher wird er nur bis zu einer Einkommenshöhe von 25.000 € pro Jahr gewährt.

Der Zuschuss ist fix strukturiert: monatlich 600 € im ersten Jahr, 360 € im zweiten Jahr, 240 € im dritten Jahr. Die Empfänger sind pflichtversichert in der gesetzlichen Rentenversicherung, allerdings besteht die Wahl zwischen einem einkommensabhängigen Beitrag (gegenwärtig 19,5 % des Arbeitseinkommens) oder einer Pauschale. In der Kranken- und Pflegeversicherung hat der Gründer dagegen ein normales Wahlrecht zwischen gesetzlicher und privater Versicherung. Bei einer freiwilligen Versicherung in der gesetzlichen Krankenkasse wird ein niedriges fiktives Einkommen zugrunde gelegt, welches zu einem moderaten Beitragssatz führt.

Funktioniert die Selbständigkeit mit der Ich-AG nicht, kann man innerhalb von vier Jahren nach Beginn der Arbeitslosigkeit erneut in die Arbeitslosigkeit zurückkehren und einen verbleibenden Restanspruch ausnutzen. Der Existenzgründungszuschuss mindert den Restanspruch nicht.

Neben der Voraussetzung des Anspruchs auf Arbeitslosengeld I wird Ihre Gründungsidee überprüft. Hier gelten die Vorschriften zum Überbrückungsgeld analog. Dazu ist ein Businessplan aufzusetzen, der sowohl Ihre persönliche Befähigung wie auch das Potential und die Validität Ihrer Geschäftsidee aufzeigt. Die entsprechenden Abschnitte über Geschäftsplanung und Businessplan sind also für Empfänger des Existenzgründungszuschusses relevant. Die Prüfung ist von fachkundigen Stellen durchzuführen. Dies können insbesondere Industrie- und Handelskammern, Handwerkskammern, berufsständische Kammern, Fachverbände und Kreditinstitute sein. Auch Existenzgründerberater werden vereinzelt als Prüfer akzeptiert.

Die Ich-AG war zunächst bis zum 31.12.2005 begrenzt und ist nun bis zum 30.06.2006 verlängert worden. Zum Redaktionsschluss war nicht klar, ob das Programm danach weiter geführt wird. Aus der Politik sind unterschiedliche Töne zu hören. Die Nutzung der Ich-AG scheint aber einer der wenigen Erfolgsstories der Hartz-Reformen gewesen zu sein. Von daher besteht Hoffnung, dass das Programm weitergeführt wird.

2.3 Einstiegsgeld

Einstiegsgeld ist das Pendant zur Ich-AG für Empfänger von Arbeitslosengeld II. Es wird für max. zwei Jahre gewährt. Das Einstiegsgeld ist allerdings deutlich weniger klar geregelt. Es fördert auch nicht speziell eine Gründung, sondern wird auch zusätzlich zur Aufnahme einer abhängigen Beschäftigung gezahlt, wenn die Voraussetzungen vorliegen. Insgesamt muss eine Hilfebedürftigkeit des Antragstellers vorliegen und die geplante Tätigkeit zur Abstellung der Hilfebedürftigkeit geeignet sein. Die Höhe der Förderung zeigt, dass vor allem Kleingründungen unterstützt werden sollen.

Die Grundförderung liegt bei 50 % der Regelleistung nach ALG II, d. h. ca. 150 €. Muss der Antragsteller noch für andere Personen aufkommen, erhöht sich die Förderung um jeweils 10 % pro Bedürftigem. Mehr als 100 % sollen jedoch nicht gewährt werden. Wird eine Förderung über zwei Jahre gewährt, soll der Fördersatz im zweiten Jahr geringer sein als im ersten Jahr.

Insgesamt obliegt die Entscheidung über die Gewährung und deren Höhe dem Mitarbeiter der Bundesagentur. Dazu muss der Empfänger im Falle des Anstrebens einer Selbständigkeit einen Businessplan vorlegen und seine Eignung nachweisen. Hier erfolgt die Prüfung aber durch den Mitarbeiter der Bundesagentur für Arbeit.

3. Sonstige Zuschüsse

Es gibt eine Vielzahl regional begrenzter und branchenabhängiger Förderungen in Form von Zuschüssen. Diese Programme sind oft wirtschaftspolitisch motiviert. Der Fokus liegt daher vielfach auf Industrien, von denen man sich langfristig eine Stärkung des Standorts Deutschlands erhofft. Vorausgesetzt werden innovative Ideen, in unterschiedlichen Definitionen des Begriffs „innovativ". Einen Gesamtüberblick über diese Programme gibt es nicht. Ausgangspunkt zur Suche können die Homepages von Ministerien, der EU oder Online-Förderdatenbanken sein.

Hier sollen drei Programme vorgestellt werden, die für nahezu alle Gründer gültig und daher von Interesse sind.

3.1 Investitionszulage

Die Investitionszulage begünstigt Investitionen in den neuen Bundesländern bis zum Ende des Jahres 2006. Berechtigte Unternehmen haben ein Recht auch die Auszahlung der Investitionszulage, wenn sie die Voraussetzungen erfüllen. Ansonsten gibt es keine Ermessensentscheidungen. Die Investitionszulage ist damit ein einmaliges Förderinstrument.

Wesentliche Voraussetzung ist die Steuerpflichtigkeit mit Einkommen- oder Körperschaftsteuer, die aber fast immer erfüllt wird. Dazu muss das Unternehmen ein Betrieb des verarbeitenden Gewerbes oder ein Betrieb der produktionsnahen Dienstleistungen sein. Begünstigt werden die Erstanschaffung und -herstellung von neuen abnutzbaren beweglichen Wirtschaftsgütern des Anlagevermögens sowie von Immobilien.

Die Investitionszulage beträgt grundsätzlich 12,5 % der Investitionskosten, wird jedoch für KMU auf in der Regel 25 %, maximal auf 27,5 % erhöht. Allgemein geltende Fördergrenzen wie die De-Minimis-Grenzen der EU sind aber einzuhalten. Die Investitionszulage wird steuerneutral ausgezahlt und steht damit voll zur Finanzierung zur Verfügung. Die Investitionszulage ist beim Finanzamt zu beantragen.

3.2 Gemeinschaftsaufgabe

Im Rahmen der Gemeinschaftsaufgabe zur „Verbesserung der regionalen Wirtschaftsstruktur" (GA) werden Investitionen von gewerblichen Unternehmen in bestimmten Fördergebieten als Zuschuss gefördert. Mit dem Investitionsvorhaben müssen im Fördergebiet neue Dauerarbeitsplätze geschaffen oder vorhandene gesichert werden. Dauerarbeitsplätze sind solche, die mindestens fünf Jahre erhalten bleiben. Förderfähig sind in der Regel sowohl die Erstanschaffungs- und -herstellungskosten bei Investitionen sowie auch bestimmte Lohnkosten. Die Förderung nach der Gemeinschaftsaufgabe ist bei der Bezirksregierung oder manchmal auch bei der Förderbank des jeweiligen Bundeslandes zu beantragen.

Die Höhe der Förderung schwankt abhängig von der Region, in der die Betriebsstätte des geförderten Unternehmens ansässig ist sowie abhängig von der Größe des antragstellenden Unternehmens. Der aktuelle Rahmenplan zur Gemeinschaftsaufgabe ist entscheidend für die Details. Die Fördergebiete werden in der Regel in A bis E unterteilt. Die wirtschaftlich schwächsten Regionen sind mit A gekennzeichnet. Nach dem aktuellen 33. Rahmenplan können KMU in A-Fördergebieten eine Förderquote bis zu 50 % erhalten, größere Unternehmen bis 35 %. In D- und E-Fördergebieten sind dies entsprechend 15 % und 7,5 %.

Es besteht kein Recht auf diesen Zuschuss. Bei der Antragstellung sind vielmehr die Erfolgsaussichten der Investition überzeugend darzulegen. Daneben muss plausibel gemacht werden, wie die nach der Förderung verbleibende Finanzierungslücke gefüllt werden soll.

Die Antragstellung muss vor dem Beginn des Vorhabens erfolgen. Dieser Grundsatz wird strikt eingehalten und hat schon oft zu Problemen geführt. Sie müssen die Antragsunterlagen unbedingt vor dem Beginn des zu fördernden Projekts einreichen. Der Beginn des zu fördernden Projekts muss aber nicht die Gründung des Unternehmens sein – denn auch bestehende Unternehmen können sich bewerben. Vielmehr dürfen die Ausgaben, deren Bezuschussung Sie beantragt haben, nicht vorab getätigt werden. Sie müssen später zur Auszahlung der Förderung die entsprechenden Rechnungen vorlegen.

3.3 Wettbewerbe

Zuschüsse werden oft in Form von Wettbewerben vergeben. Es gibt regionale sowie überregionale Wettbewerbe, manche auf Branchen beschränkt, manche offen. Die Teilnahme an Wettbewerben erfordert in der Regel die Einreichung eines schlüssigen Konzepts. Vielfach gibt es mehrere Runden. Je weiter man kommt, umso detaillierter muss das Konzept werden.

Die Gewinner erhalten Geldpreise, manchmal auch Sachpreise. Daneben fördern Wettbewerbe die Bekanntheit der Gewinner und ermöglichen Geschäftskontakte auf einer Ebene, die Ihnen als Gründer vorher verwehrt waren. Von daher lohnt sich die Teilnahme an Wettbewerben. Beachten Sie aber unbedingt: Der Gewinn z. B. eines Businessplan-Wettbewerbs, egal mit welcher Jury von Gutachtern, ist kein Freibrief für ein erfolgreiches Unternehmen. Halten Sie daher Ihren Aufwand bei solchen Wettbewerben in Grenzen.

4. Beteiligungskapital

Obwohl viele Programme mit dem Begriff Beteiligungskapital verbunden sind, handelt es sich selten um wirkliches Eigenkapital, welches ein Gesellschafter aufbringt. Vielmehr handelt es sich oft um fest verzinsliches mezzanines Kapital, das zurückzuzahlen ist, für das aber ein Nachrang gestellt wird. Dieses stützt die Haftungsmasse des Unternehmens und stellt daher oft wirtschaftliches Eigenkapital dar.

Auch gilt hierbei regelmäßig ein dem Hausbank-Prinzip ähnliches Prinzip. Die fördernde Institution interagiert so gut wie nie direkt mit dem zu finanzierenden Unternehmen – mit Ausnahme von Beratungen auf dem Weg zur Förderung. Vielmehr werden so genannte „Leadinvestoren" gefordert, die das Unternehmen maßgeblich finanzieren und betreuen. Die fördernde Institution orientiert sich dann an diesen Leadinvestoren. Dies ist oft der Fall bei der tbg. Die KfW wiederum refinanziert andere Kapitalgeber, z. B. Venture-Capital-Gesellschaften, und stellt diese im Falle einer Insolvenz des geförderten Unternehmens von einem großen Teil der Haftung für diese Refinanzierung frei. Tabelle 42 zeigt Beteiligungsprogramme der KfW Mittelstandsbank.

Programm	Was wird gefördert? (Auszug)	Wie wird gefördert? (Auszug)
ERP-Startfonds: Frühphase	Voraussetzung: ■ Technologisch orientierte, innovative Geschäftsidee ■ Förderung: Investition in Aufbaukosten ■ Nicht älter als sechs Monate Förderung: ■ Gesamte Geschäftsidee	■ Max 150.000 € ■ Als Genussrechtskapital ■ Betreuungsinvestor gefordert (im Sinne eines Coach)
ERP-Startfonds	Voraussetzung: ■ Technologisch orientierte, innovative Geschäftsidee ■ Nicht älter als fünf Jahre Förderung: ■ Gesamte Geschäftsidee	■ Max. 3 Mio. € pro Unternehmen, max. 1,5 Mio. € bei Erstfinanzierung ■ Leadinvestor gefordert ■ Laufzeit, Konditionen und Beteiligungsform richten sich nach Beteiligung des Leadinvestors
ERP-Beteiligungsprogramm	■ Voraussetzung: Unternehmen ist KMU ■ Förderung: zahlreiche Maßnahmen inkl. Investitionen und Restrukturierung	■ Förderung eines Beteiligungsgebers ■ Programm sorgt für die Refinanzierung bzw. eine Garantie für den Beteiligungsgeber zwischen 75–85 % bis 1 Mio. €

Programm	Was wird gefördert? (Auszug)	Wie wird gefördert? (Auszug)
EK für den breiten Mittelstand	Voraussetzung: ■ Unternehmen ist KMU ■ Seit mindestens fünf Jahren am Markt ■ Profitabel Förderung: ■ Geschäftsausweitung	■ Volumen von 1 bis 5 Mio. € ■ Laufzeit sechs bis acht Jahre
ERP-Innovationsprogramm – Beteiligungsvariante	■ Voraussetzung: KMU mit innovativer Geschäftsidee ■ Förderung: Investition in Forschung und Entwicklung sowie Markteinführung	■ Förderung eines Beteiligungsgebers ■ Programm sorgt für die Refinanzierung bzw. eine Garantie für den Beteiligungsgeber zwischen 75–85 % bis 5 Mio. € ■ Beteiligungsgeber zu 60 % von der Haftung für Refinanzierung frei gestellt
KfW-Risikokapitalprogramm	■ Voraussetzung: KMU, insbesondere mit innovativer Geschäftsidee ■ Förderung der Geschäftsausweitung	■ Absicherung eines Beteiligungsgebers von max. 50 % bis zu einer Beteiligung von max. 5 Mio. €
KfW-Beteiligungsfonds (Ost)	■ Voraussetzung: KMU in Ostdeutschland ■ Förderung: zahlreiche Maßnahmen inkl. Investitionen und Restrukturierung	■ Förderung eines Beteiligungsgebers ■ Beteiligungsgeber erhält Refinanzierung bis zu 100 % seiner Beteiligung bis 5 Mio. € ■ Beteiligungsgeber zu 50 % von der Haftung für Refinanzierung frei gestellt

Tabelle 42:   Geförderte Beteiligungen zur Unternehmensfinanzierung

5. Sicherung von Förderungen

Es ist nicht einfach, sich im deutschen „Förderdschungel" zurechtzufinden. Zahlreiche Organisationen vergeben Förderungen, mit oftmals nicht direkt erkennbaren Unterschieden. Umfangreiche Regelwerke mit dem Neuling oft unklaren Begriffen regulieren die Förderung. Die Antragstellung ist aufwendig und ein kleiner Fehler kann oft zur Ablehnung der sehr spezifisch ausgestalteten Förderungen führen. Die Auszahlung der Förderung sowie spätere Überprüfungen sind unter Umständen mit erheblichem Aufwand verbunden. Viele Unternehmen sehen daher von der Beschäftigung mit Fördergeldern ganz ab.

Dennoch sind Förderungen für viele Unternehmen notwendig, für andere eine sehr willkommene Zugabe. Sie haben drei Möglichkeiten, mit dem Förderdschungel umzugehen: Sie holen sich professionelle Hilfe von Dritten, Sie nutzen die Beratung des Förderinstituts oder Sie müssen sich selbst durchkämpfen. Manchmal ist Ihnen auch Ihre Hausbank behilflich, aber die Unterstützung hält sich dann in Grenzen.

Professionelle Hilfe in Form von Förderberatern ist weit verbreitet. Wie immer entscheiden hier Qualität und Motivation des Beraters über den Erfolg. Die Qualität können Sie anhand von Referenzen herausfinden. Scheuen Sie nicht davor zurück, die angegebenen Kontakte selbst anzurufen. Trotz der eventuellen Sicherstellung der Förderung durch den Berater muss dieser nicht unbedingt professionell gewesen sein. Die Motivation hängt entscheidend vom Gebührenmodell ab. Es gibt viele Berater, die rein erfolgsbasiert arbeiten. Die Gebühren sollten dann nicht mehr als 15 % der erfolgreich gesicherten Fördersumme betragen, mit abnehmender Tendenz bei größeren Summen. Das Modell funktioniert am besten, wenn es sich um Zuschüsse handelt, die nicht zurückgezahlt werden müssen. Es kann aber auch auf zurückzahlbare Förderungen angewendet werden, dann jedoch zu deutlich niedrigeren Gebührensätzen. Andere Förderberater hingegen nehmen fixe Gebühren je nach Aufwand, wobei das Ziel des Aufwands zwischen der Nennung geeigneter Programme und der Begleitung bis hin zum Zuwendungsbescheid und der anschließenden Abwicklung geht. Daneben gibt es natürlich noch kombinierte Gebührenmodelle. Es ist offensichtlich, welches Gebührenmodell den Berater am stärksten motiviert: das Erfolgsabhängige. Der Berater braucht aber natürlich eine Sicherheit, dass Sie nicht mitten im Prozess aussteigen. Hier kann man sich auf eine geringe fixe Gebühr im Falle eines unbegründeten Abbruchs einigen. Wenn Sie keinen Berater finden, der erfolgsabhängig arbeitet, müssen Sie ganz besonders auf das vereinbarte Aufgabenspektrum achten. Die typischen Schritte sind: Identifizierung eines geeigneten Programms, Prüfung der Voraussetzungen, Antragstellung, Korrespondenz mit dem Förderinstitut, Prüfung des Zuwendungsbescheids und Abwicklung der Förderung (Zahlungen, Belege, Abschlussberichte).

Die Förderinstitute selbst bieten oftmals eigene Beratungen an, was eine gute Möglichkeit darstellt, da die Beratung kostenlos und der Berater oft motiviert ist. Denn das Geschäft der Förderinstitute ist die Vergabe von Förderungen. Hier gilt „je mehr, desto besser", nicht umgekehrt. Denn die Vergabe vieler Förderungen erhält das Programm, das Institut und den Arbeitsplatz. Zudem hat diese Konstellation den Vorteil, dass der Berater Ihren Antrag vor der Abgabe informell prüfen lassen kann. Sie sollten den institutseigenen Berater unbedingt darauf hinweisen, wenn er es nicht selbst vorschlägt. So können Sie notwendige Korrekturen vorab einfügen. Der Nachteil bei diesen Beratungen ist aber der fehlende Überblick. Der Fokus der Beratungen ist auf das eigene Programm oder Institut begrenzt. Sie müssen also vorab wissen, was Sie wollen.

Die dritte Alternative, sich selbst durchzukämpfen, kann Geld sparen. Sie sollten es aber nicht komplett allein versuchen, wenn Sie das erste Mal eine Förderung beantragen. Denn dem von Ihnen investierten Zeitaufwand sollte zumindest eine Chance auf Erfolg gegenüberstehen.

Wie auch immer Sie vorgehen, vermeiden Sie folgende Standardfehler bei der Beantragung von Förderungen:

- **Antragstellung vor Beginn des Vorhabens.** Viele Förderungen setzen voraus, dass das zu fördernde Vorhaben zum Zeitpunkt der Antragstellung noch nicht begonnen wurde. Stellen Sie daher dies unbedingt sicher, indem Sie den Antrag rechtzeitig stellen, das Vorhaben richtig abgrenzen und keine Ausgaben vor dem Zeitpunkt der Antragstellung vornehmen. Wenn Sie hier einen Fehler machen, bekommen Sie die Förderung entweder erst gar nicht ausgezahlt oder müssen diese zurückzahlen.

- **Höchstgrenze der Förderungen.** Förderungen dürfen in bestimmten Fällen kumulierte Höchstgrenzen nicht überschreiten. Ein Grund ist die Gleichbehandlung im Rahmen der EU, wo der Staat nur begrenzt in den Wettbewerb der Unternehmen untereinander eingreifen soll. Daher wurde die „De-Minimis-Regel" eingeführt, die die Summe der Förderungen in einem Zeitraum von drei Jahren auf eine maximale Höhe von 100.000 € begrenzt. Da sich Förderungen der Art nach unterscheiden (ein verbilligter Kredit ist anders zu behandeln als ein Zuschuss), wird jeder Förderung ein so genanntes „Subventionsäquivalent" zugewiesen. Die Höchstgrenze zählt für die addierten Subventionsäquivalente. Ihr Förderinstitut kann Ihnen das Subventionsäquivalent für Ihre Förderung nennen. Sie als Antragsteller sind verantwortlich für die Einhaltung der De-Minimis-Regel. Wenn Sie diese nicht beachten, müssen Sie das Geld unter Umständen zurückzahlen. Sollten Sie mit Ihren Förderungen die Höchstgrenze überschreiten, ist eine Genehmigung der EU erforderlich.

- **Definition von KMU.** Viele Förderungen sind nur für KMU (kleine und mittlere Unternehmen) zugänglich. Die EU wechselt, entsprechend den aktuellen Verhältnissen, die Definition von KMU in regelmäßigen Abständen. Normalerweise erfüllen Unternehmen diese Voraussetzungen, da es sich um zweistellige Millionenbeträge bei Umsatz und Bilanzsumme sowie mittlere dreistellige Mitarbeiterzahlen handelt. Oftmals wird jedoch übersehen, dass auch die Beteiligungsverhältnisse am Unternehmen eine Rolle spielen. Wesentlich beteiligte Gesellschafter (man geht hier von mindestens 25 % Beteiligung aus) müssen ebenfalls die KMU-Kriterien erfüllen. Eine Ausnahme wird bei Venture-Capital-Gesellschaften gemacht. Prüfen Sie die Voraussetzungen für die Inanspruchnahme von

Förderungen daher sehr genau. Bei Gründungen beteiligen sich manchmal Großunternehmen als strategische Partner (oder sehr reiche Privatpersonen mit strategischen Zielen), die diese Kriterien nicht erfüllen. Die Beteiligung kann direkt bei Gründung oder auch im späteren Verlauf erfolgen. Auf jeden Fall müssen Sie Ihre Förderung daraufhin überprüfen und einen solchen Wechsel in der Gesellschafterstruktur dem Förderinstitut mitteilen. Wenn sich im Nachhinein herausstellt, dass Sie die Kriterien nicht erfüllen, müssen Sie das Geld zurückzahlen.

- **Zusage unsicher.** Die Zusage der allermeisten Förderungen ist unsicher. Rechtsanspruch besteht außer bei der Investitionszulage so gut wie nie. Wenn die Fördcrung unternehmenskritisch ist, starten Sie Ihr Vorhaben nicht vor einer Zusage.

Leasing, Miete und Ratenkauf

Die meisten Finanzierungsarten sind nicht an konkret zu erwerbende Sachen gebunden. Daher erfordern sie die eingehende Bewertung der Geschäftsidee eines Gründers oder des gesamten laufenden Geschäfts eines Unternehmens. Im Gegensatz dazu gibt es aber eine Reihe von Finanzierungsoptionen, die sich konkret auf einzelne Sachen beziehen. Diese Bindung verringert aus Sicht des Kapitalgebers das Erfordernis, eine größere Idee oder ein komplexes Geschäft zu verstehen, um die Finanzierungsentscheidung treffen zu können.

Eine offensichtliche Finanzierung, die aber selten als eine solche wahrgenommen wird, ist die Miete von Geschäfts- oder Büroräumen, anstatt diese zu kaufen. Die Nutzung von Mietautos ist ebenfalls weitgehend bekannt. Der Ratenkauf von elektronischen Geräten und Möbeln wird bei den entsprechenden Handelsketten umfangreich beworben. Leasing ist als Option im Bereich der Finanzierung nicht mehr wegzudenken und erfüllt grundsätzlich den gleichen wirtschaftlichen Zweck wie die sonstigen Finanzierungsarten: Es reduziert den eigenen Kapitaleinsatz, ermöglichen aber dennoch die Durchführung der wirtschaftlichen Ziele.

Beim Leasing handelt es sich um eine Zwischenform zwischen Miete und Kauf. Grundsätzlich überlässt ein Leasinggeber einem Leasingnehmer eine Sache zur Nutzung. Die Ausgestaltung der Verträge schwankt zwischen der temporären Überlassung einer Sache gegen Entgelt (Miete) und dem Kauf auf Raten. Diese beiden Enden der Vertragsgestaltung werden allerdings häufig nicht als Leasing bezeichnet – sondern eben als Miete und Kauf. Im Unterschied zur Miete werden beim Leasing häufig Pflichten, die normalerweise einem Vermieter zufallen würden, dem Mieter auferlegt. Ein Leasingnehmer trägt also größere Pflichten als ein Mieter. Zudem beinhaltet ein Leasingvertrag oftmals das Recht, die Sache zu einem späteren Zeitpunkt zu erwerben. Im Unterschied zum Kauf auf Raten, wo das Ziel des Vertrages der unbedingte Erwerb der Sache ist, muss der Leasingnehmer die Sache aber nicht erwerben. Daneben unterscheidet das deutsche Recht beim Ratenkauf den Kaufvertrag und den Darlehensvertrag, während es beim Leasing nur einen Vertrag gibt.

Ob Leasing, Miete oder Ratenkauf preiswertere Finanzierungen als eine normale Fremdfinanzierung darstellen, lässt sich nur schwer beurteilen. Denn bei der Beurteilung spielen neben dem in Leasing, Miete und Ratenkauf implizit enthaltenen Zins viele weitere Faktoren eine Rolle, die man bei einer klassischen Fremdfinanzierung gar nicht kennt, so etwa Kündigungsrechte, Kaufoptionen oder die Verteilung der Rechte und Pflichten zur Pflege der überlassenen Sache. Die Entscheidung zur Nutzung von Leasing basiert daher vielfach auf einem fehlenden oder sehr aufwendigen Zugang zu klassischem Fremdkapital. Selbst wenn Leasing durch einen Hersteller offensichtlich verkaufsfördernd ausgestaltet wird (z. B. durch 0 %

Finanzierung), ist der Vergleich nicht einfach. Denn wenn ein Hersteller gute Leasingkonditionen anbietet, wird er auch vergleichbar gute direkte Kaufkonditionen, in denen die gesparten Finanzierungskosten des Leasinggebers eingerechnet sind, anbieten.

An dieser Stelle sollen Miete und Ratenkauf nicht weiter verfolgt werden, denn die praktische Anwendung ist relativ eingeschränkt. Sie sollten bei Ihren Planungen aber immer überprüfen, welche Möglichkeiten sich für Sie aus diesen Finanzierungsformen ergeben können. Leasing dagegen wird aufgrund seiner größeren Gestaltungsmöglichkeiten in der praktischen Finanzierung deutlich häufiger genutzt.

Leasing wird sowohl von Herstellern wie auch hersteller-unabhängig durch zahlreiche Leasinggesellschaften angeboten. Banken bieten Leasing i. d. R. durch spezialisierte Tochtergesellschaften oder gar nicht an, denn Leasing erfordert eine umfassende Kompetenz über die dem Leasingvertrag zugrunde liegenden Sachen. Daher bieten hersteller-unabhängige Leasinggesellschaften auch nicht pauschal Leasing für alle Vermögensgegenstände an. Sehr oft sind Leasinggesellschaften spezialisiert.

Auch bei der Vergabe von Leasingverträgen spielt die voraussichtliche Zahlungsfähigkeit des Leasingnehmers eine wichtige Rolle. Die Prüfung läuft hier aber eher standardisiert ab. Die Vorlage wichtiger Geschäftszahlen reicht oftmals. Der Grund für die einfachere Handhabung liegt in der Sicherung durch den Leasinggegenstand und die Kompetenz des Leasinggebers hinsichtlich dessen Verwertung im Ernstfall. Bei Unternehmensgründungen begrenzen Leasinggesellschaften vielfach ihr Engagement pro Unternehmen pauschal auf eine kleinere Summe, um so das Risiko gering zu halten. Dennoch ist Leasing zur Abdeckung eines Teils der Finanzierung einer Unternehmensgründung wichtig.

1. Leasingtypen

Beim Leasing haben sich verschiedene Vertragstypen herauskristallisiert. Die Typenbildung erfolgt vor allem auf Grund unterschiedlicher rechtlicher Behandlungen, die sich wiederum daran orientieren, ob der Vertrag eher als Mietvertrag oder eher als Kaufvertrag zu sehen ist.

1.1 Operating-Leasing

Beim Operating-Leasing handelt es sich im Wesentlichen um einen Mietvertrag. Charakteristisch sind ein kurzfristiges Kündigungsrecht für den Leasingnehmer und der Ausschluss des Kaufrechts für den Leasingnehmer. Während der Laufzeit des Vertrags werden die Anschaffungskosten des Leasinggegenstandes sowie sonstige damit in Verbindung stehende Kosten selten auch nur annähernd gedeckt, so dass der Leasinggeber die Sache mehrfach vermieten muss. Oftmals wird, im Gegensatz zum Mietvertrag, der Leasingnehmer zur Wartung und Instandhaltung sowie Versicherung des Leasinggegenstandes verpflichtet. Bei einem Auto müsste er also die regelmäßigen Inspektionen vornehmen lassen und Schäden beheben. Das Eigentum am Leasinggegenstand verbleibt beim Leasinggeber.

Die steuerliche Behandlung ist beim Operating-Leasing standardmäßig: Der Leasinggeber bleibt klar Eigentümer des Leasinggegenstands, bilanziert diesen und kann die Abschreibungen als Aufwand absetzen. Die Leasingraten verbucht der Leasinggeber als Einnahmen. Der Leasingnehmer verbucht die Leasingraten als Ausgaben. Der Leasinggegenstand taucht in seiner Bilanz nicht auf.

1.2 Finanzierungs-Leasing

Beim Finanzierungs-Leasing mischen sich zahlreiche Aspekte eines Kaufvertrags mit der grundsätzlichen Ausgestaltung als Mietvertrag. Die Laufzeiten der Verträge sind lang und während dieser Zeit nicht ordentlich kündbar. Während der Laufzeit des Vertrages werden die Anschaffungskosen des Leasinggegenstandes sowie sonstige damit in Verbindung stehende Kosten zu einem größeren Teil oder ganz gedeckt. Oftmals steht dem Leasingnehmer am Ende ein Kaufrecht zu, manchmal am Ende der Laufzeit auch ein Verkaufsrecht des Leasinggebers.

Beim Finanzierungs-Leasing tritt ein Leasingnehmer an den Leasinggeber mit einem vom Leasingnehmer ausgesuchten Leasinggegenstand heran. Zugrunde liegt die Finanzierung durch den Leasinggeber. Entsprechend dem Deckungsgrad der Kosten während der Vertragslaufzeit werden zwei Arten von Leasingverträgen unterschieden:

- **Vollamortisationsverträge:** Bei diesen Verträgen werden die Anschaffungskosten des Leasinggegenstands durch den Leasingnehmer voll gedeckt, und der Leasinggeber erzielt während der Vertragslaufzeit zusätzlich noch einen Deckungsbeitrag, mit dem seine Finanzierungs- und sonstigen Kosten abgedeckt werden. Dem Leasingnehmer steht am Ende der Laufzeit oft das Recht zum Erwerb des Leasinggegenstands zu einem geringen Preis zu. Vielfach verkauft der Leasinggeber den Leasinggegenstand auch ohne dieses Recht, denn so spart er Abwicklungskosten für den Verkauf an Dritte.

- **Teilamortisationsverträge:** Bei diesen Verträgen werden die Anschaffungskosten des Leasinggegenstands durch den Leasingnehmer nur zum Teil gedeckt. Oft wird aber bereits zum Vertragsschluss ein Betrag für einen eventuellen Kauf des Leasinggegenstands durch den Leasinggeber zum Ende der Vertragslaufzeit festgelegt. Der Leasinggeber hat dann das Recht, zu diesem Betrag an den Leasingnehmer zu verkaufen (so genanntes „Andienungsrecht"), seltener hat der Leasingnehmer das umgekehrte Recht. Selbst wenn der Leasinggeber zum Ende der Vertragslaufzeit den Leasinggegenstand zurückbehält, wird er versuchen, durch den Verkauf des gebrauchten Gegenstands an einen Dritten seine Kosten voll zu decken und einen Gewinn zu erzielen. In der Verwertung von gebrauchten Sachen sind Leasinggesellschaften hinreichend kompetent und leistungsfähig. In einigen Fällen wird auch eine so genannte „Mehrerlösbeteiligung" vereinbart: Am Ende der Vertragslaufzeit veräußert der Leasinggeber den Leasinggegenstand am Markt. Wenn er weniger als einen vorab vereinbarten Restwert erzielt, muss der Leasingnehmer die Differenz ausgleichen. Wenn er mehr erzielt, kann der Leasingnehmer am Mehrerlös beteiligt werden.

Diese Unterscheidung hat vor allem steuerliche Konsequenzen (siehe BMF 1971, 1975). In einzelnen Fällen wird das „wirtschaftliche Eigentum" dem Leasingnehmer zugeordnet. Damit bilanziert in diesen Ausnahmefällen der Leasingnehmer den Leasinggegenstand und schreibt diesen, gewinnmindernd, entsprechend den steuerlichen Vorschriften ab. Die Betriebsausgaben können dann nicht zusätzlich steuermindernd abgesetzt werden. Ansonsten, im Normalfall, bilanziert der Leasinggeber und kann die Abschreibungen steuermindernd absetzen. Der Leasingnehmer setzt dann seine Leasingraten steuermindernd ab.

Ein solcher Ausnahmefall liegt z. B. beim Vollamortisationsvertrag vor, wenn der Vertrag über eine bestimmte Zeit abgeschlossen wird, während der der Vertrag bei vertragsgemäßer Erfüllung von beiden Vertragsparteien nicht gekündigt werden kann (Grundmietzeit), und der Leasingnehmer mit den in der Grundmietzeit zu entrichtenden Raten mindestens die Anschaffungs- oder Herstellungskosten sowie alle Nebenkosten einschließlich der Finanzierungskosten des Leasinggebers abdeckt. Enthält der Vertrag keine Kauf- oder Verlängerungsoption und beträgt die Grundmietzeit weniger als 40 % oder mehr als 90 % der betriebsgewöhnlichen Nutzungsdauer, wird dem Leasingnehmer das wirtschaftliche Eigentum zugesprochen. Beim Teilamortisationsvertrag ist eine solche Ausnahmebehandlung nur ganz selten bei bestimmten zusätzlichen Vertragskonstellationen möglich.

1.3 Sale-and-lease-back

Dieses Verfahren ist aus der Presse bekannt und soll daher hier kurz vorgestellt werden. Es ist kein neuer Vertragstyp, sondern eine Verkettung von zwei Geschäften. Beim Sale-and-lease-back handelt es sich um den Verkauf von Vermögensgegenständen an eine Leasinggesellschaft, die anschließend dem Verkäufer den Leasinggegenstand zurückleast. Sale-and-lease-back ist ein sehr gutes Mittel, um Liquidität im Unternehmen freizusetzen und damit eine Möglichkeit zur Finanzierung. Wie bei jeder Finanzierung erhöhen sich durch die neu entstehenden Finanzierungskosten die Verbindlichkeiten der Gesellschaft. Mittlerweile wird Sale-and-lease-back auch von der öffentlichen Hand genutzt, die ihr Vermögen bis hin zur Kanalisation an i. d. R. ausländische Leasinggesellschaften verkauft und zurückmietet.

Sale-and-lease-back ist für Unternehmensgründungen nicht relevant, ist aber zu einem späteren Zeitpunkt zur Sicherung der Liquidität und der Vergrößerung des Kreditrahmens sinnvoll.

2. Sicherstellung des Leasing-Vertrages

Bei vielen Unternehmensgründungen wird Leasing eine Rolle spielen, da es eine relativ einfach – wenn auch in begrenztem Ausmaß – zu erhaltene Finanzierungsart ist. Die Kenntnis wichtiger Vertragsklauseln ist daher bedeutsam. Je größer das über Leasing finanzierte Volumen ist, desto dringender ist zum Hinzuziehen eines spezialisierten Anwalts zu raten.

Vom Grundsatz her ist darauf zu achten, dass der Leasinggeber Ihnen nicht zu viele Lasten aufbürdet. Dies können sowohl finanzielle Lasten wie auch sonstige Verpflichtungen sein. Achten Sie insbesondere auf folgende Aspekte im Vertrag:

- **Höhe und Zahlungszeitpunkt der Leasingraten sowie Höhe des Restwerts.** Diese Elemente müssen zusammen genommen wirtschaftlich sinnvoll sein. Ihre Vergleichsalternative ist der direkte Kauf zzgl. einer normalen Finanzierung. Die Berechnungen sind aufgrund komplexer Vertragsgestaltungen nicht immer einfach.

- **Konsequenzen beim Verzug der Zahlung von Leasingraten.** Oft wird in diesem Fall hoher Schadensersatz verlangt. Der Schadensersatz deckt nicht die Raten ab, mit denen Sie in Verzug sind. Vielmehr ist dies ein von Ihnen zu zahlender Betrag, der unabhängig vom tatsächlich entstandenen Schaden zu zahlen ist. Er hat also oft Strafcharakter. Die Pflicht zur Zahlung sollte allerdings ausgewogen gestaltet sein, hinsichtlich Eintreten der Pflicht sowie Höhe des Schadensersatzes.

- **Nebenpflichten für den Leasingnehmer.** Dem Leasingnehmer werden häufig Pflichten zur Wartung, Instandsetzung, Versicherung usw. des Leasinggegenstands auferlegt. Hier ist auf Angemessenheit zu achten.

- **Kündigungsmöglichkeiten.** Prüfen Sie genau, wer welche Kündigungsmöglichkeiten hat. Prüfen Sie zudem, welche Konsequenzen der Vertrag für eine Kündigung vorsieht. Oft werden dann Ausgleichszahlungen fällig.

- **Regelungen zum Ende der Vertragslaufzeit.** Es gibt zahlreiche Varianten, wie zum Ende der Vertragslaufzeit mit dem Leasinggegenstand umgegangen werden soll. Normalerweise wird ein Preis für den Leasinggegenstand in Form eines Restwerts festgelegt. Zu diesem kann der Leasingnehmer kaufen oder der Leasinggeber verkaufen. Manchmal wird auch vereinbart, dass der Leasinggeber auf jeden Fall den Restwert am Ende der Vertragslaufzeit durch Verkauf an Dritte realisiert. Der Leasingnehmer muss dann eventuell Ausgleichszahlungen leisten. Achten Sie besonders auf die Fälle, wo kein Restwert festgelegt ist, denn entsprechend ist das Risiko nicht abschätzbar.

- **Verlängerungsoptionen.** Falls Sie mit einer Verlängerung der Leasingdauer rechnen, prüfen Sie diese Möglichkeit sowie die Raten, die dann fällig werden. Achten Sie im Rahmen einer Gesamtrechnung darauf, dass Sie nicht zu viel zahlen.

Teil VI

Die Auswahl der Rechtsform

Die Rechtsform legt den Grundstein für Finanzierung, Wachstum und administrative Belastungen.

> **Wichtige Regeln**
> - Prüfen Sie die zentralen Folgerungen der Rechtsformwahl: Haftung, Trennung Gesellschafter und Gesellschaft, Kapitalbeschaffung, Steuern.
> - Achten Sie auf die Vorgründungsphase, denn dort haften Sie immer unbeschränkt.
> - Achten Sie darauf, dass bereits ein loses gemeinschaftliches Handeln eine GbR oder oHG begründen kann.
> - Schließen Sie Gesellschaftsverträge immer schriftlich ab, bevor Sie starten, vor allem, wenn Sie mit Partnern arbeiten.
> - Regeln Sie vor allem die Zuständigkeiten der Geschäftsführung immer schriftlich.
> - Beachten Sie, dass die Haftungsfrage bei der Limited noch nicht geklärt ist.
> - Wenn Sie Ihr Unternehmen ins Handelsregister eintragen, achten Sie auf betrügerische Scheinrechnungen.

Die Wahl der Rechtsform, in der Sie Ihr Unternehmen führen wollen, ist ein wichtiger Schritt im Gründungsprozess. Sie schaffen mit der Rechtsform spezielle Rahmenbedingungen für Ihre Gründung, die Sie so leicht nicht mehr verändern können. Rechtsformen sind zwar im Nachhinein veränderbar, dies ist aber in der Regel mit einem erheblichen Aufwand und entsprechenden Kosten verbunden. Dennoch kann es sinnvoll sein, die Gründung mit einer „einfachen" Rechtsform zu starten und diese später, mit dem Wachstum der Gesellschaft, in eine komplexere, der Situation angemessenere Rechtsform zu verändern.

Eine Rechtsform fixiert zentrale rechtliche Eigenschaften einer unternehmerischen Betätigung. Die unterschiedlichen Rechtsformen sind im Laufe der Zeit ausführlich geregelt worden, so dass in häufig auftretenden, wichtigen Fragen Rechtssicherheit herrscht. Dabei fängt das Thema Rechtsform nicht erst mit der Diskussion allgemein anerkannter Rechtsformen an. Vielmehr sollte man die Sachverhalte auf einer tieferen Regelungsebene kennen: der Einstufung als Kaufmann.

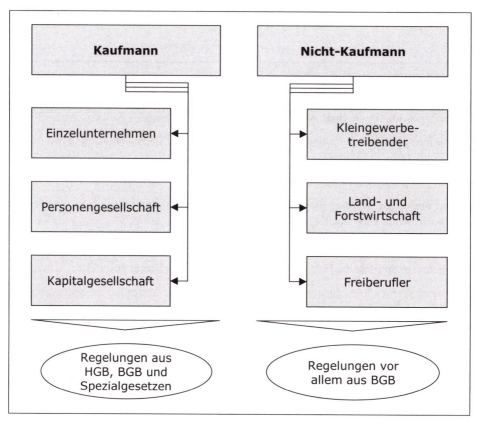

Abbildung 28: Kaufmannseigenschaft

Das Bürgerliche Gesetzbuch (BGB) regelt wichtige Themen im Zusammenleben der Menschen. Auch rechtliche Grundsätze unternehmerischer Tätigkeit werden durch das BGB abgedeckt. Darüber steht das Handelsgesetzbuch (HGB), welches den teilweise widersprechenden Regelungen des BGB vorrangig ist. Das HGB ist aber nur auf die Tätigkeit eines „Kaufmanns" anzuwenden. Wer kein Kaufmann ist, wird vom BGB erfasst. Das HGB gilt also im Wesentlichen nur für die als Kaufmann klassifizierten Unternehmen entsprechend Abbildung 28.

Kaufmann ist, wer ein Handelsgewerbe betreibt. Dabei sind einige unternehmerische Tätigkeiten explizit als Handelsgewerbe gekennzeichnet (z. B. Handel, Handelsvertreter, Verlage, Druckereien). Ansonsten erfordert das Vorliegen eines Handelsgewerbes einen nach Art und Umfang in kaufmännischer Weise eingerichteten Geschäftsbetrieb. Eine exakte Abgrenzung, ab wann die Eigenschaft als Handelsgewerbe und damit Kaufmann erfüllt ist, gibt es aber nicht. Grundsätzlich können aber nur kleinere Unternehmen nicht Kaufmann sein. So bestimmt die Abgabenordnung, dass ein Nicht-Kaufmann eine Buchhaltung nach den Grundsät zen ordnungsmäßiger Buchführung („GoB") – eine zentrale Eigenschaft eines Kaufmanns – führen muss, wenn er mehr als 350.000 € Umsatz oder mehr als 30.000 € Gewinn erwirtschaftet. Explizit ausgenommen vom Status eines Kaufmanns sind Freiberufler (da sie historisch bedingt als nicht „wirtschaftlich" tätig angesehen werden) und land- und forstwirtschaftliche Betriebe. Unternehmen in der Rechtsform der oHG, KG, GmbH und AG sind auf jeden Fall Kaufleute.

Ein Kaufmann wird von den Regelungen des HGB erfasst. Diese bringen zusätzliche Sicherheit für die Durchführung von Geschäften mit Kaufleuten, denen eine ihren Handlungen entsprechende Professionalität abverlangt wird. Beispielsweise enthält das HGB folgende wichtige Regelungen:

- Eintragung bzw. Hinterlegung wesentlicher Umstände der Firma des Kaufmanns ins Handelsregister, z. B. Name und Sitz der Firma, vertretungsberechtigte Personen inkl. Prokuristen samt Hinterlegung ihrer Unterschriften, bestimmte Kapital- und Rechtsverhältnisse, Teile des Jahresabschlusses usw. Damit werden diese Verhältnisse nach außen transparent und schaffen Rechtssicherheit sowie Vertrauen.

- Pflicht zur Buchführung nach den GoB, also nach dem Prinzip der doppelten Buchhaltung mit Erstellung einer Bilanz und einer GuV. Durch die damit verbundene Standardisierung werden die im Handelsregister zu hinterlegenden Teile des Jahresabschlusses aussagekräftiger.

- Spezielle Anforderungen an die Abwicklung von Geschäften (im HGB als „Handelsgeschäfte" bezeichnet). So gelten z. B. Handelsbräuche. Ein prominentes Beispiel ist die Gültigkeit einer einseitigen Erklärung eines Rechtsgeschäfts (z. B. einer Bestellung) gegenüber einem Kaufmann, auch ohne dessen explizite Auftragsbestätigung.

- Pflichtangaben und Schutz des Namens. Der Unternehmensname eines Kaufmanns wird rechtlich als „Firma" bezeichnet. Die Firma muss bestimmten Regeln folgen. Insbesondere muss sie wahr, d. h. nicht irreführend bezüglich Inhalt und Umfang des Geschäfts und Haftungsverhältnissen sein. Die Haftungsverhältnisse sind eindeutig anzugeben, was meist durch die Angabe der Rechtsform geschieht.

Einzelunternehmer führen daher oftmals den Namenszusatz e. K., e. Kfm. oder e. Kfr. für eigentragende(n) Kaufmann/Kauffrau. Dies ist ein Hinweis darauf, dass für das Unternehmen die Regelungen des HGB gelten und es daher eine gewisse Rechtssicherheit gibt. Dies heißt umgekehrt allerdings nicht, dass nur für Unternehmer mit dem Zusatz „e. K." das HGB gilt. Denn jeder, der ein Handelsgewerbe betreibt, ist Kaufmann und unterliegt dem HGB.

Wichtige Kriterien der Rechtsformwahl

Die optimale Wahl der Rechtsform hängt von zahlreichen Kriterien ab, deren Tragweite sich nicht immer einfach erschließt. Kenntnis und Verständnis dieser wesentlichen Kriterien bzw. Unterscheidungsmerkmale von Rechtsformen sind daher äußerst wichtig. Die Kriterien werden nachfolgend vorgestellt.

1. Rechtsfähigkeit

Ein wichtiges Element der Rechtsformkriterien ist die Rechtsfähigkeit. Eine rechtsfähige Person hat eigene Rechte und Pflichten und kann selbst handeln. Rechtsfähige Personen können natürliche wie auch juristische Personen sein. Ein Gründer ist zunächst eine natürliche Person. Eine juristische Person wird als Rechtskonstrukt geschaffen, entspricht aber ansonsten dem Grundgedanken einer natürlichen Person. Sie kann also völlig frei Verpflichtungen eingehen oder Rechte haben – wobei die zugrunde liegenden Entscheidungen von den Organen der Gesellschaft, z. B. der Geschäftsführung, getroffen werden.

Der Begriff „Rechtsfähigkeit" geht einher mit einigen anderen wichtigen Begriffen. So sind juristische und natürliche Personen voll rechtsfähig. Kapitalgesellschaften (GmbH, AG, KGaA) sind juristische Personen. Personengesellschaften (GbR, oHG, KG) sowie Einzelunternehmen dagegen sind nicht voll rechtsfähige Personen.

Die Rechtsfähigkeit bedingt eine Reihe von für Sie wichtigen Folgerungen: Damit die Rechtsfähigkeit einer juristischen Person überhaupt Sinn machen kann, muss dieser Leben eingehaucht werden. Dies geschieht durch klare Regeln über z. B. das zur Verfügung stehende Vermögen, die Führung der Geschäfte und die Anteile an der juristischen Person (denn juristische Personen gehören natürlichen Personen). Ein Vorteil der Rechtsfähigkeit liegt also in klaren Regeln. Mit der Schaffung einer künstlichen rechtsfähigen Person – also einer juristischen Person – entsteht ein vom Gründer grundsätzlich losgelöstes Unternehmen. Darin können zahlreiche weitere Vorteile liegen: Das Unternehmen wird auf „Dauer" ausgelegt, kann also Generationen als eigenständiges Subjekt überdauern. Verkäufe werden aufgrund der strikten Trennung zwischen Gesellschafter (Gründer) und Gesellschaft erleichtert. Schließlich kann die Schaffung zweier Ebenen (Gesellschafter und Gesellschaft) steuerliche und sozialversicherungsrechtliche Vorteile bringen:

- Steuerliche Vorteile, denn der Geldfluss kann zwischen beiden Ebenen zur Optimierung der Steuerlast gesteuert werden. Bei einer einmalig hohen Progression des Gesellschafters können z. B. die Gewinnausschüttungen aus der Gesellschaft um ein Jahr verzögert werden.
- Sozialversicherungsrechtliche Vorteile, denn der grundsätzlich selbständige Gründer kann durch die Anstellung in seiner eigenen Gesellschaft unter Umständen seinen sozialversicherungsrechtlichen Status verändern.

Am anderen Ende Ihres Entscheidungsspektrums stehen nicht-rechtsfähige Rechtsformen. Sie als Gründer sind dann untrennbar mit Ihrem Unternehmen verbunden. Sie als natürliche Person repräsentieren Ihr Unternehmen. Die Regelungen für nicht-rechtsfähige Unternehmen sind daher weniger detailliert, denn der Unternehmer als natürliche Person steht im Vordergrund. Der Standardfall eines nicht-rechtsfähigen Unternehmens ist ein Einzelunternehmen.

Zu beachten ist, dass die Rechtsformen des deutschen Rechts nicht immer klar „rechtsfähig" oder klar „nicht rechtsfähig" sind. Es gibt gerade bei den Personengesellschaften Rechtsformen, die in bestimmten Situationen rechtsfähig sind, in anderen dagegen nicht.

2. Haftung

Eng verbunden mit der Rechtsfähigkeit ist die Frage der Haftung. Juristische Personen weisen aufgrund ihrer Rechtsfähigkeit in der Regel eine festgelegte Haftungsmasse auf. Bei Unternehmen, die nicht rechtsfähig sind, haftet der Unternehmer als natürliche Personen mit seinem Vermögen, d. h. unbegrenzt.

Die Mindest-Haftungsmasse einer juristischen Person wird durch die vorgeschriebene Höhe einer Eigenkapital-Einlage geregelt. Bei der GmbH sind dies 25.000 €, bei der AG 50.000 €. Die Einlage muss, mit Ausnahme der Ein-Mann-GmbH, zwar nicht sofort vollständig bereitgestellt werden (sondern nur zu 50 %), jedoch haften die Gesellschafter persönlich für die Einlage. Die Haftungsmasse kann später durch Gewinne oder zusätzliches Eigen- oder mezzanines Kapital ausgeweitet werden. Die Haftungsmasse ist ein wesentlicher Aspekt einer juristischen Person und soll zur Sicherheit von Geschäftspartnern dienen. Zahlreiche Vorschriften regeln den Erhalt bzw. die Reduzierung der Haftungsmasse (siehe Teil IX, „Sicherung von Vermögen und Haftungsmasse"). In der Bilanz von GmbH und AG wird die Mindest-Haftungsmasse als „gezeichnetes Kapital" ausgewiesen, die weitere Haftungsmasse ist in den Rücklagen enthalten. Eine Ausnahme vom Prinzip der Mindesthaftungsmasse ist die Limited englischen Rechts, die auch in Deutschland anerkannt wird. Deren Mindest-Haftungsmasse ist sehr klein – faktisch null. Dieses Konzept widerspricht dem Rechtsgedanken des deutschen Rechts, gilt aber aufgrund europarechtlicher Regelungen auch in Deutschland.

Ist Ihr Unternehmen nicht rechtsfähig, wird es also Ihnen als natürliche Person zugerechnet, so gibt es das Konzept einer vorgeschriebenen Haftungsmasse nicht. Es gibt auch keine entsprechenden Kapitalerhaltungsvorschriften. Denn die natürliche Person haftet unbegrenzt mit ihrem persönlichen Vermögen. Eine weitere Haftungsabsicherung ist nicht notwendig. In den Büchern des Unternehmens wird ein Privatkonto geführt, wo Entnahmen und Einlagen des Unternehmers in Bezug auf sein Unternehmen abgebildet werden. Diese können im laufenden Geschäftsbetrieb ohne weitere Formvorschriften erfolgen. Bei einem Unternehmen in Form einer juristischen Person wäre das undenkbar. Gibt es in einem nicht-rechtsfähigen Unternehmen mehrere Gesellschafter, so haften diese gesamtschuldnerisch für das Unternehmen. Das heißt, jeder Gesellschafter kann für alle Schulden des Unternehmens herangezogen werden, wenn seine anderen Partner nicht zahlungsfähig sind.

Für den Gründer ist die Haftungsfrage äußerst wichtig. Wenn das Unternehmen nicht rechtsfähig ist, haftet der Gründer unbegrenzt mit seinem privaten Vermögen. Wenn das Unternehmen rechtsfähig ist, ist die Haftung grundsätzlich auf seine Kapitaleinlage begrenzt. In der praktischen Umsetzung wird dieses Konzept jedoch aufgeweicht. Wenn Sie z. B. Ihr Unternehmen in der Rechtsform einer GmbH (also mit begrenzter Haftung) durch ein Bankdarlehen finanzieren wollen, wird die Bank der GmbH das Geld nur leihen, wenn diese selbst über ausreichende Sicherheiten verfügt. Ist dies nicht der Fall, wird die Bank vom Gesellschafter eine Bürgschaft für das Darlehen verlangen. Faktisch haften Sie als Gesellschafter damit für das Finanzierungsrisiko. Die Haftungsbegrenzung besteht dann nur auf dem Papier. Demgegenüber greift die Haftungsbegrenzung grundsätzlich, wenn Ihr Unternehmen im geschäftlichen Alltag zur Haftung herangezogen wird, z. B. wegen Verletzung von Patentrechten, Leistungsmängeln oder schlicht durch eine schlechte Wirtschaftslage. Aber auch hier haben Sie keinen Freifahrtschein. Denn viele Gründer leiten ihr eigenes Unternehmen und haften als Geschäftsführer persönlich für bestimmte Handlungen, wie eine ordentliche Geschäftsführung, die rechtzeitige Abgabe der Steuern und Sozialabgaben sowie für Kapitalaushöhlungen im Insolvenzfall. Die Haftungsvorschriften von Geschäftsführern und Vorständen werden in Teil IX, „Geschäftsführerhaftung, Vorstandshaftung" genauer vorgestellt.

Die Haftung ist ein wesentlicher Aspekt bei der Wahl einer Rechtsform. Eine begrenzte Haftung an sich ist gut für den Gründer. Der Vorteil wird aber zu einem gewissen Teil entsprechend den obigen Ausführungen reduziert. Zudem bedeutet begrenzte Haftung auch, dass zahlreiche, nicht immer leicht verständliche Regelungen zum Erhalt des haftenden Kapitals zu beachten sind.

3. Kapitalbeschaffung

Kapital ist der Motor für Ihre Unternehmensgründung. Die Rechtsform bestimmt hierfür wichtige Rahmenbedingungen. Wiederum ist dabei grundsätzlich zwischen Personen- und

Kapitalgesellschaften zu unterscheiden. Geht es um die Beschaffung von Fremdkapital, für das Sicherheiten gefordert werden, so sind Personengesellschaften der ideale Weg. Hier haften die Gesellschafter persönlich und unbegrenzt für die Schulden der Gesellschaft. Da die Gesellschafter gesamtschuldnerisch haften, erhöht sich die Sicherheit für die Bank durch jeden weiteren Gesellschafter. Umgekehrt erhalten Kapitalgesellschaften nur zögerlich Fremdkapital, denn die Haftungsmasse der Gesellschaft ist begrenzt. Oftmals muss sich der Gesellschafter für die Schulden verbürgen oder persönlich Sicherheiten stellen. Da Banken diesen Umweg bei der Stellung von Sicherheiten gehen, bringt keine Rechtsform einen echten Vorteil für die Aufnahme von Fremdkapital. Anders verhält es sich jedoch bei der Aufnahme von Eigenkapital durch dritte Investoren.

Personengesellschaften sind grundsätzlich nicht auf die Aufnahme weiterer Gesellschafter oder gar den Wechsel von Gesellschaftern ausgelegt. So regelt § 717 BGB, dass die Ansprüche, die den Gesellschaftern aus dem Gesellschaftsverhältnis gegeneinander zustehen, nicht übertragbar sind. Diese Regelung ist zwar durch einen anders lautenden Gesellschaftsvertrag abänderbar, zeigt aber die Idee hinter den Personengesellschaften: Mehrere Personen nutzen einen Teil ihres Vermögens, um ein gemeinsames Unternehmen zu führen oder ein Ziel zu erreichen. Ein Wechsel oder die Aufnahme neuer Gesellschafter steht nicht im Vordergrund. Entsprechend ist die Aufnahme neuer Gesellschafter bei Personengesellschaften nicht gesondert geregelt. Die Gesellschafter können grundsätzlich vorgehen, wie Ihnen beliebt und solange sie sich untereinander einig sind. Das Verhältnis untereinander wird durch einen Gesellschaftsvertrag geregelt. Diese Regelungsfreiheit verhindert eine standardisierte, professionelle Beschaffung von Eigenmitteln. Darüber hinaus – und wohl bedeutender als die Regelungsfreiheit – folgert eine Stellung als Gesellschafter einer Personengesellschaft die unbegrenzte Haftung für alle Schulden der Gesellschaft. Das hohe Risiko steht damit einem Engagement als Gesellschafter entgegen. Zusätzlich schafft die Enge der Vermögenssphären der Gesellschaft und der Gesellschafter Probleme, denn sie erschwert die Bewertung des Vermögens der Personengesellschaft. Eine Ausnahme zu diesen Anmerkungen bildet zu einem gewissen Ausmaß die KG, deren Kommanditisten als typische Eigenkapitalgeber gesehen werden können.

Demgegenüber sind Kapitalgesellschaften für die Aufnahme von Eigenmitteln ausgelegt. Kapitalgesellschaften stellen ein deutlich von den Gesellschaftern und Aktionären separiertes Vermögen dar. Das Ausmaß der Haftung ist auf die Kapitaleinlage begrenzt und damit von vorneherein klar überschaubar. Die Aufnahme weiterer Gesellschafter oder Aktionäre, die Erhöhung ihrer Kapitaleinlage sowie deren Wechsel sind umfassend geregelt. Die Aufnahme neuer Eigenmittel erfolgt durch eine Kapitalerhöhung. Damit wird das gezeichnete Kapital (das Stamm- oder Grundkapital) um einen fest definierten Betrag erhöht. Die Zeichnung der neuen Anteile erfolgt aber oftmals zu einem Wert, der über dem entsprechenden Wert für das gezeichnete Kapital liegt. Diese überschießenden Beträge werden „Agio" genannt und fließen bilanztechnisch in die Kapitalrücklage des Unternehmens. Kapitalerhöhungen sind ausführlich geregelt und notariell zu beurkunden. Es gibt keine großen Unterschiede zwischen einer GmbH und einer AG.

Ein wichtiger Aspekt für die Kapitalaufnahme ist zugleich die Übertragung der Anteile. Zwar erhält die Gesellschaft dadurch keine Eigenmittel, sie stellt aber eine wichtige Voraussetzung für die Kapitaleinlage dar. Denn durch Verkauf der Anteile können die in der Gesellschaft gebundenen Mittel durch den Gesellschafter oder Aktionär realisiert werden. Ansonsten würde er seine Kapitaleinlage erst anlässlich der Liquidation der Gesellschaft wieder bekommen, also vielleicht niemals. Hier unterscheiden sich GmbH und AG deutlich. Bei der AG steht ein häufiger Wechsel der Aktionäre im Vordergrund. Entsprechend einfach wird die Übertragung der Aktien gemacht. Das Grundkapital kann entweder in feste Anteile zu einem Wert von mindestens einem Euro (so genannte „Nennbetragsaktien") eingeteilt werden. Oder es können beliebig viele Aktien herausgegeben werden, deren Anteil am Grundkapital sich dann aus der Zahl der Aktien bestimmt (so genannte „Stückaktien"). Der rechnerische Anteil der Stückaktien am Grundkapital darf jedoch nicht weniger als ein Euro betragen. Die Aktien sind Urkunden, die das Recht an einem Anteil am Unternehmen beurkunden. Sie sind durch Verkauf übertragbar. Der Verkauf bedarf dann keiner besonderen Beurkundung durch einen Notar mehr. Ausnahmen stellen so genannte „Namensaktien" dar, die auf den Namen des Aktionärs lauten. Bei so genannten „vinkulierten Namensaktien" ist die Übertragung zusätzlich an die Genehmigung durch den Vorstand der Gesellschaft geknüpft. Zudem gibt es mit dem Aufsichtsrat ein den Vorstand überwachendes Organ. Der Aufsichtsrat wacht im Interesse u.a. der Aktionäre über eine ordnungsgemäße Arbeit des Vorstands. Bei einer GmbH ist der Wechsel der Anteile aufwendiger. Es gibt keine standardisierten Nennwerte der Anteile. Diese entstehen vielmehr erst durch Zeichnung durch einen Gesellschafter und sind damit abhängig von der Höhe der Zeichnung. Die Übertragung ist notariell zu bestätigen. Ein dem Aufsichtsrat ähnliches Organ gibt es bei der GmbH nicht. Insgesamt eignet sich eine AG somit für Unternehmen, die viele Anteilseigner haben (wollen) und wo ein häufiger Wechsel unter den Anteilseignern abzusehen ist. Eine GmbH eignet sich eher für kleine Kreise von Anteilseignern, die über einen längeren Zeitraum in der Gesellschaft investiert sein wollen.

4. Formalitäten

Unter dem Stichpunkt Formalitäten ist eine Vielzahl von Sachverhalten zu verstehen, die eine Rechtsform nach sich ziehen kann. Manche Sachverhalte gehen über einen rein formellen Charakter hinaus und dienen auch inhaltlich als Entscheidungskriterium. So ist die Pflicht zur Offenlegung von Geschäftszahlen eine Formalität, eine weitreichende Pflicht zur Offenlegung kann aber auch inhaltlich als störend empfunden werden. Grundsätzlich gilt: Kapitalgesellschaften ziehen mehr Formalitäten nach sich als Personengesellschaften, da durch sie eine neue, streng abgegrenzte Rechtsperson geschaffen wird. Dies zieht umfangreichere Anforderungen bei der Gründung, der Auflösung sowie im laufenden Betrieb nach sich.

Vorgänge von außerordentlicher Bedeutung sind bei Kapitalgesellschaften grundsätzlich formgebunden zu dokumentieren, d. h. notariell zu beglaubigen. Dies betrifft z. B. den Ge sellschaftsvertrag (auch Satzung genannt) bei Gründung der GmbH, Kapitalerhöhungen und Kapitalherabsetzungen sowie Gesellschafterwechsel. Notarielle Beurkundungen sind kostenpflichtig. Bei den Personengesellschaften ist lediglich die Anmeldung beim Handelsregister durch einen Notar durchzuführen.

Die Gründungskosten einer GmbH mit der kleinstmöglichen Stammeinlage von 25.000 € betragen ca. 1.100 €. Davon entfallen ca. 700 € auf den Notar, 100 € auf das Registergericht und 300 € auf Kosten für die Veröffentlichung. Die Gründung von Personengesellschaften ist preiswerter, im Falle eines Einzelunternehmens oder einer GbR eventuell sogar komplett kostenlos. Generell kommen jedoch noch Kosten der Rechtsberatung hinzu, die im Rahmen der Gründung auf jeden Fall empfehlenswert ist.

Bei der Gründung einer AG ist durch die Gründer ein Gründungsbericht anzufertigen. Hat eine Sachgründung stattgefunden, so sind im Gründungsbericht zusätzlich Angaben zur Werthaltigkeit der eingelegten Sachen zu machen (§ 32 AktG). Vorstand und Aufsichtsrat müssen den Hergang der Gründung prüfen und einen entsprechenden Prüfungsbericht anfertigen. Gehört ein Mitglied des Vorstands oder Aufsichtsrats zu den Prüfern, ist auch ein externer Gründungsprüfer zu bestellen, der die Gründung prüft (§ 33 AktG). Die Berichte sind beim Registergericht einzureichen, welches ebenfalls den Hergang der Gründung und die Berichte prüft. Bei einer GmbH muss nur bei einer Sachgründung ein Sachgründungsbericht erstellt und von den Gesellschaftern unterzeichnet werden. Gerade auch bei Umwandlungen einfacherer Vorgängergesellschaften (z. B. eines Einzelunternehmens) in eine GmbH treten Sachgründungen häufig auf. Das Registergericht prüft diesen Bericht im Hinblick auf Nachvollziehbarkeit. Unter Umständen verlangt das Registergericht Gutachten von Sachverständigen zur Bestätigung der Werteinschätzungen. Das Konzept der Sachgründung existiert bei Personengesellschaften nicht.

Der Jahresabschluss von Kapitalgesellschaften ist durch die Gesellschafterversammlung innerhalb einer Frist von 8 Monaten (in Ausnahmefällen 11 Monaten) nach Abschluss des jeweiligen Geschäftsjahres festzustellen (§ 42a GmbHG), muss also bereits vor diesem Zeitpunkt fertig gestellt sein. Eine eventuell vorgeschriebene Abschlussprüfung ist vorher durchzuführen. Zur Gesellschafterversammlung ist mittels eingeschriebener Briefe mit einer Frist von mindestens einer Woche einzuladen (§ 51 Abs. 1 GmbHG).

Grundsätzlich sind für alle Kapitalgesellschaften Abschlussprüfungen durch einen Wirtschaftsprüfer vorgeschrieben (§§ 316 Abs. 1, 319 Abs. 1 HGB). Eine Ausnahme stellen kleine Kapitalgesellschaften dar, die keiner Prüfung bedürfen.

Darüber hinaus müssen Kapitalgesellschaften verschiedene Dokumente offen legen (§ 325 HGB). Die Offenlegung erfolgt durch Einreichung der Dokumente beim Registergericht, z.T. auch durch Veröffentlichung in den Pflichtblättern der Gesellschaft. Zu den Dokumenten gehören der Jahresabschluss inkl. Bestätigungsvermerk der Abschlussprüfer, ein eventuell anzufertigender Lagebericht, der Bericht des Aufsichtsrates sowie ein Vorschlag und der Beschluss über die Gewinnverwendung, wenn dieser sich nicht aus der Bilanz ergibt. Zum letzteren Punkt besteht eine Ausnahme für GmbHs, wo durch die Offenlegung Gewinnanteile natürlicher Personen, die Gesellschafter sind, transparent werden.

Kleine Kapitalgesellschaften brauchen nur Bilanz und Anhang offen zu legen (§ 326 HGB). Der Anhang braucht die betreffenden Angaben zur GuV nicht zu enthalten. Auch für mittelgroße Kapitalgesellschaften gibt es Erleichterungen bei der Offenlegung, die jedoch nicht so weitreichend sind (§ 327 HGB).

Kleine Kapitalgesellschaften sind solche, die mindestens zwei der drei nachstehenden Merkmale nicht überschreiten (§ 267 Abs. 1 HGB):

- 3.438.000 € Bilanzsumme nach Abzug eines auf der Aktivseite ausgewiesenen Fehlbetrags
- 6.875.000 € Umsatzerlöse in den zwölf Monaten vor dem Abschlussstichtag
- Im Jahresdurchschnitt fünfzig Arbeitnehmer

Das Registergericht sollte die Einreichung der vorgeschriebenen Dokumente prüfen (§ 329 Abs. 1 HGB). Tatsächlich ist dies einer der großen Schwachpunkte bei der Umsetzung der Vorschriften zur Offenlegung. Zahlreiche kleinere Kapitalgesellschaften kommen dieser Pflicht nicht nach. Effektiv wird die Pflicht nur auf Antrag Dritter, z. B. Gesellschafter oder Gläubiger, nachgeprüft. Zuwiderhandlungen können geahndet werden, jedoch ist die Höhe des Zwangsgeldes auf 5.000 € begrenzt (§ 335 HGB).

5. Steuern und Sozialversicherungen

Steuern und Sozialversicherungen sind für viele Gründer ein leidiges Thema, da die Regelungen einen enormen Komplexitätsgrad erreicht haben. Dennoch kann man das Thema Steuern und Sozialversicherungen nicht komplett dem Steuerberater oder dem Lohnbuchhalter überlassen. So haften Geschäftsführung und Vorstand unter Umständen für nicht korrekt abgeführte Steuern und Sozialversicherungen, auch wenn dies auf einem Fehler externer Dienstleister beruht.

5.1 Steuern

Kapitalgesellschaften sind selbst Steuersubjekt für alle anfallenden Steuern. Sie müssen eine eigenständige Steuererklärung für alle anfallenden Steuern abgeben. Die Ausschüttung von Gewinnen an die Gesellschafter oder Aktionäre wird mit dem Halbeinkünfteverfahren geregelt, welches recht komplex ist. Die wichtigsten Steuerarten einer Kapitalgesellschaft sind die Körperschaftsteuer (die wiederum auf der Einkommensteuer aufbaut), die Gewerbesteuer sowie die Umsatzsteuer. Dabei ist zu beachten, dass eine Kapitalgesellschaft zwangsläufig die Gewerbesteuer nach sich zieht. Für Kapitalgesellschaften gilt auch kein Freibetrag für die Gewerbesteuer.

Personengesellschaften und Einzelunternehmen sind kein eigenständiges Steuersubjekt betreffend die Einkommensbesteuerung. Vielmehr wird das Einkommen bei den Gesellschaftern versteuert. Bei einer Personengesellschaft muss also am Jahresende der Gewinn oder Verlust auf die Gesellschafter entsprechend ihrer Anteile verteilt werden und wird dann im Rahmen der persönlichen Steuererklärung des Gesellschafters versteuert. Bezüglich der Gewerbe- und Umsatzsteuer (so genannte Betriebssteuern) sind Personengesellschaften und Einzelunternehmen ein eigenständiges Steuersubjekt. Zu beachten ist, dass die Gewerbesteuer nicht automatisch anfällt, sondern nur, wenn die Tätigkeit der Gesellschaft als gewerblich qualifiziert wird.

Die Grundlage der Besteuerung bildet die Buchführung. Die Bücher sind als doppelte Buchhaltung nach den GoB zu führen, wenn das Steuersubjekt als Kaufmann im Sinne des HGB eingestuft wird. GmbH, AG, KGaA, oHG, KG sind auf jeden Fall Kaufmann nach dem HGB. Ansonsten reicht eine Einnahmen-Überschuss-Rechnung, die deutlich einfacher als die doppelte Buchhaltung nach den GoB ist. Sie orientiert sich an tatsächlichen Mittelzuflüssen und Mittelabflüssen.

Bei der Auswahl der Rechtsform sind steuerlich folgende Aspekte von besonderer Bedeutung:

- Kapitalgesellschaften ziehen die Gewerbesteuer automatisch nach sich. Dies gilt auch für so genannte Freiberufler-GmbHs. Damit kann sich die Steuerbelastung um ca. 10 % erhöhen. Würde in einer anderen Rechtsform keine Gewerbesteuer anfallen, weil das Geschäft nicht als gewerblich eingestuft wird, kann dies ein wichtiger Entscheidungsgrund sein.

- Kapitalgesellschaft und Gesellschafter sind zwei steuerlich getrennte Ebenen, die zudem beide unterschiedlich behandelt werden: Beim Gesellschafter steigt der Steuersatz, wenn er mehr verdient (so genannte Steuerprogression), in der Gesellschaft ist der Steuersatz mit 25 % Körperschaftsteuer konstant. Damit ergeben sich Möglichkeiten zur Steueroptimierung durch Steuerung von Ausschüttungen. Bei einer Kapitalgesellschaft hat der Gründer als Gesellschafter eine Wahlmöglichkeit, wann er einen Gewinn ausschütten möchte. Er kann die Ausschüttung unter Umständen so steuern, dass sie mit einem niedrigen persönlichen Einkommen und damit Steuersatz zusammenfällt.

- Die Einkommensbesteuerung auf verschiedenen Ebenen bei Kapital- und Personengesellschaften führt zu einer unterschiedlichen steuerlichen Behandlung von Verlusten. Wird ein Verlust nur auf Ebene der Gesellschaft anerkannt (wie bei einer Kapitalgesellschaft), so wirkt er sich steuerlich erst dann aus, wenn er gegen Gewinne der Gesellschaft gegengerechnet werden kann. Oft hat aber der Gesellschafter höhere Einnahmen und will in seiner Gesellschaft anfallende Verluste direkt mit seinen Einnahmen verrechnen. Die Wahl einer Kapitalgesellschaft würde dem entgegenstehen. Dies ist nur bei Personengesellschaften oder Einzelunternehmen möglich. Insbesondere bei Unternehmensgründungen, aber auch bei bestimmten Investitionen, bei denen mit hohen Anlaufverlusten zu rechnen ist, ist dies ein wichtiger Aspekt, der für die Wahl einer Personengesellschaft spricht. Als Kompromiss zwischen Haftungsbegrenzung und der Möglichkeit, steuerliche Anlaufverluste schnell gegenrechnen zu können, wird oft die GmbH & Co. KG gewählt.

5.2 Sozialversicherung

Auch betreffend die Sozialversicherungen können sich für Gründer Unterschiede zwischen Personengesellschaften und Kapitalgesellschaften ergeben (siehe dazu auch Teil VIII, „Sozialversicherungen").

In einer Personengesellschaft wird der Gründer wie ein normaler Selbständiger behandelt. Selbständige sind grundsätzlich in keiner der gesetzlichen Sozialversicherungen pflichtversichert. Eine bedeutende Ausnahme bilden Handwerker, die über die Handwerkerpflichtversicherung auch als Selbständige für mindestens 18 Jahre in die gesetzliche Rentenversicherung einzahlen müssen. Auch für bestimmte andere Berufszweige gelten Ausnahmen. Eine fehlende Versicherungspflicht wird grundsätzlich als positiv empfunden, da die Leistungen der gesetzlichen Sozialversicherungen selten als beitragsadäquat empfunden werden. Für manche Gründer ist jedoch die automatische Mitversicherung der Familie in den gesetzlichen Kassen bedeutsam. In diesem Fall kann eine freiwillige Mitgliedschaft in den gesetzlichen Kassen angestrebt werden.

In der Kapitalgesellschaft wird der Gründer zum Angestellten seines eigenen Unternehmens. Leitet er selbst das Unternehmen nicht, so ist er im Regelfall wie andere Angestellte auch versicherungspflichtig in den gesetzlichen Sozialversicherungen. Leitet er das Unternehmen beherrschend, indem er mindestens 50 % der Anteile hält, wird er im Regelfall als Selbständiger behandelt. Die Versicherungspflicht entfällt. Hält er weniger als 50 %, so kommt es auf die Betrachtung im Einzelfall an. Tendenziell wird er dann aber wie ein Angestellter gesehen. Eine Ausnahme bilden Vorstände einer AG, die niemals der gesetzlichen Rentenversicherungspflicht unterliegen. Insgesamt kann im Rahmen von Kapitalgesellschaften eventuell eine sonst nicht mögliche freiwillige Mitgliedschaft in den gesetzlichen Sozialversicherungen für den Gründer erreicht werden. Es kann aber auch der sozialversicherungsrechtliche Status eines Selbständigen erhalten werden.

5.2.1 Handwerkerpflichtversicherung

Selbständige Handwerker fallen unter die Handwerkerpflichtversicherung (§ 2 Nr. 8 SGB VI). Dies gilt unabhängig davon, ob das Handwerk zulassungspflichtig ist oder nicht, soll aber durch Gesetzesänderungen nur auf zulassungspflichtige Tätigkeiten begrenzt werden. Reduzierte Sätze gelten für Existenzgründer, Ausnahmen für Kleingewerbetreibende (nicht aber Ich-AGs). Die Regelungen ändern sich hier häufig (da das SGB auf die HwO verweist und beide nicht simultan geändert werden), so dass es notwendig ist, den jeweils aktuellen Stand zu erfragen. Selbständige Handwerker, die der Pflichtversicherung unterliegen, müssen also in ein gegenwärtig wenig effektives System einzahlen, obwohl sie privat eventuell besser vorsorgen könnten.

Diese Versicherungspflicht kann im Rahmen von Kapitalgesellschaften ausgehebelt werden: Geschäftsführer einer GmbH, Vorstände einer AG oder Chairmen einer Limited sind von dieser Versicherungspflicht befreit. Gründer im Handwerksbereich sollten sich daher überlegen, ob nicht eine GmbH oder Limited für ihre Zwecke besser geeignet ist. Obwohl die 25.000 € Stammeinlage für eine GmbH sehr viel erscheinen, ist die langfristige private Vorsorge in der Regel deutlich attraktiver. Zu beachten ist ohnehin, dass die Stammeinlage nur zu 50 % eingezahlt (bei einer Ein-Mann-GmbH zu 100 %) und zudem nicht bar vorgehalten werden muss – also keinesfalls verlorenes Kapital darstellt. Bei einer Limited sind aufgrund der quasi nicht vorhandenen Stammeinlage und der geringeren Gründungskosten die Rahmenbedingungen noch besser. Allerdings hat die Limited andere Nachteile.

5.2.2 Betriebliche Altersversorgung

Im Rahmen der betrieblichen Altersvorsorge gibt es fünf Durchführungswege, die in der Regel steuerliche sowie sozialversicherungsrechtliche Vorteile gegenüber einer rein privaten Altersvorsorge entfalten. Gegenüber der gesetzlichen Rentenversicherung ist die betriebliche Altersvorsorge effektiver.

Die betriebliche Altersvorsorge steht nur Angestellten offen. Im Rahmen von Einzelunternehmen oder Personengesellschaften können Gründer diese Vorteile somit nicht genießen. Eine Lösung bietet hier häufig der Umweg über die Versicherung des in der eigenen Firma angestellten Lebenspartners. Im Rahmen von Kapitalgesellschaften dagegen können selbst beherrschende Gesellschafter prinzipiell die Möglichkeiten der betrieblichen Altersvorsorge und damit die entsprechenden Vorteile nutzen (siehe dazu Teil VIII, „Altersvorsorge").

Überblick über Rechtsformen

In Deutschland sind Einzelunternehmen die am häufigsten gewählte Rechtsform (ca. 70 %). Danach folgt mit ca. 15 % die GmbH, dann die Personengesellschaften oHG bzw. GbR mit knapp unter 10 % in Summe. In den anschließenden Kapiteln wird ein detaillierterer Überblick über die einzelnen Rechtsformen gegeben. Die sich anschließende Tabelle 43 gibt einen Gesamtüberblick.

1. Einzelunternehmen

Die einfachste Form wirtschaftlicher Betätigung erfolgt als Einzelunternehmen. Ein Einzelunternehmen ist an sich keine Rechtsform. Einzelunternehmen werden grundsätzlich durch die Aufnahme der Geschäftstätigkeit gegründet. Ein Gesellschaftsvertrag ist nicht notwendig. Der Einzelunternehmer führt sein Unternehmen unabhängig, haftet aber mit seinem gesamten Privatvermögen.

Beim Einzelunternehmen sind im Wesentlichen drei Typen zu unterscheiden, die wiederum die anzuwendenden Regeln fixieren:

- **Kaufmann.** Die Eigenschaft als Kaufmann wurde weiter oben bereits erläutert (siehe Einleitung von Teil VI). Vereinfacht gesagt sind Sie Kaufmann, wenn Sie einer gewerblichen Tätigkeit nachgehen und Ihre Geschäftstätigkeit einen gewissen Grad an Professionalität erreicht. Als Kaufmann gelten für Sie die Vorschriften der §§ 1–104 HGB sowie einzelne Regelungen des BGB. Insbesondere ist ein Jahresabschluss nach den GoB zu führen. Sie müssen sich ins Handelsregister eintragen lassen. Die Eigenschaft als Kaufmann gibt also verstärkt Rechtssicherheit, schränkt aber auch ein. Ihre Firma trägt den Zusatz „e. K.", „e. Kfm." oder „e. Kfr." für eigentragende(n) Kaufmann/Kauffrau. Der Name des Unternehmens (rechtlich „Firma" genannt) muss den Nachnamen und mindestens einen Vornamen des Kaufmanns enthalten. Der Name ist geschützt und mit dem Unternehmen übertragbar.

- **Kleingewerbetreibende.** Kleingewerbetreibende betreiben ein Gewerbe, erfüllen aber nicht die Eigenschaft eines Kaufmanns, haben also keinen nach Art und Umfang in kaufmännischer Weise eingerichteten Geschäftsbetrieb. Es handelt sich um kleinere Unternehmen. Eine exakte Abgrenzung, ab wann die Eigenschaft als Kaufmann erfüllt ist, gibt

- es aber nicht. Als Orientierungsgröße bestimmt die Abgabenordnung, dass ein Nicht-Kaufmann hinsichtlich der Gewinnermittlung bzw. Buchhaltung analog einem Kaufmann behandelt wird, wenn er mehr als 350.000 € Umsatz oder mehr als 30.000 € Gewinn erwirtschaftet. Kleingewerbetreibende agieren insgesamt in wenig geregeltem Raum. Lediglich Vorschriften des BGB finden Anwendung. So müssen Kleingewerbetreibende auch keinen Jahresabschluss nach den GoB machen, eine einfache Einnahmen-Überschussrechnung genügt. Im Falle von Streitigkeiten trifft jedoch den Kleingewerbetreibenden die Last des Nachweises, dass er kein Kaufmann ist. Dies ist unter Umständen nicht einfach. Aus Gründen der Sorgfalt sollten Kleingewerbetreibende daher die Regeln für Kaufleute zumindest kennen. Der Name des Unternehmens eines Kleingewerbetreibenden ist nicht geschützt und nicht übertragbar.

- **Freiberufler.** Freiberufler stehen neben Kaufleuten und Kleingewerbetreibenden. Aus historischen Gründen wurde für einige Berufsgruppen wie Ärzte, Rechtsanwälte, Architekten ein besonderer Status eingeführt, der heutzutage vor allem steuerliche Vorteile hat: Es fällt keine Gewerbesteuer an und die Gewinnermittlung kann nach einem vereinfachten Schema erfolgen (siehe Teil X, „Einkommensteuer"). Es ist abzusehen, dass dieses Privileg der Freiberufler irgendwann fallen wird, da es auf überholten Gründen beruht. Der Zeitpunkt ist jedoch unklar. Von daher ist dieser Status weiterhin sehr begehrt bzw. wird in Grenzfällen vom Finanzamt auch gerne verweigert.

Gemischte Tätigkeiten – sowohl gewerblich wie auch freiberuflich – sind bei natürlichen Personen kein Problem. Die Tätigkeiten sind getrennt zu führen und die jeweiligen Regelungen zu beachten. Gewerbesteuer fällt nur für die gewerbliche Tätigkeit an. Werden jedoch gemischte Tätigkeit im Rahmen einer Gesellschaft durchgeführt, färbt die gewerbliche Tätigkeit die gesamte Tätigkeit. Damit unterliegt die gesamte Gesellschaft der Gewerbesteuer.

Kaufleute und Kleingewerbetreibende müssen ihr Gewerbe beim Ordnungsamt anmelden (und erhalten dafür den so genannten Gewerbeschein). Freiberufler dagegen müssen sich oftmals bei den jeweiligen Berufsorganisationen anmelden bzw. eine Zulassung bekommen, bevor sie ihren Beruf ausüben können.

Ein Einzelunternehmen ist für kleinere Gründungen einzelner Gründer die beste Wahl. Es entsteht verhältnismäßig wenig Aufwand, man hat maximale Regelungsfreiheit und kann sehr schnell durchstarten. Wenn das Unternehmen später einen gewissen Umfang erreicht hat, kann man noch immer über die Überführung in eine Ein-Mann-GmbH nachdenken, also eine GmbH mit nur einem Gesellschafter.

2. Gesellschaft bürgerlichen Rechts (GbR)

Die GbR wird oftmals auch „BGB-Gesellschaft" genannt, da sie im Wesentlichen durch das BGB (§§ 705 ff. BGB) geregelt wird. Bei diesen Regelungen handelt es sich um dispositives Recht, d. h., die meisten anderslautenden Regelungen eines Gesellschaftsvertrags der GbR haben Vorrang. Auch bei der GbR handelt es sich nicht um eine konkrete Rechtsform. Eine GbR entsteht vielmehr automatisch, wenn mehrere Parteien zur Erreichung eines gemeinsamen Zwecks zusammenarbeiten. Dieser Zweck ist dabei nicht auf die Erreichung wirtschaftlicher Ziele beschränkt.

Eine scheinbar lose Zusammenarbeit kann aufgrund dieser automatisierten Sichtweise schnell den Regelungen des BGB über Gesellschaften unterliegen. Denn der notwendige Gesellschaftsvertrag kann mündlich oder durch konkludentes Handeln geschlossen werden. Dies wiederum kann zu unbeabsichtigten Regelungsinhalten bei der Zusammenarbeit führen. Oftmals wollen daher Partner oder Vertragsschließende eher verhindern, als GbR angesehen zu werden, und schließen deren Bildung durch eine explizite Vertragsklausel aus.

Typischerweise wird eine GbR (bewusst oder unbewusst) in folgenden Situationen genutzt:

- Zusammenarbeit von Nicht-Kaufleuten wie kleineren Handwerksbetrieben, die z. B. eine Tischlerei gründen, oder Freiberuflern, die eine Sozietät gründen
- Zeitlich begrenzte Zusammenarbeit mehrerer Parteien, z. B. bei der Abwicklung eines gemeinsamen Auftrags

Eine auf Dauer ausgerichtete Zusammenarbeit zweier Kaufleute ist dagegen keine GbR, sondern – abhängig von der Ausgestaltung – eine oHG oder eine KG. Diese beiden Rechtsformen unterliegen strengeren Regelungen und können, wenn sie unbeabsichtigt greifen, oftmals zu unerwünschten Ergebnissen führen.

Die Parteien sind bei der konkreten Ausgestaltung einer GbR recht frei. Fehlen aber konkrete Regelungen, greifen die Standardregeln des BGB. Wichtige Standardregelungen sowie deren Festsetzung im Rahmen eines abweichenden Gesellschaftsvertrags sind:

- Gemeinschuldnerische persönliche Haftung aller Gesellschafter, d. h., jeder Gesellschafter haftet für die Schulden der anderen Gesellschafter im Rahmen der Gesellschaft mit.
- Die Geschäftsführung steht allen Gesellschaftern gemeinschaftlich zu, d. h., es ist Einstimmigkeit aller Gesellschafter für die Durchführung von Geschäften erforderlich. In der Praxis werden hier oft abweichende Regelungen getroffen, z. B. Einzelvertretungsbefugnis eines Gesellschafters in begrenztem Rahmen.
- Jeder Gesellschafter hat den gleichen Anteil am Gewinn und Verlust. Der Regelfall ist aber eine Orientierung der Erfolgsbeteiligung am Beitrag der einzelnen Gesellschafter.

- Alle Gesellschafter haften gesamtschuldnerisch, d. h., jeder haftet zunächst für alle Schulden der Gesellschaft. Diese Regelung kann nur gegenüber einzelnen Gläubigern abgeändert werden.
- Die Gesellschafterstellung ist nicht übertragbar. Das Ausscheiden eines Gesellschafters führt zur Auflösung der Gesellschaft. Hier werden in der Praxis oft abweichende Regelungen getroffen.
- Der Name der GbR ist nicht geschützt und nicht übertragbar.

Insgesamt liegt der Vorteil einer GbR damit in der schnellen, einfachen und kostengünstigen Errichtung. Bedeutsam sind detaillierte Regelungen im Gesellschaftsvertrag. Für eine dauerhafte, professionelle Zusammenarbeit mehrerer Partner eignet sie sich nur bedingt. Per Gesetz wird aus einer GbR ohnehin eine oHG, wenn sich die Geschäftstätigkeit der eines Kaufmanns annähert.

3. Offene Handelsgesellschaft (oHG)

Die oHG ist die klassische Personengesellschaft. Sie erfüllt im Regelfall die Eigenschaft eines Kaufmanns gemäß HGB, kann aber auch von Kleingewerbetreibenden gegründet werden. Die oHG unterliegt den Regelungen des BGB für Gesellschaften (§§ 705 ff. BGB) und den speziellen Regelungen für die oHG (§§ 105 ff. HGB). Zusätzlich gelten die Vorschriften des HGB für Kaufleute (§§ 1–104 HGB).

Die oHG ähnelt in vielen Bereichen der GbR. Jedoch ist die oHG auf den Betrieb einer umfassenderen wirtschaftlichen Tätigkeit begrenzt und kann nicht zu jedem Zweck gegründet werden. Der Gesellschaftsvertrag ist formfrei, muss also nicht notariell beglaubigt werden. Die oHG ist jedoch als Kaufmann beim Handelsregister anzumelden. Diese Anmeldung hat über einen Notar zu erfolgen.

Wichtige, gegenüber der GbR abweichende Regeln sind:

- Jeder Gesellschafter kann die Gesellschaft alleine vertreten, besitzt also Einzelvertretungsmacht. Diese Einzelvertretungsmacht durch einen Gesellschafter macht den Gründungsvorgang bei der oHG brisant. Wird eine oHG in einem wenig stringenten Gründungsprozess gegründet, können sich damit erhebliche Haftungsrisiken für einzelne Gesellschafter ergeben. Denn die oHG entsteht mit dem Geschäftsbeginn, der auch durch scheinbar kleine Maßnahmen ausgelöst werden kann. Handelt nach Geschäftsbeginn einer der Gesellschafter allein im Namen der oHG, müssen die anderen Gesellschafter für seine Handlungen mit haften.
- Die Gewinnverteilung erfolgt nach Kapitalanteilen, die zunächst in Höhe von 4 % zu verzinsen sind. Ein übersteigender Gewinn ist gleichmäßig unter den Gesellschaftern zu

verteilen. Praktisch wird die Gewinnverteilung durch den Gesellschaftsvertrag aber anders geregelt.

- Die Gesellschaft besteht fort, auch nach Ausscheiden eines Gesellschafters.

- Der Name der Gesellschaft (rechtlich auch als „Firma" bezeichnet) ist durch die Eintragung im Handelsregister geschützt. Andere Namensbezeichnungen von Unternehmen in der Region müssen sich hinreichend unterscheiden (§ 30 HGB). Der Name ist zudem übertragbar.

Die oHG ist die Rechtsform für Gründer, die dauerhaft Werte schaffen wollen, ohne ein von ihren Personen streng getrenntes Unternehmen zu schaffen.

4. Kommanditgesellschaft (KG)

Die KG baut auf den Regelungen für die oHG auf, geht aber durch die Aufnahme von Wesensmerkmalen einer Kapitalgesellschaft darüber hinaus. Im Unterschied zur oHG ist die Haftung einer oder mehrerer Gesellschafter begrenzt – eine Eigenschaft, die sonst nur für Kapitalgesellschaften zutrifft. Die KG wird durch die Regelungen des BGB für Gesellschaften (§§ 705 ff. HGB), die Regelungen für die oHG (§§ 105 ff. HGB) sowie die speziellen Regelungen für die KG (§§ 161 ff. HGB) geregelt. Kraft Rechtsform gelten auch die Vorschriften des HGB für alle Kaufleute (§§ 1–104 HGB). Bei vielen dieser Regelungen handelt es sich um dispositives Recht, d. h., die meisten anderslautenden Regelungen eines Gesellschaftsvertrags der KG haben Vorrang.

Man unterscheidet daher bei der KG zwei Arten von Gesellschaftern:

- **Komplementäre** (oftmals, aber nicht zwangsläufig, gibt es nur einen Komplementär) haften unbegrenzt mit ihrem gesamten privaten Vermögen. Für Komplementäre gelten die Regelungen der Gesellschafter einer oHG analog.

- **Kommanditisten** haften nur mit ihrer Haftungseinlage. Eine darüber hinausgehende Haftung ist ausgeschlossen. Kommanditisten dürfen auch keine Geschäftsführer der KG sein bzw. diese nach außen vertreten. Sowohl Name wie auch Höhe der Haftungseinlage des Kommanditisten sind ins Handelsregister einzutragen. Bei der Bekanntmachung der Eintragung werden diese Informationen jedoch anonymisiert veröffentlicht.

Die Verteilung der Gewinne und Verluste zwischen beiden Gesellschaftertypen ist normalerweise im Gesellschaftsvertrag geregelt. Üblich sind Gestaltungen, bei denen der Komplementär für seinen Arbeitseinsatz und seine persönliche Haftung einen festen Grundbetrag und einen gewinnabhängigen variablen Anteil erhält. Dieser wird oft in einem separaten Geschäftsführervertrag geregelt. Der dann verbleibende Gewinn oder Verlust wird nach der Höhe der Kapitaleinlagen anteilig auf die Kommanditisten verteilt.

Reine Kommanditgesellschaften findet man heutzutage nur noch selten. Oftmals werden sie in Form einer GmbH & Co. KG ausgestaltet. Die KG würde sich grundsätzlich für Gründer eignen, die die Vorteile einer Personengesellschaft um die Möglichkeit ergänzen wollen, leicht abgegrenztes Haftungskapital Dritter aufnehmen zu können. Darüber hinaus bietet die KG Möglichkeiten der Steuerersparnis für Kommanditisten – insbesondere bei Geschäftsideen, die hohe Verluste in den Anfangsjahren schreiben.

5. GmbH & Co. KG

Die GmbH & Co. KG ist streng genommen keine eigene Rechtsform. Es handelt sich vielmehr um eine KG, deren unbeschränkt haftender Gesellschafter (der Komplementär) eine GmbH ist. Eine ähnliche Kombination wäre grundsätzlich auch mit einer AG als Komplementär möglich. Diese Kombination bringt allerdings kaum Vorteile gegenüber der einfacheren Konstruktion einer GmbH & Co. KG.

Die GmbH & Co. KG wird vor allem dann eingesetzt, wenn die Vorteile einer Personengesellschaft mit dem Konzept der begrenzten Haftung kombiniert werden sollen. Viele GmbH & Co. KG werden vor allem aus steuerlichen Gründen verwendet. Grundlage ist immer eine Geschäftsidee, die hohe oder lang andauernde Anlaufverluste bedingt. In einer Kapitalgesellschaft wären die Verluste gegen eine steuerliche Verrechnung mit den sonstigen privaten Einnahmen der Gesellschafter geschützt. Dafür wäre die Haftung begrenzt. Mit der GmbH & Co. KG bleibt die Haftung für alle Beteiligten begrenzt, jedoch sind Anlaufverluste direkt mit den persönlichen Einnahmen der Gesellschafter – hier der Kommanditisten – verrechenbar. Hat also eine GmbH & Co. KG einen Verlust erwirtschaftet, kann der Kommanditist den auf ihn entfallenden Anteil des Verlusts bis zur Höhe seiner Einlage in der KG sofort gegen persönliche Einnahmen gegenrechnen und verringert so seine Besteuerungsgrundlage. Im Einzelfall kann die Verlustzuweisung auch über die Einlage hinausgehen, wenn beim Handelsregister eine höhere Haftungseinlage angegeben wird. Dann ist der Kommanditist im Krisenfall aber zur Erbringung der vollen Haftungseinlage verpflichtet und erhöht so sein Risiko.

Beispiel

Fondskonstruktion mittels einer GmbH & Co. KG. Ein Gründer möchte geschlossene Immobilienfonds auflegen. Er hat ein interessantes Objekt in Innenstadtlage identifiziert und gründet eine eigene Fonds-GmbH. Anschließend gründet er über die Fonds-GmbH eine KG. Die Fonds-GmbH ist Komplementär, d. h. persönlich haftender Gesellschafter der KG – es entsteht also eine GmbH & Co. KG. Der Komplementär erbringt keine Einlage. Die KG soll der Fonds-GmbH Gebühren für die Verwaltung zahlen, mit denen der Gründer sein Geld verdienen will. Zur Finanzierung der Immobilie gewinnt er fünf private Investoren, die je 100.000 € investieren und zu Kommanditisten werden. Zusätzlich nimmt die KG ein besichertes Bankdarlehen von 1 Mio. €, zu 7 % verzinst, auf und kauft die Immobilie für 700.000 €. Der Umbau der Immobilie kostet im ersten Jahr 500.000 €. Mieteinnahmen werden im ersten Jahr nicht erzielt. Die Immobilie wird zu 10 % abgeschrieben. Im ersten Jahr fällt ein Verlust von 250.000 € an (120.000 € Abschreibungen + 70.000 € Zinsen + 30.000 € Verwaltungsgebühr + 30.000 € sonstige Kosten). Gemäß Gesellschaftsvertrag wird das Jahresergebnis (Gewinn oder Verlust) den Kommanditisten entsprechend ihrer Kapitaleinlage gutgeschrieben. Die fünf Kommanditisten können im ersten Jahr damit 50.000 € (250.000 € / 5) Verlust in ihrer persönlichen Steuererklärung geltend machen. Bei einem hohen Steuersatz sparen sie kurzfristig Steuern in Höhe von ca. 50 % der Verlustzuweisung. Wenn die Immobilieninvestition langfristig ein Erfolg wird, genießen sie den Steuervorteil und die normale Rendite aus der Investition.

Viele GmbH & Co. KG werden extra aus Gründen der Steuerersparnis gegründet. Die Gesellschaften wurden auch vielfach „Verlustzuweisungsgesellschaften" genannt. Beginnend mit § 2b EStG wurde die Verlustverrechnung bereits erheblich eingeschränkt. Dieser Paragraf wurde Ende 2005 durch den neuen § 15b EStG ersetzt. Danach dürfen Verluste aus Steuersparfonds oder anderen Steuersparmodellen nur noch mit Einkünften aus derselben Einkunftsquelle (nicht Einkunftsart!) verrechnet werden. Damit bricht die Verlustverrechnung mit anderen Einkünften komplett zusammen. Sie gilt für neu erworbenen Anteile an diesen Fonds oder generell für neu aufgelegte Fonds. Trotz dieser Einschränkung bleibt die GmbH & Co. KG vor allem steuerlich attraktiv, denn der neue § 15b EStG fordert als Voraussetzung das Vorliegen eines „Steuerstundungsmodells", d. h. einer modellhaften Gestaltung, durch die steuerliche Vorteile in Form negativer Einkünfte erzielt werden sollen. Dies sei insbesondere der Fall, „wenn dem Steuerpflichtigen auf Grund eines vorgefertigten Konzepts die Möglichkeit geboten werden soll, zumindest in der Anfangsphase der Investition Verluste mit übrigen Einkünften zu verrechnen". Verluste, die durch normale Geschäftstätigkeit entstehen, werden durch den neuen Paragrafen also nicht erfasst.

Die GmbH & Co. KG hat natürlich den offensichtlichen Nachteil, dass zwei Gesellschaften gegründet werden müssen: die Komplementärs-GmbH und die KG. Entsprechend langwierig und kostspielig ist die Gründung.

6. Gesellschaft mit beschränkter Haftung (GmbH)

Die GmbH ist der Standard der Kapitalgesellschaften. Sie wird speziell durch das GmbHG, aber auch durch Vorschriften des HGB und BGB geregelt.

Die zentrale Eigenschaft der GmbH ist die nahezu vollständige Loslösung von den Gesellschaftern. Die Gesellschafter treten grundsätzlich nur noch im Rahmen der Gesellschafterver sammlung, die wesentliche Entscheidungen trifft, in Erscheinung. Die GmbH ist eine juristische Person und im täglichen Leben voll rechtsfähig. Mit der GmbH kann sehr gut ein dauerhafter Unternehmenswert komplett unabhängig von den Gründern geschaffen werden. Auch die Geschäftsführung kann vollständig Dritten übertragen werden. Entsprechend einfach lässt sich der Unternehmenswert durch Übertragung der Anteile an der Gesellschaft veräußern. Zudem ist eine weitgehende Anonymität der Gesellschafter gewährleistet. Auch steuerlich und sozialversicherungsrechtlich kann die Loslösung von Vorteil sein. Die Loslösung wird aber zum Nachteil, wenn das Unternehmen später eingestellt statt verkauft werden soll. Dann bedeutet die Loslösung von der Ebene der Gesellschafter nämlich zusätzliche Komplexität.

Aufbauend auf dieser Abgrenzung gewährt die GmbH einen Haftungsschutz. Die Haftung ist begrenzt auf die Höhe der Einlage. Darüber hinaus können Gesellschafter, die zugleich Geschäftsführer sind, als Geschäftsführer haften. Gesellschafter können auch in Krisensituationen zur Rückzahlung bestimmter Auszahlungen der Gesellschaft verpflichtet werden.

Diese zentralen Eigenschaften bedingen einen größeren Aufwand bei der Verwaltung der Rechtsform der GmbH. Wesentliche Veränderungen sind notariell zu beurkunden. Es herrscht also Formzwang. Im Vergleich zu anderen Rechtsformen (e. K., oHG, KG) kann jedoch im Normalfall kein sehr großer Unterschied ausgemacht werden. Insofern ist der Schritt zur GmbH für Gründer, deren Geschäft ohnehin als Kaufmann qualifiziert ist, nicht besonders groß. Dies gilt auch angesichts der Stammeinlage von 25.000 €. Erstens muss diese nur zu 50 % eingezahlt werden, bei einer Ein-Mann-GmbH allerdings zu 100 % (§ 19 Abs. 4 GmbHG). Zweitens erfordert ein professioneller Geschäftsbetrieb sicher Kosten in Höhe von 12.500 €. Denn die Stammeinlage muss nicht bar vorgehalten werden, sondern soll ja gerade auch als arbeitendes Kapital dienen. Zu beachten ist jedoch, dass im Krisenfall bei der GmbH die Kapitalerhaltungs- und Eigenkapitalersatzregeln gelten (siehe Teil IX, „Sicherung von Vermögen und Haftungsmasse"). Zusätzlich gilt die Überschuldung als Insolvenzgrund (siehe Teil IX, „Insolvenz: Prüfung der Insolvenzgründe"). Diese Regelungen sind insgesamt komplex und führen ein hohes Risiko insbesondere für die Geschäftsführung mit sich. Für Einzelkaufleute und Personengesellschaften gelten sie dagegen nicht.

Für ein Kleingewerbe, welches z. B. nebenberuflich angefangen wird, ist die GmbH in der Regel aber eine Nummer zu groß. Dies gilt sowohl aufgrund der administrativen Belastungen, aber auch aufgrund der Stammeinlage. Hier könnte eine Limited englischen Rechts die bessere Wahl sein, wenn man mit deren Nachteilen leben kann.

Die GmbH sollte genutzt werden, wenn ein professionelles Unternehmen möglichst losgelöst von den Personen der Gründer geführt werden und die Haftung und damit das Risiko grundsätzlich begrenzt werden sollen. Darüber hinaus sollte nicht mit häufigen Veränderungen der Eigentümerstruktur, z. B. durch zusätzliche Aufnahme neuer Gesellschafter, gerechnet werden.

7. Aktiengesellschaft (AG)

Die AG kann als Fortführung der GmbH gesehen werden. Sie wird grundsätzlich durch das AktG geregelt. Einzelne Vorschriften des HGB und BGB finden Anwendung und auch das GmbHG findet Beachtung.

Die AG teilt die wesentlichen Grundzüge wie Rechtsfähigkeit und Haftung mit der GmbH. Im Rahmen der AG wird allerdings die Loslösung der Gesellschafter bzw. Aktionäre von der Gesellschaft noch weiter geführt. Die Anteile an der Gesellschaft sollen möglichst leicht übertragbar sein und zudem auch für kleinere Investoren attraktiv sein. Das Grundkapital der AG wird daher in Aktien unterteilt, die in beliebiger Kombination gezeichnet, erworben und veräußert werden können, wenn dem nicht spezielle Regelungen der AG entgegenstehen. Die Beurkundung eines Gesellschafterwechsels in der AG wird hier auf die Ebene der Aktie übertragen. Die Aktie selbst ist eine Urkunde. Angesichts dieser weitgehenden Trennung von Gesellschaft und Gesellschafter wird mit dem Aufsichtsrat dem Vorstand der AG ein Aufsichtsgremium vorgesetzt, welches die ordnungsgemäße Führung der Geschäfte der AG für die Aktionäre überwachen soll. Der durch die weitgehende Trennung möglicherweise hervorgerufene Informations- und Kontrollverlust soll damit wieder ausgeglichen werden.

Die Verwaltung der Rechtsform einer AG ist vor allem aufgrund des Aufsichtsrats und der für diesen geltenden Regelungen komplexer als bei der GmbH. Die Übertragung der Anteile dagegen ist einfacher. Das Grundkapital beträgt mindestens 50.000 €, von denen nur 50 % einzuzahlen sind. Insofern ist die Hürde zur Gründung einer AG höher.

Eine AG muss nicht zwangsläufig an einer Börse notiert sein. Im Gegenteil: Die meisten AG sind an keiner Börse notiert. Damit wird der Vorteil der AG – guter Zugang zum Eigenkapitalmarkt sowie gute Veräußerbarkeit der Aktien – zwar nicht voll ausgespielt, gilt aber im Kleinen noch immer.

Eine AG eignet sich vor allem für Gründer, die früher oder später Risikokapital aufnehmen wollen und mit einem häufigeren Wechsel der Aktionäre sowie deren Anteilsgrößen rechnen. Auch wenn Gründer bereits zu Beginn ihrer Tätigkeit mit einem Börsengang liebäugeln: Wenn man nicht mit vielen Risikokapital-Finanzierungsrunden rechnet, ist die GmbH zunächst die bessere Wahl. Eine spätere Umwandlung ist immer möglich.

8. Private Limited Company (Limited)

Die englische Private Limited Company, in Deutschland „Limited" genannt, wird seit dem Jahr 2003 als die ideale Alternative für eine deutsche GmbH vermarktet. Die Limited wurde erst interessant für deutsche Unternehmer, nachdem im BGH-Urteil vom 13.03.2003 (BGH 2003, Az. VII ZR 370/98) einer deutschen Zweigniederlassung einer in einem anderen EU-Mitgliedsstaat gegründeten Gesellschaft die Rechtsfähigkeit in Deutschland eindeutig zuerkannt wurde. Vorher war dies nicht möglich und die Gründung im Ausland – für eine Geschäftstätigkeit in Deutschland – weniger sinnvoll. Nun können Gesellschaften nach den Gründungsvorschriften des jeweiligen EU-Mitgliedsstaates für eine Geschäftstätigkeit in Deutschland gegründet werden. Dies gilt nicht nur für die Limited, sondern auch für Gesellschaften aus anderen Mitgliedsstaaten.

Die Limited wird im englischen Gewerbezentralregister mit ihrem Verwaltungssitz eingetragen. Der Verwaltungssitz muss sich in England befinden und darf keine Postfachadresse sein. Die effektive Geschäftsführung kann aber dennoch in der deutschen Niederlassung liegen. Ist die Limited überwiegend in Deutschland tätig, so erfolgt die Besteuerung nach deutschem Steuerrecht. Dennoch sind an die englischen Finanzbehörden entsprechende Mitteilungen zu machen. Spezialisierte Anbieter von Limiteds in Deutschland helfen Ihnen bei der Erfüllung dieser Verpflichtungen.

Die Limited bietet – bei grundsätzlich gleichen Eigenschaften – zahlreiche Vorteile gegenüber einer GmbH deutschen Rechts. Zu nennen sind:

- **Geringere Gründungskosten.** Anstelle der über 1.000 € zur Gründung einer deutschen GmbH fallen für die Gründung einer Limited nur ca. 200 € für einen Dienstleister an. Ein Notar wird nicht benötigt.
- **Schnellere Gründung.** Die Limited wird innerhalb kürzester Zeit errichtet. Man geht von maximal zwei Wochen aus. Die Anmeldung einer GmbH beim Registergericht dagegen kann mehrere Monate dauern. Bis dahin haften die Gesellschafter persönlich. Die Haftungsbegrenzung entfaltet also keine Wirkung.
- **Geringes Mindestkapital.** Für eine deutsche GmbH müssen Sie 25.000 € aufbringen, von denen Sie 12.500 € sofort einzahlen müssen. Bei einer Limited beträgt das Mindestkapital ein britisches Pfund, ist also vernachlässigbar gering. Dennoch ist die Haftung begrenzt. Dies macht die Limited vor allem für wenig kapitalintensive Kleingründungen interessant.
- **Unbürokratische Änderungen.** Änderungen bei einer Limited, z. B. der Gesellschafterstruktur und der Satzung, können relativ einfach bewerkstelligt werden. Ein Notar ist nicht erforderlich. Veränderungen sind dem englischen Gewerbezentralregister zu melden. So muss eine veränderte Gesellschafterstruktur einmal jährlich dem englischen Gewerbezentralregister angezeigt werden.
- **Haftung.** Auch die Haftung erscheint zunächst begrenzt auf die Haftungsmasse. Die Geschäftsführer – Direktoren genannt – haften persönlich nicht, wenn sie „vernünftig und maßvoll" handeln. Dennoch muss bei der Haftungsbegrenzung der Limited genauer hingesehen werden. Es ist weiterhin unklar, ob in Deutschland die Haftungsbegrenzung einer Limited analog dem englischen Recht greift. Der Europäische Gerichtshof fordert nicht die Übernahme des englischen Rechts mit seiner Haftungsbeschränkung, sondern nur die Anerkennung der Rechtsfähigkeit der englischen Gesellschaft. Der Charakter in anderen

Aspekten wie der Frage der Haftung der Gesellschafter kann und wird weiter nach deutschem Recht beurteilt. Das deutsche Recht kennt strengere Haftungsregelungen als das englische Recht. Dies gilt umso mehr, wenn sich – aus Sicht eines deutschen Gerichts – Missbrauch durch den Einsatz einer Limited erkennen lässt. Häufig führen deutsche Gerichte einen Rechtstypenvergleich durch. Dabei würde man sich zur Beurteilung der Haftungsfrage denjenigen deutschen Gesellschaftstyp wählen, der der Limited am nächsten kommt. Welcher dies – nach Ansicht eines deutschen Gerichts – sein wird, kann hier nicht beantwortet werden. Eine entsprechende Beurteilung nach dem BGH-Urteil vom 13.03.2003 (BGH 2003, Az. VII ZR 370/98) der Haftung fehlt. Da der Limited aber eben eindeutig Charakteristika der GmbH fehlen (sonst wäre die Limited auf den ersten Blick nicht so attraktiv), muss die Limited nicht zwangsläufig mit einer GmbH deutschen Rechts verglichen werden. Sie könnte z. B. auch mit einer GbR verglichen werden, bei der die Gesellschafter uneingeschränkt haften. Gerade was die Frage der Haftung betrifft, ist also höchste Vorsicht geboten. Die Limited ist sicher kein Freibrief zur Missachtung deutscher Haftungsregeln, wie z. B. der Kapitalerhaltungs- und Eigenkapitalersatzregeln.

Neben diesen ungeklärten Fragen der Haftungsbegrenzung sind weitere Nachteile beim Einsatz einer Limited zu beachten:

- **Abhängigkeit von Dienstleistern.** Die englischen Behörden, wie z. B. das Finanzamt oder das Gewerbezentralregister, verlangen die Erfüllung bestimmter Pflichten, deren Nichterfüllung Konsequenzen bis hin zur Löschung der Gesellschaft haben kann. Um diese zu erfüllen, sind Sie in der Regel auf Dienstleister und deren korrekte Betreuung angewiesen, was unter Umständen teurer als geplant werden kann. Informieren Sie sich daher unbedingt vorab über die Folgekosten einer Limited.

- **Misstrauen im Geschäftsalltag.** Es kann in einigen Fällen vorkommen, dass sich Ihre Geschäftspartner nicht sicher sind, was sie von einer Limited zu halten haben. Dies betrifft vor allem das Thema der Haftung bei Mängeln bzw. deren Durchsetzbarkeit. Bereits die Auseinandersetzung mit dem Thema kann für einige Geschäftspartner ein zu großes Hindernis sein. Die in Deutschland nicht unübliche Überprüfung von Geschäftspartnern durch Bonitätsauskünfte von Wirtschaftsauskunfteien ist auch nicht möglich. Von daher können sich im Geschäftsalltag Probleme einstellen. Dass es sich bei Ihrer Gesellschaft um eine Limited handelt, können Sie nicht verheimlichen. Denn der Zusatz „Limited" muss im Namen mitgeführt werden.

Private Limited Company (Limited)

Kriterium	Einzel-unternehmen	GbR	oHG	KG	GmbH	GmbH & Co. KG	AG	Limited
Rechtsgestalt	Einzel-unternehmen	Personen-gesellschaft	Personen-gesellschaft	Personen-gesellschaft	Kapital-gesellschaft	Kapital-gesellschaft	Kapital-gesellschaft	Kapital-gesellschaft
HR-Eintragung	Ja, wenn Kaufmann	Nein	Ja	Ja	Ja	Ja	Ja	Ja
Geschäftsführung	Gründer leitet Unternehmen	Alle Gesellschafter	Alle Gesellschafter	Alle Komplementäre	Bestellter Geschäftsführer	Bestellter Geschäftsführer	Bestellter Vorstand	Bestellter Geschäftsführer
Rechtsfähigkeit	Eingeschränkt	Eingeschränkt	Eingeschränkt	Eingeschränkt	Voll rechtsfähig	Voll rechtsfähig	Voll rechtsfähig	Voll rechtsfähig
Haftung der Gesellschafter	Unbeschränkt	Unbeschränkt, gesamt-schuldnerisch	Unbeschränkt, gesamt-schuldnerisch	Komplementär unbeschränkt und gesamt-schuldnerisch, Kommanditist beschränkt auf Kapitaleinlage	Beschränkt auf Kapitaleinlage	Beschränkt auf Kapitaleinlage	Beschränkt auf Kapitaleinlage	Haftung in Deutschland ist nicht abschließend geklärt
Kapitaleinlage	Keine	Keine	Keine	Kommanditist je nach Gesellschafts-vertrag	Mindestens 25.000 €	KG wie KG, GmbH wie GmbH	Mindestens 50.000 €	Mindestens ein britisches Pfund
Kontrollrecht	Selbst	Alle Gesellschafter	Alle Gesellschafter	Komplementär beschränkt, Kommanditist beschränkt	Gesellschafter-versammlung	Gesellschafter-versammlung der GmbH, Kommanditist beschränkt	Hauptver-sammlung und Aufsichtsrat	Gesellschafter-versammlung

Tabelle 43: Überblick Rechtsformen

Gründungs- und Kaufprozess

Grundsätzlich haben Sie zwei Möglichkeiten zum Start Ihres Unternehmens: Sie können ein eigenes Unternehmen gründen oder aber ein bestehendes Unternehmen kaufen. Im letzteren Fall sollten ebenfalls zwei Formen unterschieden werden: Sie können nur einen so genannten Firmenmantel (also eine Gesellschaft, die rechtlich bereits gegründet ist, aber noch kein Geschäft betreibt) kaufen – auch Mantelkauf genannt – oder eine bereits aktive Gesellschaft.

Beachten Sie folgende Falle: Immer, wenn Sie Änderungen beim Registergericht anmelden – insbesondere bei Neuanmeldungen – erhalten Sie danach eine Vielzahl von scheinbaren Rechnungen. Diese drehen sich alle um den Eintrag Ihres Unternehmens in Datenbanken. Viele sind extra formell gestaltet, so dass Sie den Eindruck bekommen, die Rechnung sei von einer Behörde. Bei diesen Rechnungen handelt es sich in fast allen Fällen um unseriöse Anbieter, die versuchen, Ihr Unwissen auszunutzen. Die Rechnungen stammen oft von Unternehmen aus dem Ausland, die Ihnen nur einen Eintrag in irgendeine Datenbank versprechen. Die Datenbank hat nichts mit dem Handelsregister zu tun. Wenn Sie zahlen, gehen Sie eine ganz normale Geschäftsbeziehung mit einem dritten Unternehmen ein und das einmal überwiesene Geld ist weg. Im Zweifelsfall wenden Sie sich an Ihr Registergericht und fragen Sie nach der Korrektheit dieser Rechnung. Gleiches kann Ihnen auch nach einer Markenanmeldung passieren.

1. Gründung

Die eigene Gründung ist der klassische Weg. Je nach Rechtsform kann die Gründung mehr oder weniger kompliziert sein. Neben der Gründung der Gesellschaft müssen Sie zahlreiche weitere Formalitäten erledigen. Auf diese wird in Teil VIII, „Wichtige Formalitäten" eingegangen.

Ein Einzelunternehmen braucht nicht gegründet zu werden. Sie können grundsätzlich einfach loslegen. Das Einzelunternehmen entsteht schon durch aktive wirtschaftliche Betätigung. Wenn Sie jedoch die Kriterien eines Kaufmanns nach den §§ 1 ff. HGB erfüllen, müssen Sie sich ins Handelsregister eintragen lassen, dazu benötigen Sie die Dienste eines Notars. Auch wenn der Eintrag ins Handelsregister noch nicht vollzogen ist, besteht Ihr Unternehmen bereits. Auch gelten bereits die zum Teil strengeren Vorschriften des HGB für Kaufleute.

Bei der GbR verhält es sich ähnlich wie bei einem Einzelunternehmen. Es bedarf keiner besonderen Gründungsprozedur. Eine GbR entsteht bereits durch Zusammenschluss zweier Personen zur Verfolgung eines gemeinsamen Ziels. Der schriftliche Gesellschaftsvertrag konkretisiert nur die Form der Zusammenarbeit und die Rechte und Pflichten der Partner, ist aber nicht Gründungsvoraussetzung. Dadurch, dass die GbR so leicht entsteht, sind viele Rechtsbeziehungen durch die entsprechenden Regelungen abgedeckt, ohne dass die Parteien dies wissen, was erhebliche Nachteile für die Partner haben kann. Eine GbR muss nicht ins Handelsregister eingetragen werden.

Auch eine oHG entsteht automatisch durch Zusammenschluss mindestens zweier Personen zum Zwecke des Betriebs eines Handelsgewerbes. Auch hier bedarf es keiner besonderen Gründungsprozedur, auch wenn dies manchmal anders dargestellt wird. Im Gegensatz zur automatischen Gründung einer GbR muss der Zusammenschluss aber auch deutlich nach außen demonstriert werden. Im Regelfall wird die oHG jedoch in einem strukturiertem Prozess gegründet: Im ersten Schritt wird ein schriftlicher Gesellschaftsvertrag aufgesetzt. Dies kann formlos geschehen, der Gesellschaftsvertrag sollte aber alle wesentlichen Elemente enthalten. Insbesondere sollte die Geschäftsführung klar geregelt sein. Ohne Regelung sind alle Gesellschafter alleine vertretungsberechtigt (§ 114 HGB). Natürlich empfiehlt es sich sich, die Dienste eines auf Gesellschaftsrecht spezialisierten Anwalts in Anspruch zu nehmen. Fehler sollten Sie an dieser Stelle vermeiden, denn Sie haften mit Ihrem gesamten Vermögen. Im zweiten Schritt wird die oHG ins Handelsregister eingetragen, der Eintrag ist verpflichtend. Hierfür brauchen Sie die Dienste eines Notars.

Eine KG entsteht erst mit dem pflichtgemäßen Eintragung ins Handelsregister. Dies hat insbesondere Folgen für die normalerweise nur beschränkt haftenden Kommanditisten. Vor der Eintragung ins Handelsregister – und damit der Anerkennung der Korrektheit der Gründungsformalitäten wie z. B. der Kapitaleinlagen – können die Kommanditisten unbeschränkt haften. Die Gesellschafter können jedoch bereits mit Abschluss eines Gesellschaftsvertrages tätig werden. Der Gesellschaftsvertrag ist nicht formgebunden, kann also auch mündlich geschlossen werden. Eine automatische, ungewollte Entstehung einer KG ist aufgrund der Sonderstellung der Kommanditisten grundsätzlich ausgeschlossen. Eher würde man vom Willen zur Gründung einer oHG ausgehen. Für den Abschluss eines Gesellschaftsvertrags gelten die Ausführungen zur oHG analog. Zusätzlich ist es natürlich bedeutsam, die Haftung der Kommanditisten zweifelsfrei festzulegen.

Auch eine GmbH entsteht erst mit der Eintragung ins Handelsregister. Die Vorgesellschaft wird rechtlich als GbR oder oHG eingestuft, d. h. in der Vorgesellschaft haften die Gründer ungeschränkt (so genannte „Vorgründungshaftung"). Der Gründungsprozess ist streng geregelt. Ab Anmeldung zum Handelsregister sollten Sie konservativ mit ca. drei Monaten Bearbeitungszeit bis zur endgültigen Eintragung rechnen. In Einzelfällen kann es auch länger dauern. Die Gründungskosten betragen mindestens 1.000 € im Standardfall. Folgende Schritte stellen den Minimalprozess dar:

- **Wille zur Zusammenarbeit/Aufsetzen eines Gesellschaftsvertrags (Satzung):** Der Gesellschaftsvertrag ist formgebunden (schriftlich). Er muss bestimmte Elemente enthalten. Von diesem Zeitpunkt an bis zur Eintragung ins Handelsregister durchlaufen die Gründer eine besonders sensible Phase. Oftmals werden bereits erste Tätigkeiten im Namen der Gesellschaft vorgenommen wie z. B. die Anmietung von Geschäftsräumen. Die Haftung ist vor Eintragung in das Handelsregister aber noch nicht beschränkt. Alle Gesellschafter haften unbeschränkt. Die GmbH als solche existiert noch nicht (§ 11 GmbHG). Da die Vorgesellschaft rechtlich als GbR oder oHG eingestuft wird, haben grundsätzlich alle zukünftigen Gesellschafter volle Vertretungsbefugnis (wenn diese nicht durch den Vertrag eingeengt wird). Dies kann zu unangenehmen Überraschungen führen, wie das nachfolgende Beispiel zeigt.

- **Notarielle Beurkundung:** Der Gesellschaftsvertrag muss von einem Notar beurkundet werden.

- **Bestellung der Organe:** Insbesondere die Geschäftsführer sind zu bestellen. Diese werden mit ins Handelsregister eingetragen.

- **Aufbringen des Stammkapitals:** Vor Anmeldung zum Handelsregister muss das Stammkapital mindestens zur Hälfte eingezahlt werden. Der Nachweis der Einzahlung ist der Anmeldung beizulegen.

- **Anmeldung zur Eintragung ins Handelsregister:** Die Anmeldung wird in der Regel durch den Notar veranlasst.

- **Eintragung ins Handelsregister:** Erst mit diesem Zeitpunkt entsteht die GmbH und die Haftungsregelung greift.

Beispiel

Die missachtete Vorgründungshaftung. Ein Gründer plant zusammen mit einem Partner die Gründung einer GmbH zum Zwecke des Handels mit Natursteinen. Diese Absicht wird in einem entsprechenden Gesellschaftsvertrag dokumentiert. Der Partner eröffnet daraufhin ein Konto bei einer Bank. In der Folgezeit wird die Eintragung der GmbH ins Handelsregister nicht stringent verfolgt, da sich beide Partner über Details der Geschäftsidee streiten. Dennoch nehmen sie an einer ersten Messe teil. Anschließend überzieht der Partner das eingerichtete Konto um 150.000 € erheblich. Die GmbH wird schließlich nicht mehr durch Eintrag ins Handelsregister gegründet. Gründer und Partner trennen sich. Dennoch haftet der Gründer für das überzogene Konto, denn die Vorgründungsgesellschaft wird als oHG eingestuft – weil das Geschäft nicht mehr als Kleingewerbe qualifiziert ist. Die Handlungen wie Kontoeröffnung und Messebeteiligung haben die oHG auch im Verhältnis zu dritten Beteiligten – also auch der Bank – wirksam werden lassen. Im Rahmen der oHG besteht Einzelvertretungsbefugnis eines jeden Gesellschafters, aber gesamtschuldnerische Haftung (vgl. BGH 2004, Az. II ZR 120/02).

Die Gründung einer AG verläuft ähnlich der einer GmbH. Hier ist als weiteres Organ neben dem Vorstand ein Aufsichtsrat zu bestellen. Zusätzlich müssen die Gründer einen Gründungsbericht anfertigen. Vorstand und Aufsichtsrat müssen den Hergang der Gründung prüfen und einen entsprechenden Prüfungsbericht anfertigen, welcher zusätzlich beim Registergericht einzureichen ist.

2. Mantelkauf

Unter „Mantelkauf" wird der Kauf eines Unternehmens nur wegen dessen Hülle – dem Rechtsmantel – verstanden. Dieser ist nur bei Kapitalgesellschaften (GmbH, AG) sowie der KG üblich. Normalerweise sind diese Gesellschaften neu und nur zu dem Zweck gegründet, später an Gründer verkauft zu werden. Sie heißen deshalb auch „Vorratsgesellschaften".

Gründer interessieren sich für Vorratsgesellschaften, um sich Zeit bei der Gründung zu sparen und das Risiko während der Vorgründungsphase, in der sie unbeschränkt haften, zu umgehen. Dafür müssen die Gründer mehr zahlen, als wenn sie den Gründungsprozess selbst durchlaufen. Sie können hier, im Falle einer GmbH, von ca. 1.000 € Mehrpreis ausgehen.

Der Kauf von Vorratsgesellschaften ist eine Vertrauensfrage. Sie als Käufer müssen sich absolut darauf verlassen können, dass die Vorratsgesellschaft bisher keine bzw. keine die Gesellschaft belastende Geschäftstätigkeit entwickelt hat. Denn die Gesellschaft haftet für Verbindlichkeiten weiterhin. Durch den Eigentümerwechsel ändert sich insofern nichts. Der Verkäufer muss also absolut seriös sein. So lange es sich um größere Gesellschaften handelt, die auf das Geschäft mit Vorratsgesellschaften spezialisiert sind, besteht i. d. R. ausreichende Sicherheit.

Die Rechtssprechung sowie die Registergerichte, die das Handelsregister führen, sehen im Kauf von Vorratsgesellschaften mittlerweile eine Quasi-Neugründung (BGH 2002, Az. II ZB 12/02). Dies hat zur Folge, dass der Käufer bei der Ummeldung der Handelsregistereintragung nachweisen muss, dass das Stammkapital noch in voller Höhe in der Gesellschaft vorhanden ist und zur freien Verfügung steht. Der Nachweis geschieht aber vor allem durch die Versicherung des Geschäftsführers. Objektiv kann der neue Geschäftsführer nicht wissen, ob sich in Zukunft nicht doch noch ein Gläubiger meldet. Insgesamt verändert die rechtliche Sichtweise die bestehenden Vorteile beim Kauf einer Vorratsgesellschaft nicht.

Kritischer wird es, wenn Sie den Mantel eines bestehenden aber nicht mehr aktiven Unternehmens erwerben wollen (oftmals auch „alter Mantel" oder „leerer Mantel" genannt). Hierfür gibt es in der Regel zwei Gründe. Zur Gültigkeit dieser Gründe sollten Sie sich unbedingt den Rat eines Fachmanns einholen (Steuerberater oder Gesellschaftsrechtler):

- **Nutzung eines bestehenden Verlustvortrags der Gesellschaft:** Die Gesellschaft muss dafür vorab Verluste gemacht haben und diese später nicht wieder durch Gewinne ausgeglichen haben. Der Käufer erwirbt damit Steuerfreiheit für einen Teil seiner zukünftigen Gewinne. Die Nutzung von Verlustvorträgen ist ein komplexes Gebiet des Steuerrechts. Gefordert wird vor allem wirtschaftliche Identität (§ 8 Abs. 4 KStG). Wirtschaftliche Identität liegt insbesondere dann nicht vor, wenn mehr als die Hälfte der Anteile an einer Kapitalgesellschaft verkauft werden und die Gesellschaft ihren Geschäftsbetrieb mit überwiegend neuem Betriebsvermögen fortführt oder wieder aufnimmt. Eine Ausnahme stellen z. B. Sanierungen dar.

- **Reduzierung der Kapitalaufbringung für das Stammkapital:** Hierfür muss die Gesellschaft vorher Verlust gemacht haben, welches das Stammkapital zum Teil aufgezerrt hat. Es entsteht eine Unterbilanz. Für eine GmbH, deren Stammkapital nur noch 5.000 € beträgt (und die sonst frei von sonstigen Rechten und Schulden ist), wird dem Verkäufer etwas mehr als 5.000 € für seine Gesellschafteranteile gezahlt. So erhält der Gesellschafter sein Geld sowie einen Teil seiner Gründungskosten zurück, der Käufer hat eine GmbH für nur etwas mehr als 5.000 € erworben – statt der mindestens 12.500 € Einzahlung auf das Stammkapital zzgl. der Gründungskosten von mindestens 1.000 €. Der BGH hat entschieden, dass der Kauf eines alten Mantels analog dem Kauf einer Vorratsgesellschaft zu behandeln ist (BGH 2003, Az. II ZB 4/02). Es handelt sich also um eine Quasi-Neugründung. Dem Registergericht ist der Umstand des Kaufs eines alten Mantels anzuzeigen. Dies bedingt zugleich, dass der neue Geschäftsführer gegenüber dem Registergericht – wie bei einer Vorratsgesellschaft – das vollständig eingezahlte Stammkapital nachzuweisen hat. Damit wäre der Vorteil des Kaufs eines alten Mantels zunichte gemacht worden. Die zentrale Frage ist aber, ab wann es sich um einen alten Mantel handelt. Hier gibt es einiges an Spielraum und Argumentationsoptionen. Zu beachten ist aber: Kaufen Sie einen alten Mantel, ohne das Stammkapital wieder aufzufüllen, besteht im Falle der Insolvenz der Gesellschaft sehr wahrscheinlich eine Nachschusspflicht in Höhe des beim Kauf fehlenden Anteils am Stammkapital. Der Insolvenzverwalter wird diese Forderung gegen Sie mit großer Wahrscheinlichkeit durchsetzen.

Obwohl diese zwei Möglichkeiten auf den ersten Blick attraktiv erscheinen, wiegen hier die Nachfolgeprobleme doppelt schwer. Sie als Käufer wissen nicht genau, welche Geschäfte die Gesellschaft vor Ihrem Kauf getätigt hat. Die Gesellschaft haftet für diese Geschäfte in voller Höhe weiter. Selbst wenn Sie der Verkäufer bewusst hintergangen hat, haben Sie zunächst nur einen Anspruch gegen den Verkäufer, eventuell den alten Geschäftsführer. Ihre Schädigung müssen Sie zweifelsfrei belegen können, und der Verkäufer muss in der Lage sein, eine Entschädigung leisten zu können. Im schlechtesten Falle – wenn der Verkäufer nicht mehr zahlungsfähig ist – zahlen Sie die Schulden der Gesellschaft und tragen hohe Gerichtskosten. Das Risiko ist also hoch.

Teil VII

Der Businessplan

Eine umfangreiche schriftliche Planung offenbart fehlende Aspekte und weiterhin bestehende Problemfelder der Geschäftsidee.

> **Wichtige Regeln**
> - Der Businessplan sollte alle Informationen enthalten, die für die Einschätzung der Geschäftsidee notwendig sind, jedoch nicht mehr.
> - Bei Risikokapitalgebern muss der Businessplan deutlich hervorheben: das große Potenzial der Idee, nachhaltige Alleinstellungsmerkmale, ein gutes Managementteam und eine gute Ausstiegsmöglichkeit für den Investor (Exit).
> - Bei Fremdkapitalgebern muss der Businessplan deutlich hervorheben: ein solides, möglichst risikoloses Geschäft, ein gutes Managementteam und gut verwertbare Sicherheiten.

Als Gründer werden Sie sehr häufig mit der Frage oder Forderung nach einem „Businessplan", einem „Geschäftsplan" oder einem „Unternehmensplan" konfrontiert. Die drei Begriffe sind austauschbar. Hier soll vor allem der Begriff „Businessplan" benutzt werden. Der Businessplan ist eine schriftliche Zusammenfassung wichtiger Aspekte Ihrer Geschäftsplanung. Er eignet sich gut, um Inhalte und Methoden der Geschäftsplanung aufzeigen.

Wie bereits in Teil IV zur Geschäftsplanung dargelegt, ist der Businessplan nicht mit der Geschäftsplanung gleichzusetzen. Der Businessplan enthält die wesentlichen Ergebnisse der Geschäftsplanung, stellt also nur einen Ausschnitt dar. Der Zweck der Vorstellung des Businessplans an dieser Stelle ist zweigeteilt: Erstens soll eine sinnvolle Struktur für das Aufsetzen eines Businessplans vorgegeben werden. Zweitens sollen im Abschnitt über die Geschäftsplanung nicht behandelte (da nicht so entscheidende) Planungselemente an dieser Stelle behandelt werden.

Unter einem Businessplan wird in der Regel eine umfangreiche Dokumentation der Geschäftsidee verstanden. Daneben gibt es Kurzformen für verschiedene Zwecke:

- Den „Elevator Pitch" für die Kurzpräsentation oder für Gespräche
- Kurzbeschreibungen für Businessplan-Wettbewerbe, Business-Angel-Foren, Erstanfragen bei Risikokapitalgebern oder auch Erstanfragen bei Banken.

Nicht immer wird also die Langversion des Businessplans benötigt. Die potenziellen Empfänger von Business Plänen prüfen eine Geschäftsidee erst überblicksartig, bevor sie ins Detail einsteigen und die Langversion benötigen. Die Kurzzusammenfassung, die Sie im Rahmen der Vorprüfung entwickelt und weiter ausgearbeitet haben, ist eine sehr gute Basis für die kürzere Version eines Businessplans. Ihr fehlen aber ein paar wichtige Informationen, z. B. zum Thema Finanzierung. Das Executive Summary des Businessplans basiert auf der

Kurzzusammenfassung, ergänzt um wichtige fehlende Elemente. Das Executive Summary ist daher eine geeignete Kurzform Ihres Businessplans.

Die Erstellung eines guten Businessplans, insbesondere in der detaillierten Langversion, benötigt einige Zeit. Abhängig von der Komplexität Ihrer Geschäftsidee sowie Ihres Kenntnisstandes müssen Sie mit einer bis vier Wochen rechnen. Wenn Sie Kapital zur Umsetzung benötigen, wird sich dies nicht vermeiden lassen. Aber auch wenn Sie Ihre Idee selbst finanzieren können, ist die Erstellung eines Businessplans empfehlenswert. So können Sie Planungsfehler vermeiden. Wenn Sie die Vorprüfung Ihrer Geschäftsidee inkl. der Kurzzusammenfassung bereits abgeschlossen haben, ist die Erstellung des Plans deutlich einfacher.

Für die Erstellung von Business Plänen haben sich im Laufe der Zeit – durch Erfahrung sowie wissenschaftliche Arbeiten – charakteristische Elemente herausgebildet. Sie stellen sicher, dass alle wesentlichen Aspekte der Geschäftsidee beachtet und geklärt werden. Allerdings variieren die Bezeichnungen für die Abschnitte eines Businessplans sehr häufig, seltener gibt es auch inhaltliche Abweichungen. Inhaltliche Abweichungen treten vor allem bei unterschiedlichem Adressatenkreis auf. So sollte ein Businessplan für einen Risikokapitalgeber den Abschnitt „Exitmodell" beinhalten, also eine Darlegung, wie, wann und mit welcher Verzinsung der Risikokapitalgeber mit dem Rückfluss seines Kapitals rechnen kann. Für Banken ist dies unwichtig, da die Rückzahlung eines Darlehens durch den Darlehensvertrag genau geregelt ist, aber für Banken ist das Thema „Sicherheiten" wichtig. Im Businessplan muss dann dargelegt werden, welche Möglichkeiten die Bank im Falle eines Zahlungsausfalls Ihres Unternehmens zur Befriedigung ihrer Forderung hat. Im Folgenden sollen die charakteristischen Abschnitte eines Businessplans detailliert besprochen werden. Dabei wird eine Methodik genutzt, mit der bisher gute Erfahrungen gemacht wurden. Danach sollte der Businessplan folgende Teilbereiche in dieser Reihenfolge abdecken:

- Executive Summary
- Geschäftsidee
- Markt, Kunden, Wettbewerb
- Angebotsspektrum & Produktgestaltung
- Vermarktung
- Management, Organisation & Ressourcen
- Status quo & Implementierung
- Finanzplanung, Kapitalbedarf, Finanzierung & Sicherheiten
- Exitstrategie
- Chancen und Risiken
- Anhänge

„Executive Summary" hat sich als Synonym für „Zusammenfassung" eingebürgert. „Executive" steht dabei für Top-Management. Die Zusammenfassung soll also für den Adressatenkreis der Top-Manager geschrieben werden. Daher interessieren nur Aspekte, die wirklich wichtig für das Verständnis und die Umsetzung der Idee sind.

Die im Rahmen der Vorprüfung erstellte Kurzzusammenfassung bildet hierfür eine sehr gute Grundlage. Sie ist aber zu ergänzen um wesentliche Informationen zur Finanzplanung und Implementierung. Aus jedem der folgenden Kapitel sollten daher die wichtigsten Ergebnisse in Kurzform übernommen werden. Das Executive Summary hat einen Umfang von ein bis zwei DIN-A4-Seiten.

Es ist nicht unüblich, größere Teile des Businessplans, z. B. Wettbewerbsanalysen, im Anhang aufzuzeigen. Die Analysen müssen allerdings im Haupttext erwähnt werden, denn dies ist der wesentliche Teil des Businessplans. Auch bereits durchgeführte Kundenbefragungen und deren umfassende Ergebnisse sind im Anhang gut aufgehoben.

Geschäftsidee

Natürlich ist es zentral, die Geschäftsidee eingehender zu erläutern. An dieser Stelle im Businessplan geht es darum, die Kerngedanken der Geschäftsidee und die Besonderheiten zwingend darzulegen. Auch hier sind Details nur insoweit notwendig, wie sie zum Verständnis erforderlich sind. Ergänzende Beispiele, z. B. beschreibend aus der Sicht eines potenziellen Kunden, können hier hilfreicher sein als zu detaillierte Informationen und sind zu empfehlen.

Elementar sind folgende Angaben:

- Geplantes Angebot
- Geschäftsmodell
- Zielgruppe
- Stärken
- Erfolgsfaktoren

Ankerpunkt einer jeden Geschäftsidee ist das geplante Angebot. An dieser Stelle geht es noch nicht um eine möglichst detaillierte Aufzählung. Vielmehr sollten, ausgehend vom Problem des Kunden, das gelöst werden soll, die abgedeckten Lösungsmöglichkeiten bzw. Angebotssegmente aufgezeigt werden. Bei besonders komplexen Geschäftsideen oder Ideen aus einer speziellen Branche kann die Detaillierung von Anwendungsbeispielen sehr hilfreich sein. Wenn die Geschäftsidee besonders innovativ ist bzw. Grundlagenforschung bedeutet, kann es schwierig sein, sinnvolle Anwendungsbeispiele zu finden. Nanotechnologie-Unternehmen sind hierfür ein Praxisfall. Diese Ideen sind deshalb nicht von vornherein zum Scheitern vorurteilt. Da die Idee aber sehr riskant ist (man weiß weder ob die Idee funktioniert, noch ob es in Zukunft sinnvolle Anwendungsszenarien gibt), kommen nur spezialisierte Kapitalgeber zur Finanzierung in Frage.

Die genauere Beschreibung des Geschäftsmodells hat mit dem Aufkommen innovativer Geschäftsideen eine große Bedeutung erlangt. Das Geschäftsmodell beschreibt, wie eigentlich Geld verdient werden soll. Bei vielen Existenzgründungen ist dies recht einfach: Man stellt Waren her oder kauft diese ein und verkauft sie anschließend wieder. Die Frage hierbei ist nur, welchen Anteil man an der Wertschöpfung hat. Betreibt man nur Handel, baut man im Wesentlichen Komponenten zusammen oder man stellt Einzelteile selbst her. Entsprechendes gilt für die Dienstleistungsbranche. Weniger klar ist das bei weniger bekannten oder innovativeren Ideen. Und entsprechend wichtig ist die Detaillierung des Geschäftsmodells, welches erhebliche Konsequenzen für den Geschäftsbetrieb hat.

Beispiel

Geschäftsmodelle im Verlagswesen. Das Geschäftsmodell eines Zeitschriftenverlags kann mehrere Formen annehmen. Sie können sich vor allem durch den Verkauf der Zeitschriften finanzieren. Dann müssen die Zeitschriften entsprechend teuer sein. Sie können sich aber auch vor allem durch Werbung in den Zeitschriften finanzieren. Dann sollte die Zeitschrift wenig kosten, um eine große Auflage zu erreichen und die Werbung teurer verkaufen zu können. Auch bei der Werbung sind zwei verschiedene Wege denkbar: Die Werbung kann offensichtlich sein, also in Form einer Anzeige. Sie kann aber auch versteckt in „gekauften" Artikeln bestehen, die Firmen, Produkte oder Dienstleistungen besonders untersuchen. Denkbar ist auch ein Mix aus den genannten Möglichkeiten. Für all diese Geschäftsmodelle gibt es praktische Beispiele.

Beispiel

Geschäftsmodelle im Internet. Das Geschäftsmodell einer Auftragsvermittlung im Internet kann zahlreiche Formen annehmen. Im Rahmen der Geschäftsidee sollen Auftraggeber und Auftragnehmer über das Internet zusammengebracht werden. Die Einnahmen können nur durch den Auftraggeber oder nur durch den Auftragnehmer entweder durch Zugangsgebühren (einmalige oder regelmäßige Zahlungen, um die Plattform nutzen zu können) oder Transaktionsgebühren (Zahlung immer dann, wenn ein Geschäft zustande kommt) generiert werden. Mischformen und Variationen sind natürlich auch denkbar. Man kann das Geschäft aber auch durch Werbung auf der Internetplattform finanzieren. Je nach gewähltem Geschäftsmodell hat dies unterschiedliche Konsequenzen für das Geschäft der Betreiber. Der Betreiber einer der größten deutschen Auftragsvermittlungen im Internet, das Berliner Unternehmen workXL, erzielt seine Einnahmen durch die Auftragnehmer, die sich unter workXL.de den Zugang zur Plattform in unterschiedlichen Zugangsstufen kaufen können.

Die Zielgruppe rundet das Verständnis der Geschäftsidee ab. Die Angabe der Zielgruppe zeigt auch, dass Sie sich als Gründer mit dem Markt und seinen potenziellen Kunden beschäftigt haben. Nach der Vorprüfung sollten Sie Ihre Zielkundschaft bereits gut kennen. Sie müssen aber nicht unbedingt nach einer bestimmten Zielgruppe suchen, wenn Ihre Zielgruppe breit angelegt ist. Bei vielen Geschäftsideen, z. B. einer normalen Bäckerei, gibt es oft keine spezielle Zielgruppe. Sie wollen an Jung und Alt, Weiblich und Männlich, Reich und Arm gleichermaßen verkaufen.

Egal wie innovativ Ihre Geschäftsidee ist, Sie müssen deren Stärken explizit herausstellen. Geschäftsideen weisen Stärken unterschiedlicher Art und in unterschiedlichem Ausmaß auf. Zudem tragen die Stärken viele verschiedene Namen wie „Alleinstellungsmerkmal", „Value Added", „Mehrwert", „Differenzierung" oder einfach „Stärken". Die Bedeutung der Begriffe variiert leicht und muss daher erläutert werden. In der Risikokapitalszene wird als zentrale

Stärke oft ein so genanntes „Alleinstellungsmerkmal" gefordert. Neben einem großen Marktpotential und einem guten Management-Team wird dies als überaus wichtiges Kriterium bei der Beurteilung der Geschäftsidee gesehen. Wie der Name bereits sagt, wird ein Merkmal der Geschäftsidee verlangt, das kein Wettbewerber aufweist. Das Merkmal muss erfolgsentscheidend sein. Darüber hinaus darf das Merkmal nicht einfach kopiert werden können, d. h., es wird eine Nachhaltigkeit des besonderen Merkmals verlangt. Der idealtypische Fall eines solchen Merkmals ist ein gutes Patent. Denkbar sind aber auch viele andere Merkmale, wie ein neuartiges Produkt, die exklusive Nutzung eines Vertriebskanals oder eines besonderen Lieferanten.

Beispiel

> **Der Vertriebsweg als Alleinstellungsmerkmal.** Medion, ein Essener Unternehmen, wurde bekannt durch den Verkauf von Computern und anderen elektronischen Geräten über Discounter. Medion gewann z. B. Aldi als Vertriebspartner und erzielte damit schnell eine sehr große Reichweite seiner Produkte. Andere Computerhersteller verfolgten anfänglich diese Strategie nicht. Das „Besondere" an Medion war also die Vertriebsstrategie, die es von allen anderen Herstellern unterschied.

Strenggenommen gibt es kaum echte Alleinstellungsmerkmale. Gelingt es einem Unternehmen, wirkliche Vorteile über ein Merkmal zu erzielen, hat der Wettbewerb das höchste Interesse daran, dieses Merkmal schnellstmöglich zu kopieren. Vielfach wird daher auf Hilfskonstruktionen zurückgegriffen: Wenn Sie z. B. als Gründer ein Produkt oder eine Dienstleistung zuerst entwickeln und anbieten, kann man in einigen Branchen annehmen, dass der Gründer einen First-Mover-Vorteil hat, der erfolgsentscheidend ist. Viele Geschäftsideen weisen aber bei genauerer Betrachtung nur kurzfristige oder weniger erfolgsentscheidende Stärken auf. Dennoch sind es Stärken, die Sie als Gründer herausstellen müssen. Mit „Mehrwert" oder der englischen Übersetzung „Value Added" sind in der Regel graduelle Verbesserungen gegenüber bestehenden Angeboten gemeint. Mit „Differenzierung" ist in der Regel die Konzentration auf andere Kaufkriterien der Kunden oder deren andersartige Erfüllung gemeint. So kann man sich durch eine Niedrigpreisstrategie differenzieren, die, wenn es keine Wettbewerber mit der gleichen Strategie gibt, ein guter Wettbewerbsvorteil ist. „Stärken" ist die breiteste Bezeichnung. Alle vorgenannten Begriffe bezeichnen Stärken des Geschäftsmodells. Eine Stärke kann aber auch ein besonders gutes Management-Team oder eine sehr gute Planung sein.

Nun gibt es durchaus auch Geschäftsideen, die keine besonderen Stärken aufweisen. Kopierte Ideen ohne eigene Weiterentwicklung können ein Beispiel dafür sein. Auch derartige Ideen können erfolgreich sein, Sie müssen dann aber den Nachweis führen, dass der Markt groß genug für Sie und Ihren Wettbewerb ist und dass in Ihrem Markt nicht das Prinzip des First Movers gilt.

Als letztes Charakteristikum Ihrer Geschäftsidee sollten Sie die Erfolgsfaktoren nennen. Erfolgsfaktoren sind diejenigen Elemente Ihrer Geschäftsidee, die für den Erfolg besonders notwendig sind. Jedes Geschäft hat ein oder mehrere Elemente, die einen echten Engpass zum Erfolg darstellen. Kann der Engpass nicht gemeistert werden, bricht aufgrund von Alternativen die Geschäftsidee zusammen. Vielfach ist ein Engpass die Kundengewinnung. Gelingt es nicht, schnell viele Kunden zu gewinnen, ist die Geschäftsidee gefährdet. Weitere Beispiele sind die schnelle Gewinnung guter Kooperationspartner, die Sicherung des Zugangs zu speziellen Lieferanten und die erfolgreiche Anmeldung eines Patents. Die explizite Aufzählung dieser Erfolgsfaktoren fokussiert Sie selbst und verdeutlicht Ihre professionelle Herangehensweise. Im Abschnitt des Businessplans über die Implementierung müssen die Aufgaben zur Erfüllung der Erfolgskriterien einen herausragenden Platz einnehmen. Auch im Abschnitt über Chancen und Risiken sollte die Besprechung der Erfolgsfaktoren einen bedeutenden Platz einnehmen.

Markt, Kunden, Wettbewerb

Nach der Erläuterung der Geschäftsidee mit ihren Kernelementen gebührt die erste Erläuterung dem Markt und seinen Akteuren, denn damit wird die erfolgskritische Absatzseite des Geschäfts erläutert. Wenn Sie die vorgeschlagene Vorprüfung (siehe Teil III) bereits hinter sich haben, haben Sie bereits alle wesentlichen Informationen zur Erstellung dieses Abschnitts. Ihr Ziel muss die Darlegung eines großen Marktpotentials, kaufwilliger Kunden und wenig direkten Wettbewerbs sein – sowohl als Bestätigung für Sie selbst wie auch für dritte Adressaten, z. B. Kapitalgeber.

Die Größe des Marktes ist wichtig, um die Größe der Idee einschätzen zu können. Der Markt darf dabei nicht statisch gesehen werden. Vielmehr ist die Entwicklung des Marktes in den nächsten Jahren abzuschätzen. Gerade bei innovativen Geschäftsideen ist der Markt in Zukunft wesentlich spannender als der gegenwärtige Markt. Bei der Detaillierung des Marktes ist die Nachvollziehbarkeit Ihrer Annahmen sehr wichtig. Geben Sie zudem immer an, welche Definition von Markt Sie gerade verwenden, denn wie in Teil III, „Markt" – ein schillernder Begriff" erläutert, unterscheiden sich die Definitionen stark. Geben Sie die Quellen von Annahmen und Kennzahlen an, so dass Sie das Gefühl einer sorgfältigen Vorgehensweise vermitteln. Unsaubere und nicht nachvollziehbare Berechnungen werfen ein schlechtes Bild auf Ihre gesamte Planung. Wenn das entsprechende Zahlenmaterial verfügbar ist, berechnen Sie den Markt Top-down und Bottom-up. Auch dies zeugt von großer Professionalität.

Die wichtigsten Marktkennzahlen sind:

- Marktpotential, bestehend aus der Menge von Konsumenten, die sich bis zu einem gewissen Grad für ein Angebot interessieren
- Marktnachfrage, bestehend aus den Konsumenten, die das Angebot kaufen bzw. gekauft haben

Die berechneten Marktzahlen müssen inhaltlich mit Ihrem Geschäftsmodell übereinstimmen. Planen Sie z. B., von Werbeeinnahmen eines bestimmten Mediums wie einer Zeitung zu leben, müssen Sie den Markt für Zeitungswerbung bestimmen. Wenn Ihr Geschäftsmodell Einnahmen aus mehreren Märkten vorsieht, müssen Sie alle diese Märkte beleuchten.

Das Marktpotential als Kenngröße Ihrer Geschäftsidee ist für Risikokapitalgeber deutlich wichtiger als für die meisten Banken, die Ihre Idee für die Vergabe eines Kredits prüfen. Viele Risikokapitalgeber investieren nur in Geschäftsideen, die auf große, am besten unbearbeitete Märkte abzielen. Ein Markt, in dem man kaum dreistellige Millionenumsätze erwirtschaften kann, ist für viele Investoren kaum interessant, da das Marktvolumen keine interessante Börsenstory erlaubt.

Beispiel

Zu klein für einen Börsengang. Die Geschäftsidee einer Studentenkarte wurde bereits weiter oben erläutert. Studenten können damit bei teilnehmenden Unternehmen preiswerter einkaufen. Die Unternehmen steigern ihren Umsatz und der Herausgeber der Studentenkarte wird am Umsatz beteiligt. Die Geschäftsidee basiert auf dem beidseitigen Vorteil der Kunden und könnte daher attraktiv sein. Die Idee kann ca. 4 Mrd. € Ausgaben von Studenten pro Jahr beeinflussen. Dieser Markt erscheint groß, allerdings wird die Umsatzbeteiligung maximal 5 % erreichen können. Das gesamte Marktpotential für dieses Geschäftsmodell ist daher 200 Mio. € pro Jahr. Ein Unternehmen könnte aber nur einen Bruchteil dieses Potentials wirklich erschließen. Für aggressiv agierende Risikokapitalgeber wäre das Potential zu gering.

Nachdem der Markt der Größe nach abgeschätzt werden kann, gewinnt die Betrachtung der Kunden an Bedeutung. Je detaillierter die Kenntnis der Kunden ist, umso genauer kann geplant werden. Kunden zeichnen sich durch ihre Kaufkriterien aus. Sie sollten also die wesentlichen Kaufkriterien der Kunden aufzeigen und kurz diskutieren, falls dies notwendig erscheint. Idealerweise sollten Sie die genannten Kaufkriterien durch eine eigene Kundenumfrage belegen oder zumindest stützen können. Wenn sich die Kunden anhand der Kaufkriterien in hinreichend trennscharfe Gruppen unterteilen lassen, sind die bestimmenden Kaufkriterien anzugeben. Falls möglich, sollten auch die Kenngrößen für den Markt auf diese Kundengruppen heruntergebrochen werden. Geben Sie auch hier an, auf welcher Basis Sie die Kunden in Gruppen unterteilen, z. B. aufgrund eigener Erfahrung oder aufgrund statistischer Auswertungen. An dieser Stelle müssen Sie unbedingt aufzeigen, welche Kunden Ihre Zielkunden sind.

Beispiel

Segmente im Lebensmitteleinzelhandel. Konsumenten haben zahlreiche Kaufkriterien beim Einkauf von Lebensmitteln: Preis, Qualität und Frische, Marke, räumliche Nähe der Einkaufsstätte usw. Es ist bekannt, dass für einige Kunden der niedrige Preis ein wesentliches Kaufkriterium ist, welches deutlich vor Qualität, Produktmarken usw. rangiert. Für andere Kunden wiederum ist die Qualität und Frische das wichtigste Kriterium, der Preis dagegen sekundär. Erstere Kunden kaufen bei so genannten Discountern ein, letztere würden dort nur im äußersten Notfall einkaufen. Der Markt ist also mindestens zweigeteilt. Die gesamte Marktnachfrage betrug im Jahr 2003 ca. 100 Mrd. €. Die Marktnachfrage im Segment der preisgetriebenen Kunden entspricht dem Umsatz der Discounter in Höhe von ca. 27 Mrd. €.

Sollten Sie eine Kundenbefragung im Rahmen der Vorprüfung gemacht haben, werden die Ergebnisse an dieser Stelle dargestellt. Aus den zusammengefassten Ergebnissen lässt sich sehr viel über die Wünsche und Vorbehalte Ihrer potenziellen Kunden ablesen.

Abschließend sind Ihre Wettbewerber zu nennen. Aufgrund der Vorprüfung haben Sie sowohl das theoretische Rückzeug, wie z. B. die Einteilung in direkte und indirekte Wettbewerber, als auch die wesentlichen Informationen über Ihre Wettbewerber bereits verfügbar. Im Businessplan sollte der Fokus auf die direkten Wettbewerber gelegt werden. Ebenso sollten indirekte Wettbewerber, die zwar eine andere Zielgruppe bedienen, aber der Art nach die gleichen Produkte anbieten, vorgestellt werden. Bei der Einteilung in direkte und indirekte Bewerber müssen Sie auf den bereits vorgestellten Kaufkriterien der Kunden aufbauen. Wenn möglich, rate ich zu einer grafischen Darstellung, die einen Überblick verschafft. Wichtig ist dabei auch die Positionierung Ihrer Geschäftsidee. Die grafische Darstellung lässt dann sofort direkte und indirekte Wettbewerber erkennen. Eine gute Vorlage dazu bildet Abbildung 6, Seite 78.

Die angesprochenen Wettbewerber sollten Sie kurz vorstellen. Dabei ist dieBesprechung folgender Aspekte sinnvoll:

- Stärken & Schwächen
- Wichtige Kennzahlen
- Positionierung & Differenzierung

Das Aufzeigen der Stärken und Schwächen des Wettbewerbs (versuchen Sie hier möglichst neutral zu sein) sollte der Ausgangspunkt Ihrer Wettbewerbsbetrachtung sein. Durch die Vorprüfung sollten Sie bereits kopierbare Stärken der Wettbewerber in Ihr Geschäftskonzept integriert haben, so dass die Darlegung Ihrer Differenzierung nur von den nicht kopierbaren Stärken Ihrer Wettbewerber beeinträchtigt wird. Aufgezeigte Schwächen des Wettbewerbs können natürlich einen echten Ansatz zur Differenzierung bieten. Wenn verfügbar, sollten Sie auch wichtige Kennzahlen Ihrer Wettbewerber darstellen. Sind diese positiv, erlauben sie den Rückschluss, dass auch Ihre Idee ein großes Erfolgspotential hat. Generell ermöglichen die Angaben dritten Adressaten ein besseres Einfühlen in den Markt. Vor allem folgende Kennzahlen kommen in Betracht:

- Gründungsjahr des Wettbewerbers
- Anzahl Kunden, saisonale Schwankungen, durchschnittlicher Kassenbon bzw. durchschnittliche Auftragsgröße
- Umsatz und Gewinn
- Anzahl Personal, sonstige Kostenblöcke

Final sind natürlich die Positionierung des Wettbewerbs und die Differenzierung Ihrer Geschäftsidee darzulegen. Zentrale Bedeutung kommt den Gründen für die Differenzierung zu. Diese müssen überzeugend sein. Wenn Sie sich nicht ausreichend differenzieren können, bleibt Ihnen nur der Nachweis, dass der Markt auch noch Platz für Ihr Unternehmen bietet.

Angebotsspektrum & Produktgestaltung

Sie haben Ihr Angebotsspektrum zwar schon dargelegt, sind dabei bisher aber nicht ins Detail gegangen. Es geht an dieser Stelle darum, das Angebotsspektrum in größerer Breite darzustellen und die Vorteile des Angebots noch einmal gezielt herauszustellen. Eine breitere Darstellung ermöglicht außenstehenden Dritten ein besseres Eindenken in Ihre Geschäftsidee und demonstriert Ihre Branchenkenntnis und die Tiefe Ihrer Planung. Wenn Sie einen Handel betreiben, sollten Sie auch die geplanten Bezugsquellen offen legen.

Bei einem großen Angebotsspektrum, wie z. B. im Lebensmitteleinzelhandel, macht es auch an dieser Stelle keinen Sinn, alle Produkte aufzuzählen. Vielmehr sollten wichtige Warengruppen genannt werden. Wenn Ihre Geschäftsidee nur auf einem Produkt oder einer Dienstleistung beruht, die für jedermann klar verständlich und einschätzbar ist, kann eine weitere Detaillierung entfallen.

Beispiel

Angebotsspektrum im Lebensmitteleinzelhandel. Ein Gründer plant den Aufbau eines „Convenience-Store", d. h. eines modernen Tante-Emma-Ladens, allerdings mit der vorrangigen Ausrichtung auf Lebensmittel und Getränke. Im Geschäftsplan gibt er folgende Warengruppen an: normale nicht-alkoholische Getränke, Fitnessgetränke, Bier, Wein, wenige härtere Getränke, Fertigmahlzeiten, Konserven, sonstige nicht-verderbliche Grundnahrungsmittel, Eis, allgemeiner Drogeriebedarf, Sonstiges.

An dieser Stelle ist es zudem sinnvoll, auf die Gestaltung der wichtigsten Produkte einzugehen. Dabei geht es keinesfalls um die optische Gestaltung, sondern die marktliche Gestaltung der Produkte, d. h. die Produktdefinition. Diese besteht aus den folgenden Komponenten: Produktumfang, Qualität, Design, Branding, Verpackung, Service, Preisgestaltung (siehe dazu Teil IV, „Marketing & Vertrieb").

Die ersten Komponenten sind oft schnell beschrieben. Sie tragen in vielen Fällen nicht direkt zum Verständnis der Geschäftsidee bei (zeigen allerdings die Kompetenz des Verfassers), sondern sind Elemente des operativen Marketings. Überaus wichtig ist dagegen die Preisgestaltung. Die ersten Grundsteine wurden eingangs des Businessplans durch die Beschreibung des Geschäftsmodells festgelegt. Dies reicht jedoch nicht immer aus. So kann das Geschäftsmodell ein normaler Handel sein (billig einkaufen, teuer verkaufen), die Preisgestaltung gegenüber dem Kunden kann jedoch vor allem auf Ratenverkäufen basieren. Diese wiederum haben erheblichen Einfluss auf die Geschäftsprozesse und die Finanzplanung. Eine vom Standard abweichende Preisgestaltung ist also auf jeden Fall genauer zu erörtern.

Darüber hinaus ist es an dieser Stelle sinnvoll, einen ersten Eindruck über Produktmargen zu geben, d. h. die Nettospanne zwischen Einkaufspreisen und Verkaufspreisen. Diese Angabe ist sowohl bei Handelsgeschäften wie auch in der Produktion sinnvoll. Idealerweise sind die Margen aus der Finanzplanung abgeleitet.

Vermarktung

Im Kapital Vermarktung müssen die Annahmen bezüglich der Marketing- & Vertriebsplanung näher erläutert werden. Dieses Kapitel ist eines der wesentlichen Elemente eines Businessplans und muss entsprechend überzeugend sein, denn es wurde bereits mehrfach darauf hingewiesen, dass vor allem die Kunden der erfolgskritische Engpass bei der Unternehmensgründung sind. Die Wiedergabe der vollständigen Einnahmenplanung ist an dieser Stelle nicht sinnvoll. Sie sollte besser später bei der Gesamtdarstellung der Finanzplanung erfolgen.

Entscheidend zum Verständnis Ihrer Geschäftsidee sind die Vertriebskanäle sowie die Werbekanäle, mit denen sie beworben werden (siehe dazu Teil IV, „Vertriebskanäle" und Teil IV, „Werbung"). Daher sind diese detailliert aufzulisten. Zudem ist darzustellen, welche Werbe- bzw. Vertriebskanäle welche Anzahl von Kunden generieren. Die Annahmen sind detailliert zu belegen, d. h., ausgehend von den durch Werbung erreichten potenziellen Kunden muss dargestellt werden, wie und in welchem Ausmaß aus potenziellen Kunden echte Käufer werden. Dies kann auch im Rahmen der Offenlegung der Finanzplanung geschehen, wenn die Kalkulationsannahmen daraus ersichtlich werden.

Beispiel

> **Vertriebskanal Webseite und Werbekanal Online-Marketing.** Ein Gründer will ein Weiterbildungsinstitut aufbauen und über seine Webseite Kurse für Weiterbildung vertreiben. Um Kunden anzulocken, setzt er vor allem auf Online-Marketing, insbesondere die Werbung in Suchmaschinen. Das jährliche Budget beträgt 3.000 €. Pro Besucher der Webseite rechnet der Gründer mit Kosten von 10 Cent. Von diesen Besuchern bestellt jedoch nicht jeder einen Kurs. Vielmehr rechnet der Gründer nur mit Bestellungen von 0,25 % aller Besucher. Also nur jeder vierhunderste Besucher der Webseite bestellt einen Kurs. Insgesamt errechnen sich 75 Kursbestellungen über den Vertriebskanal Webseite mittels der Werbeform Online-Marketing.

Neben der reinen Auflistung der Kanäle sollte zudem einen Rangfolge hinsichtlich der Werbekanäle gebildet werden. Diese Auflistung beschränkt sich auf die Werbekanäle, denn nur diese sind für die Generierung von Kunden verantwortlich. Die Vertriebskanäle (wenn sie nicht zugleich auch Werbekanäle sind) sind nur das Medium, um die Bestellung des Kunden anzunehmen bzw. den Kauf abzuwickeln. Aus der Einnahmenplanung lässt sich eine gute Übersicht bezüglich der Wichtigkeit der jeweiligen Kanäle erstellen. Es wird so sofort klar, ob der geplante Erfolg lediglich auf einem Werbekanal beruht oder ob mehrere Kanäle den Erfolg absichern und so zur Risikominimierung beitragen.

Beispiel

Bedeutung der Werbekanäle. Der im vorangegangenen Beispiel vorgestellte Gründer hat nach Errechnung der geringen Kundenzahlen über das Online-Marketing seine Vertriebs- und Werbekanäle erweitert. Das geplante Weiterbildungsinstitut soll jetzt drei Vertriebskanäle nutzen: einen Außendienst, die Webseite und das Telefon. Kunden können also entweder über den Außendienst, die Webseite oder das Telefon Kurse bestellen. Die Vertriebskanäle werden wie folgt beworben: Der Außendienst wirbt selbst, indem er aktiv Kunden angeht. Die Webseite wird mittels Online-Marketing beworben. Die telefonische Bestellannahme wird durch Zeitungsanzeigen und die Verteilung von Katalogen beworben. Diese vier Werbeformen werden im Rahmen der Einnahmenplanung explizit geplant. Zusammenfassend plant der Gründer eine Rangfolge der Werbekanäle gemäß Tabelle 44.

Kurse nach Werbekanal	Jahr 1	Anteil	Jahr 2	Anteil
Außendienst	336	57 %	1312	76 %
Zeitungsanzeigen	63	11 %	86	5 %
Online-Marketing	75	13 %	108	6 %
Katalogverteilung	120	20 %	216	13 %
Summe Anzahl verkaufte Kurse	594	100 %	1721	100 %

Tabelle 44:   *Beispiel: Vertriebskennzahlen eines Weiterbildungsinstituts*

Achten Sie nach Abschluss dieses Kapitels unbedingt darauf, ob es wirklich überzeugend gelungen ist. Denn wenn Sie die Unterstützung externer Kapitalgeber brauchen, können Sie hier Punkte sammeln, aber auch verlieren. Je mehr Sie demonstrieren, wie gut Sie Ihr Geschäft vor allem kundenseitig verstehen, umso besser.

Management, Organisation & Ressourcen

Nachdem Sie in den vorstehenden Abschnitten vor allem auf die Absatzseite eingegangen sind, sollen nun die internen Aspekte Ihrer Geschäftsidee detaillierter dargelegt werden. Sie müssen in diesem Abschnitt aufzeigen, dass Sie auch mit der operativen Seite des Geschäfts vertraut und in der Lage sind, diese professionell zu bewältigen.

Erfahrungsgemäß hat sich hier folgende Gliederung als sinnvoll erwiesen:

- Management-Team
- Organisation
- Ressourcen

1. Management-Team

Als wichtiger Maßstab zur Beurteilung Ihres zukünftigen Unternehmens dient das Management-Team. Dabei sind zwei Dimensionen von Bedeutung: die Erfahrung als Manager oder leitender Angestellter, vielleicht sogar auch als Unternehmensgründer, und die Branchenkenntnis. Stellen Sie die geplanten Mitglieder Ihres Management-Teams detailliert vor, z. B. anhand von kurzen Lebensläufen. Wenn Sie bezüglich der Besetzung wichtiger Positionen noch keine Vorstellung haben, müssen Sie dies entsprechend angeben. Bevor Ihre Finanzierung wirklich steht, können Sie gar nicht alle Posten besetzt haben. Auch danach dauert es je nach Marktlage eine gewisse Zeit, bis Sie jemand Geeignetes gefunden haben. In vielen Fällen gibt es auch nur einen Manager – nämlich Sie selbst. Stellen Sie dann Ihre eigenen Kompetenzen detailliert dar.

2. Organisation

Im Rahmen der Organisation unterscheidet man in „Aufbauorganisation" und „Ablauforganisation". Die Aufbauorganisation beschreibt Hierarchie, Verantwortung und Aufgaben der Mitarbeiter. Die Ablauforganisation beschreibt die Prozesse im Unternehmen. Bei Neugründungen ist die Organisation des Geschäfts oftmals recht einfach gehalten, wird aber im Laufe der Zeit zunehmend komplexer. Dennoch sollten die Elemente der Organisation beschrieben werden. Als Grundlage sollten Sie mit Teil IV, „Organisation & Ressourcen" vertraut sein. Dort finden sich auch einige Beispiele, die als Vorlagen zur Darstellung genutzt werden können.

2.1 Aufbauorganisation

Die Aufbauorganisation wird am besten mit Hilfe eines Organigramms dargestellt. Im Organigramm bekommen einzelne Abteilungen eine Box. Die Bezeichnung der Box gibt einen Hinweis auf die Aufgabe. Dort wird zudem angegeben, wie viele Mitarbeiter in der Abteilung geplant sind. Mitarbeiter in weiter oben stehenden Boxen sind hierarchisch höher. Ganz oben muss demnach der Geschäftsführer stehen. Mit dem Organigramm beschreiben Sie die wichtigsten Abteilungen Ihres Unternehmens. Darüber hinaus sollten Sie auf weitere wesentliche Elemente der Organisation eingehen, z. B. die Verantwortung über Umsatz und Gewinn oder die Steuerung über Budgetierungen für die einzelnen Abteilungen. Die Angabe von Stellenbeschreibungen für einzelne Position ist aber nicht erforderlich.

2.2 Ablauforganisation

Bei der Darstellung der Ablauforganisation sollten Sie mindestens die Kernprozesse Ihres Unternehmens darstellen. Die Prozessdarstellung sollte idealerweise auf Basis von Flussdiagramm-Darstellungen mit Symbolen aus der DIN 66001 und auf einem höheren Aggregationsniveau erfolgen. Die Prozessdarstellung sollte verdeutlichen, wie komplex Ihre Geschäftsidee ist und welchen Teil der Wertschöpfung Sie selbst übernehmen wollen.

3. Ressourcen

Die Darstellung der Ressourcen sollte in Blöcke aufgeteilt werden, da sie sich der Art nach deutlich unterscheiden. Folgende Unterteilung ist sinnvoll:

- Personal
- Investitionen in Grund & Boden sowie Maschinen & Anlagen
- Waren- und Materialeinsatz

3.1 Personal

Bereits bei der Vorstellung Ihrer Organisation haben Sie einen Einblick in Ihre Personalplanung gegeben. An dieser Stelle ist Ihre Personalplanung quantitativ weiter zu untermauern. Zudem sollten Sie angeben, wie Sie die Personalressourcen für Ihr Unternehmen ermittelt haben.

Um die quantitativen Effekte der Personalplanung darzustellen, reichen die in Teil IV, „Personalplanung" angegebenen Informationen aus.

3.2 Investitionen

Investitionen sind gesondert zu planen und darzustellen, denn einerseits stellen sie besonders konkrete Unternehmenswerte dar, andererseits werden Sie nach den GoB erst über einen Zeitraum von mehreren Jahren zu Aufwand durch Abschreibung. Einen guten Überblick gibt der Investitionsplan, wie er in Teil IV, „Investitionsplanung & Abschreibung" beispielhaft dargestellt wurde.

Die Investitionen sollten jedoch nicht nur durch den Investitionsplan beschrieben werden. Insbesondere wichtige Elemente der Investitionen sollten näher beschrieben werden. Zu beachten ist, dass es Investoren deutlich leichter fällt, Investitionen zu fördern als laufende Ausgaben. Hier spielt der Glaube eine wichtige Rolle, dass Investitionen dauerhafte Werte schaffen, die im Ernstfall veräußerbar sind. Laufende Ausgaben schaffen oftmals keine konkreten Werte und werden daher nicht als Sicherheit angesehen.

3.2.1 Grund & Boden

Die Unterbringung Ihres Unternehmens ist eine wichtige Frage für die spätere Finanzplanung bzw. die Risikobeurteilung Ihrer Geschäftsidee. Als Gründer werden Sie nur in seltenen Fällen Grund und Boden kaufen. Sie müssen vielmehr mieten oder pachten. In vielen Fällen müssen Sie aber Ihr Ladenlokal, Ihre Werkhalle oder Ihr Büro für Ihre Zwecke anpassen. Die notwendigen Maßnahmen können sehr teuer sein. Sie müssen daher einerseits die Konditionen für die Anmietung der von Ihnen angestrebten Räume darlegen (Mietzins, Nebenkosten, Laufzeit, sonstige Besonderheiten), andererseits die wesentlichen Positionen für die Umbaumaßnahmen beschreiben und die entsprechenden Kosten benennen. Wenn Sie noch keine Räume gefunden haben, müssen Sie die Angaben schätzen. Im Falle von zu erwartenden, teuren Umbaumaßnahmen werden potenzielle Kapitalgeber aber zumindest Kostenvoranschläge sehen wollen, um Ihre Schätzungen zu bestätigen. Denn Umbaumaßnahmen schaffen einen Wert, der nur sehr schwer weiterzuverkaufen ist. Im Falle eines Scheiterns Ihrer Idee stellen diese Ausgaben für eine Bank daher keine Sicherheiten dar.

3.2.2 Maschinen & Anlagen

Maschinen & Anlagen sind ebenso wie Umbaumaßnahmen ein wichtiger Teil der Investitionen bei Geschäftsgründungen. Dies gilt für fast alle Branchen: Im produzierenden Gewerbe ist die Anschaffung eines Maschinenparks notwendig, aber auch im Dienstleistungsgewerbe müssen oftmals substanzielle Investitionen, z. B. in Computer, getätigt werden. Die Ausgaben für Maschinen & Anlagen sind mitunter sehr hoch und stellen vielfach den relativ größten Ausgabenblock in den Anfangsjahren einer Geschäftsgründung dar. Entsprechend genau sind die Anschaffungen zu beschreiben und zu begründen. Je teurer und zentraler die Maschinen und Anlagen für Ihre Geschäftsidee sind, umso konkreter müssen Sie diese im Businessplan beschreiben. Sie können die Konkretisierung dieser Anschaffungen dann nicht mehr als operative Aufgabe abtun und auf einen späteren Zeitpunkt verschieben.

Die Notwendigkeit für die Maschinen und Anlagen sollte sich bereits aus der Beschreibung der Ablauforganisation, also der Prozesse, ergeben. Darüber hinaus sollten Sie für wichtige Maschinen und Anlagen folgende Informationen angeben können:

- Hersteller, Art, Funktion, Bedienung
- Notwendigkeit im Rahmen Ihrer Geschäftsidee
- Kosten (Kaufpreis und Servicevertrag)
- Notwendigkeit und Umfang von Serviceverträgen bzw. Kosten der Wartung
- Voraussichtliche Nutzungs- und Abschreibungsdauer

Darüber hinaus sollten Sie, falls möglich, auch einen Eindruck über die Wiederverkäuflichkeit der Maschinen vermitteln. Denn Kapitalgeber sehen diese als Sicherheit und gehen davon aus, dass Sie zumindest einen Erlös in Höhe des Restwertes der Maschinen erzielen können. Im Falle weniger wichtiger Maschinen, z. B. Arbeitscomputern, sind diese Angaben nicht notwendig.

3.3 Waren- und Materialeinsatz

Die Darstellung des Waren- und Materialeinsatzes ist vor allem dann wichtig, wenn dadurch voraussichtlich viel Kapital gebunden wird. Wird, wie bei einem Dienstleistungsunternehmen, nur sehr wenig Material eingesetzt, kann die Darstellung unterbleiben. Handelt es sich bei Ihrem Unternehmen um einen Handelsbetrieb, so sind durch die Darstellung des Angebotsspektrums bereits die wesentlichen Informationen vermittelt wurden. Dann empfiehlt es sich an dieser Stelle, etwas genauer auf die geplanten Lieferanten und deren Konditionen einzugehen. Handelt es sich bei Ihrem Unternehmen um ein produzierendes Unternehmen, sollte als zentrales Element die Stückliste des zu produzierenden Produkts dargestellt werden. Je komplexer diese Stückliste ist, umso eher sollte sie auf aggregierter Ebene, d. h. nicht vollständig dargestellt werden. Gleiches gilt für ein breites Produktionsprogramm.

Im Rahmen der Stückliste sind die wichtigsten Waren und Materialien kenntlich. Dies können einerseits die teuersten, andererseits die für die Produktion oder den Absatz entscheidenden Waren und Materialien sein ergänzt um Preisangaben sowie Angaben zu den Lieferanten.

Status quo & Implementierung

Im Rahmen des Businessplans ist es sinnvoll, den aktuellen Stand der Unternehmensgründung anzugeben. In manchen Fällen gibt es außer den ersten Schritten der Geschäftsplanung und der Erstellung des Businessplans keine weiteren bisherigen Aktivitäten. In vielen Fällen gibt es aber weitergehende und andauernde Aktivitäten, die durchaus erwähnenswert sind. So können im Rahmen der Geschäftplanung erste Kontakte zu Lieferanten, potenziellen Kunden oder möglichen Vertriebspartnern hergestellt worden sein und weiter gepflegt werden. Die Suche nach Geschäftsräumen oder gar die Anmietung kann durchaus parallel zur Geschäftsplanung laufen. Auch bezüglich des Teams für die Unternehmensgründung können erste Fortschritte erzielt worden sein. Diese Angaben sind für dritte Kapitalgeber wichtig, denn sie zeigen, wie aktiv Sie Ihre Geschäftsidee verfolgen. Je mehr Sie vorweisen können, umso besser. Manche Gründer legen, um den Stand ihrer Aktivitäten belegen zu können, so genannte Letter-of-Intent („LoI") von möglichen Partnern oder Kunden vor. Darin bekundet der Partner oder Kunde ein Interesse an der Zusammenarbeit. Dies kann, obwohl die LoIs in der Regel nicht bindend sind, als Vorstufe zu einer wirklich angestrebten Zusammenarbeit gesehen werden.

Darüber hinaus ist es sinnvoll, Angaben über die geplante Vorgehensweise bei der Implementierung Ihrer Geschäftsidee aufzuzeigen. Dieser Implementierungsplan ist auch für Sie persönlich hilfreich, denn er stellt Ihren Arbeitsplan dar. Bei der Darlegung im Businessplan geht es jedoch nicht darum, den Plan in allen Einzelheiten aufzuzeigen, sondern nur die wichtigsten Meilensteine anzugeben. Dies kann in einer einfachen Aufzählung, versehen mit Daten, geschehen. Als Startpunkt wird in der Regel der Zeitpunkt der Sicherstellung der Finanzierung genommen. Wichtige Meilensteine können zum Beispiel sein:

- Anmietung der Geschäftsräume
- Einstellung wichtiger Mitarbeiter
- Beschaffung wichtiger Maschinen
- Start der Produktion
- Start der Werbe- und Vertriebsaktivitäten

Finanzplanung, Kapitalbedarf, Finanzierung & Sicherheiten

Die Finanzplanung hat einen wesentlichen Stellenwert im Rahmen des Businessplans. Sie fasst alle verbalen Pläne der Kapitel des Businessplans in klar interpretierbare Zahlen zusammen. Das Potential und die Größe der Idee müssen jetzt deutlich erkennbar werden. Zudem wird die Genauigkeit Ihrer Planung offensichtlich. Aus der Finanzplanung heraus ergibt sich der Kapitalbedarf. Zudem ist die angenommene Art der Finanzierung anzugeben, denn diese beeinflusst die Finanzplanung.

Die Darstellung der Finanzplanung sollte aus den Einzelplanungen und den zusammenfassenden Planungen bestehen, wie sie bereits in Teil IV, „Ableitung der Finanzplanung" vorgestellt worden sind:

- Einnahmenplanung
- Personalplanung
- Investitionsplanung & Abschreibungen
- Planung der laufenden Kosten
- Cash-flow-Planung
- GuV-Planung
- Bilanzplanung

Es ist offensichtlich, dass diese Planungen aufeinander abgestimmt sein müssen. Wenn Sie Teile dieser Planungen schon in vorhergehenden Abschnitten Ihres Businessplans dargestellt haben, müssen Sie diese hier nicht mehr aufführen. Besser ist es jedoch, in diesem Abschnitt den vollständigen Überblick zu geben und in den vorstehenden Kapiteln des Businessplans nur Ausschnitte bzw. Zusammenfassungen zu geben.

Aus der Cash-flow-Planung ergibt sich der Finanzierungsbedarf direkt. Dieser ist gesondert hervorzuheben. Dabei ist auf einen Sicherheitspuffer sowie auf die durch die Art der Finanzierung zusätzlich entstehenden Kosten (Zinsen, Tilgung) zu achten. Es ist detailliert anzugeben, wie die Finanzierungslücke geschlossen werden soll, d. h. welche Finanzierungsart mit welchen Rahmenbedingungen (z. B. Nachrangigkeit eines Darlehens) angestrebt wird.

Insgesamt sind die Planungen zu interpretieren, so dass die wichtigsten Elemente der Planungen beschrieben werden. Dies gilt auch und vor allem für die Bilanzplanung, wenn sich aus ihr die Notwendigkeit zur Überschuldungsprüfung ergibt.

Sicherheiten sind nur ein Thema, falls Sie die Finanzierung von einer Bank erwarten. Banken erwarten Sicherheiten, um Ihr Risiko abzudecken. Als Sicherheiten kommen vor allem in Frage:

- Immobilien
- Sparbücher
- Wertpapiere
- Bürgschaften

Darüber hinaus stellen auch die Investitionen im Rahmen der Geschäftsidee Sicherheiten für die Bank dar. Dies sind vor allem Maschinen & Anlagen. Diese Sicherheiten sollten Sie möglichst genau und vollständig beschreiben.

Banken haben ihre eigenen Richtlinien für die Bewertung von Sicherheiten (siehe Teil V, „Sicherheiten"). Eine Bewertung durch Sie selbst macht also nur begrenzt Sinn. Dennoch sollten Sie die Werte angeben, die Sie den Sicherheiten zumessen würden. Bei Sparbüchern, Wertpapieren, Barmitteln ist dies denkbar einfach. Bei Immobilien und Maschinen & Anlagen kann es sich um Erfahrungswerte oder um Vergleichsbewertungen handeln. Bei Bürgschaften sind die Bürgen und ihre Verhältnisse näher zu benennen.

Ihre Bank wird an dieser Stelle sicher weitere Angaben von Ihnen fordern. Seien Sie also auf Rückfragen zu diesem Punkt gefasst.

Exitstrategie

Das Aufzeigen einer Exitstrategie ist nur dann erforderlich, wenn sich der Businessplan an Risikokapitalgeber wendet. Mit „Exit" ist gemeint, dass der Risikokapitalgeber seine Investition samt angemessener Verzinsung aus Ihrem Unternehmen herauslöst. Er „verlässt" Ihr Unternehmen. Denn Risikokapitalgeber sind selten daran interessiert, dauerhaft Anteile an einem Unternehmen zu halten und Gewinnausschüttungen zu kassieren. Sie müssen in diesem Abschnitt dem Kapitalgeber den Eindruck vermitteln, dass Sie dessen Forderung unterstützen und dass mit einer angemessenen Verzinsung zu rechnen ist.

Es gibt nur eine begrenzte Anzahl Möglichkeiten für Investoren, einen Exit zu realisieren. Sie sollten diejenigen aufführen, die Sie als Gründer am wahrscheinlichsten halten und die Sie mittragen würden. Gerade der Verkauf des gesamten Unternehmens fällt vielen Gründern schwer. Folgende Möglichkeiten stehen normalerweise zur Verfügung:

- Börsengang
- Verkauf des gesamten Unternehmens
- Verkauf der Anteile des Investors

In allen Fällen ist es sehr hilfreich, wenn Sie Kennzahlen von Verkäufen von Unternehmen (auch „Transaktionen" genannt) mit vergleichbarem Geschäftsgegenstand und -volumen liefern können. Auf diese Weise weiß ein potenzieller Investor, mit welchem Potenzial er rechnen kann. Die Marktwerte (berechnet aus Aktienpreis mal Anzahl Aktien) börsennotierter Unternehmen sind allgemein zugängliche Daten. Ansonsten ist es schwierig, Angaben über Transaktionsvolumina bei Firmen- oder Anteilsverkäufen zu bekommen. In einigen Zeitschriften werden vereinzelt Transaktionen gemeldet. Werden Sie nicht fündig, müssen Sie eine eigene Unternehmensbewertung vornehmen, um den Unternehmenswert festzustellen. Es gibt jedoch nicht den einen Unternehmenswert. Vielmehr hängt der Wert eines Unternehmens von Faktoren ab, die den Bewerter des Unternehmens betreffen. Beispiele dafür sind unterschiedliche Sichtweisen über die Zukunft des Unternehmens sowie das damit verbundene Risiko oder mögliche Synergien des Käufers bzw. verminderte Synergien des Verkäufers.

Weitgehend anerkannt ist dagegen die Methode, wie man einen Unternehmenswert berechnet (siehe dazu Teil X, „Kapitalwerte"). Der Unternehmenswert ist die Summe aller zukünftigen Ausschüttungen des Unternehmens, abgezinst auf den heutigen Tag. Dies entspricht dem Barwert der Ausschüttungen, der folgendermaßen berechnet wird:

> **Unternehmenswert 1**
>
> Unternehmenswert = Barwert der Ausschüttungen = $\Sigma\, A_i / (1+ k)^i$
>
> mit: i = 1 bis ∞, A_i = Ausschüttung in Periode i, k = konstanter Vergleichszins.

Im Falle eines börsennotierten Unternehmens stellen A_i die Dividenden, k die marktübliche Verzinsung eines Investments mit ähnlichem Risiko dar. Damit wird sofort klar, wo die Stellschrauben bzw. Unsicherheiten bei der Berechnung des Unternehmenswertes liegen: in der Schätzung zukünftiger Ausschüttungen sowie in der Abschätzung des Risikos des Unternehmens und der entsprechenden, vergleichbaren Verzinsung. Bei der praktischen Umsetzung werden, entsprechend dem Planungshorizont der Finanzplanung, die Ausschüttungen der ersten Jahre detailliert geplant. In den nachfolgenden Jahren wird entweder von konstant bleibenden Ausschüttungen oder von konstant steigenden Ausschüttungen ausgegangen.

> **Unternehmenswert 2**
>
> Unternehmenswert = Barwert der Ausschüttungen = $\Sigma\, A_i / (1+ k)^i + (A/k) / (1+ k)^n$
>
> mit: i = 1 bis n, n = Planungshorizont der detaillierten Planung, A_i = Ausschüttung in Periode i, k = konstanter Vergleichszins.

Mit Ausschüttungen sind die Entnahmen aus dem Unternehmen aufgrund der Gesellschafterstellung gemeint. Dies sind in der Regel Gewinnausschüttungen im Falle der GmbH, Dividenden im Falle einer AG, Privatentnahmen im Falle von Personengesellschaften, Zinsen im Falle von stillen Beteiligungen. Manchmal sind die Entnahmen aufgrund der Gesellschafterstellung noch breiter zu fassen, was aber im Falle der Bewertung eines zu gründenden Unternehmens kaum keine Rolle spielt. Ein Problem, das in verstärktem Maße bei Neugründungen auftritt, sind die fehlenden Ausschüttungen. Oft wird der Gewinn nicht ausgeschüttet, sondern reinvestiert. Reinvestierter Gewinn sollte zwar größere Ausschüttungen in Zukunft zulassen, in vielen Unternehmen wird aber auf Dauer ein Teil des Gewinns reinvestiert. Ausschüttungen sind daher, obwohl theoretisch perfekt, selten die beste Beurteilungsgröße. Man kann daher auf einen Trick zurückgreifen: Wenn das reinvestierte, im Unternehmen verbleibende Kapital die gleiche Verzinsung wie der Vergleichszins erbringt, können Sie, vereinfacht gesagt, statt den Ausschüttungen auch den Gewinn oder besser den Cash-flow Ihres Unternehmens verwenden. Denn wenn eingesetztes Kapital die gleiche Verzinsung wie ein Vergleichszins erbringt, ist der Barwert wieder das eingesetzte Kapital. Die Reinvestition erhöht den Barwert und damit den Unternehmenswert nicht. Unter dieser Annahme können Sie also „Ausschüttungen" durch Cash-flow ersetzen. In der Praxis wird häufig der Cash-flow verwendet. Die Formel zur Berechnung des Unternehmenswerts lautet dann:

Unternehmenswert 3

Unternehmenswert = Barwert der jährlichen Cash-flow-Überschüsse = $\sum A_i / (1+k)^i$

mit: $i = 1$ bis ∞, A_i = Cash-flow in Periode i, k = konstanter Vergleichszins.

Als Startpunkt zur Bestimmung des Vergleichszinses geht man von der Rendite einer Anlage aus, die nahezu risikofrei ist, z. B. Bundesanleihen. Zu dieser Rendite addiert man Risikozuschläge, denn je größer das Risiko einer Investition, desto höher muss auch die Rendite sein – als Kompensation für das Ausfallrisiko. Neugründungen und junge Unternehmen sind naturgemäß einem großen Risiko ausgesetzt. Wie hoch das Risiko zu beurteilen ist, hängt vom Einzelfall ab. Im Extremfall kann es so hoch sein wie das Risiko von Anleihen von Unternehmen in Schieflagen oder maroden Staatsanleihen (so genannte „Junk Bonds"). Sowohl die Rendite für fast sichere Investitionen wie auch die Renditen für riskantere Investments schwanken im Zeitablauf. Als Orientierungsgrößen für die Renditen können folgende Angaben dienen: Fast risikolose Investments: 3 bis 5 %; Junk Bonds: 10 bis 20 %. Für eine sehr riskante Geschäftsidee sollten Sie also eher Vergleichsrenditen von 15 bis 20 % wählen. Für weniger riskante Geschäftsideen sollten Sie 8 bis 12 % als Vergleichszins ansetzen.

Beispiel

Unternehmensbewertung eines Weiterbildungsinstituts. Der Gründer eines Weiterbildungsinstituts will sein geplantes Unternehmen bewerten. Nach seiner Finanzplanung ergibt sich folgender Cash-flow in den ersten drei Jahren: Jahr 1: –180.000 €, Jahr 2: 23.000 €, Jahr 3: 50.000 €. Ab dem vierten Jahr rechnet er mit gleichbleibendem Cash-flow. Da der Weiterbildungsmarkt sehr hart umkämpft ist, schätzt er sein eigenes Risiko entsprechend hoch ein. Er rechnet mit einem Vergleichszins von 12 %. Die Abzinsung der zukünftigen Cash-flows ergibt folgende Werte: Abzinsung Jahr 1: –180.000 € / (100 % + 12 %) = ca. –161.000 €, Abzinsung Jahr 2: 23.000 € / (100 % + 12 %)^2 = ca. 18.000 €, Anzinsung Jahr 3: 50.000 € / (100 % + 12 %)^3 = ca. 36.000 €, abgezinste ewige Rente: 50.000 € / 12 % / (100 % + 12 %)^3 = ca. 297.000 €. Der Unternehmenswert ist die Summe der abgezinsten Werte = –161.000 € + 18.000 € + 36.000 € + 297.000 € = 190.000 €.

Darüber hinaus gibt es Faustregeln zur Bestimmung von Unternehmenswerten, so genannte „Multiples" (übersetzt „Vielfache"). Multiples sind nichts anderes als vereinfachte Berechnungen eines Barwerts, wie sich einfach beweisen lässt („M" entspricht dem Multiple):

„Multiples" als einfacher Fall eines Barwerts

$A / k = A * 1 / k = A * M$, mit $M = 1/k$

Von der Börse her kennen Sie vielleicht das Kurs-/Gewinn-Verhältnis („KGV"). Unternehmen einer Branche sollten nach dieser Vorgehensweise ein gleiches KGV haben. Wenn nicht, ist eines der Unternehmen entweder unterbewertet oder das andere überbewertet. Der Standard wird im mittleren KGV der Branche gesehen. Gibt es an der Börse vergleichbare Unternehmen, können deren mittlere KGV auf Ihr Unternehmen angewendet werden. Natürlich dürfen Sie dann erst den geschätzten Gewinn zugrunde legen, den Ihr Unternehmen in einem stabilen Zustand erwirtschaften würde. Entsprechende Multiples gibt es auch für den Cashflow und sogar für den Umsatz. Letzterem Multiple liegt zugrunde, dass es in einer Branche eine Standardrendite gibt. Umsatz und Gewinn stehen daher annahmegemäß in einem festen Verhältnis zueinander. Statt dem schwieriger direkt abzuschätzenden Gewinn kann man daher auch einfach den leichter abzuschätzenden Umsatz betrachten.

Sie haben mit diesen Grundsätzen der Unternehmensbewertung die wesentlichen Aspekte kennen gelernt. Scheuen Sie daher nicht davor zurück, eigene Bewertungen Ihres Unternehmens vorzunehmen und lassen Sie sich nicht von der manchmal hochkomplex dargestellten Methodik oder verwirrenden Terminologie ablenken. Bedenken Sie aber stets: Der wahre Unternehmenswert ist das Ergebnis von Verhandlungen zwischen Käufer und Verkäufer. Sie können daher mit Ihrer Bewertung in allen Richtungen und in unterschiedlichem Ausmaß danebenliegen.

Chancen und Risiken

Die Darstellung von Chancen und Risiken Ihrer Geschäftsidee aus eigener Sicht ist Teil eines professionellen Auftritts. Sie zeigt, dass Sie sich mit dem Thema beschäftigt haben.

Die Angabe von Risiken stellt daher keineswegs eine Schwäche Ihrer Geschäftsidee dar. Vielmehr zeigen diese Angaben, dass Sie nicht blauäugig in den Aufbau Ihres Unternehmens investieren wollen, sondern sich der Gefahren bewusst sind (und diese im Auge behalten wollen). Es gibt keine risikolose Geschäftsidee und potenzielle Kapitalgeber wissen dies. Naturgemäß darf die Liste der Risiken nicht zu lang oder zu substanziell sein. Wenn die Risiken sehr hoch sind, sollten Sie die Geschäftsidee nur weiter verfolgen, wenn es nicht anders geht. So sind auf Grundlagenforschung basierende Geschäftsideen immer äußerst riskant, und ein Erfolg oder Misserfolg wird erst nach Jahren und der Ausgabe mehrerer Mio. Euro sichtbar. Dies ist aber in der Branche bekannt. Man kann Grundlagenforschung nicht anders betreiben. Wichtig ist aber: Je riskanter das Geschäft, desto höher müssen die Chancen sein, bis hin zur jahrelangen Dominanz riesiger Märkte.

Das Aufzeigen von Chancen ist in Ihrem Interesse. Sie wollen potenziellen Kapitalgebern verdeutlichen, dass sie die Chance haben, in eine große und solide Geschäftsidee zu investieren. Die Chancen sollten sich immer um den Markt und das Potenzial der Idee drehen. Alles, was zu hohen Umsätzen und Gewinnen führt, ist als Chance anzusehen.

Teil VIII

Erste operative Schritte

Mit dem Abschluss der Planung wird es ernst. Jetzt gilt es, das Geschäft schnell und professionell aufzusetzen.

Wichtige Regeln

- Sichern Sie sich Schutzrechte (Patente, Gebrauchsmuster, Geschmacksmuster) möglichst frühzeitig.
- Beachten Sie alle notwendigen Anmeldeformalitäten.
- Entscheiden Sie sich für die liquiditätsschonende Ist-Versteuerung und eine Dauerfristverlängerung bei den Umsatzsteuervoranmeldungen.
- Versichern Sie sich frühzeitig gegen betriebliche Risiken und sichern Sie sich gegen Krankheiten ab. Alle anderen Versicherungen können Sie nachholen, wenn es ruhiger wird.
- Starten Sie Ihre Personalsuche früh, denn es dauert lange, gute und passende Mitarbeiter zu finden.
- Je besser Ihr Personal ist, umso mehr Arbeit können Sie delegieren.
- Steuern Sie ab dem ersten Tag Ihre Liquidität sorgfältig.
- Sobald es ruhiger wird, sollten Sie ein professionelles Controlling aufbauen.

Im Anschluss an die Geschäftsplanung folgen, die Sicherstellung oder die Aussicht auf eine notwendige Finanzierung vorausgesetzt, die ersten operativen Schritte. Hierbei gibt es zahlreiche für eine Geschäftsidee charakteristische Schritte. Bereits im Rahmen der Vorprüfung haben sich eventuell erfolgskritische Faktoren ergeben, die besonders schnell zu realisieren sind. Dabei kann es sich z. B. um die Sicherstellung der Zusammenarbeit mit einem Lieferanten oder den Abschluss einer exklusiven Vertriebsvereinbarung handeln. Auch die Sicherung von Schutzrechten, z. B. Patenten, ist vielfach ein erfolgskritisches Thema. Spezielle Themen können hier jedoch nicht umfangreich dargestellt werden. Vielmehr werden die für nahezu alle Gründungen zutreffenden wichtigsten Schritte dargestellt. Dies sind:

- Erfüllung wichtiger Formalitäten
- Sicherung von Schutzrechten
- Abschluss von Versicherungen
- Einstellung von Personal
- Controlling inkl. Liquiditätsplanung

Wichtige Formalitäten

Im Rahmen einer Gründung haben Sie vielfältige Anmeldungen zu tätigen und unter Umständen auch Genehmigungen einzuholen. Dabei gibt es einen Kern von Aktivitäten, der für alle bzw. die allermeisten Gründungen gilt. Im Folgenden soll auf diese eingegangen werden. Spezielle Geschäftsideen erfordern darüber hinaus auch spezielle Anmeldepflichten und Zulassungen.

Gerade wenn Sie Arbeitnehmer beschäftigen, ist es auf jeden Fall ratsam, einen Lohnbuchhalter zu engagieren. Die Pflichten für Unternehmer bzw. Geschäftsführer sind äußerst vielfältig und unterliegen einem beständigen Wandel. An dieser Stelle ist ein kompetenter Dienstleister eine große Hilfe und muss nicht teuer sein. Erfahrungsgemäß lohnt sich diese Ausgabe. Gleiches gilt für den Bereich der Finanzbuchhaltung sowie der Steuern.

1. Erlaubnispflichtige Gewerbe

Nicht jeder kann einfach jedes Gewerbe betreiben. Es gibt Branchen bzw. Geschäftszweige, in denen eine Betätigung der Erlaubnis bedarf (siehe insbesondere die §§ 29 ff. GewO), die beim Ordnungsamt zu beantragen ist. Voraussetzungen sind z. B. die persönliche Qualifikation des Bewerbers oder seine Führung in der Vergangenheit (Führungszeugnis).

Folgende Tätigkeiten unterliegen der Erlaubnispflicht:

- **Handwerk:** Nach der Reform der Handwerksordnung im Jahre 2003 ist der Meistertitel (neben der Ausbildung als Ingenieur mit praktischer Erfahrung) nun nicht mehr unbedingte Voraussetzung. Dies gilt nur noch für 41, in Anlage A zur HwO enthaltene Tätigkeiten. Auch diese können allerdings von Gesellen mit besonderer Qualifikation (sechs Jahre Praxis, vier davon in leitender Stellung) betrieben werden. Die anderen, in den Anlagen B zur HwO enthaltenen Tätigkeiten, sind nahezu frei zugänglich.
- **Gaststätten/Hotels:** Der Betrieb von Gaststätten sowie die Beherbergung von Personen erfordern vielfältige Voraussetzungen, u. a. Kenntnisse des Lebensmittelrechts.
- **Handel:** Insbesondere beim Handel mit frischen Lebensmitteln (z. B. Hackfleisch, Milch), aber auch beim Handel mit z. B. Schusswaffen, Munition, Sprengstoff, Chemikalien sind Genehmigungen erforderlich.

- **Bauträger:** Das Geschäft als Bauträger setzt u.a. bestimmte Sicherheitsleistungen sowie den Abschluss von Versicherungen voraus.
- **Makler (Immobilienmakler/Finanzmakler):** Das Maklergeschäft setzt u.a. bestimmte Sicherheitsleistungen sowie den Abschluss von Versicherungen voraus.
- **Bewachungsgewerbe:** Eine Tätigkeit im Bewachungsgewerbe setzt u.a. den Abschluss bestimmter Versicherungen voraus.
- **Betrieb einer Apotheke:** Der Betrieb einer Apotheke erfordert eine spezielle Ausbildung.
- **Personenbeförderung:** Für alle Arten der gewerbsmäßigen Personenbeförderung (auch das Taxigewerbe) ist eine Genehmigung erforderlich.
- **Güterbeförderung:** Erlaubnispflichtig ist die Beförderung mit Kraftfahrzeugen über 3,5 t Gesamtgewicht.
- **Freiberufler:** Für viele freiberufliche Tätigkeiten bedarf es einer speziellen Ausbildung sowie entsprechender Zulassungen. Dies betrifft z. B. Rechtsanwälte und Ärzte.

Darüber hinaus sind der Betrieb privater Krankenhäuser sowie Alten- und Pflegeheime, Arbeitnehmerüberlassungen, Versteigerungen, Pfandleiher, Fahrschulen, Aufstellen von Spielgeräten, Schaustellung von Personen, Reisegewerbe, Tätigkeit als Sachverständiger genehmigungspflichtig.

2. Gewerbeanmeldung

Fast alle Unternehmen müssen sich in das Gewerberegister eintragen lassen. Die Gewerbeanmeldung erfolgt aus ordnungsrechtlichen Gründen. Es geht um die Erfassung Ihres Unternehmens und zugleich die Prüfung der Zulässigkeit Ihres Geschäfts. Pro Eintragung müssen Sie mit Kosten von ca. 25 € rechnen, etwas mehr bei Kapitalgesellschaften. Sie erhalten dann den so genannten „Gewerbeschein". Ausnahmen betreffend die Anmeldungspflicht sind:

- Freiberufler
- Land- und Forstwirtschaft
- Vermögensverwalter

Bei der Eintragung von Personengesellschaften sind alle persönlich haftenden Gesellschafter eintragungspflichtig. D. h., bei einer GbR und einer oHG sind mindestens zwei Gesellschafter eintragungspflichtig. Bei einer KG muss der Komplementär eingetragen werden. Kommanditisten sind nur eintragungspflichtig, wenn sie geschäftsführungsberechtigt sind. Zur Eintragung erforderlich sind der Personalausweis (oder Reisepass) sowie der Gesellschaftervertrag, wenn vorhanden. Bei Kapitalgesellschaften sind sowohl die Gesellschaft wie auch die Geschäftsführer eintragungspflichtig. Zur Anmeldung bedarf es des Personalausweises jedes Geschäftsführers sowie des Handelsregisterauszugs. Falls Letzterer noch nicht vorhanden ist, reicht der notariell beurkundete Gesellschaftsvertrag.

Das Gewerbeamt – meist dem Ordnungsamt untergliedert – leitet Ihre Anmeldung an andere Behörden weiter, die sich im Laufe der Zeit bei Ihnen melden. Wenn man es eilig hat, sollte man nicht darauf warten, sondern aktiv die Anmeldungen bei diesen Behörden betreiben:

- Finanzamt
- Berufsgenossenschaft
- Handwerkskammer (nur bei handwerklichen Berufen)
- Industrie- und Handelskammer
- Handelsregister
- AOK
- Gewerbeaufsichtsamt
- Statistisches Landesamt

Auch verschiedene Änderungen in Ihrem Unternehmen sind dem Gewerbeamt mitzuteilen (§ 14 Abs. 1 GewO). Die häufigsten Fälle, neben dem Beginn der Tätigkeit (also der ersten Anmeldung), sind:

- Gründung von Zweigniederlassungen
- Verlegung des Unternehmens
- Wechsel des Unternehmensgegenstandes
- Aufgabe des Betriebes

3. Arbeitsamt

Wenn Sie Arbeitnehmer beschäftigen, brauchen Sie vom Arbeitsamt (der Bundesagentur für Arbeit) eine so genannte „Betriebsnummer". Das Arbeitsamt Ihres Bezirks erteilt Ihnen diese Nummer auf Antrag. Sie dient als zentrales Identifikationsmittel Ihres Unternehmens gegenüber den Sozialversicherungen sowie der Berufsgenossenschaft. Bei jeder Kommunikation müssen Sie die Betriebsnummer angeben.

4. Sozialversicherung

Der Arbeitgeber hat umfangreiche Meldepflichten für seine sozialversicherungspflichtigen Arbeitnehmer und geringfügig Beschäftigten zu befolgen. Insbesondere hat er Änderungen (vor allem Einstellungen und Abgänge) unverzüglich der Einzugsstelle der vier gesetzlichen Versicherungen Rentenversicherung, Arbeitslosenversicherung, Krankenversicherung, Pflegeversicherung des jeweiligen Arbeitnehmers zu melden (§ 28a Abs. 1 SGB IV). Darüber hinaus hat er Jahresmeldungen über alle Arbeitnehmer abzuliefern (§ 28a Abs. 2 SGB IV).

Die Krankenkasse kann als zentraler Partner des Arbeitgebers angesehen werden. An sie ist der Gesamtsozialversicherungsbeitrag (also die Beiträge für alle Versicherungen) zu zahlen. Die Krankenkasse ist also die Einzugstelle für die Pflichtversicherungen. Sie leitet die Beträge an die anderen Versicherungsträger weiter. Sie wissen als Arbeitgeber nicht genau, ob ein Angestellter in einer der Versicherungen pflichtmäßig zu versichern ist, müssen Sie bei der Krankenkasse nachfragen, um sich Klarheit zu verschaffen. Dies gilt auch für die Pflegeversicherung, Rentenversicherung und Arbeitslosenversicherung. Der Krankenkasse kommt diese Funktion als Teil ihrer Aufgabe als zentraler Partner des Arbeitgebers zu.

Der Arbeitgeber zahlt den Gesamtsozialversicherungsbeitrag und haftet für seine Zahlung (§ 28e Abs. 1 SGB IV). Der Gesamtsozialversicherungsbeitrag ist an die Krankenversicherung des jeweiligen Arbeitnehmers zu zahlen (§ 28h Abs. 1 SGB IV). Der Arbeitnehmer ist in die Zahlung nicht involviert. Der Arbeitgeber hat dafür einen Anspruch auf den vom Arbeitnehmer zu tragenden Teil des Gesamtsozialversicherungsbeitrags. Dieser darf aber nur durch Abzug vom Arbeitsentgelt durchgesetzt werden. Wird dies einmal vergessen, kann der Abzug innerhalb der darauf folgenden drei Monate nachgeholt werden. Danach haftet der Arbeitgeber für die Beträge, wenn der Abzug durch sein Verschulden nicht durchgeführt wurde. Eine unterbliebene Durchführung liegt nicht im Verschulden des Arbeitgebers, wenn der Arbeitnehmer seine Auskunfts- und Vorlagepflichten gegenüber dem Arbeitgeber vorsätzlich oder grob fahrlässig unterlässt (§ 28g Abs. 1 SGB IV).

Die Träger der Rentenversicherung sollen im Abstand von höchstens vier Jahren die Korrektheit aller Abführungen des Gesamtsozialversicherungsbeitrags durch den Arbeitgeber prüfen (§ 28p Abs. 1 SGB IV). Der Arbeitgeber hat alle für die Abführung der Sozialversicherungen wichtigen Unterlagen bis zum Ende des auf die Prüfung folgenden Kalenderjahres aufzubewahren (§ 28f Abs. 1 SGB IV). Da dies unter Umständen eine erhebliche Belastung für den Arbeitgeber darstellen kann, kann dieser eine frühere Prüfung anfordern (§ 28p Abs. 1 SGB IV), die frühere Durchführung ist aber nicht garantiert. Fehlen bei einer Prüfung entsprechende Unterlagen und ist die Beitragszahlung nicht mehr nachzuweisen, droht eine mögliche Doppelzahlung (§ 28f Abs. 2 SGB IV).

5. Berufsgenossenschaft

Die Berufsgenossenschaft ist zuständig für die Unfallversicherung Ihrer Arbeitnehmer. Sie als Unternehmer müssen Ihre Arbeitnehmer in der Berufsgenossenschaft versichern. Der Berufsgenossenschaft müssen Sie also die bei Ihnen beschäftigten Arbeitnehmer melden. Neue Mitarbeiter müssen direkt gemeldet werden. Die Beiträge zur Berufsgenossenschaft werden nicht, wie bei den Sozialversicherungen, über die Krankenkasse zentral eingezogen, sondern sind gesondert zu zahlen.

Die Berufsgenossenschaft wendet sich automatisch an Sie als Unternehmer, da Sie vom Gewerbeamt informiert wurde. Achten Sie jedoch darauf, dass die Berufsgenossenschaft sich meldet. Sonst müssen Sie selbst tätig werden, insbesondere wenn Sie bereits Arbeitnehmer eingestellt haben. Gegenüber der Berufsgenossenschaft müssen Sie Angaben zu Ihrem Unternehmen und speziell zur Zahl Ihrer Arbeitnehmer machen. Anhand Ihrer Informationen stuft die Berufsgenossenschaft Sie in eine Gefahrenklasse ein, die dann Grundlage für die Höhe der Beiträge ist.

Selbständige können sich freiwillig bei der Berufsgenossenschaft versichern. Da die Unfallversicherung durch die Berufsgenossenschaften der allgemeinen Meinung nach effizienter als andere Sozialversicherungen ist, lohnt sich eine freiwillige Versicherung für Sie als Unternehmer.

6. Finanzamt

Mit der Gewerbeanmeldung erfüllen Sie bereits die Meldepflichten beim Finanzamt. Das Gewerbeamt leitet Ihre Anmeldung an das Finanzamt weiter (§ 138 Abs. 1 AO). Wenn Sie keine Gewerbeanmeldung abgeben müssen (z. B. als Freiberufler), sind Sie verpflichtet, sich innerhalb eines Monats nach Aufnahme Ihrer Tätigkeit beim für Sie zuständigen Finanzamt zu melden. Zeitnah erhalten Sie dann ein Schreiben vom Finanzamt mit der Bitte um weitere Angaben. Diese haben Konsequenzen für Sie. Daher sollten Sie diese Angaben mit Ihrem Steuerberater besprechen. Im Folgenden werden die wichtigsten Fragen angesprochen:

- **Einnahme-Überschussrechnung/Vermögensvergleich:** Wenn Sie wenig Umsatz und Gewinn machen, haben Sie die Wahl zwischen zwei Arten der Berechnung Ihres Gewinns. Die Einnahme-Überschussrechnung ist einfacher. Sie stellen einfach die Einnahmen den Kosten gegenüber. Nur was tatsächlich als Geld fließt, zählt als Einnahme oder Kosten. Die Differenz ist der Gewinn bzw. Überschuss. Beim Vermögensvergleich müssen Sie den Grundsätzen ordnungsmäßiger Buchführung folgen (GoB) – was Vor- und Nachteile haben kann – und erstellen neben einer Gewinn- und Verlustrechnung eine Bilanz. Der Ver

- mögensvergleich ist die deutlich komplexere Art der Gewinnermittlung. Ab einer bestimmten Größe Ihres Unternehmen (bzw. wenn Sie ins Handelsregister eingetragen sind) müssen Sie den Vermögensvergleich wählen.

- **Höhe des Jahresgewinns (voraussichtlich):** An dieser Stelle sollten Sie keinen falschen Stolz entwickeln. Wenn Sie ein Unternehmen gründen, wird sich der Gewinn anfänglich in Grenzen halten bzw. es wird in den ersten Jahren ein Verlust erwirtschaftet. Wenn Sie hier zu hoch greifen, könnte das Finanzamt von Ihnen Vorauszahlungen zur Einkommen- und Gewerbesteuer verlangen. Dies wäre für Gründer, die gerade anfänglich stark auf ihre Liquidität achten müssen, sehr schädlich. Seien Sie daher eher bescheiden und setzen Sie einen geringen Betrag ein (0 bis 5.000 € Gewinn). Verschätzen kann man sich immer. Sie sollten aber keinen negativen Wert einsetzen, denn dies könnte das Finanzamt zum Anlass nehmen und Ihnen so genannte „Liebhaberei" unterstellen. Liebhaberei liegt vor, wenn Sie eine unternehmerische Tätigkeit nur vorschieben, in Wirklichkeit aber vor allem Ihre Kosten steuerlich absetzen können wollen.

- **Verzicht auf Nichterhebung der Umsatzsteuer/Kleinunternehmerregelung nach § 19 Abs. 1 UStG:** Wenn Sie nur ein geringes Geschäftsvolumen haben, können Sie wählen, keine Umsatzsteuer zahlen zu wollen. Sie weisen dann Ihre Rechnungen ohne Umsatzsteuer aus und können bezahlte Umsatzsteuer (aus Rechnungen Dritter an Sie) nicht gegenrechnen. Dies kann anfänglich Ihre Administration vereinfachen, denn Sie müssen sonst zwei Jahre lang monatlich Umsatzsteuervoranmeldungen abgeben. Der Nachteil liegt insbesondere darin, dass Sie bezahlte Umsatzsteuer nicht zurückbekommen.

- **Ist-Versteuerung gemäß § 20 UStG:** Bei kleinerem Geschäftsvolumen können Sie wählen, die Umsatzsteuer erst nach Zahlungseingang zu zahlen. Normalerweise wird die Umsatzsteuer fällig, wenn die Rechnung gestellt wurde, also die Forderung entstanden ist. Mit der Ist-Versteuerung vermeiden Sie Liquiditätsengpässe. Denn wenn sich Ihre Kundschaft mit dem Bezahlen größerer Rechnungen Zeit lässt, könnten Sie aufgrund sofort abgeführter Umsatzsteuer in Zahlungsschwierigkeiten kommen. Die Ist-Versteuerung wirkt sich spiegelbildlich auf Verbindlichkeiten bzw. bezahlte Rechnungen aus. Da Sie hier aber den Geldfluss selbst bestimmen können, ist dies wenig kritisch zu sehen.

- **Teilnahme am innergemeinschaftlichen Handelsverkehr:** Mit innergemeinschaftlichem Handelsverkehr ist der Handel mit Partnern aus anderen EU-Ländern gemeint. Dieser erfordert eine Umsatzsteuer-Identifikationsnummer, die gesondert zu beantragen ist. Neben der EU-weiten Identifikationsmöglichkeit kann damit z. B. die Zahlung ausländischer Mehrwertsteuer vermieden werden. Entscheiden Sie sich erst später für die Teilnahme am innergemeinschaftlichem Handelsverkehr, müssen Sie die Nummer gesondert beim Bundesamt für Finanzen in Saarlouis beantragen.

Nach Durchsicht Ihrer Angaben erteilt Ihnen das Finanzamt eine Steuernummer. Diese müssen Sie stets auf Ihren Rechnungen angeben.

7. Umsatzsteuervoranmeldungen

Die Umsatzsteuer wird prinzipiell durch Vorauszahlungen geleistet. Als Gründer müssen Sie monatlich eine Umsatzsteuervoranmeldung abgeben. Erst nach zwei Jahren können Sie auf eine quartalsweise oder jährliche Abgabe der Umsatzsteuervoranmeldungen wechseln, es sei denn, Ihre Einnahmen sind so gering, dass Ihnen das Finanzamt vor Ablauf der zwei Jahre eine längere Frist zugesteht. Als Frist zur Abgabe der Umsatzsteuervoranmeldung ist der 10. des folgenden Monats festgelegt. Durch eine so genannte „Dauerfristverlängerung" können Sie diese Frist um einen Monat nach hinten verschieben. Die Beantragung der Dauerfristverlängerung erfolgt formlos. Sie müssen dazu aber dem Finanzamt den geschätzten Umsatzsteuer-Betrag für einen Monat überweisen (in der Praxis wird nahezu jeder geringe Wert akzeptiert, z. B. 50 €, wenn Sie nicht sofort gewaltige Umsätze tätigen).

8. Industrie- und Handelskammer/Handwerkskammer

Mit wenigen Ausnahmen ist jedes Unternehmen Pflichtmitglied entweder bei der Industrie- und Handelskammer oder der Handwerkskammer. Das Gewerbeamt leitet Ihre Anmeldung an die zuständige Kammer weiter. Für Freiberufler besteht keine Zwangsmitgliedschaft.

Ihre zuständige Kammer meldet sich zeitnah bei Ihnen, um weitere Informationen zu Ihrem Unternehmen zu erhalten. Diese dienen neben statistischen Zwecken als Grundlage für die Festlegung Ihrer Gebühren. Als Gründer mit einem geringen geschätzten Gewinn sind Sie i. d. R. nicht beitragspflichtig (Beitragspflicht besteht erst ab einem Gewerbeertrag von ca. 7.000 €). Führen Sie Ihr Unternehmen in der Rechtsform einer GmbH, wird regelmäßig – auch bei Verlusten – aber ein Mindestbeitrag fällig. Dieser liegt bei ca. 100 €. Eine gute Orientierungsgröße für den Kammerbeitrag bei der IHK sind 0,5 % vom Gewerbeertrag (nicht vom Umsatz), die Gebühren schwanken aber von Kammer zu Kammer.

9. Handelsregister

Unternehmer, die sich als Kaufleute qualifizieren, d. h. deren Betrieb nach Art oder Umfang einen in kaufmännischer Weise eingerichteten Geschäftsbetrieb erfordert, müssen sich ins Handelsregister eintragen lassen. Dies gilt zwingend für Unternehmen, die in einer spezifischen Rechtsform geführt werden, mit Ausnahme von Einzelunternehmen und GbR.

Das Gewerbeamt reicht Ihre Anmeldung automatisch an das Handelsregister weiter. Eine Eintragung erfolgt aber nicht automatisch, vielmehr darf eine Anmeldung zum Handelsregister nur in Zusammenarbeit mit einem Notar vorgenommen werden. Mit der Eintragung sind vielfältige Pflichten, aber auch besondere Rechte (z. B. Namensrechte) verbunden. Wenn Ihr Unternehmen als Kaufmann gemäß den §§ 1 ff. HGB zu klassifizieren wäre, hindert die Nicht-Eintragung jedoch keineswegs die Gültigkeit der entsprechenden Vorschriften des HGB für Kaufleute.

10. Firmennamen

Ihrem Unternehmen müssen Sie einen Namen geben. Im Falle von Einzelunternehmen ist dies oft Ihr eigener Name. Ist Ihr Unternehmen als Kaufmann im Sinne des HGB zu qualifizieren, sind allerdings ein paar Rahmenbedingungen zu beachten.

Der Name eines Unternehmens wird im HGB als „Firma" bezeichnet. Der Begriff „Firma" bezeichnet nur den Namen des Unternehmens, nicht aber auch das ganze Unternehmen. Hier gibt es eine große Diskrepanz zwischen der Umgangssprache und den rechtlichen Fachbegriffen. Im Folgenden soll „Firma" im rechtlichen Sinne benutzt werden. In der Gewerbeordnung wird der Name „Geschäftsbezeichnung" genannt. Aus der Unterscheidung der Begriffe je nach Regelwerk ergibt sich eine direkte Folgerung: Das HGB billigt nur Kaufleuten eine Firma zu und schützt diese zugleich. Dadurch erhält die Firma ein eigenständiges Existenzrecht und kann somit mit dem Geschäftsbetrieb verkauft werden (nicht jedoch ohne: § 23 HGB). Für die Firma wird oft ein nicht unerheblicher Teil eines Gesamtkaufpreises veranschlagt, denn eine eingeführte Firma kann ein mächtiges Marketing-Instrument sein. Für Nicht-Kaufleute, d. h. Kleingewerbetreibende und GbR, gilt dies nicht, denn sie werden nicht vom HGB erfasst. Weder ist der Name ihres Unternehmens durch das HGB geschützt, noch kann dieser übertragen werden.

In der Wahl Ihrer Firma sind Sie mehr oder weniger frei. Dabei sind jedoch folgende Grundsätze zu beachten:

- Die Firma muss wahr sein. Insbesondere Bezeichnungen, die irreführend sein könnten, sind nicht erlaubt. Eine Irreführung kann z. B. bezüglich des Unternehmensgegenstands oder bezüglich der Unternehmensgröße vorliegen. Der Wahrheitsgehalt ist aber nicht immer eindeutig vom Registergericht nachzuvollziehen. Daher handelt es sich eher um eine weiche Regelung. So kommt es durchaus vor, dass sich selbst Ein-Mann-Unternehmen z. B. als „Deutsche Medienberatung" bezeichnen.

- Die Haftungsverhältnisse müssen klar sein. Dies geschieht durch den Zusatz der jeweiligen Rechtsform. Täuscht die Rechtsform über die aktuellen Haftungsverhältnisse hinweg, so muss die Firma dieses Defizit ausgleichen. Anwendungsfall ist eine Personengesellschaft, deren Gesellschafter alles Kapitalgesellschaften sind (§ 19 Abs. 2 HGB).

- Darüber hinaus muss die Firma einerseits Unterscheidungskraft zu anderen Firmen haben, die bereits in das Handelsregister eingetragen sind (§ 30 HGB). Andererseits bedarf es einer absoluten Unterscheidungskraft, d. h., die Bezeichnung darf nicht zu allgemein sein (§ 18 Abs. 1 HGB). Der Eintrag einer „Schuh GmbH" wäre dementsprechend verboten.

- Zudem ist das deutsche Markenrecht zu beachten. Ein Unternehmensname kann bereits durch das Markenrecht geschützt und daher als Firma nicht mehr zulässig sein.

Die IHKs prüfen potenzielle Namen gegen eine geringe Gebühr vorab. So können Sie halbwegs sicher sein, dass das Registergericht Ihre Firma anerkennt.

11. Angaben auf Geschäftsbriefen

Um professionell aufzutreten, benötigen Sie Geschäftspapier. Spätestens wenn Sie Ihre ersten Rechnungen schreiben, müssen Sie dieses entwerfen. Dabei sind einige wenige Pflichtangaben zu machen:

- Geschäftsbezeichnung bzw. Firma des Unternehmens, einschließlich eines Zusatzes wie der Rechtsform – bei nicht ins Handelsregister eingetragenen Einzelunternehmen und GbR müssen der Familienname und mindestens ein Vorname angegeben werden.

- Sitz der Gesellschaft, also die Adresse (§ 15b GewO).

- Registergericht und Handelsregisternummer, wenn das Unternehmen in das Handelsregister eingetragen wurde.

- Alle Geschäftsführer bzw. Vorstandsmitglieder mit ausgeschriebenen Vor- und Zunamen. Bei der AG muss zudem der vorsitzende Vorstand gekennzeichnet werden.

- Bei einer AG muss der vorsitzende Aufsichtsrat mit ausgeschriebenen Vor- und Zunamen angegeben werden.

Die Folgen falscher oder fehlender Angaben können die Anfechtung geschlossener Verträge oder Schadensersatzforderungen sein. Sie müssen zudem mit Abmahnungen rechnen.

Wenn Sie eine so genannte „offene Verkaufsstelle" (z. B. Gaststätte, Supermarkt, Kiosk – jede Betriebsstätte mit Publikumsverkehr) betreiben, sind Sie verpflichtet, an der Außenseite oder dem Eingang bestimmte Angaben zu machen (§ 15a GewO). Einzelunternehmer müssen ihren Vor- und Zunamen anbringen. Bei mehreren persönlich haftenden Gesellschaftern gilt dies für alle Gesellschafter. Ist das Unternehmen ins Handelsregister eingetragen, so ist zusätzlich die Firma anzugeben.

Schutzrechte

Schutzrechte sind ein wichtiges Thema. Geht es um die mögliche Verletzung von Schutzrechten Dritter, so muss dies Thema im Rahmen der Geschäftsplanung sein. Geht es um die Sicherung bzw. Beanspruchung von Schutzrechten, muss dies einer der ersten Schritte Ihrer Gründungstätigkeit sein. Dabei ist zu beachten, dass nicht alle Schutzrechte explizit angemeldet werden müssen. Das Urheberrecht entsteht z. B. allein durch die Schaffung eines qualifizierenden Werkes. Marken können über ihre erlangte Bedeutung im Verkehr schutzwürdig sein. Eine gute Kenntnis der Schutzrechte, ihrer Wirkung und ihrer Inanspruchnahme ist für einen Gründer jedoch unerlässlich. Folgende Situationen sollen dies verdeutlichen:

- Ihren Arbeitnehmern stehen Urheberrechte auf qualifizierende Werke zu. Unter Umständen kann dies Ihre Nutzung als Arbeitgeber einschränken.
- Das Gesetz über Arbeitnehmererfindungen ist bei Diensterfindungen Ihrer Arbeitnehmer anzuwenden.
- Patente müssen angemeldet werden, bevor sie öffentlich gemacht werden. Mögliche „Fehler" können eventuell durch das Gebrauchsmusterrecht geheilt werden.
- Der Nachbau von Produkten der Konkurrenz kann erlaubt sein und Ihnen das Leben erleichtern. Umgekehrt müssen Sie die Grenzen des Nachbaus kennen.

Abbildung 29 gibt einen Überblick über mögliche Schutzrechte. Diese werden nachfolgend genauer vorgestellt.

1. Urheberrecht

Das Urheberrecht schützt Werke der Literatur, Wissenschaft und Kunst. Der Schutz kommt dabei dem geistigen und ästhetischen Gehalt der Werke zu. Die zu schützenden Werke müssen daher den Verstand oder die Sinne anregen und bedürfen einer gewissen „Gestaltungshöhe". Die §§ 2 ff. UrhG listen die geschützten Werke auf. Dies sind z. B.:

- Schriftwerke, Reden, Computerprogramme
- Musik, Pantomime, Filme, Fotografien

- Werke der bildenden und angewandten Künste
- Technische Darstellungen wie Zeichnungen, Pläne, Skizzen, Karten
- Übersetzungen
- Sammelwerke, deren Zusammenstellung als eine persönliche geistige Schöpfung angesehen werden kann

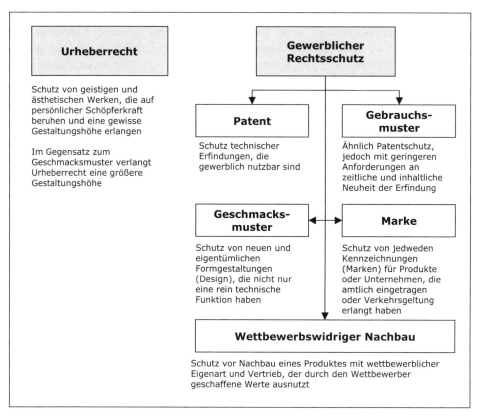

Abbildung 29: *Schutzrechte im Überblick*

Amtliche Werke dagegen genießen keinen solchen Schutz. So sind Gesetze, Erlasse, Bekanntmachungen, öffentliche Ausschreibungen nicht durch das Urheberrecht geschützt (§ 5 UrhG). Wohl aber kann die Art der Zusammenstellung in einem Sammelwerk geschützt sein.

Alle genannten Werke müssen auf persönlichen geistigen Leistungen beruhen (§ 2 Abs. 2 UrhG). Dem Schöpfer der Werke steht das Urheberrecht automatisch zu. Es bedarf keiner offiziellen Anmeldung oder sonstiger Aktivitäten. Das Urheberrecht beinhaltet z. B. folgende Rechte:

- Veröffentlichungsrecht
- Anerkennung der Urheberschaft
- Recht zur Entstellung des Werkes
- Verwertungsrecht (Vervielfältigungsrecht, Verbreitungsrecht, Ausstellungsrecht, Vortrags-, Aufführungs- und Vorführungsrecht, Senderecht usw.)

Naturgemäß schließt es andere von diesen Rechten am Werk zunächst aus. Das Urheberrecht an sich kann nicht weitergegeben werden. Das Gesetz spricht es ausschließlich dem Schöpfer zu. Der Urheber kann jedoch Nutzungsrechte einräumen (§§ 31 ff. UrhG) und somit die Folgen des Urheberrechts ganz oder teilweise auf andere übertragen.

Das Urheberrecht bzw. die zugehörigen Nutzungsrechte spielen in Mitarbeiterverträgen eine besondere Rolle. Das Gesetz spricht dem Mitarbeiter das Urheberrecht an qualifizierenden Werken zu. Ohne arbeitsvertragliche Übertragung des Nutzungsrechts auf den Arbeitgeber könnte der Arbeitgeber später bei der Nutzung von Werken seines Mitarbeiters dessen Urheberrecht verletzen. Daher ist die arbeitsvertragliche Übertragung weitergehender Nutzungsrechte auf den Arbeitgeber der Standard. Sie sollten dies bei Ihren Arbeitsverträgen unbedingt beachten.

Gleiche Überlegungen müssen auch bei der Nutzung von Dienstleistern angestellt werden. So ist es, sehr zur Überraschung vieler Gründer, gängige Praxis, dass Werbeagenturen die Nutzungsrechte an ihren Arbeiten nur eingeschränkt für die jeweils geplante Aktion vergeben. Für jede weitere Nutzung bedarf es der vorherigen Zustimmung bzw. der Zahlung entsprechender Lizenzgebühren. Auch bei der Vertragsgestaltung mit Dienstleistern ist somit der Umfang der durch den Auftrag erworbenen Nutzungsrechte genau zu prüfen und zu verhandeln.

Das Urheberrecht ist von den gewerblichen Schutzrechten zu trennen. Dennoch gibt es Überschneidungsfälle, bei denen beide Rechtsgebiete anwendbar sind. So kann über das Urheberrecht die schöpferische Leistung eines Werbeslogans geschützt sein, über das Markenrecht die Kennzeichnungskraft des Werbeslogans für ein Produkt oder Unternehmen. Geschmacksmusterschutz und Urheberrecht haben bezüglich der zu schützenden Werke einige Gemeinsamkeiten. Gegenüber dem Geschmacksmusterschutz greift das Urheberrecht erst ab einer bestimmten Gestaltungshöhe. Nicht jede kreative Leistung ist daher durch das Urheberrecht geschützt. Patent- oder Gebrauchsmuster stehen inhaltlich neben dem Urheberrecht. Beim Patent- oder Gebrauchsmusterschutz geht es um das Aufspüren von Naturgesetzen und die praktische Anwendung von Naturgesetzen. Geschützt wird dabei die Idee, nicht so sehr deren konkrete Ausgestaltung. So kann in einem wissenschaftlichen Aufsatz eine neue Idee vorgestellt werden. Der Aufsatz ist grundsätzlich durch das Urheberrecht geschützt, die Idee kann, abhängig von der zeitlichen Abfolge, durch ein Patent- oder Gebrauchmuster geschützt werden.

Das Urheberrecht erlischt 70 Jahre nach dem Tod des Urhebers (§ 64 UrhG). Bei anonymen und unter Pseudonym veröffentlichten Werken erlischt das Urheberrecht 70 Jahre nach der

Veröffentlichung (§ 66 UrhG). Bei einfachen Lichtbildern, d. h. Fotos, erlischt das Urheberrecht ausnahmsweise früher, 50 Jahre nach Veröffentlichung (§ 72 Abs. 3 UrhG). Lichtbilder sind allerdings von Lichtbildwerken zu trennen. Letzteres sind Lichtbilder mit einer gewissen Gestaltungshöhe (eine klare Regelung hierfür gibt es nicht), für die die allgemeinen Regelungen gelten.

2. Patentrecht

Patente schützen Erfindungen, die technischer Art sein müssen. Unter Erfindung wird von der Rechtssprechung auch eine „Lehre zum technischen Handeln" verstanden. Technik wird dabei mit der Beherrschung und Steuerung von Naturkräften gleichgesetzt. Damit schließt der Patentschutz insbesondere wissenschaftliche Theorien und mathematische Methoden, ästhetische Formschöpfungen, Pläne, Regeln und Verfahren für gedankliche Tätigkeiten, Spiele oder geschäftliche Tätigkeiten, EDV-Programme und die Wiedergabe von Informationen aus (§ 1 PatG). Allerdings werden explizit auch keine Patente auf Pflanzensorten oder Tierarten sowie auf biologische Verfahren zur Züchtung von Pflanzen oder Tieren erteilt (§ 2 Nr. 2 PatG). Dafür ist das Sortenschutzrecht zuständig. Auch Verfahren zur chirurgischen oder therapeutischen Behandlung des menschlichen oder tierischen Körpers und Diagnostizierverfahren sind ausgenommen (§ 5 Abs. 2 PatG).

Um schutzfähig zu sein, muss die Erfindung neu sein, auf einer erfinderischen Tätigkeit beruhen und gewerblich anwendbar sein. Diese drei Aspekte werden im Folgenden näher untersucht:

- **Neuheit der Erfindung.** Eine Erfindung gilt als neu, wenn sie nicht zum Stand der Technik gehört (§ 3 PatG). Der Stand der Technik umfasst alle Kenntnisse, die vor der Anmeldung durch schriftliche oder mündliche Beschreibung, durch Benutzung oder in sonstiger Weise der Öffentlichkeit zugänglich gemacht worden sind. Dies gilt auch für öffentliche Bekanntgaben durch den Erfinder. Der Neuheitsbegriff ist im Patentrecht streng auszulegen. Verschiedene, sich aus dem Stand der Technik ergebende Elemente dürfen beim Abgleich mit dem Stand der Technik nicht zu einem neuen Element zusammengesetzt werden (BGH 1984, Az. X ZB 6/83). Der Stand der Technik ist demnach einzeln zu vergleichen.

- **Erfinderische Tätigkeit.** Eine Erfindung gilt als auf einer erfinderischen Tätigkeit beruhend, wenn sie sich für den Fachmann nicht in nahe liegender Weise aus dem Stand der Technik ergibt (§ 4 PatG). Wenn also ein Fachmann, z. B. ein Sachverständiger, in Routineversuchen die Erfindung nicht hätte nachstellen können, muss sie auf einer erfinderischen Tätigkeit beruhen. In der Regel nicht schützenswert sind so genannte „Äquivalente", also Lösungen eines technischen Problems, welches bereits auf eine andere Art und Weise gelöst wurde. Aber auch hier wird der Fachmann bemüht: Nur wenn der Fachmann das Äquivalent als höchstens gleichwertig mit einer bereits bekannten Erfindung ansieht, wird

- die Erfindung nicht anerkannt. Man kann dieses Kriterium auch als „Erfindungshöhe" bezeichnen.
- **Gewerbliche Anwendbarkeit.** Eine Erfindung gilt als gewerblich anwendbar, wenn ihr Gegenstand auf irgendeinem gewerblichen Gebiet einschließlich der Landwirtschaft hergestellt oder benutzt werden kann (§ 5 PatG).

Das Recht auf das Patent hat zunächst der Erfinder, also die natürliche Person (§ 6 PatG). Unternehmen können nur im Wege der Rechtsübertragung nach § 15 PatG Rechtsinhaber werden. Für Arbeitnehmer gilt jedoch das Arbeitnehmererfindungsgesetz (ArbEG). Danach ist ein Arbeitnehmer verpflichtet, während der Arbeitszeit gemachte Erfindungen (so genannte „Diensterfindungen") dem Arbeitgeber schriftlich mitzuteilen (§ 5 ArbEG). Es steht dem Arbeitgeber frei, diese Diensterfindungen ganz oder teilweise selbst zu nutzen und zu verwerten (§ 6 ArbEG). Er muss dies innerhalb von vier Monaten dem Arbeitnehmer gegenüber schriftlich mitteilen. Bei einer unbeschränkten Inanspruchnahme gehen alle Rechte an der Diensterfindung auf den Arbeitgeber über. Der Arbeitgeber kann die Diensterfindung jedoch auch freigeben. Der Arbeitnehmer kann diese Erfindung dann nach seinen eigenen Vorstellungen nutzen und verwerten. Von Diensterfindungen werden so genannte „freie Erfindungen" eines Arbeitnehmers unterschieden. Diese hat er im Wesentlichen außerhalb seiner Arbeitszeit gemacht. Auch sie sind nach § 18 ArbEG dem Arbeitgeber mitzuteilen, damit er beurteilen kann, ob es sich nicht doch um Diensterfindungen handelt. Auch wenn die Erfindung echt frei ist, muss der Arbeitnehmer dem Arbeitgeber jedoch mindestens ein nichtausschließliches Nutzungsrecht zu angemessenen Konditionen anbieten, wenn die Erfindung in den vorhandenen oder vorbereiteten Arbeitsbereich des Betriebes des Arbeitgebers fällt (§ 19 ArbEG).

Das Patent ist beim Deutschen Marken- und Patentamt anzumelden. Die Anmeldung ist eigentlich ein Antrag auf Erteilung eines Patents. Die Anmeldung an sich ist mit 60 € preiswert. An dieser Stelle werden aber nur offensichtliche Mängel der Anmeldung, insbesondere formeller Natur, geprüft. Die Anmeldung markiert den Anmeldetag, der für einen späteren Abgleich mit dem Stand der Technik oder für die Abwendung von Patentanmeldungen Dritter äußerst wichtig ist. Je eher Sie Ihr Patent anmelden, umso größer sind die Chancen seiner Anerkennung. Eine Prüfung des Patents erfolgt dann erst auf Antrag, welcher innerhalb einer Frist von sieben Jahren nach Anmeldung des Patents gestellt werden (§ 44 Abs. 2 PatG) muss. Die Antragsgebühren betragen 350 €. Wurde vorher eine Rechercheantrag gestellt, mit dem man sich vom Patentamt die relevanten Quellen zum Stand der Technik recherchieren lassen kann, so reduziert sich die Gebühr auf 150 €. Der Rechercheantrag kostet 250 €.

Die Wirkung des Patentschutzes ist umfassend. Ausschließlich der Patentinhaber ist berechtigt, das Patent zu nutzen. Er kann das Nutzungsrecht allerdings ganz oder teilweise an Dritte übertragen. Ein eingetragenes Patent ist für zwanzig Jahre geschützt (§ 16 PatG). Ab dem dritten Jahr sind jedoch zur Aufrechterhaltung des Patents jährliche Gebühren zu zahlen, die beginnend von 70 € auf über 1.000 € steigen.

Ein EU-Gemeinschaftspatent entsprechend einer Gemeinschaftsmarke gibt es noch nicht, ist jedoch in der Vorbereitung. Eine Anmeldung von Gemeinschaftspatenten wird dann über das

Europäische Patentamt (EPA) in München, auch European Patent Office (EPO) genannt, erfolgen können. Damit werden sich die Kosten und der Aufwand einer europäischen Patentanmeldung erheblich reduzieren. Gegenwärtig kann, ebenfalls beim EPA, ein europäisches Patent für alle wesentlichen europäischen Staaten (oder nur einzelne davon) beantragt werden. Dies ist preiswerter und einfacher als Einzelanmeldungen, wenn die Anmeldung in mehr als drei Staaten erfolgen soll. Das Patent wirkt in den abgedeckten Staaten wie ein nationales Patent, mit entsprechenden Folgen für die Gebühren. Gegen das europäische Patent kann innerhalb von neun Monaten nach Veröffentlichung Einspruch eingelegt werden. Der Einspruch umfasst alle Staaten, in denen das Patent Wirkung entfaltet, wird aber für jeden Staat einzeln geprüft. Ein erfolgreicher Einspruch verhindert damit nur das Patent in dem jeweiligen Staat, nicht auch in den anderen Staaten.

Die Anmeldung des europäischen Patents kostet 160 €. Für jeden benannten Staat wird eine Benennungsgebühr von 75 € erhoben, jedoch maximal für sieben Staaten. Die Prüfungsgebühr beträgt 1.430 €, und es wird eine Erteilungsgebühr von 715 € fällig. Ab dem dritten Jahr ist eine Aufrechterhaltungsgebühr von mindestens 380 € zu zahlen.

Darüber hinaus können auch internationale Patentanmeldungen nach dem Patentzusammenarbeitsvertrag in deutscher Sprache beim Deutschen Patent- und Markenamt oder beim Europäischen Patentamt eingereicht werden. Die Wirkung ist ähnlich der des europäischen Patents. Es ergeben sich vor allem Effizienzvorteile für umfassendere Patentanmeldungen.

3. Gebrauchsmusterrecht

Ein Gebrauchsmuster ist sehr ähnlich einem Patent. Auch beim Gebrauchsmuster geht es um den Schutz technischer Erfindungen. Allerdings sind die Anforderungen zur Eintragung als Gebrauchsmuster deutlich geringer als beim Patent. Es ist sinnvoll, Gebrauchsmuster und Patent zugleich zu beantragen, denn das Gebrauchsmuster wird schneller eingetragen. Die Schnelligkeit der Eintragung ergibt sich allerdings aus dem Umstand, dass nicht geprüft wird, ob die sachlichen Voraussetzungen für einen Gebrauchsmusterschutz vorliegen (§ 8 Abs. 1 GebrMG). Die Prüfung beschränkt sich auf formelle Kriterien. Der durch ein Gebrauchsmuster gewährte Schutz stellt sich also im Streitfalle erst im Prozess heraus. Hier prüft das zuständige Gericht die sachlichen Voraussetzungen. In diesem Fall entspricht das Gebrauchsmusterrecht dem Geschmacksmusterrecht.

Gebrauchsmuster und Patente sind zunächst gleich definiert, mit den gleichen Ausnahmen zur Schutzfähigkeit. Als Gebrauchsmuster werden Erfindungen geschützt, die neu sind, auf einem erfinderischen Schritt beruhen und gewerblich anwendbar sind (§ 1 GebrMG). Die Detaildefinitionen dieser Voraussetzungen unterscheiden sich jedoch zum Teil von denen für Patente. Der Begriff der Erfindung entspricht dem Patentrecht, ebenso das Kriterium der gewerblichen Anwendbarkeit. Der Neuheitsbegriff wird weniger streng ausgelegt: Auch beim

Gebrauchsmuster wird der Stand der Technik als zu übertreffendes Kriterium zugrunde gelegt. Der Stand der Technik enthält aber nicht, anders als beim Patentrecht, mündliche Beschreibungen. Nur schriftliche oder tatsächliche Nutzungen gehören zum Stand der Technik. Veröffentlichungen des Erfinders vor dem Anmeldezeitpunkt bleiben außer Betracht, wenn sie nicht länger als sechs Monate zurückliegen (§ 3 GebrMG). Auch die Forderungen an die erfinderische Tätigkeit werden deutlich weniger streng ausgelegt. Das GebrMG spricht statt von „erfinderischer Tätigkeit" auch von einem „erfinderischen Schritt".

Die Eintragung eines Gebrauchsmusters hat die Wirkung, dass allein der Inhaber befugt ist, den Gegenstand des Gebrauchsmusters zu benutzen. Jedem Dritten ist es verboten, ohne seine Zustimmung ein Erzeugnis, das Gegenstand des Gebrauchsmusters ist, herzustellen, anzubieten, in Verkehr zu bringen oder zu gebrauchen oder zu den genannten Zwecken entweder einzuführen oder zu besitzen. Der Schutz dauert höchstens zehn Jahre (§ 23 GebrMG). Er ist während der Laufzeit durch die Zahlung einer Aufrechterhaltungsgebühr in unterschiedlichen Zeitabständen zu sichern.

Die Regelungen bezüglich Diensterfindungen von Arbeitnehmern für Patente gelten auch für Gebrauchsmuster (§ 2 ArbEG).

Für Anmeldungen als Gebrauchsmuster ist das Patentamt zuständig. Die Anmeldung kostet 40 €. Eine Prüfungsgebühr wie beim Patent gibt es nicht. Es kann ebenso wie beim Patent eine Recherche durch das Patentamt in Auftrag gegeben werden. Die Kosten dafür betragen 250 €. Die Recherche benennt die öffentlichen Druckschriften, die für die Beurteilung der Schutzfähigkeit des Gegenstandes der Gebrauchsmusteranmeldung oder des Gebrauchsmusters in Betracht zu ziehen sind. Ab dem vierten Jahr ist eine Aufrechterhaltungsgebühr zu zahlen. Diese startet bei 210 € und steigt mit der Laufzeit an. Die Aufrechterhaltungsgebühr deckt jedoch jeweils drei bzw. zwei Jahre ab.

Einen Gebrauchsmusterschutz gibt es, im Gegensatz zum Patentschutz, nur in wenigen Ländern der Welt. Insofern ist das Gebrauchsmuster eher als deutsches Schutzrecht zu sehen. International sind die mit strengeren Anforderungen versehenen Patente anzumelden.

4. Geschmacksmusterrecht

Muster können über die Eintragung als Geschmacksmuster geschützt werden. Unter Muster wird dabei die zwei- oder dreidimensionale Erscheinungsform eines ganzen Erzeugnisses oder eines Teils davon verstanden. Die Erscheinungsform ergibt sich insbesondere aus den Merkmalen der Linien, Konturen, Farben, der Gestalt, Oberflächenstruktur oder der Werkstoffe des Erzeugnisses selbst oder seiner Verzierung. Der Geschmacksmusterschutz bezieht sich also nur auf visuelle Sachverhalte, nicht aber auf Musik oder Sprache. Ebenso sind weder Ideen noch technische Funktionen als Geschmacksmuster schützbar. Typische Fälle eines Geschmacksmusters sind Kleidung, Stoffe, Tapeten, Möbel und Geschirr.

Ein Muster kann mittels Eintragung als Geschmacksmuster geschützt werden, wenn es neu ist und „Eigenart" besitzt (§ 2 GeschmMG). Ein Muster hat Eigenart, wenn sich der Gesamteindruck, den es beim informierten Benutzer hervorruft, von dem Gesamteindruck unterscheidet, den ein anderes Muster bei diesem Benutzer hervorruft. Bei der Beurteilung der Eigenart wird der Grad der Gestaltungsfreiheit des Entwerfers bei der Entwicklung des Musters berücksichtigt.

Die Anmeldung zur Eintragung eines Geschmacksmusters in das Register ist beim Deutschen Patent- und Markenamt einzureichen. Mehrere Muster können in einer Anmeldung zusammengefasst werden (so genannte „Sammelanmeldung"). Die Sammelanmeldung darf nicht mehr als 100 Muster umfassen, die derselben Warenklasse angehören müssen. Das Patentamt prüft vor allem die formellen Voraussetzungen zur Anmeldung, wie z. B. die Zahlung der Gebühren. Darüber hinaus wird geprüft, ob es sich bei der angemeldeten Sache um ein Muster im Sinne des Geschmacksmusterrechts handelt (§ 18 GeschmMG). Es erfolgt keine Prüfung auf die Kriterien Neuheit oder Eigenart, die wesentlich zur finalen Erlangung des Schutzes sind. Die maximale Schutzdauer eines Geschmacksmusters beträgt 25 Jahre (§ 27 Abs. 2 GeschmMG). Zur Aufrechterhaltung des Schutzes ist allerdings eine Aufrechterhaltungsgebühr nach jeweils fünf Jahren zu zahlen.

Die Eintragung als Geschmacksmuster ist vergleichsweise preiswert. Zu unterscheiden sind Anmeldungs-, Bekanntmachungs- und Aufrechterhaltungsgebühren. Eine Einzelanmeldung kostet 70 €, bei Sammelanmeldungen kostet ein Muster 7 € (mindestens jedoch 70 €). Pro Muster sind Gebühren für die Bekanntmachung im Geschmacksmusterblatt von 25 € zu zahlen. Die Aufrechterhaltungsgebühren, die nach fünf Jahren Laufzeit zu entrichten sind, steigen von 90 auf 180 € pro Muster, auch bei Sammelanmeldungen. Die Aufrechterhaltungsgebühr muss jedoch nicht gezahlt werden, wenn der Schutz nicht länger benötigt wird.

Das Vorliegen des Geschmacksmusterschutzes wird erst in einem Verletzungsprozess geprüft. Während beim Patentrecht der Prüfung des Patentamtes bindende Wirkung zukommt, prüft beim Geschmacksmusterrecht das zuständige Gericht, ob die Voraussetzungen für den Schutz, insbesondere die Kriterien Neuheit und Eigenart, vorliegen. Bei einem zu Unrecht eingetragenen Geschmacksmuster kann der Berechtigte die Übertragung des Geschmacksmusters oder dessen Lösung verlangen, allerdings grundsätzlich nur innerhalb einer Frist von drei Jahren nach Bekanntmachung des Geschmacksmusters (§ 9 GeschmMG).

Ein Geschmacksmuster kann national, auf EU-Ebene oder international eingetragen werden. Allerdings gibt es den Geschmacksmusterschutz in der deutschen Form nicht in allen wichtigen Industrieländern.

Beispiel

Angst vor Kopien. Ein Gründer lässt Brillenetuis in China produzieren. Diese sind aus Rosenholz gearbeitet, mit einer Einlage aus koreanischem Samt. Für jedes Etui wird zudem ein Samtbeutel mit einer goldenen Kordel aus Baumwolle angefertigt. Form und Material sind einzigartig. Die Etuis richten sich an das obere Marktsegment. Der Gründer will die Etuis möglichst unverwechselbar kennzeichnen. Das Etui kann nicht patentiert werden. Auch eine Eintragung als Gebrauchsmuster scheidet aus. Er registriert die Form und das spezielle Material des Etuis als Geschmacksmuster. Als Marke lässt er sich „Arbor" in den relevanten Warenklassen eintragen. Ein weitergehender Schutz ergibt sich nur aus den allgemeinen Regelungen zum wettbewerbswidrigen Nachbau.

5. Markenrecht

Marken werden eingesetzt, um Produkte oder Dienstleistungen eines Unternehmens im Wettbewerb unterscheidbar zu machen. Eine gut eingeführte Marke stellt einen echten Wettbewerbsvorteil dar. Die Marktteilnehmer verbinden mit einer Marke bestimmte positive Vorstellungen über die Eigenschaften der Produkte bzw. des Unternehmens. Eine gute Marke vereint daher eine Fülle von Erklärungen in sich, die man ohne Marke zur Gewinnung neuer Kunden abgeben müsste. Sie vereinfacht die Kommunikation erheblich und bindet zudem als innerer Wert eine umfangreiche, markentreue Stammkundschaft. Daher wird guten Marken ein erheblicher Wert zugemessen. Die vorstehenden Ausführungen verdeutlichen, dass Marken geschützt werden müssen, sonst könnte jeder die gut eingeführte Marke eines anderen zu seinem Vorteil nutzen. Das Markengesetz bietet Schutz insbesondere in zwei Fällen (§ 4 MarkenG). Der Markenschutz entsteht

- durch die Eintragung eines Zeichens als Marke in das vom Patentamt geführte Register.
- durch die Benutzung eines Zeichens im geschäftlichen Verkehr, soweit das Zeichen innerhalb beteiligter Verkehrskreise als Marke Verkehrsgeltung erworben hat.

Eine Eintragung der Marke ist also nicht unbedingt erforderlich, um sie zu schützen. Die amtliche Eintragung der Marke hat aber den Vorteil, dass sie durch die Registrierungsurkunde sofort nachweisbar und daher sofort gegenüber Dritten durchgesetzt werden kann. Es muss nicht mehr geprüft werden, ob das Zeichen als Marke im Sinne des MarkenG qualifiziert und ob es Verkehrsgeltung gewonnen hat. Insofern ist eine Eintragung erstrebenswert.

Eine Marke ist nach § 3 MarkenG jedes Zeichen, insbesondere Wörter einschließlich Personennamen, Abbildungen, Buchstaben, Zahlen, Hörzeichen, dreidimensionale Gestaltungen einschließlich der Form einer Ware oder ihrer Verpackung sowie sonstige Aufmachungen einschließlich Farben und Farbzusammenstellungen, die geeignet sind, Waren oder Dienstleistungen eines Unternehmens von denjenigen anderer Unternehmen zu unterscheiden. Eine Form kann sich jedoch nur dann als Marke qualifizieren, wenn sie nicht durch das Produkt selbst bedingt ist. Zentral für eine Marke ist ihre Unterscheidungskraft (§ 8 Abs. 2 MarkenG). Beschreibungen oder übliche Bezeichnungen werden daher nicht als Marke anerkannt. „Waschmaschine" oder „Waschautomat" wären nicht als Marke geeignet. Der Wechsel in eine andere Sprache hilft nicht unbedingt, um dem beschreibenden Charakter zu entgehen. Besser ist auf jeden Fall die Verwendung von Fantasiebezeichnungen.

Neben Marken schützt das MarkenG auch geschäftliche Bezeichnungen (§ 1 MarkenG). Dies sind Werktitel, wie z. B. Namen oder besondere Bezeichnungen von Druckschriften, Filmwerken, Tonwerken, Bühnenwerken oder sonstigen vergleichbaren Werken sowie Unternehmenskennzeichen. Unternehmenskennzeichen sind Zeichen, die im geschäftlichen Verkehr als Name, als Firma oder als besondere Bezeichnung eines Geschäftsbetriebs oder eines Unternehmens benutzt werden. Der besonderen Bezeichnung eines Geschäftsbetriebs stehen solche Geschäftsabzeichen und sonstige zur Unterscheidung des Geschäftsbetriebs von anderen Geschäftsbetrieben bestimmte Zeichen gleich, die innerhalb beteiligter Verkehrskreise als Kennzeichen des Geschäftsbetriebs gelten (§ 5 MarkenG). Damit können auch Domain-Namen durch das MarkenG geschützt sein.

Marken gelten nur für passende Warenklassen. Nicht alle Marken sind daher allumfassend geschützt, sondern nur im Rahmen der jeweiligen Produktgattung. Besteht Schutz nach dem MarkenG, so dürfen die Marke oder die geschäftliche Bezeichnung sowie ähnliche Zeichen nur durch oder nur mit Erlaubnis des Markeninhabers verwendet werden (§§ 14,15 MarkenG). Der Schutz ist jedoch nicht grenzenlos. So müssen Marken oder geschäftliche Bezeichnungen im geschäftlichen Alltag benutzt werden, z. B. wenn ein Händler ein Produkt eines Herstellers anpreist (§ 23 MarkenG). Insbesondere auch im Zubehör-, Ersatzteil- und Servicegeschäft ist die Nutzung von Marken oder geschäftlichen Bezeichnungen notwendig, um die Produkte oder Dienstleistungen anzubieten. Eine Autowerkstatt wird die Zeichen von Automobilherstellern nutzen müssen. Ein Software-Dienstleister, der sich auf Microsoft-Produkte spezialisiert hat, wird das Wort „Microsoft" benutzen müssen. Die Grenze der Benutzungsfreiheit bildet, wie immer, ein Verstoß gegen die guten Sitten.

Die Schutzdauer einer eingetragenen Marke endet nach zehn Jahren, kann aber beliebig um weitere zehn Jahre verlängert werden. Zur Verlängerung ist eine Verlängerungsgebühr zu zahlen (§ 47 MarkenG).

Die Anmeldung zur Eintragung einer Marke in das Register ist beim Patentamt einzureichen. Die Kosten für die Anmeldung einer Marke betragen zur Zeit 300 €. Die Marke kann dann in drei Warenklassen eingetragen werden. Ab der vierten Klasse kostet jede weitere Warenklasse 100 €. Für die Verlängerung der Marke nach zehn Jahren wird eine Gebühr von 750 € erhoben. Diese deckt drei Warenklassen ab, ab der vierten Warenklasse kostet die Verlängerung 260 €.

Anstelle einer nationalen Marke kann auch eine europäische Gemeinschaftsmarke angemeldet werden. Zuständig für die Anmeldung einer Gemeinschaftsmarke ist das Harmonisierung samt für den Binnenmarkt (HABM) oder in Englisch das Office of Harmonization for the Internal Market (OHIM) in Alicante, Spanien. Die Gemeinschaftsmarke bietet Schutz in allen Mitgliedsstaaten der EU. Eine Beschränkung auf nur eine Auswahl der Mitgliedsstaaten ist nicht möglich. Entsprechend muss die Marke in allen Mitgliedsstaaten der EU zulässig sein und darf keine dort bestehenden Markenrechte verletzen. Besteht nur ein einziger nationaler Konflikt, wird die Gemeinschaftsmarke nicht eingetragen. Ein Konflikt wird anlässlich der Eintragung vom HABM geprüft. Nach der Veröffentlichung gibt es eine dreimonatige Widerspruchsfrist, innerhalb derer dritte Parteien der Eintragung begründet widersprechen können. Insgesamt ist das Risiko bei der Anmeldung einer Gemeinschaftsmarke also deutlich höher als bei einer rein nationalen Anmeldung. Dafür ist der Schutz umfassender.

Die Kosten einer Gemeinschaftsmarke betragen 975 € für die Anmeldung sowie 1.100 € für die Eintragung. Darin sind drei Warenklassen enthalten. Ab der vierten Warenklasse erhöhen sich die Kosten um jeweils 200 €.

Darüber hinaus kann auch eine internationale Marke angemeldet werden (so genannte „IR-Marke" als Abkürzung für „international registrierte Marke"). Für IR-Marken ist die World Intellectual Property Organization (WIPO) in Genf zuständig. Der Antrag wird allerdings beim Deutschen Patent- und Markenamt in München eingereicht. Die Beantragung einer IR-Marke setzt die Markeneintragung im Heimatland voraus. Anders als bei der Gemeinschaftsmarke handelt es sich bei der IR-Marke um ein Bündel von nationalen Einzelmarken. Die IR-Marke vereinfacht vor allem das Verfahren, stellt aber keine Marke an sich dar. Bei der Beantragung können die gewünschten und der WIPO angeschlossenen Länder einzeln gewählt werden. Auch China und die USA sind Mitglieder der WIPO. Eine einzelne Ablehnung führt bei der IR-Marke nicht zur Ablehnung in allen anderen Ländern. Jedes Land wird separat betrachtet. Insofern ist das Risiko geringer als bei der Gemeinschaftsmarke. Man könnte daher zur Risikominimierung statt einer Gemeinschaftsmarke auch eine IR-Marke für die wichtigsten europäischen Länder beantragen. Die Kosten einer IR-Marke sind abhängig von den beantragten Ländern und können daher nicht pauschal angegeben werden.

6. Wettbewerbswidriger Nachbau

Neben den spezifischen Schutzrechten (so genannter „Sonderrechtsschutz") gibt es ein allgemeines Schutzrecht, welches sich aus dem UWG (speziell § 4 Abs. 9 UWG), dem allgemeinen Schutz vor unlauterem Wettbewerb, herleitet. Dieses allgemeine Schutzrecht ist vor allem dann von Interesse, wenn andere Schutzrechte nicht genutzt wurden oder nicht genutzt werden können. Die abgeleitete Überlegung ist, dass der Nachbau von Produkten unter bestimmten Umständen dem Hersteller des Originals Schaden zufügen kann. Der Nachbau an sich ist dafür nicht ausreichend. In einzelnen Bereichen, wie z. B. bei Ersatzteilen von Automobilen, gilt sogar der Grundsatz der Nachbaufreiheit, der es jedem explizit ermöglicht,

Nachbau zu betreiben. Vielmehr müssen zum Nachbau besondere Voraussetzungen des nachgebauten Produkts sowie besondere Umstände des In-Verkehr-Bringens (d. h. des Vertriebs) treten, damit ein Schutz aus dem UWG hergeleitet werden kann. Diese besonderen Umstände werden im Folgenden überblicksartig aufgezeigt:

- **Wettbewerbliche Eigenart des nachgebauten Produkts.** Als Voraussetzung für das Greifen der Schutzwirkung des UWG bedarf es der wettbewerblichen Eigenart des Produkts. Das Produkt muss also im Markt Besonderheiten aufweisen, die es von anderen Produkten unterscheidet. Potenzielle Käufer müssen allein durch die konkrete Ausgestaltung oder durch besondere Merkmale des Produkts auf den Hersteller oder auf sonstige markterhebliche Produkteigenschaften schließen können. Die wettbewerbliche Eigenart ist dabei keine absolute Eigenschaft. Je stärker ausgeprägt sie ist, umso weniger zusätzlicher Umstände bedarf es zur Klassifizierung des Nachbaus als unlauterer Wettbewerb. Je mehr ein Nachbau einem solchen Produkt ähnelt, umso kritischer wird die Rechtmäßigkeit des Nachbaus beurteilt. In den Bereichen, in denen aus technischen Gründen Abweichungen nicht oder kaum möglich sind (z. B. bei Ersatzteilen von Automobilen), wird ein weniger strenger Maßstab angelegt. In den Bereichen jedoch, in denen ein Abweichen z. B. von Maßen und technischen Funktionalitäten für die Funktionstüchtigkeit des Produkts folgenlos ist, wird ein detailgetreuer Nachbau besonders streng begutachtet.

- **Herkunftstäuschung.** Darüber hinaus kommt es darauf an, ob der Vertrieb des nachgebauten Produkts die Möglichkeit einer Herkunftstäuschung weiter unterstützt. Durch offene und klare Kennzeichnung, dass das nachgebaute Produkt von einem anderen Hersteller stammt, wird diese Herkunftstäuschung vermieden. Ebenfalls kann eine Herkunftstäuschung abgemildert oder vermieden werden, wenn der Kundenkreis fachmännisch gebildet ist bzw. der Vertrieb über dritte Fachleute mit dem Know-how zur Unterscheidung der Produkte erfolgt.

- **Rufausnutzung.** Eine Rufausnutzung liegt dann vor, wenn beim Kauf des nachgebauten Produkts ein Kunde die Qualitätserwartungen des Originalprodukts zugrunde legt. Der Nachbauer macht sich dann den Ruf des Originalprodukts zu Eigen. Voraussetzung für das Vorliegen einer Rufausnutzung ist wiederum das Vorliegen einer Herkunftstäuschung. Die Rufausnutzung wird insbesondere dann problematisch, wenn das nachgebaute Produkt die Qualitätsmaßstäbe des Originals nicht erfüllen kann. Für den Originalhersteller tritt dann aufgrund der Verwechselung mit dem nachgebauten Produkt eine Rufschädigung ein.

- **Einschieben in eine fremde Serie.** Als unlauterer Wettbewerb wird ein Nachbau qualifiziert, wenn sich der Nachbauer damit in eine vom Originalhersteller aufgelegte Serie einschiebt. Allgemein bekannte Serien sind z. B. Klemmbausteine oder Spielpuppen. Passen die nachgebauten Sachen in die Serie (und erfüllen sie die wettbewerbliche Eigenart), macht sich der Nachbauer den Erstellungs- und Vermarktungsaufwand des Originalherstellers zunutze.

- **Systematische Behinderung.** Eine systematische Behinderung des Originalherstellers kann verschiedene Formen annehmen. Zentral ist die Frage, ob der Nachbauer systematisch, d. h. planmäßig, vorgeht. Beim Nachbau eines einzelnen Produkts aus einer großen

Produktpalette ist dies regelmäßig zu verneinen. Werden jedoch große Teile des Sortiments nachgebaut, deutet dies auf eine systematische Behinderung im Wettbewerb hin. Daneben kann auch die Preisgestaltung des Nachbauers zu einer systematischen Behinderung im Wettbewerb führen: Spart der Nachbauer durch den Nachbau Entwicklungskosten und bietet den Nachbau deutlich billiger an, kann hierin eine systematische Behinderung gesehen werden.

Beispiel

Die Rolex-Kopie. Im Sommer 1980 vertrieb Tchibo Uhren, die Rolex-Modellen sehr ähnlich sahen. Der Preis lag bei einem Bruchteil des Preises von Rolex-Uhren. Der BGH entschied schließlich, dass die wettbewerbliche Eigenart der Rolex-Uhren, die nicht durch Sonderrechtsschutz geschützt waren, gegeben sei. Darüber könnte durch die Nachahmung ein Teil der potenziellen Kunden von Tchibo über die Echtheit der Uhren getäuscht werden und so zum Kauf angelockt werden. Darin sah das BGH einen Verstoß gegen die guten Sitten und gab einem Unterlassungsanspruch von Rolex gegen Tchibo statt (BGH 1984, Az. I ZR 128/82).

7. Folgen von Schutzrechtsverletzungen

Wird ein Schutzrecht verletzt, kann es zu einem durch den Rechteinhaber veranlassten Verletzungsprozess kommen. Dem Rechteinhaber stehen dann vor allem folgende Ansprüche zu:

- Unterlassungsanspruch
- Schadensersatzanspruch
- Beseitigungsanspruch

Mittels dem Unterlassungsanspruch kann der Rechteinhaber die verletzende Partei zwingen, die Rechtsverletzung zu unterlassen. Dabei ist egal, ob die verletzende Partei die Verletzung verschuldet hat. Bei Zuwiderhandlung wird in der Regel eine automatische Strafe fällig. Voraussetzung für einen Unterlassungsanspruch ist jedoch, dass eine Wiederholungsgefahr durch die verletzende Partei besteht.

Für einen Schadensersatzanspruch bedarf es des Verschuldens der verletzenden Partei. Der Schadensersatzanspruch kann sehr weit gehen. Allgemein sind drei Quellen für den Anspruch anerkannt:

- Der dem Rechteinhaber entstandene Schaden, inkl. einem entgangenen Gewinn

- Der von der verletzenden Partei erzielte Gewinn (auch „Gewinnabschöpfung" genannt)
- Eine abgeschätzte Nutzungs- bzw. Lizenzgebühr für die Dauer und das Ausmaß der Rechtsverletzung.

Es wird schnell klar, dass Schadensersatzansprüche ein erhebliches Ausmaß annehmen können. Jedoch ist zu beachten, dass maximale Schadensersatzansprüche selten Bestand haben. Der Rechteinhaber soll durch die Verletzung letztendlich nicht deutlich besser dastehen als ohne die Verletzung.

Beim Beseitigungsanspruch bedarf es der fortbestehenden Rechtsverletzung. Ein Unterlassungsanspruch genügt, wenn durch alleiniges Unterlassen die Rechtsverletzung geheilt wird. Bedarf es darüber hinaus weiterer Aktivitäten der verletzenden Partei, um dem Recht des Rechteinhabers Genüge zu tun, muss der gegenwärtige Zustand beseitigt werden. Es muss also ein Zustand eingetreten sein, der für den Rechteinhaber eine stetige Quelle der Rechtsverletzung darstellt. Die Grenzen zum Schadensersatz sind ungenau und führen daher regelmäßig zum Streit zwischen den Parteien. Denn für das Vorliegen eines Schadensersatzanspruchs bedarf es eines Verschuldens der verletzenden Partei, für den Beseitigungsanspruch nicht. Als Vorfrage ist daher immer auch das Verschulden der verletzenden Partei zu klären.

Versicherungen

Das Thema Versicherungen ist für jeden Gründer ein leidiges Thema. Versicherungen sind eine komplexe Materie und sie tragen zunächst wenig zum unmittelbaren Unternehmenserfolg bei. Dennoch lohnt sich die Beschäftigung mit dem Thema, denn eine fehlende Versicherung kann eine Unternehmensgründung abrupt beenden. Ein Grundverständnis der Versicherungsgruppen zu erlangen, ist Pflicht für jeden Unternehmer. Er kann dann eine bessere Entscheidung treffen, welche Versicherungen abzuschließen sind, wenn er eine Wahl hat. Folgende Versicherungsgruppen sind besonders relevant:

- Sozialversicherungen. In manchen Fällen betreffen diese Sie als Unternehmer direkt. Auf jeden Fall wird das Thema für Sie interessant, wenn Sie Mitarbeiter einstellen.

- Altersvorsorge. Obwohl dieses Thema für viele Gründer weit weg erscheint, erlangt es unweigerlich eine zentrale Bedeutung. Bereits mit der Wahl der Rechtsform schaffen Sie hier günstige oder weniger günstige Voraussetzungen.

- Unternehmensversicherungen. Ihr Unternehmen muss, wie Ihr privater Haushalt, gegen Risiken versichert werden, was in Ihrem eigenen Interesse ist. In manchen Fällen fordern dies Auftraggeber sogar als Voraussetzung zur Auftragsvergabe.

1. Sozialversicherungen

Grundsätzlich müssen Unternehmer bzw. Selbständige nicht an den gesetzlichen Sozialversicherungen (Rentenversicherung, Arbeitslosenversicherung, Krankenversicherung, Pflegeversicherung) teilnehmen. Diese sind – wenn auch in der Härte nicht immer gerechtfertigt – gegenüber privaten Absicherungsmöglichkeiten weniger effektiv. Das gilt insbesondere für die Rentenversicherung, z.T. aber auch für die Krankenversicherung.

Dennoch ist es für Unternehmer wichtig, die Funktionsweise der Sozialversicherungen zu kennen, denn:

- In Einzelfällen sind Unternehmer pflichtversichert.
- Vielfach können sich Unternehmer freiwillig versichern.
- Unternehmer müssen ihre Angestellten in der Sozialversicherung versichern.

Grundsätzlicher Maßstab für die Pflicht, an einer Sozialversicherung teilzunehmen, ist die Definition des Beschäftigten als „abhängig beschäftigter Arbeitnehmer". Für einen abhängig beschäftigten Arbeitnehmer gelten die in Tabelle 45 angegebenen Richtwerte für die Sozialversicherungen, die gegebenenfalls auch für Unternehmer zutreffen.

Beitragssätze pro Versicherungsart	Beitragssumme in Höhe des Arbeitsentgelts (ca.)	Arbeitgeberanteil	Arbeitnehmeranteil
Gesetzliche Kranken- und Pflegeversicherung	16,0 %	50 %	50 %
Gesetzliche Rentenversicherung	19,5 %	50 %	50 %
Arbeitslosenversicherung	6,5 %	50 %	50 %
Gesetzliche Unfallversicherung	1,3 %	100 %	0 %

Tabelle 45: Beitragssätze in den Sozialversicherungen

Versichert sich ein nicht abhängig Beschäftigter (z. B. ein Freiberufler oder ein beherrschender Gesellschafter-Geschäftsführer einer GmbH) durch eine freiwillige Versicherung in einer gesetzlichen Sozialversicherung, so hat er den Arbeitgeberanteil selbst zu tragen.

1.1 Krankenversicherung

Selbständige sind mit wenigen Ausnahmen von der gesetzlichen Krankenversicherungspflicht ausgenommen. Selbständige Künstler und Publizisten sowie landwirtschaftliche Unternehmer unterliegen der gesetzlichen Krankenversicherungspflicht. Ansonsten gilt die gesetzliche Krankenversicherung nur für Arbeitnehmer und diesen gleichgestellte Personen (§ 5 Abs. 1 SGB V). Auch für Arbeitnehmer gibt es mit der Jahresarbeitsentgeltgrenze ein Gehaltsniveau, ab dem sich diese privat krankenversichern können. Diese Jahresarbeitsentgeltgrenze ändert sich von Jahr zu Jahr. Es ist daher der jeweils aktuelle Stand zu erfragen (§ 6 Abs. 6 SGB V).

Selbständige können sich in der gesetzlichen Krankenkasse freiwillig versichern. Der Selbständige muss jedoch – gesehen vom Zeitpunkt seiner Antragsstellung zur freiwilligen Aufnahme – in den letzten fünf Jahren vor dem Ausscheiden mindestens 24 Monate oder unmittelbar vor dem Ausscheiden ununterbrochen mindestens zwölf Monate pflichtversichert gewesen sein (§ 9 Abs. 1 Nr. 1 SGB V). Nur dann ist eine freiwillige Aufnahme in die gesetzliche Krankenversicherung möglich. Der freiwillige Beitritt ist der Krankenkasse innerhalb von drei Monaten nach Austritt aus der sozialversicherungspflichtigen Beschäftigung anzuzeigen (§ 9 Abs. 2 SGB V).

Die Höhe der Beitragszahlungen für die gesetzliche Krankenversicherung richtet sich nach dem zu erwartenden Einkommen des Selbständigen. Dies wird in regelmäßigen Abständen kontrolliert. Die nachträgliche Anpassung ist gegenwärtig strittig, da sie nur für Erhöhungen, nicht aber auch für Reduzierungen angewandt wurde.

Der große Vorteil der gesetzlichen Krankenversicherung ist die Mitversicherung des Ehe- oder Lebenspartners (wenn nicht selbst pflichtversichert) und der Kinder (grundsätzlich bis zum 18. Lebensjahr) (§ 10 Abs. 1 SGB V), wenn diese selbst keine größeren Einnahmen haben oder nicht hauptberuflich selbständig erwerbstätig sind.

1.2 Pflegeversicherung

Selbständige sind mit wenigen Ausnahmen von der gesetzlichen Pflegeversicherung ausgenommen. Genau wie bei der gesetzlichen Krankenversicherung unterliegen selbständige Künstler und Publizisten sowie landwirtschaftliche Unternehmer jedoch der Versicherungspflicht (§ 20 Abs. 1 Nr. 3, 4 SGB XI).

Darüber hinaus sind freiwillige Mitglieder der gesetzlichen Krankenversicherung versicherungspflichtig in der sozialen Pflegeversicherung (§ 20 Abs. 3 SGB XI). Diese können sich jedoch innerhalb von drei Monaten nach Beginn ihrer Versicherungspflicht in der sozialen Pflegeversicherung per Antrag von der Pflicht befreien lassen, wenn sie bei einem privaten Versicherungsunternehmen gegen Pflegebedürftigkeit versichert sind (§ 22 SGB XI).

Alternativ können Selbständige, für die keine Versicherungspflicht in der sozialen Pflegeversicherung besteht, innerhalb von drei Monaten nach Beendigung der Pflichtversicherung einen Antrag zur Aufnahme in die soziale Pflegeversicherung stellen (§ 26 SGB XI). Dieser Fall trifft z. B. dann zu, wenn sich ein Selbständiger privat krankenversichert.

Mitglieder einer privaten Krankenversicherung (auch Selbständige) müssen sich, von obiger Ausnahme abgesehen, bei der privaten Krankenversicherung auch gegen die Pflegebedürftigkeit versichern. Sie können sich jedoch innerhalb von sechs Monaten nach Eintritt in die private Krankenversicherung auch für einen anderen privaten Versicherungsträger entscheiden (§ 23 Abs. 1, 2 SGB XI).

Der Vorteil der sozialen Pflegeversicherung liegt wiederum in der Familien-Mitversicherung: Ehe- und Lebenspartner (wenn nicht selbst pflichtversichert) sowie Kinder (grundsätzlich bis zum 18. Lebensjahr) sind kostenlos mitversichert (§ 25 SGB XI).

1.3 Rentenversicherung

Selbständige sind von der gesetzlichen Rentenversicherungspflicht grundsätzlich ausgenommen. Nach § 2 SGB VI gibt es jedoch Ausnahmen: Bestimmte Selbständige können der gesetzlichen Rentenversicherungspflicht unterliegen. Hier sollen nur die Wichtigsten grob wiedergegeben werden wobei grundsätzlich die selbständige Tätigkeit nicht nur geringfügig sein (§ 5 Abs. 2 SGB VI) darf:

- Selbständige Handwerker, insbesondere die eine zulassungspflichtige Tätigkeit verfolgen. Diese Pflicht gilt nur für die ersten 18 Jahre ihrer handwerklichen Tätigkeit (§ 6 Abs. 1 Nr. 4 SGB VI)
- Selbständige Pflegepersonen, Lehrer und Erzieher, die keinen Arbeitnehmer beschäftigen
- Selbständige Künstler und Publizisten nach dem Künstlersozialversicherungsgesetz
- Scheinselbständige, die alleine arbeiten
- Existenzgründer, die einen Existenzgründungszuschuss von der Bundesagentur für Arbeit gemäß § 421l SGB III bekommen

Eine Jahresarbeitsentgeltgrenze, ab der man aus der gesetzlichen Rentenversicherung aussteigen kann, gibt es nicht. Es gibt nur eine Beitragsbemessungshöchstgrenze, ab der sich der Beitrag zur Rentenversicherung nicht weiter erhöht.

Selbständige, die prinzipiell nicht der gesetzlichen Rentenversicherungspflicht unterliegen, können auf Antrag versicherungspflichtig werden (§ 4 Abs. 2 SGB VI). Dies müssen sie allerdings innerhalb von fünf Jahren nach Aufnahme der selbständigen Tätigkeit bzw. dem Ende der Versicherungspflicht aufgrund der selbständigen Tätigkeit beantragen. Diese Vorgehensweise kann allenfalls für Gründer sinnvoll sein, die längere Zeit studiert haben. Denn die gesetzliche Rentenversicherung erkennt diese Studienzeiten, allerdings abhängig von bestimmten Voraussetzungen, an.

Daneben können Selbständige auch freiwillig bei der gesetzlichen Rentenversicherung einzahlen (§ 7 Abs. 2 SGB VI). Dies lohnt sich vor allem dann, wenn man schon ein paar Jahre eingezahlt hat, die aber noch keine Anwartschaft auf die Mindestrente sichern. Dafür sind fünf Jahre notwendig (so genannte „Wartezeit", § 50 SGB VI). Erst dann greift die gesetzliche Rentenversicherung. Werden weniger als fünf Beitragsjahre (inkl. entsprechender Ersatzzeiten) erreicht, können die privat gezahlten Beiträge zurückgefordert werden. Als freiwillig Versicherter kann man den Satz zur Rentenversicherung zwischen dem Mindest- und Höchstsatz frei wählen und so die spätere Rentenhöhe beeinflussen.

Für die meisten Selbständigen ist jedoch die private Vorsorge der beste Weg, um seine Alterseinkünfte abzusichern. Es bestehen zahllose Möglichkeiten; insbesondere aber kann die Verzinsung der Anlage deutlich klarer als bei der gesetzlichen Rentenversicherung bestimmt werden.

1.4 Arbeitslosenversicherung

Selbständige müssen und dürfen sich nicht in der gesetzlichen Arbeitslosenversicherung versichern. Auch bei jahrelanger Einzahlung in die Arbeitslosenversicherung ohne entsprechende Inanspruchnahme der Versicherungsleistungen entfällt der Versicherungsschutz vollständig.

Das Arbeitsamt fördert allerdings in bestimmten Fällen die Aufnahme einer selbständigen Tätigkeit. Voraussetzung dafür ist jedoch die Gründung aus der Arbeitslosigkeit heraus. Dann geht der Versicherungsschutz in der Arbeitslosenversicherung in gewissen zeitlichen Grenzen nicht verloren.

1.5 Unfallversicherung

Streng genommen zählt die Unfallversicherung nicht zu den Sozialversicherungen. Es macht aber aufgrund ihrer Ähnlichkeit mit den Sozialversicherungen Sinn, sie hier mit zu behandeln. Die Unfallversicherung deckt Personenschäden durch Arbeitsunfälle bei der Arbeit sowie auf dem Weg zu und von der Arbeit sowie anerkannte Berufskrankheiten ab (§ 8 SGB VII). Ist der Unternehmer oder eine andere Person des Unternehmens vorsätzlich oder grob fahrlässig schuld am Arbeitsunfall, so haften diese gegenüber dem Sozialversicherungsträger oder auch den Geschädigten direkt. Trotz Unfallversicherung besteht also weiterhin die Pflicht zur Einhaltung von Maßnahmen des Arbeitsschutzes (§§ 104 ff. SGB VII).

Die Träger der gesetzlichen Unfallversicherung sind die gewerblichen und landwirtschaftlichen Berufsgenossenschaften. Erstere sind für alle Unternehmen außerhalb der Landwirtschaft zuständig. Berufsgenossenschaften sind nach Branchen gegliedert.

Auch bei der Unfallversicherung sind Selbständige von der gesetzlichen Versicherungspflicht grundsätzlich ausgenommen. Nach § 2 SGB VII gibt es jedoch Ausnahmen: Bestimmte Selbständige können der gesetzlichen Unfallversicherungspflicht unterliegen. Hier sollen nur die Wichtigsten grob wiedergegeben werden:

- Landwirtschaftliche Unternehmer und ihre im Unternehmen mitarbeitenden Ehegatten oder Lebenspartner; kleinere Unternehmer können sich nach § 5 SGB VII aber von der Versicherungspflicht befreien lassen
- Selbständige im Gesundheitswesen und der Wohlfahrtspflege, jedoch nicht selbständig tätige Ärzte, Zahnärzte, psychologische Psychotherapeuten, Kinder- und Jugendlichenpsychotherapeuten, Tierärzte, Heilpraktiker und Apotheker (§ 4 Abs. 3 SGB VII)
- Selbständiges Pflegepersonal

In der gesetzlichen Unfallversicherung können sich Unternehmer und ihre im Unternehmen mitarbeitenden Ehegatten sowie Personen, die in Kapital- oder Personenhandelsgesellschaften regelmäßig wie Unternehmer selbständig tätig sind – z. B. bestimmte Gesellschafter-Geschäftsführer, freiwillig versichern lassen (§ 6 SGB VII). Die gesetzlichen Unfallversicherungen sind, verglichen mit den anderen Sozialversicherungen, vermutlich am besten mit privaten Anbietern vergleichbar. Insofern sollten sich Selbständige eine freiwillige Versicherung in der gesetzlichen Unfallversicherung genau überlegen.

Der Beitrag zur Unfallversicherung wird nicht, wie bei den anderen Pflichtversicherungen, vom Arbeitnehmer gezahlt. Vielmehr ist der Unternehmer beitragspflichtig, für dessen Unternehmen der Versicherte arbeitet (§ 150 SGB VII). Die gesetzliche Unfallversicherung (für den Arbeitsplatz) ist damit steuerfrei für den Arbeitnehmer. Der Beitrag orientiert sich am Arbeitsentgelt des Versicherten und der Gefahrenklasse, der das Unternehmen zugeordnet wird. Dabei gilt der logische Grundsatz: je höher das Arbeitsentgelt oder je höher die Gefahrenklasse, desto höher der Beitragssatz. Die Gefahrenklasse wird von der Berufsgenossenschaft als Versicherungsträger festgelegt. Da der Beitrag im Wege der Umlage – sich orientierend am Bedarf des abgelaufenen Kalenderjahres zzgl. eines Rücklagebedarfs – erhoben wird, kann seine Höhe im Vorhinein nicht genau festgelegt werden. Erst mit dem Ablauf des Kalenderjahres, in dem die Beitragsansprüche dem Grunde nach entstanden sind, steht die Höhe fest (§ 152 SGB VII). Manche Berufsgenossenschaften fordern halbjährliche Vorauszahlungen, oftmals abhängig von der erwarteten Höhe der Beiträge.

Die Einordnung in eine Gefahrenklasse ist also mitbestimmend für die Höhe der Beiträge zur Unfallversicherung. Aufgrund von Änderungen in der Geschäftstätigkeit kann sich die Gefahrenklasse ändern, was die Berufsgenossenschaft zunächst nicht erfährt. Sie veranlagt weiter Gebühren nach der ursprünglichen Gefahrenklasse. Daher empfiehlt sich von Zeit zu Zeit eine Prüfung, ob die veranlagte Gefahrenklasse nicht etwa zu hoch ist. Manchmal können auch weniger gefahrenträchtige Nebentätigkeiten ausgeklammert und gesondert behandelt werden. Hier kann erhebliches Einsparungspotential verborgen liegen.

Die Satzung des Unfallversicherungsträgers kann bestimmen, dass sich die Unfallversicherung auch auf Unternehmer und ihre im Unternehmen mitarbeitenden Ehegatten oder Lebenspartner erstreckt (§ 3 SGB VII). Gegenwärtig sind Unternehmer jedoch von der gesetzlichen Unfallversicherung befreit, haben aber ein Wahlrecht zum Beitritt.

1.6 Speziell: Geschäftsführer und Vorstände

Für Geschäftsführer und Vorstände gelten unter bestimmten Bedingungen besondere Regelungen. Bei der Wahl der Rechtsform eines Unternehmens sind diese sehr oft von Interesse. Das Ziel ist es regelmäßig, der Pflichtmitgliedschaft in den gesetzlichen Versicherungen zu entgehen. Das gilt insbesondere für die Rentenversicherung. Diese erscheint gegenüber privaten Absicherungsmöglichkeiten als relativ ineffektiv und hat keine Jahresarbeitsentgeltgrenze wie bei der Krankenversicherung, ab der man aus der gesetzlichen Rentenversicherung austreten kann. Es gibt nur eine Beitragsbemessungshöchstgrenze, ab der sich der Beitrag zur Rentenversicherung nicht weiter erhöht.

1.6.1 Geschäftsführer

Geschäftsführer einer GmbH sind nach den normalen Grundsätzen für die Versicherungspflicht zu behandeln. Die zentrale Frage ist, ob sie eine Beschäftigung nach § 7 Abs. 1 SGB IV ausüben, d. h. eine Tätigkeit nach Weisungen und eine Eingliederung in die Arbeitsorganisation des Weisungsgebers ausüben. Gilt dies, so sind Geschäftsführer einer GmbH wie normale Angestellte zu behandeln. Diese Problematik wird unter dem Stichwort „Gesellschafter-Geschäftsführer" behandelt.

Gemäß der Rechtsprechung des BSG werden folgende Kriterien für das Vorliegen einer Beschäftigung genannt, die aber nur in einigen Fällen direkt Klarheit schaffen:

- Hält der Geschäftsführer mindestens 50 % der Anteile an der GmbH, so ist ein sozialversicherungspflichtiges Beschäftigungsverhältnis zu verneinen.
- Hält er weniger als 50 % der Anteile an der GmbH, ist auf die faktische Weisungsgebundenheit des Geschäftsführers abzustellen. Aus dem Arbeitsvertrag können entsprechende Hinweise entnommen werden, entscheidend ist jedoch die konkrete Durchführung.
- Hält er keine Anteile am Unternehmen, so ist der Geschäftsführer im Regelfall versicherungspflichtig.

Ist ein Geschäftsführer in den gesetzlichen Kassen grundsätzlich versicherungspflichtig, so wird er aus Sicht der Sozialversicherungen wie ein normaler Angestellter behandelt. Er erhält damit u.a. vom Arbeitgeber einen steuerfreien Zuschuss von 50 % zu den Pflichtversicherungen. Dies gilt auch dann, wenn sich der Geschäftsführer – wie dies oft der Fall sein dürfte – bei einer privaten Krankenversicherung versichert (§ 257 Abs. 1 SGB V).

Unterliegt der Geschäftsführer dagegen nicht der Versicherungspflicht, versichert sich aber z. B. freiwillig bei der gesetzlichen Krankenkasse oder der Rentenversicherung, so muss er den vollen Beitragssatz selbst zahlen. Bekommt er einen Zuschuss vom Arbeitgeber, so ist dieser Zuschuss steuerpflichtig, d. h. wie Arbeitslohn zu behandeln.

Zu beachten ist, dass auch Entscheidungen von Gerichten anderer Rechtsgebiete (Arbeitsrecht, Steuerrecht) Richtlinien für ähnliche Fragen vorgeben. Diese können zwar Anhaltspunkte für die Klärung geben, entscheidend ist jedoch die Rechtssprechung der Sozialgerichte. So bestimmt das Steuerrecht, dass Geschäftsführer, auch Gesellschafter-Geschäftsführer, grundsätzlich Arbeitnehmer im Sinne des Lohnsteuerrechts sind. Ihre Vergütungen sind daher steuerpflichtig und vom Arbeitgeber direkt abzuführen.

Die genannten Grundsätze gelten auch für die GmbH i. Gr., obwohl diese sonst als GbR oder oHG behandelt wird (BSG-Urteil vom 30. 03. 1962 - 2 RU 106/60).

1.6.2 Vorstände

Vorstände werden im Hinblick auf die Rentenversicherung anders behandelt: Nach § 1 SGB VI sind sie explizit nicht versicherungspflichtig beschäftigt. Darüber hinaus sind sie analog zu Geschäftsführern zu behandeln. Also spielen auch hier sowohl die Anteile des Vorstands an der Gesellschaft, die Ausgestaltung des Vorstandsvertrags sowie die effektive Handhabung im Unternehmensalltag eine wichtige Rolle. Ergibt sich, dass der Vorstand eine Tätigkeit nach Weisungen und eine Eingliederung in die Arbeitsorganisation des Weisungsgebers ausübt, so ist er versicherungspflichtig hinsichtlich der Krankenversicherung, der Pflegeversicherung, der Arbeitslosenversicherung und der Unfallversicherung.

Da die Rentenversicherungspflicht ausgeschlossen ist, sind Arbeitgeberzuschüsse zur Altersvorsorge für Vorstände auf jeden Fall zu versteuern, werden also wie Arbeitslohn behandelt (§ 3 Nr. 62 Satz 2 EStG). Herrscht aufgrund der Einstufung des Vorstands auch keine Versicherungspflicht in der Kranken- und Pflegeversicherung, so werden Zuschüsse des Arbeitgebers entsprechend behandelt.

2. Altersvorsorge

Als Gründer müssen Sie sich besondere Gedanken über Ihre Altersvorsorge machen, denn Sie haben (mit wenigen Ausnahmen wie z. B. der Handwerkerpflichtversicherung oder einer freiwilligen Versicherung) keine Grundabsicherung durch die gesetzliche Rentenversicherung. Dies wird zunächst allgemein als Vorteil angesehen, denn die gesetzliche Rentenversicherung wird durch das Umlageprinzip (statt dem Prinzip der Kapitaldeckung) als nicht besonders effektiv insbesondere für Besserverdienende eingestuft. Wenn Sie zusätzlich für Personen ohne eigenes Einkommen (Ehepartner, Kinder) sorgen, müssen Sie sich auch gegen Berufsunfähigkeit oder einen möglichen Todesfall absichern.

Zur Absicherung Ihrer Altersvorsorge gibt es zahlreiche herkömmliche Möglichkeiten wie Lebensversicherungen, Rentenversicherungen, Sparpläne, Wertpapierdepots, Immobilien oder ausreichende Liquidität. Daneben gibt es die Durchführungswege der betrieblichen Altersvorsorge, die insbesondere für Unternehmer Vorteile – insbesondere steuerliche, zum Teil auch sozialversicherungsrechtliche – bieten. Ergänzend können Unternehmer unter Umständen auch auf die so genannte Riester-Rente zurückgreifen.

2.1 Betriebliche Altersvorsorge

Für die Nutzbarkeit der betrieblichen Altersvorsorge spielt die Rechtsform eine wesentliche Rolle: Wenn Sie Ihr Unternehmen in der Rechtsform einer Personengesellschaft (oder als Einzelunternehmen) führen, können die Vorteile der betrieblichen Altersvorsorge nicht genutzt werden. Denn Sie werden nicht als Arbeitnehmer eingestuft. Hier bietet sich der Umweg über den Lebenspartner an, dem als Angestellter alle Möglichkeiten der betrieblichen Altersvorsorge offen stehen. Daneben stehen Ihnen im begrenzten Umfang die Möglichkeiten der „Riester-Rente", in größeren Umfang die Möglichkeiten der „Rürup-Rente" (auch „Basis-Rente" genannt) zur Verfügung. Darüber hinaus gilt nur noch der allgemeine Freibetrag für zusätzliche Versorgungsaufwendungen von 2.400 € gemäß § 10 Abs. 4, der allerdings auch Arbeitnehmern zur Verfügung steht.

Grundlage für die direkte Nutzung von Durchführungswegen der betrieblichen Altersvorsorge ist die Gründung Ihres Unternehmens als Kapitalgesellschaft. Oftmals ist dies ein bedeutsames Entscheidungskriterium bei der Wahl der Rechtsform. So bietet sich diese Rechtsform für Handwerker besonders an, denn sie entgehen der Handwerkerpflichtversicherung in der gesetzlichen Rentenversicherung und erschließen sich die steuerlich günstigen Möglichkeiten der betrieblichen Altersvorsorge.

Als nicht-beherrschender Gesellschafter-Geschäftsführer gelten für Sie weitgehend die Regelungen zur betrieblichen Altersvorsorge wie für Arbeitnehmer. Als beherrschender Gesellschafter-Geschäftsführer werden in Einzelbereichen strenge Maßstäbe angelegt, wobei auch hier weiterhin alle Möglichkeiten der betrieblichen Altersversorgung offen stehen. In jedem Fall ist bei der Ausgestaltung der betrieblichen Altersvorsorge von Mitarbeitern des Unternehmens, die zugleich Gesellschafter sind, auf die Verhältnismäßigkeit zu achten. Fehlt die Verhältnismäßigkeit, wird eine Vorteilnahme zugunsten eines Gesellschafters vermutet. Dies kann steuerliche Folgen durch Qualifizierung als verdeckte Gewinnausschüttung (steuerlich werden die Ausgaben dann nicht anerkannt) und haftungsrechtliche Folgen durch eine vermutete Benachteiligung von Gläubigern der Gesellschaft haben. Bei jedweder Form der betrieblichen Altersvorsorge sollten Sie daher – neben dem unvermeidlichen Versicherungsexperten – einen Steuerberater hinzuziehen. Dieser hat insbesondere beim beherrschenden Gesellschafter-Geschäftsführer zu prüfen, ob die Zusage einem Fremdvergleich standhalten würde, d. h. ob auch einem dritten Geschäftsführer, der die Gesellschaft nicht beherrscht, eine entsprechende Altersvorsorge zugesagt würde. Darüber hinaus sind auch absolute Anforderungen zur steuerlichen Anerkennung der betrieblichen Altersversorgung zu erfüllen. So darf die Leistung aus einer Direktzusage zusammen mit einer zu erwartenden Sozialversicherungsrente höchstens 75 % eines angemessenen Gehalts des Geschäftsführers betragen (§ 6a EStG und entsprechende Rechtsprechung).

Tabelle 46 gibt einen Überblick über die fünf Durchführungsformen, die nachfolgend beurteilt werden.

	Direktzusage	Unterstützungskasse	Direktversicherung	Pensionskasse	Pensionsfonds
Träger	Arbeitgeber	Separate Kasse	Versicherer	Separate Kasse	Separate Kasse
Rechtsanspruch des Arbeitnehmers	ja	Nein, bei Rückdeckungsversicherung ("RDV") wird diese aber i. d. R. an den AN verpfändet	ja	ja	ja
Werthaltigkeit / Sicherheit	▪ Hängt von der Leistungsfähigkeit des Arbeitgebers ab ▪ Eine RDV (Lebens- oder Rentenversicherung) erhöht die Werthaltigkeit ▪ Abgesichert über Pflichtbeiträge des AG zum PSV	▪ Unterstützungskasse unterliegt nicht der Versicherungsaufsicht; der Träger kann das Geld somit frei anlegen ▪ Eine RDV (Lebens- oder Rentenversicherung) erhöht die Werthaltigkeit ▪ Abgesichert über Pflichtbeiträge des AG zum PSV	▪ Unterliegt einer strengen Kontrolle durch die Finanzaufsicht, daher relativ sicher ▪ Aufgrund strenger Kontrolle sind auch keine Beiträge des AG zum PSV notwendig	▪ Unterliegt einer strengen Kontrolle durch die Finanzaufsicht; daher konservativ aber sicher (z. B. keine Anlage in Aktien) ▪ Aufgrund strenger Kontrolle sind auch keine Beiträge des AG zum PSV notwendig	▪ Vom AG werden Mindestleistungen zugesagt; der AG haftet dafür ▪ Höhere Leistungen werden erwartet durch aggressivere Anlagepolitik (derzeit können 35 % der Mittel in Aktien investiert werden) ▪ Abgesichert über Pflichtbeiträge des AG zum PSV
Auswirkung beim Arbeitgeber	Der AG muss für die Zusagen gewinnmindernde Rückstellungen bilden	▪ Der AG kann die Zuführungen zur Unterstützungskasse nur im Rahmen des § 4d EStG, also begrenzt, steuerlich absetzen; daher zahlt der AG oft auch noch während der Leistungsphase Beiträge an die Kasse ▪ Bei RDV können die entsprechenden Beiträge steuerlich voll abgesetzt werden	Beiträge sind gewinnmindernd	Beiträge sind gewinnmindernd	Beiträge sind gewinnmindernd

Altersvorsorge

	Direktzusage	Unterstützungskasse	Direktversicherung	Pensionskasse	Pensionsfonds
Auswirkung beim Arbeitnehmer	■ Spätere Versorgungsleistungen wie normaler Arbeitslohn zu versteuern (§ 19 Abs. 1 Nr. 2 EStG) ■ Anwartschaft ist nicht zu versteuern und nicht SV-pflichtig ■ Ausnahme: Bei Entgeltumwandlung muss Beitrag < 4 % der Beitragsbemessungsgrenze sein, sonst besteht SV-Pflicht; ab 2009 besteht generell SV-Pflicht	■ Spätere Versorgungsleistungen wie normaler Arbeitslohn zu versteuern (§ 19 Abs. 1 Nr. 2 EStG) ■ Beiträge zur Kasse sind nicht zu versteuern und nicht SV-pflichtig ■ Ausnahme: Bei Entgeltumwandlung muss Beitrag < 4 % der Beitragsbemessungsgrenze sein, sonst besteht SV-Pflicht; ab 2009 besteht generell SV-Pflicht	■ Spätere Versorgungsleistungen sind als sonstige Einkünfte voll steuerpflichtig (§ 22 Abs. 5 EStG) ■ Beiträge sind steuerfrei, soweit sie 4 % der Beitragsbemessungsgrenze der gesetzlichen Rentenversicherung nicht übersteigen (§ 3 Nr. 63 EStG) und die Versorgungsleistung als regelmäße Rente ausgezahlt wird; danach greift eine Steuerpauschalierung von 20 % (§ 40b EStG) ■ Keine SV-Pflicht, wenn Beiträge <4 % der Beitragsbemessungsgrenze der gesetzlichen Rentenversicherung ■ Bei Entgeltumwandlung gilt SV-Freiheit nur bis 2008 (§ 2 Abs. 2 Nr. 5 ArEV)	■ Spätere Versorgungsleistungen sind als sonstige Einkünfte voll steuerpflichtig (§ 22 Abs. 5 EStG) ■ Beiträge sind steuerfrei, soweit sie 4 % der Beitragsbemessungsgrenze der gesetzlichen Rentenversicherung nicht übersteigen (§ 3 Nr. 63 EStG), danach greift eine Steuerpauschalierung von 20 % (§ 40b EStG) ■ Keine SV-Pflicht, wenn Beiträge <4 % der Beitragsbemessungsgrenze der gesetzlichen Rentenversicherung ■ Bei Entgeltumwandlung gilt SV-Freiheit nur bis 2008 (§ 2 Abs. 2 Nr. 5 ArEV)	■ Spätere Versorgungsleistungen sind als sonstige Einkünfte voll steuerpflichtig (§ 22 Abs. 5 EStG) ■ Beiträge sind steuerfrei, soweit sie 4 % der Beitragsbemessungsgrenze der gesetzlichen Rentenversicherung nicht übersteigen (§ 3 Nr. 63 EStG), danach greift eine Steuerpauschalierung von 20 % (§ 40b EStG) ■ Keine SV-Pflicht, wenn Beiträge <4 % der Beitragsbemessungsgrenze der gesetzlichen Rentenversicherung ■ Bei Entgeltumwandlung gilt SV-Freiheit nur bis 2008 (§ 2 Abs. 2 Nr. 5 ArEV)
Bemerkung	■ Direktzusage ist der Standard der betrieblichen Altersvorsorge ■ Hohes Risiko in Leistungsphase, wenn keine RDV besteht	■ Unterstützungskassen leihen das Geld oftmals wieder an das einzahlende Unternehmen aus; daher besteht ein entsprechendes Risiko	■ Diese Absicherung eignet sich besonders für kleinere Unternehmen ■ Die Absicherung ist steuerlich nur bis 1752 €/Jahr interessant und daher nicht ausreichend ■ Absicherung aber besonders gut, da spätere Leistungen mit dem Kapitalanteil steuerfrei sind ■ Die Beitragshöhe ist fest über die Laufzeit	Die Beitragshöhe kann von Jahr zu Jahr schwanken und gewährt daher viel Flexibilität	■ Wurde als neue Form der Altersabsicherung eingeführt und soll aufgrund aggressiverer Anlagemöglichkeiten in Aktien eine höhere Rendite als z. B. die Pensionskasse erbringen ■ AG sieht sich aber, wenn der Pensionsfonds nicht gut wirtschaftet, eventuell Nachforderungen durch seinen AN gegenüber

Tabelle 46: Durchführungsformen der betrieblichen Altersvorsorge

- **Direktzusage:** Eine Direktzusage ist relativ einfach durchzuführen. Oft wird sie, um das Risiko seitens des Unternehmens zu reduzieren, durch eine Rückdeckungsversicherung abgesichert. Ohne Rückdeckungsversicherung stehen die sonst zu zahlenden Beiträge dem Unternehmen zwar weiter zur Verfügung, was sich günstig auf die Liquidität auswirkt. In der Beitragsphase wird dieser Vorteil aber leicht zu einem Nachteil, denn jetzt muss das laufende Geschäft die entsprechende Liquidität für die Beitragszahlungen bereitstellen – was zu gefährlichen Engpässen führen kann. Vor allem rückgedeckte Direktzusagen sind eine häufig anzutreffende Form der betrieblichen Altersvorsorge, insbesondere auch für Gesellschafter-Geschäftsführer. Gerade bei dieser Form der betrieblichen Altersvorsorge ist die Beratung durch einen Steuerberater dringend geboten.

- **Direktversicherung:** Die Direktversicherung eignet sich vor allem für kleinere Unternehmen. Sie ist von der Durchführung her recht einfach. Nachdem die steuerliche Behandlung Anfang des Jahres 2005 derjenigen von Pensionskasse und Pensionsfonds gleichgestellt (und aus Sicht vieler Unternehmer damit verschlechtert) wurde, wird dieser Durchführungsweg etwas von seiner Attraktivität einbüßen. Aufgrund der Einfachheit wird die klassische Kombination Direktversicherung und rückgedeckte Direktzusage aber weiterhin eine hohe Bedeutung haben.

- **Unterstützungskasse:** Die Unterstützungskasse hat vor allem steuerliche Vorteile. Der Arbeitnehmer muss die Beiträge nicht versteuern, der Arbeitgeber kann sie dennoch – vor allem bei einer rückgedeckten Unterstützungskasse – absetzen. Die ausgezahlten Leistungen werden als Einkünfte aus nichtselbständiger Arbeit gewertet und werden daher durch verschiedene pauschale, steuermindernde Freibeträge (z. B. Versorgungsfreibetrag, Werbungskostenpauschale) gemindert. Bei einer rückgedeckten Unterstützungskasse gibt es – im Gegensatz zu den anderen Durchführungswegen – keine Höchstgrenzen für die steuerlichen Vorteile. Negativ wirkt sich aus, dass die Beitragszahlungen über die gesamte Laufzeit fixiert sind; es fehlt also an Flexibilität. Darüber hinaus fallen Beiträge für den Pensionssicherungsverein an, die jedoch überschaubar sind.

- **Pensionskasse:** Pensionskassen sind vor allem aufgrund ihrer Flexibilität vorteilhaft. Die Beiträge können im Laufe der Zeit schwanken. Gegenüber den Pensionsfonds wird eine konservativere Anlagepolitik betrieben, die damit wenig Risiko für Arbeitgeber und Arbeitnehmer birgt. Beiträge zum Pensionssicherungsverein müssen deshalb auch nicht entrichtet werden. Gegenüber der Direktversicherung ist die Versteuerung der Beiträge vorteilhafter, da ein Teil komplett steuerfrei einzahlbar ist.

- **Pensionsfonds:** Der Pensionsfonds wurde eingeführt, um die betriebliche Altersvorsorge in Deutschland dem europäischen bzw. US-Standard anzugleichen. Die Pensionsfonds haben mehr Freiheit, ihr Geld zu investieren. So können gegenwärtig bis zu 35 % der Mittel in Aktien investiert werden. Dieser Wert soll in Zukunft weiter steigen. Bleiben Aktien weiterhin im Durchschnitt rentabler als z. B. Anleihen, sind Pensionsfonds lukrativer. Bei Pensionsfonds gibt es allerdings eine Nachschusspflicht des Arbeitgebers, die einen bestimmten Mindestanlageerfolg garantiert. Diese liegt oftmals in der bloßen Kapitalerhaltung, sichert den Arbeitnehmer also gegen nominale Verluste ab. Wenn der Pensionsfonds dem Arbeitgeber nicht auch diese Garantie der Kapitalerhaltung gibt, bedeutet dies für den Arbeitgeber ein schwer kalkulierbares, unter Umständen hohes Risiko. Insofern haben sich bestimmte Vorbehalte gegen die Nutzung von Pensionsfonds entwickelt. Für Sie als Eigentümer des Unternehmens mag Ihre Sichtweise allerdings anders sein, als wenn Sie die Nutzung eines Pensionsfonds für einen Ihrer Mitarbeiter beurteilen.

2.2 Rürup-Rente

Die Rürup-Rente wird auch „Basis-Rente" genannt. Sie wurde nach dem Wegfall des Steuerprivilegs für Lebensversicherungen Ende des Jahres 2004 eingeführt. Basis ist § 10 Abs. 3 EStG, der Beiträge des Steuerpflichtigen zum Aufbau einer eigenen kapitalgedeckten Altersversorgung begünstigt. Beiträge bis 20.000 € jährlich sind als Sonderausgaben steuerwirksam abziehbar. Allerdings baut sich die volle Absetzbarkeit erst langsam auf: Beginnend im Jahr 2005 sind 60 % von max. 20.000 € abziehbar. Erst im 2025 sind die 20.000 € zu 100 % absetzbar. Mit der Rürup-Rente soll der Übergang von der Umlagefinanzierung (zwischen den Generationen) der Rentenversicherung zur Kapitaldeckung der Rentenversicherung erleichtert und forciert werden. Von den insgesamt ansetzbaren Vorsorgeaufwendungen ist aber der Arbeitgeberanteil an der gesetzlichen Rentenversicherung abzuziehen. Aus diesem Grunde ist die Rürup-Rente besonders für Selbständige interessant, die nicht in die gesetzliche Rentenversicherung einzahlen. Zudem mindert sich der Maximalbetrag von 20.000 € um Beiträge zur betrieblichen Altersvorsorge.

Zur Inanspruchnahme als Sonderausgabe bedarf es jedoch einiger Rahmenbedingungen an die Gestaltung der Versorgungsverträge. Die Versicherungsgesellschaften beachten diese Gestaltungsmöglichkeiten beim Aufsetzen ihrer Produkte, so dass Sie nicht nach geeigneten Produkten suchen müssen. Sie müssen nur die finanziellen Konditionen festlegen. Bei der Gestaltung als normale Rentenversicherung müssen folgende Bedingungen erfüllt sein:

- In der Auszahlungsphase wird monatlich für die Lebensdauer ausgezahlt.
- Die Auszahlung beginnt nicht vor dem 60. Lebensjahr.
- Die Ansprüche aus dem Vertrag dürfen nicht vererblich (mit Ausnahme einer Hinterbliebenenrente für den Ehepartner), übertragbar, beleihbar, veräußerbar oder kapitalisierbar sein.
- Es bedarf über diese Rahmenbedingungen hinaus kein Anspruch auf Auszahlungen, also kein Kapitalwahlrecht, bestehen.

Bei der Auszahlung ist die Rente zu versteuern, wobei es Übergangsregelungen gibt: Erst ab dem Jahr 2040 ist die Rente voll zu versteuern. Im Jahre 2005 startet die Versteuerung mit 50 %, jährlich steigend um 2 %.

Die Rürup-Rente eignet sich insbesondere für Selbständige, denen die betriebliche Altersvorsorge nicht möglich ist also vor allem Selbständige, die nicht in der Rechtsform einer Kapitalgesellschaft tätig sind. Stehen Rentenabsicherungen über die betriebliche Altersversorgung zur Verfügung, sind diese in den Anfangsjahren oftmals besser, da sie häufig zu 100 % und in manchen Fällen unbegrenzt steuerlich absetzbar sind. Bei der Rürup-Rente sind dies zunächst nur 60 %.

2.3 Riester-Rente

Die Riester-Rente soll die späteren Einkünfte (Renten) aus der gesetzlichen Rentenversicherung ergänzen. Sie wurde als freiwillige, begünstigte Rentenabsicherung eingeführt. Damit soll Arbeitnehmern die Möglichkeit gegeben werden, die beständig größer werdende Schere aus den Einkünften während der Arbeitszeit und den späteren Renteneinkünften aus der gesetzlichen Rentenversicherung zu reduzieren.

Das Besondere an der Riester-Rente ist die Förderung durch den Staat. Sie ist abhängig vom Jahr der Beitragszahlung und der Anzahl der Kinder. Die jährliche Grundzulage beträgt ab dem Jahre 2008 154 €. Pro Kind kommen dann 185 € dazu. Im Rahmen der so genannten „Günstigerprüfung" prüft das Finanzamt weiter, ob sich ein über die allgemeine Vorsorgepauschale hinausgehender Ansatz als Sonderausgabe (§ 10a EStG) günstiger für den Steuerpflichtigen auswirken würde. Ist dies der Fall, wird auch diese Steuervergünstigung gewährt. Die staatliche Zulage wird dann aber den Einkünften zugerechnet (§ 10a Abs. 2 EStG).

Die Zulage wird gekürzt, wenn der Berechtigte nicht einen bestimmten Eigenanteil an den Beiträgen zu dieser zusätzlichen Rentenversicherung selbst trägt. Ab 2008 sind dies 4 % der im vorausgegangenen Kalenderjahr erzielten beitragspflichtigen Einnahmen im Sinne des SGB VI.

Die von Seiten des Staates gewährten Vergünstigungen für die Riester-Rente sind insgesamt aber begrenzt. Die Wirkung der Riester-Rente ist daher auch nur als Ergänzung zu einer anderen Altersvorsorgung zu verstehen. Dennoch kann die Riester-Rente auch für Unternehmer interessant sein. Prinzipiell gelten die staatlichen Förderungen jedoch für Unternehmer nicht. Voraussetzung zur Inanspruchnahme der Vorteile der Riester-Rente ist die Versicherungspflicht in der gesetzlichen Rentenversicherung. Gesellschafter-Geschäftsführer sind, wenn sie nicht als beherrschend eingestuft werden, versicherungspflichtig. Selbständige, Freiberufler und beherrschende Gesellschafter-Geschäftsführer sind von dieser Versicherungspflicht ausgenommen. Dennoch können die Vorteile der Riester-Förderung unter Umständen auch für diese Gruppe erschlossen werden:

- Eine Gruppe von Selbständigen und Freiberuflern ist kraft Gesetz pflichtversichert in der gesetzlichen Rentenversicherung. So zählen z. B. Handwerker über die Handwerker

- pflichtversicherung zu diesem Personenkreis. Dieser Personenkreis kann die Riester-Förderung nutzen.
- Über die Gründung einer Kapitalgesellschaft kann der Unternehmer im Rahmen der Tätigkeit für die Gesellschaft als sozialversicherungspflichtiger Arbeitnehmer eingeordnet werden und somit die Voraussetzungen für die Riester-Rente erfüllen.
- Erfüllt der Ehepartner die Voraussetzungen für die Riesterrente, kann auch der nicht dauernd getrennt lebende Ehepartner diese Vorteile nutzen (§ 10a Abs. 3 S. 2 EStG). Dies gilt auch dann, wenn der Ehepartner die Vorteile der Riester-Förderung sonst nicht nutzen könnte. In Anwendung dieser Regel kann es für einen Unternehmer auch sinnvoll sein, seinen Ehepartner in seiner eigenen Firma anzustellen (z. B. als geringfügig Beschäftigter, der aber auf die Versicherungsfreiheit in der gesetzlichen Rentenversicherung verzichtet) und für diesen damit die Voraussetzungen zur Nutzung der Riester-Förderung zu schaffen. Über diesen Umweg kann damit auch ein sonst nicht berechtigter Unternehmer in den Genuss der Förderung kommen.

Bei der Wahl der der Riester-Rente zugrunde liegenden Rentenversicherung sind Sie grundsätzlich frei. Bestimmte Formen der Altersversorgung sowie bestimmte Anbieter erfüllen die notwendigen Voraussetzungen jedoch nicht. Dieser Umstand ist bei der Auswahl des Angebots unbedingt zu beachten.

Die Riester-Rente eignet sich nur zur Ergänzung. Als Zuschuss ist sie steuerlich interessanter als die betriebliche Altersvorsorge und die Rürup-Rente. Da die Zuschüsse aber keine nennenswerte Größenordnung erreichen, kann sie nur als Ergänzung genutzt werden, wenn die Voraussetzungen zur Nutzung vorliegen.

3. Unternehmensversicherungen

Unternehmensversicherungen sichern Sie gegen spezielle Risiken Ihres Unternehmertums ab. Grundsätzlich gibt es nichts, was man nicht versichern kann. Gerade bei Versicherungen gilt es aber besonders, Kosten und Nutzen einander gegenüberzustellen. Für alles, was Sie nicht versichern, tragen Sie das Risiko selbst. Wenn Sie überversichert sind, verschenken Sie Geld. Sie können aus zwei Gründen überversichert sein:

- Das Risiko, das versichert wird, ist entweder so minimal oder in seinen negativen Folgen so gering, dass eine Versicherung wirtschaftlich nicht vernünftig ist. Hier sind allein Sie als Unternehmer gefragt, das richtige Maß zu finden.
- Sie versichern Risiken doppelt oder versichern Risiken mit, die Sie gar nicht haben. Dies geschieht häufig dann, wenn Sie zwei standardisierte Versicherungen abschließen. Hier ist Vorsicht geboten.

Beispiel

Überversicherung vermeiden. Ein Gründer macht sich mit einem Laden für Video-Spiele selbständig. Nach seinen Recherchen ist in diesem Markt auch über die nächsten Jahre mit einem großen Wachstum zu rechnen. Das Angebot umfasst Computer-Terminals mit Breitbandanschluss ins Internet zum Spielen von Online-Spielen. Zusätzlich verkauft er Konsolen-Spiele, tritt also als Händler auf. Da sein Laden eine große Fensterfront hat, ist Einbruch für den Gründer ein Thema. Er will sowohl seinen wertvollen Warenbestand wie auch seine Computer versichern. Darüber hinaus ist ihm bekannt, dass seine Kundschaft zu manch „aggressiver" Methode im Umgang mit Computern neigt. Er will sich daher vor Bedienungsfehlern, Ungeschicklichkeit und Fahrlässigkeit durch seine Kundschaft schützen. Ein Versicherungsmakler bietet ihm eine Elektronikversicherung (für die Computer-Terminals sowie mögliche Bedienfehler seiner Kundschaft) sowie eine Geschäfts- und Betriebsversicherung an (für den Warenbestand). Letztere versichert grundsätzlich aber auch die Computer-Terminals. Im Standardfall wären die Computer-Terminals damit zweifach versichert. Der Gründer schließt die Versicherungen nicht in der standardisierten Form ab.

Bevor man sich mit denkbaren Versicherungen direkt befasst, ist es sinnvoll, sich einen Überblick über mögliche Schadensquellen zu verschaffen und diesen auf das eigene Unternehmen anzuwenden. So können Sie die Notwendigkeit von Versicherungsangeboten besser beurteilen und Gespräche mit Maklern besser steuern. Tabelle 47 gibt einen Überblick über mögliche Schadensquellen.

Allgemeine Risiken	Geschäftsspezifische Risiken
Feuer, Sturm, Überschwemmung, Explosion	Auslandsrisiken
Leitungswasser, Kurzschluss, Energieausfall, Maschinenbruch	Forderungsausfall, Währungsschwankungen
Einbruchdiebstahl	Rechtsstreitigkeiten mit Kunden, Lieferanten, Behörden, AN, sonstigen Dritten
Unfälle, Verkehrsstau	Internes Unwissen
Vandalismus, Sabotage, Terrorismus	Interne Bedienfehler

Tabelle 47: *Mögliche, zu versichernde Schadensquellen*

Es ist allgemein bekannt, muss hier aber nochmals erwähnt werden: Bei Versicherungen sind die Details entscheidend. Versicherungsverträge sind oft quälend lang und in verwirrender Sprache verfasst. Dennoch müssen Sie die Verträge sorgsam durchlesen und deren Bedeutung verstehen – egal was Ihnen Ihr Makler sagt. Denn nur der Vertrag zählt. Es gibt zu viele Beispiele von Unternehmen, die jahrelang Beiträge gezahlt haben, aber im gedachten Versicherungsfall leer ausgehen – weil der Vertrag nicht richtig gelesen oder verstanden wurde. Achten Sie vor allem auf folgende typische Problembereiche:

- Gewünschte Absicherungen werden vom Vertrag gar nicht abgedeckt (oft ist z. B. Glasbruch nicht abgedeckt, sondern muss separat abgeschlossen werden).
- Gewünschte Absicherungen werden zwar vom Vertrag grundsätzlich abgedeckt, aber nicht für die häufigsten Schadensursachen (z. B. eine Elektronikversicherung, die im Falle von Wasserschäden nicht greift).
- Gewünschte Absicherungen werden zwar vom Vertrag grundsätzlich abgedeckt, erfordern jedoch eine Voraussetzung (z. B. eine Einbruchdiebstahl-Versicherung, die nur greift, wenn das Ladengeschäft außerhalb der Geschäftszeiten mit einem Metall-Rollgitter gesichert ist).
- Im Versicherungsfall werden sehr hohe administrative Belastungen vom Versicherten verlangt (z. B. eine Elektronikversicherung, die Angebote von drei Fremdfirmen verlangt, bevor defekte Elektronik ersetzt wird).

Im Folgenden werden einige Unternehmensversicherungen beispielhaft aufgelistet.

3.1 Betriebliche Haftpflichtversicherung

Eine der wichtigsten Versicherungen – ähnlich dem privaten Bereich – ist die Haftpflichtversicherung. Als Unternehmer tragen Sie ein hohes Risiko, denn Sie bzw. Ihre Firma haftet für Ihre Fehler sowie die Ihrer Mitarbeiter. Insbesondere im Falle Ihrer Mitarbeiter können Sie das Risiko kaum steuern. Im Rahmen der Haftpflichtversicherung werden Schadensersatzansprüche gegen Ihr Unternehmen abgesichert.

Sie müssen sich überlegen, wie viel Gefahr von Ihrem Unternehmen für andere ausgehen kann. Mögliche Gefahren können sein:

- Schädigungen dritter Personen durch Sie oder Ihre Mitarbeiter beim Arbeitseinsatz
- Schädigungen der Umwelt (z. B. durch Unachtsamkeit wie das Auslaufen von Öl ins Grundwasser)
- Fehlerhafte Produkte mit Folgeschäden beim Kunden (z. B. Betriebsunterbrechung) oder mit hohen Rückrufkosten

Betriebshaftpflichtversicherungen sind leider nicht so preiswert wie Ihre persönliche Haftpflichtversicherung. Von daher müssen Sie hier genau überlegen. Wenn Sie sich auf öffentliche Auftraggeber oder große Kunden ausrichten wollen, sind Sie fast gezwungen, eine Betriebshaftpflichtversicherung abzuschließen – denn dieser Nachweis ist oftmals vor Auftragsvergabe zu erbringen.

3.2 Betriebsunterbrechungsversicherung

Mit einer Betriebsunterbrechungsversicherung sichern Sie sich gegen einen Stillstand Ihres Unternehmens aufgrund eines Sachschadens ab. Menschliches Versagen wird an dieser Stelle nur selten versichert. Als Schaden werden bestimmte weiterlaufende Fixkosten, mögliche Kundenverluste oder sonstige Nachteile im Wettbewerb versichert. Naturgemäß kommt es wesentlich auf die Definition des anerkannten Schadens an. Denn der Schaden durch eine Betriebsunterbrechung ist selten wirklich eindeutig zu belegen. Beim Abschluss sind auch die als Auslöser zugelassenen Gründe genau zu untersuchen.

Eine Betriebsunterbrechungsversicherung lohnt sich vor allem für das produzierende Gewerbe sowie für das Projektgeschäft – bei größeren Projekten.

3.3 Betriebliche Sachversicherungen

Im Rahmen Ihres Unternehmens nutzen Sie viele „Sachen", z. B. Rohmaterial, Maschinen, Betriebseinrichtungen, Gebäude, Handelsware. Diese können irgendwann durch normalen Verschleiß irreparabel sein. Gegen andere Ursachen sollten Sie sich versichern. So kann es z. B. für Ihr Unternehmen den Ruin bedeuten, wenn Ihre gesamte Handelsware durch einen Rohrbruch vernichtet wird. Folgende Sachversicherungen sind typisch:

- Kfz-Versicherungen
- Elektronikversicherung
- Einbruchdiebstahl-Versicherung
- Geschäfts- und Betriebsausstattung (versichert auch Handelsware mit)
- Gebäudeversicherung
- Glasversicherung
- Maschinenversicherung

Im Rahmen der Sachversicherungen müssen Sie unbedingt prüfen, ob alle relevanten Schadensquellen (z. B. Feuer, Sturm, Leitungswasser) abgedeckt sind. Nur so können Sie sich später böse Überraschungen ersparen.

3.4 Betriebliche Rechtsschutzversicherung

Gerade Unternehmer müssen sich damit vertraut machen, früher oder später rechtliche Probleme zu bekommen – in Form einer Klage Dritter gegen Sie oder umgekehrt. Leider ist das, was eigentlich Ausnahme sein sollte, zum Standard geworden. Der Abschluss einer Rechtsschutzversicherung liegt also nahe. Manche Rechtsschutzversicherungen versichern rechtliche Belange sowohl des Unternehmers als Privatperson als auch die seines Unternehmens.

Gerade wenn man sich mit rechtlichen Vorgängen nicht auskennt, ist die Einstufung der Nützlichkeit einer Rechtsschutzversicherung äußerst schwer. Rechtsschutzversicherungen sind immer beschränkt auf bestimmte Rechtsgebiete – und lassen entsprechend mögliche Problemgebiete aus. Darüber hinaus wird sorgfältig unterschieden, wer klagt: Sie oder Ihr Kontrahent. Ihre Klageansprüche sind oftmals nicht abgedeckt. Gerade bei dieser Versicherungsart müssen Sie das Risiko möglicher rechtlicher Streitigkeiten sorgfältig abschätzen. Tabelle 48 gibt einen Überblick über wichtige Rechtsgebiete, die typischerweise von einer Rechtsschutzversicherung abgedeckt werden.

Rechtsgebiet	Beschreibung
Arbeitsrecht	Streitigkeiten mit Arbeitnehmern
Sozialrecht	Streitigkeiten mit Sozialgerichten
Strafrecht	Verteidigung gegen Vorwürfe auf Basis von Straftaten (keine vorsätzlichen Straftaten)
Disziplinar- und Standesrecht	Streitigkeiten bezüglich des Berufs- oder Standesrechts
Schadensersatz	Zur Durchsetzung eigener Schadensersatzansprüche; fremde Schadensersatzansprüche werden durch die Haftpflichtversicherung abgedeckt

Tabelle 48: *Wichtige Rechtsgebiete einer Rechtsschutzversicherung*

Nur schwer versichern können Sie beispielsweise Rechtsstreitigkeiten im Falle von drohenden Zahlungsausfällen bei kleineren Geschäftskunden oder Privatkunden. Diese Art von Rechtsstreit wird, wenn Sie nicht alles gegen bar verkaufen, vermutlich unausweichlich auf Sie zukommen.

3.5 Kreditversicherungen

Kreditversicherungen versichern gegen das Ausfallrisiko von Schuldnern, insbesondere im Rahmen von Warenlieferungen oder Dienstleistungsgeschäften. Derartige Versicherungen gewähren aber keinen pauschalen Schutz. Vielmehr wird jeder potenzielle Kunde des Versicherungsnehmers vorab durch die Versicherung geprüft (durch Bonitätsauskünfte und weitere Recherchen). Erst nach positiver Prüfung wird das Geschäft versichert. Auch nach Akzeptanz kann sich die Versicherungshöhe noch ändern, denn die Versicherung überwacht den Schuldner laufend und reduziert die Versicherungshöhe, wenn die Bonität des Kunden sinkt. Oftmals ersetzt damit die Kreditversicherung nicht den vollen Schaden. Diese Einzelfallprüfung macht deutlich, dass sich Kreditversicherungen nicht für kleinere Schuldner eignen. Gerade in der Gründungsphase – bei noch kleinerem Geschäftsvolumen – dürfte diese Art der Versicherung daher nicht lohnen.

Kreditversicherungen können auch für ausländische Geschäftspartner gelten und sichern teilweise auch gegen politische Risiken im Land des Geschäftspartners ab.

Personal

Einer der ersten operativen Schritte ist die Suche und Einstellung von Personal. Selbst als kleineres Unternehmen werden Sie Aushilfskräfte oder Praktikanten suchen bzw. so genannte Mini-Jobs vergeben. Die Planung des Personalbedarfs wurde bereits im Rahmen der Geschäftsplanung erörtert. Wesentlicher Treiber des Personalbedarfs sind die zu bewältigen Aufgaben. Hier gilt die Regel: Weniger ist mehr. Denn Sie können im Laufe der Zeit immer leicht weiteres Personal einstellen. Sich von Personal zu trennen ist aber in der Regel mühsam und schlecht für die Moral im Unternehmen.

Die Einstellung von Personal bzw. das Vorhandensein von Mitarbeitern ist gesetzlich umfangreich, allerdings nicht immer klar, geregelt. Einige Regelungen sind in letzter Zeit vereinfacht worden. Hervorzuheben ist z. B. die Arbeitsstättenverordnung (ArbStättV), die radikal verkürzt und vereinfacht wurde. Es ist unmöglich, an dieser Stelle einen umfassenden Überblick zu geben. Manche Regelungen existieren zwar, werden aber in der Praxis nicht oder nur nach entsprechendem Hinweis durch einen Arbeitnehmer beachtet. Dahinter steckt oft kein böser Wille, sondern schlicht die Fülle von Regelungen, die es zu beachten gilt. Viele Regelungen schwanken auch nach der Größe des Unternehmens. Tabelle 49 zeigt einige Regelungen für kleinere Unternehmen auf.

Mindestanzahl Mitarbeiter	Folgerungen
2 Mitarbeiter	Toilettenräume sind für Männer und Frauen getrennt einzurichten oder es ist eine getrennte Nutzung zu ermöglichen (§ 6 Abs. 3 ArbStättV) – wenn beide Geschlechter als Arbeitnehmer vertreten sind
5 Mitarbeiter	Auf Wunsch der Belegschaft Wahl eines Betriebsrates (ein Mitglied)
5 Mitarbeiter	Ernennung eines Datenschutzbeauftragten, wenn mehr als 4 Mitarbeiter mit der Verarbeitung personenbezogener Daten beschäftigt sind (§ 4f BDSG)
6 Mitarbeiter	Gültigkeit des KSchG: Zur Entlassung von Arbeitnehmern bedarf es dann bestimmter Gründe. Ab 2004 eingestellte Arbeitnehmer werden aber dennoch nicht vom KSchG erfasst

Mindestanzahl Mitarbeiter	Folgerungen
11 Mitarbeiter	Volle Gültigkeit des KSchG
11 Mitarbeiter	Einrichtung von Pausenräumen (§ 6 Abs. 3 ArbstättV)
16 Mitarbeiter	Mindestens 6 % der Angestellten müssen schwerbehindert sein. Sonst ist Ausgleichsabgabe zu zahlen (§ 5 Abs. 1 SchwbG)
21 Mitarbeiter	Drei Betriebsratsmitglieder
21 Mitarbeiter	Wegfall der Vereinbarung kürzerer Kündigungsfristen (§ 622 Abs. 5 BGB)
21 Mitarbeiter	Gültigkeit der Regelungen zur Erstattungspflicht des Arbeitslosengeldes bei der Entlassung von Arbeitnehmern nach Vollendung des 55. Lebensjahres (§ 147a SGB III)

Tabelle 49: *Arbeitsrechtliche oder verwandte Regelungen nach der Unternehmensgröße (Auszug)*

1. Kandidatensuche

Um geeignete Kandidaten für Ihr Unternehmen zu suchen, müssen Sie zunächst eine Stellenausschreibung verfassen. Dazu kann die im Rahmen der Organisationsplanung aufgesetzte Stellenbeschreibung dienen. Sie ist jedoch für eine Anzeige zu detailliert. Bei der Anzeige sollte die anstehende Aufgabe nur grob umschrieben werden, denn oftmals kostet mehr Anzeigenplatz auch mehr Geld. Wichtiges Element der Anzeige sind zudem Ihre Erwartungen an den geeigneten Kandidaten. Diese können in folgenden Elementen bestehen:

- Vorhandene Erfahrung: Ausbildung, Anzahl Jahre in einer spezifischen Branche oder Position usw.
- Gezeigte Leistungen: Abschlussnote der Ausbildung, über den Beruf hinausgehendes Engagement als Ausdruck von Leistungswille usw.
- Vorhandene Soft-Skills: motiviert und motivierend, kommunikativ, offen, kritikfähig, teamfähig, Wille zum Lernen usw.

- Sonstige Kenntnisse: Sprachen, Führerschein, Ausbilderschein, sichere Rechtschreibung usw.

Je genauer Sie Ihre Erwartungen formulieren (wenn sie feststehen), umso weniger falsche Kandidaten bekommen Sie. Sie sollten hier nicht nach dem Prinzip vorgehen, dass mehr Kandidaten besser sind, denn die Beschäftigung mit der Personalauswahl ist zeitraubend. Wenn Sie auf Ihre Stellenausschreibung 100 Bewerbungen bekommen und diese alle allein durchsehen müssen, hält Sie das sehr von Ihrer Arbeit ab. Die Nutzung von Personaldienstleistern dagegen ist äußerst teuer und für viele Gründer nicht der Weg.

Selten wird auch eine Vorstellung über das gezahlte Gehalt gegeben. Es heißt oft nur, dass ein der Stellung entsprechendes Gehalt gezahlt wird (wobei die Gehälter dann erheblich variieren). Höchstens größere Unternehmen mit einem starren Kandidatenprofil werden konkret und nennen Zahlen. Sie können von dieser Norm abweichen, wenn Sie ohnehin ein festes Budget haben. Dann melden sich nur die Kandidaten, die mit dem Gehalt grundsätzlich einverstanden sind. Der Nachteil liegt einerseits darin, dass Sie den Arbeitnehmer dann nur schwierig zu geringeren Konditionen einstellen können. Andererseits könnten Sie Kandidaten abschrecken, die vielleicht nach Kenntnis der Umstände bei Ihnen vor Ort auch zu einem geringen Gehalt gearbeitet hätten. Die Vorgehensweise bleibt Ihnen überlassen.

Ihre Anzeige können Sie in Zeitungen platzieren. In jüngster Zeit wird jedoch die Nutzung von Online-Stellenbörsen oder von Kombis (Zeitungsanzeige und Online-Anzeige) verstärkt genutzt. Viele Bewerber suchen online nach Jobs. Der Nachteil der Zeitung ist, dass sie nach wenigen Tagen bereits nicht mehr aktuell ist. Online-Anzeigen stehen dafür über einen deutlich längeren Zeitraum im Internet. Erfahrungsgemäß kann man bei der Schaltung von Anzeigen bezüglich des Preises verhandeln. Zumindest sollte man dies versuchen, denn gerade unter Online-Stellenbörsen herrscht ein großer Wettbewerbsdruck. Klar ist, dass das ausgesuchte Medium Ihrem Kandidatenprofil entsprechend muss. Zumindest die Zeitungen veröffentlichen die Zusammensetzung ihrer Leserschaft, so dass Sie hier einen Abgleich vornehmen können. Wenn Sie weniger anspruchsvolle Jobs ausschreiben, können Sie alternativ auch auf den Kleinanzeigenteil in der Zeitung oder auf Wochenmagazine ausweichen. Damit lassen sich die Kosten erheblich reduzieren.

2. Kandidatenauswahl und Einstellung

Wie erfolgreich Ihre Anzeigen sein werden, kann nicht allgemeingültig abgeschätzt werden. Gerade in wirtschaftlich schwierigen Zeiten kommt es vor, dass man eine große Zahl von Bewerbungen erhält. Erfahrungsgemäß kann man 90 % der Bewerber aufgrund eindeutig nicht erfüllter Erwartungen sofort aussortieren. Sie sollten daher für die von Ihnen gesuchten Kriterien einen Erfüllungsgrad festlegen (z. B. Kriterium „Arbeitserfahrung": nur Bewerber mit mehr als drei Jahren) und diejenigen Kandidaten aussortieren, die Ihre Anforderungen nicht erfüllen. Vermutlich bleiben dann noch immer viele Kandidaten übrig, die Sie möglicherweise kennen lernen möchten. Um nicht alle einzuladen, besteht die Möglichkeit, sich in einem Telefonat einen ersten Eindruck zu verschaffen. Telefonate sind schnell erledigt und kosten weniger Zeit als ein persönliches Gespräch. Im Telefonat können Sie sich ein besseres Bild des Kandidaten machen. Auch auf dieser Stufe werden wieder einige Bewerber ausscheiden. Am Ende des Telefonats empfiehlt es sich, dem Bewerber eine Frist zu nennen, in der man sich wieder bei ihm meldet. Man kann Bewerber, bei denen man sich unschlüssig ist, auch hinhalten, bis man die ersten persönlichen Gespräche mit den Wunschkandidaten geführt hat. Stellt sich dann heraus, dass Sie mit keinem der Wunschkandidaten ins Geschäft kommen, können Sie die Bewerber in Warteposition angehen.

Es empfiehlt sich auf jeden Fall, mit dem engeren Kreis an Bewerbern mindestens ein persönliches Gespräch zu führen. Manche Unternehmen führen auch mehrere Gespräche durch, damit sich verschiedene Mitarbeiter einen Eindruck von den Kandidaten machen können oder dessen Leistungsfähigkeit umfangreicher getestet wird. Als Unternehmensgründer haben Sie in der Anfangsphase wenig Zeit, die Sie effizient nutzen sollten. Es empfiehlt sich also, die Kandidaten bereits im ersten Gespräch umfangreich zu testen. Erst wenn Sie sich dann doch nicht sicher sind, können Sie ein weiteres persönliches Gespräch führen.

Bewerbungsgespräche sollten Sie als Arbeitgeber gut vorbereiten. Die formellen Kriterien können Sie regelmäßig bereits aus den Bewerbungsunterlagen herrauslesen. Darüber kann im Gespräch nochmals gesprochen werden, dies sollte aber nur kurz sein. Nicht-formelle Kriterien (Soft-Skills) wie Kommunikationsfreude, Motivation und Offenheit kann man im allgemeinen Gesprächsverlauf abschätzen, insbesondere, wenn man den Kandidaten viel sprechen lässt. Es besteht aber auch die Möglichkeit, bestimmte Verhaltensweisen durch kleinere Übungen abzufragen, wie das folgende Beispiel zeigt.

Beispiel

Test der Kommunikationsfreude, Spontaneität, Kreativität und Offenheit. Ein Gründer führt ein Gespräch mit einem Kandidaten für den Kundendienst. Die formellen Kriterien erfüllt der Kandidat. Auch inhaltlich kennt sich der Kandidat gut mit den Anforderungen im Inbound-Telefondienst aus. Der Gründer hat zwar schon einen guten Eindruck von der Kommunikationsfreude des Kandidaten gewonnen, kann ansonsten aber die Soft-Skills des Kandidaten noch wenig einschätzen. Er bittet den Kandidaten daher, in die Rolle eines Verkäufers zu schlüpfen und ihm den auf dem Tisch liegenden Bleistift zu verkaufen. Der Kandidat ist zunächst sehr verwundert. Er hat viele Rückfragen und braucht ca. zwei Minuten, um die ersten Worte zu finden. Das „Verkaufsgespräch" läuft schleppend, es kommen wenige Argumente, aber viele Wiederholungen. Nach fünf Minuten bricht der Gründer den Test ab. Aufgrund der Reaktion des Kandidaten kann er einschätzen, dass der Kandidat in vielen Bereichen vermutlich Nachholbedarf hat. Der Gründer hätte den Test auch mit einem Problem aus dem Kundendienst durchführen können. Dann hätte aber eine mögliche

> Verzerrung eintreten können, wenn der Kandidat darauf vorbereitet gewesen wäre. Das Ergebnis interpretiert der Gründer nicht in Form einer fehlenden Eignung des Kandidaten, sondern zunächst nur als Schwachstelle.

Den wichtigsten Teil des Gesprächs stellen die inhaltlichen Voraussetzungen des Kandidaten dar. Oftmals wird abgefragt, ob der Kandidat dieses oder jenes kann, ein wirklicher Test findet selten statt. Das Risiko dieser Vorgehensweise ist offensichtlich. Je konkreter Ihre Anforderungen an den zukünftigen Mitarbeiter sind, umso konkreter können und sollten Sie deren Erfüllung durch den Kandidaten testen. Dabei dürfen Sie keine Scheu entwickeln. Der Test ist Ihr gutes Recht, denn Sie müssen schließlich am Ende das Gehalt zahlen. Die Tests finden nur dort eine Grenze, wo die Persönlichkeitsrechte des Kandidaten verletzt werden. Dies ist sicher nicht der Fall bei der Abprüfung der inhaltlichen Anforderungen. Die Erstellung sinnvoller und geeigneter Tests ist zeitintensiv. Sie müssen aber bedenken, dass ein guter Mitarbeiter Ihnen später sehr viel nutzt, wenn er Ihnen Arbeit abnimmt und diese zu Ihrer Zufriedenheit erledigt. Das Erstellen von Tests ist also ein langfristiges Investment. Erfahrungsgemäß ist es äußerst lohnenswert, denn ein falsch eingestellter Mitarbeiter verursacht ungleich mehr Probleme.

Tests können in konkreten Aufgaben bestehen, die im Kopf oder auf dem Papier zu lösen sind. Denkbar sind auch Rollenspiele, in denen der Kandidat in eine Rolle schlüpfen (z. B. den Kundendienstmitarbeiter oder Vertriebsmitarbeiter) und Ihnen ein guter Gesprächs- bzw. Aktionspartner sein soll. Ihrer Kreativität sind hier keine Grenzen gesetzt. Großunternehmen setzen verstärkt so genannte Assessment-Center ein, bei denen mehrere Kandidaten zugleich geprüft werden. Auf diese Weise kann man auch die Teamfähigkeit abschätzen. Die dabei gestellten Aufgaben sind jedoch eher allgemeiner Natur. Generell werden umfangreiche Assessment-Center für Sie aufgrund der Kosten und der Vorbereitungszeit nicht in Frage kommen. Sie könnten aber, insbesondere wenn es um sehr wichtige Funktionen geht, durchaus zwei Kandidaten zugleich einladen und kleinere Rollenspiele für deren Test entwickeln.

Beispiel

> **Programmieraufgabe als Test.** Ein Gründer plant die Einstellung eines Programmierers. Er lädt drei Kandidaten zum Vorstellungsgespräch ein. Einer scheidet aufgrund seiner selbst bekundeten, fehlenden Kompetenzen sofort aus. Der zweite Kandidat wirkt recht nervös, scheint aber die erforderlichen Kompetenzen zu haben. Der dritte Kandidat wirkt souverän und kompetent. Da die Stelle anspruchsvoll ist, lädt der Gründer die Kandidaten ein zweites Mal ein. Er kündigt explizit ein paar kleinere Tests an. Ein wesentliches Element ist eine einfache Programmieraufgabe, von der man erwarten kann, dass ein geeigneter Bewerber sie aus dem Kopf lösen kann. Der anfänglich nervöser erscheinende Kandidat löst die Aufgabe sehr gut. Der anfänglich souveräne Kandidat kann die Aufgabe nur mit Hilfe von Recherchen lösen. Der Gründer entscheidet sich für den zweiten Kandidaten.

Darüber hinaus können bei komplexeren Tätigkeiten oder wenn Sie sich nach den Gesprächen noch immer nicht sicher sind, längere Tests vereinbart werden. Sie können den Kandidaten zum „Testarbeiten" einladen und dabei genauer und anhand realer Aufgaben prüfen. Jedoch müssen Sie auch bei noch so kurzer „Probearbeitszeit" einen Vertrag schließen. Dies gilt schon allein aufgrund der Absicherung des Arbeitnehmers über die Berufsgenossenschaft gegen Unfälle am Arbeitsplatz. Ein echter Arbeitsvertrag ist aber nicht sinnvoll, da dieser für einen so kurzen Zeitraum zu aufwendig wäre. Sie können dann ein Praktikum oder ein Volontariat vereinbaren. Jedoch fällt auch hier einiges an Aufwand an. Besser sind daher Tests im Rahmen von Vorstellungsgesprächen, die sich durchaus auch über ein oder zwei Tage erstrecken können.

In Vorstellungsgesprächen kann und muss der Arbeitgeber die Fähigkeiten und Umstände des Kandidaten prüfen. Die Grenze bilden jedoch die allgemeinen Persönlichkeitsrechte, die gewisse Einschränkungen nach sich ziehen. Die Themen Schwangerschaft und Partei- oder Gewerkschaftszugehörigkeit dürfen nicht angesprochen werden. Dagegen sind Fragen nach dem Gesundheitszustand, einer möglichen Alkoholkrankheit, Vorstrafen oder einer Schwerbehinderung gestattet, wenn sie für die zu vergebende Stelle von Bedeutung sind.

Die meisten Kandidaten haben auch Erwartungshaltungen an Sie als Arbeitgeber. Die am häufigsten genannten Erwartungen betreffen:

- Lohn oder Gehalt
- Urlaubstage
- Übertragene Verantwortung
- Möglichkeiten zur Weiterbildung
- Art der Einarbeitung im Unternehmen
- Aufstiegschancen

Bei diesen Kriterien liegt es an Ihnen, den Kandidaten entsprechende Perspektiven aufzuzeigen. Sie werden nicht überall das Optimum bieten können, sollten dies aber auch gar nicht versuchen. Gerade bei den Aufstiegschancen sieht es bei kleineren Unternehmen nicht immer gut aus. Offensichtlich gibt es keine tiefe Hierarchie. Hier müssen Sie mit nicht-formellen Kriterien argumentieren. Der Aufstieg äußerst sich dann in steigenden Gehältern, umfangreicheren Aufgaben und mehr Verantwortung, ohne dass die Stelle eine neue Bezeichnung bekommt. Es ist aber noch immer so, dass Sie eine Arbeitsstelle zu vergeben haben. Insofern ist Selbstbewusstsein, trotz Forderungen guter Kandidaten, auf jeden Fall angebracht.

Als Arbeitgeber müssen Sie die Regelungen zur Kostenübernahme bei Vorstellungsgesprächen im Auge behalten. Laden Sie jemanden zu einem Vorstellungsgespräch ein, liegt darin eine konkludente vertragliche Kostenübernahme, § 670 BGB findet hier Anwendung. Die entstandenen Kosten können erheblich sein, z. B.:

- Fahrtkosten

- Übernachtungskosten, wenn der Weg besonders weit ist
- Zusätzliche Verzehrkosten
- Taxikosten vor Ort, wenn der Auftraggeber schlecht zu erreichen ist
- Verdienstausfälle, wenn sie tatsächlich auftreten

Alle Kosten müssen verhältnismäßig sein. Daher werden regelmäßig nur Bahnfahrten zweiter Klasse ersetzt. Flüge werden ohne vorherige Abstimmung nur ersetzt, wenn der Ort der Vorstellung sonst nur mit hohem Aufwand zu erreichen ist. Die Kostenübernahme kann und sollte jedoch vom Arbeitgeber spezifiziert werden, z. B. nur Fahrtkosten für Bahnfahrten zweiter Klasse. Er kann auch von vorneherein die Kostenübernahme ganz ablehnen.

Ähnliches gilt auch für die Bewerbungsunterlagen: Wenn Sie die Stelle öffentlich ausgeschrieben haben und um die Zusendung von Bewerbungen gebeten haben, sind Sie als Arbeitgeber verpflichtet, die Unterlagen auf Ihre Kosten zurückzusenden. Denn die Bewerbungsunterlagen sind Eigentum des Bewerbers. Bewirbt sich ein Kandidat ohne Aufforderung, so kann er keine Rücksendung der Unterlagen auf Kosten des Arbeitgebers verlangen. Er kann aber gegen Übersendung der Kosten oder Selbstabholung sein Eigentum zurückverlangen.

An dieser Stelle muss auf eine Regelung hingewiesen werden, die besondere Konsequenzen haben kann. Nach § 147a SGB III kann auf den Arbeitgeber eine Erstattungspflicht für Arbeitslosengeld zukommen, wenn er einen Arbeitnehmer nach der Vollendung des 55. Lebensjahres entlässt. Diese Regelung greift grundsätzlich erst für Unternehmen aber einer Größe von 20 Arbeitnehmern und erst ab 60 Arbeitnehmern voll. Daneben sind einige weitere Voraussetzungen zu beachten. So muss der Arbeitnehmer mindestens 24 Monate beim Arbeitgeber angestellt und gegen Arbeitslosigkeit versichert worden sein, und dem Arbeitgeber darf keine Verantwortung für die Arbeitslosigkeit (z. B. durch eine sozial ungerechtfertigte Kündigung) zugeschrieben werden können. Gerade letztere Vorraussetzung ist im Streitfall nicht immer leicht zu beweisen. Obwohl für viele Gründer die Hürde von 20 Angestellten nicht erreichbar erscheint, kann die Regelung in Ausnahmefällen in den Anfangsjahren einer Unternehmung äußerst schmerzhaft sein. Jeder Gründer kann selbst abwägen, ob er sein Unternehmen in diesen Größenordnungen sieht und was diese Regelung für seine Einstellungspolitik bedeutet.

3. Festlegung von Löhnen und Gehältern

Die Festlegung der Gehälter ist für viele Gründer schwer. Sie befinden sich hier in einer Konkurrenzsituation mit den anderen Arbeitgebern um die besten Kandidaten. Manche Kandidaten pokern auch etwas und verlangen etwas höhere Gehälter. Eine sehr häufige Begründung ist, dass man ein gewisses Gehalt zum Leben brauche, um die Ausgaben zu decken.

Sie sollten das Gehaltsgefüge Ihrer Mitarbeiter unabhängig vom Kandidaten, aber mit Blick auf Durchschnittswerte im Markt festlegen. Durchschnittswerte bekommt man von verschiedenen Organisationen, oftmals Branchenverbänden. Hier sind aber große und kleine Unternehmen gemittelt. Da große Unternehmen bekanntermaßen immer höhere Löhne und Gehälter als kleinere Unternehmen zahlen, müssen Sie entsprechende Abschläge von allgemeinen Zahlen vornehmen. Oft ist es so, dass die besten Kandidaten zu den größeren Unternehmen gehen, da diese neben guten Gehältern bessere Aufstiegschancen und weitere sonstige Vorteile bieten. Dies muss man leider akzeptieren und sollte nur in Ausnahmefällen versuchen, es den Großunternehmen gleichzutun. Bei den Durchschnittswerten fehlen oft wichtige Grundlagen zur Einstufung der Entlohnung. So wird die Leistung des Arbeitnehmers nicht mit erhoben. Vielmehr wird alleine auf die Position, die Erfahrung im Bereich oder die Betriebszugehörigkeit abgestellt. Auch insofern sind diese Durchschnittswerte mit Vorsicht zu genießen.

Folgende Grundsätze sollten, neben der Arbeitszeit, bei der Festlegung der Arbeitsentgelte berücksichtigt werden:

- Art der Tätigkeit: Je qualifizierter, desto mehr Geld
- Art der Ausbildung: Je höher der Ausbildungsgrad, desto mehr Geld
- Leistung: Je besser, umso mehr Geld
- Erfahrung: Je länger, desto mehr Geld
- Betriebszugehörigkeit: Je länger, desto mehr Geld

Die Beachtung der Reihenfolge hat sich als sinnvoll erwiesen und entspricht der aktuellen Tendenz. Die Länge der Anwesenheit im Betrieb rückt zunehmend in den Hintergrund. Die Leistung wird deutlich stärker betont, auch wenn deren Messung nicht immer einfach ist. Wenn Sie sich an diesen Grundsätzen orientieren, sollte auch Ihr internes Lohn- und Gehaltsgefüge stimmen. Sie können dann Differenzen zwischen Ihren Mitarbeitern jederzeit begründen. Wichtig ist vor allem, dass die Kriterien für die Bemessung des Gehalts transparent sind und konsequent angewendet werden. So kann sich niemand benachteiligt fühlen, höchstens ungerecht eingestuft.

Um Ihre eigenen Kosten für den Arbeitnehmer zu bestimmen, müssen Sie den Arbeitgeberanteil an den Sozialversicherungen inkl. der Beiträge zur Berufsgenossenschaft berücksichtigen. Das Bruttogehalt des Arbeitnehmers ist um ca. 25 % aufzustocken, um Ihre tatsächlichen Kosten zu ermitteln.

4. Typische Regelungen im Arbeitsvertrag

Der Arbeitsvertrag bildet die Grundlage des Arbeitsverhältnisses. Es existieren zwar keine Formvorschriften, aber es ist unbedingt anzuraten, den Arbeitsvertrag schriftlich zu fixieren. Dies sollte auf jeden Fall vor dem ersten Arbeitstag geschehen. Tritt ein Arbeitnehmer seine Stelle bei Ihnen ohne schriftlichen Arbeitsvertrag an, gelten im Zweifelsfall die gesetzlichen Regelungen. Jede abweichende Regelung zu Ihren Gunsten müssen Sie beweisen können. Gleiches gilt natürlich auch für den Arbeitnehmer, wenn er Abweichungen zu seinen Gunsten behauptet. Aber die Behauptung eines Arbeitnehmers, er sei bei Ihnen unter Ausschluss einer Probezeit mit einer besonders langen Kündigungsdauer eingestellt worden, bringt auf jeden Fall eine gehörige Menge Unruhe in Ihr neues Unternehmen. Sie ersparen sich daher viele Probleme, wenn Sie vor dem Arbeitsantritt den Vertrag schriftlich fixieren und vom Arbeitnehmer unterschreiben lassen. Dies gilt auch für Tests von Arbeitnehmern, wenn Sie oder der Arbeitnehmer die Leistung bzw. die Stelle erst einmal testen wollen. Dazu dient zwar normalerweise die Probezeit, im Falle eines Outbound-Call-Center-Agenten z. B. kann es aber sinnvoll sein, einen Probetag einzulegen, um gegenseitig die prinzipielle Eignung für die Stelle besser einschätzen zu können.

Speziell für kürzere Tests, z. B. von einem oder mehreren Tagen, können jedoch andere Konstrukte gewählt werden. Die Vereinbarung eines normalen Arbeitsverhältnisses wäre zwar möglich, ist aber schlicht zu kompliziert. Möglich sind Konstrukte als Praktikant oder Volontär, bei denen der lernende Charakter im Vordergrund steht.

Für Arbeitsverträge gibt es zahlreiche Vordrucke, die man sich zum Teil sogar kostenlos im Internet beschaffen kann. Es empfiehlt sich aber, einen spezialisierten Rechtsanwalt hinzuziehen, um grobe Fehler zu vermeiden bzw. sicherzustellen, dass der Vordruck wirklich auf dem neuesten Stand ist.

Im Folgenden werden Regelungen vorgestellt, die im Arbeitsvertrag auf jeden Fall getroffen werden sollten. Diese werden, falls notwendig, kurz kommentiert, um den Hintergrund der Regelungen besser einschätzen zu können.

- **Beginn und Dauer:** Sie müssen festhalten, ab wann das Arbeitsverhältnis beginnt und ob es unbegrenzt oder befristet ist.

- **Probezeit:** Sie sollten eine Probezeit offiziell festhalten. Der Regelfall sind sechs Monate, eventuell auch mehr, wenn dies verhältnismäßig ist. Dies trifft vor allem bei anspruchsvollen Stellen zu. Mehr als neun Monate werden im Streitfall jedoch selten anerkannt. Während der Probezeit ist die Vereinbarung einer gesonderten Kündigungsfrist sinnvoll. Regelmäßig werden hier 2 Wochen angesetzt. Denn wenn sich herausstellt, dass man nicht zueinander passt, will man auch nicht unnötig lange aneinander gebunden sein. Allerdings ist nach der gegenwärtigen Rechtslage die Vereinbarung einer Probezeit nicht notwendig, um einen Arbeitnehmer ohne Angabe von Gründen entlassen zu können. Dies können Sie immer innerhalb der ersten sechs Monate nach Beginn der Anstellung, denn das Kündigungsschutzgesetz (KSchG) greift erst nach einer Betriebszugehörigkeit von sechs Monaten (§ 1 KSchG). Ein früherer Ablauf der Probezeit bedeutet dann nicht, dass der Mitarbeiter nun nur mittels der normalerweise geltenden, sehr strengen Regelungen kündbar ist. Allerdings verändert sich mit Ablauf der Probezeit oft die Kündigungsfrist.

- **Tätigkeitsprofil:** Es ist wichtig, die Arbeitsinhalte festzulegen. Diese Inhalte sollten nicht zu eng gesteckt sein, denn die Inhalte schränken die Verwendbarkeit des Arbeitnehmers im Unternehmen ein. Zwar steht dem Arbeitgeber ein Direktions- bzw. Weisungsrecht seinen Arbeitnehmern gegenüber zu, er darf dem Arbeitnehmer jedoch nur andere als die festgeschriebenen Arbeiten zuweisen, wenn diese dem vereinbarten Berufsbild entsprechen oder nach billigem Ermessen (§ 315 BGB) zumutbar sind. Als Arbeitgeber wollen Sie Ihre Arbeitnehmer aber möglichst flexibel einsetzen können. Bedeutung erlangt das Tätigkeitsprofil auch dann, wenn Sie unzufrieden mit der Arbeit Ihres Arbeitnehmers sind und diesen abmahnen wollen. Der Abmahnung dürfen nur Arbeiten zugrunde liegen, die der Arbeitnehmer nach dem Tätigkeitsprofil leisten soll.

- **Arbeitszeit und -ort:** Dies sind Standardregelungen. Die Arbeitszeit beträgt regelmäßig 40 Stunden pro Woche. Oftmals wird vereinbart, dass zumutbare Überstunden zu leisten sind. Davon dürfen Sie sich als Arbeitgeber aber nicht zu viel erhoffen. Die Wirksamkeit dieser Klausel hängt von der Motivation Ihrer Arbeitnehmer ab. Ein Recht auf dauerhafte Überstunden bekommen Sie damit nicht.

- **Vergütung:** Die Vergütung ist ein zentraler Regelungsgegenstand. Sie kann auf jährlicher Basis (zahlbar in zwölf gleichen Teilen) oder monatlich angegeben werden. Zusatzentlohnungen (Weihnachtsgeld) oder Provisionen müssen hier geregelt werden. Im Falle der Provisionen muss nicht der genaue Aufbau festgehalten werden, sondern auf eine detailliertere Provisionsregelung verwiesen werden. Es sollte zudem vereinbart werden, dass zumutbare Überstunden mit dem Fixgehalt abgedeckt sind.

- **Urlaub:** Der Urlaubsanspruch ist im Bundesurlaubsgesetz (BUrlG) gesetzlich geregelt. Nach § 3 Abs. 1 BUrlG muss der Urlaub jährlich mindestens 24 Werktage umfassen. Aber Vorsicht: Diese Zahl ist nicht absolut, denn als Werktage gelten alle Kalendertage, die nicht Sonn- oder gesetzliche Feiertage sind. Der Zahl liegt eine Arbeitswoche von sechs Tagen zugrunde. Wird weniger als sechs Tage die Woche gearbeitet, verringert sich der Mindesturlaubsanspruch proportional. Bei einer Fünf-Tage-Woche beträgt der gesetzliche Mindesturlaub 20 Tage, bei einer Vier-Tage-Woche 16 Tage usw. Vielfach wird von einem pauschalen Mindesturlaub von 24 Tagen ausgegangen, was falsch ist. Ein längerer Urlaubsanspruch kann natürlich immer vereinbart werden. Dies ist auch die Regel. Im Vertrag sollte auch festgehalten werden, dass bei der Planung der Urlaubszeiten die betrieblichen Notwendigkeiten zu beachten sind. Zu beachten ist zudem: Erkrankt ein Arbeitnehmer während des Urlaubs, so werden diese Tage seinem Urlaub nicht zugerechnet. Allerdings ist dafür ein ärztliches Attest erforderlich (§ 9 BUrlG).

- **Arbeitsunfähigkeit:** Unter Arbeitsunfähigkeit wird insbesondere die auf Krankheit beruhende Unfähigkeit eines Arbeitnehmers, seine Arbeit zu verrichten, verstanden. Die Arbeitsunfähigkeit wird vor allem durch das Entgeltfortzahlungsgesetz (EFZG) geregelt. Danach hat ein Arbeitnehmer seine Arbeitsunfähigkeit und die voraussichtliche Dauer dem Arbeitgeber unverzüglich, d. h. zu Beginn der normalen Arbeitszeit, mitzuteilen. Dauert die Arbeitsunfähigkeit länger als drei Kalendertage, so hat der Arbeitnehmer spätestens am darauffolgenden Arbeitstag, spätestens also am vierten Arbeitstag, eine ärztliche Bescheinigung oder einen entsprechenden Nachweis beim Arbeitgeber vorzulegen (§ 5 Abs. 1 EFZG). Obige Regelungen werden im Arbeitsvertrag oft schärfer gefasst. Die Standardverträge sehen vielfach die Vorlage einer ärztlichen Bescheinigung schon am dritten Kalendertag der Arbeitsunfähigkeit vor.

- **Lohnfortzahlung bei Arbeitsunfähigkeit:** Auch die Lohnfortzahlung wird durch das Entgeltfortzahlungsgesetz (EFZG) geregelt: Ein arbeitsunfähiger Arbeitnehmer hat Anspruch auf Entgeltfortzahlung im Krankheitsfall durch den Arbeitgeber für die Zeit der Arbeitsunfähigkeit bis zur Dauer von sechs Wochen (§ 3 Abs. 1 EFZG). Die sechs Wochen gelten grundsätzlich kumuliert. Erst wenn zwischen diesen ersten sechs Wochen und einer weiteren Krankheit mehr als sechs (bei einer anderen Krankheitsursache) bzw. zwölf Monate (bei der gleichen Krankheit) liegen, setzt die Pflicht des Arbeitgebers zur Entgeltfortzahlung wieder ein. Der Arbeitnehmer hat diesen Anspruch jedoch erst, wenn er vier Wochen ununterbrochen beim Arbeitgeber beschäftigt ist. Die arbeitsvertraglichen Regelungen können von den gesetzlichen Regelungen nicht zuungunsten des Arbeitnehmers abweichen (§ 12 EFZG). Die Regelungen nach dem EFZG korrespondieren mit den Regelungen der Krankenkassen zur Zahlung von Krankengeld. In der Regel zahlt nach der sechsten Krankheitswoche die Krankenkasse des Arbeitnehmers dem Arbeitnehmer Krankengeld, dessen Höhe vom Arbeitslohn abhängt. Gegen einen höheren Beitragssatz kann sich der Arbeitnehmer auch eine frühere Zahlung sichern, z. B. wenn im Arbeitsvertrag die Pflicht des Arbeitgebers zur Lohnfortzahlung auf unter sechs Wochen reduziert wurde.

- **Beendigung des Arbeitsverhältnisses:** Die Beendigung des Arbeitsverhältnisses, insbesondere die Begründung seitens des Arbeitgebers, ist streng geregelt (siehe dazu das Kapitel „Entlassungen"). Auch die beidseitigen Kündigungsfristen sind detailliert geregelt. Im Arbeitsvertrag können nur kürzere Fristen vereinbart werden, wenn der Arbeitgeber in der Regel nicht mehr als 20 Arbeitnehmer (ohne Auszubildende) beschäftigt und die Kündigungsfrist vier Wochen nicht unterschreitet. Tabelle 50 zeigt die gemäß § 622 BGB geltenden Regelungen.

Dauer des Arbeitsverhältnisses	Kündigungsfrist
Probezeit, längstens 6 Monate	zwei Wochen jederzeit
Bis zu 2 Jahren	4 Wochen zum 15. oder zum Ende eines Kalendermonats
Zwischen 2 und 5 Jahren	1 Monat zum Ende eines Kalendermonats

Dauer des Arbeitsverhältnisses	Kündigungsfrist
Zwischen 5 und 8 Jahren	2 Monate zum Ende eines Kalendermonats
Zwischen 8 und 10 Jahren	3 Monate zum Ende eines Kalendermonats
Zwischen 10 und 12 Jahren	4 Monate zum Ende eines Kalendermonats
Zwischen 12 und 15 Jahren	5 Monate zum Ende eines Kalendermonats
Zwischen 15 und 20 Jahren	6 Monate zum Ende eines Kalendermonats
Mindestens 20 Jahre	7 Monate zum Ende eines Kalendermonats

Tabelle 50: Kündigungsfristen für Arbeitsverhältnisse gemäß § 622 BGB

- **Nebenbeschäftigungen:** Sie wollen, dass Ihr Arbeitnehmer voll und ganz für Ihr Unternehmen arbeitet. Nebenbeschäftigungen werden dem Arbeitnehmer daher grundsätzlich verboten oder nur gegen vorherige Zustimmung des Arbeitgebers erlaubt. Insbesondere Nebenbeschäftigungen für Wettbewerber werden oft grundsätzlich unterbunden.
- **Nachvertragliches Wettbewerbsverbot:** Unter Umständen kann ein Wettbewerbsverbot als Teil der vertraglichen Regelungen sinnvoll sein. Dies gilt vor allem für Mitarbeiter mit größerer Verantwortung, dem Wissen von Betriebsgeheimnissen oder mit Kundenzugang. Das Wettbewerbsverbot kann zweiteilig sein: einerseits das Verbot, nach Beendigung des Arbeitsverhältnisses für einen Wettbewerber zu arbeiten. Andererseits das Verbot, Kunden des früheren Arbeitgebers anzugehen und zu werben (Kundenschutz). Das Wettbewerbsverbot darf höchstens zwei Jahre betragen. Andere Regelungen werden im Streitfalle nicht anerkannt, denn auch das Wettbewerbsverbot darf nicht unbillig sein und den Arbeitnehmer über Gebühr benachteiligen. Darüber hinaus muss der Arbeitgeber dem Arbeitnehmer eine „Karenzentschädigung" zahlen, die mindestens der Hälfte des zuletzt vom Arbeitgeber bezogenen Gehalts entspricht (hier wird § 74 Abs. 2 HGB angewendet). Das Wettbewerbsverbot gilt vor allem dann, wenn der Arbeitnehmer kündigt. Bei außerordentlicher Kündigung durch den Arbeitgeber bleibt das Verbot jedoch bestehen. Oftmals entfällt zudem die Pflicht zur Zahlung einer Karenzentschädigung.
- **Verschwiegenheit:** Der Arbeitnehmer sollte zur Verschwiegenheit über die Inhalte des Arbeitsvertrags verpflichtet werden. So können Sie vielleicht sicherstellen, dass das Entgeltgefüge in Ihrem Unternehmen nicht jedem vollständig präsent ist. Sobald nämlich die Löhne oder Gehälter voneinander abweichen, besteht immer die Gefahr von Neid der Mitarbeiter untereinander. Dennoch sollten Sie die Stellen in Ihrem Unternehmen entspre-

chend dem Arbeitsinhalt, der Verantwortung und der Leistung, vielleicht auch der Betriebszugehörigkeit, dotieren.

- **Nutzungsrechte an Arbeitsergebnissen:** Ein wichtiges Thema sind die Nutzungsrechte an den Arbeitsergebnissen Ihrer Mitarbeiter. Das Urheberrecht spricht die Urheberschaft und die damit zusammenhängenden Rechte der schaffenden Person, also eventuell Ihrem Mitarbeiter, zu. Sie können und müssen sich zwar nicht die Urheberschaft, jedoch die vollen Nutzungsrechte – ohne sachliche, zeitliche oder räumliche Beschränkung – am Werk sichern. Gleiches gilt für Diensterfindungen, die durch das Patentrecht geschützt sind. Auch hier werden die Rechte grundsätzlich dem Erfinder zugesprochen. Im Gesetz über Arbeitnehmererfindungen (ArbEG) ist zwar geregelt, dass die Erfindungen dem Arbeitgeber zustehen bzw. dieser über die Verwertung entscheiden kann. Jedoch sollte die Geltung des ArbEG für diesen Vertrag explizit erwähnt werden. Damit wird auch Ihr Arbeitnehmer indirekt auf für ihn zutreffende Berichtspflichten aus dem Gesetz hingewiesen. Weitere Details über Urheberrecht und Diensterfindungen finden sich in Teil VIII, „Schutzrechte".

- **Gerichtsstand:** Die Benennung eines Gerichtsstands gehört zu jedem Vertrag. Im Normalfall wird als Gerichtsstand der Ort benannt, an dem das Unternehmen ansässig ist.

- **Sonstiges:** Wie auch in anderen Verträgen sollte hier festgehalten werden, dass keine mündlichen Nebenabreden getroffen wurden und dass Änderungen der Schriftform bedürfen.

5. Betriebsrat

Wenn Ihr Betrieb mindestens fünf ständig wahlberechtigte Arbeitnehmer hat, von denen drei wählbar sind, kann ein Betriebsrat eingerichtet werden. Dabei werden zusammengehörige Betriebe zusammengezählt. Dies sind solche, bei denen die jeweiligen betrieblichen Arbeitsabläufe ineinander greifen und die Betriebe letztendlich von denselben Entscheidungsträgern abhängig sind (§ 1 BetrVG). Als Arbeitnehmer zählt jeder Angestellte inkl. Auszubildender, so lange sie keine leitenden Angestellten sind. Verwandte ersten Grades, die mit dem Arbeitgeber in häuslicher Gemeinschaft wohnen, fallen nicht unter den hier relevanten Arbeitnehmerbegriff (§ 5 BetrVG). Wahlberechtigt sind alle Arbeitnehmer im Sinne der obigen Definition, sobald sie das 18. Lebensjahr vollendet haben. Auch Leiharbeiter, die länger als drei Monate im Betrieb des Arbeitgebers arbeiten, gelten als wahlberechtigte Arbeitnehmer (§ 7 BetrVG). Als Betriebsrat wählbar sind Arbeitnehmer, die länger als sechs Monate im Betrieb beschäftigt sind. Besteht der Betrieb noch keine sechs Monate, sind auch andere Arbeitnehmer wählbar (§ 8 BetrVG). Die Größe des Betriebsrats richtet sich nach der Anzahl der Arbeitnehmer im Betrieb (§ 9 BetrVG). Tabelle 51 gibt einen Überblick über die Größenverhältnisse.

Anzahl Arbeitnehmer	Größe des Betriebsrates
5–20 Arbeitnehmer	Ein Arbeitnehmer
21–50 Arbeitnehmer	Drei Arbeitnehmer
51–100 Arbeitnehmer	Fünf Arbeitnehmer
101–200 Arbeitnehmer	Sieben Arbeitnehmer
201–400 Arbeitnehmer	Neun Arbeitnehmer

Tabelle 51:   *Betriebsratsgröße in Abhängigkeit von der Anzahl der Angestellten (Ausschnitt)*

Die Wahl des Betriebsrats erfolgt nach einem detailliert vorgeschriebenen Verfahren (§§ 13 ff. BetrVG). Die Kosten für die Wahl, inkl. eines möglichen Ausfalls an Arbeitszeit, trägt der Arbeitgeber (§ 20 Abs. 3 BetrVG). Arbeitgeber und Betriebsrat haben sich mindestens einmal im Monat zu einer Besprechung zusammenzusetzen (§ 74 Abs. 1 BetrVG). Arbeitgeber und Betriebsrat schließen über die verhandelnden Themen so genannte Betriebsvereinbarungen ab. Grundsätzlich hat der Arbeitgeber für die Umsetzung der Betriebsvereinbarungen zu sorgen. Die Vereinbarungen sind schriftlich festzuhalten und vom Arbeitgeber an geeigneter Stelle im Betrieb auszulegen. Festlegungen aus einem geltenden Tarifvertrag können nicht Teil einer Betriebsvereinbarung sein, es sei denn der Tarifvertrag lässt dies explizit zu. Betriebsvereinbarungen können allerdings, soweit nichts anderes vereinbart ist, mit einer Frist von drei Monaten gekündigt werden (§ 77 BetrVG).

Kommt es bei den Besprechungen zwischen Arbeitgeber und Betriebsrat zu keiner Einigung, ist eine Einigungsstelle anzurufen (§ 87 Abs. 2 BetrVG). Die Einigungsstelle besteht aus einer gleichen Anzahl von Beisitzern, die vom Arbeitgeber und Betriebsrat bestellt werden, und einem unparteiischen Vorsitzenden, auf dessen Person sich beide Seiten einigen müssen (§ 76 Abs. 2 BetrVG). Die Kosten der Einigungsstelle trägt der Arbeitgeber (§ 76a BetrVG).

Neben zahlreichen allgemeinen Aufgaben hat der Betriebsrat Mitbestimmungsrechte bei folgenden Themen (§ 87 BetrVG), man spricht auch von erzwingbaren Betriebsvereinbarungen:

- Fragen der Ordnung des Betriebs und des Verhaltens der Arbeitnehmer im Betrieb
- Festlegung der täglichen und wöchentlichen Arbeitszeit und der Pausen
- Vorübergehende Verkürzung oder Verlängerung der betriebsüblichen Arbeitszeit
- Zeit, Ort und Art der Auszahlung der Arbeitsentgelte
- Aufstellung allgemeiner Urlaubsgrundsätze und des Urlaubsplans

- Festsetzung der zeitlichen Lage des Urlaubs für einzelne Arbeitnehmer, wenn zwischen dem Arbeitgeber und den beteiligten Arbeitnehmern kein Einverständnis erzielt wird
- Einführung und Anwendung von technischen Einrichtungen, die dazu bestimmt sind, das Verhalten oder die Leistung der Arbeitnehmer zu überwachen
- Regelungen über die Verhütung von Arbeitsunfällen und Berufskrankheiten sowie über den Gesundheitsschutz im Rahmen der gesetzlichen Vorschriften oder der Unfallverhütungsvorschriften
- Form, Ausgestaltung und Verwaltung von Sozialeinrichtungen, deren Wirkungsbereich auf den Betrieb, das Unternehmen oder den Konzern beschränkt ist
- Zuweisung und Kündigung von Wohnräumen, die den Arbeitnehmern mit Rücksicht auf das Bestehen eines Arbeitsverhältnisses vermietet werden, sowie die allgemeine Festlegung der Nutzungsbedingungen
- Fragen der betrieblichen Lohngestaltung, insbesondere die Aufstellung von Entlohnungsgrundsätzen und die Einführung und Anwendung von neuen Entlohnungsmethoden sowie deren Änderung
- Festsetzung der Akkord- und Prämiensätze und vergleichbarer leistungsbezogener Entgelte, einschließlich der Geldfaktoren
- Grundsätze über das betriebliche Vorschlagswesen
- Grundsätze über die Durchführung von Gruppenarbeit

Darüber hinaus gibt es freiwillige Betriebsvereinbarungen (§ 88 BetrVG), die über die oben aufgezeigten Bereiche der Zusammenarbeit hinausgehen. Diese sind vom Betriebsrat nicht erzwingbar, sondern beruhen auf dem freiwilligen Zugeständnis des Arbeitgebers.

Zusätzlich hat der Arbeitgeber den Betriebsrat über Planungen zu unterrichten und sich, falls notwendig, mit dem Betriebsrat darüber zu beraten (§ 90 BetrVG). Dies betrifft Neu-, Um- und Erweiterungsbauten von Fabrikations-, Verwaltungs- und sonstigen betrieblichen Räumen, von technischen Anlagen, von Arbeitsverfahren und Arbeitsabläufen und von Arbeitsplätzen.

Die Arbeit der Mitglieder des Betriebsrats erfolgt unentgeltlich als Ehrenamt. Der Arbeitgeber muss dafür Sorge tragen, dass die Betriebsräte ihren Pflichten nachkommen können. Für Mehrarbeit aufgrund der Betriebsratstätigkeit hat das Betriebsratsmitglied Anspruch auf entsprechende Arbeitsbefreiung unter Fortzahlung des Arbeitsentgelts. Jeder Betriebsrat hat Anspruch auf bezahlte Freistellung für insgesamt drei Wochen zur Teilnahme an Schulungs- und Bildungsveranstaltungen (§ 37 BetrVG).

Ab einer Unternehmensgröße von 200 Arbeitnehmern ist mindestens ein Betriebsratmitglied, unter Fortzahlung seines Arbeitsentgelts, voll von der Arbeit freizustellen. Je größer der Betrieb ist, umso mehr Betriebsräte betrifft diese Regelung (§ 38 BetrVG).

6. Sonderformen & Förderungen

Neben der normalen Anstellung von Mitarbeitern gibt es zahlreiche Sonderformen der Beschäftigung und Fördermöglichkeiten, die in der Praxis rege genutzt werden. Als Gründer sollten Sie die Möglichkeiten kennen und abwägen, ob deren Nutzung für Sie in Frage kommt. Der große Vorteil liegt oftmals in geringeren Arbeitsentgelten und zum Teil auch in flexibleren Einsatzmöglichkeiten der Arbeitnehmer. Gerade wenn Sie keine Vollzeitstelle zu besetzen haben, aber dennoch Hilfe brauchen, sind die nachfolgenden Ausführungen interessant.

6.1 Praktikanten

Die Einstellung von Praktikanten kann eine gute Möglichkeit darstellen, sich kostengünstige Unterstützung zumindest für einen kürzeren Zeitraum zu sichern. Bei Praktikanten steht das Lernen im Vordergrund der Tätigkeit. Der Vertrag muss entsprechend ausgestaltet sein. Dem sollten Sie als Arbeitgeber auch gerecht werden, z. B. durch Zuteilung von Aufgaben, bei denen das Lernen gefördert wird. Aufgrund dieser zweckgebundenen Ausrichtung der Tätigkeit wird ein Praktikum nicht als ein normaler Arbeitsvertrag angesehen. Typische Regelungen für Angestellte (z. B. Urlaubsansprüche) gelten daher nicht.

Leider sind die Regelungen für die Sozialversicherungspflicht von Praktikanten keineswegs einfach. Unterschiedliche Krankenkassen, als Hauptansprechpartner für alle Sozialversicherungen, haben hier oft eine unterschiedliche Praxis entwickelt. Einigkeit besteht dahingehend, dass Pflichtpraktika während des Studiums eines Fachhochschul- oder Hochschulstudenten sozialversicherungsfrei in der Kranken-, Pflege-, Renten- und Arbeitslosenversicherung sind. Der Arbeitgeber sollte hier die Immatrikulationsbescheinigung und eine Bestätigung der Hochschule, dass es sich um ein Pflichtpraktikum handelt, einholen. Bei einem freiwilligen Praktikum gilt Versicherungsfreiheit in der Rentenversicherung, wenn das Arbeitsentgelt regelmäßig die Grenze von 400 € monatlich nicht überschreitet. Bei der Beurteilung der Versicherungspflicht bezüglich der anderen drei Versicherungsarten ist das Gesamtbild (eher Student oder eher Arbeitnehmer) entscheiden. Wiederum speziell behandelt werden so genannte Vor- oder Nachpraktika, die ebenfalls von der Hochschule vorgeschrieben sind: Sie sind grundsätzlich versicherungspflichtig, auch bei fehlendem Arbeitsentgelt. Die Beitragssätze sind allerdings moderat, aber zum Teil nur vom Arbeitgeber zu zahlen.

Die Entlohnung von Praktikanten ist nicht standardisiert. Größere Unternehmen zahlen mehr als kleinere Unternehmen, wobei Letztere manchmal gar nichts zahlen. Viele größere Unternehmen bieten den Praktikanten aber keine interessanten Aufgaben. Vielmehr werden Beschäftigungen außerhalb des Tagesgeschäfts gesucht. Aber gerade das Tagesgeschäft ist für

Praktikanten oft interessanter und lehrreicher als Sonderaufgaben, für die es zumeist keinen Nutzen und selten einen aktiven Betreuer gibt. In kleineren Unternehmen werden Praktikanten vielfach in den Geschäftsalltag eingebunden. Dies kann man als Argument nutzen, wenn man als Gründer Praktikanten sucht, aber nicht so viel zahlen kann.

6.2 Mini-Jobs und Midi-Jobs

Für Teilzeitbeschäftigungsverhältnisse insbesondere im unteren Lohnbereich gibt es die Möglichkeit der so genannten Mini- oder Midi-Jobs. Der besondere Vorteil beider Varianten liegt in den für den Arbeitnehmer günstigen Abgabenlasten. Der Arbeitgeber kann also mit relativ wenig Bruttoeinkommen ein relativ hohes Nettoeinkommen auszahlen, was günstig für beide Seiten ist. Gerade für Gründer, die zeitlich begrenzt Aushilfen benötigen, stellen Mini-Jobs eine sehr gute Option, Midi-Jobs eine gute Option dar.

6.2.1 Mini-Jobs

Mini-Jobs werden auch als „geringfügige Beschäftigungsverhältnisse" bezeichnet. Ein geringfügiges Beschäftigungsverhältnis liegt vor, wenn das Arbeitsentgelt regelmäßig 400 € im Monat nicht übersteigt (§ 8 SGB IV). In einzelnen Monaten darf das Entgelt also die Grenze von 400 € übersteigen, wenn es in anderen Monaten darunter liegt. Nicht wiederkehrende Einmalzahlungen werden also bei der Berechnung der Grenze von 400 € nicht berücksichtigt. Wenn ein solches Beschäftigungsverhältnis vorliegt, zahlt der Arbeitgeber im Normalfall eine Abgabenpauschale von 25 %, davon 12 % an die Rentenversicherung, 11 % an die Krankenversicherung und 2 % Steuerpauschale für Einkommensteuer, Solidaritätszuschlag und Kirchensteuer. Der Arbeitnehmer dagegen zahlt keine Angaben. Allerdings stehen dem Arbeitnehmer, trotz Zahlung des Arbeitgebers, keine Leistungen aus der Krankenversicherung oder der Pflegeversicherung zu. Die Zahlungen erhöhen aber das Beitragskonto bei der Rentenversicherung, ansonsten werden die Zahlungen aber nicht als „echter" Rentenbeitrag qualifiziert. Insbesondere erwirbt der Arbeitnehmer keine Anwartschaft auf Reha-Leistungen oder Rente wegen Erwerbsminderung. Die Arbeitnehmer können deshalb wählen, die Beiträge auf ihre Kosten dem normalen Rentenversicherungssatz anzupassen. Dies wird als „Verzicht auf die Versicherungsfreiheit" bezeichnet.

Dem Arbeitgeber (nicht dem Arbeitnehmer) steht hinsichtlich der Besteuerung des Einkommens ein Wahlrecht zu, die Steuern auch normal nach Maßgabe der Lohnsteuerkarte zu erheben (§ 40a Abs. 2 EStG). Dann kommt es auf die Steuerklasse des Arbeitnehmers an. Im Regelfall wird dann gar keine Steuer erhoben. Für den Arbeitgeber ist der Prozess über die Lohnsteuerkarte aber oft zu mühsam, so dass er die Pauschalierung wählt.

6.2.2 Midi-Jobs

Ab einem regelmäßigen Einkommen von über 400 € gilt eine so genannte „Gleitzone" bis zu einem Einkommen von 800 € monatlich. Die Jobs in dieser Gleitzone werden auch Midi-Jobs genannt. In dieser Zone wird die Abgabelast des Arbeitnehmers langsam an die normale Abgabelast angeglichen. Die Angleichung erfolgt linear und startet bei ca. 4 % Abgabelast (für Krankenversicherung, Pflegeversicherung, Rentenversicherung, Arbeitslosenversicherung) für den Arbeitnehmer ab einem Einkommen von 400,01 € pro Monat. Zudem wird das Einkommen voll steuerpflichtig, die 2 %-Pauschalierung wie bei den Mini-Jobs greift nicht mehr. Der Arbeitgeber muss den vollen Arbeitgeberanteil für die Sozialversicherungen zahlen.

6.3 Befristete Verträge

Befristete Arbeitsverträge sind ein gutes Mittel, um das Risiko im Rahmen einer Unternehmensgründung zu reduzieren. Selbst wenn für Ihr Unternehmen aufgrund der Größe nicht das Kündigungsschutzgesetz gilt, sind befristete Verträge vorteilhafter. Denn eine Klage ist unwahrscheinlicher, und Abfindungen sind im Normalfall keine zu zahlen. Das Arbeitsverhältnis endet einfach mit dem Ablauf der Frist. Damit eine Befristung anerkannt wird, muss das Arbeitsverhältnis zwingend schriftlich geschlossen werden (§ 14 Abs. 4 TzBfG).

Unterschieden werden befristete Arbeitsverhältnisse mit oder ohne sachlichen Grund. Allgemeine Risikoreduzierung wird nicht als sachlicher Grund angesehen. Beispiele für sachliche Gründe sind (§ 14 Abs. 1 TzBfG):

- Nur vorübergehender Arbeitsanfall
- Befristung folgt im Anschluss an ein Studium oder eine Ausbildung und erleichtert den Übergang in ein unbefristetes Arbeitsverhältnis
- Vertretung eines anderen Arbeitnehmers
- Erprobung eines Arbeitnehmers
- Eigenart der Arbeitsleistung erfordert Befristung
- Personenbezogene Gründe liegen für eine Befristung vor
- Begrenzte Finanzmittel, z. B. aufgrund begrenzter oder befristeter öffentlicher Förderung

Begründete befristete Arbeitsverträge können immer wieder verlängert werden. Es gibt, entgegen der allgemeinen Meinung, keine Grenze. Allerdings fällt die Begründung mit jeder Verlängerung schwerer, und das Risiko, dass die Begründung im Streitfall vom Arbeitsgericht nicht anerkannt wird, steigt. Wird eine Befristung nicht anerkannt, liegt ein unbefristeter Arbeitsvertrag mit den gleichen Konditionen vor (§ 16 TzBfG).

Unbegründete befristete Arbeitsverhältnisse dürfen höchstens zwei Jahre lang laufen. Innerhalb dieser Zeit dürfen Sie maximal dreimal verlängert werden (§ 14 Abs. 2 TzBfG). Eine Ausnahme gilt allerdings für Existenzgründer oder Unternehmensgründungen. Dort verlängert sich obige Frist auf vier Jahre. Die Verträge können innerhalb dieser Zeit beliebig oft verlängert werden (§ 14 Abs. 2 TzBfG). Es kann also mittels Befristung eine allgemeine Risikoreduzierung für vier Jahre erreicht werden.

Bei befristeten Arbeitsverträgen ist auf die Kündigungsmöglichkeit zu achten. Diese Verträge laufen mit dem Ende der Laufzeit einfach aus. Wurde ein sachliches Ziel, z. B. die Abwicklung eines Projekts, als Laufzeitende definiert, muss der Arbeitgeber den Arbeitnehmer schriftlich auf das erreichte Ziel aufmerksam machen. Der Vertrag endet dann mit Ablauf von weiteren zwei Wochen. Wurde keine Kündigungsmöglichkeit vereinbart, sind Arbeitgeber und Arbeitnehmer während der Vertragslaufzeit an das Arbeitsverhältnis gebunden. Eine Kündigungsmöglichkeit zur Laufzeit des Vertrages muss also explizit in den Vertrag aufgenommen werden (§ 15 TzBfG).

Generell ist zu beachten: Ein Praktikum stellt an sich kein Arbeitsverhältnis dar, sondern dient der Erlangung von Kenntnissen. Praktika können daher beliebig oft und außerhalb obiger Regeln verlängert werden. Aber auch hier wird der Nachweis im Streitfall nach einiger Zeit schwieriger.

6.4 Förderungen und Zuschüsse

Die Nutzung von Fördermöglichkeiten für das einzustellende Personal ist für Unternehmensgründungen besonders interessant. Denn so schaffen Sie eine effektive Reduzierung Ihrer Kosten, ohne auf die Unterstützung durch Ihre Mitarbeiter verzichten zu müssen. Förderungen bzw. Zuschüsse sind jedoch nicht einfach zu bekommen. Es bedarf also einer intensiveren Beschäftigung mit dem Thema. Die zuständigen Stellen bieten allerdings im Normalfall recht kompetente Beratungen an und haben selbst ein Interesse an der Nutzung der von Ihnen zur Verfügung gestellten Fördermöglichkeiten.

Allgemein bekannt sind die Unterstützungen der Agentur für Arbeit, die vor allem für die Wiedereingliederung von Arbeitslosen in die Arbeitswelt bezahlt werden. Die Höhe und Dauer der Zuschüsse variieren, insbesondere abhängig von der Länge der Arbeitslosigkeit des neuen Arbeitnehmers. Vielfach handelt es sich bei den Zuschüssen um Ermessensentscheidungen des zuständigen Sachbearbeiters der Agentur für Arbeit. Allgemein kann man davon ausgehen, dass nicht mehr als 50 % des Arbeitsentgelts gefördert werden. Allerdings gibt es auch Fälle, wo Zuschüsse bis zu 80 % gezahlt wurden. In seltenen Fällen erreicht man eine Unterstützung bis zu zwei Jahren, oftmals aber deutlich darunter.

Besondere Regelungen gibt es für schwerbehinderte Mitarbeiter. Zunächst einmal besteht die Pflicht, ab 16 Mitarbeitern in Ihrem Unternehmen mindestens 6 % schwerbehinderte Mitarbeiter einzustellen. Ansonsten wird eine Ausgleichsabgabe fällig (§ 5 Abs. 1 SchwbG), die ca. 100 € pro Monat pro nicht mit schwerbehinderten Mitarbeitern besetztem Arbeitsplatz beträgt. Die Kündigung von schwerbehinderten Mitarbeitern ist zudem nur mit vorheriger Zustimmung der Hauptfürsorgestelle möglich (§ 15 SchwbG). Schwerbehinderten Mitarbeitern stehen, bei einer vollen Stelle, fünf Urlaubstage mehr zu. Die Einstellung von schwerbehinderten Mitarbeitern wird aber auch erheblich gefördert. Die Förderhöhe richtet sich aber nach dem Einzelfall und ist zudem wiederum vom Ermessen einerseits des Sachbearbeiters beim Arbeitsamt, andererseits von der Hauptfürsorgestelle abhängig. Letztere ist eine spezielle Verwaltung, die vor allem für die Integration von Schwerbehinderten in das Berufsleben zuständig ist. Die Arbeit schwerbehinderter Mitarbeiter wird einerseits durch Lohn- und Gehaltszuschüsse, andererseits durch Beiträge für die Einrichtung des Arbeitsplatzes unterstützt. Lohn- und Gehaltszuschüsse, die beim Arbeitsamt zu beantragen sind, laufen maximal drei Jahre, wobei Zuschüsse zum Bruttolohn in Höhe von 80 % im ersten Jahr keine Seltenheit sind. Hier kommt es wesentlich auf den Grad der Behinderung an. Zuschüsse zu Investitionen für die Einrichtung des Arbeitsplatzes können auch erheblich sein, mit Förderquoten von bis zu 90 %. Unter Umständen können die Investitionen aber auch ein erhebliches Ausmaß annehmen, z. B. bei Einrichtung einer behindertengerechten Toilette.

Für die Anstellung von Personal gibt es zudem zahlreiche spezielle Förderprogramme, die von regionalen Institutionen angeboten werden. Die landeseigenen Förderbanken sind ein guter Startpunkt für eigene Recherchen. Förderungen dieser Institutionen verfolgen aber immer einen wirtschaftspolitischen Zweck und sind daher oft auf bestimmte Berufszweige, z. B. den IT-Sektor, begrenzt.

7. Entlassungen

Als Unternehmer müssen Sie sich nicht nur mit dem angenehmen Thema der Einstellungen beschäftigen, sondern eventuell auch mit dem Thema Entlassungen. Auch wenn Ihr Unternehmen beständig wächst, es wird immer den einen oder anderen Mitarbeiter geben, von dem Sie sich trennen wollen. Arbeitnehmer dürfen nach deutschem Recht jedoch nicht wahllos und willkürlich entlassen werden. Es bedarf dazu vielfältiger Voraussetzungen. Nicht selten wird die Entlassung auch vor dem Arbeitsgericht verhandelt. Erfahrungsgemäß kann man das Ergebnis eines Arbeitsgerichtsprozesses nicht abschätzen. Der Prozess verursacht vor allem Rechtsanwaltskosten, die Sie als Arbeitgeber in einer Vielzahl von Fällen selbst tragen müssen, inkl. der Kosten der Gegenpartei in Form Ihres ehemaligen Arbeitnehmers.

Das Kündigungsschutzgesetz, welches Entlassungen von Arbeitnehmern regelt, gilt in folgenden Fällen nicht:

- **Betriebszugehörigkeit weniger als sechs Monate:** Das Kündigungsschutzgesetz greift erst nach einer Betriebszugehörigkeit von sechs Monaten (§ 1 KSchG). Innerhalb dieser Zeit können Sie Arbeitnehmer, unabhängig von der Vereinbarung einer Probezeit, ohne Angabe von Gründen entlassen. Dem steht nur entgegen, dass diese Regelung im Arbeitsvertrag ausdrücklich ausgeschlossen wurde.

- **Kleinunternehmen:** Für kleinere Unternehmen gilt das Kündigungsschutzgesetz nicht. Welche Unternehmen unter diese Regelung fallen, ändert sich je nach Regierungspartei. § 23 Abs. 1 KSchG, der diese Regelung enthält, ist also beständig im Auge zu behalten. Gegenwärtig gelten die wesentlichen Regelungen des KSchG nicht für Betriebe und Verwaltungen, in denen in der Regel fünf oder weniger Arbeitnehmer (ohne Auszubildende) beschäftigt werden. In Betrieben und Verwaltungen, in denen in der Regel zehn oder weniger Arbeitnehmer (ohne Auszubildende) beschäftigt werden, gilt dies nicht für Arbeitnehmer, deren Arbeitsverhältnis nach dem 31. Dezember 2003 begonnen hat. Bei der Ermittlung der letzten Zahl (zehn Arbeitnehmer) sind die ausgenommen Arbeitnehmer nicht zu berücksichtigen. Es können also auch mehr als zehn Arbeitnehmer sein, wenn viele davon ab dem 1. Januar 2004 eingestellt wurden. Bei der Feststellung der Zahl der beschäftigten Arbeitnehmer sind teilzeitbeschäftigte Arbeitnehmer mit einer regelmäßigen wöchentlichen Arbeitszeit von nicht mehr als 20 Stunden mit 0,5 und nicht mehr als 30 Stunden mit 0,75 zu berücksichtigen.

- **Betriebsratsmitglied:** Mitglieder eines Betriebsrats sind nur dann kündbar, wenn ein Grund vorliegt, der zu einer außerordentlichen Kündigung berechtigen würde (§ 15 Abs. 1 KSchG)

Wenn das Kündigungsschutzgesetz gilt, können Arbeitnehmer nur noch aus drei Gründen entlassen werden:

- verhaltensbedingte Gründe
- personenbedingte Gründe
- betriebsbedingte Gründe

Ein verhaltensbedingter Grund liegt, wie der Name bereits sagt, im Verhalten des Arbeitnehmers vor allem während der Verrichtung seiner Arbeit begründet. Typische und relativ zweifelsfreie Beispiele sind Diebstahl, Gewaltanwendung oder -androhung oder das Vortäuschen einer Krankheit. In diesen Fällen kann in der Regel bereits fristlos gekündigt werden, denn dieses Verhalten schädigt das Vertrauen des Arbeitgebers in den Arbeitnehmer. Die Rechtsprechung nennt dies eine „Störung im Vertrauensbereich". Um eine fristlose Kündigung auszusprechen, bleiben Ihnen nur zwei Wochen ab dem Zeitpunkt, an dem Sie von dem Kündigungsgrund Kenntnis erlangt haben (§ 626 Abs. 2 BGB). Egal ob fristlos oder fristgerecht gekündigt wird, einer Abmahnung bedarf es im Falle einer Störung im Vertrauensbereich regelmäßig nicht, da das Fehlverhalten gravierend ist. Handelt es sich um Pflichtverletzungen im Rahmen der übertragenen Aufgaben („Störung im Leistungsbereich"), z. B. Zuspätkommen, Nichtbefolgung klarer Arbeitsanweisungen, Trunkenheit oder Missachtung von Schutzvorschriften (auch eines Rauchverbots), kann man jedoch zunächst mit einer Veränderung des

Verhaltens des Arbeitnehmers rechnen. Daher bedarf es einer vorherigen Abmahnung, in der die Gründe für die Abmahnung genau dargelegt sind. Erst ein nochmaliges, zeitnahes Fehlverhalten rechtfertigt eine normale Kündigung. Beachten Sie: Sie als Arbeitgeber trifft die Beweislast, dass Ihre Kündigung gerechtfertigt und formell korrekt abgelaufen ist.

Ein personenbezogener Grund kann beispielsweise in der Krankheit Ihres Mitarbeiters oder in seiner fehlenden Eignung liegen. Personenbezogene Gründe sind im Streitfall nur sehr schwer durchzusetzen, denn es bedarf vieler Voraussetzungen für personenbezogene Gründe. Die Krankheit eines Mitarbeiters müsste Ihr Unternehmen vor schwerwiegende Probleme stellen und sie müsste vermutlich länger anhalten. Letzteres können Sie als Arbeitgeber nicht beweisen, die erste Voraussetzung lässt sich etwas einfacher belegen. Der Arbeitnehmer muss Ihnen nicht einmal die Art seiner Krankheit mitteilen. Die fehlende Eignung ist ebenso schwer nachzuweisen. Denn erstens haben Sie den Mitarbeiter eingestellt und offensichtlich über die Probezeit hinaus behalten, zweitens wären Sie verpflichtet, den Mitarbeiter entsprechend weiterzubilden, wenn er dem zustimmen würde. Beachten Sie: Auch hier trifft Sie als Arbeitgeber die Beweislast, dass Ihre Kündigung gerechtfertigt und formell korrekt abgelaufen ist.

Betriebsbedingte Gründe liegen ausschließlich im Ermessen des Arbeitgebers. Auch die zuständigen Gerichte prüfen nicht, ob diese unternehmerische Entscheidung zweckmäßig ist oder nicht. Die Gründe können sich auf das Gesamtunternehmen beziehen, wie z. B. Absatzschwierigkeiten, oder auf Teilbereiche, bei denen sich die Arbeitsverteilung z. B. durch Umstrukturierung oder Outsourcing verändert hat. Die Gründe sind im Streitfall allerdings darzulegen. Als Grenze wird nur eine Entscheidung angesehen, deren eigentlicher Zweck die Entlassung bestimmter Mitarbeiter ist. Zwar liegen betriebsbedingte Entlassungsgründe schnell vor, jedoch sind die sich daran anschließenden Entlassungen keineswegs einfach und problemlos. Denn Kündigungen dürfen generell nicht sozial ungerechtfertigt sein. Es bedarf vielmehr einer so genannten „Sozialauswahl". Die Kündigung ist, trotz betrieblicher Gründe, sozial ungerechtfertigt, wenn der Arbeitgeber bei der Auswahl des Arbeitnehmers die Dauer der Betriebszugehörigkeit, das Lebensalter, die Unterhaltspflichten und die Schwerbehinderung des Arbeitnehmers nicht oder nicht ausreichend berücksichtigt hat (§ 1 Abs. 3 KSchG). Auf Verlangen des Arbeitnehmers hat der Arbeitgeber dem Arbeitnehmer die Gründe anzugeben, die zu der getroffenen sozialen Auswahl geführt haben. Im Streitfall hat der Arbeitnehmer zu beweisen, dass die Kündigung sozial ungerechtfertigt ist. Der Arbeitgeber braucht bei der Sozialauswahl diejenigen Arbeitnehmer nicht zu berücksichtigen, deren Weiterbeschäftigung, insbesondere wegen ihrer Kenntnisse, Fähigkeiten und Leistungen oder zur Sicherung einer ausgewogenen Personalstruktur des Betriebes, im berechtigten betrieblichen Interesse liegt (§ 1 Abs. 3 KSchG). Bei betriebsbedingten Kündigungen steht dem Arbeitnehmer eine Abfindung zu. Der Anspruch setzt den Hinweis des Arbeitgebers in der Kündigungserklärung voraus, dass die Kündigung auf dringende betriebliche Erfordernisse gestützt ist und der Arbeitnehmer bei Verstreichenlassen der Klagefrist die Abfindung beanspruchen kann. Die Höhe der Abfindung beträgt einen halben Monatsverdienst für jedes Jahr des Bestehens des Arbeitsverhältnisses. Dabei ist ein Zeitraum von mehr als sechs Monaten auf ein volles Jahr aufzurunden (§ 1a KSchG). Oftmals kommt es bei betriebsbedingten Kündigungen zur Klage des Arbeitnehmers gegen die Kündigung und für den Fortbestand des Arbeitsverhältnisses. Diese Klage muss der Arbeitnehmer innerhalb von drei Wochen nach Zugang der schriftlichen Kündigung beim Arbeitsgericht erheben.

Bei größeren Betrieben, ab 20 Mitarbeitern, besteht eine Anzeigepflicht gegenüber der Agentur für Arbeit, wenn ein größerer Teil der Mitarbeiter innerhalb von 30 Kalendertagen entlassen wird (§ 17 Abs. 1 KSchG). Die Agentur für Arbeit kann die Entlassungen um einen kürzeren Zeitraum hinauszögern (§ 18 KSchG).

Controlling inklusive Liquiditätsplanung

Der Begriff „Controlling" wird nicht einheitlich verwendet. Eine Übersetzung mit Kontrolle würde zu kurz greifen. Unter Controlling kann man die zahlenmäßige Nachbildung, Planung, Kontrolle und vor allem auch Steuerung eines Unternehmens verstehen. Grundlage des Controllings bildet also ein Modell des Unternehmens, welches oft auch „Controlling-Modell" genannt wird. Während es für die Modellkonzeptionen anerkannte Vorgehensweisen gibt, ist die konkrete Ausgestaltung für jedes Unternehmen anders. Folgende Unternehmensaspekte werden mittels des Controllings verfolgt:

- Generierung einer Unternehmensplanung zur langfristigen Unternehmenssteuerung über Absatzplanungen im direkten Bereich und Budgets in indirekten Bereichen

- Generierung zentraler Erfolgskennzahlen des Unternehmens zur Vereinfachung der Unternehmenssteuerung

- Schaffung einer Grundlage für laufende Steuermaßnahmen durch Identifizierung kurzfristiger oder langfristiger Planabweichungen

- Schaffung einer Grundlage für projektmäßige Optimierung der Kosten und Leistungsfähigkeit des Unternehmens

- Schaffung einer Grundlage für kostenmäßige Preisfestsetzung von Produkten, Dienstleistungen, Projekten

- Liquiditätsmanagement zur Sicherung der Liquidität sowie Optimierung der Einnahmen aus freier Liquidität

Die Aufzählung zeigt bereits, dass beim Controlling in zwei Teilbereiche unterschieden werden sollte: Einerseits geht es um eine erfolgsrelevante Steuerung des Unternehmens, andererseits um die Sicherung der Liquidität, die eine überlebensnotwendige Randbedingung des Geschäfts ist. Beide Bereiche sollen nachfolgend auch getrennt behandelt werden. Während Gründer zunächst, schon aufgrund der Größe des Unternehmens, nicht unbedingt eine detaillierte erfolgsrelevante Steuerung ihres Unternehmens brauchen, hat das Liquiditätsmanagement gerade für Gründer, die naturgemäß über begrenzte Mittel und unsichere Mittelzuflüsse verfügen, höchste Priorität. Daher soll das Management der Liquidität vorrangig vor der erfolgsrelevanten Steuerung behandelt werden.

1. Liquiditätsplanung und -management

Die Planung und das Management Ihrer Liquidität sind nicht zu unterschätzende Aufgaben. Fehlende Liquidität, nicht selten verursacht durch Zahlungsausfälle, sind häufige Ursachen für das Scheitern von Unternehmen. Denn sind Ihre Barmittelbestände aufgebraucht, fehlen Kreditlinien bei Ihrer Bank oder sind diese ausgeschöpft und kann auch in Waren oder Vermögensgegenständen gebundenes Kapital nur sehr langsam liquidiert werden, müssen Sie als Kapitalgesellschaft Insolvenz anmelden. Betreiben Sie Ihr Unternehmen nicht als Kapitalgesellschaft, haben Sie zwar keine absolute Pflicht dazu, jedoch ist dies oft ratsam. Darüber hinaus können auch Zahlungsstockungen bei Ihren Lieferanten zu schlechteren Konditionen führen, z. B. wenn die Lieferanten nur noch gegen Vorkasse liefern oder Sie in eine schlechtere Rabattklasse einordnen. Banken handeln bei Zahlungsstockungen besonders ungeduldig. Vertraglich steht Ihnen oft das Recht zu, den gesamten Kredit zu kündigen, was im Regelfall das unweigerliche Ende bedeutet.

Die Planung und das Management Ihrer Liquidität dürfen also nicht unterschätzt werden. Mittels der Planung schaffen Sie die Grundlage, Problemlagen oder drohende Probleme überhaupt erst zu erkennen, um dann korrigierende Maßnahmen zu ergreifen. Die Liquiditätsplanung ist von ihrer Form her recht einfach. Sie basiert auf Ihrer normalen Geschäftsplanung, muss aber zeitlich und auch inhaltlich feiner detailliert werden, um die Effekte auf die Liquidität genauer darzustellen. Ausstehende und zukünftige Einnahmen sowie fällige und zukünftig fällige Ausgaben sind in der Planung zu erfassen. Gerade bei den Einnahmen sollte immer ein Risikoabschlag sowohl von der Höhe als auch vom Zahlungseingang her vorgenommen werden. Im Saldo ergibt sich die Beeinflussung der Liquidität in der nahen Zukunft. Ist der Saldo negativ, müssen Kassenbestände und Bankguthaben diesen Saldo ausgleichen. Reichen diese nicht, muss ein Dispokredit bei Ihrer Bank genutzt werden. Ist der Saldo dagegen positiv, müssen Sie überlegen, ob und mit welcher Fristigkeit Sie Ihr Geld anlegen, z. B. als monatliches Festgeld.

Im Rahmen des Liquiditätsmanagements gibt es zahlreiche Hebel, die hier im Überblick, vereinzelt auch in der Tiefe dargestellt werden sollen. Dabei sollte man zwischen taktischen und strukturellen Hebeln unterscheiden. Taktische Hebel werden genutzt, um kurzfristige Engpässe auszugleichen. Sie werden fallweise genutzt, ohne dass in ihrer Nutzung eine Struktur erkennbar ist. Oft ist hier die Grenze zu unsauberen bzw. unseriösen Geschäftspraktiken nicht weit entfernt. Taktische Hebel versuchen vor allem, Ausgaben zeitlich nach hinten zu verschieben. Wesentliche Beispiele für taktische Hebel sind:

- Verschiebung von Ausgaben bis zur letzten Mahnstufe oder noch weiter
- Anfechtung von Forderungen, z. B. mit Hinweis auf Qualitätsmängel
- Verzögerung der Mahnstufen des Gläubigers, z. B. durch Angabe, eine Rechnung nicht erhalten zu haben

- Notverkäufe von Vermögensgegenständen oder Waren
- Auflösung langfristiger Guthaben, wie z. B. Festgeld, zur Erhöhung der Barmittelbestände

Strukturelle Hebel dagegen versuchen, die Voraussetzungen für schnelle Einnahmen sowie Grundlagen zur Überwindung möglicher bevorstehender, kurzfristiger Liquiditätsengpässe zu schaffen. Beispiele sind:

- Langfristig orientierte Finanzierung durch Kredite, Beteiligungen Dritter, Leasing
- Sale & Lease-Back
- Nutzung effektiver Zahlungsformen
- Professionelles Forderungsmanagement
- Factoring
- Kontokorrentkredit

Grundlage eines soliden Liquiditätsmanagements ist eine langfristig angelegte, solide Finanzierung. Die Möglichkeiten zur Finanzierung wurden bereits in Teil V detailliert vorgestellt. Je größer Ihr Unternehmen ist, umso sinnvoller ist es, sich eine Kreditlinie bei Ihrer Bank oder einem Bankenkonsortium einräumen zu lassen. Die Kreditlinie gibt Ihnen einen Rahmen vor, bis zu dem Sie Kredit zu vorab festgelegten Konditionen aufnehmen können, ohne jedes Mal aufs Neue mit Ihrer Bank zu diskutieren.

Reicht die ursprünglich abgeschätzte und abgesicherte Finanzierung nicht mehr aus, müssen Sie erneut an Ihre bestehenden oder neuen Kapitalgeber herantreten. Gegenwärtig ist oft die schnellste Möglichkeit, an Liquidität zu kommen, eine Sale- & Lease-Back-Konstruktion. Sie verkaufen dabei wichtige Vermögensgegenstände Ihres Unternehmens an ein Leasing-Unternehmen und generieren so Liquidität. Im gleichen Zug leasen Sie die Vermögensgegenstände wieder zurück, über einen vorher festgelegten Zeitraum. Da diese Transaktion auf Basis konkreter Vermögensgegenstände funktioniert, entfallen viele Diskussionen, die man sonst bei anderen Arten der Finanzierung hätte.

Im Folgenden sollen die anderen strukturellen Möglichkeiten zur Sicherung und Verbesserung der Liquidität genauer vorgestellt werden.

1.1 Zahlungsformen

Um schnell und sicher an Ihr Geld zu kommen und so Ihre Liquidität, aber auch Ihre Profitabilität zu sichern, sollten Sie die sichersten und geeignetsten Zahlungsformen wählen, die zudem einen schnellen Zugriff Ihrerseits auf die Geldmittel ermöglichen. Sie müssen hierbei allerdings häufig mit Kompromissen leben. Zahlungsformen, die für Sie als Unternehmer gut sind, verursachen den Kunden oft erheblichen Zusatzaufwand oder Zusatzkosten. Eine eingeschränkte oder nicht geeignete Auswahl von Zahlungsmethoden bedeutet dann häufig einen Verlust an Kunden.

Wenn Ihre Kunden relativ schnell zahlen und ehrlich sind, sind die preiswertesten und unkompliziertesten Zahlungsverfahren die besten Verfahren. So ist die Überweisung gegen Rechnung an sich eine bequeme und einfache Zahlungsform auch für Sie als Zahlungsempfänger. Sie müssen kein Bargeld verwahren und nicht zur Bank gehen. Gerade die Überweisung ist aber äußerst missbrauchsanfällig und in der Regel schlecht für die Liquidität. Nicht selten müssen Sie Ihre Kunden anmahnen oder gar weitere, umfassendere Schritte einleiten. Zudem ist die Überweisung für Ladengeschäfte, also im direkten Kundenkontakt, nicht geeignet. Tabelle 52 gibt einen Überblick über traditionelle Zahlungsverfahren. Diese werden immer stärker durch elektronische Zahlungsverfahren ergänzt, die anschließend dargestellt werden. Zudem haben sich im Zuge insbesondere der Ausweitung der Internetnutzung weitere Zahlungsformen etabliert, die ebenfalls erwähnt werden müssen. Welche Zahlungsformen für Ihr Unternehmen in Frage kommen, hängt vom Einzelfall ab. Je mehr Zahlungsarten Sie anbieten, umso mehr kommen Sie Ihren Kunden entgegen und schalten die Zahlungsform als Problem bei der Kundengewinnung aus. Je freizügiger Sie aber sind, umso höher werden Ihre Ausfälle sein.

Zahlungsform	Beschreibung
Barzahlung	▪ Reine Geldzahlung ▪ Postanweisung (Einzahlung bei der Postniederlassung, die dann das Geld zum Empfänger sendet)
Gegen Rechnung	▪ Kunde zahlt später nach dem Mittel seiner Wahl oder wie vorgegeben ▪ Durch Gewährung von Skonto kann versucht werden, die Zahlung zu beschleunigen
Nachnahme	▪ Einzug des Betrags vom Schuldner in bar bei und gegen Lieferung der Ware an den Überbringer, der den Betrag an den Gläubiger überweist ▪ Überbringer ist i. d. R. ein Logistikunternehmen, z. B. die Post oder ein anderes Transportunternehmen ▪ Wert der Warenlieferung ist jedoch oft begrenzt ▪ Kosten ab ca. 6 €, manchmal umsatzabhängig

Zahlungsform	Beschreibung
Lastschriftverfahren: Abbuchungsauftrag	▪ Ermöglicht dem Gläubiger, Zahlungen vom Konto des Schuldners abzubuchen ▪ Der Schuldner gibt seinem Kreditinstitut dazu eine entsprechende Vollmacht ▪ Einer ausgeführten Abbuchung kann nicht widersprochen werden
Lastschriftverfahren: Einzugsermächtigung	▪ Schuldner erteilt dem Gläubiger die Vollmacht, definierte Zahlungen von seinem Konto abzubuchen ▪ Abgebuchte Beträge können innerhalb von sechs Wochen zurückgefordert werden
Barscheck	▪ Gläubiger muss Scheck bei einem Kreditinstitut einlösen ▪ Auszahlung kann in bar erfolgen, an Empfänger oder Überbringer ▪ Gebühren für die Scheckeinreichung schwanken je nach Kreditinstitut ▪ Keine Sicherheit, das Scheck gedeckt ist
Verrechnungsscheck	▪ Entsprechend Barscheck ▪ Enthält Zusatzvermerk „nur zur Verrechnung" ▪ Verringert Risiko, dass der Scheck verloren geht und von einem falschen Überbringer eingelöst wird, da der Einlöser nachvollziehbar ist
Orderscheck	▪ Entsprechend Verrechnungsscheck ▪ Enthält Zusatzvermerk „oder Order" ▪ Nur einlösbar durch Empfänger, daher größere Sicherheit gegen Verlust

Tabelle 52:   *Traditionelle Zahlungsverfahren*

Elektronische Zahlungsverfahren können auf zwei verschiedenenartigen Infrastrukturen basieren. Einerseits gibt die Terminals, die am Verkaufspunkt, dem Point-of-Sale (POS), verfügbar sind und die Karten via offenem Magnetstreifen, offenem Chip oder verdecktem

Chip auslesen. Die meisten Terminals bieten alle elektronischen Zahlungsverfahren auf einmal an. Bei der Wahl des Terminals sollten Sie beachten, dass diese den OPT- und den EMV-Standard erfüllen. Sowohl der OPT-Standard („Online-Personalisierung von Terminal-Hardware-Sicherheitsmodulen") wie auch der EMV-Standard („Eurocard Mastercard Visa") erhöhen die Sicherheit der Transaktion vor Zugriffen von außen und der Dublettenziehung der Karten. Insgesamt gibt es zahllose Hersteller dieser Terminals. Andererseits können die elektronischen Zahlungsverfahren auch über das Internet angewendet werden. Grundlage bildet die Integration eines entsprechenden Zahlungsmoduls in das Internetangebot des Händlers. Die Verbindung wird in der Regel über SSL/https auf Basis von 40 oder 128 Bit verschlüsselt, so dass die Datenübertragung für den Normalgebrauch sehr sicher ist. Das neue, aber aufwendig zu installierende SET-Verfahren (Secure-Electronic-Transaction) versucht darüber hinaus auch die Identität der Teilnehmer zu sichern. Auch für die Online-Zahlungsmodule gibt es zahllose Anbieter. Die Unterschrift des Kunden wird im Internet durch sein Einverständnis in Form des Online-Anklickens der geltenden Bedingungen ersetzt.

Sowohl bei den Terminals wie auch bei den Online-Zahlungsmodulen hat der Händler die Möglichkeit, sich für eine Zahlungsform zu entscheiden. In Deutschland wird hauptsächlich das ELV-Verfahren genutzt, da dies am preiswertesten ist. Jedoch bietet es die geringste Sicherheit. Tabelle 53 zeigt die gängigsten Verfahren auf.

Zahlungsform	Beschreibung	Kosten für Händler
EC-Karte: Electronic-Cash-/Maestro-Verfahren (über Chip bzw. Magnetstreifen)	▪ Bargeldlose Zahlung durch Kunden ▪ Zahlung via PIN-Verfahren ▪ Zahlung wird durch Kreditinstitut des Kunden garantiert ▪ Electronic-Cash: nur für Deutschland, ▪ Maestro: weltweite Nutzer	▪ Electronic-Cash: 0,3 % Umsatzprovision, mind. 0,08 € ▪ Maestro: 1 % Umsatzprovision, mind. 0,8 € bis max. 3,85 €
EC-Karte: POZ	▪ Bargeldlose Zahlung durch Kunden ▪ Zahlung via Unterschrift des Kunden unter Einzugsermächtigung, der aber später widersprochen werden kann ▪ Zahlung wird nicht garantiert, aber Händler kann Kundendaten im Normalfall vom Kreditinstitut anfordern ▪ Ab ca. 30 € Wert besteht für Betreiber die Pflicht, die Sperrdatei der deutschen Kreditwirtschaft abzufragen	▪ Bei Abfrage der Sperrdatei 0,05 €

Zahlungsform	Beschreibung	Kosten für Händler
EC-Karte: ELV	■ Ähnlich POZ-Verfahren ■ Eine Sperrdatei existiert nicht ■ Bei Nichtzahlung des Kunden gibt Kreditinstitut die Kundendaten i. d. R. nicht heraus	■ Keine Kosten durch Bezahlform
Kundenkarten	■ Gestaltung über eine beliebige der oben beschriebenen Zahlungsverfahren ■ Wird oft von Nichtbanken in Zusammenarbeit mit Kreditinstituten herausgegeben	■ Kommt auf Ausgestaltung an
Kreditkarte	■ Bargeldlose Zahlung durch Kunden ■ Zahlung via Unterschrift ■ Zahlung wird durch Kreditkarteninstitut garantiert ■ Unterscheidung in Charge Cards (i.d.R unbegrenzt nutzbar, Abrechnung monatlich), Credit Cards (geben festen Kreditrahmen vor) und Debit Cards (direkt an Kundenkonto gebunden, tägliche Abrechnung, kein Überziehen)	■ 2–4 % Umsatzprovision
Geldkarte	■ Bargeldlose Zahlung durch Kunden ■ Zahlung anonym, ohne Unterschrift oder PIN, Händler rechnet einmal täglich mit dem Netzbetreiber ab ■ Voraussetzung: Geldkarten-Chip kann gelesen werden ■ Zahlung ist vom herausgebenden Institut garantiert ■ Eignet sich vor allem für kleinere Beträge	■ 0,3 % Umsatzprovision, mind. 0,1 €

Tabelle 53: Elektronische Zahlungsverfahren

Beachten Sie jedoch, dass sich die Kosten um Transaktionsgebühren durch den Netzbetreiber erhöhen, der sich vom Kreditinstitut, das die Karte herausgibt, unterscheidet. Es fallen in der Regel Kosten pro Transaktion von ca. 0,14 € an.

Gerade im Internet werden vielfach Inhalte oder andere geringwertigere Produkte verkauft. Die normalen elektronischen Bezahlverfahren scheiden dann aufgrund ihrer Kosten oftmals aus. Manche Kunden verfügen auch gar nicht über die notwendigen Grundlagen. So haben Minderjährige keine Kredit- oder EC-Karte oder auch kein eigenes Bankkonto zur Verfügung. Daher haben sich gerade für das Internet bzw. mobile Anwendungen neue Bezahlsysteme etabliert, die hier vorgestellt werden sollen. Tabelle 54 gibt einen Überblick.

- **Prepaid-Karten:** Unter Prepaid-Karten werden Zahlungsformen verstanden, bei denen vor dem Kauf eine bestimmte Summe Geldes auf eine Karte aufgeladen wird (oder eine Karte mit einem bestimmten fixen Guthaben gekauft wird). Auf der Karte ist ein PIN-Code enthalten, der „freigerubbelt" werden muss. Teilnehmende Händler sind mit einem zentralen Server des jeweiligen Kartenanbieters verbunden, über den beim Bezahlvorgang die vom Kunden eingegebene PIN sowie die vorhandene Deckung auf der Karte überprüft wird. Nach erfolgreicher Überprüfung wird die Transaktion freigegeben. Der Kartenanbieter zieht das verbrauchte Guthaben von der Karte ab und überweist dem Händler in regelmäßigen Abständen das Geld. Für den Händler besteht kein Risiko einer Unterdeckung oder eines sonstigen Kartenmissbrauchs. Der Kunde kann gegenüber dem Händler anonym bleiben. Die Geldkarte ist eine spezielle Prepaid-Karte, die aber nicht über eine PIN, sondern über einen Chip auf der Karte funktioniert. Bei der Geldkarte ist also die physische Karte entscheidend, für die der Kunde ein Lesegerät am Computer installiert haben müsste. Daher hat die Geldkarte im Internet keine weite Verbreitung gefunden. PIN-basierte Prepaid-Karten sind unabhängig von der Karte. Die PIN ist der zentrale Bestandteil und kann in jedes Online-Formular eingegeben werden. Insofern kann die „Karte" auch über das Internet nur in Form einer einzelnen PIN erworben werden, und Einzahlungen können online vorgenommen werden. Auch bei den Prepaid-Karten ist die Verbreitung ein wichtiges Kriterium bei der Händlerauswahl. Für den Händler kommt es darauf an, welcher Teil seiner Kunden eine solche Karte besitzt oder sie nutzen würde. Prepaid-Karten werden oft von zahlungsschwächeren Kunden oder Jugendlichen genutzt, denen ansonsten keine andere Bezahlform zur Verfügung steht.

- **Postpaid-Dienste:** Unter Postpaid-Bezahlformen werden Zahlungsformen verstanden, bei denen die finanzielle Transaktion erst nach dem Kauf der Ware angestoßen wird. Daher besteht bei Postpaid-Diensten immer ein Risiko, dass der Kunde nicht zahlt. Wie groß dieses Risiko ist, hängt vom eingesetzten Dienstleister ab. Bei Postpaid-Diensten gibt der Kunde während des Bezahlvorgangs i. d. R. ein spezielles Passwort ein, mit dem er sich über einen zentralen Server beim jeweiligen Bezahldienst anmeldet. Dieser Dienst prüft die eingegebenen Daten gegen seinen vorliegenden Kundenbestand und mögliche Negativmerkmale. Nach erfolgreicher Prüfung gibt der Diensteanbieter, ähnlich der Prüfung einer Kredit- oder EC-Karte, die Transaktion frei. Der Händler muss dazu eine Schnittstelle mit dem Dienstanbieter in seinen Internetshop integrieren, der Kunde muss vorab beim Bezahldienst angemeldet sein. Eine erstmalige Kundenanmeldung kann auch aus dem

Kaufprozess heraus erfolgen. Die Abrechnung des Diensteanbieters mit dem Kunden erfolgt dann auf Basis eines Lastschrifteneinzugs, durch Abrechnung über eine Kreditkarte oder mittels der Telekom über die Telefonrechnung.

Daneben gibt es kompliziertere Postpaid-Systeme, die auf Dialern basieren. Im Kaufprozess lädt sich der Kunde, wenn nicht bereits geschehen, einen Dialer aus dem Internet herunter. Dieser installiert sich und stellt anschließend eine Verbindung zu einer 0190-Nummer her. Die 0190-Nummer ist so getaktet, dass die Kosten dem Kaufbetrag entsprechen. Der Kunde bezahlt dann letztendlich über die Telefonrechnung. Dialersysteme sind, aufgrund weitreichenden Missbrauchs durch unseriöse Anbieter, ein echtes Hindernis für kaufwillige Kunden. Vom Einsatz eines solchen Systems ist abzuraten.

Ein besseres System wird von der Telekom im Rahmen von T-Pay angeboten: Dort wählen Sie einfach eine während des Kaufsvorgangs generierte Telefonnummer. Nach Anwählen der Nummer wird der Kaufvorgang im Internet freigegeben. Sowohl Dialer wie auch eine vorherige Anmeldung beim T-Pay-Dienst sind nicht notwendig. Die Infin GmbH & Co. KG bietet das gleiche System an, jedoch wird dem Kunden dabei eine fünfstellige TAN angesagt, mit der er dann letztendlich den Kauf freischalten kann.

PayPal, ein Tochterunternehmen von eBay, bietet als weiteren Vorteil an, dass auch Privatpersonen als Händler auftreten können und untereinander Geld anweisen können. Ansonsten funktioniert das System wie ein normales Postpaid-System.

Bezahlsystem	Anbieter	Domain	Bezugsmöglichkeit
Prepaid: Paysafecard	Paysafecard.com Wertmarken AG, Österreich, in Zusammenarbeit mit der Commerzbank AG	www.paysafecard.com	An Kiosken oder sonstigen Verkaufsstellen
Prepaid: Micromoney	Deutsche Telekom CardService GmbH	www.micromoney.de	T-Punkte, Postfilialen
PrePaid: WEB.Cents	Web.de AG	www.webcent.de	Nur online
Prepaid: Geldkarte	EURO Kartensysteme GmbH, im Auftrag der deutschen Kreditwirtschaft	www.geldkarte-online.de	Bei allen Banken
Postpaid: Click & Buy	Fristgate AG	www.firstgate.de	Nur online
Postpaid: T-Pay	Deutsche Telekom AG, T-Com	www.t-pay.de	Nur online, nur mit Festnetzanschluss

Bezahlsystem	Anbieter	Domain	Bezugsmöglichkeit
Postpaid: Infin-Micropayment	Infin – Ingenieurgesellschaft für Internettechnologien mbH & Co. KG	www.infin-online.de	Nur online, nur mit Festnetzanschluss
PayPal	PayPal (Europe) Ltd.	www.paypal.de	Nur online

Tabelle 54:   Micropayment-Verfahren

Mit Paybest (www.paybest.de) können Sie wichtige der oben genannten Systeme mittels einer übergreifenden Plattform für Ihr Internetangebot nutzen. Dazu bietet Paybest eine interessante Prepaid-Variante, bei der Sie durch Anrufen einer 0900- oder 0190-Nummer einen PIN-Code angesagt bekommen, der einer Prepad-Karte über einen geringen Wert (2,50 €) entspricht. So kann der Kunde, vorausgesetzt der Händler unterstützt Paybest, sofort an Ort und Stelle ein anonymes Bezahlverfahren ohne großen Aufwand nutzen.

1.2   Forderungsmanagement

Ein wesentlicher Bestandteil des Liquiditätsmanagements ist das Forderungsmanagement{XE „Forderungsmanagement}. Die wesentlichen Elemente des Forderungsmanagements sind die Rechnungstellung, das Mahnwesen und das Inkasso. Alle drei Elemente sind, soweit Sie als Unternehmer dies beeinflussen können, vor allem eine Frage gut strukturierter Prozesse.

Sie müssen Ihre Rechnung zeitnah stellen und zeitnah prüfen, ob eine gestellte Rechnung bezahlt wurde. Nach erfolglosem Ablauf der gesetzten Frist müssen Sie die jeweils anstehenden Maßnahmen ergreifen, um im Prozess keine Zeit zu verlieren. Der Prozess ist rechtlich vorgegeben, kann also nicht nach Ihrem Belieben abgeändert werden: Auf Mahnungen folgt die Beantragung eines Mahnbescheids, dann die Beantragung eines Vollstreckungsbescheids und erst dann die Zwangsvollstreckung. Der Schuldner muss Ihren Anspruch aber nicht anerkennen und kann sowohl dem Mahnbescheid wie auch dem Vollstreckungsbescheid widersprechen. Dann wird der Fall gerichtlich ausgetragen. Tabelle 55 gibt einen Überblick über die Prozessschritte.

Eine eidesstattliche Versicherung (EV, früher „Offenbarungseid" genannt) blockiert Ihren Zahlungsanspruch für drei Jahre. Hat Ihr Schuldner eine solche EV abgegeben und haben Sie keinen Grund zur Annahme, dass sich die Vermögensverhältnisse des Schuldners geändert haben, können Sie nur drei Jahre warten und dann versuchen, erneut zu vollstrecken. Grundlage ist ein vollstreckbarer Titel, den Sie nach Beantragung des Vollstreckungsbescheids erhalten. Dieser Titel ist 30 Jahre gültig. Sie können also über eine sehr lange Zeit den Versuch unternehmen, Ihre Schulden einzutreiben. Der Schuldner entkommt seinen Schulden nicht. Zudem ist durch die Abgabe der EV sein wirtschaftliches Leben stark behindert. Vielfältige Institute, allen voran Banken oder Autofinanzierer, machen kaum Geschäfte mit Kunden, die eine EV abgegeben haben.

Aktionsstufe	Beschreibung
Zahlungs-erinnerung	■ Nach Ablauf der vereinbarten Zahlungsfrist als höfliche Erinnerung ■ Neue Fristsetzung, z. B. zehn Tage, endend auf einem Werktag
1. Mahnung	■ Nach Ablauf der erneuten Fristsetzung ■ Als 1. Mahnung kenntlich machen ■ Neue Fristsetzung, z. B. zehn Tage, endend auf einem Werktag ■ Wenn man den Zugang der Mahnung nachweisen kann (z. B. durch Einschreiben), kann bereits hiernach ein Mahnbescheid beantragt werden. Dies ist jedoch nicht üblich
2. Mahnung	■ Analog 1. Mahnung ■ Neue Fristsetzung, z. B. zehn Tage, endend auf einem Werktag ■ Ab der 2. Mahnung kann ein Verzugsschaden geltend gemacht werden, jedoch nicht mehr als 2,5 € pro Mahnung
3. Mahnung	■ Analog 2. Mahnung ■ Neue Fristsetzung, z. B. zehn Tage, endend auf einem Werktag ■ Androhung gerichtlicher Schritte ■ Schuldner übernimmt die ab jetzt entstehenden Kosten, wenn er zahlungsfähig ist

Liquiditätsplanung und -management

Aktionsstufe	Beschreibung
Mahnbescheid	- Nach Ablauf der Mahnfrist können Sie einen Mahnbescheid beantragen (Vordrucke im Schreibwarenladen) - Der Antrag auf Erlass eines Mahnbescheids ist dem Amtsgericht zuzusenden - Das Amtsgericht bearbeitet den Antrag nur, wenn Sie die erforderlichen Gebühren im Voraus gezahlt haben; dazu bekommen Sie eine Zahlungsaufforderung vom Amtsgericht - Das Amtsgericht prüft die formelle, nicht die inhaltliche Richtigkeit des Mahnbescheids - Ist der Antrag korrekt ausgefüllt, wird er dem Schuldner zugestellt. Für die Ermittlung der Schuldneradresse sind jedoch Sie zuständig - Der Schuldner kann innerhalb von zwei Wochen dem Mahnbescheid widersprechen oder zahlen – widerspricht er, führt dies direkt zu einem Gerichtsverfahren, wenn dies bei der Beantragung des Mahnbescheids angemerkt wurde
Vollstreckungsbescheid	- Läuft auch diese Frist erfolglos ab, hat der Kunde aber dem Mahnbescheid nicht widersprochen, können Sie einen Vollstreckungsbescheid beim Amtsgericht beantragen. - Das Amtsgericht versendet den Vollstreckungsbescheid an den Schuldner - Der Schuldner kann innerhalb von zwei Wochen dem Vollstreckungsbescheid widersprechen oder zahlen – widerspricht er, führt dies direkt zu einem Gerichtsverfahren - Erfolgt kein Widerspruch, erwirbt der Gläubiger einen vollstreckbaren Titel gegen den Schuldner
Zwangsvollstreckung	- Hat der Schuldner weder gezahlt noch widersprochen, der Gläubiger also einen vollstreckbaren Titel, kann eine Zwangsvollstreckung beantragt werden - Die Beantragung erfolgt am Amtsgericht bei einem Gerichtsvollzieher - Wenn die Zwangsvollstreckung erfolglos war, kann dem Schuldner eine eidesstattliche Versicherung abverlangt werden. Er wird dann offiziell als zahlungsunwillig oder zahlungsunfähig in das Schuldnerregister am Amtsgericht eingetragen

Tabelle 55:   Stufen des Mahn- und Inkassoprozesses

Die EV gilt auch für Unternehmen. Im Falle von Kapitalgesellschaften folgt das direkte Ende. Vermögenslose Kapitalgesellschaften werden von Amts wegen gelöscht. Die Vorschriften des Insolvenzrechts und die strafrechtlichen Folgen einer Insolvenzverschleppung bleiben davon jedoch unberührt. Dies gilt ohnehin für alle Schuldner, unabhängig von ihrer Rechtsform.

Es ist insgesamt unbedingt anzuraten, Ihren Schuldner zur Abgabe einer EV zu bewegen. Erst wenn er diese abgegeben hat, können Sie einigermaßen sicher sein, dass er wirklich nicht zahlen kann. Die EV ist im Regelfall vom Gläubiger gesondert zu beantragen, kann im Einzelfall aber direkt vom Gerichtsvollzieher veranlasst werden (§ 900 Abs. 1 ZPO). Grundlage ist das negative Pfändungsprotokoll des Gerichtsvollziehers. Zur Abgabe der EV wird ein Gerichtstermin angesetzt. Bei diesem kann dem Schuldner unter Umständen eine weitere Frist von bis zu sechs Monaten gewährt werden. Ansonsten hat er an Ort und Stelle die EV abzugeben. Erscheint der Schuldner zum angesetzten Termin nicht oder verweigert die Abgabe der EV, kann der Gläubiger einen Haftbefehl beantragen (§ 901 ZPO), durch den der Gläubiger zur Abgabe der EV gezwungen werden soll. Allerdings muss der Haftbefehl oft ausgesetzt werden, denn der Schuldner hat selten die zur Abgabe der EV erforderlichen Unterlagen vollständig vorrätig. Der Gerichtsvollzieher gibt dem Schuldner hierfür eine gesonderte Frist (§ 902 ZPO). Die Haft darf sechs Monate nicht übersteigen. Verweigert der Schuldner für diese Dauer die Abgabe der EV, kommt er frei (§ 913 ZPO). Der Prozess gegen ihn darf dann innerhalb von drei Jahren nur wieder aufgerollt werden, wenn der Gläubiger glaubhaft macht, dass sich die Vermögensverhältnisse des Schuldners in der Zwischenzeit verbessert haben (§ 914 ZPO). Der Schuldner muss eine EV auch nur einmal abgeben, es sei denn, der Gläubiger macht glaubhaft, dass sich die Vermögensverhältnisse des Schuldners in der Zwischenzeit verbessert haben (§ 903 ZPO).

Der Inhalt einer EV ist im Wesentlichen ein Vermögensverzeichnis (§ 807 ZPO), mit dem der Schuldner sein fehlendes Vermögen zur Begleichung seiner Schulden belegen muss. Zusätzlich zum Vermögensverzeichnis sind Veräußerungen an nahe stehende Personen, die nicht länger als zwei Jahre zurückliegen, zu benennen. So will man die absichtliche „Vorbereitung" einer EV abklären. Die Angaben sind an Eides statt zu versichern. Falschangaben und auch fahrlässige Angaben können mit Freiheitsstrafen geahndet werden.

Beim zuständigen Amtsgericht werden Personen, die eine EV abgegeben haben oder gegen die ein Haftbefehl erlassen wurde, in einem Schuldnerverzeichnis geführt. Dieses Verzeichnis wird lokal geführt. Verlegt der Schuldner später seinen Wohnsitz, werden seine Daten nicht in das Schuldnerverzeichnis des neu zuständigen Amtsgerichts übernommen. Die Daten des Schuldners werden aus dem Schuldnerverzeichnis nach Ablauf von drei Jahren nach Eintrag, nach Absitzen einer sechsmonatigen Haftstrafe oder nach nachgewiesener Befriedigung der Schulden gelöscht (§ 915a ZPO).

Das Schuldnerverzeichnis kann von jedem ohne besonderes Interesse eingesehen werden. Betreiber von deutschlandweiten Datenbanken können sogar den Bezug dauerhafter Listen anfordern. Zudem erhalten die zuständigen Kammern (IHK, HWK, Berufsverbände) Listen. Auch Einzelauskünfte können beantragt werden (§ 915e ZPO). Taucht man im Schuldnerverzeichnis auf, wird es deutlich schwieriger, Geschäfte zu tätigen. Viele professionelle Anbieter, die Geschäfte gegen Rechnungen (z. B. im Versandhandel) machen oder Geld verleihen (Banken, Kreditkartenunternehmen) haben Zugriff auf übergreifende Listen, die von privaten Anbietern wie z. B. der SCHUFA geführt werden.

Der Schuldner entkommt seinen Schulden nur, wenn er Insolvenz anmeldet. Dafür gibt es die Form der Regelinsolvenz, die für den Schuldner teurer und langwieriger ist und die Form der Verbraucherinsolvenz, mit entsprechenden Vereinfachungen. Das Verbraucherinsolvenzverfahren ist nur für natürliche Personen, d. h. insbesondere keine Kapitalgesellschaften, möglich. Zum Zeitpunkt der Antragstellung selbständige Personen werden nach dem Regelinsolvenzverfahren behandelt. Gleiches gilt für Personen mit unübersichtlichen Vermögensverhältnissen, d. h. mit mehr als 20 Gläubigern. Hat ein Schuldner Insolvenz angemeldet, kann er im Normalfall nach sechs Jahren eine Restschuldbefreiung bekommen. Auf die während dieser Zeit nicht erfüllten Forderungen hat der Gläubiger keinen Anspruch mehr. Dafür muss der Schuldner während dieses Zeitraums kooperieren, insbesondere sich um eine angemessene Erwerbstätigkeit bemühen und sein pfändbares Einkommen zur Befriedigung der Gläubiger zur Verfügung stellen. Zudem darf er die Beantragung der Insolvenz nicht verschleppen, denn dies würde einem Gläubiger gemäß § 290 InsO die Möglichkeit geben, eine Nicht-Gewährung der Restschuldbefreiung des Schuldners zu beantragen.

Sie können den oben beschriebenen Prozess komplett selbst abwickeln. Dies ist jedoch gerade in den späteren Schritten nicht anzuraten, da man zu leicht Fehler machen kann. Nicht selten wird nach erfolglosem Ablauf der Mahnfristen ein Rechtsanwalt oder eine Inkassoagentur eingeschaltet. Rechtsanwälte kosten auf jeden Fall eine fixe Gebühr, abhängig vom Streitwert. Inkassoagenturen arbeiten manchmal erfolgsabhängig, aber oft auch nur im Erfolgsfall. Kann das Geld nicht eingetrieben werden, kommen dennoch weitere Kosten auf Sie zu.

1.2.1 Schuldnertricks

Der oben aufgezeigte Prozess wirkt sicher und gut strukturiert. Praktisch kann das Mahnwesen, viel mehr noch das Inkasso, aber ein echter Albtraum für einen Unternehmer sein. Schuldnern stehen jede Menge Optionen offen, diesen Prozess zu verzögern oder ihn oftmals gar komplett zum Stehen zu bringen. Insbesondere wenn es ein Schuldner darauf angelegt, werden Sie Schwierigkeiten haben, an Ihr Geld zu kommen. Dabei kommt der regionalen Strukturierung der Handelsregister, Schuldnerregister und Meldestellen eine zentrale negative Rolle zu. Folgende Vorgehensweisen von Schuldnern zur Vermeidung von Zahlungen sind typisch:

- **Behauptung, Mahnungen nicht erhalten zu haben.** Im einfachsten Fall behauptet Ihr Schuldner einfach, Ihre Mahnungen nicht erhalten zu haben. Können Sie dies nicht nachweisen, sind Sie in einem Gerichtsverfahren chancenlos. Dies hindert Sie zwar nicht, den Prozess erneut aufzurollen, führt aber zu unnötigen und kostspieligen Verzögerungen. Die einfachste Gegenmaßnahme ist die Zusendung der Mahnung mittels Einschreiben.

- **Verlegung von Wohnsitz oder Unternehmenssitz.** Deutlich mehr Probleme bereitet es Ihnen, wenn ein Schuldner während Ihrer Inkassobemühungen den Wohnsitz oder seinen

Unternehmenssitz verlegt. Sie wissen schlicht nicht, wo Sie die Mahnungen und später Mahn- und Vollstreckungsbescheid hinsenden sollen. Eventuell kann auch die Zwangsvollstreckung ins Leere laufen. Es ist grundsätzlich an Ihnen als Gläubiger, die korrekte Adresse Ihres Schuldners ausfindig zu machen. Der Schuldner hat keine Pflicht, Ihnen dies mitzuteilen. Zieht eine Privatperson aus der Gegend weg, haben Sie keinen Anhaltspunkt für dessen Aufenthalt, denn ein zentrales Melderegister gibt es nicht. Auch das Einwohnermeldeamt erhält nur eine Abmeldung, nicht aber den Zielort. Vielleicht bekommen Sie über Nachbarn oder Verwandte Hinweise. Wohnt die Person aber nicht in Ihrer Nähe, haben Sie oft gar nicht die Möglichkeit, eigene Recherchen anzustoßen. Sie müssen dann einen Profi anheuern, was sich aber nicht in allen Fällen lohnt. Ähnliches gilt für die Verlegung des Unternehmenssitzes. Dieser muss zwar, mit Ausnahme von Freiberuflern, im Gewerberegister und eventuell auch im Handelsregister angegeben werden. Abmeldungen werden aber nicht um einen Zielort ergänzt, und ein zentrales Register gibt es nicht. Unternehmenssitze können über Briefkastenadressen schnell verlegt werden, und dies gar mehrmals hintereinander. Zudem erfolgt selbst bei regelrechter Verlegung des Unternehmens die Eintragung am neuen Sitz erst mit einer unter Umständen erheblichen Zeitverzögerung, da die zuständigen Behörden oftmals sehr überlastet sind. Hier helfen nur zeitintensive Recherchen. Der Mahn- und Inkassoprozess kommt dabei vollständig zum Erliegen, denn Sie können dem Schuldner nichts zustellen.

- **Komplettabmeldung.** Noch schwieriger als beim Umzug wird es, wenn sich der Schuldner einfach abmeldet und gar nicht mehr anmeldet. Zwar ist er dazu verpflichtet, aber die Folgen sind kaum nennenswert. Im Normalfall ist mit nicht mehr als einem kleinen Bußgeld zu rechnen. Sie haben dann keine Orientierungsmöglichkeit. Zu beachten ist aber, dass die wenigsten Personen wirklich ihr Umfeld vollständig verlassen und gar nicht mehr auffindbar sind. Ein wirklich neues Leben fangen die meisten Schuldner nicht an. Erwartungsgemäß kann man sie also noch in ihrem alten Umfeld antreffen. So findet man vielleicht den Sitz eines Unternehmens nicht mehr, der Geschäftsführer dürfte aber noch immer in der Nähe sein. Auch hier können zeitintensive und teure Recherchen helfen. Der Mahn- und Inkassoprozess kommt eventuell vollständig zum Erliegen, denn Sie können dem Schuldner nichts zustellen.

- **Zwischenzeitliche Insolvenz oder Abgabe einer eidesstattlichen Versicherung.** Nachhaltige säumige Schuldner haben oft mehrere Gläubiger. Sie merken recht schnell, wann ihnen größere Schwierigkeiten drohen. Es ist daher nicht unüblich, dass diese gerade dieser Schuldner verstärkt wirtschaftsaktiv werden, denn sie haben sowieso nichts mehr zu verlieren. Daher wird es im Prozess häufig dazu kommen, dass Sie sich kurz vor dem Erfolg fühlen und der Schuldner zwischendurch, veranlasst durch einen anderen Gläubiger oder aus freien Stücken, eine EV abgibt oder Insolvenz beantragt. Zudem können auch Sie derjenige sein, der den Schuldner zur Abgabe zumindest einer EV zwingt. In beiden Fällen ist das Resultat das gleiche. Sie bekommen Ihr Geld zunächst nicht, bleiben aber auch den Kosten sitzen. Hat der Schuldner nur eine EV abgegeben, können Sie nach Ablauf der Dreijahresfrist eine erneute Vollstreckung zzgl. der Ihnen im Prozess entstandenen Kosten versuchen. Ob dies Erfolg hat, ist jedoch unklar. Schon die Überwachung des Schuldners bzw. Vorlage des Vorgangs über einen so langen Zeitraum ist aufwendig. Inkassobüros helfen hierbei, arbeiten aber nicht umsonst.

- **Erschwerung der Vorprüfung.** Da viele Unternehmen ihre Kunden vor einer Geschäftsbeziehung überprüfen, versuchen „Profis" oft, ihren wahren Status zu verheimlichen: Da die EV nur zum Eintrag in das Schuldnerverzeichnis des zuständigen Amtsgerichts führt (ein zentrales Verzeichnis gibt es in Deutschland nicht), verlegen „Profis" ihren Wohnsitz für den Zeitpunkt der Abgabe der EV schon einmal kurzfristig. An ihrem angestammten Wohnort sind sie damit nicht im Schuldnerregister eingetragen.

1.2.2 Vorbeugende Maßnahmen gegen Schuldnertricks

Diesen unangenehmen Erfahrungen können Sie versuchen weitestgehend vorzubeugen. Allerdings wird dies nicht immer gelingen. Folgende, recht einfache Optionen stehen Ihnen zur Verfügung, um sowohl eine schnelle Zahlung sowie überhaupt eine Zahlung zu erwirken:

- **Einräumung von Skonto.** Es ist in vielen Branchen üblich, bei Bezahlung innerhalb einer festgesetzten Frist so genanntes „Skonto" einzuräumen. Dies ist im Endeffekt ein Rabatt, der für die zügige Bezahlung gewährt wird. Der Rabatt liegt im Regelfall bei bis zu 3 % und wird bei Fristen zwischen zehn Tagen bis zu einem Monat gewährt. Der Anreiz für halbwegs liquide Schuldner zur rechtzeitigen Bezahlung ist sehr hoch, da der Rabatt, auf das Kalenderjahr gerechnet, eine erhebliche Rendite ergibt.

- **Sicherere Zahlungsformen.** Sie können Ihre Waren oder Dienstleistungen gegen Vorkasse oder Anzahlungen, per Nachnahme, mittels Lastschrifteinzug oder auf EC- oder Kreditkarte verkaufen. Zwar sind diese Zahlungsformen, bis auf die Vorkasse und die Nachnahme, nicht absolut sicher, aber die Zahlungsausfälle lassen sich damit reduzieren. Auch das Lastschrifteinzugsverfahren ist nicht sicher. Ihr Kunde kann dem Lastschrifteinzug widersprechen. Dann holt seine Bank das Geld wieder von Ihnen zurück. Der ideale Weg sind Vorkasse oder Nachnahme als sicherste Mittel, an ihr Geld zu kommen. Da aber zahlungswillige und -fähige Kunden diese Zahlungsformen nicht schätzen, verliert man aber einiges an Potential. Man kann dann diese Praxis nur auf Neukunden beschränken, was die Kundenverluste etwas mindern könnte. Allerdings öffnet man dann den Schlechtzahlern wieder die Tür: Es ist nicht unüblich, erst eine geringwertige Bestellung voll gegen Vorkasse oder Nachnahme zu zahlen und später dann höherwertige Bestellungen gegen Rechnung nicht zu zahlen.

- **Prüfung durch eine Wirtschaftsauskunftei.** Sie können, bevor Sie ein Geschäft mit einem Partner abschließen, dessen Geschäftssituation prüfen lassen. Geprüft werden sollten im Falle einer Kapitalgesellschaft sowohl das Unternehmen wie auch die Geschäftsführer als Privatpersonen. Diese Prüfung ist keineswegs sicher, kann aber einige „schwarze Schafe" von vorneherein auszusortieren. Wirtschaftsauskunfteien beziehen ihre Informationen aus mehreren Quellen:

  - Schuldnerverzeichnisse und Handelsregister
  - Eigene Recherchen, die jedoch meist oberflächlich sind

– Drittdaten, die Zahlungsinformationen über Kunden an Wirtschaftsauskunfteien wieterleiten.

Die von den Auskunfteien aufgezeigte Sicherheit ist aber unbedingt mit Vorsicht zu genießen. Deren Datenquellen können vor allem angehende Problemfälle nicht aufspüren. Manche Unternehmen arbeiten gleich mit mehreren Wirtschaftsauskunftsdiensten zusammen. Dies bietet sich vor allem dann an, wenn Sie sowohl Privat- wie auch Firmenkunden bedienen. Denn die Wirtschaftsauskunfteien sind in der Regel nur in einem Bereich wirklich gut aufgestellt.

- **Eigene Prüfungen des Schuldnerverzeichnisses, des Handelsregisters und der Insolvenzgerichte.** Sie können sich auch selbst Auskünfte aus dem Schuldnerverzeichnis, Auszüge aus dem Handelsregister oder Informationen vom Insolvenzgericht (dem Amtsgericht) anfordern. Damit umgehen Sie das Risiko, dass eine Wirtschaftsauskunftei unsauber arbeitet, haben aber erheblich mehr Aufwand. Zudem sind Sie aufgrund der Regionalität der Verzeichnisse und Register nie sicher, dass Sie wirklich den Gesamtüberblick haben.

- **Bankauskünfte.** Wenn Ihnen die Bank Ihres Schuldners bekannt ist, können Bankauskünfte etwas mehr Klarheit über die wirtschaftlichen Verhältnisse bringen. Bankauskünfte sowie das Bankgeheimnis sind, entgegen anders lautender Meinungen, nur ansatzweise gesetzlich geregelt. Insbesondere ist die Verletzung des Bankgeheimnisses nur selten strafbar. Gemäß der aktuellen Praxis erteilen Banken – ohne Abstimmung mit dem betroffenen Kunden – aber nur Auskünfte über im Handelsregister eingetragene Kaufleute, d. h. die meisten Unternehmen. Bei Privatpersonen wird der Kunde vorab um Erlaubnis gefragt, die bei Problemfällen sicher nicht gegeben wird. Auch im Handelsregister eingetragene Kaufleute können ihre Bank anweisen, keine Auskünfte und vorherige Abstimmung zu erteilen, was aber regelmäßig aus Unkenntnis unterbleibt. Die Auskünfte sind aber begrenzt. Gemäß den AGB der Sparkassen werden Auskünfte erteilt über die „wirtschaftlichen Verhältnisse anderer Kunden, deren Kreditwürdigkeit und Zahlungsfähigkeit; betragsmäßige Angaben über Kontostände, Sparguthaben, Depot- oder sonstige Kreditinanspruchnahmen werden nicht gemacht".

- **Maßnahmen im Inkassoprozess.** Während des Mahn- und Inkassoprozesses müssen Sie sich natürlich an die gesetzlichen Vorschriften halten. Sie können Ihrem Schuldner aber die Konsequenzen seines Verhaltens klar machen, wenn Sie ihm Böswilligkeit unterstellen. Dabei haben Sie zwei schwerwiegende Drohmöglichkeiten, von denen allerdings die zweite Option bei tatsächlichen Problemen des Schuldners nicht angebracht und auch nicht zielführend ist:

    – **Eidesstattliche Versicherung.** Mit der Vorladung zur Abgabe einer eidesstattlichen Versicherung kommt das wirtschaftliche Leben Ihres Schuldners in größerem Umfange zum Erliegen. Spätestens dann wird auch sein Arbeitgeber davon erfahren. Die Dauer einer EV beträgt drei Jahre und schützt den Schuldner während dieser Zeit. Danach können Sie aber erneut tätig werden. Dies sollten Sie Ihrem Schuldner auch vermitteln, wenn Sie den Eindruck haben, dass er böswillig handelt.
    – **Verwehrung der Restschuldbefreiung.** Gewinnen Sie den Eindruck, dass Ihr Schuldner böswillig agiert und seine Lage absichtlich ausnutzt, z. B. nach dem Motto „jetzt

erst recht", so kann der Hinweis auf eine Verwehrung der Restschuldbefreiung helfen. Der Schuldner kann nämlich durch Beantragung einer Insolvenz in ca. sechs Jahren von all seinen Schulden befreit werden. Voraussetzung dafür ist jedoch, dass er sich vor und während des Insolvenzverfahrens redlich verhält im Sinne des § 283 StGB. Will er sich vor Beantragung der Insolvenz noch einmal richtig ausleben, können Sie später als Gläubiger gemäß § 290 InsO mit Hinweis auf das Verhalten des Schuldners beantragen, dass ihm die Restschuldbefreiung verwehrt wird. Zwar entscheidet das Gericht, aber das Drohpotential ist hoch.

1.3 Factoring

Beim Factoring handelt es sich um den Verkauf eigener Forderungen an einen speziellen Dienstleister. Man kann das Factoring auch als taktische Maßnahme zur Liquiditätsoptimierung ansehen. Oft ist die Nutzung dieser Variante der Liquiditätssicherung aber notwendig langfristig angeleg, denn es ist ein langfristiger Vertrag mit einem Factoringinstitut (auch „Factor" genannt) abzuschließen. Im Vertrag werden auch die Kunden festgelegt, deren Forderungen durch den Factor übernommen werden sollen. Damit hat der Factor die Möglichkeit, die Kunden vorab zu prüfen, und kennt das Risiko, das er eingeht.

Factoring funktioniert im Regelfall wie folgt:

- Unternehmen und Factor schließen einen langfristigen Vertrag, mit Limits für das Factoring und Festlegung von Kunden, um deren Forderungen es gehen soll.
- Stellt das Unternehmen diesen Kunden eine Rechnung, geht diese in Kopie an den Factor.
- Der Factor zahlt dem Unternehmen sofort den fälligen Betrag abzügl. 10 **bis** 15 % Sicherheitsabschlag aus und erwirbt damit die Forderung.
- Der Factor treibt die Rechnung in seinem eigenen Namen ein.
- Erhält der Factor das Geld, begleicht er den Sicherheitsabschlag beim Unternehmen, zieht allerdings die vereinbarten Bearbeitungsgebühren und Zinsen ab.

Im Regelfall übernimmt der Factor das Ausfallrisiko des Kunden. Daher muss der Kunde auch vertragsmäßig festgelegt und vom Factor vorab geprüft werden können.

Der Vorteil für das Unternehmen liegt in der schnellen Liquidität, dem verminderten Ausfallrisiko und dem Outsourcing eines Teils des Forderungsmanagements. Dem sind die Kosten gegenüberzustellen. Zudem erfassen die Verträge oft zwangsläufig alle Geschäftsbeziehungen mit den angegebenen Kunden. Das Factoring wird damit zur Pflicht, auch wenn die Liquiditätslage gut ist.

1.4 Kontokorrentkredit

Der Kontokorrentkredit ist ein Liquiditätsinstrument, um kurzfristige Liquiditätsschwankungen auszugleichen. Dabei handelt es sich um eine vorab mit Ihrer Bank vereinbarte Kredithöchstsumme. Überziehungen bis zu dieser Höhe werden mit dem vereinbarten Zinssatz abgegolten. Der Zinssatz liegt über dem normaler, längerfristiger Finanzierungen. Eine wirkliche Finanzierung, d. h. nicht nur ein kurzfristiger Liquiditätsausgleich, wird besser, da günstiger, über einen Unternehmenskredit abgesichert. Sollten Sie also Ihren Kontokorrentkredit dauerhaft ausschöpfen, ist die Umschuldung in einen langfristigeren Kredit vorteilhafter. Die Höhe des Kontokorrentkredits wird oftmals dauerhaft oder für einen bestimmten Zeitraum festgelegt. Sie entspricht einer Kreditlinie bei einer langfristigen Finanzierung. Diese Begrenzung gibt jedoch nicht das Ende dieser Möglichkeit zur kurzfristigen Liquiditätsbeschaffung vor. Sie können Ihr Konto auch ohne Kontokorrentkredit bzw. über diesen hinaus überziehen. Die meisten Banken dulden dies in einem gewissen finanziellen Rahmen und über eine gewisse Zeit. Dazu geben die AGB Ihrer Bank Auskunft. Die anfallenden Zinsen steigen jedoch rapide im Vergleich zum ohnehin schon teuren Kontokorrentkredit. Also ist dies nur eine Option für wirklich Notfälle und sollte durch eine gute Planung möglichst ganz vermieden werden.

Der Kontokorrentkredit wird vielfach auch Überziehungskredit, Dispokredit oder Dispositionskredit genannt. Letztere Bezeichnungen werden vor allem im Privatkundenbereich angewandt. Voraussetzung in allen Fällen ist die Unterhaltung eines Kontokorrent- bzw. Girokontos bei Ihrer Bank. Die Höhe des eingeräumten Kredits hängt von Ihrem bisherigen Zahlverhalten, Ihren Kontobewegungen und Ihren sonstigen Sicherheiten ab.

2. Erfolgsrelevante Steuerung

Als Grundmodell für die erfolgsrelevante Steuerung des Unternehmens wird regelmäßig eine Kosten- und Leistungsrechnung genutzt, die auf Kostenarten, Kostenstellen und Kostenträgern beruht. Diese drei Grundbegriffe haben folgende Bedeutung:

- Kostenartenrechnung: Unterteilt die Kosten der Art nach
- Kostenstellenrechnung: Ordnet die Kosten Organisationseinheiten im Unternehmen zu
- Kostenträgerrechnung: Ordnet die Kosten einem Leistungsaspekt, z. B. einem Produkt, zu

Diese drei Rechnungen haben sich als Grundschema für die Kosten- und Leistungsrechnung etabliert, aus der betrieblich relevante Informationen abgeleitet werden. Der Zusammenhang zwischen den Rechnungen wird in Abbildung 30 dargestellt.

Erfolgsrelevante Steuerung 475

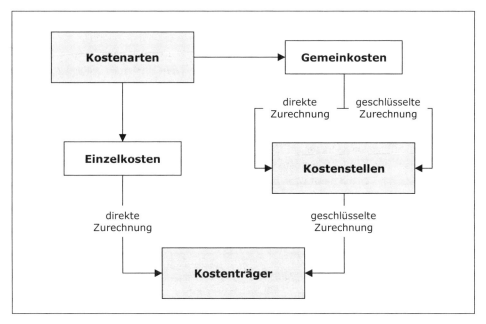

Abbildung 30: Komponenten der Kosten- und Leistungsrechnung

Traditionell werden die meisten Ausführungen der Kostenstellenrechnung gewidmet, denn sie ist die komplexeste Komponente. Kostenstellen sind in der Regel organisatorisch abgegrenzte Einheiten, z. B. Buchhaltung und Lager, können aber beliebig definiert werden. Zunächst müssen Kosten, die nicht einem Kostenträger, also einem Produkt, direkt zugeordnet werden können, auf die Kostenstellen verteilt werden. Bereits hier werden oftmals Schlüssel benötigt, um die Kosten auf die Kostenstellen zu verteilen. So können zumeist die Kosten der Geschäftsführung weder einem Produkt noch einer Kostenstelle direkt zugeordnet werden (wenn es nicht gerade die Kostenstelle Geschäftsführung gibt). Die Kosten werden dann zuerst den Kostenstellen zugeschlüsselt (einen Anteil der Kosten für die Buchhaltung, einen für das Lager usw.). Sind diese Kosten den Kostenstellen zugeordnet, werden diese wiederum den Kostenträgern zugeschlüsselt. So wird einem Produkt ein bestimmter Anteil der Kosten an den Kostenstellen Buchhaltung und Lager (und indirekt auch der Geschäftsführung), einem anderen Produkt ein anderer Anteil zugeschlüsselt. Im Endeffekt sind alle Kosten auf die Kostenträger, die Produkte, verteilt. Jetzt kann man die Herstellungskosten der Produkte ermitteln, sowohl in Summe wie auch pro Stück. Zudem lässt sich der Erfolgsbeitrag jedes einzelnen Produkts durch eine Gegenüberstellung mit den Erlösen bestimmen.

Beispiel

Kosten- und Leistungsrechnung in der Fertigungstechnik. Ein Unternehmer stellt spezielle Ausrüstungen für Automobilwerkstätten her. Er will den Erfolg seines ersten Geschäftsjahres, mit dem er grundsätzlich zufrieden ist, genauer verstehen. Dazu teilt er sein Unternehmen in die drei von ihm hergestellten Produkte ein: Werkzeughalter, Werkbänke und Bohraufsätze. Er will die Kosten den Erlösen gegenüberstellen und so den Gesamtgewinn aufteilen. Material und Fertigungslöhne kann er den Produkten einfach zuordnen. Die Kosten des Lagers, der Fertigungsleiter, der Maschinen und der Verwaltung kann er jedoch nicht direkt aufteilen. Sie werden zur Herstellung aller Produkte genutzt. Daher bildet er die Kostenstellen Lager, Fertigung und Verwaltung. Diesen kann er die offenen Kosten einfach zuordnen. Um nun diese Kosten seinen Produkten zuzuordnen, orientiert er sich bei der Kostenstelle Lager am Materialaufwand, bei der Kostenstelle Fertigung an den Fertigungslöhnen und bei der Kostenstelle Verwaltung an den gesamten Herstellungskosten. Er setzt die Summe der Kosten einfach zueinander in Bezug und wendet den so erhaltenen Schlüssel auf die Kosten für die einzelnen Produkte an. Es ergibt sich das in Tabelle 56 aufgezeigte Bild: Das Unternehmen insgesamt ist erfolgreich und generiert einen Gewinn von 18.000, das Produkt Werkbank scheint nicht erfolgreich zu sein.

	Kostenart		Schlüssel	Kostenträger			Summe
				Werkzeugständer	Werkbank	Bohreraufsatz	
	Ausbringung (in Stück)			500	500	500	
1	Fertigungsmaterial	direkt		25.000	15.000	20.000	60.000
2	Materialgemeinkosten	indirekt	20 %	5.000	3.000	4.000	12.000
3	Fertigungslöhne	direkt		60.000	60.000	120.000	240.000
4	Fertigungsgemeinkosten	indirekt	50 %	30.000	30.000	60.000	120.000
5	Herstellungskosten (Pos. 1–4)			120.000	108.000	204.000	432.000
6	Verwaltungskosten	indirekt	19 %	22.222	20.000	37.778	80.000
7	Summe der Kosten (Pos. 5+6)			142.222	128.000	241.778	512.000
8	Erlöse			180.000	100.000	250.000	530.000
	Ergebnis (Pos. 8–7)			37.778	-28.000	8.222	18.000

Tabelle 56: Kosten- und Leistungsrechnung 1 (Beispiel Fertigungstechnik, in €)

Erfolgsrelevante Steuerung

Die beschriebene Rechnung nach Vollkosten, bei der also alle Kosten letztendlich auf Produkte oder Dienstleistungen verteilt werden, ist grundsätzlich, obwohl der Standard in vielen Unternehmen, ein sinnloses Unterfangen. Das zentrale Problemfeld ist dabei die Kostenstellenrechnung. Sowohl die Zuschlüsselung von Gemeinkosten auf Kostenstellen wie auch die Zuschlüsselung der Kostenstellenkosten auf Kostenträger ist, betriebswirtschaftlich gesehen, zumindest äußerst gefährlich. Egal wie detailliert man den Schlüssel festlegt (und es gibt zahlreiche Abhandlungen über den „idealen" Schlüssel), es gibt zwischen den Kostenträgern und den zugeschlüsselten Kosten keinen direkten Zusammenhang. Sie beeinflussen einander nur sehr indirekt. So bleiben die Kosten für die Geschäftsführung gleich, auch wenn weniger Produkte oder Produktarten hergestellt werden. Erst eine umfangreiche Veränderung würde auch eine Veränderung in der Geschäftsführung bewirken, nicht jedoch Schwankungen im normalen Rahmen. Wenn es aber den Wirkungszusammenhang, den die Zuschlüsselung von Gemeinkosten impliziert, nicht gibt, ist das Modell der Vollkosten nutzlos. Die Vorgehensweise der Zuschlüsselung wird im so genannten „Betriebsabrechnungsbogen" vorgenommen. Immer wenn Sie dem Konzept der Zuschlüsselung von Gemeinkosten begegnen, sollten Sie daher gewarnt sein.

Ein konkretes Problem ist die Preisfestsetzung nach Vollkosten, ein weiteres eine Rentabilitätsbeurteilung nach Vollkosten. In beiden Fällen kann eine solche Kosten- und Leistungsrechnung den Ruin Ihres Unternehmen bedeuten.

Beispiel

Kosten- und Leistungsrechnung in der Fertigungstechnik. Der bereits vorgestellte Unternehmer beschließt, das gemäß seiner Kosten- und Leistungsrechnung auf Vollkosten verlustbringende Produkt vom Markt zu nehmen. Bevor er dies tut, will er die Folgen, angenommen das kommende Jahr würde ansonsten gleich wie das letzte Jahr verlaufen, berechnen. Er stellt fest, dass sich das Bild dramatisch verschlechtern würde: Aus einem kleinen Gewinn (18.000 €) vorab wird nun ein Verlust (-7.000 €). Daher verzichtet er darauf, das Produkt aus dem Programm zu nehmen. Die Berechnung entsprechend Tabelle 57 hat ihn dazu veranlasst:

Kostenart		Schlüssel	Kostenträger			Summe
			Werkzeugständer	Werkbank	Bohreraufsatz	
	Ausbringung (in Stück)		500	500	500	
1	Fertigungsmaterial	direkt	25.000	0	20.000	45.000
2	Materialgemeinkosten	indirekt	27 %	6.667	0	5.333	12.000
3	Fertigungslöhne	direkt	60.000	0	120.000	180.000
4	Fertigungsgemeinkosten	indirekt	67 %	40.000	0	80.000	120.000
5	Herstellungskosten (Summe Pos. 1–4)		131.667	0	225.333	357.000
6	Verwaltungskosten	indirekt	22 %	29.505	0	50.495	80.000
7	Summe der Kosten (Pos. 5+6)		161.172	0	275.828	437.000
8	Erlöse		180.000	0	250.000	430.000
	Ergebnis (Pos. 8–7)		**18.828**	**0**	**-25.828**	**-7.000**

Tabelle 57:   *Kosten- und Leistungsrechnung 2 (Beispiel Fertigungstechnik, in €)*

Sieht man von den Zuschlüsselungen der Kostenstellenrechnung ab, bildet das auf Kostenarten, Kostenstellen und Kostenträgern basierende Unternehmensmodell aber eine gute Grundlage für die erfolgsrelevante Steuerung eines Unternehmens. Es ermöglicht relevante Einblicke in wesentliche Zusammenhänge, wie in Tabelle 58 dargestellt.

Rechnung	Einblick für Controlling
Kostenarten	■ Vergleich der Kostenarten zeigt Hauptkostentreiber und Ansatzpunkt für Optimierungen
	■ Plan-Ist-Vergleich und nachfolgende Ursachenforschung schärfen Unternehmensverständnis allgemein

Rechnung	Einblick für Controlling
Kostenstellen	▪ Bildung von Kostenstellen ermöglicht Budgetierung und Planung nicht direkt produktiver Unternehmensbereiche ▪ Ermöglicht die Optimierung der indirekten Kosten ▪ Verantwortung über das Budget einer Kostenstelle kann Kostenstellenleiter übertragen werden ▪ Ermöglicht die Schaffung und klare Definition von Anreizen zur Plan(über)erfüllung ▪ Plan-Ist-Vergleich und nachfolgende Ursachenforschung schärfen Unternehmensverständnis allgemein
Kostenträger	▪ Grundlage für die Bestimmung der Herstellungskosten für die Bilanz ▪ Direkte Kosten zeigen unterste Preisgrenze ▪ Vergleich der Produkte auf Basis direkter Kosten ermöglicht Rangordnung der Produkte bzw. bildet Ansatz für Optimierung der direkten Kosten ▪ Ermöglicht die Schaffung und klare Definition von Anreizen zur Plan(über)erfüllung ▪ Plan-Ist-Vergleich und nachfolgende Ursachenforschung schärfen Unternehmensverständnis allgemein

Tabelle 58:   Folgerungen aus der Kosten- und Leistungsrechnung

Daher ist das Aufsetzen einer Kosten- und Leistungsrechnung äußerst sinnvoll. Nur so können Sie Ihr Unternehmen wirklich detailliert steuern. Dies wird umso wichtiger, je komplexer Ihr Unternehmen wird. Während die Aufteilung nach Kostenarten recht einfach ist (Grundlage ist immer die Buchhaltung, in der die Kosten bereits nach bestimmten Arten unterteilt erfasst werden), ist die Einteilung in Kostenstellen nicht immer direkt einsichtig. Die Einteilung sollte auf jeden Fall zielgerichtet sein, d. h., vor einer Übernahme gängiger Einteilungen, die es für viele Branchen gibt, ist zu warnen. Ihre Einteilung ist die Grundlage Ihrer Erkenntnisse aus der Kosten- und Leistungsrechnung. Was Sie nicht beurteilen können, können Sie nicht steuern oder optimieren. Auf jeden Fall sollten daher die aus Ihrer Sicht kritischsten Bereiche als Kostenstelle definiert werden. Tabelle 59 gibt einige standardisierte Möglichkeiten für Kostenstellen wieder, die als Anregung dienen können. Existieren mehrere Standorte, sind diese als getrennte Kostenstellen zu führen.

Übergeordneter Bereich	Beispiele
Materialwesen	Einkauf, Materialverwaltung (Lager), Eingangsprüfung
Fertigung/Produktion	Nach Arbeitsschritten, einzelne Maschinen, Fertigungs-/Produktionsleitung
Verwaltung	Geschäftsführung, Buchhaltung, Forderungsmanagement, Personalabteilung, EDV-Abteilung, Stabsabteilungen
Marketing & Vertrieb	Werbung, Partnerbetreuung, Pressestelle, Vertrieb insgesamt oder nach Regionen oder Produkten, Versand, Kundendienst

Tabelle 59:   *Standardoptionen zur Bildung von Kostenstellen*

Die Einteilung in Kostenträger erscheint zunächst ebenfalls recht einfach. Man wählt die erzeugten Produkte als Kostenträger. Je komplexer die Produktpalette wird, umso schwieriger wird eine sinnvolle Unterteilung. Vor allem wenn den Kostenträgern trotz des fraglichen Informationswertes über die Kostenstellen Gemeinkosten zugeschlüsselt werden sollen. Beim Sortiment eines Händlers können dann schnell über 1.000 oder 10.000 Kostenträger entstehen. Dann kann es sinnvoll sein, die Produkte nach Warengruppen einzuteilen und diese als Kostenträger zu verwenden. Erst wenn sich im Rahmen einer Warengruppe Grund zu weiteren Nachforschungen ergibt, kann eine detailliertere Vorgehensweise angezeigt sein. Ebenfalls schwierig kann die Einteilung in Kostenträger im Dienstleistungsgeschäft sein. Sind die Dienstleistungen standardisiert, gilt die gleiche Vorgehensweise wie bei Produkten. Sind die Leistungen nicht standardisiert, wie z. B. bei einem Handwerksbetrieb oder einem Anlagenbauunternehmen, so handelt es sich um Projektgeschäft. Dann sind die einzelnen Projekte als Kostenträger zu sehen. Darüber hinaus können auch interne Leistungen (zu aktivierende Eigenleistungen, Forschungsprojekte) als Kostenträger definiert werden.

Beispiel

Grundmodell für Kosten- und Leistungsrechnung eines Weiterbildungsinstituts. Ein Unternehmer hat ein Weiterbildungsinstitut gegründet. Es werden Kurse in den Bereichen Wirtschaftswissen, EDV-Wissen und Soft-Skills angeboten. Im Laufe des ersten Geschäftsjahres, nachdem das Unternehmen ein stetiges Wachstum gezeigt hat und weiteres Wachstum erwarten lässt, möchte der Unternehmer die Grundlagen für eine erfolgsbasierte Steuerung seines Unternehmens schaffen. Dazu will er seine Buchhaltung, die von einem externen Buchhalter erledigt wird, um die notwendigen Informationen erweitern und so neben einer einfachen Auswertung weitere Informationen aus seinen monatlichen Berichten entnehmen können. Er plant die Einführung von Kostenstellen und Kostenträgern. Zunächst erweitert er die in der Buchhaltung standardmäßig geführten Kostenarten um spezifische Kostenarten seines Geschäfts, die er für besonders überwachenswert hält:

Erfolgsrelevante Steuerung

> Kosten für Trainer, Kosten für Trainingsmaterial und Kosten für die Anmietung von Trainingsräumen. Als Kostenträger definiert er zunächst seine drei Produktsparten Wirtschaftswissen, EDV-Wissen und Soft-Skills. Er weiß jedoch, dass sich die Kosten innerhalb einer Sparte stark unterscheiden, abhängig vom Ort der Durchführung (vor Ort beim Kunden, in den eigenen Schulungsräumen, in kurzfristig zugemieteten Schulungsräumen). Die Treiber der Unterscheidung sind die Raummiete inkl. der Miete von Infrastruktur und die Nebenkosten des Trainers (Hotel, Fahrtkosten, Überstunden usw.). Um diese Unterscheidungen besser zu verstehen und da alle Durchführungsarten regelmäßig vorkommen, unterteilt er die Kostenträger weiter in jeweils drei Untergruppen, also insgesamt neun Kostenträger. Zusätzlich fügt er einen Kostenträger Beratung ein, für die sporadisch anfallenden Beratungsaufträge im Vorfeld oder Nachgang von Schulungen. Mit der Unterteilung in Kostenträger kann er nun alle direkten Kosten wie Trainerkosten und Trainernebenkosten, externe Raummieten, Vertriebsprovisionen, Trainingsmaterial usw. seinen Endprodukten zuordnen. Es fehlt nun noch eine Übersicht über die indirekten Kosten, also die eine Kostenstellenrechnung. Der Unternehmer definiert folgende Kostenstellen: Geschäftsführung inkl. Schulungsmanagement, allgemeine Administration, Forderungsmanagement, EDV, Raumkosten, Werbung und Vertrieb. Nach Abstimmung mit seinem Buchhalter integriert dieser das neue System in seine Abrechnungen. Der Unternehmer muss dafür sorgen, dass die an den Buchhalter übertragenen Rechnungen entweder Kostenstellen oder Kostenträgern eindeutig zugeordnet sind. Der monatliche Report des Buchhalters ist nun deutlich detaillierter. Auf diese Weise hat der Unternehmer eine bessere Grundlage, sein Weiterbildungsinstitut erfolgswirksam zu steuern.

Mit der Entwicklung eines Grundmodells ist die Kosten- und Leistungsrechnung noch nicht abgeschlossen. Es fehlen Ihnen noch wichtige Informationen. Sie können nun zwar jede Menge erfolgsrelevante Zahlen generieren, jedoch ist deren Interpretation nicht immer einfach. So stellt sich die Frage, was ein bestimmtes Kostenvolumen in einer Kostenstelle bzw. was die direkten Kosten eines Kostenträgers bedeuten. Darüber hinaus können zahlreiche Fragen durch dieses Grundmodell gar nicht beantwortet werden. So bleiben z. B. die Qualität der Leistungserbringung, die Kundenzufriedenheit und die Mitarbeiterzufriedenheit völlig außer Acht, obwohl es sich zweifellos um erfolgsrelevante Aspekte eines Unternehmens handelt.

Um diese fehlenden Aspekte beizusteuern, wurden verschiedene Konzepte entwickelt, die jedoch nicht immer alle Lücken beseitigen. Tabelle 60 gibt einen Überblick über diese Konzepte. Während die Plankostenrechnung als logische Fortentwicklung einer Ist-bezogenen Kosten- und Leistungsrechnung gesehen werden kann, setzt der Shareholder-Value-Ansatz, noch mehr aber der Balanced-Scorecard-Ansatz auf eine breitere Sichtweise der Erfolgstreiber des Unternehmens. Die breiteren Ansätze sind die besseren Ansätze, denn ein Unternehmen kann nicht nur aus den sich aus dem Rechnungswesen ergebenden Sachverhalten heraus geleitet werden. Es bedarf vielmehr einer umfassenderen Sichtweise, um ein sachgerechtes erfolgsbasiertes Management zu verfolgen.

Konzept	Beschreibung
Plankostenrechnung	▪ Bei der Plankostenrechnung wird die vergangenheitsbezogene Kostenarten-, Kostenstellen- und Kostenträgerrechnung ergänzt um vorausschauende Planungen und einen rückblickenden Soll-Ist-Vergleich ▪ Die Planung ermöglicht steuernde Maßnahmen im Vorfeld einer Krise oder eines mittelmäßigen Ergebnisses ▪ Der Soll-Ist-Vergleich stellt zwar keinen absoluten Vergleichsmaßstab im Sinne eines externen Benchmarks dar, erlaubt aber die Identifizierung von Schwachstellen, frühzeitige Korrekturmaßnahmen sowie eine Unternehmenssteuerung durch Anreizsysteme
Shareholder Value	▪ Die Kostenrechnung bzw. Plankostenrechnung wird ergänzt um ein Kennzahlensystem der wichtigsten Erfolgsfaktoren ▪ Dabei wird das Unternehmensziel (z. B. Gewinn) heruntergebrochen in weitere übergeordnete Treiber (z. B. Rate der Wiederholungsbestellungen) und darunter liegende Treiber für Erfolgsaspekte bzw. Unternehmenseinheiten (z. B. Anzahl Beschwerdeanrufe beim Service) ▪ Für die Treiber werden Ziele formuliert und damit festgelegt, welches Ergebnis gut oder schlecht ist ▪ Wesentliche Treiber dienen dem Top-Management als Steuergrößen, darunter liegende Treiber dem Middle-Management usw. Jeder Mitarbeiter wirkt auf einen Erfolgstreiber ein und kann an ihm gemessen und incentiviert werden
Balanced Scorecards	▪ Vergleichbar mit dem Shareholder-Value-Ansatz, aber im Allgemeinen breiter und tiefer angelegt und mehr standardisiert ▪ Dient als geschlossener Management-Ansatz ▪ Ausgehend von Vision und Strategie werden Kennzahlen und schließlich Maßnahmen abgeleitet ▪ Kennzahlen aus Maßnahmen für einzelne Unternehmenseinheiten stammen aus fünf Bereichen: Finanzen, Kunden, Prozesse, Innovation, Mitarbeiter ▪ In einer standardisierten Vorgehensweise werden die Kennzahlen und Maßnahmen definiert, überwacht und ausgewertet

Tabelle 60:   Erweiterte Controlling-Konzepte

Erfolgsrelevante Steuerung

Zum genaueren Verständnis soll der Balanced-Scorecard-Ansatz etwas vorgestellt werden. Es ist zu beachten, dass gerade in noch kleinen Unternehmen ein zu formalisiertes Controlling mehr Probleme bereitet als es Nutzen stiftet. Diese Relation dreht sich mit wachsender Unternehmensgröße und damit steigendem Abstand der Unternehmensleitung von den Geschehnissen „an der Basis", z. B. in Produktion und Vertrieb. Aber auch für kleinere Unternehmen sind die dem Balanced-Scorecard-Ansatz zugrunde liegenden Ideen in einer weniger formalisierten Art zur Steuerung der Mitarbeiter oder, falls vorhanden, Abteilungen äußerst brauchbar.

Grundidee der Balanced Scorecard ist es, die Vision und Strategie des Unternehmens entlang der Hierarchie des Unternehmens auf die einzelnen Bereiche, Abteilungen und Mitarbeiter „mundgerecht" herunterzubrechen. Die Vision, Marktführer zu werden, bedeutet für die Fertigungsabteilung eines Unternehmens zunächst nichts. Die Ziele, möglichst wenig Ausschuss zu produzieren und die Kosten niedrig zu halten, ist dagegen „mundgerecht" für die Fertigungsabteilung. Diese Ziele sind Teilziele auf dem Weg zur Erfüllung der Vision. Auf genau diese Art wird mit allen Unternehmensbereichen vorgegangen. Aus der Vision heraus ergeben sich übergeordnete Ziele (Strategien), die sich in Teilziele für einzelne Bereiche, Abteilungen und Mitarbeiter herunterbrechen lassen. Um die Ziele zu erreichen, werden auf der zugehörigen Ebene Maßnahmen und zugehörige Deadlines definiert. Im Endeffekt wird alles in einem geschlossenen System gemessen. Die Geschäftsführung oder mittlere Managementebenen können jederzeit die Leistung ihrer Mitarbeiter sehen und den Beitrag zum Gesamtziel abschätzen. Plannichterfüllungen kann schnell gegen gesteuert werden. Abbildung 31 verdeutlicht die Zusammenhänge.

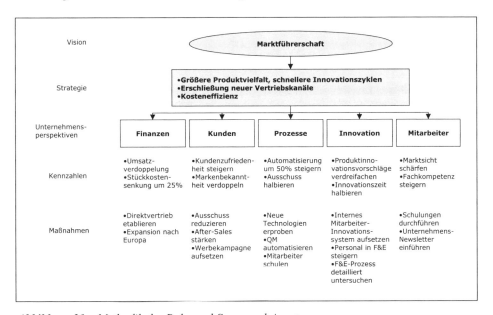

Abbildung 31: Methodik des Balanced-Scorecard-Ansatzes

Die Bezeichnung „balanced" entstammt einer über eine rein finanzielle Sichtweise hinausgehenden Sichtweise dieses Modells. Daher werden insgesamt fünf (manchmal auch vier) erfolgskritische Blickwinkel des Unternehmens beachtet.

Jede Abteilung inkl. der Geschäftsführung erhält eine Scorecard, die den in der voranstehenden Abbildung 32 aufgezeigten Inhalt widerspiegelt. Je weiter nach unten es im Unternehmen geht, umso konkreter werden die Maßnahmen. Auf höhren Ebenen sind sie notwendigerweise zusammengefasst, da die höheren Ebenen selbst nicht operativ, sondern nur steuernd tätig sind.

Beispiel

Scorecard für Kundendienst. Ein Unternehmer plant, eine erfolgsbasierte Unternehmenssteuerung für sein Unternehmen, einen Verlag, einzuführen. Er verkauft vor allem Handbücher mit wirtschaftlichen Informationen, bei denen regelmäßig neue Seiten eingefügt werden, die per Post an die Abonnenten versandt werden. Das Unternehmensziel besteht im Wesentlichen darin, weiter zu wachsen. Als Hauptreiber des Wachstums sieht er eine Verringerung der Kündigungsraten der Kunden, die Forcierung des Vertriebs sowie die Auflegung neuer Produkte. Der Kundendienst, eine Drei-Personen-Abteilung, die telefonische und schriftliche Kundenbetreuung betreibt, hat nur indirekten Einfluss auf diese Unternehmensziele. Dennoch berührt seine Arbeit indirekt fast alle Ziele. Der Unternehmer entwickelt die in Tabelle 61 aufgezeigte Balanced Scorecard für diese Abteilung, in der später auch der Stand der Maßnahmenbearbeitung sowie die Kennzahlen eingepflegt werden:

Blickwinkel	Ziel	Kennzahl	Maßnahme	Deadline
Finanzen	Telefonkosten reduzieren	Telefonkosten	Billigeren Telefonanbieter recherchieren	Monat 01
Kunden	Senkung Kündigungsraten	Wiedergewinnungsquote	■ Jeder Kündigung nachtelefonieren ■ Kündigungsgrund erfragen und in Datenbank eintragen ■ Reduziertes Verlängerungsangebot machen	dauerhaft

Blickwinkel	Ziel	Kennzahl	Maßnahme	Deadline
Prozesse	Einführung eines Agenten-Monitoring		▪ Anforderungsprofil erarbeiten und abstimmen ▪ Systeme recherchieren, vergleichen, testen, kaufen ▪ System einführen	Monat 03
Innovation	Innovationsunterstützung	Anzahl Kundenbefragungen	▪ In allen telefonischen Kundenkontakten (außer Kündigungen): Frage nach neuen Produkten einschließen ▪ Antworten strukturiert erfassen und regelmäßig an Redaktion weiterleiten	dauerhaft
Mitarbeiter	Kompetentere Kundenbetreuung	Scoring in internen Tests	▪ Auffrischungsschulung durchführen ▪ Interne Tests entwickeln und einplanen ▪ Ergebnisse nachfassen, auswerten, Verlauf verfolgen	dauerhaft

Tabelle 61: Beispiel: Balanced Scorecard für Kundendienst

Derartige Balanced Scorecards sind auch für kleinere Unternehmen möglich. Es ist sogar empfehlenswert, denn es schafft Transparenz über besondere Aufgaben. Für die Transparenz über die laufenden Aufgaben sind sowohl die Stellenbeschreibung wie auch die normale Kosten- und Leistungsrechnung verfügbar. Eine Balanced Scorecard kann z. B. in Excel erstellt werden. Dort wo Anknüpfungspunkte mit der Kosten- und Leistungsrechnung sind, können Daten manuell übertragen werden. Ist das Unternehmen aber klein, kann dies unterbleiben, wenn der Geschäftsführer weiß, worauf es ankommt.

Die zentrale Anforderung an solche umfassenderen Systeme ist deren Konzeption. Die Generierung von Zielen, Kennzahlen und Maßnahmen für verschiedene Unternehmensbereiche und -ebenen ist eine anspruchsvolle Aufgabe. Oftmals wird die Hilfe externer Berater dafür in Anspruch genommen. Man kann allerdings mit allgemeinem Sachverstand bereits einen großen Teils des Weges selbst gehen, denn im Endeffekt wissen Sie als Unternehmer am besten, was den Erfolg Ihres Unternehmens (vermutlich) ausmacht und was Sie daher messen müssen.

Zu beachten ist: Auch Ansätze entsprechend dem Balanced-Scorecard-Ansatz sind keine Allheilmittel. Der Unternehmenserfolg ist damit keinesfalls vorprogrammiert. Insbesondere werden Ihre Mitarbeiter dadurch nicht motivierter oder besser. Da Transparenz immer auch mehr Kontrolle und mehr Druck auf den Mitarbeiter verursacht, verschließen sich viele sogar vor diesem System. Auch reicht der Ansatz zur Unternehmenssteuerung nicht aus. Insbesondere in Sonder- oder Krisensituationen, z. B. bei Übernahmen, Liquiditäts- oder Erfolgskrisen werden Sonderprojekte notwendig. Dann reicht die Kraft der eigenen Mitarbeiter oft nicht aus, um erfolgreiche Maßnahmen zu entwickeln, und es muss externe Hilfe beansprucht werden. Die Balanced-Scorecard-Methodik, einmal im Unternehmen umgesetzt, kann jedoch sehr gut zur Steuerung auch solcher Sonderprojekte genutzt werden. Denn deren Steuerung erfolgt im Prinzip genauso: Höhere Ziele werden auf die einzelnen Bereiche heruntergebrochen und müssen mit Maßnahmen hinterlegt werden, deren Umsetzung streng zu überwachen ist.

Sind das Grundmodell und seine Erweiterungen definiert, müssen die Rahmenbedingungen geschaffen werden, um diese Modelle mit Leben zu erfüllen. Nur wenn die Rahmenbedingungen richtig gesetzt sind, entfaltet das System seine Wirkung. Insbesondere ist dafür Sorge zu tragen, dass die im Unternehmen anfallenden Kosten richtig auf Kostenarten, Kostenstellen und Kostenträger verteilt werden. Zudem sind die Erlöse den richtigen Kostenträgern zuzuordnen. Diese Aufgabe kann gerade bei kleineren Unternehmen nur schwer an externe Dienstleister übergeben werden, denn diesen kann nur dann eine umfangreiche Einarbeitung in Ihr Unternehmen abverlangt werden, wenn die finanzielle Gegenleistung entsprechend groß ist. Haben Sie keine eigene Buchhaltungsabteilung, müssen Sie jemandem im Unternehmen bestimmen, der die richtigen Zuordnungen vornimmt. Regelmäßige Kontrollen sind wichtig. Wenn Sie Ihre Buchhaltung ausgelagert haben, ist es sinnvoll, die Kosten- und Leistungsrechnung ebenfalls dort mit anzusiedeln. Machen Sie selbst Ihre Buchhaltung, sollten Sie sich auch selbst um Ihre Kosten- und Leistungsrechnung kümmern. Die meisten Warenwirtschaftsprogramme enthalten neben den gängigen Modulen zur Abarbeitung der Buchhaltung auch Module für die Kosten- und Leistungsrechnung. Sie müssen dann Ihr entwickeltes Grundmodell auf die Software übertragen. Gerade bei der neuen Einrichtung werden Sie dafür Hilfe von Experten brauchen. Vielfach können Sie auch Ihre eigene Logik von Finanzkennzahlen in der Software integrieren und diese im Rahmen von Standardreports angezeigt bekommen. Ansonsten sind Nebenrechnungen bzw. ergänzende Software notwendig.

Für weitergehende Ansätze wie den Balanced-Scorecard-Ansatz gibt es ebenfalls zahlreiche Softwaretools zur Unterstützung. Gerade bei kleineren Unternehmen lohnen sich diese aber nicht immer. Ein einfaches System auf Basis der Standard-Büroanwendungen reicht hierfür oft aus. Zentrale Probleme bei der Einführung umfassendere Ansätze sind die Motivation und Kontrolle der Mitarbeiter. Die durch den Steuerungsansatz entstehende Transparenz verunsichert viele Mitarbeiter, gerade wenn das Unternehmen schon länger besteht und bisher wenig Transparenz herrschte. Die Einführung muss daher begleitet werden von einer Klarstellung der verfolgten Absichten. Gerade die Anfangsphase solcher Projekte ist entscheidend. Es kommt darauf an, dass alle mitziehen. Verweigerer sind entsprechend aufzufordern, denn sie gefährden das ganze Vorhaben. Erst wenn die Nutzung eines umfassenderen Ansatzes Routine geworden ist, kann die Steuermethode als erfolgreich eingeführt gelten.

Teil IX

Wichtige rechtliche Aspekte

Wenn Sie Ihr Unternehmen als Kapitalgesellschaft führen, müssen Sie sich unbedingt mit den geltenden gesetzlichen Haftungsregeln auseinander setzen.

Wichtige Regeln

- Kennen Sie die Kapitalerhaltungs- und Eigenkapitalersatzregeln.
- Achten Sie unbedingt auf Rangrücktritte bei mezzaniner Finanzierung; die Rangrücktritte sollten auch für die Zinsen gelten.
- Seien Sie hart gegenüber Kapitalgebern, wenn die Kapitalerhaltungs- und Eigenkapitalersatzregeln gelten; bei Falschhandlungen haften Sie persönlich.
- Fällen Sie Ihre Entscheidungen als Geschäftsführer oder Vorstand immer aus Sicht des Unternehmens und nach Ihrem besten Wissen und Gewissen.
- Kennen Sie die Insolvenzgründe genau.
- Prüfen Sie das Vorliegen der Insolvenzgründe regelmäßig, wenn Sie in die Nähe einer Insolvenz kommen; dokumentieren Sie Ihre Prüfungen.

Bei der Führung eines Unternehmens sind zahlreiche rechtliche Rahmenbedingungen zu beachten. Dies gilt verstärkt für Kapitalgesellschaften (GmbH, AG, Limited), wo durch Auslagerung eines Vermögens eine neue, eigenständig handelnde Rechtsperson geschaffen wird. Bei Personengesellschaften oder Einzelunternehmen steht am Ende immer noch der Gesellschafter als natürliche Person. Alles, was seinem Unternehmen schadet, schadet auch dem Gesellschafter unbegrenzt und in voller Höhe. Von daher sind die Vorschriften für Personengesellschaften oder Einzelunternehmen deutlich weniger streng. Viele Vorschriften existieren gar nicht erst, da sie keinen Sinn machen. So macht eine Geschäftsführerhaftung keinen Sinn bei diesen Unternehmen, denn Fehler schlagen ungehindert auf die Privatperson des Geschäftsführers durch. Man geht daher davon aus, dass ein Missbrauch nicht stattfindet. Auch Kapitalerhaltungs- und Eigenkapitalersatzregeln sind bei diesen Unternehmen substanzlos, denn das Kapital des Unternehmens ist zugleich das Kapital des Unternehmers als Privatperson, mit dem er unbegrenzt haftet. Schließlich ist auch das Thema Beantragung einer Insolvenz weniger relevant für Personengesellschaften oder Einzelunternehmen. Es gibt keine direkte Pflicht zur Anmeldung einer Insolvenz und auch keinen entsprechenden Tatbestand, der die Geschäftsführer oder Einzelunternehmer zur Anmeldung verpflichten würde. Allerdings gilt hier eine indirekte Ausnahme, denn eine Insolvenzverschleppung kann zur Verweigerung der Restschuldbefreiung führen. Dies ist für den Unternehmer ein erheblicher Nachteil. Tabelle 62 fasst die Relevanz wichtiger rechtlicher Regelungen für die Unternehmensformen zusammen. Diese Regelungen, mit Ausnahme der Vorgründungshaftung (siehe dazu Teil VI, „Gründungs- und Kaufprozess") und der Gesellschafterhaftung, werden im Folgenden detailliert vorgestellt.

Rechtliche Regelung	Kapitalgesellschaft (GmbH, AG, Limited)	Personengesellschaft (oHG, KG, GbR), Einzelunternehmen
Vorgründungshaftung	Wie Personengesellschaft, Einzelunternehmen	Unbegrenzt mit privatem Vermögen (Ausnahme: Kommanditist der KG)
Gesellschafterhaftung	Begrenzt auf Einlage	Unbegrenzt mit privatem Vermögen (Ausnahme: Kommanditist der KG)
Geschäftsführerhaftung	Relevant	Existiert als Konzept nicht
Kapitalerhaltungs- und Eigenkapitalersatzregeln	Relevant	Existiert als Konzept nicht
Insolvenzgründe	Relevant	Existiert als Konzept nur beschränkt und wirkt vor allem über strafrechtliche Vorschriften mit der Folge einer Verweigerung von der Restschuldbefreiung bei Verschleppung des Insolvenzantrags

Tabelle 62: Wichtige Rechtsregelungen für Unternehmer und Unternehmensführung

Geschäftsführerhaftung, Vorstandshaftung

Wenn Sie Ihr Unternehmen in der Rechtsform einer GmbH oder AG führen, gilt eine grundsätzliche Begrenzung der Haftung. Viele Gründer sind aber zugleich Geschäftsführer oder Vorstände ihres Unternehmens. Für diese gelten besondere Haftungsumstände, die Sie unbedingt kennen sollten. Die Themen Geschäftsführungs- und Vorstandshaftung sind Mitte der 90er Jahre im Zuge eines professioneller werdenden Kapitalmarktes sowie angesichts eines neuen Insolvenzrechts Ende der 90er Jahre aktuell geworden. An dieser Stelle kann nur ein Überblick über mögliche Haftungstatbestände gegeben werden, der Sie für das Thema sensibilisieren soll.

- **Haftung für ordentliche Geschäftsführung.** Wenn Sie Ihr eigenes Unternehmen leiten, gilt für Sie die Geschäftsführerhaftung. Als Geschäftsführer einer GmbH haften Sie persönlich dafür, dass Sie die Angelegenheiten der Gesellschaft mit der Sorgfalt eines ordentlichen Geschäftsmannes steuern (§ 43 GmbHG, § 93 AktG). Allerdings gilt diese Haftung gegenüber der Gesellschaft, die Ihnen selbst gehört. Nur wenn die Gesellschaft auch andere Anteilseigner hat, gewinnt diese Regelung für Sie an Bedeutung.

Beispiel

Geschäftsführerhaftung. Ein Gründer überzeugt eine Venture-Capital-Gesellschaft, in sein Unternehmen zu investieren. Der Unternehmenszweck besteht in Entwicklung, Produktion und Vermarktung einer chemischen Substanz für die Medizintechnik. Der VC legt eine Mio. € ein und erhält dafür 30 % der Anteile am Unternehmen in der Rechtsform einer GmbH. Der Gründer ist zum Geschäftsführer bestellt worden. Der Unternehmenszweck wird als Gegenstand der GmbH eingetragen, ist aber auch im Beteiligungsvertrag mit dem VC enthalten. Der Gründer, als Kenner der Medizin- und Biochemie-Szene, erfährt vom Börsengang eines sehr vielversprechenden Partnerunternehmens und investiert kurzfristig 500.000 €. Der Wert der Aktien sinkt dauerhaft auf 100.000 €. Der VC verlangt vom Gründer in seiner Funktion als Geschäftsführer den Ersatz des Schadens in Höhe von 400.000 €, da dieser nicht die Sorgfalt eines ordentlichen Geschäftsmanns hat walten lassen. Zudem belangt der VC den Gründer direkt auf der Grundlage des Beteiligungsvertrags. Der Gründer muss den Schaden ersetzen. Von strafrechtlichen Schritten sieht der VC ab.

- **Haftung für Buchführung, Steuern und Sozialabgaben.** Der Geschäftsführer ist ebenfalls verantwortlich für die korrekte Buchführung sowie die ordnungsgemäße Aufstellung des Jahresabschlusses in den vorgesehenen Fristen. Entstehen der Gesellschaft oder einem Gläubiger hierdurch Nachteile, kann der Geschäftsführer in die Haftung genommen werden. Dazu bedarf es jedoch des Überschreitens einer gewissen Hürde. Fehler in der Buchhaltung und auch im Jahresabschluss sind nicht ungewöhnlich. Um haftungsrelevant zu werden, bedarf es aber einer vorsätzlichen, grob fahrlässigen oder sittenwidrigen Vorgehensweise. In einzelnen Fällen können auch leicht fahrlässige Handlungen haftungsrelevant sein. Gleiches gilt für die korrekte Erklärung und zeitgerechte Abführung der Steuern und Sozialabgaben inkl. der Beiträge zur Berufsgenossenschaft.

- **Haftung für Kapitalaushöhlung im Krisenfall.** Eine Unternehmenskrise lässt sich nicht immer abwenden. Manchmal sind die Rahmenumstände schlecht, manchmal sind historisch gewachsene Belastungen zu hoch, manchmal ist die Krise aber auch hausgemacht. Es gibt viele Gründe für eine Krise. Wenn ein Geschäftsführer die Sorgfalt eines ordentlichen Geschäftsmanns walten lässt, ist eine Krise, auch wenn sie in eine Insolvenz übergeht, an sich kein Haftungsgrund. In Krisenzeiten gelten jedoch besondere Anforderungen.

Sind die Voraussetzungen der Kapitalerhaltungsregeln oder der Eigenkapitalersatzregeln gegeben (siehe dazu die folgenden Kapitel), müssen insbesondere Auszahlungen, die auf Geschäftsbeziehungen mit den Gesellschaftern basieren, genau überprüft werden. Erfüllen diese Zahlungen die Voraussetzungen nach den genannten Vorschriften, sind sie zu verweigern. Geschäftsführung und Vorstand haften für entsprechende Zahlungen (§ 43 Abs. 3 GmbHG, § 93 Abs. 3 AktG). Wurde Insolvenz beantragt, dürfen nur noch lebenserhaltende Zahlungen geleistet werden, wie z. B. Strom- und Telefonrechnungen. Alle anderen Zahlungen sind einzustellen. Geschäftsführung und Vorstand haften für dennoch geleistete Zahlungen (§ 64 Abs. 2 GmbHG, § 93 Abs. 3 AktG).

Gerade Gründer, die riskante Geschäftsideen verfolgen (also ein hohes Insolvenzrisiko eingehen) und die typische Finanzierung einer Venture-Capital-Gesellschaft mit einem Mix aus Eigenkapital und mezzaninem Kapital haben, müssen auf diesen Haftungsgrund besonders achten.

- **Haftung für fristgerechte Beantragung einer Insolvenz.** Eine Pflicht zur Stellung eines Insolvenzantrags ergibt sich, wenn die Gesellschaft zahlungsunfähig oder überschuldet ist. Geschäftsführer oder Vorstände müssen die entsprechenden Prüfungen fristgerecht vornehmen. Liegt ein Insolvenzgrund vor, müssen Sie innerhalb von drei Wochen einen Insolvenzantrag beim zuständigen Insolvenzgericht (meist das Amtsgericht) stellen. Erfolgt die Antragstellung zu spät und entstehen den Gläubigern dadurch Nachteile, haften die Geschäftsführung und der Vorstand persönlich (§§ 64 GmbHG, 92 Abs. 2 AktG, 130a, 130b HGB). Die Pflicht zur Antragstellung einer Insolvenz trifft auch so genannte „faktische Geschäftsführer". Dies sind Mitarbeiter, die zwar formell keine Geschäftsführer sind, aber wie Geschäftsführer in der Gesellschaft agieren. Dies kann für Gründer gelten, die aufgrund einer eher technischen Ausbildung nicht zum Geschäftsführer bestellt werden wollen oder sollen, im Unternehmen aber dennoch maßgeblich mitbestimmen.

- Klar ist zudem, dass der Gründer als Geschäftsführer bei seinen Handlungen nach außen anzeigen muss, dass er für das Unternehmen handelt. Bestehen hieran Zweifel, kann bei Problemfällen eine persönliche Haftung des Geschäftsführers entstehen. Dies ist jedoch keine spezifische Haftungsregelung, sondern gilt generell im Alltagsleben.

Sicherung von Vermögen und Haftungsmasse

Bei vielen, insbesondere größeren Unternehmensgründungen, wird die Rechtsform einer Kapitalgesellschaft als rechtliches Vehikel für das Unternehmen gewählt. Damit erreicht man eine gewisse Haftungsbegrenzung, eine klare Abgrenzung des Vermögens des Unternehmens vom Privatvermögen des Gründers und eine rechtliche Eigenständigkeit des Unternehmens.

Aufgrund dieser Eigenschaften unterliegen Kapitalgesellschaften strengen Regelungen, um Geschäftspartner – insbesondere Gläubiger der Gesellschaft – zu schützen. So lange das Unternehmen erfolgreich im Markt agiert, folgert die Rechtsform einer Kapitalgesellschaft nur wenig mehr Regelungsgehalt als andere Rechtsformen. Wenn sich jedoch eine Krise anbahnt, tritt mit dem Schutz der Gläubiger ein bedeutendes Regelungsziel in den Vordergrund und erfordert einen hohen Grad an Aufmerksamkeit, insbesondere von der Leitung der Gesellschaft (Geschäftsführung oder Vorstand).

Bei Unternehmensgründungen sind Krisen oder krisen-ähnliche Zustände der Normalfall. Denn am Anfang einer Unternehmung stehen regelmäßig hohe Ausgaben geringen oder keinen Einnahmen gegenüber. Das investierte Kapital reduziert sich quasi planmäßig. Diese Reduzierung nach Plan verhindert jedoch nicht die Anwendung entsprechender Schutzregeln für Kapitalgesellschaften. Diese genau zu kennen ist für Gründer, insbesondere in einer Leitungsfunktion, wesentlich. Denn Geschäftsführung oder Vorstand haften in diesen Situationen persönlich für ein Fehlverhalten. Darüber hinaus bergen die bestehenden Vorschriften vorprogrammierten Konfliktstoff mit Ihren Kapitalgebern und können damit auch einer vielversprechenden Idee frühzeitig das Ende bescheren. Daher empfiehlt sich eine gute Vorausplanung.

Die Regelungen sind in verschiedenen Regelwerken (GmbHG, AktG, InsO, HGB) enthalten, gelten aber sinngemäß für alle Kapitalgesellschaften. Darüber hinaus ist dieses Feld von umfangreicher, leider aber nicht umfassender Rechtssprechung geregelt. Im Folgenden sollen die für einen Gründer wesentlichen Regelungen dargestellt werden. Es ist jedoch unabdingbar, im praktischen Alltag auf einen kompetenten Rechtsanwalt im Gesellschaftsrecht zurückzugreifen.

Die bestehenden Regelungen haben ein wesentliches Ziel: Es soll im ersten Schritt verhindert werden, dass das Vermögen der Gesellschaft ausgehöhlt wird und, dass der Gesellschaft im Falle einer sich ankündigenden Krise Kapital zugunsten der Gesellschafter und Aktionäre entzogen wird. Dieses Kapital würde dann den Gläubigern der Gesellschaft zur Befriedigung ihrer Forderungen gegen die Gesellschaft nicht mehr zur Verfügung stehen. Damit würde die festgelegte Abstufung der Risikoträger einer Kapitalgesellschaft auf den Kopf gestellt. Denn zuerst sollen die Gläubiger ihr Geld bekommen (vorrangige Forderungen) und erst danach die Eigenkapitalgeber (nachrangige Forderungen). Andernfalls könnten die Eigenkapitalgeber, die die Gesellschaft als Gesellschafter oder Aktionäre beeinflussen können, der Gesellschaft im Krisenfall vor dem eigentlichen Zusammenbruch kurzfristig das verbleibende Kapital entziehen. Die Gläubiger würden regelmäßig leer ausgehen.

Zum besseren Verständnis der Regelungen ist es sinnvoll, sich die Passivseite einer Bilanz zu vergegenwärtigen. Dies erleichtert das Verständnis der Regelungen, soll hier allerdings nur schematisch erfolgen. Das Eigenkapital enthält folgende Bestandteile:

- „Stammkapital/Grundkapital" („gezeichnetes Kapital") bezeichnet die grundlegende Haftungsmasse des Unternehmens bzw. die grundlegende Kapitalausstattung. In der Bilanz werden Stamm- und Grundkapital immer nominell ausgewiesen. Es ist also jederzeit zu erkennen.

- „Rücklagen" entstehen durch zusätzliche Kapitaleinlagen („Kapitalrücklage") oder durch aufgelaufene, nicht ausgeschüttete Gewinne („Gewinnrücklage"). Letztere werden auch als „thesaurierte Gewinne" bezeichnet.

Stamm- bzw. Grundkapital sowie die Rücklagen sind als eigenes Kapital der Gesellschaft zu sehen, also als Eigenkapital. Gewinne und Verluste vermehren oder vermindern zunächst die Rücklagen und dann das Stamm- bzw. Grundkapital. Die Aufzehrung der Rücklagen ist das erste Warnzeichen aus Sicht der Kapitalerhaltung. Denn anschließend wird mit Stamm- bzw. Grundkapital die grundlegende Haftungsmasse des Unternehmens angegangen. Ist auch diese Haftungsmasse aufgebraucht, ist die Gesellschaft sehr wahrscheinlich überschuldet, und es muss – mit einigen Ausnahmen – Insolvenz angemeldet werden.

Die Passivseite einer Bilanz enthält neben dem Eigenkapitel zusätzlich auch Kapital, welches das Unternehmen Gläubigern schuldet („Fremdkapital"), vor allem:

- „Verbindlichkeiten" sind Forderungen Dritter an die Gesellschaft, z. B. aufgrund eines Darlehens oder einer Lieferung und Leistung. Nachrangige Verbindlichkeiten, auch mezzanines Kapital genannt (siehe Teil V, „Mezzanine Finanzierungen"), sind gesondert auszuweisen. Bei nachrangigen Verbindlichkeiten handelt es sich aus wirtschaftlicher Sicht um haftendes Kapital. Diese Einschätzung wird in Einzelfällen auch aus rechtlicher Sicht geteilt.

- „Rückstellungen" sind noch nicht eingetretene Verbindlichkeiten, die aber einem bereits abgelaufenen Geschäftsjahr zuzurechnen sind. Dabei muss eine gewisse Chance auf den Eintritt der Verbindlichkeit bestehen. Eine Rückstellung kann beispielsweise für anhängige Rechtsstreitigen gebildet werden, bei denen mit Zahlungen seitens der Gesellschaft zu rechnen ist.

Beispiel

Bilanz auf dem Weg in die Krise. Ein Gründer konstituiert gemeinsam mit einem Venture-Capital-Geber („VC") eine GmbH mit 25.000 € Stammkapital. Der VC zahlt für eine Beteiligung von 40 % insgesamt 710.000 € ein. Davon gibt er 210.000 € als Eigenkapital (10.000 € als Anteil am Stammkapital, den Rest in die Kapitalrücklage) und 500.000 € als zehnjähriges Genussrechtskapital mit Rangrücktritt. Zusätzlich gibt eine Bank einen Kredit von 50.000 €. Der Gründer bringt 60 % des Eigenkapitals auf, also 15.000 €. Die Eröffnungsbilanz sieht wie folgt aus:

Aktivseite		Passivseite	
Vermögen	775.000	Stammkapital	25.000
		Kapitalrücklagen	200.000
		Verbindlichkeiten	550.000
		(davon nachrangig 500.000 €)	
Summe Aktiva	*775.000*	*Summe Passiva*	*775.000*

Abbildung 32: Beispiel: Eröffnungsbilanz bei VC-Finanzierung (in €)

Im ersten Geschäftsjahr weist die Gesellschaft einen Verlust von 100.000 € aus. Die Bilanz in Jahr 1 sieht wie folgt aus:

Aktivseite		Passivseite	
Vermögen	675.000	Stammkapital	25.000
		Kapitalrücklagen	200.000
		Bilanzverlust	-100.000
		Verbindlichkeiten	550.000
		(davon nachrangig 500.000 €)	
Summe Aktiva	*675.000*	*Summe Passiva*	*675.000*

Abbildung 33: Beispiel: Bilanz in Jahr 1 bei VC-Finanzierung (in €)

Im zweiten Geschäftsjahr weist die Gesellschaft einen Verlust von 150.000 € aus. Das gesamte bilanzielle Eigenkapital der Gesellschaft ist aufgebraucht. Es entsteht ein nicht durch Eigenkapital gedeckter Fehlbetrag. Die Bilanz sieht wie folgt aus:

Aktivseite		Passivseite	
Vermögen	525.000	Stammkapital	25.000
		Kapitalrücklagen	200.000
		Bilanzverlust	-250.000
		(davon Verlustvortrag i.H.v. 100.000 €)	
		Nicht durch Eigenkapital gedeckter Fehlbetrag	25.000
Nicht durch Eigenkapital gedeckter Fehlbetrag	25.000	Verbindlichkeiten	550.000
		(davon nachrangig 500.000 €)	
Summe Aktiva	*550.000*	*Summe Passiva*	*550.000*

Abbildung 34: *Beispiel: Bilanz mit nicht durch Eigenkapital gedecktem Fehlbetrag bei VC-Finanzierung (in €)*

1. Regelungen im Überblick

Folgende Stufen dienen der Absicherung der Haftungsmasse einer Kapitalgesellschaft – nach seiner ordnungsgemäßen Einzahlung – für die Gläubiger:

- **Keine Ausschüttung ohne Gewinn.** Dieser Grundsatz besagt, dass Auszahlungen an Gesellschafter und Aktionäre grundsätzlich nicht möglich sind, wenn die Gesellschaft einen Verlust erzielt hat bzw. aufgrund eines Verlustvortrags der aktuelle Gewinn nicht ausreicht, um auch in Summe einen Gewinn zu ergeben (§§ 30 Abs. 1 GmbHG, 57 AktG). Der Sinn der Regelung ist klar: Das in der Gesellschaft enthaltene Kapital soll nicht einfach wieder an die Gesellschafter und Aktionäre ausgezahlt werden dürfen. Allerdings gibt es klar geregelte Ausnahmen zu diesem Grundsatz, wie z. B. die Auflösung von Rücklagen, Gewinnvorträge und Kapitalherabsetzungen. In Summe bedeuten die Regelungen aber, dass das Stamm- bzw. Grundkapital der Gesellschaft nicht an die Gesellschafter ausgeschüttet werden darf.

- **Beachtung der Kapitalerhaltungsregeln.** Die Kapitalerhaltungsregeln sichern ab, dass das vom Gesetzgeber vorgesehene haftende Kapital (Stammkapital, Grundkapital) nicht durch die Gesellschafter oder Aktionäre geschmälert werden kann. Ist das Stammkapital bereits angegriffen oder wird es dies in Folge eines anstehenden Rechtsgeschäfts, so sind die Rechtsgeschäfte mit Gesellschaftern und Aktionären besonders genau zu prüfen. Wird in Folge dieser Rechtsgeschäfte das Stammkapital geschmälert, können sie nicht durchgeführt werden (§ 30 GmbHG). Bei Zuwiderhandlungen haften die Geschäftsführer persönlich (§ 43 Abs. 3 GmbHG). Ähnliches, aber in verschärfter Form, gilt für Aktiengesellschaften (§ 57 AktG). Da diese Regeln äußerst wichtig sind, werden sie weiter unten eingehender erklärt.

- **Anzeige bei Verlust der Hälfte des Stamm- bzw. Grundkapitals.** Haben die kumulierten Verluste ein solches Ausmaß erreicht, dass nach Abzug dieser Verluste die Hälfte des Stamm- bzw. Grundkapitals aufgezehrt ist, müssen Geschäftsführung und Vorstand unverzüglich die Gesellschafter- bzw. Hauptversammlung einberufen, diesen Umstand mitteilen und die weiteren Aussichten sowie die Vorgehensweise erläutern (§§ 49 Abs. 3 GmbHG, 92 Abs. 1 AktG). Die Anzeige dieses Umstandes darf dabei nicht erst nach Aufstellung eines Jahresabschlusses geschehen, sondern muss im laufenden Geschäft erfolgen. Wenn sich entsprechende Verluste abzeichnen, muss sich der Geschäftsführer beständig einen Überblick über die Vermögensverhältnisse der Gesellschaft machen – durch eine Zwischenbilanz. Denn erfolgt die Kenntnis einer anstehenden Krise zu spät, schmälert dies die Chancen einer erfolgreichen Sanierung.

- **Beachtung der Eigenkapitalersatzregeln.** Die den Kapitalerhaltungsregeln ähnlichen Eigenkapitalersatzregeln gelten im Falle des Vorliegens einer Krise. Eine Krise kann bereits vor Vorliegen der Insolvenzgründe eintreten, tritt spätestes jedoch gemeinsam mit den Insolvenzgründen ein. Liegt eine Krise vor, werden bestimmte Rechtsgeschäfte (insbesondere Kapital- und Nutzungsüberlassungen) der Gesellschaft mit den Gesellschaftern in die Überlassung von Eigenkapital umqualifiziert (§ 32a GmbHG). Diese Umqualifizierung hält an, so lange die Krise anhält. Die Folge der Umqualifizierung ist ein Auszahlungsstopp gemäß § 30 GmbHG sowie im Insolvenzfall die Nachrangigkeit der entstandenen Forderungen. Vermietet also ein Gesellschafter ein Grundstück an die Gesellschaft, muss er für die Dauer der Krise der Gesellschaft das Grundstück unentgeltlich zur Verfügung stellen. Wird die Krise behoben, können die aufgelaufenen Mietforderungen bedient werden. Auch hier gilt eine persönliche Haftung der Geschäftsführer. Da diese Regeln äußerst wichtig sind, werden sie weiter unten eingehender erklärt.

- **Antragstellung bei Vorliegen der Insolvenzgründe.** Der Gesetzgeber hat mit der neuen Insolvenzordnung drei Insolvenzgründe festgelegt: Zahlungsunfähigkeit, drohende Zahlungsunfähigkeit und Überschuldung. Liegt Zahlungsunfähigkeit oder Überschuldung vor, müssen Geschäftsführung oder Vorstand innerhalb von drei Wochen einen Insolvenzantrag beim zuständigen Amtsgericht stellen. Bei drohender Zahlungsunfähigkeit besteht ein Wahlrecht, also keine Antragspflicht. Die Insolvenzgründe sind als letzte Stufe der Sicherung der Haftungsmasse zu sehen, obwohl bei Vorliegen der Insolvenzgründe oft ein großer Teil der Haftungsmasse verbraucht ist. Die Insolvenzgründe werden weiter unten genauer dargestellt.

2. Kapitalerhaltungsregeln

Zentrale Vorschrift der Kapitalerhaltungsregeln, ja beinahe des gesamten Gesellschaftsrechts, ist § 30 GmbHG: Das zur Erhaltung des Stammkapitals erforderliche Vermögen der Gesellschaft darf an die Gesellschafter nicht ausgezahlt werden. Strenger noch sind die Regeln für Aktiengesellschaften, die auch die Nutzung von Rücklagen zur Gewinnverteilung an die Aktionäre grundsätzlich verbieten (§ 57 AktG): Den Aktionären dürfen die Einlagen nicht zurückgewährt werden. Vor Auflösung der Gesellschaft darf unter die Aktionäre nur der Bilanzgewinn verteilt werden.

Die Anwendung der Vorschriften bedarf einiger Voraussetzungen:

- **Gesellschaftsverhältnis.** Obwohl im Gesetzestext nicht explizit genannt, müssen die Zahlungen durch das Gesellschaftsverhältnis begründet sein, um unter die Kapitalerhaltungsregeln zu fallen. Ob eine Zahlung im Gesellschaftsverhältnis begründet ist, muss nach den Indizien beurteilt werden. Ein starkes Indiz ist eine Zahlung, die auf marktunüblichen Konditionen basiert und dem Gesellschafter einen Vorteil verschafft. Auszahlungen auf Basis bereits gefasster Gewinnverwendungsbeschlüsse fallen nicht unter die Regelung.

- **Auszahlung des Vermögens.** Grundsätzlich folgt § 30 GmbHG einer engen rechtlichen Betrachtungsweise: Das Stammkapital – als nicht immer gutes Abbild der Haftungsmasse des Unternehmens (z. B. nachrangige Verbindlichkeiten werden nicht berücksichtigt) – wird als Maßstab der Beurteilung gesehen. Eine wirtschaftliche Größe wie „haftendes Kapital" wird nicht gewählt. Dennoch darf die Erhaltung des Stammkapitals nicht nur bilanziell beurteilt werden. Wenn es um die Reduzierung der Stammkapitals geht, ist auch eine wirtschaftliche Betrachtungsweise angezeigt. Ein reiner Aktivtausch, der das Stammkapital bilanziell unverändert lässt, kann nach § 30 GmbHG dennoch verboten sein. So wurde die Gewährung eines Darlehens der Gesellschafter an einen solventen Gesellschafter bei Vorliegen einer Unterbilanz als Verstoß angesehen, da die Gesellschaft über die durch das Darlehen gebundenen Mittel nicht frei verfügen kann. Der Spielraum der Gesellschaft wird dadurch eingeengt. Dies gilt erst recht, wenn die Mittel zu besonders günstigen Konditionen vergeben werden. Auch die Auszahlung stiller Reserven durch den Verkauf eines Vermögensgegenstands zum Buchwert (bei höherem Verkehrswert) werden erfasst. Liegt also eine Unterbilanz vor, sind Geschäfte mit den Gesellschaftern genau zu prüfen. Sie müssen marktüblich sein und dürfen auch sonst die Gesellschaft in der Verfügung der Haftungsmasse nicht einschränken.

- **Gesellschafter.** Der Begriff des Gesellschafters ist weit zu fassen. Es werden nicht nur Gesellschafter und Aktionäre erfasst, sondern auch atypisch stille Gesellschafter oder andere Darlehensgeber mit weitreichenden Informations- und Kontrollrechten, verbundene Unternehmen, nahe Angehörige und Treuhänder der vorstehend Genannten.

3. Eigenkapitalersatzregeln

Die Eigenkapitalersatzregeln betreffen einen komplexen, insbesondere von der Rechtsprechung geprägten Sachverhalt. Im Mittelpunkt steht der Gesellschafter oder Aktionär, der neben seiner Einlage noch andere geschäftliche Beziehungen mit der Gesellschaft unterhält. Dem Gesellschafter wird von der Rechtsprechung eine Finanzierungsverantwortung in der Krise der Gesellschaft unterstellt. Unter „Finanzierungsverantwortung" wird die Verantwortung der Gesellschafter verstanden, einer angeschlagenen bzw. nicht mehr lebensfähigen Gesellschaft entweder durch die Einlage zusätzlicher Eigenmittel neues Leben einzuhauchen oder alle Mittel abzuziehen und die Gesellschaft zu liquidieren. Nicht mit der Finanzierungsverantwortung in Einklang steht die Gabe von Fremdkapital bzw. nicht nachrangigem Kapital in der Krise, denn dann würden die Gläubiger der Gesellschaft im Falle, dass die Krise nicht überwunden werden kann, durch die Vermehrung vorrangig zu bedienender Schulden schlechter gestellt.

Diese Sichtweise hat eine wichtige Konsequenz, die als „Eigenkapitalersatz" bezeichnet wird: Wenn sich eine Gesellschaft in der Krise befindet, werden nahezu alle Geschäftsbeziehungen eines Gesellschafters mit seiner Gesellschaft so lange wie Einlagen behandelt, bis die Krise überwunden ist. Gesellschafterdarlehen, zusätzlich gegebenes mezzanines Kapital und Nutzungsüberlassungen wie Mietverträge gelten dann als der Gesellschaft unentgeltlich zur Verfügung gestellt, bis die Krise vorbei ist. In manchen Fällen geht die Rechtsprechung sogar weiter und schließt auch Kaufpreisforderungen eines zu Marktwerten abgeschlossenen Geschäfts in diese Betrachtung ein. Diese Regelungen sind in Ansätzen in § 32a GmbHG enthalten.

Für den Geschäftsführer sind diese Regeln äußerst bedeutsam: Liegen die Voraussetzungen für den Eigenkapitalersatz der genannten Geschäftsbeziehungen der Gesellschaft mit einem Gesellschafter vor, darf die Gesellschaft die Forderungen des Gesellschafters nicht erfüllen. Im Klartext dürfen keine Zinsen gezahlt, kein Darlehen getilgt, keine Miete oder Leasinggebühr an den Gesellschafter ausgezahlt werden (so genannte „Auszahlungssperre"). Die Geschäftsführer haften für dennoch geleistete Auszahlungen (§ 64 Abs. 2 GmbHG). In manchen Fällen tritt die Haftung erst ein, wenn die geleisteten Zahlungen nicht von den Gesellschaftern zurückgeholt werden können (§ 31 Abs. 6 GmbHG).

Die Forderungen der Gesellschafter an die Gesellschaft bleiben jedoch weiter Verbindlichkeiten der Gesellschaft. Der Eigenkapitalersatz ist nur temporär, so lange die Krise anhält. Wird die Krise überwunden, ist die Gesellschaft zur Zahlung der Verbindlichkeiten, die sich während der Krise erhöht haben können, verpflichtet. Wird die Krise nicht durchgestanden, werden die umqualifizierten Verträge im Insolvenzverfahren nachrangig bedient.

3.1 Voraussetzungen für die Eigenkapitalersatzregeln

Entscheidend für die Geltung der Eigenkapitalersatzregeln ist das Vorliegen einer „Krise". Eine Krise liegt ab dem Zeitpunkt vor, ab dem die Gesellschafter als ordentliche Kaufleute Eigenkapital zugeführt hätten (§ 32a GmbHG), wenn eine Kapitalzufuhr notwendig gewesen wäre. Zur Konkretisierung wird das Kriterium der Kreditwürdigkeit oder Überlassungswürdigkeit (bei Nutzungsüberlassungen) genutzt. Dabei wird untersucht, ob ein Dritter (kein Gesellschafter) unter den vorliegenden Umständen das Geschäft in der gleichen Weise abgeschlossen hätte wie der Gesellschafter. Die Rechtsprechung konkretisiert dies mit dem Vorliegen der zwingenden Insolvenzgründe oder wenn zum untersuchten Zeitpunkt von dritter Seite ein Kredit zu marktüblichen Bedingungen nicht zu erhalten gewesen wäre. Letzterer Grund liegt vor, wenn angesichts der finanziellen Situation der Gesellschaft die Rückzahlung des Darlehens in besonderem Maße gefährdet ist.

Es ist umstritten, ob es auch einen Zeitpunkt vor dem Vorliegen eine der Insolvenzgründe geben kann, ab dem die Eigenkapitalersatzregeln greifen können. Die Definition der Rechtssprechung lässt dies vermuten, ein konkreter Fall lag der Rechtssprechung bisher aber nicht vor. Manchmal wird bereits das Vorliegen einer Unterbilanz als Krise des Unternehmens gesehen. Aus Gründen der Logik wäre auch die Erfüllung des Kriteriums der drohenden Zahlungsunfähigkeit, welches zu einer Insolvenzantragsoption führt, geeignet, die Eigenkapitalersatzregeln in Kraft zu setzen. Damit diese Regeln aber Sinn machen, müssen sie bereits vor dem Eintritt der Insolvenzgründe gelten. Denn würden die Insolvenzgründe vorliegen, müsste ein Insolvenzantrag gestellt werden, und dann würden ohnehin Regelungen gelten, die den Eigenkapitalersatzregeln entsprechen.

Der Begriff der „Gesellschafter" wird im Rahmen der Eigenkapitalersatzregeln weit gefasst bzw. ausgeweitet. Es werden nicht nur Gesellschafter und Aktionäre erfasst, sondern auch atypisch stille Gesellschafter oder andere Darlehensgeber mit weitreichenden Informations- und Kontrollrechten, verbundene Unternehmen, nahe Angehörige und Treuhänder der vorstehend Genannten. Damit kommt auf den Geschäftsführer oder Vorstand in einer Krisensituation eine weitreichende Prüfungspflicht vor der Freigabe von Zahlungen zu.

Erfasst werden Kapital- und Nutzungsüberlassungen. Bei Kapitalüberlassungen handelt es sich um reines Fremdkapital oder mezzanines Kapital. Bei Nutzungsüberlassungen handelt es sich um Miet- und Leasingverträge. Beispielsweise muss der Gesellschafter, der seiner Gesellschaft ein Grundstück vermietet hat, dieses für die Dauer der Krise unentgeltlich überlassen. Die Erfassung von Dienstleistungsverträgen ist umstritten.

3.2 Ausnahmen von den Eigenkapitalregeln

Es gibt wenige Ausnahmen zu den Eigenkapitalregeln, deren Kenntnis jedoch bedeutsam ist:

- **Kleinbeteiligungen** (§ 32a Abs. 3 GmbHG). Eine Kleinbeteiligung liegt vor, wenn der Gesellschafter nicht mehr als 10 % am Stammkapital der Gesellschaft hält und der Gesellschafter nicht auch zugleich Geschäftsführer ist. Bei Aktiengesellschaften gelten die Eigenkapitalersatzregeln erst ab einer Beteiligung von mehr als 25 %.

- **Sanierungsprivileg** (§ 32a Abs. 3 GmbHG). Erwirbt ein Darlehensgeber in der Krise der Gesellschaft Geschäftsanteile zum Zwecke der Überwindung der Krise, führt dies für seine bestehenden oder neugewährten Kredite nicht zur Anwendung der Regeln über den Eigenkapitalersatz. Mit dieser Regelung soll die Sanierung von Gesellschaften erleichtert werden. Für Banken ist es oftmals vorteilhaft, im Zuge von Sanierungen Anteile an der Gesellschaft zu übernehmen. Ohne das Sanierungsprivileg würden ihre bis dahin gewährten Darlehen durch den Erwerb von Anteilen in Eigenkapital umqualifiziert und im Insolvenzfall nachrangig behandelt werden.

- **Abzug vor Kriseneintritt.** Darüber hinaus können die Gesellschafter vor Eintritt der Krise entscheiden, ihre Verträge mit der Gesellschaft zu kündigen, wenn dies rechtlich möglich ist. Die meisten Verträge enthalten standardmäßig eine Möglichkeit zur außerordentlichen Kündigung, wenn der Rückzahlungsanspruch aus dem Vertrag gefährdet ist. Die Gesellschafter stehen also vor der Wahl eines Abzugs der Mittel – und damit der Herbeiführung eines schnellen Endes – oder dem Stehenlassen ihrer Mittel, um die Gesellschaft in der Krise zu unterstützen. Für die Entscheidung des Gesellschafters, ob er die Mittel abziehen will, steht ihm nur ein kurzer Zeitraum von höchstens zwei bis drei Wochen zu.

Eine Kündigung hat oftmals die sofortige Insolvenzanmeldung zur Folge, der eine Auszahlungssperre für nicht-lebenserhaltende Zahlungen für den Geschäftsführer folgt. Die Forderung der Gesellschafter wird aber nicht nachrangig behandelt (wenn nicht ohnehin Rangrücktritt erklärt wurde) und wird vielleicht noch mit einer zufrieden stellenden Quote bedient.

4. Zusammenspiel Kapitalerhaltung und Eigenkapitalersatz

Die beiden Regelungen zur Kapitalerhaltung und zum Eigenkapitalersatz sind sehr eng verwandt. Die Kapitalerhaltungsregeln stellen auf die Erhaltung des Stamm- bzw. Grundkapitals ab, d. h. die Erhaltung der vom Gesetzgeber definierten Mindesthaftungsmasse des Unter nehmens. Wird dieses angegriffen, erfolgt ein Verbot für bestimmte Auszahlungen an Gesellschafter. Die Eigenkapitalersatzregeln sprechen kein Verbot für Auszahlungen aus, sondern qualifizieren das Geschäft einfach in die Gabe von Eigenkapital, welches nur aus Gewinnen bedient werden darf, um. Die Eigenkapitalersatzregeln treten ein, wenn sich das Unternehmen in einer Krise befindet. Beide Regelungen erzielen den gleichen Effekt, nur über andere Wege. Auch die Voraussetzungen können als eng verwandt angesehen werden. Vieles spricht dafür, in der Aufzehrung des Stamm- bzw. Grundkapitals, mindestens jedoch der Hälfte davon (die eine Einberufung der Gesellschafter- bzw. Hauptversammlung zur Folge hat), das Vorliegen einer Unternehmenskrise zu sehen. Damit würden sowohl die Kapitalerhaltungsregeln wie auch die Eigenkapitalersatzregeln gelten.

Beispiel

Auszahlungssperre bei VC-Finanzierung. Ein Gründer konstituiert gemeinsam mit einer VC-Gesellschaft eine GmbH. Der VC hält 30 %, der Gründer 70 %. Der VC gibt 500.000 € Eigenkapital und 1,5 Mio. € in Form einer nachrangigen stillen Beteiligung, verzinst zu 10 %. Die Geschäftsplanung sieht bereits zu Beginn weitere Finanzierungsrunden vor. Es wird also davon ausgegangen, dass die Gesellschaft ohne weiteres Kapital nicht überlebt, d. h. ohne weiteres Kapital an einen Punkt kommt, wo eine Krise eintritt. Nach mehr als einem Jahr ist das Geschäft aufgebaut und eingeführt worden. Es gab keine nennenswerten Investitionen. Insgesamt wurden Kosten (nach laufenden Einnahmen) von 1,75 Mio. € verursacht. Es bestehen also noch Zahlungsmittel von über 250.000 €, so dass Zahlungsunfähigkeit kein Thema ist. Das Eigenkapital ist zwar vollständig aufgebraucht, es liegt aber keine Überschuldung vor, da die stille Beteiligung nachrangig gegeben wurde. Der VC verlangt weiter seine Zinsen, 150.000 € pro Jahr, für die gegebene stille Beteiligung. Die Geschäftsführung verweigert die Zahlung aus zwei Gründen: Zum Ersten gelten die Kapitalerhaltungsregeln. Das bilanzielle Stammkapital ist längst vollständig aufgebraucht. Eine Vermögensauszahlung wie eine Zinszahlung an einen Gesellschafter ist damit verboten. Zum Zweiten kann argumentiert werden, dass sich die Gesellschaft aus eben dem Grund des Vorliegens der Voraussetzungen des Kapitalerhaltungsregeln in einer Krise befindet. In einer Krise werden alle Beziehungen zu Gesellschaftern für die Dauer der Krise in die Gabe von Eigenkapital umqualifiziert. Auch die stille Beteiligung wird daher als Eigenkapital gesehen. Eine Zinszahlung ist verboten. Die Geschäftsführung haftet persönlich für diese Zahlungen.

Insolvenz: Prüfung der Insolvenzgründe

Die Insolvenz ist ein unschönes Thema für jeden Unternehmer. Insbesondere zu Beginn einer unternehmerischen Tätigkeit will man damit nicht konfrontiert werden. Dennoch ist dies gerade für Gründer ein wichtiges Thema, schon allein wegen des Risikos einer Unternehmensneugründung, verstärkt durch manche eng kalkulierte Finanzierung sowie bestimmte Arten der Finanzierung.

Im Insolvenzrecht (vor der Einführung der neuen InsO im Jahre 1999 „Konkursrecht" genannt) sind drei Gründe niedergelegt, die zu einer Insolvenz führen: Zahlungsunfähigkeit, drohende Zahlungsunfähigkeit und Überschuldung. Die Überschuldung ist dabei nur für Kapitalgesellschaften oder kapitalgesellschaftsnahe Gesellschaften (z. B. GmbH & Co. KG) relevant, bei denen es keine natürliche Person als haftenden Gesellschafter gibt (§ 19 InsO). Liegen diese Gründe vor, müssen die Geschäftsführer und Vorstände von Kapitalgesellschaften bzw. die persönlich haftenden Gesellschafter einen Antrag auf Eröffnung des Insolvenzverfahrens beim Insolvenzgericht, welches im Regelfall das Amtsgericht ist, stellen. Auch Gläubiger einer Gesellschaft können in begründeten Fällen einen solchen Antrag stellen.

Insolvenz muss nicht immer zwangsläufig beantragt werden. Dies gilt zwingend nur für Kapitalgesellschaften und Personengesellschaften, die keine natürliche Person als Gesellschafter haben, wo also faktisch kein Gesellschafter unbeschränkt haftet. Insolvenzverschleppung ist aber auch in anderen Fällen gefährlich und folgenreich. Für natürliche Personen oder normale Personengesellschaften gibt es eine Antragspflicht nicht. Jedoch folgen auch hier aus strafrechtlichen Vorschriften sowie aus Folgerungen für eine später beantragte Insolvenz erhebliche Konsequenzen bei einer Verschleppung: So kann einem Schuldner die Restschuldbefreiung versagt werden, wenn er die Insolvenz verschleppt. Die Befreiung von der Restschuld ermöglicht einem Schuldner überhaupt erst den wirtschaftlichen Neuanfang. Im Normalfall wird die Restschuldbefreiung nach sechs reglementierten Jahren gewährt. Wird sie verweigert, droht dem Schuldner eine immerwährende Verfolgung durch seine Gläubiger, denn vollstreckbare Titel haben eine Gültigkeit von 30 Jahren. Abbildung 35 verdeutlicht die Zusammenhänge.

Insolvenz: Prüfung der Insolvenzgründe

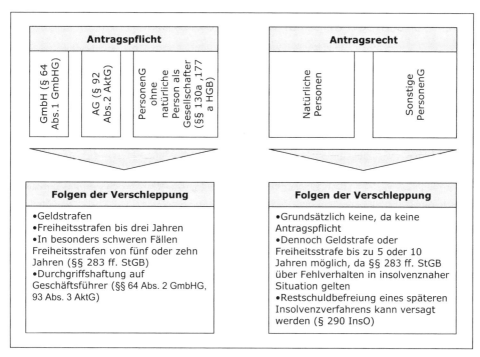

Abbildung 35: Insolvenzantragspflicht und -folgen

Wurde Insolvenz beantragt, dürfen nur noch lebenserhaltende Zahlungen geleistet werden, wie z. B. Strom- und Telefonrechnungen. Alle anderen Zahlungen sind einzustellen. Geschäftsführung und Vorstand haften für dennoch geleistete Zahlungen (§ 64 Abs. 2 GmbHG, § 93 Abs. 3 AktG).

Es gibt zwei Insolvenzverfahren. Das Verbraucherinsolvenzverfahren ist für den Schuldner günstiger, da es kürzer, weniger reglementiert und preiswerter ist. Es findet aber nur bei abhängig beschäftigten Privatleuten und Kleingewerbetreibenden Anwendung (§ 304 InsO) und steht sonstigen Unternehmern, Freiberuflern und Landwirten regelmäßig nicht zur Verfügung. Dazu müssen die Vermögensverhältnisse des Schuldners überschaubar sein. Davon geht man aus, wenn der Schuldner weniger als 20 Gläubiger hat. Kommt das Verbraucherinsolvenzverfahren nicht in Frage, ist das kompliziertere Regelinsolvenzverfahren anzuwenden. Im Regelinsolvenzverfahren wird ein vorläufiger Verwalter bestellt, der das Unternehmen weiterführt und die erforderlichen Schritte einleitet. Die Zusammenarbeit mit dem Verwalter ist zwingend und kann sich über einen beträchtlichen Zeitraum erstrecken. In einigen Fällen kann auch eine Eigenverwaltung angeordnet werden. Dann führt das bisherige Management die Geschäfte weiter, wird aber vom Insolvenzgericht überprüft. Bei Eigenverwaltung steigen natürlich die Haftungsrisiken von Geschäftsführung und Vorstand.

1. Die Insolvenzgründe im Überblick

Die drei Insolvenzgründe stehen in einem Zusammenhang miteinander: Zahlungsunfähigkeit liegt vor, wenn die Gesellschaft nicht mehr in der Lage ist, die fälligen Zahlungspflichten zu erfüllen. Zahlungsunfähigkeit kündigt sich oftmals an: Ist voraussehbar, dass mittelfristig eine Zahlungsunfähigkeit auftritt, *kann* Insolvenz beantragt werde (drohende Zahlungsunfähigkeit). Dieser Grund muss nicht zwangsläufig zur Anmeldung eines Insolvenzverfahrens führen. Die drohende Zahlungsunfähigkeit kann eventuell durch entsprechende Maßnahmen abgewendet werden. Liegt ein Zustand drohender Zahlungsunfähigkeit vor, und deckt das zu Zerschlagungswerten bewertete Vermögen nicht mehr die Schulden, liegt eine Überschuldung vor. Dann muss sofort Insolvenz beantragt werden. Liegt kein Zustand drohender Zahlungsunfähigkeit vor, deckt aber das zu Fortführungswerten bewertete Vermögen die Schulden nicht mehr, liegt ebenfalls Überschuldung vor – mit der Pflicht, Insolvenz zu beantragen.

Vorstehende Erklärungen machen deutlich, dass die Feststellung eines Insolvenzgrundes nicht einfach ist. Zwar haben sich im Laufe der Zeit Standards herausgebildet, die bei den Auswertungen helfen. Aber diese decken nicht alle Bereiche ab und einige Punkte sind naturgemäß unklar, unsicher und einem großen Maß an persönlicher Einschätzung überlassen. Auch kann nicht immer gesunde wirtschaftliche Logik als Maßstab angelegt werden, denn wieso soll ein überschuldetes Unternehmen Insolvenz beantragen, das zahlungsfähig (also nicht von Zahlungsunfähigkeit bedroht) ist? Zumindest ist der Gesetzgeber hier deutlich und schließt diesen Grund (Überschuldung) explizit als Insolvenzgrund ein.

1.1 Zahlungsunfähigkeit

Zahlungsunfähigkeit ist der primäre Grund für eine Insolvenz. Ein Unternehmen ist zahlungsunfähig, wenn es nicht in der Lage ist, die fälligen Zahlungspflichten zu erfüllen. Zahlungsunfähigkeit ist in der Regel anzunehmen, wenn der Schuldner seine Zahlungen eingestellt hat (§ 17 InsO). Die Rechtsprechung hat den Tatbestand der Zahlungsunfähigkeit konkretisiert und nimmt Zahlungsunfähigkeit an, wenn ein dauerndes Unvermögen besteht, die sofort fälligen Forderungen im Wesentlichen zu begleichen. Im Rahmen der neuen Insolvenzordnung von 1999 sind die damals angelegten Grundsätze jedoch zu verschärfen, da der Gesetzestext weder auf „Dauer" noch „Wesentlichkeit" Bezug nimmt. Diese Kriterien sind aber bereits aus praktischen Gründen nicht komplett zu vernachlässigen.

Zahlungsunfähigkeit wird auf der Basis einer Liquiditätsplanung überprüft. Ausgangspunkt der Planung bildet ein aktueller Liquiditätsstatus, der dann im Rahmen der Planung fortgeschrieben wird. Die Planung sollte einen Zeitraum von drei Monaten nicht überschreiten, allerdings mit dem Fortschreiten der Zeit ebenso fortgeschrieben werden.

In der Liquiditätsplanung sind die fälligen Zahlungsverpflichtungen sowie die freiwerdenden Zahlungsmittel einander gegenüberzustellen. Die Liquiditätsplanung darf auch Maßnahmen zur Freisetzung von Zahlungsmitteln enthalten. Diese müssen aber kurzfristig greifen, um anerkannt zu werden. Ansonsten muss die Planung auf realistischen Annahmen beruhen. Eine plötzliche Erhöhung der Umsätze darf nicht eingerechnet werden. Folgende Kriterien sind bei der Aufstellung und Auswertung der Planung zu berücksichtigen:

- **Fälligkeit der Zahlungsverpflichtungen.** Zahlungsverpflichtungen sind fällig, wenn der Gläubiger sie fällig gestellt hat. Es bedarf dazu keiner Mahnungen oder weitergehender Maßnahmen des Gläubigers. Nur wenn ein Gläubiger die Fälligkeit gestundet hat, sind die daraus resultierenden Zahlungsverpflichtungen für die Liquiditätsplanung nicht relevant.

- **Dauer.** Die Zahlungsunfähigkeit ist von der „Zahlungsstockung" zu unterscheiden. Unter „Zahlungsstockung" wird eine vorübergehende Zahlungsunfähigkeit verstanden. Aus der Zahlungsstockung wird Zahlungsunfähigkeit, wenn die Stockung nicht innerhalb eines kurzen Zeitraums (man sollte hier von drei Wochen ausgehen) behoben werden kann. Die Liquiditätsplanung darf also nur für einen kurzen Zeitraum eine Unterdeckung anzeigen, um von einer Zahlungsstockung auszugehen. Wenn die vorübergehende Zahlungsunfähigkeit z. B. auf einer bindenden Festgeldanlage beruht, kann von einer Zahlungsstockung ausgegangen werden. Denn es handelt sich nur um schlechtes Management des kurzfristigen Cash, welches zudem durch eine Ausweitung der Kreditlinien behebbar sein dürfte.

- **Wesentlichkeit.** Vor der Neufassung der Insolvenzordnung wurde eine Wesentlichkeitsgrenze zwischen 15 und 25 % angenommen. Wenn nur dieser Teil der fälligen Forderungen nicht bedient werden konnte, lag kein Insolvenzgrund vor. Mit der neuen Insolvenzordnung muss man hier wesentlich strengere Kriterien anlegen. Grundsätzlich ist jeder Gläubiger schützenswert, egal wie klein seine Forderung auch sein mag. Dennoch macht es Sinn, auch hier eine Grenze einzuziehen, die jedoch 5 % nicht überschreiten sollte. Denn es ist im Interesse der Insolvenzordnung, so viele Gläubiger wie möglich zu befriedigen. Durch eine zu früh eingeleitete Insolvenz kann über die Beeinträchtigung des Geschäftsbetriebs mehr Haftungsmasse als die entsprechenden 5 % verloren gehen. Die 5 %-Grenze kann aber nur gelten, wenn dem Liquiditätsplan keine Sanierung zugrunde liegt. Denn dann kann man davon ausgehen, dass sich derart kleine Zahlungsverpflichtungen auch durch Liquidierung kleinerer Vermögensgegenstände oder Kosteneinsparungen in gleicher Höhe begleichen lassen.

Einem Geschäftsführer oder Vorstand sollte sich der Zustand der Zahlungsunfähigkeit in der Regel deutlich ankündigen. Meist sind die im Rahmen eines normalen Geschäftsbetriebs möglichen Restrukturierungsmaßnahmen bereits durchgeführt worden, reichen aber zur Behebung des Problems nicht. Frisches Kapital von außen steht nicht mehr zur Verfügung und die Geschäftsaussichten sind schlecht. Oftmals ist bereits vom Gefühl her klar, wann Zahlungsunfähigkeit vorliegt.

1.2 Drohende Zahlungsunfähigkeit

Zahlungsunfähigkeit tritt nur in sehr seltenen Fällen von heute auf morgen ein. Meist gehen diesem Zustand langandauernde Verluste oder Verluste in besonderer Größenordnung voraus. Die Kreditlinien sind ausgeschöpft, weiteres Kapital ist nicht in Aussicht, und die Entwicklung des Geschäfts wird in der nahen Zukunft oder vielleicht auch länger pessimistisch beurteilt. Mögliche Sanierungsmaßnahmen wie Kurzarbeit oder Personalentlassungen wurden bereits vorgenommen und überflüssiges Vermögen wurde bereits veräußert.

Auf der Basis einer drohenden Zahlungsunfähigkeit können Geschäftsführung oder Vorstand einen Antrag auf Eröffnung eines Insolvenzverfahrens stellen. Sie müssen dies jedoch nicht. Diese Option basiert auf der Überlegung, dass besondere Handlungen, wie sie im Rahmen eines Insolvenzverfahrens – nicht aber im Rahmen des normalen Geschäftsbetriebs eines Unternehmens – möglich sind, besser greifen, wenn sie frühzeitig eingeleitet werden. Wenn Geschäftsführung oder Vorstand also erkennen, dass die Überlebenschancen ihres Unternehmens durch Einleitung einer Insolvenz steigen, ist ihnen dieser Weg nicht verstellt. Da es sich um eine Option handelt, wird dieser Grund sehr selten für eine Insolvenz genutzt, obwohl viele Insolvenzanträge auf diesen Grund lauten – weil es sich haftungstechnisch besser anhört.

Nach § 19 InsO liegt drohende Zahlungsunfähigkeit vor, wenn das Unternehmen voraussichtlich nicht in der Lage sein wird, die bestehenden Zahlungspflichten im Zeitpunkt der Fälligkeit zu erfüllen. Auch die drohende Zahlungsunfähigkeit wird, analog der Zahlungsunfähigkeit, durch eine Liquiditätsplanung festgestellt. Der Planungshorizont sollte hier mit 12 bis 18 Monaten deutlich länger sein. Ergibt sich innerhalb dieses Zeitraums eine anhaltende Unterdeckung, die Geschäftsführung oder Vorstand nicht behebbar erscheint, kann die Insolvenz beantragt werden.

1.3 Überschuldung

Eine Überschuldung liegt vor, wenn das Vermögen die Verbindlichkeiten inkl. Rückstellungen nicht mehr deckt. Dies ist aufgrund der Doppik (der doppelten Buchhaltung im Rahmen der GoB) gleichbedeutend mit dem vollständigen Verlust des Eigenkapitals, denn es muss ein nicht durch Eigenkapital gedeckter Fehlbetrag vorliegen.

Die Insolvenzgründe im Überblick

Beispiel

Schnelle Überschuldung? Ein Gründer gründet ein Unternehmen zum 1.1. des Jahres mit 50.000 € Eigenkapital und 200.000 € Fremdkapital (nicht nachrangig). Entsprechend weist die Eröffnungsbilanz Aktiva in Höhe von 250.000 € auf. Er investiert 80.000 € in den Kauf einer Maschine, kauft für 30.000 € Ware ein und nutzt den Rest als weiteres Kapital zur Aufrechterhaltung der Produktion. Zudem stellt er einen Vertriebsmitarbeiter mit einem Jahresgehalt von 45.000 € (inkl. Nebenkosten) im Jahr ein. Der Vertriebsmitarbeiter stellt zahlreiche Kontakte her und hat einige Zusagen für Bestellungen, kann aber aufgrund der sich verzögernden Produktion im ersten Jahr nichts verkaufen. Während der Produktion stellt der Gründer fest, dass 10.000 € der Ware für seine Zwecke nicht mehr verwendbar sind. Er schreibt diese gemäß dem Niederstwertprinzip auf 3.000 € ab. Im ersten Jahresabschluss setzt der Gründer gemäß § 255 HGB sämtliche Ausgaben inkl. der Abschreibung der Maschine als Herstellungskosten in der Bilanz an. Der entsprechende Aktivtausch in der Bilanz berührt die GuV des Gründers nicht. Ausgenommen sind die Aufwendungen für den Vertriebsmitarbeiter, die nicht aktiviert werden dürfen, sowie die Abschreibungen auf die Ware. Die GuV des ersten Jahres weist damit einen Verlust von 45.000 € (Gehalt Vertriebsmitarbeiter) + 7.000 € (Sonderabschreibung) = 52.000 € auf. Die Aktiva der Gesellschaft werden dadurch um 52.000 auf 198.000 € geschmälert und decken das Fremdkapital von 200.000 € nicht mehr. Zugleich wird das Eigenkapital von 50.000 € durch den Verlust auf −2.000 € reduziert. Es ist also vollständig verbraucht. Es entsteht ein nicht durch Eigenkapital gedeckter Fehlbetrag in Höhe der Unterdeckung der Verbindlichkeiten durch Aktiva. Die Gesellschaft ist zweifellos weiter zahlungsfähig, könnte aber überschuldet sein, da der Fremdkapitalgeber keinen Rangrücktritt erklärt hat. Hier kommt es auf die Art (Rechtsverbindlichkeit) und Höhe der durch den Vertriebsmitarbeiter generierten Bestellungen sowie auf die durch den Aufbau der Produktion geschaffenen Werte an. Würde man in diesen beiden Punkten eine Wertsteigerung des Unternehmens sehen, wäre diese in einer Überschuldungsbilanz zu Fortführungswerten zu aktivieren. Da der Vertriebsmitarbeiter einige sichere Aufträge abgeschlossen hat, fühlt sich der Gründer auf der sicheren Seite und meldet keine Insolvenz an. Er beachtet jedoch die Kapitalerhaltungsregeln streng.

Eine Überschuldung liegt vor, wenn das Vermögen des Schuldners die bestehenden Verbindlichkeiten (Schulden) nicht mehr deckt. Bei der Bewertung des Vermögens des Schuldners ist jedoch die Fortführung des Unternehmens zugrunde zu legen, wenn diese nach den Umständen überwiegend wahrscheinlich ist (§ 19 Abs. 2 InsO).

Bei der Prüfung der Überschuldung werden also die Aktiva den Verbindlichkeiten gegenübergestellt. Das Ergebnis (Überdeckung oder Unterdeckung) wird auch „Überschuldungsstatus" genannt. Bei der Prüfung kommt der Bewertung der Aktiva und auch der Passiva eine große Bedeutung zu. Denn Werte sind abhängig vom Zweck und den gegebenen Rahmenumständen. Wenn die Fortführung überwiegend wahrscheinlich ist, gelten Fortführungswerte

(§ 19 Abs. 2 InsO). Wenn dies nicht für die Fortführung gilt, haben sich in der Rechtsprechung Liquidationswerte durchgesetzt (BGH 1992, Az. II ZR 269/91).

Die „Fortführungsprognose" wird auf Basis eines Finanzplans durchgeführt. Dabei handelt es sich um einen Cash-flow-Plan, nicht eine fortgeschriebene GuV. Der Finanzplan ist jedoch in ein schlüssiges Konzept zu integrieren. Der Beschreibung der Ausgangslage sowie der zukünftigen Maßnahmen sind wesentliche Bestandteile. Die Beschreibung der Ausgangslage erfolgt am besten anhand einer SWOT-Analyse (Stärken, Schwächen, Chancen, Gefahren), die das eigene Unternehmen, das wirtschaftliche Umfeld in der Branche und der Gesamtwirtschaft umfasst. Die zukünftigen Maßnahmen können am besten anhand der langfristigen Strategie und der sich daraus ergebenden operativen Maßnahmen abgeleitet werden. Geplante Restrukturierungen oder Sanierungsmaßnahmen sind auf jeden Fall aufzuzeigen. Der Finanzplan muss logisch auf die SWOT-Analyse und die geplanten Maßnahmen aufbauen. Aus der Fortführungsprognose muss sich ergeben, dass alle im Betrachtungszeitraum fälligen Verbindlichkeiten gezahlt werden können.

Können alle fälligen Verbindlichkeiten nach der Fortführungsprognose bedient werden, sind für die Prüfung des Überschuldungsstatus „Fortführungswerte" anzusetzen. Bereits im HGB wird vorgeschrieben, dass bei der Bewertung von der Fortführung des Unternehmens auszugehen ist (§ 252 Abs. 1 Nr. 2 HGB). Damit enthält die nach HGB erstellte Bilanz aber nicht unbedingt Fortführungswerte. Die Werte in der Handelsbilanz können aber als Ausgangspunkt für die Ermittlung der Fortführungswerte genommen werden.

Der Fortführungswert eines Vermögensgegenstandes ist der Wert, der ihm im Rahmen einer Bewertung des gesamten Unternehmens zukommen würde. Die Bewertung des gesamten Unternehmens erfolgt (außer im Fall der Krise) auf Basis von Cash-flow-Überschüssen, die aber grundsätzlich eben keinen Rückschluss auf den einzelnen Vermögensgegenstand zulassen. Der Gesetzgeber stellt hier den beurteilenden Gesellschafter vor ein echtes Dilemma. Auch Insolvenzverwalter stehen hier vor einer Unsicherheit, denn sie müssen die Vermögenswerte auch einzeln mit Fortführungswerten bewerten (§ 151 Abs. 2 InsO). Rechtsprechung zu diesem Thema fehlt. In der Literatur diskutierte Lösungsansätze sind oft nicht praktikabel. Von daher muss man mit Behelfswerten arbeiten, die den Zweck der Fortführungswerte berücksichtigen: Klar ist, dass im Falle der Fortführung des Unternehmens die einzelnen Vermögensgegenstände nicht unter ihrem Verkehrswert verkauft werden. Der Verkehrswert ist der unter normalen Umständen (also ohne Zeitdruck) erzielbare Kaufpreis im Markt. Er ist somit ein Mindestwert, sollte aber mangels Alternativen als Richtgröße genommen werden.

Um die Fortführungswerte zu ermitteln, müssen Sie alle bilanzierten Vermögensgegenstände mit ihrem Verkehrswert bewerten. Anerkannte Prinzipien für eine Jahresabschluss nach HGB wie Anschaffungsprinzip, Vorsichtsprinzip und Realisationsprinzip gelten nicht. Sie decken damit also vorhandene stille Reserven Ihres Vermögens auf. Darüber hinaus müssen Sie den „Goodwill" Ihres Unternehmens ansetzen. „Goodwill" ist dabei der Teil des Kaufpreises eines Dritten, den dieser über die Summe der aktivierten Vermögensgegenstände nach Abzug der Schulden hinaus bereit wäre, für das Unternehmen zu zahlen. Auch diese Definition bereitet im Alltag Schwierigkeiten. Normalerweise müsste man dafür eine Cash-flow-basierte Unternehmensbewertung machen und davon die Verkehrswerte der Aktiva abziehen und der Passiva addieren. Im Überschuldungsstatus hat jedoch eine Gesamtposition „Goodwill" keine große Chance auf Anerkennung. Sie müssen vielmehr den Goodwill in Einzelteile aufbrechen und im Überschuldungsstatus Aktiva ansetzen, die in der Handelsbilanz nicht auftauchen. Bei diesen Aktiva handelt es sich um alles einzeln Verwertbare, was bisher nicht bilanziert wurde. Dies sind z. B. eine Kundendatei, Schutzrechte wie eine Marke, ein Patent, ein Gebrauchsmuster, selbsterstellte Software usw. handeln. Voraussetzung für die Verwertung ist die Existenz eines Marktes. Das in Ihrer Firma gebündelte Know-how lässt sich nur schwer getrennt vom Rest des Unternehmens vermarkten und sollte daher – obwohl es einen großen Teil des Goodwills eines Unternehmens ausmacht – nicht angesetzt werden. Bestehende Auftragsbestände sind für die Aufstellung des Überschuldungsstatus gedanklich abzuwickeln. Auf der Passivseite sollten Sie den Eintritt der Zahlungspflicht von Rückstellungen abschätzen. Manchmal können – positiv für den Überschulungsstatus – Rückstellungen reduziert werden. Deckt das so ermittelte Vermögen die Verbindlichkeiten nicht mehr, müssen Sie einen Antrag auf Insolvenz stellen.

Können nach der Fortführungsprognose nicht alle fälligen Verbindlichkeiten bedient werden, sind „Liquidationswerte" anzusetzen. Auch Liquidationswerte sind nicht eindeutig bestimmt. Denn der Verkauf einzelner Vermögensgegenstände bringt in der Regel weniger als z. B. der Verkauf einer kompletten Fabrik. Da man hier allerdings vom schlechtesten Fall ausgehen muss, liegt der Ansatz von Einzelveräußerungswerten – und damit der niedrigste Ansatz – nahe.

Die genaue Bestimmung der Liquidationswerte ist schwer. Nur selten liegen verlässliche Marktpreise für gebrauchte Maschinen vor. Für das Umlaufvermögen in Form von unfertigen Erzeugnissen kann man sich nur mit groben Schätzungen behelfen. Bargeld und bargeldnahes Vermögen ist wiederum einfach einzuschätzen. Als Faustregel sollte man 50 %-Abschläge auf alle Vermögensgegenstände vornehmen, für die keine offiziellen Märkte existieren. Ansonsten sollte man Abschläge zwischen 0 und 20 % vornehmen. Forderungen sind nach ihrer Einbringbarkeit abzustufen. Alte Forderungen sollten mit 80 % Abschlag eingestellt werden, neue mit 20 %. Wenn die Firma Goodwill gebildet hat, so ist dieser zusätzlich zu aktivieren, wenn er veräußerbar ist. Hierbei kann es sich um eine Kundendatei, eine eingeführte Marke, ein Patent, selbsterstellte Software usw. handeln. Prüfen Sie sorgfältig, was Sie für veräußerbar halten, und stellen Sie zusätzliche Aktiva in den Überschuldungsstatus ein. Im Gegensatz zur Bewertung mit Fortführungswerten muss es sich um deutlich niedrigere Wertansätze handeln. Auf der Passivseite sollten Sie die gleichen Bewertungen vornehmen wie bei den Fortführungswerten. Insbesondere Rückstellungen können so vielleicht mit einem niedrigeren Wert angesetzt werden. Deckt das so reduzierte Vermögen die Verbindlichkeiten nicht mehr, müssen Sie einen Antrag auf Insolvenz stellen.

Unabhängig vom Ergebnis der Fortführungsprognose sind Forderungen eines Gesellschafters aus der Gewährung eigenkapitalersetzender Leistungen (z. B. Gesellschafterdarlehen, Nutzungsüberlassungen des Gesellschafters an die Gesellschaft), soweit für sie keine Rangrücktrittserklärung abgegeben worden ist, in der Überschuldungsbilanz der Gesellschaft zu passivieren (BGH 2001, Az. II ZR 88/99). Haben die Gesellschafter dagegen einen Rangrücktritt erklärt, sind die Forderungen wie Eigenkapital zu betrachten und für den Überschuldungsstatus nicht weiter zu beachten. Der Ansatz der Verbindlichkeiten, die durch die Eigenkapitalersatzregeln umqualifiziert werden, ist angesichts der geltenden Eigenkapitalersatzregeln (siehe Abschnitt 3) überraschend, aber durch die Rechtsprechung fixiert. Mit dieser Rechtssprechung sollte für Geschäftsführung oder Vorstand eine klare Regelung (durch Fixierung auf die eindeutig feststellbare Erklärung des Rangrücktritts) geschaffen werden. Für Unternehmen, die durch Venture-Capital als Mix von Eigenkapital und mezzaninem Kapital finanziert wurden, ist dies bedeutsam. Lassen Sie sich den Rangrücktritt des mezzaninen Kapitals unbedingt vertraglich bestätigen. Achten Sie auch darauf, dass zugleich der Rangrücktritt weiterer, aus dem mezzaninen Kapital entstehender Forderungen (nämlich den Zinsen) erklärt wird. Wenn Sie sonstige Verträge mit Ihrem Kapitalgeber abschließen, achten Sie auch hier auf den Rangrücktritt. So können Sie mögliche Unannehmlichkeiten vermeiden, wenn Sie sich als Gründer in den riskanteren Anfangsjahren mit dem Thema Überschuldung beschäftigen müssen.

Im Rahmen einer möglichen Überschuldungssituation können auch die Zinsen ausstehender Verbindlichkeiten entscheidend sein. Rechtssprechung zu diesem Thema gibt es noch nicht, jedoch ist allgemein anerkannt, dass die Zinsen als Nebenforderungen das Schicksal der Hauptforderung teilen. Insofern kann man davon ausgehen, dass ein auf die Hauptforderung erklärter Rangrücktritt auch für die Zinsen gilt. Um wirklich sicher zu sein, sollte man sich dies jedoch explizit bestätigen lassen.

Beispiel

Zinsen im Überschuldungsstatus. Ein Unternehmensgründer gewinnt eine Venture-Capital-Gesellschaft zur Finanzierung seiner Unternehmensidee. Für einen Anteil von 30 % am Unternehmen verspricht der VC eine Finanzierung von insgesamt 930.000 €. Er zahlt 30.000 € als Anteil am Stammkapital der gemeinsam gegründeten GmbH (70.000 € trägt der Gründer), legt 200.000 € in die Kapitalrücklage ein und stellt 700.000 € als stille Beteiligung (Verzinsung 10 % ab Jahr 3, endfällig in zehn Jahren) zur Verfügung. Für die Forderung aus der stillen Beteiligung erklärt er explizit den Nachrang nach anderen Gläubigern der Gesellschaft (Rangrücktritt). In den ersten zwei Jahren macht die Gesellschaft einen kumulierten Verlust von 900.000 €. Damit entsteht in der Handelsbilanz ein nicht durch Eigenkapital gedeckter Fehlbetrag in Höhe von 600.000 € (200.000 € Kapitalrücklage + 100.000 € Stammkapital − 900.000 € Fehlbetrag = −600.000 € nicht durch Eigenkapital gedeckter Fehlbetrag). Denn die stille Beteiligung wird in der Handelsbilanz als Fremdkapital aufgeführt. In der Überschuldungsbilanz wird die stille Beteiligung aufgrund des Rangrücktritts in Eigenkapital („funktionales" Eigenkapital) umqualifiziert. Der Überschuldungsstatus ist daher weiter positiv (200.000 € Kapitalrücklage + 100.000 € Stammkapital + 700.000 € stille Beteiligung mit Nachrang − 900.000 € Fehlbetrag = +100.000 €). Hätte der VC keinen Rangrücktritt erklärt, wäre die Gesellschaft schon lange überschuldet.

Zugleich ist aber folgender Effekt eingetreten: Für die ab Jahr 3 fälligen Zinszahlungen gelten die Kapitalerhaltungsvorschriften wie auch die Eigenkapitalersatzregeln. Der Gründer verweigert dem VC daher ab Jahr 3 die Zinszahlung, für die er mit seinem persönlichen Vermögen haften könnte. Bei einem Verlust von weiteren 110.000 € in Jahr 3 gilt dann Folgendes: Grundsätzlich wäre jetzt der bilanzielle Überschuldungsstatus ohne Neubewertungen negativ, denn er betrug in Jahr 2 nur noch +100.000 €. Im Verlust von 110.000 € des Jahres 3 sind jedoch die Zinszahlungen von 70.000 € an den VC enthalten, die als neue Verbindlichkeiten in der Bilanz auftauchen und als Aufwand in der GuV zu buchen sind. Dieser Aufwand wird jedoch aufgrund der Kapitalerhaltungsvorschriften wie auch der Eigenkapitalersatzregeln nicht ausgeschüttet. Bei einer Bewertung des Überschuldungsstatus kommt es nun darauf an, ob die Zinsen das Schicksal der Hauptforderung teilen. Unter der Voraussetzung, dass die Zinsen das Schicksal der Hauptforderung teilen und damit für sie der Rangrücktritt erklärt wurde, sind die neuen Verbindlichkeiten von 70.000 € als Eigenkapital zu qualifizieren. Es verbleibt damit ein positiver bilanzieller Überschuldungsstatus in Jahr 3 von: 100.000 € (Überschuldungsstatus Jahr 2) – 110.000 € (Ergebnis Jahr 3) + 70.000 € umqualifizierte Verbindlichkeiten = +40.000 €. Würden die Zinsen das Schicksal der Hauptforderung nicht teilen, wäre der Überschuldungsstatus im Jahr 3 mit – 10.000 € negativ.

2. Tipps zur Vorgehensweise

Die Prüfung, ob ein Insolvenzantrag zu stellen ist, folgt meist einem konkreten Anlass. Das Einfahren kontinuierlicher Verluste – auch auf Monatsbasis – ist ein starker Hinweis zur Prüfung von Liquiditätsstatus und Überschuldungsstatus. Die Prüfungen sind unter Umständen in kurzen, regelmäßigen Abständen zu wiederholen, bis sich die Lage gebessert hat. Natürlich schreibt man in solchen Fällen die Ergebnisse der ersten Prüfungen fort bzw. setzt auf den ersten Ergebnissen auf. Gründer haben mit dem Businessplan bereits eine gute Grundlage für die anstehenden Prüfungen, die nur an die neuen Bedingungen angepasst werden muss.

Die anstehenden Prüfungen sind naturgemäß mit einer gewissen Ermessensunschärfe verbunden. Dies ist verbunden mit nicht immer klaren Regelungen, wie vorzugehen ist. Wichtig für Sie als Gründer sind an dieser Stelle die Sorgfalt und Nachvollziehbarkeit der Prüfungen. Wenn Ihre Gesellschaft in eine Situation gerät, die die Prüfung eines Überschuldungsstatus nahe legt, sollten Sie Ihre Annahmen gewissenhaft treffen und sorgfältig dokumentieren. Damit genügen Sie auf jeden Fall Ihren Pflichten als Geschäftsführer oder Vorstand und haben sich bei Streitfällen eine gute Ausgangssituation geschaffen. Die Einschaltung eines kompetenten Rechtsanwalts oder Sachverständigen mit Schwerpunkt Insolvenzrecht ist ebenso wichtig. Hierbei müssen Sie aber beachten, dass diese Dienstleister – wegen ihrer eigenen

Haftung aufgrund von möglichen Beratungsfehlern – eine Tendenz zur konservativen Vorgehensweise haben und lieber einmal zu früh Insolvenz anmelden als einmal zu spät.

Wenn Sie im Rahmen Ihrer Prüfung das Vorliegen eines Insolvenzgrundes bestätigt bekommen, müssen Sie innerhalb von drei Wochen einen Insolvenzantrag beim zuständigen Insolvenzgericht (meist das Amtsgericht) stellen. Dies dürfen Sie keinesfalls hinauszögern, denn Geschäftsführung und Vorstand haften persönlich für die rechtzeitige Stellung des Antrags (§§ 64 GmbHG, 92 Abs. 2 AktG, 130a, 130b HGB).

Es erscheint oft von Vorteil zu sein, wenn die Gesellschaft wenige Verbindlichkeiten und damit wenige Gläubiger hat. Oft verleitet dieser Umstand zu einer sorgloseren Haltung der Geschäftsführung oder des Vorstands, insbesondere, wenn es sich um geschäftsführende Gesellschafter handelt und zudem noch grundsätzliche Einigkeit mit den anderen Gesellschaftern (z. B. Kapitalgebern) besteht. Denn, so die Überlegung, man bliebe im Insolvenzverfahren unter seinesgleichen, so dass die Handlungen vorher egal sind. Hier ist jedoch größte Vorsicht geboten:

- **Strafrecht.** Die Verschleppung einer Insolvenz sowie der Entzug von Haftungsmasse können strafrechtliche Konsequenzen haben. Selbst wenn vielleicht kein Geld verloren geht, kann es zu Freiheitsstrafen kommen. Denn Unternehmen erfüllen z. B. mit der Beschäftigung von Arbeitnehmern auch Aufgaben, die im öffentlichen Interesse sind.

- **Pflicht des Insolvenzverwalters.** Im Rahmen der Insolvenz übernimmt ein Insolvenzverwalter die Geschicke der Gesellschaft. Dieser hat unter Umständen ganz andere Ziele und sieht die Sachlage oft ganz anders als die Gesellschafter. Es ist die wesentliche Pflicht eines Insolvenzverwalters, die Insolvenzmasse möglichst auszudehnen – dies gilt grundsätzlich unabhängig vom Umfang der Verbindlichkeiten. Aber auch Gesellschafter sind im weitesten Sinne Gläubiger, die nur nach allen anderen ihre Einlagen oder umqualifizierten Verbindlichkeiten gedeckt bekommen wollen. Der Insolvenzverwalter haftet diesen Gläubigern für eine möglichst große Ausweitung der Haftungsmasse (§§ 60, 61 InsO). Von daher sollte er zunächst alle Möglichkeiten nutzen, um die Insolvenzmasse auszudehnen. Dazu gehören auch die Haftungsfälle der Geschäftsführer und Vorstände. Deren Verhalten vor einer Insolvenz wird routinemäßig vom Insolvenzverwalter geprüft. Zugleich gibt es auch routinemäßige Prüfungen der Staatsanwaltschaft sowie der Steuerbehörden. Zu beachten ist auch, dass der Insolvenzverwalter teilweise nach dem Umfang der Insolvenz, gemessen an der Insolvenzmasse, bezahlt wird (§ 2 InsVV). Dies führt einerseits dazu, dass bei kleineren Insolvenzen wenig Mühe aufgewendet wird (i. d. R. erledigen das die Rechtsanwaltsgehilfen), bei größeren Insolvenzen oder generell lukrativ erscheinenden, einfach durchsetzbaren Maßnahmen umso genauer hingeschaut wird. Diesen Sachverhalt wird man offiziell nicht bestätigt bekommen, ist jedoch aus der Entlohnungspolitik zu folgern.

- **Fortführung durch Dritte.** Darüber hinaus werden Unternehmen auch im Interesse der Allgemeinheit als erhaltenswert angesehen, denn sie schaffen z. B. Arbeitsplätze. Diese Sichtweise entkoppelt den Gesellschafter vollständig von seiner Gesellschaft. Der Gesellschafter wird oft sogar als Hinderungsgrund für die erfolgreiche Unternehmensführung gesehen. Insolvenzverwalter haben auf der Grundlage dieser Sichtweise – auch wenn es oftmals nicht so scheint – nicht nur die Funktion eines Abwicklers, sondern sind bemüht, die Gesellschaft weiterzuführen. Letztlich entscheidet die Gläubigerversammlung, ob das Unternehmen fortgeführt wird oder nicht (§ 157 InsO). Nachrangige Gläubiger, d. h. die Gesellschafter, haben dabei kein Stimmrecht (§ 77 Abs. 1 InsO). Es kann also sein, dass die Gläubigerversammlung beschließt, das Unternehmen fortzuführen, während einzelne Gesellschafter wie z. B. Kapitalgeber des Unternehmens eine Abwicklung bevorzugt hätten.

Diesen Ausführungen steht nicht entgegen, dass kleinere Insolvenzen nicht so sehr im Blickpunkt stehen und Insolvenzverwalter oftmals überlastet sind oder ihre Anstrengungen auf größere Fälle richten. Dies gilt umso mehr, als die insolvente Gesellschaft wenig Gläubiger hat. Darauf sollte man als Geschäftsführer oder Vorstand aber nicht ernsthaft setzen.

Teil X

Wichtige wirtschaftliche Kenntnisse

Wenn Sie keine wirtschaftliche oder steuerliche Ausbildung haben, machen Sie sich zumindest mit den Grundlagen vertraut.

Wichtige Regeln

- Genaue Analysen können Anhaltspunkte zu drastischen Effektivitätssteigerungen geben.
- Nicht alle Kosten sind gleich.
- Nicht alle Kosten sind entscheidungsrelevant.
- Geld ist nicht gleich Geld; es kommt auf den zeitlichen Anfall an.
- Kennen Sie Ihre Möglichkeiten zur Gewinnermittlung.
- Nutzen Sie die steuerlichen Optimierungsmöglichkeiten.
- Vermeiden Sie, wenn es geht, eine Klassifizierung als gewerbliche Tätigkeit, um die Gewerbesteuer zu vermeiden.

Viele Gründer haben keinen wirtschaftlichen Hintergrund, wenn sie ihr eigenes Unternehmen starten. Sie brauchen kein betriebswirtschaftliches Studium, um ein Unternehmen gründen und erfolgreich betreiben zu können. Es ist aber hilfreich, einige betriebswirtschaftliche Methoden und Konzepte zu kennen und zu verstehen. Viele dieser Konzepte werden Ihnen früher oder später ohnehin wieder begegnen. Darüber hinaus ist es auch sinnvoll, die steuerlichen Konsequenzen Ihres Vorhabens sowie bestimmter Aktionen abschätzen zu können. Daher sollen im Folgenden einige wichtige betriebswirtschaftliche Prinzipien sowie die Grundlagen des Steuerrechts dargestellt werden. Naturgemäß kann es sich hier nur um einen Ausschnitt handeln, aber durch die Konzentration auf die wichtigsten Themen ist der Nutzen für einen Gründer dennoch gegeben.

Betriebswirtschaftliche Methoden

Unternehmer müssen regelmäßig wirtschaftliche Entscheidung treffen. Sowohl für die Vorbereitung von Entscheidungen sowie die eigentliche Entscheidungsfindung haben sich anerkannte Methoden und Konzepte durchgesetzt. Die wichtigsten Methoden und Konzepte werden im Folgenden aufgezeigt. Tabelle 63 gibt einen Überblick.

Methode/Konzept	Entscheidungsunterstützung
ABC-Analyse	Fast alle betrieblichen Sachverhalte werden von sehr wenigen Treibern stark, von vielen Treibern sehr schwach beeinflusst. Wo möglich, sollte man sich auf die wenigen starken Treiber konzentrieren.
Abschreibungen	Abschreibungen haben keine Entscheidungsrelevanz, mit Ausnahme ihres Einflusses auf Bilanz und Steuern. Die Kapitalkosten (Zins und Tilgung) dagegen sind entscheidend.
Vergangenheitsbezogene Kosten: Sunk Costs	Bereits verursachte, nicht mehr veränderbare Kosten sind irrelevant für eine Entscheidungsfindung
Fixe und variable Kosten	Nur variable Kosten sind relevant für die Entscheidungsfindung. Langfristig sind alle Kosten variabel.
Deckungsbeiträge	Die Erlöse müssen kurzfristig die variablen Kosten abdecken. Langfristig sind alle Kosten variabel.
Kapitalwerte	Erlöse und Kosten, die zu unterschiedlichen Zeitpunkten anfallen, müssen mittels einer Vergleichsrendite vergleichbar gemacht werden

Tabelle 63: *Methoden und Konzepte betrieblicher Entscheidungsfindung*

1. ABC-Analyse

Mit ABC-Analyse wird eine Analyse-Methodik bezeichnet, deren Sinn und Zweck die Untersuchung eines Sachverhalts ist. Die den Sachverhalt beeinflussenden Variablen werden mit Hilfe der ABC-Analyse in Gruppen unterteilt. Die A-Gruppe beeinflusst den Sachverhalt sehr stark, die B-Gruppe ein wenig, die C-Gruppe kaum. Daraus lassen sich dann unterschiedliche Handlungsentscheidungen für die Gruppen ableiten.

Beispiele für die Anwendung der ABC-Analyse sind die Untersuchung von Kunden, von Lagerbeständen, dem Kundendienst oder von Prozessen. Regelmäßig stellt man fest, dass nur ein kleiner Teil der untersuchten Gesamtheit den zu untersuchenden Sachverhalt sehr stark beeinflusst. So macht man mit wenigen Kunden einen Großteil des Umsatzes, nur wenige Stücke auf Lager werden wirklich häufig bestellt bzw. ausgetauscht (während die anderen Stücke sehr lange auf Lager liegen), nur ein Bruchteil der Kunden verursacht den Hauptaufwand im Kundendienst oder nur ein Fehler im Prozessablauf verursacht extrem hohe Folgekosten.

Beispiel

Kundenanalyse Maschinenbau. Ein Maschinenbauer hat sein Unternehmen vor zwei Jahren gegründet. Er versucht nun, seine Kunden besser zu verstehen und besser zu bedienen. Sein Umsatz beträgt ca. 340.000 € in zwei Jahren mit insgesamt 20 Kunden. Er prüft, wie viel Umsatz er mit welchen Kunden im letzten Jahr gemacht hat. Als Ergebnis erhält er eine Tabelle mit zwei Spalten (siehe Tabelle 64), dem Kundennamen und dem Umsatz des letzten Jahres. Er sortiert die Eintragungen in die Tabelle absteigend, startend mit dem Kunden, mit dem der höchste Umsatz gemacht wurde. Er fügt der Tabelle eine dritte und vierte Spalte hinzu, um den kumulierten Umsatz und den Anteil des kumulierten Umsatzes am Gesamtumsatz zu bestimmen. In einer fünften Spalte berechnet er den Anteil der Kunden. Er erkennt, dass er mit 20 % seiner Kunden ca. 76 % seines Umsatzes macht. Mit ca. 30 % seiner Kunden macht er ca. 20 % seines Umsatzes, und mit 50 % seiner Kunden macht er nur 5 % seines Umsatzes. Abbildung 36 zeigt den Zusammenhang grafisch auf. Daraufhin beschließt er, seinen 50 % Hauptkunden einen eigenen Kundendienstmitarbeiter abzustellen, mit einer speziellen Telefonnummer für die 20 % wichtigsten Kunden. Die Betreuungsleistungen für die 50 % der Kunden, mit denen er in Summe nur einen Umsatz von 5 % macht, fährt er zurück.

Kunde	Umsatz (€)	Umsatz kumuliert (€)	Kumulierter Umsatz/Gesamtumsatz	Anteil Kunden
Kunde 7	105.200	105.200	30,9 %	5 %
Kunde 15	85.000	190.200	55,9 %	10 %
Kunde 20	45.000	235.200	69,1 %	15 %
Kunde 6	25.000	260.200	76,4 %	20 %
Kunde 11	17.200	277.400	81,5 %	25 %
Kunde 1	15.000	292.400	85,9 %	30 %
Kunde 16	8.800	301.200	88,5 %	35 %
Kunde 10	7.000	308.200	90,5 %	40 %
Kunde 5	6.000	314.200	92,3 %	45 %
Kunde 14	5.600	319.800	93,9 %	50 %
Kunde 9	4.700	324.500	95,3 %	55 %
Kunde 8	4.300	328.800	96,6 %	60 %
Kunde 17	3.200	332.000	97,5 %	65 %
Kunde 4	3.100	335.100	98,4 %	70 %
Kunde 2	2.000	337.100	99,0 %	75 %
Kunde 18	1.500	338.600	99,5 %	80 %
Kunde 19	700	339.300	99,7 %	85 %
Kunde 3	500	339.800	99,8 %	90 %
Kunde 12	400	340.200	99,9 %	95 %
Kunde 13	200	340.400	100,0 %	100 %

Tabelle 64: *Beispiel ABC-Kundenanalyse*

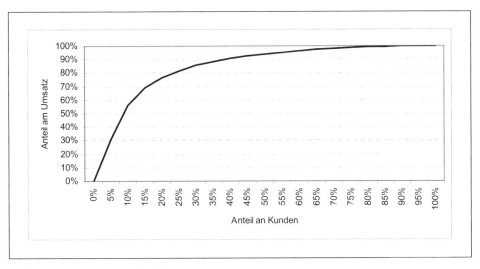

Abbildung 36: *Beispiel ABC-Kundenanalyse*

Im betrieblichen Alltag ermöglicht die ABC-Analyse eine Konzentration auf die wichtige Fallgruppe. Somit werden entweder Ressourcen schonender eingesetzt, wie im vorangegangenen Beispiel aufgezeigt, oder man kann sich darauf konzentrieren, die wenigen Problemfälle (die man sonst vielleicht gar nicht wahrnimmt) mit einer maximalen Störungswirkung zu vermeiden bzw. optimaler zu managen.

2. Abschreibungen

Abschreibungen sind ein rein buchhalterisches Konstrukt. Im Rahmen betriebswirtschaftlicher Entscheidungen haben Sie regelmäßig keinen Einfluss. Wenn Sie Einfluss entfalten, dann nur über ihre buchhalterischen Konsequenzen (Steuern oder die Darstellung von Gewinn in der Handelsbilanz). Abschreibungen werden hier dennoch kurz dargestellt, denn sie werden oftmals als wirtschaftlich relevant angesehen. Diese Fehleinschätzung soll im Folgenden korrigiert werden.

Planmäßige Abschreibungen verteilen den Wert eines Vermögensgegenstands über einen längeren Zeitraum. Der Zeitraum soll der Nutzungsdauer, genauer der „Lebenszeit" des Gegenstands entsprechen. Mit Ablauf des Lebensendes müsste der Wert eines Gegenstands null sein. Während der Zeit kann er sich gleichmäßig (lineare Abschreibung) oder degressiv (stärker am Anfang, schwächer am Ende) reduzieren. Degressive Abschreibungen werden z. B. dort angewendet, wo man annimmt, dass die Abnutzung des Gegenstands am Anfang besonders hoch ist. Bekannt ist dies von Neuwagen, bei denen am Tag des Kaufes der Wert schon um einen Großteil sinkt, denn der Wagen wird vom Neuwagen zum Gebrauchtwagen. Die Abschreibung eines Jahres wird gemäß den GoB zu Aufwand bzw. Kosten (§ 253 Abs. 2 HGB), denn um diesen Betrag reduziert sich der Wert des Gegenstands, vorausgesetzt die Rahmendaten stimmen.

Entsprechend der aufgezeigten Logik dürfen Vermögensgegenstände, deren Wert gleich bleibt, auch nicht planmäßig abgeschrieben werden. Beispiele dafür sind Grundstücke, aber auch Handelswaren. Letztere werden aber nicht aufgrund des dauerhaften Wertbestands nicht abgeschrieben, sondern weil sie nur kurze Zeit im Unternehmen verbleiben sollen. Diese Vermögensgegenstände können jedoch außerplanmäßig abgeschrieben werden, wenn ein dauerhafter Wertverlust vorliegt. Dies könnte der Fall bei Zerstörungen der Handelsware oder bei Entdeckung einer Schadstoffquelle auf einem Grundstück sein.

Den Abschreibungen liegt ein Unternehmenskonzept zugrunde, das den Wert eines Unternehmens in der Summe der einzelnen Vermögenswerte sieht (so genannter „Substanzwert"). Wenn Abschreibungen den tatsächlichen Wertverlusten der Vermögensgegenstände entsprechen, sind die Abschreibungen im Rahmen dieses Unternehmenskonzepts sinnvoll. Allerdings ist mittlerweile allgemein anerkannt, dass der Wert eines Unternehmens in den allermeisten Fällen nicht dem Substanzwert entspricht. Vielmehr ist der Wert eines Unternehmens die Summe der abgezinsten Cash-flow-Überschüsse (oft „Ertragswert" genannt. Der Substanzwert kommt höchstens im Insolvenzfall zum Tragen. Wenn es nur um zukünftige Überschüsse geht, ist der Wert eines einzelnen Gegenstands im Unternehmen (den man nicht gerade verkaufen will) grundsätzlich egal. Abschreibungen als Korrekturen des Wertes einzelner Vermögensgegenstände sind damit ebenfalls grundsätzlich irrelevant. Eine Ausnahme gilt dann, wenn die Überschüsse nicht als Cash-flow, sondern als buchhalterische Größen (also dem Gewinn nach dem HGB) aufgefasst werden. Darüber hinaus wirken die Abschreibungen über die Steuerlast auf den Cash-flow.

Abgesehen von den genannten Ausnahmen sind Abschreibungen damit im Rahmen von Überlegungen zur Unternehmenswertsteigerung nicht entscheidungsrelevant. Höhere oder niedrigere Abschreibungen verändern den Unternehmenswert nicht. Die Höhe von Abschreibungen ist vor allem steuerlich relevant.

3. Kosten und Erlöse in der Entscheidungsfindung

Betriebliche Entscheidungen basieren regelmäßig auf der Gegenüberstellung von Einnahmen und Kosten verschiedener Optionen. Es gibt eine Reihe wichtiger Erkenntnisse über die Art von Kosten und Erlösen und den Zeitpunkt ihres Anfalls, die näher zu erklären sind. Denn werden bei einer Entscheidungsfindung nicht relevante Erlöse und Kosten gegenübergestellt, wird die Entscheidung keine gute Qualität aufweisen. Im Folgenden werden diese Erlöse und Kosten daher genauer vorgestellt.

3.1 Vergangene Kosten: Sunk Costs

Entscheidungen, die getroffen wurden, sind Schnee von gestern. Dies gilt für jede Art von Entscheidung. Bei einer guten Entscheidung gibt es kein Grübeln, man ist mit der Entscheidung zufrieden. Bei einer schlechten Entscheidung dagegen gilt dies in der Regel keineswegs.

Entscheidungen ziehen häufig Investitionen oder Ausgaben, oftmals in größerem Ausmaß, nach sich. Bei einer schlechten Entscheidung ärgert man sich über die Investitionen und Ausgaben. Die bereits verursachten Kosten sind nicht mehr zurückholbar. Angesichts dieser Situation werden schlechte Entscheidungen oft nicht revidiert, da man ja bereits umfangreiche Investitionen getätigt hat. Würde man die Entscheidung revidieren, wären die Investitionen und verursachten Kosten hinfällig, d. h. vollständig umsonst getätigt worden. Daher laufen große Fehlinvestitionen besonders lange, bis jemand den Mut hat, sie zu stoppen und den Fehler einzugestehen. Umgangssprachlich besteht also eine Tendenz, gutem Geld schlechtes Geld nachzuwerfen. Diese Tendenz ist weit verbreitet.

Eine Entscheidungsfindung, die bereits getätigte Investitionen oder bereits verursachte Kosten als finanzielle Größen einbezieht, ist falsch. Denn in keinem Fall ist bereits geflossenes Geld zurückholbar. Das Geld ist „versunken" (daher der Ausdruck „Sunk Costs"). Es zählt nur die Zukunft. Nur die in Zukunft anfallenden Geldströme dürfen daher entscheidungsrelevant sein, ansonsten macht man erhebliche Fehler. Bereits getätigte Investitionen oder bereits verursachte Kosten können sich aber auf die Geldströme in Zukunft auswirken, z. B. bei der Abwägung, ein Projekt weiterzuführen oder ganz einzustellen.

Diese Regel, vergangene Kosten nicht in die Entscheidung einzubeziehen, ist sehr schwer durchzuhalten. Sie widerstrebt der menschlichen Psyche, die sich beständig an Vertrautem festhält. Dennoch sollten Sie Ihre eigenen Entscheidungen unbedingt auf die Beachtung dieser Tatsache hin prüfen.

Beispiel

Das falsche Ladengeschäft. Ein Gründer mietet einen Laden in scheinbar guter Lage, aber abseits einer gut frequentierten Einkaufsstraße. Er will Lederwaren verkaufen. Die Miete scheint ihm angemessen, sogar recht preiswert. Er schließt einen quartalsweise kündbaren Vertrag ab und investiert 30.000 € in Umbau und Ausstattung des Ladens. Sechs Monate nach der Eröffnung will sich der Erfolg nicht recht einstellen. Der Gründer hat mittlerweile alle Möglichkeiten der Vermarktung versucht. In einer Kurzumfrage unter Passanten erfährt er, dass die Seitenlage doch ein größeres Problem ist, als er es vorher dachte. Sein Standort müsste zentraler gelegen sein. In der neuen Lage würde das Geschäft besser laufen. Dafür würde er die Investitionen in den Ladenausbau seines jetzigen Ladens umsonst getätigt haben. Sie sind zwar noch nicht abgezahlt, aber ihre Zahlung ist vertraglich fixiert und fällt ohnehin an. Es handelt sich um eine beträchtliche Summe. Bei der finalen Entscheidungsfindung beachtet er diese Kosten jedoch nicht. Sie fallen ohnehin an. Er errechnet, dass ein Wechsel des Ladens die Umsätze deutlich steigern könnte, so dass er sich auch noch die Finanzierung eines weiteren Ladenausbaus und des Umzugs leisten könnte. Daraufhin kündigt er den Laden und zieht um.

3.2 Fixe und variable Kosten

Nachdem hervorgehoben wurde, dass vergangene, jetzt nicht mehr veränderbare Kosten für eine Entscheidungsfindung nicht mehr relevant sind, ist auf eine weitere wichtige Unterscheidung von Kosten hinzuweisen, die einen engen Zusammenhang zu den Sunk Costs hat. Sunk Costs sind durch die Entscheidung nicht mehr zu beeinflussen, d. h., sie sind fix, bezogen auf die anstehende Entscheidung. Auch zukünftige Kosten können fix sein, jeweils bezogen auf eine bestimmte Entscheidung und den zugrunde liegenden Entscheidungshorizont. So sind Sunk Costs Fixkosten, die durch eine in der Vergangenheit liegende Entscheidung entstanden sind.

Die Natur von Fixkosten ist wichtig, denn sie können das Geschäft und das Geschäftsgebahren erheblich verändern. Fixkosten bestehen über einen längeren Zeitraum und sind innerhalb dieses Zeitraums nicht veränderbar. Die Miete von Gewerberäumen zählt in der Regel zu den Fixkosten, denn gewerbliche Mietverträge laufen über einen Zeitraum von mehreren Jahren, in dem sie beidseitig nicht kündbar sind. Egal wie gut oder schlecht Ihr Geschäft läuft, Sie müssen Miete zahlen.

Beispiel

Fluggesellschaft als Fixkostengeschäft. Ein Gründer plant den Aufbau einer Fluggesellschaft speziell für Geschäftsreisende. Er will mit einem Flugzeug starten. Mit kleinen Flugzeugen und einem hohen Grad an Flexibilität will er die bestehende Lücke zwischen normalen, inflexiblen Linienflügen und einem Privatjet schließen. Ein sehr großer Kostenblock seines Unternehmens sind die Kapitalkosten für das Flugzeug, entweder in Form von Leasingraten oder in Form von Zinsen und Tilgung. Die Kapitalkosten sind über einen längeren Zeitraum, in diesem Fall zehn Jahre, fix. So lange der Gründer nicht an das Aufgeben denkt und das Flugzeug verkauft, sind diese Kapitalkosten Fixkosten. Für jede Entscheidung, die nicht in der Aufgabe des Geschäfts besteht, sind die Kapitalkosten des Flugzeugs nicht relevant. Erst später, wenn der Gründer zwei Flugzeuge hat, steht ein Teilausstieg durch Verkauf eines Flugzeugs als Option im Rahmen der Weiterführung des Geschäfts zur Verfügung. Da ein großer Teil der Kosten für den Gründer nach dem Kauf des

Flugzeugs nicht mehr beeinflussbar ist, steuert er sein Geschäft nur noch nach den beeinflussbaren Kosten. Er will vor allem diese Kosten decken. Beim Flug fallen vorrangig Benzin und Steuern an. Auch das Personal zählt nicht mit, denn auch deren Kosten sind kurzfristig kaum beeinflussbar. Daher kann der Gründer seine Flugpreise unter Umständen erheblich senken, wenn er sich davon Kundschaft erhofft. Diese Preissenkungen erscheinen für Außenstehende oft nicht rational. Immer dann aber, wenn die Flugreisenden seinen Service unbedingt nutzen wollen (z. B. wegen Terminengpässen) wird er sehr hohe Preise verlangen. Insgesamt hat er nur ein Ziel: Er will die bereitgestellte, teure, aber kostenseitig nicht mehr beeinflussbare Flugkapazität unter allen Umständen auslasten.

Das Gegenteil von fixen Kosten sind variable Kosten. Variable Kosten sind kurzfristig beeinflussbar. Sie fallen in der Regel auch abhängig von der Geschäftstätigkeit an. Ein Beispiel sind Werbekosten, z. B. für den Druck von Werbematerial. Ein Geschäft, das überwiegend variable Kosten verursacht, ist weniger anfällig gegen Schwankungen der Auslastung. Längerfristige Schwankungen werden durch Zurückfahren der laufenden, variablen Kosten abgefangen. Zwar ist der Umsatz gering, die Kosten sind es aber auch. Die Notwendigkeit, extrem preiswert zu verkaufen, besteht nicht. Sie ist oftmals auch nicht sinnvoll, da die direkt mit der Leistungserstellung zusammenhängenden Kosten recht hoch sind. Verkauft man unterhalb diesen direkt verursachten Kosten, verhält man sich wirtschaftlich unlogisch und vergrößert die Verluste.

Beispiel

Die flexible Unternehmensberatung. Ein Gründer baut eine Unternehmensberatung auf. Diese spezialisiert sich auf Unterstützung bei komplexen finanziellen Entscheidungen, wie z. B. der Anschaffung einer neuen Software. Der Gründer kann die Nachfrage nicht gut einschätzen. Daher baut er zunächst ein Netz aus Freelancern, ebenfalls Unternehmensberatern, auf. Wenn er Projekte gewinnt, will er diese Freelancer zur Umsetzung hinzuziehen. Zwar kosten die Freelancer mehr als ein festangestellter Mitarbeiter, aber die durch die Freelancer verursachten Kosten sind vollständig variabel. Gibt es keine Projekte, entstehen auch keine Kosten. Diese Sicherheit bewertet der Gründer höher als den entgangenen Gewinn im Optimalfall. Geringwertige Aufträge braucht er nicht anzunehmen, denn er hat keine Kapazität, die er auslasten muss. Er kann sich auf lukrative Aufträge konzentrieren.

Die Abgrenzung zwischen fixen und variablen Kosten ist fließend. Es kommt immer auf den Betrachtungszeitraum (irgendwann ist alles beeinflussbar), die „Härte" des beeinflussenden Ereignisses (wenn man die Geschäftstätigkeit einstellt oder einstellen muss, sind viele Kosten beeinflussbar) oder rechtliche Parameter an. So können Personalkosten in kleineren Firmen ohne Kündigungsschutz als variabel, in größeren Firmen mit Kündigungsschutz als fix angesehen werden. Die richtige Einstufung anfallender Kosten in diese beiden Kostenarten ist die Grundlage für eine gute Entscheidungsfindung.

Oftmals, gerade im Rahmen der Kosten- und Leistungsrechnung bzw. des Controlling, findet man zudem die Begriffe „direkte Kosten" bzw. „Einzelkosten" und „indirekte Kosten" bzw. „Gemeinkosten". Diese Begriffe stehen für die Zurechnung von Kosten zu Produkten oder Dienstleistungen (die in diesem Zusammenhang auch Kostenträger genannt werden). Können Kosten einem Produkt direkt zugerechnet werden, spricht man von direkten Kosten oder Einzelkosten. Ist dies nicht möglich, handelt es sich um indirekte oder Gemeinkosten. Diese Begriffe stehen in einem engen Zusammenhang mit variablen und fixen Kosten. So sind direkte Kosten immer variable Kosten. Indirekte Kosten können dagegen sowohl variabel wie auch fix sein. Allerdings gibt es nicht viele indirekte Kosten, die wirklich variabel sind. Abbildung 37 zeigt die Zusammenhänge. Die anstehende Entscheidung betrifft die Produkte bzw. die Ausbringung. Andernfalls würden die Definitionen anders ausfallen, aber sinngemäß identisch.

		Direkte Kosten/ Einzelkosten	**Indirekte Kosten/ Gemeinkosten**
		Den Produkten oder Dienstleistungen direkt zurechenbare Kosten	Kein direkter Zusammenhang zu den Produkten oder Dienstleistungen
Variable Kosten	Variieren mit Ausbringung	Beispiele •Material und Fertigungslöhne •Wareneinsatz •Verkaufsprovision	Beispiele •Hilfs- und Betriebsstoffe •Wartungskosten
Fixe Kosten	Sind unabhängig von der Ausbringung	Keine Entsprechung	Beispiele •Raumkosten •Kosten der Administration •Kosten der Geschäftsführung

Abbildung 37: Vergleich von Kostendefinitionen

4. Deckungsbeiträge

Der Deckungsbeitrag als Steuergröße basiert auf dem logischen Weiterdenken der Kostenunterteilung in variable und fixe Kosten. Fixe Kosten sind so definiert, dass sie im Rahmen der anstehenden Entscheidungsfindung nicht veränderbar sind. Sie sind daher für die Entscheidung nicht relevant. So ist die Miete eines fünf Jahre laufenden, unkündbaren Mietvertrags unerheblich für die Entscheidung, das Ladengeschäft kundenwirksamer umzugestalten oder es im bestehenden Zustand zu belassen. Lediglich die durch die Entscheidung beeinflussbaren Kosten sind relevant für die Entscheidung. Der Deckungsbeitrag definiert vor diesem Hintergrund den Überschuss eines Verkaufs über die damit verursachten variablen Kosten. Ein positiver Deckungsbeitrag steht damit für eine sinnvolle Entscheidung, denn die variablen Kosten werden gedeckt. Die fixen Kosten sind für die Entscheidung nicht relevant. Der Deckungsbeitrag ist wie folgt definiert:

Definition Deckungsbeitrag

Deckungsbeitrag = Umsatzerlöse – variable Kosten des Umsatzes

---

Der Begriff „Deckungsbeitrag" entstammt der Tatsache, dass ein Überschuss über die variablen Kosten automatisch einen „Beitrag zur Deckung" der fixen Kosten bedeutet. Der Begriffsursprung ist also die Deckung der fixen Kosten, nicht der variablen Kosten. Hintergrund dieser Begriffsentstehung ist die Tatsache, dass Unternehmen langfristig Gewinn machen müssen. Dies können sie nur, wenn sie neben ihren variablen Kosten auch ihre fixen Kosten langfristig decken. Wenn die fixen Kosten aber die ursprüngliche Definition von fixen Kosten erfüllen, sind sie gar nicht entscheidungsrelevant. Die Abdeckung der fixen Kosten ist damit ebenfalls nicht relevant. Diese Unstimmigkeit löst sich vor dem Hintergrund auf, dass fixe Kosten nie wirklich dauerhaft, d. h. für immer, fix sind. Je länger der Entscheidungshorizont ist, desto weniger wirklich fixe Kosten gibt es. Irgendwann werden also alle Kosten variabel und ihre Deckung wird damit entscheidungsrelevant. Der aufgezeigte Begriffsursprung von Deckungsbeitrag funktioniert also nur vor dem Hintergrund einer unsauberen Definition von fixen Kosten.

Diese etwas komplizierte Beurteilung soll vor allem darauf hinweisen, dass die oben aufgezeigte Formel für die Berechnung des Deckungsbeitrags nicht starr angewendet werden sollte. Im Gegenteil: Vor einer starren Anwendung dieser Formel, insbesondere der Definition der variablen Kosten, ist unbedingt zu warnen. Es gibt Entscheidungsfälle, für die es sinnvoll ist, die variablen Kosten starr zu definieren. Im Regelfall hängen die variablen Kosten aber von der zu entscheidenden Frage ab und sind von Fall zu Fall neu zu definieren. Mit einer Neudefinition der variablen Kosten werden dann automatisch auch die fixen Kosten neu definiert.

Insbesondere die im Folgenden aufgeführten Spezialdefinitionen von Deckungsbeiträgen sind aus den genannten Gründen mit Vorsicht zu genießen, als Denkanstöße jedoch gut zu gebrauchen. Sie sollen hier dennoch aufgeführt werden, denn sie werden in der Praxis oft genutzt. Abbildung 38 verdeutlicht den Zusammenhang zwischen den verschiedenen Größen:

- **Deckungsbeitrag I (DB I):** Beim DB I werden als variable Kosten nur die direkt zurechenbaren Herstellungskosten oder der Wareneinsatz gezählt. Der Deckungsbeitrag ist damit der Überschuss der Umsatzerlöse über die Kosten, die zur Erzeugung des dem Umsatz zugrunde liegenden Produkts oder der Dienstleistungen erforderlich sind.

- **Deckungsbeitrag II (DB II):** Beim DB II werden die variablen Kosten des DB I ergänzt um die Kosten, die bei der Vermarktung und dem Verkauf der dem Umsatz zugrunde liegenden Produkte und Dienstleistungen entstehen.

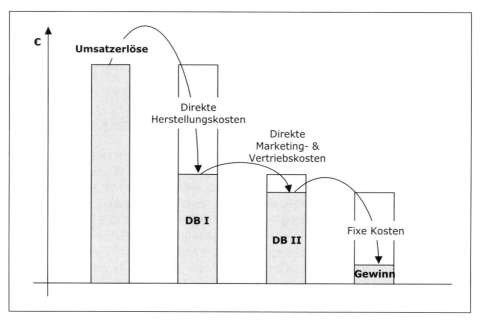

Abbildung 38: Zusammenhang Deckungsbeitrag und Gewinn

Für die Entscheidungsfindung im Rahmen Ihres Unternehmens gewinnt der Deckungsbeitrag vor allem im laufenden Geschäft an Bedeutung. Wenn Sie sich im Stadium der Geschäftsplanung befinden, hat der Deckungsbeitrag als Entscheidungsgröße keine Bedeutung bzw. ist identisch mit dem Gewinn. Denn zu diesem frühen Zeitpunkt sind alle Kosten variable Kosten. In der Finanzplanung sollte der Deckungsbeitrag jedoch aufgeführt werden. Dies kann auch in Form einer klaren Kennzeichnung von variablen und fixen Kosten (vor einem gedanklichen, kurzen Zeitraum) geschehen. Variable Kosten sollten immer zuerst aufgeführt werden, danach die fixen Kosten.

Beispiel

Unausgelastete Maschinenkapazität. Ein Gründer hat ein Lohnfertigungsunternehmen aufgebaut. Mit seinen Maschinen kann er eine Vielzahl wichtiger Arbeitsschritte abdecken, z. B. Bohren, Schneiden, Stanzen. Die erste Zeit nach der Gründung ist er gut ausgelastet. Für die Aufträge hat er Angebote geschrieben, mit denen er entsprechend seiner internen Kosten- und Leistungsrechnung alle seine Kosten deckt und einen Gewinn erzielt. Im Sommer des ersten Jahres verläuft das Geschäft schleppender und sowohl Arbeiter wie auch Maschinen sind nur zur Hälfte ausgelastet. Zu diesem Zeitpunkt tritt ein möglicher Auftraggeber an ihn heran, der ein striktes Budget für seinen Auftrag hat. Das Budget deckt die Vollkosten nach Berechnung des Gründers nicht. Der Gründer steht jetzt vor der Frage: Soll er den Auftrag dennoch annehmen? Nimmt er ihn an, lastet er seine Maschinen und Arbeiter aus, könnte aber einen lukrativeren Auftrag, der zwischendurch kommt, nicht mehr abarbeiten. Ein unerwarteter profitabler Auftrag scheint aber nicht in Sicht. Der Gründer überlegt, den Auftrag nur anzunehmen, wenn er damit besser dasteht, als wenn er den Auftrag nicht annimmt. Kosten für Maschinen (Zinsen und Tilgung auf die Finanzierung), Arbeiter (Löhne & Gehälter), Miete usw. fallen sowieso an. Diese Kosten sind fix, also für die Entscheidung unerheblich. Der Auftrag verursacht Zusatzkosten (variable Kosten) durch Materialeinkauf und dessen Kapitalbindung bis zum Zeitpunkt der Bezahlung, den Einsatz verschiedener Hilfs- und Betriebsstoffe sowie geringe Transportkosten. Zur Sicherheit plant er auch einige Überstunden, die seine Arbeiter vermutlich zusätzlich leisten müssen und einen zusätzlichen Arbeiter von einer Arbeitsvermittlung ein, denn einige seiner eigenen Arbeitnehmer sind im Urlaub. Die so errechneten Zusatzkosten stellt er dem Angebot des Auftraggebers gegenüber. Es ergibt sich ein positiver Deckungsbeitrag, d. h., die erzielbaren Nettoerlöse übersteigen die Zusatzkosten. Er nimmt den Auftrag an. Zu seiner Sicherheit verlangt er vom Auftraggeber aufgrund des sehr günstigen Angebots einer Vorauszahlung von 50 %.

5. Kapitalwerte

Auch wenn Sie mittel- oder langfristig planen, werden bei betrieblichen Entscheidungen regelmäßig den zu erwartenden Erlösen die zu erwartenden Kosten gegenübergestellt. Wenn Sie mittel- oder langfristig planen wollen, müssen Sie sich daher mit der Wertigkeit von Geld auseinander setzen. Geld ist nicht immer gleich viel wert. Grundsätzlich gilt: Geld heute ist mehr wert als morgen. Einzige Ausnahme ist das Vorliegen einer Deflation. Eine Deflation bezeichnet genau das Gegenteil, kommt aber selten vor. Wenn eine Deflation vorliegt, sind die Zeitungen schnell voll davon. In einer Deflation gelten ganz andere Wirtschaftsmechanismen als im Falle der Inflation.

Der wesentliche Grund dafür, dass im Normalfall die gleiche Summe Geldes heute mehr wert ist als zu einem späteren Zeitpunkt, sind heute bestehende Investitionschancen. Aufgrund der heute bestehenden Investitionschancen leihen sich Unternehmer oder auch Privatleute Geld von der Bank. Je mehr sie sich leihen, umso höher steigen die Zinsen für diese Darlehen. Die Banken wiederum brauchen Mittel, um die Darlehen ausgeben zu können. Sie suchen daher Unternehmen oder Privatleute, die ihnen Einlagen leihen, und bezahlen dafür ebenfalls Zinsen (allerdings weniger, als sie für ihre Darlehen verlangen). Wenn Sie also heute Geld besitzen, können Sie dieses bei der Bank, auf dem Geldmarkt oder den Anleihemärkten anlegen und bekommen Zinsen dafür. Mit jedem Tag steigt daher Ihre Geldmenge. Eine Summe Geldes heute entspricht also dieser Summe zzgl. Zinsen morgen. Dies führt zu folgender, hier einfach dargestellten Gleichung:

Grundidee des Kapitalwertes

Geldsumme X heute = Geldsumme X morgen + Zinsen auf Geldsumme X heute

---

Diese Gleichung ist der Kerngedanke hinter dem Konzept der Kapitalwerte. Man kann damit jede Geldsumme zu einem bestimmten Zeitpunkt auf die Geldsumme in einem beliebigen anderen Zeitpunkt transferieren bzw. umrechnen. Entsprechend gilt: Um Geldsummen zu unterschiedlichen Zeiträumen vergleichbar zu machen, muss man diese Geldsummen um die im zeitlichen Abstand anfallenden Zinsen korrigieren. Im Regelfall nimmt man dazu den aktuellen Zeitpunkt. Die zur Verfügung stehenden Optionen werden auf den aktuellen Zeitpunkt abzinst, d. h. um die anfallenden Zinsen bereinigt. Für jede Option wird damit der so genannte „Kapitalwert" berechnet. Ein Vergleich der Kapitalwerte zeigt die beste Option.

Beispiel

Abwägung einer Finanzierungsoption. Ein Gründer hat die Wahl, von einem Finanzier sofort 100.000 € zu bekommen. Wenn der Gründer ablehnt, verfällt diese Option, denn der Finanzier investiert dann in ein anderes Unternehmen. Ein anderer Finanzier ist ebenfalls interessiert, kann aber frühestens in sechs Monaten investieren. So lange braucht er, um das Geld zu beschaffen. Er ist aber bereit, für die Wartezeit 5.000 € mehr zu investieren. Der Gründer vergleicht die Kapitalwerte der beiden Optionen. Der Kapitalwert der ersten Option beträgt 100.000 €, denn dies ist ihr Wert heute. Der Kapitalwert der zweiten Option beträgt 105.000 € abzüglich der Zinsen auf den Kapitalwert für ein halbes Jahr. Der Gründer schätzt die Erfolgsrendite der ersten Option auf 8 % und nutzt dies als Vergleichsmaßstab zur Berechnung der Zinsen. Damit beträgt der Kapitalwert der zweiten Option 105.000 € / (100 % + 8 %/2) = ca. 100.962 €. Die zweite Option erweist sich als die bessere Option. Alternativ hätte der Gründer auch die Kapitalwerte der beiden Optionen in einem halben Jahr berechnen können. Der Kapitalwert der zweiten Option wäre dann 105.000 €, derjenige der ersten Option 100.000 € * (100 % + 8 %/2) = 104.000 €. Naturgemäß ist wieder die zweite Option die bessere Option.

Die Zinsen sind nur selten wirklich Zinsen auf Guthaben, die zu einem gegebenen Zeitpunkt recht einheitlich sind. Vielmehr hängt die Wahl der Zinsen vom Betrachter ab. Für diesen ist lediglich die Vergleichsrendite entscheidend. Im obigen Beispiel meint der Gründer, eine Vergleichsrendite von 8 % zu haben. Dies ist die sichere Rendite, die er sich von seinem eigenen Unternehmen erhofft. Bekommt er das Geld ein halbes Jahr früher, kann er in diesem Zeitraum bereits 4 % Rendite erwirtschaften. Er könnte aber auch, vorausgesetzt die Finanzierungsverträge würden dies zulassen, das Geld in Aktien investieren. Wenn er sich sicher ist, dass die Aktien um 20 % steigen, müsste er diese 20 % als Vergleichsrendite nehmen.

Kapitalwerte werden vor allem für Investitionsentscheidungen sowie zur Wertbestimmung genutzt. So wird Aktien als Wert der Kapitalwert ihrer Dividenden (alternativ ihrer Cashflow-Überschüsse) beigemessen. Bei Investitionsentscheidungen werden mehrere Alternativen mittels der Kapitalwerte verglichen.

Beispiel

Abwägung zweier Geschäftsideen. Ein Gründer kann sich nicht zwischen zwei Geschäftsideen entscheiden. Die eine besteht in der Eröffnung eines Lebensmitteleinzelhandels, die andere in der Eröffnung einer Bäckerei. Für den Lebensmitteleinzelhandel sieht seine Planung folgende Kennzahlen vor: Jahr 1: Investitionen 500.000, kein Umsatz, Jahr 2: Cash-flow -10.000 €, Jahr 3: Cash-flow 25.000 €, Jahr 4: Cash-flow 50.000 €, Jahr 5: Cash-flow 100.000 €. Ab dem Jahr 6 bleibt der Cash-flow in dieser Höhe. Das Risiko dieser Option schätzt er als recht hoch ein. Daher setzt er 12 % Vergleichsrendite an. Für die Bäckerei sieht seine Planung folgende Kennzahlen vor: Jahr 1: Investitionen 100.000, kein Umsatz, Jahr 2: Cash-flow 5.000 €, Jahr 3: Cash-flow 20.000 €, Jahr 4: Cash-flow 30.000 €, Jahr 5: Cash-flow 30.000 €. Ab dem Jahr 6 bleibt der Cash-flow in dieser Höhe. Das Risiko dieser Option schätzt er als geringer als beim Lebensmitteleinzelhandel ein, da weniger Konkurrenz besteht und er sich besser in diesem Markt auskennt. Daher setzt er 9 % Vergleichsrendite an. Der Gründer setzt eine Rechnung gemäß Tabelle 66 und Tabelle 66 auf: Er zinst den Cash-flow eines jeden Jahres auf den heutigen Zeitpunkt ab. Für den Cash-flow ab dem Jahr 6 berechnet er zunächst den Restwert (die ewige Rente für das Jahr 5) und zinst diesen den ebenfalls auf den heutigen Tag ab. Die Berechnung der Kapitalwerte für den Lebensmitteleinzelhandel ergibt ca. 125.000 €, für die Bäckerei ca. 185.000 €. Da der Kapitalwert der Bäckerei höher ist, wählt er diese Alternative:

Lebensmitteleinzelhandel

	Jahr 1	Jahr 2	Jahr 3	Jahr 4	Jahr 5	Restwert	Jahr 6 - ∞
Cash-flow	-500.000	-10.000	25.000	50.000	100.000	833.333	100.000
Vergleichs-rendite	12 %	12 %	12 %	12 %	12 %	12 %	12 %
Abzinsung 1 Jahr	**-446.429**	-8.929	22.321	44.643	89.286	744.048	
Abzinsung 2 Jahre		**-7.972**	19.930	39.860	79.719	664.328	
Abzinsung 3 Jahre			**17.795**	35.589	71.178	593.150	
Abzinsung 4 Jahre				**31.776**	63.552	529.598	
Abzinsung 5 Jahre					**56.743**	**472.856**	
Kapitalwert	**124.768**						

Tabelle 65: Berechnung Kapitalwert Lebensmitteleinzelhandel (Beispiel, in €)

Bäckerei

	Jahr 1	Jahr 2	Jahr 3	Jahr 4	Jahr 5	Restwert	Jahr 6 - ∞
Cash-flow	-100.000	5.000	20.000	30.000	30.000	333.333	30.000
Vergleichs-rendite	9 %	9 %	9 %	9 %	9 %	9 %	9 %
Abzinsung 1 Jahr	**-91.743**	4.587	18.349	27.523	27.523	305.810	
Abzinsung 2 Jahre		**4.208**	16.834	25.250	25.250	280.560	
Abzinsung 3 Jahre			**15.444**	23.166	23.166	257.394	
Abzinsung 4 Jahre				**21.253**	21.253	236.142	
Abzinsung 5 Jahre					**19.498**	**216.644**	
Kapitalwert	**185.303**						

Tabelle 66: Berechnung Kapitalwert Bäckerei (Beispiel, in €)

Die allgemeine Formel für die Berechnung des Kapitalwerts eines Zahlungsstroms lautet:

Formel Kapitalwert

Kapitalwert = Barwert der Cash-flows = $\sum A_i / (1+k)^i$

mit i = 0 bis ∞, A_i = Cash-flow in Periode i, k = konstante Vergleichsrendite

Da nicht alle Perioden detailliert geplant werden können (oftmals begnügt man sich mit fünf Jahren), setzt man nach dem Ende des detaillierten Planungshorizonts gleichbleibende Cashflows an. Dann lautet die Formel für die Berechnung des Kapitalwerts eines Zahlungsstroms wie folgt:

Formel Kapitalwert mit ewiger Rente

Kapitalwert = Barwert der Cash-flows = $\sum A_i / (1+k)^i + (A/k) / (1+k)^n$

Mit

$i = 0$ bis n

n = Planungshorizont der detaillierten Planung

A_i = Cash-flow in Periode i

k = konstante Vergleichsrendite

Die Berechnung der Kapitalwerte hängt von zwei wesentlichen Faktoren ab: der Schätzung der Zu- und Abflüsse sowie der Vergleichsrendite. Zu- und Abflüsse sind naturgemäß unsicher. Für die Vergleichsrendite werden verschiedene Standards genutzt. Ausgangspunkt ist immer die Rendite einer Vergleichsinvestition in marktgängige Finanzanlagen (Anleihen oder Aktien). Faktisch hängt sie aber vom Einzelfall ab. Folgende Kriterien sind im Auge zu behalten:

- **Guthaben- oder Schuldzinsen.** Vereinfachend wird oft angenommen, dass Zinsen auf Guthaben und Schulden gleich hoch sind. Diese Annahme ist in der Realität nicht haltbar, denn für Nicht-Banken ohne Zugang zum Geldmarkt (und selbst dann) sind Schuldzinsen regelmäßig höher als Guthabenzinsen. Je größer das Unternehmensrisiko eingeschätzt wird, umso höher ist zudem der Unterschied. Von daher spielt die Unternehmens- oder Projektfinanzierung eine wichtige Rolle. Müssen die Mittel für ein Investitionsvorhaben geliehen werden, sollten die entsprechenden Schuldzinsen die Untergrenze der Vergleichsrendite bilden. Sind die Mittel vorhanden, sollten erzielbare Guthabenzinsen als untere Vergleichsrendite genutzt werden.

- **Risiko.** Neben der Frage nach der Art der Unternehmens- oder Projektfinanzierung spielt auch das Risiko eine wichtige Rolle. Die Vergleichsrendite repräsentiert den Erfolg eines Vergleichsprojekts beispielsweise die Anlage der Investitionssumme auf einem Festgeldkonto. Die Rendite ist dann vergleichsweise niedrig, das Risiko aber auch. Ist die zu beurteilende Investition aber sehr riskant, ergibt sich aufgrund der geringen, weil risikolosen Vergleichsrendite fast immer ein positives Ergebnis, was zu systematischen Fehlern führt. Investitionsprojekt und Vergleichsrendite müssen das gleiche Risiko haben, um miteinander verglichen werden zu können. Die Risikoeinschätzung einer Investition hat damit erheblichen Einfluss auf die Wahl der Vergleichsrendite, die wiederum den Kapitalwert erheblich beeinflusst. Praktisch versucht man erst, das Risiko einer Investition (z. B. einer Unternehmensgründung) abzuschätzen, und sucht dann nach vergleichbaren Anlagemöglichkeiten auf den Finanzmärkten. Wird der Erfolg des Projekts als sehr unsicher eingeschätzt, werden oftmals so genannte „Junk Bonds" (Anleihen, bei denen der Schuldner droht, auszufallen) als Vergleichsrendite genutzt.

- **Steuern.** Bei Steuern wird vereinfachend gesagt, dass sowohl die Zu- und Abflüsse wie auch die Vergleichsrendite einer einheitlichen Steuer unterliegen. Damit haben die Steuern nur geringen Einfluss auf die Kapitalwerte und man beachtet sie oftmals nicht. Für die praktische Nutzung der Kapitalwerte ist diese Vorgehensweise akzeptabel.

- **Schwankungen im Zeitablauf.** Die Vergleichsrendite schwankt im Zeitablauf, da sich die Finanzmärkte verändern. Während sich die bereits erwähnten Junk Bonds manchmal bei Renditen von 20 % bewegen, sinkt die Rendite in Niedrigzinsphasen auf bis zu 10 % ab. Generell herrscht auf den Finanzmärkten auch eine starke Abhängigkeit von der Laufzeit der festgelegten Gelder. Es ist für die Berechnung von Kapitalwerten kaum möglich, die zukünftige Vergleichsrendite für alle Zeiten abzuschätzen. Daher wird oft der heutige Wert als Fixum angenommen und für alle Perioden in Zukunft genutzt. Der damit gemachte Fehler wird vielfach damit relativiert, dass die Renditen wahrscheinlich um dieses Fixum herum schwanken.

Steuerrecht

Eine grundlegende Kenntnis des Steuerrechts für Unternehmen ist für jeden Gründer hilfreich. Es kann hier nur ein grober Überblick über die Steuerarten und ihre Wirkungen gegeben werden, aber als Gründer werden Sie normalerweise kaum darüber hinausgehende Kenntnisse benötigen. Zudem sollten Sie sich für die Buchhaltung sowie das Aufsetzen der Steuererklärung ohnehin fachliche Hilfe holen. Oftmals sind Sie bereits gesetzlich dazu verpflichtet, z. B. bei der Aufstellung der Jahresabschlusses für eine Kapitalgesellschaft. Abbildung 39 gibt einen Überblick über die wichtigsten Steuern. Diese sollen im Folgenden genauer vorgestellt werden.

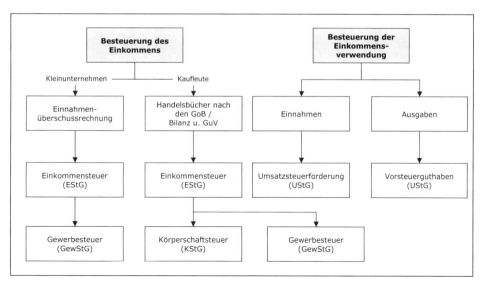

Abbildung 39: *Wichtige Steuern im Überblick*

1. Einkommensbesteuerung

Die Besteuerung des Einkommens baut auf dem Grundgedanken auf, nur den erwirtschafteten Gewinn als Grundlage für die Besteuerung zu nehmen. Die Regelungen zur Ermittlung des Gewinns sind die eine Stellschraube der Steuer, der Steuertarif bildet die andere Stellschraube. Beide Stellschrauben verändern sich von Steuerart zu Steuerart.

Die für den Unternehmer relevanten Steuerarten sind die Einkommensteuer, die Körperschaftsteuer und die Gewerbesteuer. Der Einkommensteuer können Sie grundsätzlich nicht entgehen, allerdings gibt es einige Gestaltungsmöglichkeiten. Körperschaftsteuer tritt an die Stelle der Einkommensteuer, wenn das Unternehmen in der Rechtsform einer Kapitalgesellschaft geführt wird. Gewerbesteuer greift im Falle von gewerblichen Unternehmen, nicht dagegen bei Freiberuflern und Land- und Forstwirten, es sei denn letztere Unternehmen werden als Kapitalgesellschaft geführt. Da es also Möglichkeiten gibt, die Gewerbesteuer gänzlich zu umgehen, sind die damit verbundenen Abgrenzungsprobleme einer der häufigsten Streitfälle mit dem Finanzamt.

Die Einkommensteuer und die damit verbundenen Regelungen bilden die Grundlage auch für die Körperschaft- und Gewerbesteuer. Daher soll diese Steuer zuerst vorgestellt werden. Im Rahmen des EStG werden auch die beiden prinzipiellen Möglichkeiten zur Ermittlung des Gewinns vorgestellt.

1.1 Einkommensteuer

Mit der Einkommensteuer wird alles Einkommen einer natürlichen Person besteuert. Dabei wird nach so genannten „Gewinneinkünften" und so genannten „Überschusseinkünften" unterteilt, für die jeweils andere Methoden der Gewinnermittlung gelten. Die Ergebnisse werden jedoch zusammengezählt und in Summe versteuert. Überschusseinkünfte umfassen Einkünfte aus nichtselbständiger Arbeit, aus Kapitalvermögen, aus Vermietung und Verpachtung sowie sonstige Einkünfte, so lange diese nicht als „gewerblich" qualifiziert werden. Die Überschusseinkünfte werden aus diesem Grunde hier nicht weiter betrachtet. Bei den Gewinneinkünften wird zwischen Einkünften aus Land- und Forstwirtschaft, aus Gewerbebetrieb und aus selbständiger Arbeit unterschieden. Hier geht es also um unternehmerische Tätigkeiten. Für Einkünfte aus Land- und Forstwirtschaft gelten zahlreiche Vergünstigungen, z. B. auch eine Art Steuerpauschalierung, die hier nicht weiter vertieft werden sollen.

Um die Steuerfolgen Ihres Unternehmens zu verstehen, müssen Sie Ihre Tätigkeit zunächst in die genannten Kategorien einordnen. Darauf basierend ergeben sich spezielle Folgerungen für die Gewinnermittlung (oder Überschussermittlung), die anzuwendenden Steuerarten und den Steuertarif.

1.1.1 Qualifikation gewerblicher Tätigkeit

Kern der Besteuerung unternehmerischer Tätigkeit sind die Regelungen für gewerbliche Einkünfte. Jede Tätigkeit, die als Gewerbebetrieb im steuerlichen Sinne angesehen wird, wird nach den Regeln über die Einkünfte aus Gewerbebetrieb (§ 15 EStG) besteuert. Einzige Ausnahmen sind die spezielleren Klassifizierungen in Land- und Forstwirtschaft, selbständige Arbeit und private Vermögensverwaltung (§ 15 Abs. 2 EStG).

Als Gewerbebetrieb wird jede selbständige nachhaltige Betätigung gesehen, die mit der Absicht, Gewinn zu erzielen, unternommen wird und sich als Beteiligung am allgemeinen wirtschaftlichen Verkehr darstellt (§ 15 Abs. 2 EStG). Bereits mit dieser Definition gibt es zahllose Abgrenzungsprobleme, die hier kurz vorgestellt werden sollen:

- **Generelle Steuerbarkeit.** Vor allem gelegentlich Tätige wollen ihre Tätigkeit nicht als gewerbliche Tätigkeit im Sinne des EStG qualifiziert sehen, weil sonst die Steuerbarkeit droht. Hier handelt es sich vor allem um Einmalgeschäfte. Typischer Anwendungsfall sind die bei eBay tätigen Händler, die sich vordergründig privat betätigen, aber eigentlich nachhaltig und mit Gewinnerzielungsabsicht agieren. Gleiches kann auch für umfangreichere Aktienspekulationen gelten, die an sich nur unter bestimmten Umständen steuerbar sind. Day-Trader dagegen würden an sich als gewerblich tätig zu qualifizieren sein.

- **Umqualifizierung anderer Einkunftsarten.** Auch wenn klar ist, dass die Tätigkeit steuerbar ist, besteht oft kein Interesse, als gewerblich tätig eingestuft zu werden. Dies gilt vor allem aufgrund der dann drohenden Gewerbesteuerpflicht. So ist die Vermietung eines eigenen Miethauses an auch unproblematisch. Je mehr Miethäuser es aber werden und je aktiver der Vermieter wird, umso stärker neigt sich die Qualifizierung hin zur gewerblichen Tätigkeit.

- **Liebhaberei.** Für viele Menschen ist es vorteilhaft, ihre Tätigkeit als gewerblich qualifiziert zu sehen. Dies gilt vor allem, wenn massive Kosten bzw. Verluste anfallen. Diese können ansonsten nirgendwo steuerlich geltend gemacht werden. Typisches Beispiel ist die Ehefrau, die einen Reitstall oder eine Pferdezucht betreibt, wobei vor allem Kosten, jedoch kein Gewinn anfällt. Der in der Regel gut verdienende Ehemann kann dann die Kosten seiner Frau absetzen. Damit dies nicht zur Regel wird, verlangt der Steuergesetzgeber hier einen Gewinn über die „Totalperiode" des Unternehmens. Als „Totalperiode" werden meist zehn Jahre angesetzt. In diesem Zeitraum sollte Aussicht auf den Ausgleich der Kosten durch entsprechende Einnahmen bestehen. Gilt dies nicht, handelt es sich um privates Vergnügen (eben „Liebhaberei") und die Kosten können steuerlich nicht geltend gemacht werden. Für Gründer mit dem echten Vorhaben einer Unternehmensgründung kann dieser Aspekt wichtig sein. Machen Sie anfangs massive Verluste, führt dies zunächst zu keinerlei Problemen. Verdüstern sich aber die Geschäftsaussichten zunehmend und besteht ab einem späteren Zeitpunkt wenig Chance auf Erfolg, könnte dies zu Problemen führen. Die Grenze ist sehr schwer zu ziehen. Klar ist aber: Wenn jemand mehrere Jahre lang vor allem Kosten produziert (und dabei auch keine Gegenwerte schafft), wäre ein Einstellen der wirtschaftlichen Tätigkeit dringend anzuraten. Wer dann noch weitermacht, riskiert die Umqualifizierung seiner Tätigkeit in Liebhaberei. Als Folge sind seine Kosten steuerlich nicht mehr absetzbar. So wird ein Erfinder mit einem hohen Maß an Idealismus nach z. B. zehn Jahren wirtschaftlich erfolgloser Arbeit an einem steuerlich kritischen Punkt angekommen sein (selbst wenn er zahlreiche Patente eingereicht hat, aber die wirtschaftliche Verwertung fehlt).

- **Scheinselbständigkeit.** Beim Thema Scheinselbständigkeit geht es darum, ob eine vordergründig selbständig agierende Person tatsächlich selbständig ist. Das zentrale Streitthema sind vor allem die Beiträge zu den Sozialversicherungen, in geringem Ausmaß auch mögliche Lohnsteuerabzüge. Arbeitet eine Person selbständig nur für einen Arbeitgeber, wird oft angenommen, dass formal eine Anstellung vorliegt. Es drohen dann Nachzahlungen für die Sozialversicherungsbeiträge. Die Nachzahlungen sind regelmäßig vom Arbeitgeber zu leisten, der nur begrenzte Möglichkeiten hat, diese von seinem „Angestellten" nachträglich zu bekommen.

Während die oben angezeigte allgemeine Prüfung die wesentliche Prüfung für Einzelunternehmen ist, gibt es bei der Betätigung mehrerer Personen eine weitere Prüfung: Gewinnanteile, Arbeitsentgelte oder sonstige Vergütungen von (gewerblichen) Unternehmen, bei denen der Steuerpflichtige als „Mitunternehmer" klassifiziert wird, sind ebenfalls den gewerblichen Einkünften zuzurechnen. Zuerst muss also das Unternehmen gewerblich tätig sein, dann muss für die Gesellschafter einzeln geprüft werden, ob diese gewerblich tätig, d. h. Mitunternehmer sind. Als Mitunternehmer qualifiziert sich, wer „Mitunternehmerinitiative" und „Mitunternehmerrisiko" trägt. Dies wird durch die Rechtsprechung wiederum genauer definiert, soll hier aber nicht vertieft werden. Es ist aber deutlich erkennbar, dass nicht automatisch jeder Gesellschafter einer Personengesellschaft gewerblich tätig ist. Zu beachten ist, dass auch Geber von mezzaninem Kapital (siehe Teil V, „Mezzanine Finanzierungen") sich unter bestimmten Voraussetzungen als Mitunternehmer qualifizieren können.

1.1.2 Qualifikation selbständiger Arbeit

Die zweite wesentliche Kategorie der Tätigkeiten, die als Gewinneinkünfte besteuert werden, ist die selbständige Arbeit. Die selbständige Arbeit in Abgrenzung zur gewerblichen Tätigkeit beruht auf historischen Gründen. Der Gesetzgeber wollte geistiges Vermögen und persönliche Arbeitskraft gegenüber einem eher kaufmännisch dominierten, unter Einsatz umfangreichen Betriebsvermögens betriebenen Unternehmen abgrenzen. Der Sinn dieser Unterscheidung leuchtet einem objektiven Betrachter heute nicht mehr direkt ein. Die Unterscheidung ist daher regelmäßig umstritten, ist bisher aber noch gültig. In Zukunft ist jedoch mit einem Wegfall der Unterscheidung zu rechnen.

Die Unterscheidung hat konkrete Auswirkungen, die eine Qualifikation als selbständige Arbeit so attraktiv macht:

- Einkünfte aus selbständiger Arbeit unterliegen nicht der Gewerbesteuer.
- Die Gewinnermittlung kann generell nach einem vereinfachten Verfahren, der Einnahmen-Überschuss-Rechnung (siehe dazu unten), erfolgen (§ 4 Abs. 3 EStG). Grundlage dafür sind fehlende anderweitige Regelungen. So erfasst das HGB nicht selbständige Tätigkeiten. Diese stehen außerhalb des Begriffs des Kaufmanns oder eines Kleingewerbetreibenden.

Die Unterscheidung hat also echte materielle Effekte und ist daher oftmals stark umkämpft. Hauptgruppe der selbständig Tätigen sind die Freiberufler, bei denen die meisten Fragen auftreten. Darüber hinaus zählen Lottogewinner und sonstige Selbständige dazu. Letztere sind aber begrenzt auf Testamentsvollstrecker, Vermögensverwalter und Aufsichtsräte oder ähnliche Berufe.

Gemäß § 18 Abs. 1 EStG gehören zu den freiberuflichen Tätigkeiten die selbständig ausgeübte wissenschaftliche, künstlerische, schriftstellerische, unterrichtende oder erzieherische Tätigkeit, die selbständige Berufstätigkeit der Ärzte, Zahnärzte, Tierärzte, Rechtsanwälte, Notare, Patentanwälte, Vermessungsingenieure, Ingenieure, Architekten, Handelschemiker, Wirtschaftsprüfer, Steuerberater, beratenden Volks- und Betriebswirte, vereidigten Buchprüfer (vereidigten Bücherrevisoren), Steuerbevollmächtigten, Heilpraktiker, Dentisten, Krankengymnasten, Journalisten, Bildberichterstatter, Dolmetscher, Übersetzer, Lotsen und ähnlicher Berufe. Während die konkret aufgezählten Berufe leicht einzustufen sind, bereitet der Zusatz „ähnlicher Berufe" Probleme. Um als ein ähnlicher Beruf eingestuft zu werden, müssen u.a. die Aufgabenstellung, die typischen Tätigkeitsmerkmale und die Ausbildung vergleichbar sein. Als Ausbildung wird regelmäßig ein Hochschulstudium gefordert.

Ein typischer Streitfall sind z. B. EDV-Berater. Wird Systemsoftware erstellt oder wird zu komplexen Themen beraten, handelt es sich um freiberufliche Tätigkeit, da man eine Ähnlichkeit zu Ingenieuren sieht. Man geht davon aus, dass diese Tätigkeiten nur durch Hochschulabsolventen geleistet werden können. Wird lediglich programmiert oder über den Einsatz bestehender Systeme beraten, handelt es sich um gewerbliche Tätigkeit. Analog werden auch Unternehmensberater beurteilt. Ein weiterer Grenzfall sind Künstler und Handwerker, deren Tätigkeitsfeld sich stark überschneiden kann.

Werden unterschiedliche Tätigkeiten in einer Gesellschaft durchgeführt, so färbt sich die gewerbliche Tätigkeit auf die freiberufliche Tätigkeit ab (so genannte „Abfärbetheorie"), wenn die gewerbliche Tätigkeit nicht nur einen äußerst geringen Beitrag zum Gesamtumsatz leistet. Ein äußerst geringer Anteil ist nach Rechtsprechung auf jeden Fall bei einem Anteil um die 1 % gegeben. Andernfalls bedeutet die Abfärbetheorie, dass die gesamte Geschäftstätigkeit der Gesellschaft als gewerblich eingestuft wird. Der gesamte Gewinn unterliegt dann der Gewerbesteuer. Damit nimmt das Steuerrecht auch auf die Geschäftsplanung großen Einfluss: Gewerbliche und freiberufliche Tätigkeiten sollten in einer Gesellschaft nicht vermischt werden. Vielmehr sind mehrere Gesellschaften zu gründen, um die freiberufliche

Tätigkeit „sauber" zu halten. Dies kann im Rahmen der Implementierung Ihrer Geschäftsidee bedeutsam sein. Führen Sie Ihr Unternehmen allerdings in der Rechtsform einer Kapitalgesellschaft, ist die inhaltliche Qualifikation der Tätigkeit egal. Sie wird per Rechtsform als gewerbliche Tätigkeit eingestuft. Betreibt dagegen eine natürliche Person sowohl ein Gewerbe wie auch eine freiberufliche Tätigkeit, so können beide getrennt behandelt werden. Es müssen dann beide Tätigkeiten getrennt abgerechnet werden.

Die Einstellung von Angestellten verhindert eine Einstufung als Freiberufler nicht, so lange der Unternehmer auf Grund eigener Fachkenntnisse leitend und eigenverantwortlich tätig ist (§ 18 Abs. 1 EStG).

1.1.3 Gewinnermittlung

Für die Gewinnermittlung von Einkünften aus gewerblicher Tätigkeit und selbständiger Tätigkeit gibt es grundsätzlich zwei Möglichkeiten:

- Einnahmen-Überschuss-Rechnung nach § 4 Abs. 3 EStG
- Gewinnermittlung nach den GoB (§ 4 Abs. 1 EStG).

Die Einnahmen-Überschuss-Rechnung steht vor allem Kleingewerbetreibenden und Freiberuflern offen. Kleingewerbetreibende werden in Abgrenzung zum Begriff des Kaufmanns definiert, die Abgrenzung ist aber offen (siehe Teil VI, „Rechtsfähigkeit"). Für den Fall der Gewinnermittlung wird die Grenze aber konkret bei 350.000 € Umsatz oder 30.000 € Gewinn gezogen. Wird einer dieser Werte überschritten, ist eine Gewinnermittlung nach den GoB durchzuführen (§ 141 AO). Für Freiberufler gilt diese Grenze jedoch nicht. Sie dürfen immer eine Einnahmen-Überschuss-Rechnung durchführen. Wer als Kaufmann im Sinne des HGB qualifiziert ist, muss gemäß § 140 AO auch für die Ermittlung der Steuern eine Gewinnermittlung nach den GoB durchführen.

Einnahmen-Überschuss-Rechnung

Bei der Einnahmen-Überschuss-Rechnung erfolgt die Gewinnermittlung grundsätzlich nach vereinnahmten Betriebseinnahmen und verausgabten Betriebsausgaben, d. h. nach dem Geldfluss. Geldzufluss bedeutet eine Einnahme, Geldabfluss eine Ausgabe. Eine Abgrenzung nach Wirtschaftsjahren findet nicht statt, d. h., es ist egal, wann die Grundlage für Einnahmen oder Ausgaben geschaffen wurde. Insbesondere ist der Zeitpunkt der Rechnungsstellung oder des Rechnungseingangs egal.

Das Zufluss-Abfluss-Prinzip wird aber nicht konsequent eingehalten, denn es gelten weiterhin die steuerlichen Vorschriften über die Abschreibung (steuerlich „AfA", für „Absetzung für Abnutzung" genannt). Anlagevermögen ist daher in einem gesonderten Verzeichnis zu führen und planmäßig nach den steuerlichen Vorschriften abzuschreiben. Erst mit der Abschreibung entsteht dann eine steuerliche Ausgabe. Eine Ausnahme bilden GWG: Wirtschaftsgüter mit einem Wert bis zu gegenwärtig 410 € können immer sofort vollständig abgeschrieben werden. Wirtschaftsgüter des Umlaufvermögens, die also nicht zur dauerhaften Nutzung im Unternehmen bestimmt sind, sind dagegen weiterhin nach dem Zufluss-Abfluss-Prinzip zu behandeln. Bei einem kleinen Lebensmitteleinzelhandel wäre also der Wareneinkauf sofort voll steuerlich absetzbar. Als Gründer sollten Sie auf jeden Fall das steuersparende Instrument der so genannten „Ansparabschreibung" kennen (siehe Abschnitt 1.1.4).

Abbildung 40 zeigt eine sinnvolle Gliederung für die Durchführung der Einnahmen-Überschuss-Rechnung auf. Sie müssen einen gewissen Detaillierungsgrad erreichen, damit Ihre Gewinnermittlung vom Finanzamt anerkannt wird. Insbesondere will das Finanzamt bestimmte Quoten prüfen (z. B. Anteil der Bewirtungskosten, Kfz-Kosten oder Telefonkosten an den Gesamtausgaben). Erscheinen die Quoten zu hoch, können Rückfragen folgen.

Einnahmen	Ausgaben
Umsatzerlöse 16%	Materialaufwand
Vereinnahmte Umsatzsteuer 16%	Fremdleistungen
Umsatzerlöse 7%	Löhne/Gehälter
Vereinnahmte Umsatzsteuer 7%	Abschreibung
Vom Finanzamt erhaltene MwSt.	Ansparabschreibung
	GWG
	Miete
	Dienstreisen
	KfZ-Kosten
	Telefonkosten
	Bewirtung
	Postwaren/Büro/Allgemeines
	Steuerberatungskosten
	Sonstiges
	An Finanzamt abgeführte MwSt.
	Gezahlte Vorsteuer

Abbildung 40: Schema zur Einnahmen-Überschuss-Rechnung

Für jede Ausgabe und Einnahme sollten Sie einen Beleg haben. Telefonkosten werden oft pauschal ermittelt, ca. 25 % der gesamten Telefonkosten werden zumeist anerkannt. Bei Bewirtungen, an denen Sie selber teilnehmen, müssen Sie 20 % Eigenanteil abziehen.

Gewinnermittlung nach GoB

Die zweite Möglichkeit der Gewinnermittlung als Grundlage für die Besteuerung stellt der Betriebsvermögensvergleich dar (§ 4 Abs. 1 EStG). Dabei handelt es sich um eine Gewinnermittlung auf der Grundlage handelsrechtlicher Vorschriften, die wiederum maßgeblich durch die GoB gekennzeichnet sind. Die GoB bzw. die Buchführung generell verlangen mehr als nur einen Vergleich des Betriebsvermögens am Jahresanfang und Jahresende. Sie fordern einen Nachweis über die Entstehung des Gewinns und Verlusts (GuV) sowie über die Bestandteile des Vermögens in Form von Mittelherkunft und Mittelverwendung (Bilanz). Laut Rechtsprechung gibt es eine „Maßgeblichkeit" der Handelsbilanz für die Steuerbilanz, d. h. der handelsrechtlichen für die steuerlichen Vorschriften. Immer dort wo das Steuerrecht nichts explizit anders bestimmt, gilt das Handelsrecht. Daher wird oftmals nur ein Jahresabschluss erstellt. Gelten aber steuerliche Sondervorschriften, müssen zwei Jahresabschlüsse aufgestellt werden.

Das Vermögen eines Betriebs wird im Rahmen der Eröffnungsbilanz erstmalig bewertet und dann mittels der Verbuchung laufender Geschäftsvorfälle fortgeschrieben. Zum Ende jeden Wirtschaftsjahres wird geprüft, ob die laufenden Buchungen auch die tatsächliche Vermögenslage wiedergeben. Eventuell werden Korrekturen vorgenommen. Basis möglicher Korrekturen bildet die Inventur (§ 238 HGB), die zum Ende jeden Geschäftsjahres durchzuführen ist. Dabei sind die Vermögensgegenstände und Schulden des Unternehmens genau festzustellen und anzugeben. Wo möglich, soll es sich um eine physische Bestandsaufnahme handeln, die allerdings in vielen Fällen vereinfacht durchgeführt werden kann. Die Buchführung baut auf dem Prinzip der Doppik, also der doppelten Buchhaltung, auf. Es werden demnach immer zwei Aspekte eines Geschäftsvorfalls niedergelegt, und tatsächlich bestehen die Geschäftsvorfälle auch aus getrennten Aspekten: So mindert der Kauf von Handelsware die Kasse oder das Bankkonto, erhöht aber den Bestand an Handelswaren. Der Verkauf von Handelsware erhöht den Kassenbestand, mindert den Bestand an Handelswaren und ergibt einen Gewinn (praktisch sieht es beim Verkauf etwas komplizierter aus, da der Einstandswert der verkauften Handelsware nicht unbedingt bekannt sein muss, wenn diese zu verschiedenen Preisen eingekauft wurde). Die Doppik führt unweigerlich über Bestandskonten zur Bilanz. Auf der Aktivseite der Bilanz steht das Vermögen bzw. die Mittelverwendung, auf der Passivseite der Bilanz die Finanzierung bzw. die Mittelherkunft. Abbildung 41 zeigt die charakteristischen Elemente einer Bilanz. Diese kann sowohl vor wie auch nach Gewinnverwendung (Verteilung des Gewinns auf die Rücklagen oder Abzug durch Ausschüttung oder Privatentnahme) aufgestellt werden. Nicht immer kann man also den Gewinn aus der Bilanz ablesen.

Aktiva	Passiva
Anlagevermögen (Vermögen, das als Geschäftsgrundlage dient)	Gezeichnetes Kapital (Stamm- oder Grundkapital bei einer Kapitalgesellschaft)
Umlaufvermögen (Vermögen, das im Geschäftsbetrieb verbraucht wird)	Rücklagen (zusätzliches Eigenkapital aus Kapitaleinlagen oder Gewinnen)
	Privateinlagen/Privatentnahmen (nur bei Personengesellschaften oder Einzelunternehmen)
	Gewinnvortrag/Verlustvortrag
	Jahresüberschuss/Jahresfehlbetrag
	Mezzanine Finanzierung (Kapital mit Aspekten von Eigenkapital und Fremdkapital)
	Rückstellungen (vermutete, aber nicht realisierte Verbindlichkeiten)
	Darlehen
	Sonstige Verbindlichkeiten (z. B. aus Lieferungen und Leistungen)
Bilanzsumme	Bilanzsumme

Abbildung 41: Schematischer Aufbau einer Bilanz

Die GuV, die ebenso wie die Bilanz automatisch aus der Buchhaltung entsteht, kann auf zwei Arten dargestellt werden. Der Effekt beider Vorgehensweisen ist gleich. Beim Umsatzkostenverfahren können die Kosten besser dem Umsatz, d. h. den Kostenträgern, zugerechnet werden, beim Gesamtkostenverfahren wird die Effektivität nach Kostenarten deutlicher. Die Details der Aufstellung werden in Abbildung 42 aufgezeigt. Beide Rechnungen sollten aber unabhängig von der zur Aufstellung der Bilanz gewählten Form im Rahmen des Controlling vorgenommen werden. Die Unterteilung hat daher in professionellen Unternehmen keine große Wirkung.

Bei der Buchführung sind die GoB zu beachten. Nicht alle GoB sind im HGB niedergelegt, manche haben sich im Laufe der Zeit entwickelt. Sie werden dennoch als allgemeingültig anerkannt. Man unterscheidet formelle und materielle GoB. Die ersten vier folgenden Grundsätze werden den formellen GoB zugeordnet:

- Buchführung- und Bilanzklarheit
- Vollständige, richtige, zeitgerechte und geordnete Dokumentation
- Belegprinzip (keine Buchung ohne Beleg)
- Zeitgerechte Aufstellung der Bilanz
- True-and-fair-view, d. h. die wahrheitsgetreue Wiedergabe der Verhältnisse
- Vollständigkeit, d. h. der Ansatz sämtlicher Vermögenswerte und Schulden, wie Pensionsverpflichtungen

Gesamtkostenverfahren	Umsatzkostenverfahren
Umsatzerlöse	Umsatzerlöse
Erhöhung oder Verminderung des Bestands an fertigen und unfertigen Erzeugnissen	Herstellungskosten der zur Erzielung der Umsatzerlöse erbrachten Leistungen
Aktivierte Eigenleistungen	**Bruttoergebnis vom Umsatz**
Sonstige betriebliche Erträge	Vertriebskosten
Materialaufwand	Allgemeine Verwaltungskosten
Personalaufwand	Sonstige betriebliche Erträge
Abschreibungen	Sonstige betriebliche Aufwendungen
Sonstige betriebliche Aufwendungen	Sonstige finanzielle Effekte
Sonstige finanzielle Effekte	**Ergebnis der gewöhnlichen Geschäftstätigkeit**
Ergebnis der gewöhnlichen Geschäftstätigkeit	Außerordentliche Erträge
Außerordentliche Erträge	Außerordentliche Aufwendungen
Außerordentliche Aufwendungen	Außerordentliches Ergebnis
Außerordentliches Ergebnis	Steuern vom Einkommen und Ertrag
Steuern vom Einkommen und Ertrag	Sonstige Steuern
Sonstige Steuern	**Jahresüberschuss/Jahresfehlbetrag**
Jahresüberschuss/Jahresfehlbetrag	

Abbildung 42: Arten der Aufstellung einer GuV

- Realisationsprinzip, d. h., Erträge dürfen erst dann verbucht werden, wenn die Leistung vollständig erbracht wurde; die stellt eine Ausnahme zur Vollständigkeit dar

- Imparitätsprinzip, d. h. die Antizipation von Verlusten, die am Bilanzstichtag noch nicht realisiert wurden; konkrete Folgerungen sind Rückstellungen für drohende Verluste und ungewisse Verbindlichkeiten sowie das Niederstwertprinzip, nach dem Vermögensgegenstände bei zu erwartendem Wertverlust auf den zu erwartenden Marktwert abzuschreiben sind

- Stichtagsprinzip, d. h. Bewertung der Lage genau zum Ende des Wirtschaftsjahres

- Einzelbewertung, d. h. die möglichst einzelne Bewertung von Vermögensgegenständen und Schulden ohne Zusammenfassungen und Verrechnungen

- Bewertungsstetigkeit, d. h. die Beibehaltung der einmal gewählten Bewertungsansätze

- Going-Concern, d. h. die Bewertung nicht zu Zerschlagungswerten, sondern auf der Basis einer Unternehmensfortführung

Die GoB werden grundsätzlich auch steuerlich anerkannt. Bei den Grundsätzen, die anfällig für Missbrauch sind, wird jedoch oft steuerlich etwas strenger verfahren. Abschreibungen auf den Niederstwert werden im Steuerrecht z. B. deutlich genauer geprüft. Das Gleiche gilt für die Bildung von Rückstellungen.

Aufgrund des Ansatzes des Vermögensvergleichs sowie des Stichtagsprinzips gibt es einige Abgrenzungen, die bei der Gewinnermittlung nach § 4 Abs. 1 EStG zu beachten sind (die der Einnahmen-Überschuss-Rechnungen nach § 4 Abs. 3 EStG fremd sind). Da das Vermögen zu einem Stichtag bewertet wird, müssen die Geschäftsvorfälle auf diesen Stichtag hin korrigiert werden. Geschäftsvorfälle, die zum nächsten Jahr oder einem früheren Jahr gehören (z. B. die Zahlung einer im alten Jahr entstandenen Forderung) müssen erfolgsneutral gemacht werden. Zudem müssen die Vermögensgegenstände korrekt bewertet werden. Dabei gibt es vor allem bei selbsterstellten Handelswaren oder aktivierten Eigenleistungen Spielräume. Denn es ist fraglich, welche Kosten wirklich als Herstellkosten in Frage kommen. Gemäß § 255 Abs. 2 HGB sind die Einzelkosten als Mindestgröße der Herstellkosten zu nehmen. Angemessene Teile der Gemeinkosten, die einen Bezug zur Fertigung haben, dürfen eingerechnet werden. Vertriebskosten dürfen nicht eingerechnet werden. Tabelle 67 gibt einen detaillierten Überblick über den Kostenansatz. Es wird deutlich, dass gerade durch die Herstellungskosten eine erhebliche Schwankungsbreite bei der Vergleichbarkeit von Jahresabschlüssen geschaffen wird. Schon die Bestimmung von Gemeinkosten ist nicht eindeutig geregelt und ansonsten ein recht nutzloses Unterfangen (siehe Teil VIII, Controlling inklusive Liquiditätsplanung"). Dazu kommen zahllose handelsrechtliche Wahlrechte bezüglich der in die Herstellungskosten einzurechnenden Kosten. Leider verhindert die Rechtsprechung hier mögliche Vorteile für den Steuerpflichtigen: Zwar gilt eine Maßgeblichkeit der Handelsbilanz für die Steuerbilanz. Bei handelsrechtlichen Bilanzierungswahlrechten wird jedoch eine steuerliche Bilanzierungspflicht gefordert. Steuerlich wird der gewonnene Spielraum dadurch drastisch eingeschränkt.

Einrechnung	Kostenart
Muss	Materialeinzelkosten
	Fertigungseinzelkosten
	Einzel-Sonderkosten der Fertigung
Kann	Angemessene Teile der notwendigen Materialgemeinkosten
	Angemessene Teile der notwendigen Fertigungsgemeinkosten
	Werteverzehr des Anlagevermögens (Abschreibungen)
	Zinsen für Fremdkapital zur Finanzierung der Herstellung
Muss nicht	Allgemeine Verwaltungskosten
	Freiwillige soziale Leistungen, Kosten für soziale Betriebseinrichtungen
	Kosten der Altersversorgung
Verbot	Vertriebskosten

Tabelle 67:   Bestimmung der Herstellungskosten nach Handelsrecht

Bezüglich aktivierter Eigenleistungen ist aber zu beachten: Immaterielle Vermögensgegenstände wie z. B. die selbstentwickelte Software dürfen nicht aktiviert werden (§ 248 Abs. 2 HGB). Diese Regelung gilt auch steuerlich und ist für den Steuerpflichtigen günstig. Damit wird dem schwer einzustufenden Wert selbsterstellter Software Rechnung getragen, der faktisch oftmals nicht vorhanden ist, da die Software nur in genau diesem Unternehmen eingesetzt werden kann und es damit keinen Käufermarkt gibt.

1.1.4 Möglichkeiten zur Steueroptimierung

Es gibt zahlreiche Möglichkeiten zur Steueroptimierung. Einige einfache Standardmöglichkeiten sollen hier kurz aufgezeigt werden. Sie zu kennen, ist äußerst nützlich. Man sollte bei den Methoden unterscheiden zwischen echter Steuervermeidung und Optimierung der Zahllast.

Für echte, legale Steuervermeidung gibt es kaum Hebel: Die Vollständigkeit des Ansatzes aller Kosten ist der Grundhebel. Hier gibt es vor allem Gestaltungsspielräume bei gemischten Aufwendungen, die sowohl privat wie auch gewerblich veranlasst sein können. In manchen Fällen hat man auch Wahlrechte, ob man z. B. ein Auto als Betriebsvermögen oder im Privatvermögen führen möchte. Zudem fällt die Klassifizierung als Freiberufler statt als Gewerbetreibender in diese Kategorie, denn Sie sparen sich endgültig die Zahlung der Gewerbesteuer. Die Einordnung bzw. Nichteinordnung in Einkünftearten nach dem EStG fällt ebenfalls in diese Kategorie, denn Sie können sich dadurch möglicherweise die Einkommensteuer sparen (klassischer Anwendungsfall sind mehr oder weniger aktive eBay-Händler, die sich selbst als privat Tätige sehen).

Die Optimierung der Steuern findet regelmäßig nur über Verschiebungen der Zahllast zwischen den Perioden statt. Je später Sie Steuern zahlen müssen, umso länger steht Ihnen das Geld selbst zur Verfügung und kann Zinsen (z. B. Festgeld, eigene Investitionen) bringen. Neben dem Zinsvorteil kann es sinnvoll sein, zwischen den Perioden zu steuern. In Perioden mit geringen Einnahmen wollen Sie möglichst weitere Gewinne anfallen lassen und umgekehrt. Dies macht aber nur dann Sinn, wenn es sich um progressive Steuern handelt, d. h. die Steuerlast proportional mit höherem Gewinn ansteigt. In diesem Fall sind echte und endgültige Steuerreduzierungen möglich. Die Einkommensteuer und die Gewerbesteuer sind progressiv, nicht aber die Körperschaftsteuer. Indirekt wird aber auch die Körperschaftsteuer erfasst, denn der Gesellschafter kann sich eventuell Zahlungen in seinen privaten Bereich transferieren (Gewinne oder Arbeitsentgelte). Zur Optimierung der Steuern stehen vor allem folgende Möglichkeiten zur Verfügung:

- **Ansparabschreibungen.** Für die zukünftige Anschaffung oder Herstellung eines beweglichen Wirtschaftsguts (keine Immobilien) kann eine den Gewinn mindernde Rücklage gebildet werden (so genannte „Ansparabschreibung"). Die Rücklage darf maximal 40 % der Anschaffungs- oder Herstellungskosten betragen. Das Wirtschaftsgut muss bis zum Ende des zweiten auf die Bildung der Rücklage folgenden Wirtschaftsjahres angeschafft oder hergestellt werden (§ 7g Abs. 3, 6 EStG). Die Ansparabschreibung darf 154.000 € nicht übersteigen. Wird das Wirtschaftsgut nicht angeschafft, ist die Abschreibung aufzulösen (zu korrigieren), wobei für jedes abgelaufene Jahr 6 % Zinsen zur Auflösung hinzuzurechnen sind (§ 7g Abs. 5 EStG). Ansparabschreibungen dürfen nur dann in Anspruch genommen werden, wenn das Betriebsvermögen im vorangegangenen Jahr 204.517 € nicht übersteigt oder wenn Sie Ihren Gewinn nach der Einnahmen-Überschuss-Rechnung ermitteln.

Für Existenzgründer in einem Gründungszeitraum von sechs Jahren nach Unternehmensgründung gelten bessere Rahmenbedingungen: Ansparabschreibungen dürfen 307.000 € erreichen und bei ihrer Auflösung wegen Nicht-Anschaffung fällt kein Zuschlag von 6 % an (§ 7g Abs. 7 EStG).

Zur Bildung einer Ansparrücklage bedarf es keiner Glaubhaftmachung der Investitionsabsicht gegenüber dem Finanzamt. Sie können die Ansparabschreibung also immer in Anspruch nehmen. Der Effekt ist klar: Sie können, wenn Sie die Voraussetzungen erfüllen, beliebig Kosten produzieren und damit Ihren steuerpflichtigen Gewinn mindern. Wenn Sie die Wirtschaftsgüter wirklich anschaffen, haben Sie einen Zinsvorteil, denn Sie haben früher Ihre Steuerlast minimiert. Wenn Sie das Wirtschaftsgut nicht anschaffen, gilt Gleiches. Sie müssen dann aber gegebenenfalls die „Strafe" von 6 % pro Jahr beachten. Dann lohnt sich die Ansparabschreibung nur, wenn Sie in Zukunft ein schlechteres Jahr erwarten.

- **Sonderabschreibungen.** Aufbauend auf der Nutzung einer Ansparrücklage dürfen die damit angeschafften beweglichen Wirtschaftsgüter jährlich bis zu 20 % abgeschrieben werden. Diese Abschreibungsrate liegt höher als im Normalfall erlaubt und verschafft so Zinsvorteile. Ähnlich wie bei der Ansparabschreibung darf zur Nutzung der Sonderabschreibung das Betriebsvermögen im Vorjahr der Anschaffung 204.517 € nicht überstiegen haben. Wird der Gewinn nach § 4 Abs. 3 EStG ermittelt, gilt dies als erfüllt.

- **Periodenverschiebung.** Sie können Erträge bzw. Einnahmen und Aufwand bzw. Ausgaben in einem gewissen Rahmen steuern. Machen Sie eine Einnahmen-Überschuss-Rechnung, müssen Sie nur den Zahlungszeitpunkt verschieben. Bei einer Gewinnermittlung nach den GoB reicht es regelmäßig, wenn Sie die Rechnungsstellung oder den Rechnungseingang steuern. So können Sie eigene Rechnungen erst im nächsten Jahr stellen, wenn Ihr Gewinn voraussichtlich recht hoch wird und im nächsten Jahr weniger Gewinn zu erwarten ist. Auf jeden Fall können Sie einen Zinsvorteil erlangen. Sie sollten aber darauf achten, dass der Auftrag dann nicht schon vollständig im alten Jahr abgeschlossen ist, obwohl dies nur selten vom Finanzamt kontrolliert wird. Man kann im neuen Jahr immer noch eine Abschlussbesprechung gehabt haben.

- **Rückstellungen.** Rückstellungen gibt es nur, wenn Sie Ihren Gewinn nach § 4 Abs. 1 EStG (also durch Betriebsvermögensvergleich bzw. gemäß den GoB) ermitteln. Rückstellungen sollen bisher noch nicht angefallenen Aufwand, der aber wirtschaftlich diesem Jahr zuzurechnen wäre, bei der Gewinnermittlung berücksichtigen. So könnte ein Geschäft voraussichtlich schlecht laufen („Drohverlustrückstellungen") oder es könnte ein Rechtsstreit aufgrund eines aktuellen Geschäfts anstehen („Prozesskostenrückstellungen"). Die Bildung von Rückstellungen unterliegt naturgemäß einem gewissen Spielraum, den man zu seinen Gunsten ausnutzen kann. Wiederum geht es nur um eine Periodenverschiebung, aus der man Zinsvorteile oder eine Optimierung der Zahllast über die Perioden hinweg erzielen kann.

1.1.5 Steuertarif

Der Steuertarif der Einkommensteuer ist progressiv aufgebaut, d. h., er steigt mit steigendem Einkommen. Die Rahmenbedingungen sind Gegenstand häufiger politischer Erwägungen und daher einer stetigen Änderung unterworfen. Für das Jahr 2005 gilt ein Steuerfreibetrag von ca. 8.000 € und ein Eingangssteuersatz von 15 %. Ab ca. 52.000 € greift der Spitzensteuersatz von 42 %, allerdings nicht voll, sondern unter Berücksichtigung des Steuerfreibetrags. Kann diese Grenze durch Steueroptimierungen nicht unterschritten werden, greift als Steuersparhebel nur noch ein Zinsvorteil durch Periodenverschiebungen.

1.2 Körperschaftsteuer

Die Körperschaftsteuer gilt nur für Körperschaften, d. h. insbesondere auch für Kapitalgesellschaften in der Rechtsform der GmbH, der AG und der Limited. Die Körperschaftsteuer baut auf der Einkommensteuer auf (§ 8 Abs. 1 KStG). Die vorstehenden Ausführungen für die Einkommensteuer gelten also auch für die KStG.

Gilt das KStG, so werden alle Einkünfte als Einkünfte aus Gewerbebetrieb qualifiziert. Qualifikationsprobleme entstehen also nicht mehr, was sich für den Steuerpflichtigen nachteilig auswirkt (§ 8 Abs. 2 KStG). Der Tarif der Körperschaftsteuer beträgt einheitlich 25 % (§ 23 KStG). Damit wird jeglicher Gewinn besteuert. Freibeträge gibt es bei GmbH und AG nicht. Es ist jetzt auch (noch) sauberer zwischen Gesellschaft und Gesellschafter zu trennen. Während im Falle von Einzelunternehmen oder Personengesellschaften pauschale Kostenaufteilungen (z. B. der Telefonkosten) zwischen der Privatperson und dem Unternehmen möglich sind, wird dies bei Kapitalgesellschaften nur selten anerkannt. Da Kapitalgesellschaften ein vollständig eigenständiges Rechtssubjekt sind, ist auch der Mittelfluss zwischen Gesellschafter und Gesellschaft stärker standardisiert. Während es bei Einzelunternehmen und Personengesellschaften Privatentnahmen gibt, sind diese bei Kapitalgesellschaften nicht mehr zulässig. Außerhalb geschäftlicher Beziehungen wie Arbeitsverhältnissen und Darlehen fließt Geld nur durch Einlagen vom Gesellschafter zur Gesellschaft oder zurück nur durch Ausschüttungen, Kapitalherabsetzungen, Liquidation oder eventuell Insolvenz.

Die Besteuerung von Ausschüttungen einer Kapitalgesellschaft funktioniert grundsätzlich wie folgt: Die Ausschüttung der Kapitalgesellschaft erfolgt aus versteuertem Gewinn (Gewerbesteuer und 25 % Körperschaftsteuer). Der Gesellschafter als Empfänger der Ausschüttung versteuert die Einnahmen als Einkünfte aus Kapitalvermögen oder als Einkünfte aus Gewerbebetrieb, wenn er die Beteiligung gewerblich hält. Die erhaltene Ausschüttung ist jedoch gemäß § 3 Nr. 40 EStG nur zur Hälfte zu versteuern (so genanntes „Halbeinkünfteverfahren"), mit dem persönlichen Steuersatz des Empfängers. Tabelle 68 enthält ein Beispiel zur Funktionsweise des Halbeinkünfteverfahrens. Zudem wird der Besteuerung noch die Kapitalertragsteuer von 20 % der Ausschüttung zwischengeschaltet, die allerdings als durchlaufender Posten gesehen werden kann.

Stufe	%	€
Bruttoausschüttung		100
Körperschaftsteuer	25 %	25
Nettoausschüttung		75
Steuerpflichtig	50 %	37,5

Tabelle 68:   *Funktionsweise Halbeinkünfteverfahren*

Steueroptimierungen finden im nationalen Steuerrecht auf Basis von Periodenverschiebungen analog der Einkommensteuer statt. Darüber hinaus liegt im Transfer zwischen den Ebenen der Gesellschaft und des Gesellschafters eine Quelle zur Steueroptimierung: Hat der Gesellschafter persönlich geringe Einnahmen, greift aufgrund der Steuerprogression in der Einkommensteuer ein geringer Steuertarif. Es könnte dann vorteilhaft sein, Einkommen der Kapitalgesellschaft auf der persönlichen Ebene zu versteuern. Durch ein Geschäft zwischen Kapitalgesellschaft und Gesellschafter werden die Kosten der Gesellschaft steuerwirksam (Gewerbesteuer und Körperschaftsteuer) reduziert, die Einnahmen beim Gesellschafter erhöht. Das Einkommen wird also auf eine andere Ebene transferiert. Dies lohnt sich dann, wenn der Tarif der Einkommensteuer unter dem der Körperschaftsteuer und der Gewerbesteuer (in Summe ca. 35 %) liegt. Durch eine normale Ausschüttung nach dem Halbeinkünfteverfahren wird kein großer Effekt erzielt, denn die Gewerbesteuer ist dann voll zu entrichten. Die Gewerbesteuer ist aber der wesentliche Treiber, denn der Tarif der Körperschaftsteuer ist mittlerweile mit 25 % sehr gering und würde selten zu Steueroptimierungen anregen. Der Gesetzgeber und die Rechtsprechung versuchen, diese Möglichkeit über das Konstrukt der „verdeckten Gewinnausschüttung" zu reduzieren. Eine „verdeckte Gewinnausschüttung" ist eine Auszahlung von Vermögenswerten der Gesellschaft an ihre Gesellschafter, die rein auf dem Gesellschafterverhältnis basiert. Eine wirtschaftliche Gegenleistung gibt es nicht oder sie ist teilweise nicht adäquat. Die Abgrenzung verdeckter Gewinnausschüttungen von rein wirtschaftlichen Beziehungen ist aber nicht immer einfach. Gesellschafter können z. B. auf Basis eines Werkvertrags für ihre Gesellschaft tätig werden. Ob die Vergütung nun 50 % mehr beträgt als normalerweise üblich, lässt sich so gut wie nie nachweisen. Genauso wenig lässt es sich oftmals zweifelsfrei nachweisen, dass die Vergütung marktüblich ist. Es gibt also eine erhebliche Grauzone bei der Anwendung dieser Regel. Da eine Strukturierung von verdeckten Gewinnausschüttungen über Darlehen besonders einfach ist, gilt unter bestimmten Umständen die Vergütung des Darlehens als verdeckte Gewinnausschüttung (§ 8a Abs. 1 KStG). Der Entlastungsbeweis obliegt dann dem Steuerpflichtigen. Eine verdeckte Gewinnausschüttung mindert die Einnahmen nicht, obwohl sie vordergründig als Aufwand strukturiert ist (§ 8 Abs. 3 KStG). Verdeckte Gewinnausschüttungen sind eines der Hauptprüfungsthemen bei einer Steuerprüfung.

1.3 Gewerbesteuer

Besteuerungsgrundlage für die Gewerbesteuer ist der Gewerbeertrag (§ 6 GewStG), der sich nach den Regelungen für die Einkommensteuer und die Körperschaftsteuer bestimmt (§ 7 GewStG). Die Besteuerung nach dem Gewerbekapital wurde im Jahr 1998 abgeschafft. Der ermittelte Gewerbeertrag ist jedoch um bestimmte Hinzurechnungen (§ 8 GewStG) zu erweitern und bestimmte Kürzungen (§ 9 GewStG) zu verringern. Hinzurechnungen und Kürzungen dienen im Wesentlichen der Korrektur für geschäftliche Konstruktionen, denen eine gewisse „Künstlichkeit" zugemessen wird. So werden Miete oder Pacht für ausgelagertes, für den Betrieb wesentliches Anlagevermögen teilweise wieder hinzugerechnet. Gleiches gilt für Schuldzinsen für Darlehen zur Unternehmensgründung.

Die Zahllast Gewerbesteuer wird nach einem kompliziert anmutendem System berechnet. Zunächst ist ein Steuermessbetrag zu ermitteln, durch Anwendung einer Steuermesszahl auf den Gewerbeertrag (§ 11 GewStG). Die Steuermesszahl beträgt für Kapitalgesellschaften 5 %, ansonsten ist sie gestaffelt:

- für erste 12.000 €: 1 %
- für weitere 12.000 €: 2 %
- für weitere 12.000 €: 3 %
- für weitere 12.000 €: 4 %
- danach: 5 %

Für Nicht-Körperschaften, d. h. Einzelunternehmen und Personengesellschaften, gilt ein Freibetrag von 24.500 € für den Gewerbeertrag, der durch Kürzung des Gewerbeertrags um diesen Betrag anzuwenden ist. Für Kapitalgesellschaften gibt es keinen Freibetrag.

Die Zahllast wird nun durch Anwendung eines Hebesatzes auf den Steuermessbetrag ermittelt (§ 16 GewStG). Der Hebesatz beträgt mindestens 200 %, 400 % sind aber keine Seltenheit. Der Hebesatz wird von der Gemeinde bestimmt.

Zu beachten ist: Die Gewerbesteuer ist Aufwand aus Sicht der Einkommensteuer und Körperschaftsteuer. Zugleich ist der aus den Vorschriften des EStG und KStG ermittelte Gewinn aus Gewerbebetrieb die Grundlage für die Gewerbesteuer. Dies ergibt einen lösbaren Zirkelschluss (ein iteratives Verfahren), der irgendwann zu einem Ende kommt. Die Finanzverwaltung erlaubt daher die Anwendung der „5/6-Regelung", bei der die endgültige Gewerbesteuer durch die Gewerbesteuer vor Korrektur des Gewerbeertrags mit 5/6 multipliziert wird. So erhält man die korrekte Gewerbesteuerzahllast. In Summe gilt daher:

Berechnung Gewerbesteuer

Gewerbesteuer = Gewerbeertrag * Steuermesszahl * Hebesatz * 5/6

Die Steuergestaltung bei der Gewerbesteuer basiert auf den Gestaltungsmöglichkeiten zur Einkommensteuer. Interessant ist vor allem die gänzliche Vermeidung, die nur über die Qualifikation der Tätigkeit eines Einzelunternehmens oder einer Personengesellschaft als selbständige, d. h. vor allem freiberufliche, Tätigkeit möglich ist. Bei gemischten Tätigkeiten eines Einzelunternehmens oder einer Personengesellschaft ist besondere Vorsicht geboten, damit ein kleiner gewerblicher Anteil nicht die gesamte Tätigkeit als gewerblich „einfärbt". Für Kapitalgesellschaften steht dieser Weg generell nicht offen, denn sie haben per Gesetz nur Einkünfte aus Gewerbebetrieb.

Umsatzsteuer

Die Umsatzsteuer (auch „Mehrwertsteuer", MwSt. genannt) ist als Verbrauchssteuer konzipiert, d. h., der Verbrauch – die Verwendung des Einkommens – ist steuerbar. Besteuert wird jedoch letztendlich nur der private Endverbrauch. Für Unternehmen ist die Umsatzsteuer im Regelfall ein durchlaufender Posten.

Der Verbrauch wird wiederum am Umsatz gemessen. Der Umsatzsteuer unterliegen daher Umsätze aus Lieferungen und Leistungen, die ein Unternehmer im Inland gegen Entgelt im Rahmen seines Unternehmens ausführt. Zugleich sind Einfuhren sowie der innergemeinschaftliche Erwerb im Inland steuerpflichtig (§ 1 Abs. 1 UStG). Innergemeinschaftlicher Erwerb bezeichnet dabei eine Lieferung an den Abnehmer aus dem Gebiet eines Mitgliedstaates in das Gebiet eines anderen Mitgliedstaates. Ausfuhrlieferungen (Exporte) außerhalb der EU und innergemeinschaftliche Lieferungen an einen Umsatzsteuerpflichtigen sind unter bestimmten Voraussetzungen im Inland steuerfrei (§§ 6, 6a UStG). Es gilt dann aber das Umsatzsteuerrecht im jeweiligen EU-Ausland. Zu beachten ist, dass für Fahrzeuglieferungen spezielle Regelungen gelten.

Die Umsatzsteuer wird vom liefernden Unternehmen für das Finanzamt eingezogen. Es handelt sich also um eine Verlagerung der Steuereinziehung vom Staat auf die Unternehmen. Die Einziehung der Umsatzsteuer ist aufwendig und entsprechend für jeden Unternehmer lästig. Jedes Unternehmen zahlt im Rahmen seiner Beschaffung ebenfalls Umsatzsteuer an seinen Lieferanten. Die gezahlte Umsatzsteuer wird „Vorsteuer" genannt. Sie ist von der Umsatzsteuer, die im Rahmen von Lieferungen und Leistungen eingezogen wird, abzuziehen (§ 15 UStG). Ergibt sich ein Überhang, ist dieser in regelmäßigen Abständen an das Finanzamt abzuführen. Ergibt sich ein Fehlbetrag (Vorsteuer größer als Umsatzsteuer), kann dieser vom Finanzamt zurückgefordert werden. Damit ist die Umsatzsteuer für Unternehmen ein durchlaufender Posten. Sie ist vollkommen gewinnneutral. Die endgültige Zahllast trifft den Endverbraucher, der keine Ausgleichsmöglichkeit gegenüber dem Finanzamt hat. Da der Anspruch des Finanzamts gegen das einziehende Unternehmen bereits mit Rechnungsstellung entsteht, können sich negative Liquiditätseffekte für das Unternehmen ergeben. Denn bis zur tatsächlichen Zahlung der Rechnung vergeht meist eine längere Zeit.

Der Steuersatz der Umsatzsteuer beträgt grundsätzlich 16 %. Für bestimmte Lieferungen und Leistungen wird er auf 7 % abgesenkt. Die Absenkung hat für Unternehmen keinerlei Wirkung (außer der impliziten Preissenkung für den Endverbraucher), da die Steuer ein durchlaufender Posten ist. Absenkungen auf 7 % gelten vor allem für grundlegende Produkte und

Dienstleistungen (Lebensmittel, Bücher, Zeitungen, Transport, usw.) und kulturelle Leistungen (§ 12 UStG).

Um am innergemeinschaftlichen (EU) Geschäftsverkehr teilnehmen zu können, müssen Sie eine Umsatzsteuer-Identifikationsnummer beantragen. Zuständig dafür ist das Bundesamt für Finanzen in Saarlouis. Bei einem Erwerb innerhalb der EU stellt sich die Frage, nach welchem Steuersatz der Erwerb zu besteuern ist. Damit tritt die Frage nach dem Ort des Erwerbs in den Vordergrund. Gemäß § 3d UStG wird der innergemeinschaftliche Erwerb in dem Gebiet des EU-Mitgliedstaates besteuert, in dem sich der Gegenstand am Ende der Beförderung oder Versendung befindet.

Es gibt einige wichtige vereinfachende Regelungen, mit denen mögliche Nachteile für Unternehmen reduziert werden sollen:

- **Kleinunternehmerregelung.** Gemäß § 19 Abs. 1 UStG können Unternehmer mit geringem Geschäftsvolumen wählen, keine Umsatzsteuer zahlen zu wollen. Dieses Wahlrecht besteht, wenn zzgl. der darauf entfallenden Steuer im vorangegangenen Kalenderjahr 17.500 € Umsatz nicht übersteigen wurden und der Umsatz im laufenden Kalenderjahr 50.000 € voraussichtlich nicht übersteigen wird. Sie weisen dann Ihre Rechnungen ohne Umsatzsteuer aus und können bezahlte Umsatzsteuer (aus Rechnungen Dritter an Sie) nicht gegenrechnen. Dies kann anfänglich Ihre Administration vereinfachen, denn Sie müssen sonst zwei Jahre lang monatlich Umsatzsteuervoranmeldungen abgeben. Der Nachteil liegt insbesondere darin, dass Sie bezahlte Umsatzsteuer nicht zurückbekommen.

- **Ist-Versteuerung gemäß § 20 UStG:** Bei kleinerem Geschäftsvolumen (bis 125.000 € im vorangegangenen Geschäftsjahr) oder als Freiberufler können Sie wählen, die Umsatzsteuer erst nach Zahlungseingang zu zahlen („Ist-Versteuerung" bzw. „Versteuerung nach vereinnahmten Entgelten"). Normalerweise wird die Umsatzsteuer fällig, wenn die Rechnung gestellt wurde, also die Forderung entstanden ist. Mit der Ist-Versteuerung vermeiden Sie Liquiditätsengpässe. Denn wenn sich Ihre Kundschaft mit dem Bezahlen größerer Rechnungen Zeit lässt, könnten Sie aufgrund sofort abgeführter Umsatzsteuer in Zahlungsschwierigkeiten kommen. Die Ist-Versteuerung wirkt sich spiegelbildlich auf Verbindlichkeiten bzw. bezahlte Rechnungen aus. Da Sie hier aber den Geldfluss selbst bestimmen können, ist dies wenig kritisch zu sehen.

Wichtige Adressen

1. Banken

Bundesverband deutscher Banken e.V.
Burgstraße 28
10178 Berlin
Telefon: 030 / 1663 - 0
Telefax: 030 / 1663 - 1399
E-Mail: bankenverband@bdb.de
Internet: http://www.bdb.de

Deutscher Sparkassen- und Giroverband (DSGV)
Charlottenstraße 47
10117 Berlin
Telefon: 030 / 20225 - 0
Telefax: 030 / 20225 - 250
E-Mail: info@dsgv.de
Internet: http://www.dsgv.de

Bundesverband der Deutschen Volksbanken und Raiffeisenbanken e.V. (BVR)
Schellingstraße 4
10785 Berlin
Telefon: 030 / 2021 - 0
Telefax: 030 / 2021 - 1900
Internet: http://www.bvr.de

2. Förderbanken

Liste der Investitions- und Förderbanken der Bundesländer:
Bundesverband Öffentlicher Banken Deutschlands, e.V. (VÖB)

Lennestraße 11
10785 Berlin
Telefon: 030 / 8192 - 0
Telefax: 030 / 8192 - 222
E-Mail: postmaster@voeb.de
Internet: http://www.voeb.de

KfW Mittelstandsbank
Palmengartenstraße 5–9
60325 Frankfurt am Main
Telefon: 069 / 7431 - 0
Telefax: 069 / 7431 - 2888
E-Mail: info@kfw.de
Internet: http://www.kfw-mittelstandsbank.de

3. Bürgschaftsbanken

Liste aller Bürgschaftsbanken in Deutschland:
Verband der Bürgschaftsbanken e.V.
Dottendorfer Straße 86
D-53129 Bonn
Telefon: 0228 / 9768886
Telefax: 0228 / 9768882
Internet: http://www.vdb-info.de

4. Beteiligungsgeber

Umfangreiche Liste von Kapitalbeteiligungsgesellschaften:
Bundesverbandes Deutscher Kapitalbeteiligungsgesellschaften e.V.
Residenz am Deutschen Theater
Reinhardtstraße 27c
10117 Berlin
Telefon: 030 / 30 69 82 - 0
Telefax: 030 / 30 69 82 - 20
Internet: http://www.bvk-ev.de

5. Leasing/Factoring

Umfangreiche Liste von Leasing-Anbietern:
Bundesverband Deutscher Leasing-Unternehmen e.V.
Kommandantenstraße 80
10117 Berlin
Telefon: 030 / 206337 - 0
Telefax: 030 / 206337 - 30
E-Mail: bdl@leasingverband.de
Internet: http://www.bdl-leasing-verband.de

Umfangreiche Liste von Factoring-Anbietern:
Deutscher Factoring-Verband e.V.
Große Bleiche 60–62
55116 Mainz
Telefon: 06131 / 2877 - 070
Telefax: 06131 / 2877 - 099
E-Mail: Gf.Verband@factoring.de
Internet: http://www.factoring.de

6. Wirtschaftsverbände/Informationsbeschaffung

Arbeitsgemeinschaft Selbständiger Unternehmer e.V. (ASU)
Reichsstraße 17
14052 Berlin
Telefon: 030 / 30065 - 340
Telefax: 030 / 30065 - 390
E-Mail: info@asu.de
Internet: http://www.asu.de

Bundesministerium für Wirtschaft und Arbeit (BMWA)
Scharnhorststr. 34–37
10115 Berlin
Postanschrift: 11019 Berlin
Telefon: 0188 / 8615 - 9
Telefax: 0188 / 8615 - 7010
E-Mail: info@bmwa.bund.de
Internet: http://www.bmwa.bund.de

Bundesverband der Selbständigen, Deutscher Gewerbeverband e.V.
Platz vor dem Neuen Tor 4
10115 Berlin
Telefon: 030 / 280491 - 0
E-Mail: info@bds-dgv.de
Internet: http://www.bds-dgv.de

Bundesverband der Wirtschaftsberater BVW e.V.
Lerchenweg 14
53909 Zülpich
Telefon: 02252 / 81361
Telefax: 02252 / 2910
E-Mail: info@bvw-ev.de
Internet: http://www.bvw-ev.de

Bundesverband Deutscher Unternehmensberater e.V. (BDU)
Zitelmannstr. 22
53113 Bonn
Vereinsregister Bonn, 20VR6924
Telefon: 0228 / 9161 - 0
Telefax: 0228 / 9161 - 26
E-Mail: info@bdu.de
Internet: http://www.bdu.de

Bundesverband Junger Unternehmer der ASU e.V. (BJU)
Reichsstraße 17
14052 Berlin
Telefon: 030 / 30065 - 0
Telefax: 030 / 30065 - 490
E-Mail: bju@bju.de
Internet: http://www.bju.de

Bundesverband mittelständische Wirtschaft, Unternehmerverband Deutschlands e.V. (BVMW)
Mosse-Palais
Leipziger Platz 15
D – 10117 Berlin
Telefon : 030 / 533206 - 0
Telefax : 030 / 533206 - 50
E-Mail: info@bvmwonline.de
Internet: http://www.bvmwonline.de

Deutscher Industrie- und Handelskammertag (DIHK)
Breite Straße 29
10178 Berlin
Postanschrift: 11052 Berlin
Telefon: 030 / 20 308 - 0
Telefax: 030 / 20 308 - 1000
E-Mail: infocenter@berlin.dihk.de
Internet: http://www.diht.de

Zentralverband des Deutschen Handwerks e. V.
Mohrenstraße 20/21
10117 Berlin
Telefon: 030 / 2019 - 0
Telefax: 030 / 20619 - 460
E-Mail: info@zdh.de
Internet: http://www.zdh.de

7. Franchising

Deutscher Franchise-Verband e.V.
Luisenstraße 41
D-10117 Berlin
Telefon: 030 / 278902 - 0
Telefax: 030 / 278902 - 15
E-Mail: info@dfv-franchise.de
Internet: http://www.dfv-franchise.de

Deutscher Franchise Nehmer Verband e.V.
Celsiusstraße 43
53125 Bonn
Telefon: 0228 / 250300
Telefax: 0228 / 250586
E-Mail: info@dfnv.de
Internet: http://www.dfnv.de

8. Wirtschaftsauskünfte

Schufa Holding AG
Hagenauer Str. 44
65203 Wiesbaden
Telefon: 0611 / 9278 - 0
Telefax: 0611 / 9278 - 109
Internet: http://www.schufa.de

Verband der Vereine Creditreform e.V.
Hellersbergstraße 12
41460 Neuss
Telefon: 02131 / 109 - 0
Telefax: 02131 / 109 - 8000
E-Mail: creditreform@verband.creditreform.de
Internet: http://www.creditreform.de

Zahlreiche weitere Wirtschaftsauskunfteien sind im Internet zu finden.

9. Schutzrechte

Deutsches Patent- und Markenamt (DPMA)
Zweibrückenstr. 12
80331 München
Telefon: 089 / 2195 - 0
Telefax: 089 / 2195 - 2221
E-Mail: post@dpma.de
Internet: http://www.dpma.de

Europäisches Patentamt
80298 München
Telefon 089 / 2399 - 0
Telefax: 089 / 2399 - 4465
Internet: http://www.european-patent-office.org

Harmonisierungsamt für den Binnenmarkt (Marken, Muster und Modelle)
Avenida de Europa, 4
E-03008 Alicante
Spanien

Telefon: 0034 / 965139100
Telefax: 0034 / 965131344
Internet: http://oami.eu.int

World Intellectual Property Organization
PO Box 18
CH-1211 Geneva 20
Schweiz
Telefon: 0041 / 223389111
Telefax: 0041 / 227335428
Internet: http://www.wipo.int

Tabellenverzeichnis

Tabelle 1:	Test der Persönlichkeitsmerkmale eines Unternehmers	27
Tabelle 2:	Bezeichnungen für Unternehmer	29
Tabelle 3:	Bezeichnungen für Unternehmen	30
Tabelle 4:	Ökonomische Trends für Konsumenten	41
Tabelle 5:	Übersicht Schutzrechte	45
Tabelle 6:	Gründe für das Scheitern von Unternehmensgründungen	62
Tabelle 7:	Strukturelemente einer Geschäftsidee	67
Tabelle 8:	Beispiele von Problemlösungen des Angebots	69
Tabelle 9:	Wichtige allgemeine Kaufkriterien	75
Tabelle 10:	Kostenschätzung im Rahmen der Vorprüfung	106
Tabelle 11:	Beispiel: Kundenfragebogen für einen Wellness-Salon	115
Tabelle 12:	Beispiel: Auswertung Kundenfragebogen	117
Tabelle 13:	Optionen beim Branding	136
Tabelle 14:	Geschäftstypen im Einzelhandel	169
Tabelle 15:	Geschäftstypen im Großhandel	170
Tabelle 16:	Vertragliche Vertriebsbindungssysteme	171
Tabelle 17:	Mögliche Gebühren im Einzelhandel	173
Tabelle 18:	Handelsreisende und Handelsvertreter: ähnliche Vertriebsformen	176
Tabelle 19:	Handelsreisende und Handelsvertreter: Vor- und Nachteile	177
Tabelle 20:	Vor- und Nachteile Online-Verkaufsstrategien	184
Tabelle 21:	Überblick über verschiedene Werbemedien	202
Tabelle 22:	Formen der Verkehrsmittelwerbung in der Übersicht	209
Tabelle 23:	Typische Formate von Internetwerbung	221
Tabelle 24:	Beispiel einer Stellenbeschreibung	229
Tabelle 25:	Beispiel einer Einnahmenplanung	243
Tabelle 26:	Beispiel eines Personalplans	245
Tabelle 27:	Beispiel eines Investitionsplans (in €)	247
Tabelle 28:	Beispiel der Abschreibungsplanung (in €)	248
Tabelle 29:	Beispiel zur Planung laufender Kosten	250
Tabelle 30:	Korrektur der Einzelplanungen für den Cash-flow-Plan	252
Tabelle 31:	Beispiel eines Cash-flow-Plans (in €)	254
Tabelle 32:	Beispiel einer GuV-Planung (in €)	255
Tabelle 33:	Abweichung zwischen Cash-flow und GuV (Beispiel, in €)	256
Tabelle 34:	Beispiel einer Bilanzplanung (in €)	258
Tabelle 35:	Vergleich Fremd- und Eigenkapital	263

Tabelle 36:	Ratingverfahren der Sparkassen (qualitative Faktoren)	269
Tabelle 37:	Ratingverfahren der Sparkassen (quantitative Faktoren)	270
Tabelle 38:	Besicherungsquoten im Kreditgeschäft	276
Tabelle 39:	Risikokapitalgeber im Überblick	284
Tabelle 40:	Charakteristika mezzaniner Finanzierung	299
Tabelle 41:	Förderdarlehen zur Unternehmensfinanzierung	309
Tabelle 42:	Geförderte Beteiligungen zur Unternehmensfinanzierung	316
Tabelle 43:	Überblick Rechtsformen	351
Tabelle 44:	Beispiel: Vertriebskennzahlen eines Weiterbildungsinstituts	372
Tabelle 45:	Beitragssätze in den Sozialversicherungen	414
Tabelle 46:	Durchführungsformen der betrieblichen Altersvorsorge	423
Tabelle 47:	Mögliche, zu versichernde Schadensquellen	428
Tabelle 48:	Wichtige Rechtsgebiete einer Rechtsschutzversicherung	431
Tabelle 49:	Arbeitsrechtliche oder verwandte Regelungen nach der Unternehmensgröße (Auszug)	434
Tabelle 50:	Kündigungsfristen für Arbeitsverhältnisse gemäß § 622 BGB	444
Tabelle 51:	Betriebsratsgröße in Abhängigkeit von der Anzahl der Angestellten (Ausschnitt)	446
Tabelle 52:	Traditionelle Zahlungsverfahren	460
Tabelle 53:	Elektronische Zahlungsverfahren	462
Tabelle 54:	Micropayment-Verfahren	465
Tabelle 55:	Stufen des Mahn- und Inkassoprozesses	467
Tabelle 56:	Kosten- und Leistungsrechnung 1 (Beispiel Fertigungstechnik, in €)	476
Tabelle 57:	Kosten- und Leistungsrechnung 2 (Beispiel Fertigungstechnik, in €)	478
Tabelle 58:	Folgerungen aus der Kosten- und Leistungsrechnung	479
Tabelle 59:	Standardoptionen zur Bildung von Kostenstellen	480
Tabelle 60:	Erweiterte Controlling-Konzepte	482
Tabelle 61:	Beispiel: Balanced Scorecard für Kundendienst	485
Tabelle 62:	Wichtige Rechtsregelungen für Unternehmer und Unternehmensführung	492
Tabelle 63:	Methoden und Konzepte betrieblicher Entscheidungsfindung	522
Tabelle 64:	Beispiel ABC-Kundenanalyse	524
Tabelle 65:	Berechnung Kapitalwert Lebensmitteleinzelhandel (Beispiel, in €)	536
Tabelle 66:	Berechnung Kapitalwert Bäckerei (Beispiel, in €)	536
Tabelle 67:	Bestimmung der Herstellungskosten nach Handelsrecht	549
Tabelle 68:	Funktionsweise Halbeinkünfteverfahren	553

Abbildungsverzeichnis

Abbildung 1:	Der Gründungsprozess im Überblick	18
Abbildung 2:	Kreativer Prozess zur Ideenfindung	37
Abbildung 3:	Schritte der Vorprüfung einer Geschäftsidee	64
Abbildung 4:	Schritte der Wettbewerbsuntersuchung	72
Abbildung 5:	Identifizierung der direkten Wettbewerber	76
Abbildung 6:	Beispielhafte Segmentierung nach Kaufkriterien im Verlagswesen	78
Abbildung 7:	Elemente des Benchmarking im Überblick	82
Abbildung 8:	Branchenstruktur im schematischen Überblick	85
Abbildung 9:	Der Produktlebenszyklus	99
Abbildung 10:	Bestandteile der Geschäftsplanung	122
Abbildung 11:	Taktische Marketingentscheidungen (4 Ps / 4Cs)	125
Abbildung 12:	Parameter der Preisgestaltung	145
Abbildung 13:	Nutzwertermittlung von Produkteigenschaften von Ökobrötchen	149
Abbildung 14:	Kundeninteraktionspunkte	159
Abbildung 15:	Überblick Vertriebskanäle	160
Abbildung 16:	Entscheidungsfaktoren für kundenrelevante Standorte	162
Abbildung 17:	Zusammenarbeit mit Absatzmittlern	167
Abbildung 18:	Ziele von Internetauftritten	186
Abbildung 19:	Wichtige Stufen des Werbeprozesses	196
Abbildung 20:	Komponenten der Organisationsplanung	225
Abbildung 21:	Organigramm (Beispiel Fertigungstechnik)	227
Abbildung 22:	Beschwerdemanagement in einer Wohnungsgesellschaft (Beispielprozess)	233
Abbildung 23:	Komponenten der Ressourcenplanung	235
Abbildung 24:	Schematisches Beispiel einer Stückliste	239
Abbildung 25:	Komponenten des Zinses	266
Abbildung 26:	Zinskurve im Normalfall	272
Abbildung 27:	Gründungsförderung der Bundesagentur für Arbeit	310
Abbildung 28:	Kaufmannseigenschaft	328
Abbildung 29:	Schutzrechte im Überblick	400
Abbildung 30:	Komponenten der Kosten- und Leistungsrechnung	475
Abbildung 31:	Methodik des Balanced-Scorecard-Ansatzes	483
Abbildung 32:	Beispiel: Eröffnungsbilanz bei VC-Finanzierung (in €)	498
Abbildung 33:	Beispiel: Bilanz in Jahr 1 bei VC-Finanzierung (in €)	498

Abbildung 34:	Beispiel: Bilanz mit nicht durch Eigenkapital gedecktem Fehlbetrag bei VC-Finanzierung (in €)	499
Abbildung 35:	Insolvenzantragspflicht und -folgen	507
Abbildung 36:	Beispiel ABC-Kundenanalyse	525
Abbildung 37:	Vergleich von Kostendefinitionen	530
Abbildung 38:	Zusammenhang Deckungsbeitrag und Gewinn	532
Abbildung 39:	Wichtige Steuern im Überblick	539
Abbildung 40:	Schema zur Einnahmen-Überschuss-Rechnung	545
Abbildung 41:	Schematischer Aufbau einer Bilanz	547
Abbildung 42:	Arten der Aufstellung einer GuV	548

Literatur- und Rechtsprechungsverzeichnis

BGH: Az. X ZB 6/83, 15.03.1984
BGH: Az. I ZR 128/82, 8.11.1984
BGH: Az. II ZR 269/91, 13.07.1992
BGH: Az. II ZR 88/99, 8.1.2001
BGH: Az. II ZB 12/02, 09.12.2002
BGH: Az. VII ZR 370/98, 13.03.2003
BGH: Az. II ZB 4/02, 07.07.2003
BGH: Az. II ZR 120/02, 26.4.2004
BMF: Mobilien-Leasing-Erlass vom 19.04.1971, Gesch.-Z.: IV B/2 - S 2170 - 31/71
BMF: Teilamortisations-Erlass vom 22.12.1975, Gesch.-Z.: IV B 2 - S 2170 - 161/75
Edstrom, J.; Eller, M.: Barbarians Led by Bill Gates, New York, 1998.
Kotler, P.: Marketing Management, 11. internationale Auflage, Upper Saddle River, 2003.
LG Essen: AZ. 10 S 303/02, 05.12.2002.

Abkürzungsverzeichnis

AfA	Absetzung für Abnutzung
AG	Arbeitgeber
AG	Aktiengesellschaft
ALV	Arbeitslosenversicherung
AN	Arbeitnehmer
BAV	Betriebliche Altersvorsorge
BGH	Bundesgerichtshof
BFH	Bundesfinanzhof
BSG	Bundessozialgericht
CEO	Chief Executive Officer
CFO	Chief Financial Officer
CMS	Content Management System
CTR	Click-Through-Rate
EPA	Europäisches Patentamt
EPO	European Patent Office
ERP	Enterprise Resource Planning
EV	Eidesstattliche Versicherung
FAQ	Frequently Asked Questions
FIBOR	Frankfurt Interbank Offered Rate
GA	Gemeinschaftsaufgabe
GoB	Grundsätze ordnungsgemäßer Buchführung
GVO	Genveränderte Organismen
GWG	geringwertige Wirtschaftsgüter
HABM	Harmonisierungsamt für den Binnenmarkt
HWK	Handwerkskammer
IHK	Industrie- und Handelskammer
IR-Marke	International registrierte Marke
KGV	Kurs/Gewinn-Verhältnis
KV	Krankenversicherung
LoI	Letter of Intent
Mio.	Millionen
Mrd.	Milliarden
MwSt.	Mehrwertsteuer
NDA	Non-Disclosure-Agreement
OHIM	Harmonization for the Internal Market

PSV	Pensionssicherungsverein
PV	Pflegeversicherung
RDV	Rückdeckungsversicherung
RoI	Return on Investment
RV	Rentenversicherung
SV	Sozialversicherung
TKP	Tausender-Kontakt-Preis
WIPO	World Intellectual Property Organization

Verzeichnis der Gesetze

AO	Abgabenordnung
ArbEG	Gesetz über Arbeitnehmererfindungen
ArbSchG	Arbeitsschutzgesetz
ArbStättV	Arbeitsstättenverordnung
ArEV	Arbeitsentgeltverordnung
BauNVO	Baunutzungsverordnung
BDSG	Bundesdatenschutzgesetz
BUrlG	Bundesurlaubsgesetz
EFZG	Entgeltfortzahlungsgesetz
EStG	Einkommensteuergesetz
GebrMG	Gebrauchsmustergesetz
GeschmMG	Geschmacksmustergesetz
GewStG	Gewerbesteuergesetz
HGB	Handelsgesetzbuch
KrW-/AbfG	Kreislaufwirtschafts- und Abfallgesetz
KSchG	Kündigungsschutzgesetz
KStG	Körperschaftsteuergesetz
GewO	Gewerbeordnung
HwO	Handwerksordnung
InsVV	Insolvenzrechtliche Vergütungsverordnung
MarkenG	Markengesetz
PatG	Patentgesetz
ProdHaftG	Produkthaftungsgesetz
SchwbG	Schwerbehindertengesetz
StGB	Strafgesetzbuch
TzBfG	Teilzeit- und Befristungsgesetz
UrhG	Urheberrechtsgesetz
UStG	Umsatzsteuergesetz
UWG	Gesetz gegen den unlauteren Wettbewerb
VerpackV	Verpackungsverordnung

Der Autor

Das vorliegende Buch basiert wesentlich auf Erfahrungen, die Felix Küsell im Rahmen seiner eigenen Unternehmungen und seiner Beratungstätigkeiten gemacht hat.

Felix Küsell, Jahrgang 1970, studierte Wirtschaftsmathematik und Betriebswirtschaftslehre in Trier und Hongkong. Im Bereich der Wirtschaft spezialisierte er sich zunächst auf Rechnungs- und Prüfungswesen sowie (internationales) Steuerrecht. Bereits während der Studiums lies er hochwertige Gebrauchsgegenstände des Alltags in China produzieren und vertrieb diese in Deutschland und den USA.

Nach dem Studium ging er zur Boston Consulting Group, der weltweit führenden Strategieberatung, und arbeitet in den Büros Frankfurt am Main, Chicago und Toronto. Im Zuge der New-Economy-Euphorie 2000 gründete und leitete er mit Partnern, unterstützt von einem Risikokapitalgeber, ein Internetunternehmen mit Schwerpunkt Public Procurement, welches heute einer der Top-Player im Bereich der Internet-Auftragsvermittlung in Deutschland ist. Seit 2004 leitet er die Globis GmbH, ein integriertes Beratungsunternehmen, welches neben Unternehmensberatung auch Marktforschung und Schulungen anbietet. Felix Küsell ist zudem als Management-Trainer und Coach tätig und publiziert regelmäßig in diversen Fachzeitschriften. Der Autor lebt zurzeit in Berlin.

Er ist erreichbar unter fkuesell@globis-berlin.de.

Stichwortverzeichnis

A

ABC-Analyse 523
Ablauforganisation 231
Abmahnung 454
Absatzmittler 166
Abschreibungen 246, 525
Adressbroker *Siehe* Adressmiete
Adresskauf *Siehe* Adressmiete
Adressmiete 203
After-Sales 140
Aktiengesellschaft (AG) 348
Alleinstellungsmerkmal 363
Alleinvertriebssysteme 171
Altersvorsorge 420
Analyse
  multivariat 115
  univariat 115
Angebotsspektrum 69
Ansparabschreibungen 550
Anteilshöhe *Siehe* Beteilungsmechanik
Arbeitnehmererfindungen 403, 445
Arbeitsergebnisse, Nutzungsrechte 445
Arbeitslosenversicherung 417
Arbeitsunfähigkeit 442
Arbeitsvertrag 441
Arbeitsverträge, befristete 450
Artikelstamm 239
Aufbauorganisation 226
Außendienst 173
  Arbeitslastverfahren 178
  Entlohnung 178

B

Balanced Scorecard 482
Bankauskünfte 472
Banken 265
Bankgespräch 278
Bannerwerbung 220
Basel I 267
Basel II 267
Basis-Rente *Siehe* Rürup-Rente
Benchmarking 81
Berufsgenossenschaft 394, 417
Beseitigungsanspruch 412
Besicherungsquoten 276
Bestellmenge 240
Best-Practice 73
Beteiligungsmechanik 291
Betriebliche Altersversorgung 339
Betriebliche Altersvorsorge 421
Betriebsnummer 392
Betriebsrat 445
Betriebsunterbrechungsversicherung 430
Bilanzplanung 256
Bonität 268
Bottom-up 94, 100
Branchenbucheintrag 210
Branding 134
Briefwerbung 202
  Portooptimierung 207
Bundeling 155
Bürgschaften 274
Business Angel 284
Businessplan-Wettbewerbe 314

C

Call-Center 192
  Bruttokontakte 195
  inbound 192
  Leitfaden 194
  Nettokontakte 195
  outbound 192
  Permission Marketing 193
Cash-and-carry 170
Cash-flow-Planung 251
Chief Executive Officer 226
Chief Financial Officer 226
Click-Through-Rate *Siehe*
  Bannerwerbung
Controlling 456, 549
Cross-Selling 141

D

Deckungsbeiträge 531
Deferred Life Plan 20, 25
De-Minimis-Regel 318
Design 132
Design-to-cost 133
Diensterfindungen *Siehe*
  Arbeitnehmererfindungen
Differenzierung 78
DIN 66001 233
Direktionsrecht 227
Direktversicherung 424
Direktzusage 424
Discounter 168
Drag-along 295
Drohende Zahlungsunfähigkeit 510

E

EC-Karte 461
  ELV 462
  POZ 461
Eidesstattliche Versicherung 467, 472
Eigenkapital 262, 282
Eigenkapitalersatzregeln 502
Einkommensbesteuerung 540

Einkommensteuer 540
  gewerbliche Tätigkeit 541
  selbständige Arbeit 542
Ein-Mann-GmbH 331
Einnahmenplanung 242
Einnahmen-Überschuss-Rechnung 544
Einstiegsgeld 312
Einzelunternehmen 340
Elevator Pitch 65, 68
E-Mail-Werbung 218
Entlassungen 443, 452
  Kleinunternehmen 453
Erlaubnispflichtige Gewerbe 390
Existenzgründer 28
Existenzgründungszuschuss 311
Exit 287, 381
Exklusivvertrieb 171

F

Fachgeschäft 169
Fachmarkt 169
Factoring 473
FIBOR 271
Finanzierungs-Leasing 322
Finanzplanung 241
Firma 30, 397
Firmennamen *Siehe* Firma
First Mover 57, 364
Flussdiagramm 233
Förderungen 305
  Beteiligungskapital 314
  Bürgschaften 305
  Darlehen 257, 305
  Förderberater 317
  Sonstige Zuschüsse 312
  Zuschüsse der Bundesagentur für
    Arbeit 309
Fortführungsprognose 512
Fragebogen 110
Franchisegeber 47
Franchisenehmer 48
Franchisesysteme 171
Franchising 46

Freiberufler 28, 341, 391, 555
Fremdkapital 262, 265
Frühphasenfinanzierung 287
Fulfillment-Dienstleister 207

G

8Garantie 132, 274
Gebrauchsmusterrecht 404
Gehalt 439
Geldkarte 462
Gemeinschaftsaufgabe 313
Genussrechte 304
Gesamtsozialversicherungsbeitrag 393
Geschäftsbezeichnung 397
Geschäftsbriefe 398
Geschäftsführerhaftung 332, 493
Geschäftsleute 28
Geschäftsplan Siehe Businessplan
Geschäftsräume 165
Geschmacksmusterrecht 405
Gesellschaft 30
Gesellschaft bürgerlichen Rechts (GbR) 342
Gesellschaft mit beschränkter Haftung (GmbH) 346
Gesellschafter-Geschäftsführer 419
Gewährleistung 132
Gewerbe 30
Gewerbeanmeldung 391
Gewerbebetrieb 30
Gewerbesteuer 554
Gewerbetreibende 28
Gewinn 107
Gewinn- und Verlustrechnung (GuV) 547
Gewinneinkünfte 540
Gewinnermittlung 545
Gewinnschwelle 107
GmbH & Co. KG 345
Grund & Boden 237
Grundpfandrechte 274
Grundsätze ordnungsgemäßer Buchführung (GoB) 548
Grundschuld 274

Gründung einer Gesellschaft 352
GuV-Planung 254

H

Haftpflichtversicherung, betriebliche 429
Haftung 331, 493
Halbeinkünfteverfahren 553
Handelsgewerbe 30, 328
Handelsmakler 175
Handelsmarke 136
Handelsregister 396
Handelsreisender 175
Handelsvertreter 175, 180
   Ausgleichsanspruch 182
   Rohausgleich 182
   Wettbewerbsverbot 183
Handwerkerpflichtversicherung 338
Handwerkskammer 396
Headcount 229
Hebesatz 555
Herstellungskosten 550
Hypothek 274

I

Ich-AG Siehe Existenzgründungszuschuss
Industrie- und Handelskammer 396
Innovation 55
Insolvenz 347, 469, 506
Insolvenzverwalter 516
Internet 183
   Content-Management-Systeme (CMS) 191
   eigener Auftritt 186
   offene Marktplätze 184
   Online-Shop 188
   Pflichtenheft 190
Investitionsplanung 246, 375
Investitionszulage 313
Ist-Versteuerung 395, 557

J

Jahresabschluss 335
juristische Person 330

K

Kapitaleinlage *Siehe* Beteiligungsmechanik
Kapitalerhaltungsregeln 501
Kapitalgesellschaft 330
Kapitalvermittler 290
Kapitalwerte 533
Kaufhaus 168
Kaufkriterien 75, 78, 81, 131
Kaufmann 328, 340
Kernprozesse 232
Key Accounts 178
KfW Mittelstandsbank 306, 315
Kleine Kapitalgesellschaften 336
Kleingewerbetreibende 340
Kleinunternehmerregelung 395, 557
Kommanditgesellschaft (KG) 344
Kommanditist 344
Kommissionshändler 176
Kommunikation *Siehe* Werbung
Komplementär 344
Kontokorrentkredit 474
Kopie 41
Körperschaftsteuer 552
Kosten
 direkte und indirekte 530
 Einzelkosten 530
 fixe und variable 104, 528
 Gemeinkosten 153, 530
 Vollkosten 477
Kosten- und Leistungsrechnung 474
Kostenartenrechnung 474
Kostenstellenrechnung 474
Kostenträgerrechnung 474
Krankenversicherung 414
Kreditbesicherung 273
Kreditkarte 462
Kreditversicherungen 432

Kreislaufwirtschaft 139
Kundenbefragung 109
Kundenbindung 141
Kundenkarten 462
Kündigung 443
 betriebsbedingte 454
 fristlose 453
Kurs-/Gewinn-Verhältnis 384

L

Labeling 140
Lastschriftverfahren 460
Leasing 320
Letter-of-Intent 378
Liebhaberei 395, 541
Limited 348
Linienorganisation 230
Liquidation Preference 295
Liquiditätsmanagement 457
Liquiditätsplanung 456, 457
Listbroker *Siehe* Adressmiete
Lohn 439
Lohnfortzahlung 443

M

Mailing *Siehe* Briefwerbung
Management-Team 373
Mantelkauf 355
Marke 134
Markenrecht 407
Marketing 89, 124, 369
Markierung 134
Markt 96, 366
 Marktnachfrage 97
 Marktpotenzial 96
 relevanter Markt 97
 verfügbarer Markt 97
 Zielmarkt 97
Marktforschung 108, 141, 197
Marktvolumen 98
Maschinen & Anlagen 238
Matrixorganisation 230

Mehrwert 363
Mehrwertsteuer *Siehe* Umsatzsteuer
Meilensteine 296
Messen 214
mezzanine Finanzierungen 298
Midi-Jobs 450
Mikro-Darlehen 306
Mini-Jobs 449
Multiples 383

N

Nachnahme 459
Nachrangdarlehen 302
Niederstwertprinzip 548
Non-Disclosure-Agreement (NDA) 288

O

Offenbarungseid 467
Offene Handelsgesellschaft (oHG) 343
Offenlegung 335
Operating-Leasing 321
Organigramm 226
Organisation 225, 374
Outsourcing 88, 143, 194

P

Page Impression *Siehe* Bannerwerbung
Partiarische Darlehen 302
Patentrecht 402
Pensionsfonds 424
Pensionskasse 424
Permission Marketing 218
Personal 237, 433
Personalplanung 244
Personengesellschaft 330
Pfandrechte 274
Pflegeversicherung 415
Plankostenrechnung 482
Postpaid-Dienste 463
Praktikanten 448
Preissetzung 91, 143
   Elastizität 150

Marktpreis 147
   nach Kosten 152
   Nutzwert-Pricing 147
   Preisnachlässe 157
   Preisrahmen 147
   taktische Optionen 154
   Vergleichbarkeit 150
Prepaid-Karten 463
Private Limited Company (Limited)
   Siehe Limited
Probezeit 441
Produktdefinition 91, 116, 125
Produktionsprogramm 236
Produktlebenszyklus 99, 130
Produktumfang 128
   Downgrading 130
   Upgrades 130
Prozessdesign 236

Q

Qualität 131
Qualitätsmanagement-Norm ISO EN
   9001:2000 233

R

Rack-Jobber-Großhandel 170
Radiowerbung 212
Ratingagentur 268
Ratingverfahren 268
Rechtsfähigkeit 330
Rechtsschutzversicherung, betriebliche
   431
Rentenversicherung 416
Ressourcenplanung 234
Return on Investment 282
Riester-Rente 426
Risikokapitalgesellschaft *Siehe* Venture-
   Capital-Gesellschaft
Risikoklasse *Siehe* Bonität
Rückstellungen 551
Rürup-Rente 425

S

Sachversicherungen, betriebliche 430
Sale-and-lease-back 323
Sanierungsprivileg 504
Schadensersatzanspruch 411
Scheinselbständigkeit 542
Schuldnerverzeichnis 468
Schutzrechte 44, 399, 409
Screening 285
Seed Financing *Siehe* Frühphasenfinanzierung
Segment-of-One 80
Selbständige 28
Selektivvertrieb 171
Service 140
Servicekanäle 142, 159
Service-Level 143
Shareholder Value 482
Sicherheiten 272
Sicherungsübereignungen 275
S-Kurve 204
Sonderabschreibungen 551
Sortiment 126
Sortimentsgroßhandel 169
Sozialauswahl 454
Sozialversicherung 338, 393, 413
    Geschäftsführer 419
    Vorstand 420
Spezialgeschäft 169
Spezialgroßhandel 170
Sponsoring 216
Spontankäufe 137
Stabsstelle 230
Standort 160
    Einzelhandelszentralität 163
    Kaufkraft 163
    Laufkundschaft 163
    Magnetmieter 163
Stärken 363
Startgeld 307
Stellenbeschreibungen 227
Steuermessbetrag 555
Steuermesszahl 555

Steuern 336
    Anmeldung beim Finanzamt 394
Steueroptimierung 550
Steuerrecht 539
stille Gesellschaft 303
Streckengroßhandel 169
Structured Finance *Siehe* mezzanine Finanzierung
Stückliste 239
Suchmaschinenmarketing 223
Sunk Costs 527
Supermarkt 168

T

Tausender-Kontakt-Preise *Siehe* Bannerwerbung
Top-down 94, 98

Ü

Überbrückungsgeld 310
Überschuldung 510
Überschusseinkünfte 540

U

Umsatz 98
Umsatzsteuer 556
Umsatzsteuer-Identifikationsnummer 395, 557
Umsatzsteuervoranmeldung 396
Unfallversicherung 417
Unique Visitors *Siehe* Bannerwerbung
Unterlassungsanspruch 411
Unternehmensplan *Siehe* Businessplan
Unternehmensversicherungen 427
Unternehmenswert 291, 381
Unternehmer 28
Unternehmerkapital 307
Unternehmerkredit 309
Unterstützungskasse 424
Up-Selling 141
Urheberrecht 399
Urlaub 442

V

Value Added 363
Venture-Capital-Gesellschaft 284, 287, 305
Verbrauchermarkt 168
Vergütung 439, 442
Verkehrsmittelwerbung 208
Verpackung 137
  Beschriftung 137
Versicherungen 413
Vertragshändler 176
Vertragshändlersysteme 171
Vertrieb 89, 124
Vertriebsbindungssysteme 171
Vertriebskanäle 90, 157
Vollstreckungsbescheid 467
Vorgründungshaftung 353, 354
Vorkaufsrechte 295
Vorstandshaftung 493
Vorsteuer 556

W

Wandelschuldverschreibungen 304
Waren & Material 238
Warenhaus 168
Weisungsrecht 227

Werbung 196
  Adressen 203
  Messung der Werbewirkung 197
  Werbeagentur 198
  Werbemedien 199
Wertschöpfung 235
Wettbewerb 71
  direkter Wettbewerb 73
  indirekter Wettbewerb 73
Wettbewerbsverbot 444
Wettbewerbswidriger Nachbau 409
Wirtschaftsauskunftei 471
Wurfsendungen 207

Z

Zahlungsformen 458
Zahlungsstockung 509
Zahlungsunfähigkeit 508
Zahlungsverfahren
  elektronische 460
  Internet 463
Zielgruppe 116
Zinskurve 271
Zustellgroßhandel 169
Zwangsvollstreckung 467